Einführung in die deutsche Sprachwissenschaft

ROLF BERGMANN
PETER PAULY
STEFANIE STRICKER

Einführung in die deutsche Sprachwissenschaft

Fünfte, überarbeitete und erheblich erweiterte Auflage
von ROLF BERGMANN
und STEFANIE STRICKER

Mit Beiträgen von
WIELAND EINS
NATALIA FILATKINA
URSULA GÖTZ
ANNETTE KLOSA
CLAUDINE MOULIN
MICHAEL SCHLAEFER
CLAUDIA WICH-REIF

Universitätsverlag
WINTER
Heidelberg

Bibliografische Information der Deutschen Nationalbibliothek
Die Deutsche Nationalbibliothek verzeichnet diese Publikation
in der Deutschen Nationalbibliografie;
detaillierte bibliografische Daten sind im Internet
über *http://dnb.d-nb.de* abrufbar.

ISBN 978-3-8253-5797-9

Dieses Werk einschließlich aller seiner Teile ist urheberrechtlich geschützt. Jede Verwertung außerhalb der engen Grenzen des Urheberrechtsgesetzes ist ohne Zustimmung des Verlages unzulässig und strafbar. Das gilt insbesondere für Vervielfältigungen, Übersetzungen, Mikroverfilmungen und die Einspeicherung und Verarbeitung in elektronischen Systemen.

© 2010, 2005 Universitätsverlag Winter GmbH Heidelberg
Imprimé en Allemagne · Printed in Germany
Druck: Memminger MedienCentrum, 87700 Memmingen

Gedruckt auf umweltfreundlichem, chlorfrei gebleichtem
und alterungsbeständigem Papier

Den Verlag erreichen Sie im Internet unter:
www.winter-verlag-hd.de

VORWORT

Die vorliegende *Einführung in die deutsche Sprachwissenschaft* geht zurück auf die *Einführung in die Sprachwissenschaft für Germanisten* von Rolf Bergmann und Peter Pauly (Max Hueber Verlag München 1975). Im Jahre 1981 konnte eine gemeinsam mit Michael Schlaefer vorbereitete Neubearbeitung dieser Einführung im Carl Winter Verlag Heidelberg erscheinen, deren zweite Auflage (1991) ebenfalls von Rolf Bergmann und Michael Schlaefer betreut wurde.

Seit der dritten Auflage (2001) und der vierten Auflage (2005) wird die *Einführung* von Rolf Bergmann und Stefanie Stricker bearbeitet. Seit der dritten Auflage sind einzelne Kapitel des Buches von weiteren Autorinnen und Autoren bearbeitet beziehungsweise neu geschrieben worden, was auch für die fünfte Auflage gilt:

- Kapitel 4 (Spracherwerb) von Wieland Eins, Bamberg,
- Kapitel 17 (Phraseologie) von Natalia Filatkina, Trier,
- Kapitel 18 (Textlinguistik) und 19 (Pragmatik) von Claudia Wich-Reif, Bonn,
- Kapitel 21 (Sprachgeographie) von Ursula Götz, Rostock,
- Kapitel 23 (Sprachwandel) von Claudine Moulin, Trier,
- Kapitel 27 (Lexikographie) von Michael Schlaefer, Göttingen,
- Kapitel 28 (Arbeit mit Korpora) und 29 (Sprachnormprobleme – Sprachberatung – Sprachpflege) von Annette Klosa, Mannheim.

Auch für die fünfte Auflage wurde die zugrunde liegende Konzeption im Wesentlichen bewahrt, im Einzelnen aber deutlich erweitert und an vielen Stellen ausführlicher gestaltet. Die Aussagen wurden erneut überprüft, überarbeitet, aktualisiert und entsprechend dem neuen Kapitelschema ausgebaut. Die Literaturangaben mussten aktualisiert werden, die technischen Entwicklungen etwa in der Korpus-Recherche waren zu berücksichtigen.

Kapitel 1, 2, 3, 5, 6, 11, 12, 13, 14, 15, 24, 25, 26 und das Register wurden von Rolf Bergmann bearbeitet, Kapitel 7, 8, 9, 10, 16, 20, 22 und das Literaturverzeichnis von Stefanie Stricker. Das Konzept der Überarbeitung verantworten wir gemeinsam.

Wir danken wiederum allen beteiligten Mitautorinnen und Mitautoren für ihre Mitwirkung, Dr. Andreas Barth vom Universitätsverlag Winter für die verlegerische Betreuung, Franziska Elsässer (Bamberg) für die verlässliche Herstellung der Druckvorlage sowie Raphael Thierschmann (Bamberg) für die technische Unterstützung. Ein besonderer Dank gilt Dipl.-Germ. Anette Kremer (Bamberg), die unsere Kapitel kritisch gelesen und die Entstehung dieser Auflage in allen Phasen durch vielerlei Hilfe gefördert hat.

Mannheim und Bamberg, im Juli 2010   Rolf Bergmann und Stefanie Stricker

INHALTSVERZEICHNIS

Kapitel 1: Einleitung 1
Kapitel 2: Sprachsystem und Sprachnormen.. 9
Kapitel 3: Das sprachliche Zeichen 17
Kapitel 4: Spracherwerb...29
Kapitel 5: Phonetik und Phonologie 49
Kapitel 6: Geschriebene Sprache und Orthographie 63
Kapitel 7: Die Wortarten 73
Kapitel 8: Wortbildung I. Grundbegriffe..89
Kapitel 9: Wortbildung II. Komposition 101
Kapitel 10: Wortbildung III. Derivation..109
Kapitel 11: Grundzüge der Flexionsmorphologie 133
Kapitel 12: Syntax I. Bausteine und Bauprinzipien von Sätzen 147
Kapitel 13: Syntax II. Satz und Satzglied.. 161
Kapitel 14: Syntax III. Gesamtsatz und Teilsatz 175
Kapitel 15: Syntax IV. Satzmodus und Mitteilungsstruktur 189
Kapitel 16: Semantik und Lexikologie 203
Kapitel 17: Phraseologie 225
Kapitel 18: Textlinguistik: Bauprinzipien und Bausteine von Texten............ 245
Kapitel 19: Pragmatik: Wie funktioniert das Handeln mit Sprache?............... 263
Kapitel 20: Die sprachsoziologische Gliederung des Deutschen..................... 277
Kapitel 21: Die sprachgeographische Gliederung des Deutschen 291
Kapitel 22: Die sprachgeschichtliche Gliederung des Deutschen.................... 305
Kapitel 23: Sprachwandel im Deutschen.. 325
Kapitel 24: Mehrsprachigkeit und Sprachkontakt..................................... 337
Kapitel 25: Etymologie und Wortgeschichte... 345
Kapitel 26: Namen als sprachliche Zeichen und historische Zeugnisse 357
Kapitel 27: Lexikographie 367
Kapitel 28: Sprachdaten als Grundlage für die Sprachwissenschaft................ 385
Kapitel 29: Sprachnormprobleme – Sprachberatung – Sprachpflege 401
Literaturverzeichnis.. 411
Register... 426

KAPITEL 1: EINLEITUNG

Die seit mehr als dreißig Jahren im Unterricht und im Selbststudium bewährte *Einführung in die deutsche Sprachwissenschaft* wird hier in einer durchgreifend überarbeiteten neuen Auflage präsentiert, die die in den letzten Jahren veränderten Lern- und Studienbedingungen berücksichtigt und das Buch den Erfordernissen des 21. Jahrhunderts anpasst.

Das Lehrbuch ist wie bisher für studentische Benutzer im germanistischen Grundstudium bestimmt. Wir setzen Benutzer voraus, die ihr Grundstudium und ihr Studium überhaupt erfolgreich durchführen und abschließen wollen, um ein bestimmtes berufliches Ziel zu erreichen. Dieses Ziel ist für viele Studierende die Tätigkeit als Deutschlehrer; Berufsfelder außerhalb des Lehrens und Lernens liegen vor allem in Redaktionen und Lektoraten, wo Texte verfasst, übersetzt, lektoriert und redigiert werden. In der Einleitung wollen wir diesen Benutzern erklären, warum sie sich mit den Grundbegriffen der deutschen Sprachwissenschaft beschäftigen müssen.

1.1. STUDIUM – PRÜFUNGEN – BERUFSFELD LEHRAMT

Die inhaltlichen Voraussetzungen für einen erfolgreichen Abschluss des Studiums sind in den verschiedenen universitären Prüfungsordnungen festgelegt, für Lehrer wegen des überwiegend staatlichen Zugangs zu diesem Beruf in den staatlichen Lehrerprüfungsordnungen. Die deutschen Bundesländer haben sich auf ländergemeinsame inhaltliche Anforderungen für die Fachwissenschaften und Fachdidaktiken in der Lehrerbildung geeinigt, die folgende sprachwissenschaftlichen Studieninhalte für Lehrer mit dem Fach Deutsch vorsehen[1], die dann auch entsprechend in den Prüfungsanforderungen wiederkehren.

---

[1] Ländergemeinsame inhaltliche Anforderungen für die Fachwissenschaften und Fachdidaktiken in der Lehrerbildung (Beschluss der Kultusministerkonferenz vom 16.10.2008 i.d.F. vom 08.12.2008).

5.2 Studieninhalte

Studium für LÄ der Sek I	*erweitert* im Studium für LA Gym / Sek II
Sprachwissenschaft	
• Grundlagen der Phonologie, Morphologie, Syntax, Semantik, Pragmatik und Texttheorie • Soziale, kulturelle und historische Aspekte von Sprache und Sprachgebrauch • Theorien und Modellierungen von Mündlichkeit und Schriftlichkeit • Sprachwandel, Spracherwerb und Sprachentwicklung • Mehrsprachigkeit • Sprachvarietäten und deren historischer Hintergrund • Deutsche Orthographie, einschließlich Interpunktion	• *Größerer Vertiefungsgrad der für Sek.I genannten Inhaltsbereiche, dazu:* • Richtungen und Entwicklungen der Sprachwissenschaft des Deutschen • Überblick über die Geschichte der deutschen Sprache • Sprache – Denken – Wirklichkeit: Sprachphilosophische Grundlagen

Diese Anforderungen an sprachwissenschaftlichen Kenntnissen und Fähigkeiten künftiger Deutschlehrer ergeben sich aus ihrer beruflichen Praxis. Die fachlichen Inhalte der Tätigkeit eines Deutschlehrers sind in den Lehrplänen für die Schulen definiert. So heißt es zum Beispiel im Bildungsplan für das Fach Deutsch an Gymnasien im Land Baden-Württemberg für Klasse 6 unter II. Kompetenzen und Inhalte:

4. SPRACHBEWUSSTSEIN ENTWICKELN

Wortarten
Die Schülerinnen und Schüler können
die Wortarten Verb, Substantiv, Artikel, Adjektiv,
Pronomen, Präposition, Konjunktion und
Adverb unterscheiden und ihre wesentlichen
Leistungen benennen;
zwischen infiniten und finiten Verbformen,
starken und schwachen Verben unterscheiden.
Sie beherrschen das Formensystem der Verben;
die grammatischen Zeiten (Tempora)
verwenden und ihre Funktionen beschreiben;
Aktiv und Passiv unterscheiden. Sie verwenden
diese Formen, um Sachverhalte unterschiedlich
auszudrücken;

> beim Substantiv Kasus, Numerus und Genus
> unterscheiden;
> Substantivierungen erkennen;
> die Steigerungsformen der Adjektive unterscheiden
> und richtig anwenden.

Die verschiedenen Lehrpläne lassen sich im Einzelnen daraufhin analysieren, welche sprachlichen Gegenstände sie enthalten, und daraus lassen sich wiederum die sprachwissenschaftlichen Kenntnisse und Fähigkeiten ableiten, die ein Deutschlehrer besitzen muss, um einen solchen Unterricht erteilen zu können. Andere Germanistikstudenten wollen als Journalisten, Redakteure, Lektoren oder Öffentlichkeitsarbeiter tätig werden und haben professionell mit Sprache im Allgemeinen und mit der deutschen Sprache im Konkreten zu tun. Es lässt sich leicht zeigen, dass die für Lehramtsstudenten formulierten fachwissenschaftlichen Studienziele auch für sie sinnvoll sind.

1.2. SPRACHKULTUR

Auch die inhaltlichen Details von Lehrplänen bedürfen natürlich einer umfassenderen Begründung, die aus übergreifenden Bildungszielen und aus dem Gegenstand Sprache abzuleiten sind. In den baden-württembergischen LEITGEDANKEN ZUM KOMPETENZERWERB FÜR DEUTSCH GYMNASIUM heißt es dazu:

> ZENTRALE AUFGABEN DES FACHES DEUTSCH
> Der Deutschunterricht leistet einen wesentlichen Beitrag zur
> sprachlichen, literarischen und medialen Bildung der Schülerinnen
> und Schüler. Er macht sie vertraut mit Sprache und
> Literatur als Mittel der Welterfassung und Wirklichkeitsvermittlung,
> der zwischenmenschlichen Verständigung, der Analyse
> und Reflexion, aber auch der Problemlösung und kreativen
> Gestaltung.
>
> KOMPETENZERWERB IM FACH DEUTSCH
> Sprachkompetenz
> Die Erweiterung und Vertiefung der sprachlichen Kompetenz
> der Schülerinnen und Schüler im mündlichen und schriftlichen
> Bereich ist eine der Hauptaufgaben des Deutschunterrichts. Er
> befähigt zu bewusstem und differenziertem Sprachgebrauch, zu

> selbstständigem, normgerechtem und kreativem Umgang mit
> Sprache. Die Schülerinnen und Schüler erfahren Bedeutung
> und Wirkung von Sprache. Sie lernen sach-, situations- und
> adressatengerecht sprachlich zu handeln. Sie verstehen Sprache
> als gestaltbares Medium der Kommunikation. Dies trägt zu
> ihrer Sozial- und Handlungskompetenz bei.
> Ziel ist einmal die Entfaltung eines authentischen Stils als Ausdruck
> der Individualität des jungen Menschen, zum anderen
> aber auch die Stärkung der sozialen Kompetenz, die Befähigung
> am Leben in der Gemeinschaft teilzuhaben.

Für die hier angesprochenen Funktionen und Leistungen der Sprache hat die Sprachwissenschaft den Begriff der Sprachkultur entwickelt; darunter versteht man den normgerechten, sachlich, situativ und ästhetisch angemessenen Gebrauch der Sprache, insbesondere der Schrift- oder Standardsprache.

Hieraus sind für ein sprachwissenschaftliches Studium eine Reihe konkreter Inhalte und Ausbildungsziele abzuleiten, die in den folgenden Abschnitten unter Verweis auf die entsprechenden Kapitel dieser *Einführung* kurz angesprochen werden.

1.3. SCHRIFTSPRACHE – STANDARDSPRACHE

Die Sprachkultur der modernen europäischen Sprachen ist durch die hohe Bedeutung und den großen Umfang der Schriftlichkeit charakterisiert. Die Normativität der Schriftsprache ist sehr stark ausgeprägt. Demgegenüber gilt die Mündlichkeit vielfach als der Bereich informeller Kommunikation. Im gegenwärtigen Deutsch dominieren in der Mündlichkeit nach wie vor die Dialekte und regionalen Umgangssprachen. Gefordert sind also Grundkenntnisse der soziolinguistischen Verhältnisse im deutschen Sprachraum (Dialekt – Umgangssprache – Standardsprache), Grundkenntnisse der sprachgeographischen Verhältnisse, Verständnis für sprachliche Normen und Grade von Normativität. Dazu dienen die Kapitel 2. Sprachsystem und Sprachnormen, 20. Die sprachsoziologische Gliederung des Deutschen, 21. Die sprachgeographische Gliederung des Deutschen und 29. Sprachnormprobleme – Sprachberatung – Sprachpflege.

1.4. BEHERRSCHUNG DER ORTHOGRAPHIE

Im Hinblick auf die Bedeutung der Standardsprache als Schriftsprache und auf die höhere Normativität ist die Beherrschung der Orthographie unerlässliche Voraussetzung für die entsprechende korrigierende Tätigkeit des Lehrers, aber auch Voraussetzung für jegliche lektorierende oder redaktionelle Tätigkeit. Dazu gehört auch ein gewisses Verständnis und eine gewisse Kenntnis der sprachwissenschaftlichen Grundlagen der Orthographie. Dazu dienen die Kapitel 5. Phonetik und Phonologie und 6. Geschriebene Sprache und Orthographie.

1.5. GRAMMATISCHE KORREKTHEIT

Grammatische Korrektheit spielt insbesondere für schriftliche Kommunikation eine zentrale Rolle, weil sie das Verständnis und damit das Funktionieren von Texten sichert. Grammatik reicht hier von Flexion über Wortbildung bis zu Syntax und Textstruktur. Lehrer und Lektor bzw. Redakteur müssen grammatische Fehler erkennen können, sie müssen erklären können, was falsch ist, warum es falsch ist und wie die richtigen Formen und Strukturen aussehen. Das setzt grammatisches Grundwissen und Kenntnis von Grammatiken und grammatischen Informationssystemen voraus. Dazu dienen Kapitel 7. Die Wortarten, Kapitel 8 - 10 zur Wortbildung, Kapitel 11. Flexionsmorphologie, Kapitel 12 - 15 zur Syntax und Kapitel 18. Textlinguistik.

1.6. WORTGEBRAUCH UND WORTSCHATZ

Ebenso wichtig ist der korrekte und angemessene Wortgebrauch, für den die Sprecher einen differenzierten Wortschatz und Kenntnisse im Gebrauch der Wörter und Wendungen benötigen. Lehrer und Lektoren bzw. Redakteure müssen hier Fehler und unangemessenen Gebrauch erkennen und erklären können und die richtigen Wörter und die richtige Verwendung kennen bzw. ermitteln können. Dafür benötigen sie Grundwissen über das sprachliche Zeichen, Grundbegriffe der Lexikologie (z.B. Synonym), der Phraseologie und Stilistik sowie Kenntnisse der Lexikographie. Dazu dienen Kapitel 3. Das sprachliche Zeichen, 16. Semantik und Lexikologie, 17. Phraseologie, 26. Lexikographie.

1.7. RICHTIGES SPRACHLICHES HANDELN

Das Ziel sprachlicher Bildung ist bewusster und differenzierter Sprachgebrauch, sach-, situations- und adressatengerechtes sprachliches Handeln, also richtige, den gültigen Regeln und Maximen entsprechende sprachliche Kommunikation.

KAPITEL 1

Das schließt auch die Fähigkeit ein, die Kategorie der Modalität angemessen zu realisieren und beispielsweise Behauptungen, Vermutungen, Unterstellungen usw. als solche sprachlich kenntlich zu machen und zu erkennen. Lehrer und Kommunikationsberater, die das vermitteln wollen, müssen selbst über diese Fähigkeiten verfügen. Sie müssen auch in der Lage sein, angemessenen und unangemessenen Sprachgebrauch zu erkennen und zu bewerten. Dafür benötigen sie Grundbegriffe der Pragmatik und Textlinguistik, Grammatikkenntnisse im Bereich der Modalität, lexikologische Kenntnisse (z. B. über einen Begriff wie Synonymie) usw. Dazu dienen Kapitel 4. Spracherwerb, Kapitel 7. Die Wortarten, Kapitel 11. Flexionsmorphologie, Kapitel 15. Syntax IV: Satzmodus und Mitteilungsstruktur, Kapitel 16. Semantik und Lexikologie, Kapitel 18. Textlinguistik, Kapitel 19. Pragmatik.

1.8. GRUNDWISSEN ÜBER SPRACHE UND SPRACHEN

Der Germanist gilt in der Gesellschaft als Auskunftgeber in sprachlichen Fragen, etwa zur Richtigkeit von Schreibungen und Flexionsformen, besonders bei Fremdwörtern; hier steht das Interesse der Sprecher und besonders der Schreiber im Vordergrund, Fehler zu vermeiden, um auch (richtig) verstanden zu werden. Darüber hinaus existiert auch eine natürliche Neugier aller Sprecher an Informationen über Herkunft und Geschichte von Wörtern und Namen, über Dialekte, Fach- und Sondersprachen, über die historischen Sprachstufen des Deutschen. Das setzt beim Absolventen eines entsprechenden Fachstudiums ein gewisses sprachliches Wissen als Basis für Auskünfte und Beurteilungen voraus; vor allem erfordert es auch Hilfsmittelkenntnisse, insbesondere im Bereich der Lexikographie. Dazu dienen Kapitel 20. Die sprachsoziologische Gliederung des Deutschen, Kapitel 21. Die sprachgeographische Gliederung des Deutschen, Kapitel 22. Die sprachgeschichtliche Gliederung des Deutschen, Kapitel 23. Sprachwandel im Deutschen, Kapitel 24. Mehrsprachigkeit und Sprachkontakt, Kapitel 25. Etymologie und Wortgeschichte, Kapitel 26. Namen als sprachliche Zeichen und historische Zeugnisse, Kapitel 27. Lexikographie, Kapitel 28. Die Arbeit mit Korpora, Kapitel 29. Sprachnormprobleme – Sprachberatung – Sprachpflege.

1.9. DIE SYSTEMATIK DER WISSENSCHAFT

In den vorangegangenen Abschnitten 1.3. bis 1.8. wurde für alle Kapitel der folgenden *Einführung* jeweils die Motivierbarkeit des in ihnen enthaltenen Stoffes geprüft und explizit gemacht. Vergleicht man die so begründeten Inhalte mit der wissenschaftlichen Systematik, so zeigt sich, dass in der *Einführung* alle

Gebiete der deutschen Sprachwissenschaft zu berücksichtigen sind, wenn auch in unterschiedlichem Umfang. Zur Gegenprobe können Lehrbücher für Einführungen in die allgemeine Sprachwissenschaft oder in die Linguistik im Allgemeinen dienen, die mit Recht wenigstens teilweise andere Inhalte bieten. Sie dienen auch anderen Ausbildungszielen. Aufgabe der vorliegenden *Einführung* ist nicht die Ausbildung von Sprachwissenschaftlern im Allgemeinen, sondern von Germanisten mit beruflichen Zielen in den Bereichen Schule und Kommunikation. Wissenschaftliche Terminologie wird vermittelt, so weit sie dafür erforderlich ist, auf jeden Fall aber so weit sie von den Prüfungsordnungen und Lehrplänen gefordert wird. Die vorliegende *Einführung* behandelt folglich keine theoretischen Aspekte um ihrer selbst willen. Sie hat damit eine ganz eigene Zielsetzung: Den studierenden Benutzern soll gezeigt werden, wie viel Sprachwissenschaft für sie im Hinblick auf die in diesem einleitenden Kapitel formulierten Studien- und Berufsziele sinnvoll und notwendig ist.

Der in der *Einführung* behandelte Stoff kann keine vollständige Darstellung der jeweiligen Teilgebiete der deutschen Sprachwissenschaft ersetzen; schließlich handelt es sich insgesamt um eine Einführung, die je nach Relevanz des Teilgebietes entweder nur eine erste Orientierung oder auch schon eine etwas breitere Darstellung bietet. Insofern wird ein erfolgreiches Studium der deutschen Sprachwissenschaft über die Durcharbeitung dieser *Einführung* natürlich hinausgehen müssen. Andererseits enthält sie mit Absicht mehr als bloßes Basiswissen oder Bachelor(grund)wissen, und sie geht mit ihrem stofflichen Umfang bewusst über zweistündige Einführungsseminare hinaus. Manche Kapitel können auch der ein solches Seminar ergänzenden Lektüre dienen oder sie können im Anschluss an ein einführendes Seminar als Wissensbasis für entsprechende thematisch orientierte Seminare benutzt werden.

1.10. KAPITELAUFBAU UND ARBEIT MIT DEM BUCH

Jedes Kapitel besteht prinzipiell aus folgenden sechs Teilen, wobei die Realisierung im Einzelnen dem jeweiligen Thema angepasst wird.

1. Einstieg
2. Darstellung
3. Analyseverfahren und Analysebeispiele
4. Problembereiche
5. Definitionen der relevanten Begriffe
6. Literatur

KAPITEL 1

Der Einstieg hat die Funktion der motivierenden Hinführung zum Thema, er nimmt seinen Ausgang möglichst bei einem konkreten sprachlichen Phänomen. Teil 2. bietet die systematische Darstellung der Grundbegriffe und des Grundwissens in dem jeweiligen thematischen Bereich, er enthält in etwa das prüfungsrelevante Wissen. In Abschnitt 3. Analyseverfahren und Analysebeispiele wird das dem Thema entsprechende Analyseverfahren erläutert, und es werden ausführlich kommentierte Analysebeispiele an Textmaterial aus den im Buch vorkommenden Textproben geboten. Teil 4. Problembereiche zielt auf die Problematisierung der Grundbegriffe und damit auf eine Einführung in die wissenschaftliche Diskussion. In relativ kurzer Form wird hier eine zentrale Problematik angesprochen und bei Bedarf aktuelle Literatur genannt. Uns ist durchaus bewusst, dass diese Abschnitte zur Verunsicherung führen können. Die Beschäftigung mit ihnen setzt die erfolgreiche Erarbeitung des Stoffes und die Einübung der Analyseverfahren voraus. Für eine wissenschaftliche Einführung erscheint uns die Problematisierung einzelner Begriffe oder Verfahren unerlässlich. Abschnitt 5. fasst die Definitionen der relevanten Begriffe des jeweiligen Teilgebiets zusammen. In Abschnitt 6. wird Literatur angegeben, und zwar steht zunächst der Verweis auf Kurzinformation in den entsprechenden Artikeln im Metzler Lexikon Sprache, sodann wird getrennt einführende Literatur sowie grundlegende und weiterführende Literatur genannt.

Entsprechend der in diesem Einleitungskapitel vermittelten allgemeinen berufsbezogenen Motivation sprachwissenschaftlicher Grundkenntnisse wird in allen Kapiteln versucht, für das jeweilige Thema eine spezielle Motivation zu konkretisieren. Wo immer möglich wird beispielsweise von Fehlern in konkreten Sprachverwendungen ausgegangen, und es werden ausgehend von der Erarbeitung von Befunden die Mittel zu ihrer Erklärung und Beurteilung geliefert. Soweit irgend möglich wird stets belegtes Sprachmaterial, also echte Sprache, analysiert und keine erfundenen Beispiele. Mit diesem Vorgehen unterscheidet sich diese *Einführung* von vielen anderen Lehrbüchern.

KAPITEL 2: SPRACHSYSTEM UND SPRACHNORMEN

2.1. EINSTIEG: *WIR SPRECHEN ALLE GLEICH – WIR SPRECHEN ALLE VERSCHIEDEN*

Diese einander entgegengesetzten Aussagen leuchten paradoxerweise beide auf den ersten Blick ein, und zwar aufgrund der eigenen Erfahrung jedes Sprechers. Für die These „Wir sprechen alle gleich" kann etwa angeführt werden:

> *„Wir sprechen alle die gleiche Sprache, nämlich Deutsch, und nicht Englisch oder Französisch usw."*

Dieses Argument basiert auf der Beobachtung, dass einer in einem Gebiet üblichen Sprache andere in anderen Gebieten verwendete Sprachen gegenüberstehen. Im Hinblick auf die anderen Sprachen wird die Sprache im eigenen Sprachgebiet als gemeinsame gleiche Sprache gesehen; die anderen Sprachen werden als 'Fremd'-Sprachen betrachtet.

> *„Wir sprechen alle auf die gleiche Weise, indem wir alle dieselben Sprach- und Sprechorgane benutzen."*

Dieses Argument zielt auf die bei allen Menschen identischen anatomischen Bedingungen des Sprechens. Ein Sprachorgan wäre beispielsweise das Broca-Zentrum im Gehirn, ein Sprechorgan die Zunge.
Für die These „Wir sprechen alle verschieden" kann etwa angeführt werden:

> *„Jeder Mensch kann an seiner Stimme erkannt werden."*

Dieses Argument berücksichtigt die individuelle Beschaffenheit sowie den individuellen Gebrauch der Sprechorgane.

> *„Ein Münchner spricht anders als ein Frankfurter."*

Mit diesem Argument wird die Gebundenheit der Sprecher an die verschiedenen Sprachräume innerhalb eines Sprachgebietes angesprochen.

> *„Ein Maurer spricht anders als ein Rechtsanwalt."*

Mit dieser Gegenüberstellung wird die beruflich und sozial bedingte Verschiedenheit des Sprechens berücksichtigt. Die Verschiedenheit des Sprechens kann mit den unterschiedlichsten Beobachtungen nachgewiesen werden, aus denen hier eine Auswahl vorgeführt wurde. Von diesem Befund aus stellt sich die Frage, wie eine sprachliche Verständigung überhaupt gelingen kann.

2.2. SPRACHSYSTEM UND SPRACHNORMEN
2.2.1. LANGUE UND PAROLE – SYSTEM, NORM UND REDE

Die Verständigung erfolgt trotz der Verschiedenheiten des Sprechens aufgrund der Gleichheit der jeweiligen Sprache. Solange alle Deutsch sprechen, stören beispielsweise ihre individuell verschiedenen Stimmen die Verständigung nicht. Erst wenn auch die Sprache verschieden ist, kommt keine Verständigung zustande. Die Verschiedenheit des Sprechens kann sich also sinnvollerweise nur auf die Art und Weise beziehen, in der von einer gemeinsamen Sprache Gebrauch gemacht wird. Diese gemeinsame **Sprache** umfasst das Inventar an Wörtern (den Wortschatz oder das Lexikon) und die Regeln für die Kombinationen der Wörter (die Grammatik).

Sprechen meint hier die jeweils unterschiedliche Anwendung des Inventars und der Regeln. Sprechen als konkrete individuelle Realisierung hat der Sprachwissenschaftler Ferdinand de Saussure (1857-1913) mit dem französischen Terminus **Parole** bezeichnet. Sprache als das den Realisierungen zugrunde liegende System heißt **Langue**. Langue kann im Deutschen als **Sprache** oder **Sprachsystem** wiedergegeben werden, Parole als **Rede** oder **Sprechhandlung**.

Das Begriffspaar Langue – Parole unterscheidet nur nach der Realisierung; dem konkreten **individuellen** Sprechen wird aber nicht nur ein virtuelles Sprachsystem gegenübergestellt, sondern auch die normale, sozial gebräuchliche, **überindividuelle** Verwirklichung. Der Begriff der Langue könnte dann enger oder weiter gefasst werden. Die damit verursachte Unklarheit ist mit der von Eugenio Coseriu (1921-2002) eingeführten begrifflichen Dreiheit **System – Norm – Rede** behoben.

> – **System** bezeichnet das virtuelle System der sprachlichen Ausdrucksmöglichkeiten,
> – **Norm** die Gesamtheit der sozial gebräuchlichen Realisierungen,
> – **Rede** das individuelle konkrete Sprechen.

Nur die einzelnen Redeakte können von der Sprachwissenschaft unmittelbar beobachtet werden. Aus den darin, wie Eugenio Coseriu sagt, 'konstant', 'normal' und 'traditionell' auftretenden Strukturen lässt sich die Norm abstrahieren. Aus der Norm kann wiederum auf die funktionalen Elemente des Sprachsystems geschlossen werden.

2.2.2. SYSTEM, DIASYSTEM, SUBSYSTEME, VARIETÄTEN

Mit der Gegenüberstellung von Langue und Parole oder von System, Norm und Rede kann nun aber noch nicht das unterschiedliche Sprechen beispielsweise eines Maurers gegenüber einem Rechtsanwalt oder eines Frankfurters gegenüber einem Münchner erfasst werden.

So werden etwa die beiden Wörter *Richtscheit* und *Rechtsirrtum* nicht von allen Sprechern der deutschen Sprache verwendet beziehungsweise verstanden. Sie gehören offenbar nicht zum allgemeinen deutschen Sprachsystem. *Richtscheit* und *Rechtsirrtum* treten vielmehr in bestimmten fachlichen Verwendungen auf, eben in der Sprache des Maurers beziehungsweise des Rechtsanwalts, und sie werden so auch im Wörterbuch charakterisiert.

> **Rechts|irr|tum,** der (Rechtsspr.): *Irrtum hinsichtlich der rechtlichen Bestimmungen, gegen die verstoßen wird (nicht hinsichtlich des Sachverhalts, Tatbestands).*
>
> **Richt|scheit,** das (Bauw.): *langes, schmales Brett [mit eingebauter Wasserwaage], mit dem man feststellen kann, ob eine Fläche waagerecht, eine Kante gerade ist.*

Duden. Deutsches Universalwörterbuch, S. 1366, 1396

Indem diese Wörter in einer Sprache auftreten, gehören sie einer Langue an. Demnach existiert für das Maurerhandwerk wie für das Rechtswesen je eine eigene Langue. *Richtscheit* und *Rechtsirrtum* werden aber im Hinblick auf ihre Wortbestandteile ohne Weiteres als deutsche Wörter erkannt. Je nach der Hinsicht, unter der diese Wörter gesehen werden, gehören sie dem System der deutschen Sprache oder jeweils eigenen, mit diesem System teilweise übereinstimmenden Systemen an, die man **Subsysteme** oder **Varietäten** nennt. Mit dem Wortschatz bestimmter Sachbereiche und Sprechergruppen ist nur ein Beispiel für die Untergliederung des Deutschen in verschiedenartige Subsysteme gegeben. Man spricht hier auch von **diastratischer** Sichtweise; man vergleiche weiter Kapitel 20.

Auch das unterschiedliche Sprechen eines Frankfurters gegenüber einem Münchner beruht auf verschiedenen Subsystemen, die unter **diatopischem** Aspekt unterschieden werden. Die Unterschiede liegen hier außer im Wortschatz auch im lautlichen Bereich und in der Syntax. Die Sprecher können ihren jeweiligen Dialekt (Hessisch bzw. Bairisch) sprechen, sie können sich aber auch einer regional geprägten Umgangssprache bedienen, zu der in Frankfurt zum Beispiel ein Wort wie *Äppelwoi* gehört oder in München ein Abschiedsgruß *Servus*; man vergleiche weiter Kapitel 21.

Die beobachtete Verschiedenheit des Sprechens innerhalb des Deutschen beruht also einmal auf den unterschiedlichen individuellen Realisierungen. Zum anderen liegen ihr unterschiedliche Normen und Systembereiche zugrunde. Es wird hier eine Schichtung und Gliederung der Sprache selbst erkennbar. Die deutsche Sprache ist kein homogenes System; sie ist ein komplexes Gebilde aus verschiedenen Subsystemen, ein **Diasystem**.

2.3. ZUR ANWENDUNG DER BEGRIFFE NORM UND SYSTEM BEI DER ANALYSE VON REDEAKTEN

Die folgenden Sätze a – f seien jeweils als Äußerungen einzelner Sprecher, also als Redeakte gegeben:

a) *Der Peter hat mich gehauen.*
b) *Der Peter hat mich **gehaut**.*
c) *Der Peter hat **mir** gehauen.*
d) *Der Peter **hast** mich gehauen.*
e) ***Den** Peter hat mich gehauen.*
f) *Der Peter **haben** mich gehauen.*

Im Vorgriff auf spätere Kapitel, zugleich aber in Anwendung schulgrammatischer Kenntnisse, soll zunächst an dem unauffälligen Satz a erläutert werden, welche Kategorien und Regelungen des grammatischen Systems der deutschen Gegenwartssprache hier wirksam sind: Das Verb *hauen* fordert ein Subjekt im Nominativ (*der Peter*) und ein Objekt im Akkusativ (*mich*). Zwischen dem Subjekt (*der Peter*) und dem Verb (*hat*) besteht Kongruenz in Person und Numerus: Beide Elemente stehen in der 3. Person und im Singular.

In den Sätzen b – f finden sich folgende Abweichungen von diesen Gegebenheiten:

b) *Der Peter hat mich **gehaut**.*
Das Partizip ist nach dem Typ der schwachen Verben gebildet, und nicht wie *gehauen* nach dem Typ der starken Verben.

c) *Der Peter hat **mir** gehauen.*
Das Objekt steht im Dativ.

d) *Der Peter **hast** mich gehauen.*
Das Subjekt steht in der 3. Person, das Verb aber in der 2. Person.

e) ***Den** Peter hat mich gehauen.*
Das Subjekt steht im Akkusativ.

f) *Der Peter **haben** mich gehauen.*
   Das Subjekt steht im Singular, das Verb im Plural.

In den Sätzen d, e und f sind funktionale Kategorien des sprachlichen Systems der deutschen Gegenwartssprache verletzt, nämlich die Kongruenz zwischen Subjekt und Verb in der Person (d) und im Numerus (f) sowie die Kasuskennzeichnung des Subjekts (e).

Im Satz b ist dagegen keine funktionale Störung auszumachen. Ob das Partizip in einer zusammengesetzten Verbform nach dem Muster *ge-* ... *-en* oder *ge- ... -t* gebildet wird, ist funktional irrelevant; man vergleiche die folgenden Formen:

starke Verben	**schwache Verben**
geschrieben	*gesagt*
gebogen	*gebeugt*
gebunden	*gefesselt*
genommen	*geraubt*
gehauen	*gehaut*

Welches Verb nach welchem Typ konjugiert wird, ist eine Frage der Norm. Das Auftreten einer Form *gehaut* kann als Anzeichen eines Normwandels verstanden werden, bei dem ein starkes Verb die Formenbildung der schwachen Verben annimmt; man vergleiche dazu die Kapitel 23 und 29.

In Satz c könnte eine regionale Variante der deutschen Gegenwartssprache vorliegen, nämlich Berliner Umgangssprache. In dieser Sprachvarietät wird beim Singular des Personalpronomens nicht zwischen Dativ und Akkusativ unterschieden:

Det hat er mir jejeben (Dativ)   *Er hat mir jehauen* (Akkusativ)

In der Standardsprache finden wir diese Verhältnisse nur im Plural des Personalpronomens:

Er hat es uns/euch gegeben (Dativ)   *Er hat uns/euch gehauen* (Akkusativ)

Satz c weicht also von der standardsprachlichen Norm ab, stimmt aber mit einer regionalsprachlichen Norm überein. Eine funktionale Kategorie des Systems wird nicht verletzt, wie die Verhältnisse im Plural zeigen. Die Unterscheidung von System und Norm erlaubt also eine Fehlerkategorisierung.

2.4. ZUR PROBLEMATIK DES DESKRIPTIVEN UND PRÄSKRIPTIVEN NORMBEGRIFFS

Wenn Norm definiert wird als die konstant, normal und traditionell vorkommenden sprachlichen Formen, dann werden sprachliche Normen durch Beobachtung und Beschreibung ihrer Vorkommen ermittelt. Der sprachwissenschaftliche Normbegriff ist somit eindeutig als **deskriptiv** zu bestimmen.

Im Zusammenhang mit dem Sprachunterricht wird aber die deskriptiv ermittelte Norm – der **normale** Sprachgebrauch – als der **richtige** Sprachgebrauch zum Lehrinhalt gemacht. Dann bekommt der Normbegriff **präskriptiven** Charakter. Ein solcher Normbegriff begegnet insbesondere im Zusammenhang mit einer auch für den geschriebenen Gebrauch standardisierten Hoch- und Schriftsprache, die die Sprachverwender 'richtig' gebrauchen oder als Fremdsprache richtig erlernen wollen. So entsteht ein gesellschaftlicher Bedarf an Darstellungen der 'richtigen' Sprachform und an Sprachberatung; man vergleiche dazu Kapitel 29.

Manche Sprachwissenschaftler sehen hier ein Problem, insofern sich die Sprachwissenschaft ihrer Ansicht nach streng auf die Beschreibung zu beschränken habe. Es besteht aber unabhängig von diesem Standpunkt ein gesellschaftliches Bedürfnis nach lehrbaren präskriptiven Sprachnormen. Die Sprachwissenschaft sollte es daher nach Auffassung der Autoren dieses Lehrbuchs nicht anderen Institutionen oder Personen überlassen, diese Normen festzulegen, sondern die geforderten präskriptiven Normen so nahe wie möglich an den deskriptiv ermittelten Normen orientieren.

2.5. Definitionen

deskriptiv	empirisch beschreibend
diastratisch	die Gliederung einer Sprache nach sozialen Aspekten betreffend
Diasystem	Gesamtheit einer in Subsysteme oder Varietäten gegliederten Sprache
diatopisch	die Gliederung einer Sprache nach geographischen Aspekten betreffend
Langue	überindividuelles virtuelles sprachliches System (nach F. de Saussure)
Norm	Gesamtheit der sozial gebräuchlichen Realisierungen (nach E. Coseriu)
Parole	individuelle konkrete Realisierung im Sprechen (nach F. de Saussure)
präskriptiv	normativ vorschreibend
Rede	individuelle konkrete Realisierung im Sprechen (nach E. Coseriu)
Sprache	s. Langue bzw. System
Sprachnorm	s. Norm
Sprachsystem	s. System
Sprechen	s. Parole bzw. Rede
Subsystem	s. Varietät
System	überindividuelles virtuelles sprachliches System (nach E. Coseriu)
Varietät oder Subsystem	Teil einer Sprache mit diastratischer und diatopischer Binnengliederung

2.6. LITERATUR

Kurzinformation:
Metzler Lexikon Sprache. Artikel: Diastratisch, Diatopisch, Langue, Normative Grammatik, Parole, Sprachnorm, Sprachsystem, Varietät

Einführende Literatur:
H. *Pelz*, Linguistik, S. 17-25, S. 57-67

Grundlegende und weiterführende Literatur:
E. *Coseriu*, in: E. Coseriu, Sprache. Strukturen und Funktionen, S. 45-59
A. *Martinet*, Grundzüge der Allgemeinen Sprachwissenschaft, 1. Kapitel
F. de *Saussure*, Grundfragen der allgemeinen Sprachwissenschaft, Einleitung (Kapitel III, IV)

KAPITEL 3: DAS SPRACHLICHE ZEICHEN

3.1. EINSTIEG: EINE GESCHICHTE VOM UMGANG MIT WÖRTERN

Die folgende Geschichte von Peter Bichsel (*1935) erzählt vom Umgang eines alten Mannes mit Wörtern. Die darin dargestellte Erfahrung wird hier dazu verwendet, den Begriff des sprachlichen Zeichens einzuführen.

> Peter Bichsel: Ein Tisch ist ein Tisch
>
> Ich will von einem alten Mann erzählen, von einem Mann, der kein Wort mehr sagt, ein müdes Gesicht hat, zu müd zum Lächeln und zu müd, um böse zu sein. Er wohnt in einer kleinen Stadt, am Ende der Straße oder nahe der Kreuzung. Es lohnt sich fast nicht, ihn zu beschreiben, kaum etwas unterscheidet ihn von andern. Er trägt einen grauen Hut, graue Hosen, einen grauen Rock und im Winter den langen grauen Mantel, und er hat einen dünnen Hals, dessen Haut trocken und runzelig ist, die weißen Hemdkragen sind ihm viel zu weit.
> Im obersten Stock des Hauses hat er sein Zimmer, vielleicht war er verheiratet und hatte Kinder, vielleicht wohnte er früher in einer andern Stadt. Bestimmt war er einmal ein Kind, aber das war zu einer Zeit, wo die Kinder wie Erwachsene angezogen waren. Man sieht sie so im Fotoalbum der Großmutter. In seinem Zimmer sind zwei Stühle, ein Tisch, ein Teppich, ein Bett und ein Schrank. Auf einem kleinen Tisch steht ein Wecker, daneben liegen alte Zeitungen und das Fotoalbum, an der Wand hängen ein Spiegel und ein Bild. Der alte Mann machte morgens einen Spaziergang und nachmittags einen Spaziergang, sprach ein paar Worte mit seinem Nachbarn, und abends saß er an seinem Tisch.
> Das änderte sich nie, auch sonntags war das so. Und wenn der Mann am Tisch saß, hörte er den Wecker ticken, immer den Wecker ticken.
> Dann gab es einmal einen besonderen Tag, einen Tag mit Sonne, nicht zu heiß, nicht zu kalt, mit Vogelgezwitscher, mit freundlichen Leuten, mit Kindern, die spielten – und das Besondere war, daß das alles dem Mann plötzlich gefiel. Er lächelte.
> „Jetzt wird sich alles ändern", dachte er. Er öffnete den obersten Hemdknopf, nahm den Hut in die Hand, beschleunigte seinen Gang, wippte sogar beim Gehen in den Knien und freute sich. Er kam in seine Straße, nickte den Kindern zu, ging vor sein Haus, stieg die Treppe hoch, nahm die Schlüssel aus der Tasche und schloß sein Zimmer auf.
> Aber im Zimmer war alles gleich, ein Tisch, zwei Stühle, ein Bett. Und wie er sich hinsetzte, hörte er wieder das Ticken, und alle Freude war vorbei, denn nichts hatte sich geändert.
> Und den Mann überkam eine große Wut.
> Er sah im Spiegel sein Gesicht rot anlaufen, sah, wie er die Augen zukniff; dann verkrampfte er seine Hände zu Fäusten, hob sie und schlug mit ihnen auf die Tischplatte, erst nur einen Schlag, dann noch einen, und dann begann er auf den

Kapitel 3

Tisch zu trommeln und schrie dazu immer wieder: „Es muß sich ändern, es muß sich ändern!"
Und er hörte den Wecker nicht mehr. Dann begannen seine Hände zu schmerzen, seine Stimme versagte, dann hörte er den Wecker wieder, und nichts änderte sich.
„Immer derselbe Tisch", sagte der Mann, „dieselben Stühle, das Bett, das Bild. Und dem Tisch sage ich Tisch, dem Bild sage ich Bild, das Bett heißt Bett, und den Stuhl nennt man Stuhl. Warum denn eigentlich?" Die Franzosen sagen dem Bett „li", dem Tisch „tabl", nennen das Bild „tablo" und den Stuhl „schäs", und sie verstehen sich. Und die Chinesen verstehen sich auch.
„Weshalb heißt das Bett nicht Bild", dachte der Mann und lächelte, dann lachte er, lachte, bis die Nachbarn an die Wand klopften und „Ruhe" riefen. „Jetzt ändert es sich", rief er, und er sagte von nun an dem Bett „Bild".
„Ich bin müde, ich will ins Bild", sagte er, und morgens blieb er oft lange im Bild liegen und überlegte, wie er nun dem Stuhl sagen wolle, und er nannte den Stuhl „Wecker".
Er stand also auf, zog sich an, setzte sich auf den Wecker und stützte die Arme auf den Tisch. Aber der Tisch hieß jetzt nicht mehr Tisch, er hieß jetzt Teppich. Am Morgen verließ also der Mann das Bild, zog sich an, setzte sich an den Teppich auf den Wecker und überlegte, wem er wie sagen könnte.
Dem Bett sagte er Bild.
Dem Tisch sagte er Teppich.
Dem Stuhl sagte er Wecker.
Der Zeitung sagte er Bett.
Dem Spiegel sagte er Stuhl.
Dem Wecker sagte er Fotoalbum.
Dem Schrank sagte er Zeitung.
Dem Teppich sagte er Schrank.
Dem Bild sagte er Tisch.
Und dem Fotoalbum sagte er Spiegel.
Also:
Am Morgen blieb der alte Mann lange im Bild liegen, um neun läutete das Fotoalbum, der Mann stand auf und stellte sich auf den Schrank, damit er nicht an die Füße fror, dann nahm er seine Kleider aus der Zeitung, zog sich an, schaute in den Stuhl an der Wand, setzte sich dann auf den Wecker an den Teppich und blätterte den Spiegel durch, bis er den Tisch seiner Mutter fand. Der Mann fand das lustig, und er übte den ganzen Tag und prägte sich die neuen Wörter ein. Jetzt wurde alles umbenannt: Er war jetzt kein Mann mehr, sondern ein Fuß, und der Fuß war ein Morgen und der Morgen ein Mann.
Jetzt könnt ihr die Geschichte selbst weiterschreiben. Und dann könnt ihr, so wie es der Mann machte, auch die anderen Wörter austauschen:
läuten heißt stellen,
frieren heißt schauen,
liegen heißt läuten,
stehen heißt frieren,
stellen heißt blättern.

So daß es dann heißt:
Am Mann blieb der alte Fuß lange im Bild läuten, um neun stellte das Fotoalbum, der Fuß fror auf und blätterte sich auf den Schrank, damit er nicht an die Morgen schaute.
Der alte Mann kaufte sich blaue Schulhefte und schrieb sie mit den neuen Wörtern voll, und er hatte viel zu tun damit, und man sah ihn nur noch selten auf der Straße.
Dann lernte er für alle Dinge die neuen Bezeichnungen und vergaß dabei mehr und mehr die richtigen. Er hatte jetzt eine neue Sprache, die ihm ganz allein gehörte.
Hie und da träumte er schon in der neuen Sprache, und dann übersetzte er die Lieder aus seiner Schulzeit in seine Sprache, und er sang sie leise vor sich hin.
Aber bald fiel ihm auch das Übersetzen schwer, er hatte seine alte Sprache fast vergessen, und er mußte die richtigen Wörter in seinen blauen Heften suchen.
Und es machte ihm Angst, mit den Leuten zu sprechen. Er mußte lange nachdenken, wie die Leute zu den Dingen sagen.
Seinem Bild sagen die Leute Bett.
Seinem Teppich sagen die Leute Tisch.
Seinem Wecker sagen die Leute Stuhl.
Seinem Bett sagen die Leute Zeitung.
Seinem Stuhl sagen die Leute Spiegel.
Seinem Fotoalbum sagen die Leute Wecker.
Seiner Zeitung sagen die Leute Schrank.
Seinem Schrank sagen die Leute Teppich.
Seinem Tisch sagen die Leute Bild.
Seinem Spiegel sagen die Leute Fotoalbum.
Und es kam so weit, daß der Mann lachen mußte, wenn er die Leute reden hörte.
Er mußte lachen, wenn er hörte, wie jemand sagte: „Gehen Sie morgen auch zum Fußballspiel?" Oder wenn jemand sagte: „Jetzt regnet es schon zwei Monate lang." Oder wenn jemand sagte: „Ich habe einen Onkel in Amerika."
Er mußte lachen, weil er all das nicht verstand.
Aber eine lustige Geschichte ist das nicht. Sie hat traurig angefangen und hört traurig auf.
Der alte Mann im grauen Mantel konnte die Leute nicht mehr verstehen, das war nicht so schlimm.
Viel schlimmer war, sie konnten ihn nicht mehr verstehen.
Und deshalb sagte er nichts mehr.
Er schwieg, sprach nur noch mit sich selbst, grüßte nicht einmal mehr.

Peter Bichsel, Kindergeschichten, Sammlung Luchterhand, 9.A. Darmstadt und Neuwied 1979, S. 18-27

Wie der Text zeigt, werden Wörter als Zeichen für Sachen verwendet. Der alte Mann ändert nun die Beziehungen zwischen den Wörtern und den Sachen. Die Sache 'Bett' bezeichnet er nicht mehr mit dem Wort *Bett*, sondern mit dem Wort *Bild*. Die Sache 'Bild' erhält die Bezeichnung *Tisch*, die Sache 'Tisch' die Bezeichnung *Teppich* usw. Der alte Mann ändert dabei nicht die Sachen, und er ändert auch nicht die Wörter. Er ändert vielmehr, wie man es auch alltagssprachlich und vorwissenschaftlich formulieren kann, die Bedeutung der Wörter.

3.2. DAS SPRACHLICHE ZEICHEN
3.2.1. AUSDRUCK UND INHALT

Wörter sind gesprochene Lautfolgen oder geschriebene Buchstabenfolgen, die in einer bestimmten Zeichenbeziehung zu Sachen stehen. Die Wörter treten aber nicht unmittelbar als Zeichen für konkrete einzelne Gegenstände wie für ein bestimmtes Bild, ein einzelnes Bett und so weiter auf. Sie bezeichnen vielmehr die Vorstellungen oder abstrakten Begriffe von Gegenständen, Vorgängen, Erscheinungen, Zuständen usw. Dies wird da besonders deutlich, wo über etwas gesprochen wird, das ohnehin nur in der Vorstellung existiert.

Die Zeichenfunktion der Wörter selbst wird als ihre **Bedeutung** bezeichnet.

	Laut- oder Buchstabenfolge	Bedeutung	Vorstellung
Übliche Verwendung	*Bild*		'Bild'
Abweichende Verwendung			'Bett'

Das Sprachzeichen wird materiell als Laut- oder Buchstabenfolge realisiert, die auf eine bestimmte Vorstellung verweist, also etwas 'bedeutet'. Diese materielle Komponente des sprachlichen Zeichens wird als **Ausdruck** (Signifikant, franz. signifiant) bezeichnet, die bezeichnete Vorstellung als **Inhalt** (Signifikat, franz. signifié). Die Ausdrucksseite wird in der Sprachwissenschaft durch Kursivschrift gekennzeichnet (*Bild*), die Inhaltsseite durch einfache Anführungszeichen ('Bild').

Vielfach werden die Termini Inhalt und Bedeutung synonym verwendet. Es kann aber auch zwischen ihnen unterschieden werden, indem eine relationale Bedeutungsdefinition zugrunde gelegt wird. Bedeutung ist dann die geregelte Verweisung mittels eines Ausdrucks auf einen Inhalt. Mit diesem Bedeutungsbegriff lässt sich dann präziser beschreiben, was der alte Mann mit den Wörtern macht: Er ändert nicht die Ausdrücke *Bild*, *Bett* usw.; er ändert auch nicht den Inhalt 'Bild', 'Bett'; er ändert vielmehr die Zuordnung und verweist nun mit dem Ausdruck *Bild* auf den Inhalt 'Bett'.

Der Begriff der Bedeutung ist wohl der schwierigste sprachwissenschaftliche Begriff überhaupt. Daher existiert eine ganze Reihe von Sprachzeichenmodellen, die mehr oder weniger differenziert die Relationen zwischen Ausdrucks- und Inhaltsseite und bezeichneter Sache darstellen.

3.2.2. KONVENTIONALITÄT UND ARBITRARITÄT DES SPRACHLICHEN ZEICHENS

Die Motivation des alten Mannes für seine Änderungen der Bedeutungen entsteht aus der Beobachtung, dass zwischen Ausdruck und Inhalt keine notwendige Beziehung besteht. Der alte Mann fragt nach der Begründung für diese Beziehung:

> „... und den Stuhl nennt man Stuhl. Warum denn eigentlich? Die Franzosen sagen dem Bett „li", dem Tisch „tabl", nennen das Bild „tablo" und den Stuhl „schäs", und sie verstehen sich. Und die Chinesen verstehen sich auch."

Die Beobachtung fremder Sprachen zeigt, dass zur Bezeichnung derselben Inhalte nicht dieselben Ausdrücke verwendet werden müssen. Der Inhalt 'Bett' erfordert nicht notwendig den Ausdruck *Bett*, weil zwischen der materiellen Seite des Zeichens und der durch sie bezeichneten Vorstellung keine vorgegebene Verknüpfung existiert. In diesem Sinne nennt man das sprachliche Zeichen **arbiträr**, das heißt beliebig oder willkürlich.

Der alte Mann wird von den anderen Menschen nicht mehr verstanden, weil sie die von ihm gesetzten Beziehungen zwischen Ausdruck und Inhalt nicht kennen. Für die Anderen sind mit den von dem alten Mann verwendeten, ihnen bekannten Ausdruckseinheiten bestimmte Inhaltseinheiten von vornherein verbunden. Indem Peter Bichsel in seiner Geschichte den alten Mann diese Verbindung aufheben lässt, wird auch dem Leser der Charakter dieser Verbindung zum Problem. Das abweichende Sprachverhalten wird so als Abweichen von einer sozialen Konvention erkennbar. Die Bedeutung der sprachlichen Zeichen wird von dem einzelnen Sprecher beim Spracherwerb erlernt. Damit wird eine sozial, historisch und geographisch bestimmte Konvention übernommen.

Die Notwendigkeit der Orientierung der Sprecher an der Konvention und damit an den Anderen ist schon früh erkannt und formuliert worden. Christian Gueintz (1592-1650), ein Sprachwissenschaftler des Barock, drückte sie folgendermaßen aus:

> Warlich / uns ist nicht frey / wie wir reden wollen / sondern wir müssen reden wie andere / so wir wollen von Ihnen verstanden werden.

Arbitrarität und **Konventionalität** des sprachlichen Zeichens gehören daher eng zusammen. Die Arbitrarität macht die Konventionalität notwendig, weil die Beziehung zwischen Ausdruck und Inhalt sich von keiner der beiden Seiten aus von selbst versteht. Arbitrarität und Konventionalität gehören zum Wesen des sprachlichen Zeichens und somit des Sprachsystems.

3.2.3. ZEICHENTYPEN

Sprachliche Zeichen bilden eine Untergruppe der Zeichen überhaupt. Zeichen sind stets materielle Größen, die auf etwas anderes, ihr **Denotat**, verweisen. Nach der Art des Denotatsbezugs unterscheidet man in der Zeichentheorie (Semiotik):

- Zeichen mit realem Denotatsbezug: **Index** oder indexikalisches Zeichen. Ein Beispiel sind etwa Fußspuren im Schnee, die von einem Tier verursacht wurden und als Zeichen für die Anwesenheit und die Bewegung dieses Tiers verstanden werden.
- Zeichen mit konventionellem und zugleich arbiträrem Denotatsbezug: **Symbol** oder symbolisches Zeichen. Als Beispiel sei hier neben den Sprachzeichen auf bestimmte Verkehrszeichen verwiesen, etwa auf das Zeichen 'Vorfahrt gewähren'.
- Zeichen mit Übereinstimmungen zu wahrnehmbaren Merkmalen des Denotats: **Ikon** oder ikonisches Zeichen. Derartige Übereinstimmungen können beispielsweise in Farbe, Klang, Form, Struktur, Reihenfolge bestehen. Beispiele für ikonische Zeichen sind etwa Piktogramme auf Wegweisern und manche Verkehrszeichen, zum Beispiel das Zeichen für einen Radweg.

Tab. 1: Zeichentypen

3.2.4. DIE DREI BEZIEHUNGEN DES SPRACHLICHEN ZEICHENS

Die Veränderung der Beziehungen der Sprachzeichen auf die Sachen hat nur eine Beziehung des Sprachzeichens sichtbar gemacht. Weitere Beziehungsrichtungen werden wiederum in Peter Bichsels Geschichte erkennbar.

> Am Mann blieb der alte Fuß lange im Bild läuten, um neun stellte das Fotoalbum, der Fuß fror auf und blätterte sich auf den Schrank, damit er nicht an die Morgen schaute.

Die einzelnen Zeichen treten hier in Verbindungen mit anderen Zeichen auf, die nicht üblich sind: *blieb ... läuten*, *blätterte sich*, *der Fuß fror auf* und so weiter. Durch diese Unüblichkeit wird aber gerade die Beziehungsrichtung der Zeichen untereinander sichtbar.

> Und es kam so weit, daß der Mann lachen mußte, wenn er die Leute reden hörte. ... Er mußte lachen, weil er all das nicht verstand.

Das Nichtverstehen des alten Mannes und seine unübliche Reaktion des Lachens auf für die Anderen völlig übliche Redeweise zeigen schließlich eine weitere Beziehungsrichtung der Sprachzeichen auf, nämlich die auf die Benutzer der Sprachzeichen, die Sprecher und Hörer.

Die Beziehung der Zeichen zu den Sachverhalten heißt **semantisch**, die Beziehung der Zeichen untereinander heißt **syntaktisch**, die Beziehung der Zeichen zu den Zeichenbenutzern heißt **pragmatisch**.

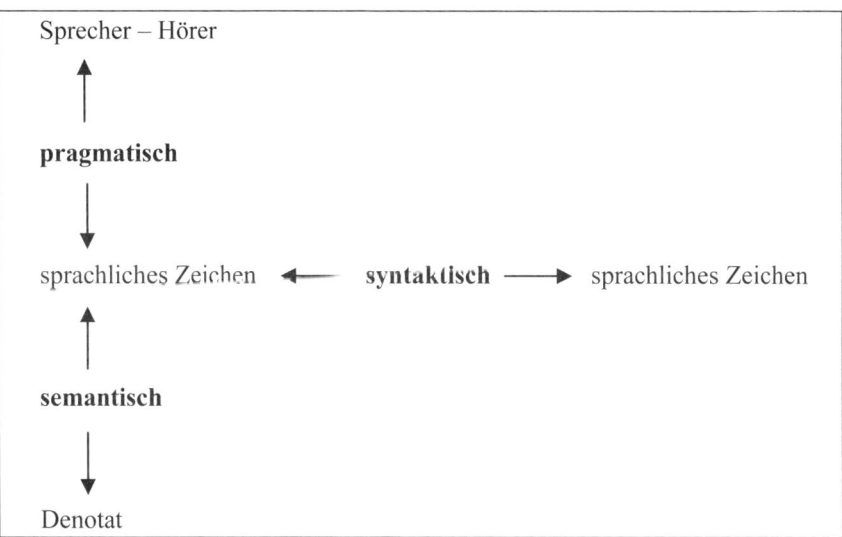

Abb. 1: Zeichenbeziehungen

3.2.5. KOMPLEXITÄT UND MOTIVIERTHEIT VON SPRACHZEICHEN

Während man für Sachen wie Bett, Bild, Tisch, Stuhl keine Begründungen formulieren kann, warum sie so heißen wie sie heißen, ist dies wohl aber für Sachen wie Fotoalbum und Wecker möglich:

Das Fotoalbum heißt Fotoalbum, weil es ein Album für Fotos ist.
Der Wecker heißt Wecker, weil er weckt.

Fotoalbum und *Wecker* sind komplexe Sprachzeichen, die in Bezug auf ihre Bestandteile (Morpheme; vgl. Kapitel 8) *Foto, Album, weck(en)* und *-er* (als Bezeichnung für ein Gerät, das etwas tut) durchsichtig sind. Die **morphologische Durchsichtigkeit** ist eine Bedingung für die **semantische Motiviertheit** der Wörter. Semantisch motiviert sind sie, wenn ihre Bedeutung aus der Summe der Bedeutungen der Teile und der Weise ihrer Zusammenfügung ableitbar ist (man vergleiche dazu Kapitel 8 – 10).

Umfangreicheres Wortmaterial kann schnell verdeutlichen, dass komplexe Zeichen trotz morphologischer Durchsichtigkeit nicht automatisch vollmotiviert sind. Bei einer Reihe von Komposita mit dem gleichen Grundwort *-wurst* zeigen sich vielmehr alle möglichen Übergangsformen zwischen motivierten Zeichen wie *Leberwurst* und gegenwartssprachlich nur teilmotivierten wie *Plockwurst, Mettwurst*:

Streichwurst	Zungenwurst	Schweinswurst
Kochwurst	Schinkenwurst	Presswurst
Knoblauchwurst	Dosenwurst	Weißwurst
Rauchwurst	Jausenwurst	FV, OV Zer-
Katen(rauch)wurst	Katenwurst	zɛrvəˈlaːt-/ Servelatwurst
Fleischwurst	Leberwurst	/tsɛrvəˈlaːt-, zɛr-/
Salamiwurst	Trüffelleberwurst	Zervelatwurst
Schlackwurst	Geflügelleberwurst	Bratwurst
Knackwurst	Kalbsleberwurst	Rostbratwurst
Bockwurst	Räucherwurst	Rotwurst
Plockwurst	Hausmacherwurst	Hartwurst
Trüffelwurst	Dauerwurst	Rostwurst
Pinkelwurst	Bierwurst	Blutwurst
Griebenwurst,	Erbswurst	Bettwurst
Greubenwurst	Hanswurst	Mettwurst

G. Muthmann, Rückläufiges deutsches Wörterbuch, S. 961

3.3. ZUR PROBLEMATIK VON IKONIZITÄT UND MOTIVIERTHEIT VON SPRACHZEICHEN

Einen Einwand gegen die Arbitrarität der sprachlichen Zeichen haben schon immer lautnachahmende Wörter begründet, wie zum Beispiel die Bezeichnung eines bestimmten Vogels nach seinem Ruf als *Kuckuck*. Hier kann man zwischen Ausdruck und Inhalt eine kausale Beziehung herstellen: „Der Kuckuck heißt *Kuckuck*, weil er Kuckuck ruft." Hier besteht offensichtlich eine Übereinstimmung im wahrnehmbaren Merkmal Klang zwischen dem Zeichen *Kuckuck* und dem Denotat, dem Vogel, nämlich seinem Ruf. Das sprachliche Zeichen erscheint als motiviert, insofern der Vogel zweifellos nicht *Wauwau* oder *Kikeriki* heißen könnte. Andererseits sind die Bezeichnungen für den Vogel doch auch einzelsprachlich konventionalisiert, insofern seine Bezeichnungen variieren: engl. *cuckoo*, franz. *coucou*, span. *cuco* usw.

Da Sprachzeichen lautlich realisiert werden, liegt es nahe, dass sie überhaupt in dem Sinne ikonisch sein können, dass Denotate mit akustischem Charakter durch klangnachahmende Zeichen bezeichnet werden, so zum Beispiel bei der Bezeichnung von Geräuschen als *knacken*, *Knall*, *knarren*, *knirschen*, *knistern*, *knurren*, *knuspern*. Solche Zeichen nennt man **onomatopoetisch**.

Ikonizität kann aber auch in geschriebener Sprache realisiert werden, wenn etwa in visueller Poesie eine inhaltliche Beziehung zwischen der graphischen Textstruktur und dem von den Wörtern bezeichneten Phänomen hergestellt wird. Ein Beispiel bietet Ernst Jandls Ebbe-Flut-Text; man vgl. auch Kapitel 18:

```
ebbeebbeebbeebbeflut
ebbeebbeebbeebbeebbe
ebbeebbeebbeebbeflut
ebbeebbeebbefluuuuut
ebbeebbeebbefluuuuuuut
ebbeebbefluuuuuuuuuuut
ebbefluuuuuuuuuuuuuuut
fluuuuuuuuuuuuuuuuuuut
ebbefluuuuuuuuuuuuuuut
```

Ernst Jandl, der künstliche Baum, Sammlung Luchterhand 9, Neuwied am Rhein und Berlin 1970, S. 34

Ikonizität wird schließlich überhaupt allen sprachlichen Zeichen zugesprochen, die eine komplexere Struktur besitzen und bei denen zum Beispiel eine Übereinstimmung in der Reihenfolge der sprachlichen Elemente mit der Reihenfolge von Elementen im Denotat besteht, wie etwa bei Bezeichnungen von Farbfolgen in Nationalflaggen (*blau-weiß-rot*). Als ikonisch kann man auch Pluralformen wie *Kinder* auffassen, in denen gegenüber dem Singular *Kind* ein Mehr an sprachlichem Material einem Mehr an Inhalt entspricht. Freilich gibt es daneben auch Pluralformen, die sich nur durch den Umlaut vom Singular unterscheiden wie *Väter* oder die mit dem Singular identisch sind wie *Segel*. Auf der Satzebene kann in Teilsätzen eine Reihenfolge von Geschehen wiedergegeben werden: *Nachdem er seine Arbeit beendet hatte, ging er ins Kino*. Das Beispiel zeigt aber zugleich, dass diese Ikonizität nicht zwingend gestaltet werden muss, da die Reihenfolge der Teilsätze auch umgedreht werden kann:

> *Er ging ins Kino, nachdem er seine Arbeit beendet hatte.*

Insgesamt ist der Begriff der Arbitrarität des sprachlichen Zeichens also wohl etwas einzuschränken. Über das Ausmaß der Ikonizität sprachlicher Zeichen kann aber durchaus diskutiert werden.

3.4. Definitionen

Arbitrarität	Beliebigkeit oder Willkürlichkeit der Verbindung von Ausdruck und Inhalt des sprachlichen Zeichens
Ausdruck	konkret wahrnehmbarer (hörbarer bzw. sichtbarer) Teil des sprachlichen Zeichens
Bedeutung	Synonym für Inhalt oder in relationalem Verständnis die Beziehung zwischen Ausdruck und Inhalt des sprachlichen Zeichens
Denotat	durch das sprachliche Zeichen bezeichnete außersprachliche Gegebenheit
Ikon oder ikonisches Zeichen	Zeichen mit Übereinstimmungen zu wahrnehmbaren Merkmalen des Denotats
Ikonizität	ikonischer Charakter von Zeichen
Index oder indexikalisches Zeichen	Zeichen mit realem Denotatsbezug

Inhalt	durch den Ausdruck vermittelte geistige Vorstellung vom Denotat
Konventionalität	soziale Gegebenheit der Verbindung von Ausdruck und Inhalt des sprachlichen Zeichens
morphologische Durchsichtigkeit	Erkennbarkeit der Bestandteile (Morpheme) eines sprachlichen Zeichens
onomatopoetisch	im lautlichen Ausdruck des sprachlichen Zeichens akustische Merkmale des Denotats nachahmend (lautmalerisch)
pragmatische Beziehung	die Beziehung der sprachlichen Zeichen zu den Zeichenbenutzern
semantische Beziehung	die Beziehung der sprachlichen Zeichen zu den Sachverhalten
semantische Motiviertheit	Nachvollziehbarkeit der Bedeutung eines komplexen sprachlichen Zeichens aufgrund der Bedeutung seiner Bestandteile und der Art ihrer Verbindung
Signifikant	gesprochener oder geschriebener Ausdruck (franz. signifiant)
Signifikat	Inhalt (franz. signifié)
sprachliches Zeichen	aus sprachlichem (hörbarem bzw. sichtbarem) Ausdruck und Inhalt bestehendes Zeichen
Symbol oder symbolisches Zeichen	Zeichen mit konventionellem und zugleich arbiträrem Denotatsbezug
syntaktische Beziehung	die Beziehung der sprachlichen Zeichen untereinander

3.5. LITERATUR

Kurzinformation:

Metzler Lexikon Sprache. Artikel: Arbitrarität, Ausdruck, Bedeutung, Denotat, Index oder indexikalisches Zeichen, Ikon oder ikonisches Zeichen, Ikonizität, Inhalt, Konventionalität, morphologische Durchsichtigkeit, onomatopoetisch, pragmatische Beziehung, semantische Beziehung, semantische Motiviertheit, Signifikant, Signifikat, sprachliches Zeichen, syntaktische Beziehung

KAPITEL 3

Einführende Literatur:

A. *Linke* – M. *Nussbaumer* – P.R. *Portmann*, Studienbuch Linguistik, S. 17-24

W. *Nöth*, in: J. Dittmann – C. Schmidt (Hgg.), Über Wörter, S. 9-32

H. *Pelz*, Linguistik, S. 39-50

Grundlegende und weiterführende Literatur:

U. *Eco*, Einführung in die Semiotik

Ch.W. *Morris*, Grundlagen der Zeichentheorie

C.K. *Ogden* – L.A. *Richards*, Die Bedeutung der Bedeutung

F. de *Saussure*, Grundfragen der allgemeinen Sprachwissenschaft, Teil I, Kapitel I

KAPITEL 4: SPRACHERWERB

4.1. EINSTIEG: *EIN MORPHOLOGISCHES RÄTSEL*

Abb.1: Wugs. (J. Berko, The child's learning of English morphology, S. 154)

Wugs sind seltsame Wesen. Eigentlich gibt es sie nicht, und dennoch verraten sie und ihre artgenössischen Phantasiewesen viel darüber, was Kinder zu einem gegebenen Zeitpunkt über Sprache wissen. Wie selbstverständlich habe ich den *s*-Plural zur Bezeichnung mehrerer unserer kükenhaften Zweibeiner gewählt; es sind nicht die *Wug*, die *Wuge* oder *Wüger*, sondern die *Wugs*. Ganz sicher.

Die meisten Kinder von etwa fünf Jahren (deutsche wie englische) würden das genauso sehen. Die meisten deutschen würden zudem mit mir darin übereinstimmen, dass es sich bei *Wug* um ein maskulines Substantiv handelt. Kinder wissen früh, dass Wörter mit einer langen Reihe grammatischer Informationen verknüpft sind, die dafür sorgen, dass Wortformen dem Kontext auf sehr spezifische Weise angepasst werden. Sie verfügen über implizites Regelwissen, das sie unter anderem in die Lage versetzt, die schwierige Frage nach dem Plural von *Wug* zu beantworten.

Eine Kleinigkeit ist das nicht. Wer sagt Kindern, dass sich Wörter in Gruppen (Substantive, Verben, Adjektive etc.) unterteilen lassen, dass sich diese Wörter wortartabhängig völlig unterschiedlich verhalten, sie auf bestimmte Weise angeordnet sind, dass mehrfaches Vorhandensein (= Plural) das Substantiv ausdrucksseitig verändert, und wer sagt ihnen, welches Mittel der Pluralmarkierung sie unter welchen Umständen zu verwenden haben? Phantasiewörter beantworten diese fundamentalen Fragen der Spracherwerbsforschung nicht. Sie zeigen aber, dass Spracherwerb weniger mit Nachahmung, umso mehr aber mit

Abstraktion und Anwendung von Regelwissen zu tun hat. Das Wort *Wugs* haben die kindlichen Testpersonen jedenfalls noch nie gehört, deshalb verwenden Psychologen wie Jean Berko in ihrem berühmt gewordenen *Wug*-Test so genannte 'novel words'. Sie schließen damit aus, dass Probanden nur reproduzieren, was sie anderenorts gehört haben.

Im ersten Abschnitt dieses Kapitels werden wir uns also fragen müssen, wie wir lernen, wenn nicht durch Nachahmung, bevor wir uns der Frage widmen, in welchen Phasen sich Spracherwerb vollzieht. Wir werden dabei feststellen, dass die grammatischen Beschreibungsebenen, die in diesem Buch thematisiert werden, separaten Modulen im Kopf entsprechen, deren Erwerb zu unterschiedlichen Zeiten auf unterschiedliche Art und Weise vonstatten geht. Spracherwerbsforschung ist die Suche nach den Ordnungsprinzipien in diesen Modulen.

4.2. THEORIEN ZUM SPRACHERWERB

Unbestritten ist sprachliche Interaktion die Basis, auf der sich die Entwicklung von Sprache vollzieht. Wir hören etwas, weisen dem Gehörten eine Bedeutung zu und reproduzieren das Erlernte, solange wir in unserem sprachlichen Verhalten durch die Umwelt bestärkt werden. Mit anderen Worten: Sprachliche Reize bedingen entsprechende sprachliche Reaktionen, so – stark verkürzt – die **behavioristische** Sicht auf Spracherwerb. In derartigen Lerntheorien ist Imitation die zentrale Spracherwerbsstrategie, deren Defizite die *Wugs* aufzeigen: Wir produzieren ständig Äußerungen, die wir nicht schon einmal irgendwo gehört und damit reproduzierbar gemacht haben.

Offenkundig ist die Funktion des Inputs in seiner Verarbeitung, nicht in seiner Reproduktion zu suchen: Der Input sagt uns, wie die sprachspezifischen Regeln beschaffen sind, mit deren Hilfe wir Sprache generieren; er sagt uns etwa, dass mehrfaches Vorhandensein von Gegenständen (= Plural) im Englischen i.d.R. durch das Anfügen eines *s*-Lautes kodiert wird, wie oben bei unseren *Wugs*. Woher Kinder allerdings wissen, auf welche lexikalischen Einheiten unter welchen Umständen welche Input-generierten Regeln anzuwenden sind, ist schwerlich durch den Input selbst zu erklären. Folgt man hier den **nativistischen** Ansätzen, dann setzt die Analyse des Inputs voraus, dass Kinder eine Prädisposition für Spracherwerb besitzen, ein angeborenes Wissen über die Bausteine einer natürlichen Sprache. Man mag das mit Steven Pinker 'Sprachinstinkt' nennen oder mit Noam Chomsky 'Language Acquisition Device' (LAD). Entscheidend ist in beiden Spracherwerbsmodellen, dass die Vorstellung von Lernen als aktivem und selbstgesteuertem Prozess nicht ganz richtig ist. Etwas provokant formuliert aktivieren wir nur, was bereits angelegt ist; wir lernen nicht – zumindest nicht unsere Muttersprache.

Direkt beweisbar sind nativistische Theorien nicht. Die Auffassung von genetisch gesteuertem Spracherwerb würde aber vieles erklären, z.B. warum alle Kinder dieselben Spracherwerbsphasen durchlaufen, dieselben Fehler machen und dieselben Spracherwerbsstrategien anwenden. Kinder testen Hypothesen zu den Strukturen der Sprache und modifizieren diese Hypothesen, wenn die Reaktionen einmal nicht erwartungsgemäß ausfallen sollten. Das ist eine Lernstrategie, die weder auf Nachahmung beruht noch den Kindern beizubringen ist; sie tun das einfach, instinktiv. Der *s*-Plural der *Wugs* ist jedenfalls Resultat einer solchen Hypothese, noch dazu eine, die sich als richtig erwiesen hat.

Erweisen sich Hypothesen als falsch, ergibt sich ein weiteres Argument gegen behavioristische Lerntheorien, denn diese können nicht erklären, wieso Lerner ungrammatische Sätze produzieren, wenn der Input korrekt ist[1]. Dialoge wie der folgende lassen wenig Spielraum bezüglich der Frage, ob Imitation eine signifikante Rolle im Spracherwerb spielt oder nicht:

> K: Nobody don't like me
> E: No, say „nobody likes me"
> K: Nobody don't like me
> E: No, say „nobody likes me"
>   [...]
> E: Now, listen carefully; say „nobody likes me"
> K: Nobody don't likes me

J. Keller/H. Leuninger, Grammatische Strukturen – Kognitive Prozesse, S. 199

Die Weigerung, den Input zu reproduzieren, lässt sich im Grunde nur dadurch erklären, dass Äußerungen immer aufs Neue gemäß der zum gegebenen Zeitpunkt verfügbaren Grammatik generiert werden. Es ist schlicht noch zu früh für ein Bewusstsein dafür, mit welchen Bestandteilen der Äußerung das Konzept Negation assoziiert ist, oder welche Funktion das -*s* am Verb hat. Der – wenn man so will – Kompromiss von Imitation und Produktion in der letzten Zeile zeigt aber, dass ein entscheidender Schritt nicht fern ist: die Erkenntnis, dass auch Verben in ihrer Formenbildung veränderlich (= flektierbar) sind. Es dauert dann nicht mehr lange, bis sich das Kind fragt, unter welchen Bedingungen sich

---

[1] Korrekter Input ist gerade in Spracherwerbskonstellationen nicht die Regel. Eltern neigen dazu, ihren Kindern gegenüber eine vereinfachte Varietät der Muttersprache (sog. *'child-directed speech'* oder auch *'motherese'*) zu verwenden, um ihnen das Verständnis zu erleichtern. Ganz ähnlich (von Rücksichtnahme geprägt) ist *'foreigner talk'*, eine Sprachvarietät, die in der Kommunikation mit Sprechern anderer Muttersprachen verwendet wird. Auch hier besteht die Tendenz zur Vereinfachung über die Grenzen der Grammatikalität hinaus. Der Nutzen in ihrer Komplexität reduzierter Sprache für den Spracherwerb scheint beschränkt, nachgewiesen ist er zumindest nicht.

diese Veränderungen vollziehen. Es wird Hypothesen zur Funktion des -*s* aufstellen, diese testen und sich so Schritt für Schritt die Flexionskategorie Person erschließen; das regelhafte Auftreten von -*s* am Verb wird damit möglicherweise zum Auslöser (*trigger*) der gesamten Verbalflexion.

Dennoch bestehen Zweifel an der Existenz eines angeborenen Spracherwerbsmechanismus mit genetisch angelegten Erwerbsverläufen und vorgefertigtem sprachlichen Wissen, das nur durch geeigneten Input aktiviert werden muss. Tatsächlich bedarf die Annahme, dass wir unsere Muttersprache nicht einfach wortwörtlich von A bis Z lernen, einer Begründung, die mehr beinhalten sollte als den Hinweis, dass Sprache zu komplex sei, um gelernt zu werden wie andere Fertigkeiten auch. Die **Kognitivisten**, von denen Jean Piaget sicher der einflussreichste ist, wenden sich denn auch explizit gegen eine Trennung von kognitiver Entwicklung und Sprache. Kinder erschließen sich die Welt und mit ihr die Sprache durch Induktion – durch Ableiten von Regeln aus dem Input. Sie tun das aber in Abhängigkeit von ihrer allgemeinen kognitiven Entwicklung, nicht gewissermaßen ferngesteuert durch ein abstraktes Konzept, dessen Name an den einer Maschine erinnert.

Als besonders eindrucksvolles Zeugnis kognitiver Fähigkeiten mit unmittelbaren Auswirkungen auf Sprachfähigkeit gilt das sich entwickelnde Bewusstsein für Objektpermanenz: die Fähigkeit der Kinder, Dinge von ihrer Wahrnehmung zu trennen. Für die Entwicklung von Sprache ist die Erkenntnis, dass Dinge weiterhin existieren, selbst wenn sie aus dem Blick geraten, ungemein wichtig. Dinge mit autonomer Existenz können mit einem Etikett (*Ball*, *Teddy*, *Baby*, *Wug* etc.) versehen werden, während Dinge, die vergessen werden, sobald Eltern (oder böse Wissenschaftler) sie verstecken, denkbar ungeeignet sind, zu Einträgen im Gehirn eines Kindes zu werden. Auf der Basis sich entwickelnder kognitiver Fähigkeiten wie Gedächtnis und Intelligenz entstünde Sprachfähigkeit erst.

Dennoch gibt es einige Beobachtungen, die nicht recht zu den Grundannahmen der kognitivistischen Ansätze zu passen scheinen. So wird wiederholt von Fällen berichtet, in denen Defizite in der kognitiven Entwicklung von Kindern nicht mit Sprachstörungen einhergehen (Williams-Syndrom). Bei anderen Kindern werden 'spezifische Sprachentwicklungsstörungen' (SSES) diagnostiziert, obwohl keine kognitiven Defizite nachweisbar sind. Bedeutet das nicht, dass Spracherwerb ein eigenständiges Modul und nicht nur Teil der Kognition ist?

Auch die fürchterlichen Geschichten von Menschen, die in völliger Isolation ohne sprachliche Interaktion aufwachsen, scheinen zu zeigen, dass Sprache und Kognition zu trennen sind. Bei diesen 'Wolfskindern' ist niemand überrascht, dass sie niemals muttersprachliches Niveau erreichen, auch wenn ihre Isolation beendet ist: Was Hänschen nicht lernt, lernt Hans nimmermehr. Warum eigentlich nicht? Sollten ältere Lerner aufgrund ihrer entwickelten Kognition nicht die besseren Lerner sein?

Die entscheidende Frage führt uns direkt zurück zu unserem Ausgangspunkt, den *Wugs*: Wieso wissen wir so sicher, dass es nicht die *Wug*, die *Wuge* oder *Wüger* sind, warum glauben wir, dass sie keine Feminina oder Neutra sind? Wir haben keine Möglichkeit, aus dem Input Regeln zu den Dingen abzuleiten, die in einer Sprache *nicht* funktionieren. Es fehlt die *negative Evidenz*, aus der wir Restriktionen ableiten könnten, wir haben als Quelle induktiver Regelableitung nur positive Evidenz. Was bleibt übrig als anzunehmen, dass Dinge, die wir mangels entsprechenden Inputs nicht lernen können, in uns angelegt sind?

Wie üblich in der Theoriebildung dürfte die Wahrheit irgendwo in der Mitte liegen. Erinnern wir uns, dass auch der Nativismus nicht ohne behavioristische Stimuli und ohne kognivistisches Regelableiten und Kategoriebilden auskommt, erinnern wir uns auch daran, was Hänschen und Hans im Sprichwort oben wirklich unterscheidet: Hänschen wird nach einem Monat die ersten muttersprachlichen Laute produzieren, nach einem Jahr die ersten Wörter, nach zweien die ersten Sätze, während Hans allenfalls im Wortschatzerwerb schnelle Fortschritte macht. Jedes Alter, jede einzelne Fertigkeit bedingt unterschiedliche Zugänge zur Sprache. Einzelne Spracherwerbsmodelle erklären einzelne Aspekte des Spracherwerbs, sie ergänzen sich, sie schließen sich nicht aus.

Die umrissenen Ansätze hier sollten allerdings nicht zu der Annahme verleiten, dass alles Weitere nur Versatzstücke dieser Theorien neu organisiert. Wichtige, etwa pragmatische Aspekte spielen hier kaum eine Rolle, ebenso wenig Individualität. Wolfgang Klein (S. 9) nennt die Spracherwerbsforschung mit Blick auf die Zahl jährlicher Veröffentlichungen zum Thema die fruchtbarste sprachwissenschaftliche Disziplin überhaupt. Vielleicht ist sie es, weil noch so viele Fragen offen sind.

4.3. PHASEN DES SPRACHERWERBS

Unsere Vorstellung von Sprache ist eng mit der Produktion von Wörtern verknüpft. Eltern erinnern sich gerne an den Tag irgendwann um den ersten Geburtstag herum, an dem ihr Kind erstmals ein existierendes Wort der Muttersprache produziert hat und auch meinte, was es da sagte. *Mama* oder *Papa* scheinen übrigens nicht sonderlich häufig diese ersten Wörter zu sein.

Schon vorher produzieren Kinder Lautfolgen, mit denen sie etwas assoziieren. Einige dieser **Protowörter** haben sogar den Sprung in die Wörterbücher natürlicher Sprachen geschafft (im Deutschen z.B. *Wauwau*). Noch früher artikulieren sie möglicherweise muttersprachliche Wörter, die allerdings im Bewusstsein der Kinder noch nichts bedeuten. Hochbegabtheit liegt hier also nicht vor. Die Existenz dieser artikulatorischen Zufallstreffer (oder anders formuliert: die Fähigkeit, mögliche Wörter der Zielsprache zu artikulieren) zeigt aber, dass schon in vorsprachlicher Zeit Grundlagen der Muttersprache erworben werden.

4.3.1. LAUTERWERB

Kinder können es offensichtlich kaum erwarten, sie beginnen den Lauterwerb vor ihrer Geburt. Sie nehmen Geräusche wahr und sind in der Lage, zwischen sprachlichen und nicht-sprachlichen Lauten zu unterscheiden. Besonderes Interesse wecken dabei sprachliche Laute, was sehr gut zu der nativistischen Überzeugung genetisch angelegter Spracherwerbsmechanismen passt.

In den ersten Wochen nach der Geburt setzt sich diese Tendenz zur Fokussierung auf das Wesentliche fort. Säuglinge zeigen eine deutliche Präferenz für die Stimme der Mutter, entwickeln in der Folge eine Affinität für muttersprachliche Intonationsmuster und Sensibilität für diejenigen Laute, die in der Muttersprache eine Rolle spielen. Man könnte diese Phase auch unvorteilhafter beschreiben: Der Spracherwerb beginnt mit Verlust. Säuglinge verlieren ihre Sensibilität für alle Lautmerkmale, die in ihrer zukünftigen Muttersprache keine Rolle spielen. Die Parameter, die hier gesetzt werden, begleiten uns ein Leben lang. Die offenkundigen Schwierigkeiten, die japanische Lerner mit der deutschen Opposition von *l*- und *r*-Lauten haben, oder die Schwierigkeiten, die deutsche Lerner mit bedeutungsdifferenzierenden Tönen im Chinesischen haben, sind in dieser frühen Phase angelegt.

Die Wahrnehmung signifikanter Lautmerkmale ist das Eine, deren Produktion das Andere, schon aus biologischen Gründen: Ein leistungsfähiger Artikulationsapparat entwickelt sich erst. Die Anatomie eines kleinkindlichen Kopfes erinnert an die des Affen; sie lässt mit dem hochgelegten Kehlkopf, dem kleinen Mundraum und den fehlenden Zähnen nur die Produktion eines sehr begrenzten Inventars von Lauten zu. Auch die neuronale Steuerung der für die Lautproduktion nötigen komplexen Bewegungsabläufe entsteht nur langsam, so dass der produktive Lauterwerb dem rezeptiven um Jahre hinterherhinkt, wie folgender Dialog zeigt:

> E: [Die Aussprache des Kindes imitierend] Das ist dein Fis?
> K: Nein, mein Fis.
>   [...]
> E: Das ist also dein Fisch?
> K: Ja, mein Fis!

nach: R. Brown/ J. Berko, Handbook, S. 531

Das 'Fis-Phänomen' ist zum Synonym für den Umstand geworden, dass Asymmetrien von Lautrezeption und -produktion bestehen. Genau genommen zeigt das Fis-Phänomen aber mehr als das. Es zeigt, dass selbst Asymmetrien regelhaft sind, denn es ist keineswegs willkürlich, welchen Laut ein Kind anstelle des richtigen Lautes verwendet. Die übereinstimmenden Abweichungen bei Kindern unterschiedlichster Muttersprachen deuten darauf hin, dass eine prädisponierte Erwerbsabfolge des Lauterwerbs existiert.

Dieser 'vorherbestimmte Pfad' wird von maximalen Oppositionen bestimmt. Auf den Zentralvokal (a-Laut) folgt ein Laut, dessen Eigenschaften sich deutlich genug von denen des Vokals unterscheiden, um mit den noch nicht sonderlich präzise arbeitenden Artikulationswerkzeugen produziert werden zu können. So entstehen durch Schließen der Lippen Konsonanten; Mama und Papa werden möglich. Wieder ist der artikulatorische Unterschied zwischen den genannten Konsonanten ziemlich groß, denn für die Produktion von Mama wird neben dem Mund- auch der Nasenraum verwendet, für Papa nur der Mundraum. Sie werden im Kapitel zur Phonologie sehen, dass alle Laute als Kombinationen artikulatorischer Merkmale zu beschreiben sind – und natürlich unterscheiden sich auch die schließenden Konsonanten in Fis und Fisch voneinander. Die Opposition hier ist allerdings nicht sonderlich groß: Der s-Laut in Fisch wird lediglich etwas weiter hinten und mit leicht geänderter Zungenhaltung (gerillt) artikuliert als der s-Laut in Fis. Es verwundert eigentlich nicht, dass diese Opposition ziemlich weit am Ende des Lauterwerbs steht, gefolgt noch von den „kombinierten Lauten", den Affrikaten in Ap*f*el oder Ka*tz*e beispielsweise. Die wenigsten Kinder verfügen schon vor ihrem fünften Geburtstag produktiv über das komplette Phoneminventar ihrer Muttersprache.

Dennoch täte man Kindern unrecht, wenn man den Beginn des (produktiven) Lauterwerbs einzig am Entstehen der muttersprachlichen Phoneme festmachte. Auch in der vorsprachlichen Phase produzieren Kinder Laute, denen man durchaus (vorsprachliche) Funktionen zuordnen kann:[2]

1. *Schreien* [vor 0;1][3]:
   - Differenziertes Klangmuster zum Ausdruck subjektiver Zustände.
   - ➢ Mitteilungsfunktion
2. *Gurren* [ab 0;1]:
   - Ausdruck positiver Gefühle in Opposition zum *Schreien* als Ausdruck negativer Gefühle / Kontrolle über verschiedene Stimmregister.
   - ➢ Differenzierung der Mitteilungsfunktion

---

[2] Klassifizierung der Phasen nach G. Klann-Delius, Spracherwerb, S. 22ff.
[3] Altersangaben von nun an in eckigen Klammern [Jahre; Monate].

3. *Lallen /Plappern* [ab 0;5]:
   - Produktion vokalähnlicher Laute[4] / Beginn spielerischer Lautnachahmung.
   - ➢ Differenzierung der sprachlichen Mittel
4. *Brabbeln* [ab 0;6]:
   - Entstehung stabiler Lautmuster, begünstigt durch die sich um diese Zeit vollziehende Angleichung des Vokaltrakts an den Erwachsener / Erste stabile Lallwörter, die semantisch identifizierbar sind (*hamham*).
   - ➢ Zuordnung von Lautfolgen zu Bedeutungen (*'mapping'*) beginnt
5. *Repetitives Brabbeln* [ab 0;7]:
   - Erhöhung des Konsonantenanteils und Anzeichen eines rudimentären Verständnisses von Wörtern. Neben reine Wiederholungen gleichlautender Silben (*'Reduplikationen'*) treten Kombinationen unterschiedlicher Silben (*bada*).
   - ➢ Beginn phonetischer Adaption *'gemappter'* Begriffe

Insgesamt ergibt sich somit folgendes Bild: Die Fähigkeit, signifikante phonologische Eigenschaften der Muttersprache zu erkennen, entwickelt sich frühzeitig, noch bevor Kinder anfangen, mit sprachlichen Mitteln Dinge zu benennen. Der *Fis* zeigt aber, dass Asymmetrien den Lauterwerb noch immer prägen, wenn Kinder längst mit anderen Herausforderungen konfrontiert sind, etwa dem Wortschatzerwerb. Die Artikulation muttersprachlicher Laute kann erst gegen Ende des vierten Jahres als erworben gelten, Intonationsmuster teilweise erst mit zwölf. Wie Kinder ihre Defizite ausgleichen, zeigt das *Fis*-Phänomen auch: Sie **übergeneralisieren**, nehmen beispielsweise einen *s*-Laut stellvertretend für alle anderen. Wir werden im folgenden Abschnitt zum Wortschatzerwerb sehen, dass Übergeneralisierung eine prominente (wenn nicht universelle) Spracherwerbsstrategie ist.

4.3.2. WORTSCHATZERWERB

Was ist ein Wort? Die Frage ist nicht trivial, sie wird in der Linguistik nach wie vor diskutiert. Immerhin erkennen wir Wörter jeder Sprache, wenn wir sie geschrieben sehen: Links und rechts von ihnen befinden sich zumindest in Alphabet- und Silbenschriften Leerzeichen. Ein Kind im Spracherwerb liest allerdings nicht. Es hört eine lange Kette aneinandergereihter Laute der Muttersprache ohne Pausen zwischen den Wörtern. Es steht vor der Aufgabe, Wörter zu identifizieren, diesen Bedeutungen zuzuweisen und den so entstehenden Wortschatz

---

[4] Kinder produzieren in diesem Stadium deutlich mehr Vokale als Konsonanten. Diese Phase ist angeboren: Auch gehörlose Kinder oder Kinder gehörloser Eltern durchlaufen sie; ein Umstand, der für die Existenz eines genetisch gesteuerten Spracherwerbsmechanismus spricht.

in irgendeiner Weise sinnvoll zu organisieren. Auch der Wortschatzerwerb beginnt somit, bevor Kinder erstmalig auf einen Gegenstand sprachlich Bezug nehmen.

Identifizieren
Wenn der Wortschatzerwerb mit dem Isolieren von Wörtern aus Lautketten beginnt, dann wissen Kinder offensichtlich instinktiv (!), dass auch Wörter phonologische Merkmale haben. Deutsche Kinder etwa können aus dem Input schließen, dass das prototypische deutsche Wort zwei Silben hat, von denen jeweils die erste betont ist, während französische Kinder eher die Kombination 'unbetont/betont' für den Normalfall halten. Kinder erschließen sich durch prosodische Merkmale, wo sie Wortgrenzen zu vermuten haben; ein deutsches Wort beginnt mit einer betonten Silbe und endet mit einer unbetonten. Prosodie ist sozusagen der 'Steigbügel' für die Worterkennung, entsprechend wird die Erwerbsstrategie, die Kinder hier anwenden, **bootstrapping** genannt.

Wie sehr sich Kinder auf ihr Regelwissen zum Konzept 'Wort' verlassen, zeigt sich auch an den ersten vorsprachlichen Äußerungen. So *brabbeln* (s.o.) französische und deutsche Kinder mit unterschiedlicher Intonation (dt. *Màma*, frz. *mamàn*) und in der Phase des *repetitiven Brabbelns* und später zeigen sich Kinder denkbar resistent gegen das Imitieren von Input mit abweichender Struktur: Die *Kartòffel* wird regelmäßig zur *Tòffel*; Übergeneralisierung spielt also auch in Bezug auf die phonetische Struktur eine wichtige Rolle.

Etikettieren
Der zweite Schritt, nämlich der, den derart identifizierten Wörtern Bedeutungen zuzuweisen, ist zunächst von einem Phänomen gekennzeichnet, das als **Überdiskriminierung** bezeichnet wird. Kinder versehen die Dinge in ihrer Welt mit Bezeichnungen (*'mapping'*), sie haben aber keine Vorstellung davon, dass neben dem mit einem bestimmten Namen versehenen Gegenstand noch andere Dinge existieren, die dasselbe 'Etikett' tragen: Sie wissen nicht, dass der *Stuhl* in der Küche auch *Stuhl* heißt, genauso wie der im Wohnzimmer.

Sonderlich effektiv ist diese Art der Speicherung von Wortschatz nicht, weil so jedes Ding in der Welt ein eigenes Etikett braucht. Möglicherweise erwerben Kinder deshalb in den ersten neun Monaten ihres zweiten Jahres in gemächlichem Tempo einen produktiven Wortschatz von gerade einmal 40–50 Wörtern. Erst gegen Ende ihres zweiten Lebensjahres machen sie eine bedeutsame Entdeckung, die ihre Art der Wortschatzverarbeitung grundlegend ändert: Sie erkennen, dass zwischen dem Möbel in der Küche und dem im Wohnzimmer Beziehungen bestehen, die man als Merkmalsidentität bezeichnen kann. Beide Möbel heißen *Stuhl*, weil sie vergleichbare Merkmale haben oder – wie die Prototypensemantik sagt – beide gleichermaßen Ähnlichkeit mit einem prototypischen Stuhl haben. An die Stelle einer vergleichsweise unorganisierten Wortliste, auf der einfache Wörter und Bedeutungen einander 1:1 zugeordnet sind, treten nun Verknüpfungen von Konzepten (beispielsweise *Stuhl*) und einer Liste von Merkmalen (beispielsweise 'lebt nicht', 'hat vier Beine' etc.), was die Kinder in die Lage versetzt, selbstständig (ohne Input) alles Mögliche mit entsprechenden Merkmalen zu benennen.

In der Folge tun Kinder genau das, was nativistische Spracherwerbstheorien vorhersagen: Sie testen ihre nunmehr gut begründeten Hypothesen, indem sie alles, was die vermuteten Merkmale aufweist, entsprechend etikettieren. Naturgemäß kommt es zu Übergeneralisierungen, da die Merkmalsmatrix noch nicht jener der Erwachsenen entspricht; es kommt durchaus vor, das *Kühe* und *Pinguine* dasselbe Etikett bekommen, da beide leben und schwarzweiß sind.

Dieses sprachliche Erschließen – zunächst der Dinge (Familienmitglieder, Spielsachen, Tiere etc.), dann der Tätigkeiten, danach erst innerer Zustände – macht Kindern ganz offensichtlich großen Spaß. Tatsächlich entwickelt der Wortschatzerwerb zu dieser Zeit häufig eine eigene Dynamik, die von der Forschung als **Vokabelspurt** bezeichnet wird. Was genau ihn auslöst, ist unklar; unbeantwortet ist auch die Frage, warum sich diese bei vielen Kindern zu beobachtende Phase eines beschleunigten Aufbaus des Wortschatzes sehr schnell wieder abschwächt. Klar ist aber, dass der anwachsende Wortschatz eine effektive Organisationsstruktur notwendig macht.

Organisieren
Die Ordnungsprinzipien, nach denen der Wortschatz eines Erwachsenen organisiert ist, kann man sich leicht vergegenwärtigen, indem man Assoziationen freien Lauf lässt: Zu *Blume* fällt Erwachsenen vielleicht *Stiefmütterchen*, *Pflanze* oder *Baum* ein, im fertigen **Mentalen Lexikon** ist der Wortschatz nach Prinzipien wie Über- und Unterordnung gegliedert. Für Erwachsene besteht kein Widerspruch darin, dass ein *Stiefmütterchen* *Stiefmütterchen* aber gleichzeitig auch *Blume* und *Pflanze* ist. Ebenso wenig Probleme haben Erwachsene mit dem Umstand, dass *Blumen* keine *Bäume* sind, obwohl sie gleichermaßen *Pflanzen* sind. Mit anderen Worten: Wortschatz im „fertigen" Lexikon ist nach Prinzipien wie Inklusion und Exklusion strukturiert, worin er sich vom kindlichen Wortschatz unterscheidet. Die meisten Kinder im Alter von etwa drei Jahren dürften heftig protestieren, wenn ein Ding, das ihnen als *Blume* bekannt ist, plötzlich als *Stiefmütterchen* bezeichnet wird.

Es ist diese Einbettung der Wörter in semantische Netze, die den Wortschatzerwerb der nächsten Jahre prägt. Kinder brauchen bis in ihr zwölftes Lebensjahr hinein, bis die Verknüpfungen denen in erwachsenen Gehirnen entsprechen. Einige der entstehenden Ordnungsprinzipien verlieren mit der Zeit wieder an Bedeutung. So ist **Kollokation** zunächst ein prominentes Ordnungsprinzip: Das erste, was Kindern zu *Tisch* einfällt, ist *essen*, während Erwachsene eher *Stuhl* assoziieren. Hier werden Kollokationen im Mentalen Lexikon durch **Kohyponyme** ersetzt.

Es bleibt festzuhalten, dass auch der Wortschatzerwerb in Phasen verläuft: Die Fähigkeit, Wörter zu erkennen, entwickelt sich im ersten Lebensjahr, an dessen Ende auch die ersten Wörter auftreten. Bis zur Entwicklung eines kleinen Wortschatzes von vielleicht 50 Wörtern vergeht viel Zeit, was man durchaus als Indiz dafür werten kann, dass die Art der Speicherung zunächst nicht sonderlich ökonomisch ist. Wenn Kinder beginnen, Wörter aus dem Kontext ihres ersten Auftretens zu lösen und semantische Netze an die Stelle der 1:1-Zuordnung treten, entwickelt sich der Wortschatz rascher; einem dreijährigen Kind steht ein Wortschatz von etwa 3000 Wörtern zur Verfügung. Bis zur vollständigen Ausbildung effektiv strukturierter semantischer Netze vergehen aber noch viele Jahre.

Dass der Wortschatzerwerb damit nicht abgeschlossen ist, versteht sich von selbst. Im Unterschied zur Syntax oder Phonologie verändert er sich ein Leben lang. Das Einzige, das um das zwölfte Lebensjahr herum voll entwickelt ist, das sind die „Schubladen", in die neue Wörter einsortiert werden.

4.3.3. SYNTAXERWERB

Wie nach dem bisher Gesagten zu erwarten war, beginnt auch der Syntaxerwerb, lange bevor Kinder erste Sätze formulieren. Vielleicht sollte man sagen, dass Kinder ihre ersten Sätze vor ihren ersten richtigen Wörtern produzieren. Wenn Kinder Protowörter wie *hamham* artikulieren, dann haben sie mehr im Sinn als die Bezeichnung einer Tätigkeit. Mit *hamham* verbinden sie einen **Agens**, also jemanden, der isst (i.d.R. sich selbst), eine Tätigkeit (*essen*) und ein **Thema**, also etwas, das gegessen wird. Es sind dies die **thematischen Rollen**, die auch Erwachsene in einem Satz mit dem Verb *essen* verwenden. Man hat für Wörter dieser Art den Terminus **Holophrase** gefunden, der ausdrücken soll, dass hier komplexe syntaktische Strukturen mit syntaktisch einfachen Mitteln zum Ausdruck gebracht werden. Ist dem so, dann beginnt der Syntaxerwerb einigermaßen zeitgleich mit dem Wortschatzerwerb, denn Holophrasen sind Einwortäußerungen, wie Wörter auch.

Ein- und Zweiwortäußerungen [ca. 0;10-1;8]

Wie viel Syntax man in Ein- und auch Zweiwortäußerungen hinein interpretieren darf, ist strittig. Nicht jeder wird in jedem Wort oder jeder Kombination zweier Wörter einen versteckten Satz vermuten. Tatsächlich stehen ja 'Etikette' für Dinge regelmäßig am Anfang der Sprachproduktion. Folgen wir Julia eine Weile, die im Dialog mit Rosemary Tracy (S. 77ff.) typischerweise Äußerungen wie diese produziert hat:

> J. [1;8]: *darein ... äffchen* [...] *teddy bauch* [...] *da ... hun(d) ... bauch*

Möglicherweise wird hier wirklich nur benannt, ohne damit irgendwelche Handlungsabläufe oder Zustandsbeschreibungen zu assoziieren. Spätestens allerdings, wenn zu den „Dingwörtern" Bezeichnungen treten, die nur in Relation zu anderen sprachlichen Einheiten sinnvoll verwendbar sind, darf man wohl von beginnenden syntaktischen Strukturen sprechen. So zeigt uns Julia, dass nicht nur verbähnliche Strukturen wie holophrastisches *hamham* oben Mitspieler brauchen. Auch direktionale Elemente (*darein*) setzen etwas (*Äffchen*) voraus, das irgendwohin bewegt wird. Es liegt scheinbar eine komplexe Äußerung vor, deren zielsprachiges Äquivalent der Satz ist.

Die Tendenz, immer mehr implizit vorhandene Mitspieler sprachlich zu realisieren, nimmt natürlich mit der Zeit zu, dennoch bleiben letzte Zweifel an Julias syntaktischer Kompetenz: Es fällt auf, dass die Wörter weder intonatorisch verbunden, noch von einer festen Abfolge gekennzeichnet sind. Julia hat also offenbar noch nicht versucht, Wörter zu Sätzen zusammenzufügen, denn das äußert sich durch Stabilisierung der Reihenfolge und intonatorische Verknüpfungen von Wörtern. Julia hätte wohl auch „*äffchen darein*" äußern können, und auch bei „*teddy bauch*" und „*da hund bauch*" scheint die Reihenfolge eher zufällig gewählt. Hier werden Einwortäußerungen koordiniert.

Die Skepsis Julias syntaktischer Kompetenz gegenüber entkräftet sie allerdings wenige Tage später, wenn sie Tracy mit den Worten „*brille ab*" auffordert, die Sehhilfe beiseite zu legen, ihre eigenen Handlungen mit „*brezel essen*" oder „*vogel aufziehen*" kommentiert. Kein Zweifel, hier liegen Sätze vor, denen eigentlich nur die Subjekte fehlen. Unseren *Wug*-Test vom Anfang würde Julia allerdings noch nicht bestehen, denn Flexion ist ihr in dieser Phase noch fremd. Wohl aber beginnt mit der Produktion von Einheiten über der Wortebene eine neue Phase, in der das syntaktische Instrumentarium weiter ergänzt wird.

Mehrwortphase [ca. 1;8-3;0]

Der Ausbau sprachlicher Äußerungen vollzieht sich nun, Sätze enthalten nun in zunehmendem Umfang Subjekte, die meist die thematische Rolle 'Agens' repräsentieren. Auch die 'durchschnittliche Äußerungslänge' (**MLU**) nimmt stetig zu, was als Indikator zunehmender grammatischer Kompetenz gilt. Julia produziert nun Sätze wie:

J. [1;11]: *julia kette/mami auch kette* [...] *kinderzimmer gehen/mami auch gehen*

Auffällig ist, dass Einheiten, die für sich genommen nichts bedeuten, immer noch fehlen. Zu allererst betrifft das Flexionselemente (die sich gegen Ende dieser Phase langsam entwickeln). Es fehlen aber auch alle Wörter, die eher eine grammatische Funktion als eine lexikalische Bedeutung haben – Artikel etwa. Ein 'bedeutungsarmes' Element begegnet Interviewern und Eltern allerdings schon hier regel- bis übermäßig: *und*! Kinder tendieren in dieser Phase zu langen Reihen koordinierter einfacher Sätze (**Parataxe**), genau so, wie sie in der Ein-Zweiwortphase zu koordinierten Wörtern tendieren. Hier wie dort dauert diese Phase an, bis Kinder die Mittel finden, Einheiten miteinander in Beziehung zu setzen, Einheiten anderen Einheiten unterzuordnen.

Komplexe Syntax [ca. 3;0-12;0]
Die angegebene Zeitspanne für diese Phase suggeriert, dass Kinder langsam Anderes als Spracherwerb im Kopf haben, denn sie reicht bis zum Abschluss des elementaren Erstspracherwerbs, nehmen wir den Wortschatzaufbau einmal heraus. Täuschen wir uns nicht, denn in diese Phase fällt in flektierenden Sprachen auch der Flexionserwerb, der zahlreiche Tücken bereithält, angefangen beim Verb mit seinen Flexionskategorien und Kongruenzbeziehungen über ziemlich große Flexionsparadigmen wie etwa beim Adjektiv oder Substantiv. Auch hier sind Übergeneralisierungen Stück für Stück zu korrigieren, eine Aufgabe, die – wie wir beim Wortschatzerwerb gesehen haben – äußerst aufwendig ist. Julias Verb (*gehen*) hat noch einen weiten Weg vor sich, auf dem viele zu korrigierende Interimformen liegen (**Mama und Julia geht – *Mama ist geht – *Mama und Julia ist gegeht* etc.). Flexion allerdings soll hier nicht Thema sein, denn damit verließe man endgültig den Boden allgemeiner Aussagen zum Spracherwerb. Stattdessen kehren wir ein letztes Mal zu Julia zurück, die mit etwa zweieinhalb Jahren Folgendes äußert:

J. [2;8]: *wenn die julia futter reintut dann fressen die vögeln alles auf*

Neben die parataktischen Strukturen der Mehrwortphase treten **Hypotaxen** (Hauptsätze mit untergeordneten Nebensätzen), auch hier kommt zur Koordination die Subordination hinzu. Nebenbei wurde erneut eine Interimregel revidiert: Die übergeneralisierte Positionierung des Verbs am Satzende (*Kinderzimmer gehen* (s.o.)) wird auf Nebensätze beschränkt, während Hauptsätze von nun an meist *SVO*-Stellung aufweisen: Subjekt vor Verb vor Objekt. In Julias Grammatik ist damit nicht nur Agens und Subjekt verknüpft, die logische Kette hat noch ein weiteres Glied: Agens = Subjekt = erste Position im Satz. Diese Hypothese ist gut begründet, sie stimmt meistens, bei Passivsätzen, in denen der Handelnde weder Subjekt noch Erstglied ist, allerdings nicht. Passivkonstruktionen passen nicht recht zu Julias *SVO*-Regel, sie wird Passivsätze noch viele Jahre vermeiden, bis sie nochmals ihren Regelapparat modifiziert hat.

Das Beispiel zeigt erneut, dass die eigentliche Schwierigkeit des Spracherwerbs im Modifizieren einmal erworbener Regeln liegt. Die syntaktischen Regeln, mit denen erwachsene Grammatiken operieren, sind möglicherweise komplexer als die anderer Module natürlicher Sprachen und dennoch sind im Prinzip dieselben Stadien und Strategien zu besichtigen, die wir aus den anderen Bereichen kennen: Der Zugriff auf hierarchische Beziehungen erfolgt über Intonation, die den Kindern zeigt, dass es sprachliche Gliederungsebenen jenseits des Wortes gibt: Sätze mit eigener Satzaussage. Auf dem Weg vom einfachen zum komplexen Satz verwenden Kinder ihre universellen Strategien und sie erreichen muttersprachliches Niveau durch Hypothesentesten und -revidieren. Die Konzepte, die sie auf dem Weg entdecken, sind dieselben, die Sie Ihr Studium lang begleiten werden. Spracherwerbsforschung ist Sprachwissenschaft.

4.4. Zum Problembereich Homogenität

Die bisherigen Ausführungen suggerieren, dass Spracherwerb in eng geregelten Bahnen verläuft. Der 'vorherbestimmte Pfad' im Lauterwerb, die Computermetapher der Nativisten (LAD) oder auch Pinkers immer wieder aufblitzender biologischer Determinismus unterstützen diesen Eindruck noch. Wie viel Individualität im Spracherwerb ist zu erwarten, wenn Sprechen als genetisch angelegtes "Resultat eines biologischen Anpassungsprozesses zur Vermittlung von Informationen" (St. Pinker, S. 22) aufgefasst wird? Einige beispielhafte Beobachtungen zu Variationen in Spracherwerbsverläufen sollen zum Abschluss diesen Eindruck etwas gerade rücken.

So könnte Ihnen beispielsweise aufgefallen sein, dass das Auftreten einiger Aspekte von Julias Syntax nicht in den vorgesehenen Zeitraum fällt. Die Erklärung liegt auf der Hand: Selbst wenn sich Spracherwerb in vergleichbaren Stadien mit vergleichbarer Abfolge vergleichbarer Schritte vollzieht, bedeutet das nicht, dass die Geschwindigkeit, in der Kinder einzelne Aspekte ihrer Muttersprache erwerben, dieselbe sein muss. Es gibt so genannte **early talker** und entsprechend auch **late talker**, Kinder also, die früher oder eben später ihre ersten Wörter produzieren. Es gibt Kinder, bei denen ein Vokabelspurt zu beobachten ist, während andere keine Phase des beschleunigten Wortschatzerwerbs durchlaufen. Gerade die Angaben zu Umfang und Entwicklung des rezeptiven Wortschatzes schwanken erheblich, ebenso übrigens die Zusammensetzung der frühen Wortschätze. Vergleichbares gilt für die syntaktische oder morphologische Entwicklung, denn auch dort hinken einige Kinder anderen um Monate hinterher, so etwa in Roger Browns einflussreicher Studie zur Entwicklung komplexer Morphologie.

Möglicherweise sind einige Abweichungen in Erwerbsverläufen vorhersagbar: In der genannten Studie ist es Eva, die mit 20 Monaten morphologisch komplexe Äußerungen produziert, die Adam erst mit ca. 28 Monaten zur Verfügung stehen. Der Schluss liegt nahe, dass das Geschlecht etwas mit sprachlicher Entwicklung zu tun haben könnte; eine Frage, die durchaus diskutiert wird, bislang ohne abschließendes Ergebnis, auch wenn einige Studien geschlechterspezifische Unterschiede benennen.

Eher vorhersagbar sind Abweichungen, die sich aus der unterschiedlichen Komplexität einzelner Aspekte der Muttersprachen ergeben. Das türkische Kasussystem etwa gilt als eines der regelmäßigsten der Welt, durchschnittliche türkische Kinder beherrschen es mit zwei Jahren, und damit Jahre bevor russische oder serbokroatische Kinder diesen Aspekt ihrer jeweiligen Muttersprache vollständig erworben haben. Sprachspezifische Unterschiede mit Einfluss auf den Spracherwerb sind die Regel, keineswegs die Ausnahme. Entscheidend ist, dass sich unterschiedliche Angaben zu Erwerbsverläufen auf den Prozess beziehen, nicht aber auf das Ergebnis, und das ist muttersprachliche Kompetenz, die in den hier thematisierten zentralen Bereichen im Regelfall mit etwa zwölf Jahren erreicht wird.

Wie aber sieht das Ergebnis aus, wenn der Prozess umständehalber anders verläuft? Unser Sprichwort *Was Hänschen nicht lernt, lernt Hans nimmermehr* lässt ja wenig Zweifel daran, dass unser angeborenes Spracherwerbsprogramm irgendwann ins Stottern gerät. Möglicherweise hat das etwas mit **Lateralisierung** zu tun, mit Lokalisierungen bestimmter Verarbeitungsroutinen an bestimmten Stellen im Gehirn. Aber auch ohne Exkurse in die Neurolinguistik (und ohne Sprichwörter wörtlich zu nehmen) ist klar, dass es eine kritische (vielleicht besser: eine sprachsensible) Phase in unserem Leben gibt, deren Ende nicht nur zu deprimierenden Sprachständen bei Wolfskindern führt, sondern auch zu veränderten Spracherwerbsmechanismen und -ergebnissen im Fremd- oder Zweitspracherwerb.

Beschränken wir uns auf das Ergebnis des Fremdspracherwerbs, das im Regelfall nicht sonderlich gut ist. Das ist überraschend, denn eigentlich wäre zu erwarten, dass der „zweite Durchgang" leichter fällt als der erste. Immerhin sind relevante Strukturen längst aus der Muttersprache bekannt. Wer eine zweite Sprache lernt, der weiß schon, wie Sprache funktioniert, er muss nur herausfinden, wie diese Strukturen in der Zielsprache realisiert werden. Für den Fremdspracherwerb ergäbe sich damit die Erwartung, dass er auf dem Übertragen von muttersprachlichem Wissen auf die Zielsprache – auf **Transfer** – beruht. Diese Überzeugung hat sich als falsch erwiesen. Stattdessen scheinen alle Lerner **Interimsprachen** zu entwickeln, die einige Übereinstimmungen miteinander aufweisen, und zwar unabhängig von den Muttersprachen der Lerner. Es lässt sich sogar eine bevorzugte Erwerbsabfolge in der Flexion ermitteln, die der im Erstspracherwerb nicht unähnlich ist: Bedeutungsunterscheidende Markierungen (Numerus: ein *Wug*/zwei *Wugs*) werden früher und erfolgreicher gelernt als rein grammatische Markierungen (Genus: der/die/das *Wug*). All das erinnert an den Erstspracherwerb, ein bisschen LAD scheint übrig geblieben zu sein.

Und dennoch sind diese Interimsprachen von einer Vielzahl individueller Faktoren geprägt, von denen die Muttersprache, andere gelernte Fremdsprachen, das Alter und die Art des Lernens nur einige sind. Hinzu kommen sehr persönliche Lernstrategien, kulturelle Prägungen, Risikobereitschaft und damit viele individuelle Faktoren, die alle das Ergebnis des Fremdspracherwerbs beeinflussen; gerade hier kann von Homogenität im Spracherwerb kaum gesprochen werden. Man hat versucht den grundsätzlichen Unterschied von Erst- und Fremd- oder Zweitspracherwerb terminologisch zu fassen: Kinder *erwerben* ihre Muttersprache, und zwar völlig unbewusst und ohne Anstrengung. Alle anderen Sprachen *lernen* sie später, und das mit z.T. anderen Strategien und mit all den damit verbundenen Begleiterscheinungen bis hin zum möglichen Scheitern. Am Erstspracherwerb scheitert niemand, dessen biologische Ausstattung und soziales Umfeld Mindestvoraussetzungen erfüllt.

4.5. DEFINITIONEN

Agens	semantische Rolle des Handelnden bzw. des Urhebers oder Verursachers einer Handlung
Behaviorismus	Spracherwerbstheorie, die wesentlich auf der Annahme beruht, dass Sprache durch Nachahmung sprachlichen Inputs erworben wird.
Bootstrapping	Spracherwerbsstrategie, mit deren Hilfe sich Kinder die signifikanten Kategorien ihrer Muttersprache erschließen. Aus der immer wiederkehrenden Abfolge betonter und unbetonter Silben im Deutschen leiten sie bspw. die Information ab, dass derartige Silbenkombinationen signifikante Einheiten der Muttersprache sind. Das Kind erschließt sich so die Kategorie 'Wort'.

early talker	Bezeichnung für Kinder, die frühzeitig (d.h. vor ihrem ersten Geburtstag) mit dem Sprechen beginnen.
Holophrase	Bezeichnung für frühe, komplexe Äußerungen im Erstspracherwerb. Komplex (im Sinne von zusammengesetzt) sind die Bedeutungen der Äußerungen, nicht aber die Äußerungen selbst ('Ich möchte etwas essen' = *ham-ham*). Kinder verfügen in der holophrastischen Phase noch nicht über die Fähigkeit, sprachliche Einheiten zusammenzufügen.
Hypotaxe	Bezeichnung für Sätze, die aus Haupt- und Nebensätzen bestehen. Die Nebensätze haben Funktionen innerhalb des Hauptsatzes wie etwa Subjekt oder Objekt; sie sind subordiniert.
Interimsprache	Lernersprachen, die sich von den Zielsprachen durch vereinfachte Strukturen und Abweichungen von der zielsprachigen Grammatik unterscheiden. Interimsprachen (auch: Interlanguages) sind Stadien auf dem Weg zu muttersprachlicher Kompetenz. Die Annäherungen an die Zielsprachen verläuft in relativ stabilen Bahnen (Erwerbsabfolgen), weswegen Interlanguages nicht einfach individuelle Abweichungen von der Zielsprache sind.
Kognitivismus	Theorie zum Erstspracherwerb, die Sprache und Entwicklung von Intelligenz korreliert; Sprache wird als Modul der Kognition aufgefasst. Häufig wird die Auffassung vertreten, dass nur zu Beginn des Spracherwerbs ein enger Zusammenhang von sprachlicher und kognitiver Entwicklung besteht, während es später zur Dissoziierung kognitiver und sprachlicher Komponenten kommt.
Kohyponym	in der Semantik Bezeichnung für ein Wort, das auf einer Abstraktionsebene mit einem anderen steht; *Tisch* und *Stuhl* sind gleichermaßen *Möbel*, sie sind konkretere (vorstellbarere) Konzepte als das beiden übergeordnete Konzept *Möbel*. Sie sind Kohyponyme.
Kollokation	Bezeichnung konzeptionell zusammengehöriger Wörter. Das Adjektiv *blond* etwa ist fest mit dem Wort *Haare* verbunden, das Verb *beißen* mit *Zähnen*.

late talker	Bezeichnung für Kinder, die erst spät (d.h. deutlich nach ihrem ersten Geburtstag) mit dem Sprechen beginnen. Das rezeptive Wissen (Sprachverständnis) ist i.d.R. nicht eingeschränkt, Verzögerungen in der Sprachproduktion führen aber mitunter auch zu verspätetem Syntaxerwerb.
Lateralisierung	Bezeichnung der funktionalen Spezialisierung der beiden Hemisphären des Gehirns. Wenngleich heute als erwiesen gilt, dass es keine genau lokalisierbaren Sprachzentren gibt, so gibt es doch Areale mit verstärkter neuronaler Aktivität in Abhängigkeit von der zu verrichtenden sprachlichen Aufgabe.
Mentales Lexikon	metaphorisch Bezeichnung für die Art der Speicherung von sprachlichen Informationen im Gehirn. Unstrittig ist der netzwerkartige Aufbau, Einträge im M. L. werden dadurch gespeichert, dass sie mit anderen Einheiten mental verknüpft werden.
MLU	'Mean length of utterance' (durchschnittliche Äußerungslänge). Vergleichsweise intuitives Maß für die grammatische Kompetenz von Kindern im Erstspracherwerb; je höher die MLU, desto weiter die grammatische Entwicklung des betreffenden Kindes, da die Komplexität proportional zur Äußerungslänge steigt.
Nativismus	auch: Mentalismus. Spracherwerbstheorie, die angeborenes Grundwissen zu den Strukturen natürlicher Sprachen voraussetzt. Die Strukturen selbst sind Universalien, d.h. in allen natürlichen Sprachen vorhanden. Der Theorie nach folgt Spracherwerb einem einzelsprachenunabhängigen Erwerbsprogramm (LAD). Das Kind legt basierend auf den Informationen, die der Input bereitstellt, die einzelsprachigen Realisationen (Parameter) der universalen Regeln (Prinzipien) fest.
Parataxe	Bezeichnung für Reihen gleichartiger Sätze. Häufig werden Sätze im Erstspracherwerb durch Konjunktionen wie *und* koordiniert.

Protowort	Bezeichnung für sprachliche Ausdrücke, die Kinder wortähnlich verwenden. Protowörter existieren in der zu erwerbenden Sprache nicht (allenfalls sekundär: *Hamham*, *Wauwau*), wohl aber im individuellen sprachlichen Repertoire der Kinder, bis sie diese durch Wörter der zukünftigen Muttersprache ersetzen.
Thema	das Bekannte im Text, über das im Folgenden etwas ausgesagt wird
thematische Rollen	Bezeichnung für einzelne Klassen der von einem Verb bestimmten Mitspieler; so hat das Verb *prüfen* im Satz *Der Lehrer prüft den Schüler* zwei thematische Rollen: *Lehrer* (Agens) und *Schüler* (Patiens).
Topologie	sieh Kapitel 15.5.
Transfer	Übertragungen grammatischer Regeln oder auch lexikalischer Einheiten von einer Sprache in eine andere. Transfer kann gelingen (positiver Transfer) oder zu Fehlern führen (negativer Transfer). Die Existenz von Transfererscheinungen in Zweitsprachen (Interferenzen) belegt, dass die Strukturen der Muttersprache nicht ganz unerheblich für den Erwerb weiterer Sprachen sind.
Überdiskriminierung	Übergangsphänomen, das sich durch zu rigide Anwendung von Regelwissen äußert, etwa der semantischen Merkmale von Konzepten aber auch von syntaktischen oder flexionsmorphologischen Regeln. Kinder brauchen eine Weile, bis sie feststellen, dass nicht alle möglichen Merkmale notwendig auch vorliegen: ein Hund muss nicht unbedingt mit der ursprünglichen kindlichen Vorstellung des Konzepts Hund in Größe, Farbe oder Verhalten übereinstimmen, um Hund zu sein. Überdiskriminierungen beruhen auf unzureichendem Wissen über die charakteristischen Eigenschaften eines Konzepts.
Übergeneralisierung	Ausweitung sprachlicher Regeln über den zulässigen Kontext hinaus, etwa der Präteritumsregel: Lerner des Deutschen als Erst- wie Zweitsprache übergeneralisieren die schwachen Formen (*gehen* – **gehte*).

KAPITEL 4

Vokabelspurt	Phase des Spracherwerbs, die durch beschleunigtes Anwachsen des Wortschatzes geprägt ist. Die Angaben zum Zeitraum und den Ursachen variieren, es ist auch nicht abschließend geklärt, ob eine solche Phase tatsächlich existiert.

4.6. LITERATUR

Kurzinformation:

Metzler Lexikon Sprache. Artikel: Agens, Ausländerregister, Behaviorismus, Bilingualismus, Fossilierung, Holophrase, Identitätshypothese, Interferenz, Interimsprache, Kohyponymie, Kollokation, Kontrastivhypothese, Mentales Lexikon, Mentalismus, Koordination, Subordination, Theta-Rollen, Topologie, Übergeneralisierung

Einführende Literatur:

J. *Aitchison*, Wörter im Kopf. Eine Einführung in das mentale Lexikon
J. *Keller*/H. *Leuninger*, Grammatische Strukturen – Kognitive Prozesse
G. *Klann-Delius*, Spracherwerb
W. *Klein*, Zweitspracherwerb. Eine Einführung
H. *Wode*, Einführung in die Psycholinguistik
M. *Schwarz*, Einführung in die kognitive Linguistik
R. *Tracy*, Wie Kinder Sprachen lernen. Und wie wir sie dabei unterstützen können
G.A. *Miller*, Wörter. Streifzüge durch die Psycholinguistik

Grundlegende und weiterführende Literatur:

E. *Bates*/B. *MacWhinney*, in: B. *MacWhinney* (Hg.), Mechanisms of Language Acquisition, S. 157–193
J. *Berko*, Word 14 (1958) S. 150–177
J. *Berko*/R. *Brown*, in: P.H. *Mussen* (Hg.), Handbook of Research Methods in Child Development, S. 517–557
R. *Brown*, A first language
D. *Crystal*, in: P. *Fletcher*/M. *Garman* (Hg.), Language Acquisition, S. 174–197
S.W. *Felix*, Psycholinguistische Aspekte des Zweitsprachenerwerbs
P. *Griffith*, in: P. *Fletcher*/M. *Garman* (Hg.), Language Acquisition, S. 279–306
D. *Ingram*, in: P. *Fletcher*/M. *Garman* (Hg.), Language Acquisition, S. 223–239
St. *Pinker*, Der Sprachinstinkt: wie der Geist die Sprache bildet
J. *Schachter*, Applied Linguistics 9/3 (1988) S. 219–235

Internetressource:
http://childes.psy.cmu.edu/topics/

KAPITEL 5: PHONETIK UND PHONOLOGIE

5.1. EINSTIEG: REINER UND UNREINER REIM

Das folgende Gedicht von Christian Morgenstern führt durch seine Reime zur Reflexion der lautlichen Bestandteile der sprachlichen Zeichen.

> Ein Wiesel
> sass auf einem Kiesel
> inmitten Bachgeriesel.
>
> Wißt ihr
> weshalb?
>
> Das Mondkalb
> verriet es mir
> im Stillen:
>
> Das raffinier-
> te Tier
> tat's um des Reimes willen.

Christian Morgenstern, Gesammelte Werke in einem Band, hg. v. M. Morgenstern, München 1970, S. 197

Reim ist Gleichklang ab dem letzten betonten Vokal. Die Reime sind:

> W-iesel : K-iesel : Bachger-iesel
> wesh-alb : Mondk-alb
> ihr : m-ir : raffin-ier- : T-ier
> St-illen : w-illen

Das Gedicht gewinnt seinen besonderen Reiz dadurch, dass der Inhalt in eine direkte Beziehung zur Form gesetzt wird. Im zweiten Teil des Gedichts wird der inhaltliche Aspekt von dem Dichter selbst als nicht relevant gekennzeichnet. Morgenstern gibt vielmehr als Grund für den Inhalt 'Wiesel auf Kiesel inmitten Bachgeriesel' den Hinweis auf die Ausdrucksseite, den Reim.

    Das folgende Gedicht von Heinrich Heine zeigt Besonderheiten seiner Reime, insofern gar kein Gleichklang vorliegt, sondern die reimenden Elemente nur lautliche Ähnlichkeit besitzen. Im Unterschied zum reinen Reim in dem Gedicht von Morgenstern liegt hier unreiner Reim vor.

KAPITEL 5

> Leise zieht durch mein Gemüt
> Liebliches Geläute.
> Klinge, kleines Frühlingslied,
> Kling hinaus ins Weite.
> Kling hinaus, bis an das Haus,
> Wo die Blumen sprießen,
> Wenn du eine Rose schaust,
> Sag, ich laß sie grüßen.

Heinrich Heine, Sämtliche Schriften, hg. v. K. Briegleb, IV, München 1971, S. 301

Zur genaueren lautlichen Beschreibung der unreinen Reime benötigt man phonetische Kenntnisse, zum Verständnis des Reims überhaupt phonologische.

5.2. PHONETIK UND PHONOLOGIE
5.2.1. DAS PHONEM

Trotz Gleichklang liegt im Reim auch ein lautlicher Unterschied zwischen den Reimwörtern vor; Reimbindung zwischen identischen Wörtern gilt als Sonderform (rührender Reim). Dem lautlichen Unterschied zwischen den reimenden Wörtern entspricht im Allgemeinen auch ein inhaltlicher Unterschied. In dem Reimpaar *Wiesel – Kiesel* ist der lautliche Unterschied minimal, da er nur in einem Laut besteht. Der Laut als phonetische Analyseeinheit wird **Phon** genannt. Der Unterschied der beiden Phone reicht hier aber aus, zwei sprachliche Zeichen der deutschen Sprache zu unterscheiden. Laute, die in einer bestimmten Sprache sprachliche Zeichen voneinander unterscheiden, heißen **Phoneme**.

Die Ermittlung der Phoneme erfolgt mit Hilfe von solchen sprachlichen Zeichen, die sich nur in einem Phonem unterscheiden. Ein solches Wortpaar wie *Wiesel – Kiesel* heißt **Minimalpaar**. Aufgrund derartiger Minimalpaare sind /v/ und /k/ als Phoneme des neuhochdeutschen Sprachsystems erkennbar. Phoneme werden in Schrägstriche gestellt und durch Buchstaben der Lautschrift bezeichnet (sieh dazu Abschnitt 5.2.3.).

Die Phoneme /v/ und /k/ sind Bestandteile der Ausdrucksseite der sprachlichen Zeichen *Wiesel* und *Kiesel*, sie differenzieren diese sprachlichen Zeichen, sind aber selbst keine Bedeutungsträger. Dieselben Phoneme stehen in ausdruckskonstituierender und zeichendifferenzierender Funktion auch in ganz anderen Minimalpaaren wie *Wanne – Kanne, Wind – Kind, Wunde – Kunde*. Dieselben Phoneme werden also in einer Vielzahl verschiedener Umgebungen verwendet. Relativ wenige lautliche Elemente genügen daher zur Bildung der sprachlichen Zeichen.

5.2.2. PARADIGMATISCHE UND SYNTAGMATISCHE BEZIEHUNGEN

In einem Minimalpaar stehen zwei verschiedene Phoneme in derselben Umgebung einander gegenüber. Der Ersatz eines Elementes bei Bewahrung der Umgebung bedeutet eine Auswahl aus einem Vorrat von an dieser Stelle einsetzbaren Elementen. Diese Elemente stehen untereinander in **paradigmatischer Beziehung**.

Hand – Band – Rand – Wand – Sand – Land

In diesem Fall stehen die Phoneme /**h**/, /**b**/, /**r**/, /**v**/, /**z**/ und /**l**/ in paradigmatischer Beziehung. Die Umgebung ist jeweils gleich: Das Phonem steht im Anlaut vor *-and*. Da diese Phoneme Zeichen unterscheiden, stehen sie untereinander in einem Gegensatz, der **Opposition** genannt wird.

Das einzelne Phonem steht aber immer auch in einer Beziehung zu seiner Umgebung; es muss sich durch einen **Kontrast** von dem vorhergehenden und dem folgenden Phonem unterscheiden. Ein sprachliches Zeichen besteht aus einer nicht umkehrbaren und auch sonst nicht veränderbaren Abfolge von Phonemen; es hat einen linearen Charakter. Die nebeneinander auftretenden Elemente stehen in **syntagmatischer Beziehung**.

Tag – tragen – raten – Rat – Bart

In diesen Beispielen steht das Phonem /**t**/ in den verschiedensten syntagmatischen Beziehungen, zum Beispiel im Anlaut vor Vokal, im Anlaut vor Konsonant und so weiter. Die Gesamtheit der Umgebungen, in denen ein Phonem auftritt, nennt man seine **Distribution**.

Jedes Phonem steht somit immer zugleich in syntagmatischen und paradigmatischen Beziehungen:

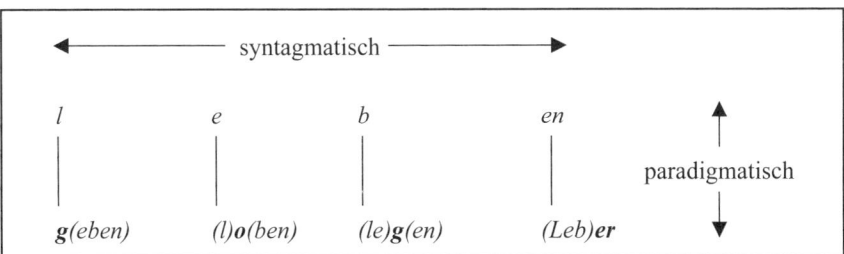

Dieses Schema zeigt, dass die syntagmatischen Beziehungen stets zwischen tatsächlich vorhandenen Elementen bestehen, also zwischen *l-*, *-e-* usw. in *leben*. Die paradigmatischen Beziehungen bestehen dagegen zwischen jedem der vorhandenen Elemente und den nicht vorhandenen, aber an seiner Stelle möglichen Elementen, also zwischen *l-* in *leben* und *g-* in *geben*, *-e-* in *leben* und *-o-* in *loben* usw.

Die Frage, wodurch sich die Phoneme selbst voneinander unterscheiden, stellt sich besonders da, wo sie einander ähnlich sind wie im unreinen Reim.

5.2.3. DIE LAUTSCHRIFT

Das Gedicht von Heine zeigt Reimbindung, obwohl ein vollständiger Gleichklang vom letzten betonten Vokal an nicht vorliegt. Um den lautlichen Befund deutlicher zu machen, werden die Reimwörter in Lautschrift geschrieben.

Für Transkriptionen in Lautschrift wird die Lautschrift der Association Phonétique Internationale/International Phonetic Association verwendet, die als API- oder IPA-Lautschrift bezeichnet wird. Die Lautschrift wird hier in einer für das Deutsche vereinfachten Form wiedergegeben.[1]

[a]	<Bach>	[bax]	[ŋ]	<jung>	[jʊŋ]
[ɑ:]	<Saal>	[zɑ:l]	[o:]	<Lohn>	[lo:n]
[aɪ]	<Heim>	[haɪm]	[ɔ]	<Post>	[pɔst]
[aʊ]	<Haus>	[haʊs]	[ø:]	<schön>	[ʃø:n]
[b]	<Bach>	[bax]	[œ]	<köstlich>	['kœstlıç]
[ç]	<Licht>	[lıçt]	[ɔy]	<Heu>	[hɔy]
[d]	<Dach>	[dax]	[p]	<Post>	[pɔst]
[e:]	<Beet>	[be:t]	[r]	<Rost>	[rɔst]
[ɛ]	<Bett>	[bɛt]	[s]	<Riss>	[rıs]
[ɛ:]	<Säge>	['zɛ:gə]	[ʃ]	<schön>	[ʃø:n]
[f]	<Fett>	[fɛt]	[t]	<Tal>	[tɑ:l]
[g]	<Gast>	[gast]	[u:]	<gut>	[gu:t]
[h]	<Hut>	[hu:t]	[ʊ]	<Kunst>	[kʊnst]
[i:]	<Lid>	[li:t]	[v]	<Welt>	[vɛlt]
[ɪ]	<Bild>	[bɪlt]	[x]	<Bach>	[bax]
[j]	<jung>	[jʊŋ]	[y:]	<Blüte>	['bly:tə]
[k]	<kalt>	[kalt]	[ʏ]	<hübsch>	[hʏpʃ]
[l]	<Last>	[last]	[z]	<Saal>	[zɑ:l]
[m]	<Mast>	[mast]	[ə]	<Säge>	['zɛ:gə]
[n]	<Nest>	[nɛst]	[ɐ]	<Vater>	['fɑ:tɐ]
			[ʔ]	<alt>	[ʔalt]

Tab. 1: API-Lautschrift

---

[1] Bei mehrsilbigen Wörtern steht vor der Silbe, die den Wortakzent trägt, das Zeichen ['].

Die Transkriptionen lassen die Übereinstimmungen und Abweichungen in den einzelnen Reimpaaren erkennen:

Gem - üt	:	[y:t]	*l - ied*	:	[i:t]
Gel - äute	:	[ɔʏtə]	*W - eite*	:	[aɪtə]
H - aus	:	[aʊs]	*sch - aust*	:	[aʊst]
spr - ießen	:	[i:sən]	*gr - üßen*	:	[y:sən]

Phonetische Transkriptionen werden in eckige Klammern [ ] gestellt; wenn die orthographische Wiedergabe als solche bezeichnet werden soll, verwendet man spitze Klammern < >. Bei *Gemüt* und *-lied* stimmt also der Auslaut [t] überein, der betonte Vokal [y:] – [i:] dagegen nicht. Dass die lautliche Verschiedenheit von [y:] und [i:] auch als orthographische Verschiedenheit von <ü> und <ie> erscheint, könnte als selbstverständlich angesehen werden. Der lautlichen Übereinstimmung im [t] entspricht jedoch keine orthographische Übereinstimmung; es erscheinen <t> und <d>. Umgekehrt kann aber auch eine orthographische Gleichheit auftreten, der keine lautliche Gleichheit entspricht:

die Sucht	:	**[zʊxt]**	*sie sucht*	:	**[zu:xt]**

Man kann also prinzipiell nicht mit einer einfachen Übereinstimmung von Lautfolge und Buchstabenfolge rechnen; vgl. Kapitel 6.

5.2.4. DIE ARTIKULATORISCHEN MERKMALE DER LAUTE ALS GRUNDLAGE DER PHONEMSYSTEME: VOKALISMUS UND KONSONANTISMUS

Bei der Aussprache von [i:] und [y:] in *-lied* und *Gemüt* kann die Ähnlichkeit der beiden Laute beobachtet werden. [y:] unterscheidet sich von [i:] nur durch die Rundung der Lippen. So wird ein artikulatorisches Merkmalpaar gerundet – ungerundet sichtbar.

Die Beschreibung der Laute ist Aufgabe der **Phonetik**. Sie unterscheidet nach den Aspekten der Erzeugung, der Übermittlung und der Aufnahme artikulatorische, akustische und auditive Eigenschaften der Laute. Die **Phonologie** (auch Phonemik oder Phonematik) beschreibt demgegenüber die Funktion der Laute im sprachlichen Zeichen innerhalb eines Sprachsystems.

Grundsätzlich wird zwischen Öffnungslauten (Vokalen) und Hindernislauten (Konsonanten) unterschieden. Vokale sind Laute, bei denen der Mund geöffnet ist und der Luftstrom ungehindert austritt. Für die deutschen Vokale sind folgende **artikulatorischen Merkmale** relevant:

KAPITEL 5

> a) kurz – lang, z.B.: [ɛ] – [ɛ:] *Gäste – Väter*
> b) offen – geschlossen, z.B.: [ɛ:] – [e:] *Väter – geben*
> c) vorn – hinten, z.B.: [ɪ] – [ʊ] *Bild – Burg*
> d) ungerundet – gerundet, z.B.: [ɪ] – [ʏ] *Bild – Brücke*
> e) hoch – mittel – tief, z.B.: [i:] – [e:] – [ɑ:] *Liebe – geben – Wahl*
> f) ungespannt – gespannt, z.B.: [ɛ] – [e:] *Bett – Beet*

Tab. 2: Artikulatorische Merkmale der Vokale

Die Merkmale vorn – hinten und hoch – mittel – tief beziehen sich auf die Lage der Zunge bei der Artikulation. Bei der Artikulation des [i:] ist die Zunge unter den vorderen, harten Gaumen gewölbt, bei der Artikulation des [u:] liegt die höchste Zungenerhebung unter dem hinteren, weichen Gaumen. Bei der Artikulation des [ɑ:] liegt die Zunge flach.

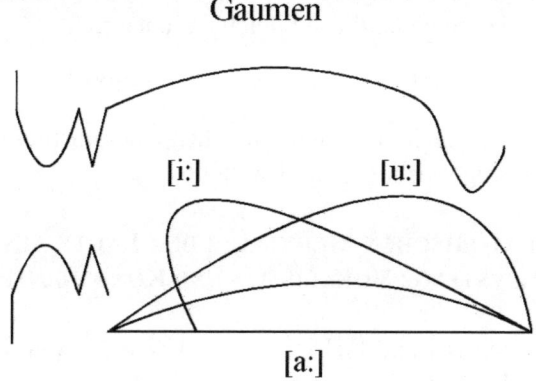

Abb. 1: Zungenstellung bei der Artikulation der Vokale

Die Merkmale ungerundet – gerundet betreffen die Lippenstellung. Mit gerundeten Lippen werden folgende Kurzvokale artikuliert: [œ] *Löffel*, [ʏ] *hübsch*, [ɔ] *Glocke*, [ʊ] *Brust*. Die Merkmale offen – geschlossen beziehen sich auf den Kieferwinkel. Bei der Artikulation des [ɔ] in *Glocke* sind die Kiefer gegenüber der Artikulation des [o:] in *Boot* weiter geöffnet. Die Merkmale kurz – lang betreffen die Dauer der Artikulation der Vokale. Die Merkmale ungespannt und gespannt beziehen sich auf die gesamte Sprechmuskulatur, besonders die Zunge. Die Kurzvokale sind alle ungespannt, die Langvokale alle gespannt.

Bei der verbundenen Artikulation zweier aufeinanderfolgender Vokale entstehen Diphthonge, zum Beispiel [a] + [ʊ] = [aʊ̯] *Haus*.[2]

---

[2] Der Bogen unter beiden Vokalen deutet die verbundene Artikulation an.

Die phonetischen Merkmale liegen den Darstellungen des neuhochdeutschen Phonemsystems zugrunde. Im Vokalismus werden drei Teilsysteme unterschieden:

Kurzvokale	vordere		hintere
	ungerundete	gerundete	
hohe	/ɪ/	/ʏ/	/ʊ/
mittlere	/ɛ/	/œ/	/ɔ/
tiefe	/a/		

Langvokale	vordere		hintere
	ungerundete	gerundete	
hohe	/i:/	/y:/	/u:/
mittlere	geschlossen: /e:/ offen: /ɛ:/	/ø:/	/o:/
tiefe	/ɑ:/		

Diphthonge	/aɪ/	/aʊ/	/ɔʏ/

Tab.3: Vokalsystem

Die **Konsonanten** unterscheiden sich von den Vokalen dadurch, dass bei ihrer Artikulation Hindernisse zu überwinden sind. Die Lage des Hindernisses im Mundraum legt die Artikulationsstelle fest. Es werden folgende Artikulationsstellen von vorne nach hinten fortschreitend unterschieden:

a) labial (an den Lippen), [b] *Baum*
b) dental-alveolar (hinter den oberen Schneidezähnen und am oberen Zahndamm), [t] *Tal*
c) palatal (am vorderen, harten Gaumen), [ç] *nicht*
d) velar (am hinteren, weichen Gaumen), [x] *Nacht*
e) uvular (am Zäpfchen), [ʀ] *Brille*
f) glottal (an der Stimmritze), [h] *Haus*.

Die Art des Hindernisses und die Art der Überwindung bestimmen die Artikulationsart:

> a) plosiv (durch plötzliche Öffnung eines Verschlusses), [p] *Pause*
> b) frikativ (durch Reiben des Luftstroms an einer Verengung), [f] *laufen*
> c) nasal (durch Ausströmen der Luft durch die Nase bei Abschluss des Mundraumes), [ŋ] *jung*
> d) vibrierend (durch Schwingung unterbrochener Luftstrom), [R] *wirr*
> e) lateral (durch seitliches Ausströmen der Luft bei Verschluss durch die Zungenspitze), [l] *Wall*

Vibranten und Laterale werden zusammen als **Liquide** bezeichnet.

Bei der Verschluss- oder Engebildung sind verschiedene Teile der Zunge als artikulierendes Organ beteiligt. Es wird unterschieden nach dem vorderen Zungenrand (koronal) sowie nach dem vorderen und dem hinteren Zungenrücken (mediodorsal und postdorsal).

Nach der Stimmtonbeteiligung können die Konsonanten in die beiden Gruppen der stimmhaften und stimmlosen Konsonanten eingeteilt werden; man vergleiche zum Beispiel: [v] – [f] *Wein – fein*.

Beim Zusammentreten eines stimmlosen Plosivs mit einem stimmlosen Frikativ an derselben Artikulationsstelle spricht man von einer Affrikata, so bei /pf/ und /ts/ in *Pfund, Zeit*.

Für die deutsche Gegenwartssprache ergibt sich, systematisch nach Artikulationsart und -stelle geordnet, das Konsonantensystem auf S. 57 in dem die Konsonanten mit der Lautschrift bezeichnet sind.

5.2.5. DIE DISTINKTIVEN MERKMALE DER PHONEME

Die Erarbeitung der phonetischen Eigenschaften der Laute ermöglicht eine Zusammenstellung der unterscheidenden Merkmale der Phoneme:

/v/ *(Wiesel)*	:	frikativ, labiodental, stimmhaft
/k/ *(Kiesel)*	:	plosiv, postpalatal-postdorsal, stimmlos
/z/ *(reisen)*	:	frikativ, alveolar-koronal, stimmhaft
/s/ *(reißen)*	:	frikativ, alveolar-koronal, stimmlos

In der Opposition von /v/ und /k/ sind alle Merkmale verschieden, bei der Opposition von /z/ und /s/ nur ein Merkmal. Hier wird ansatzweise erkennbar, wie die Phonologie die Oppositionen weiter differenzieren kann. Die Merkmale, die Oppositionen tragen, heißen **distinktive Merkmale**.

PHONETIK UND PHONOLOGIE

Artikulationsart	Artikulationsstelle und -organ	Labial / Labial	Dental / Labial	Dental-Alveolar / Koronal	Palatal / Koronal	Palatal / Mediodorsal	Postpalatal-Velar / Postdorsal	Velar / Postdorsal	Uvular / Postdorsal	Glottal
Plosiv	stimmlos	/p/		/t/			/k/			
Plosiv	stimmhaft	/b/		/d/			/g/			
Affrikata			/pf/	/ts/						
Frikativ	stimmlos		/f/	/s/	/ʃ/	[ç]		[x]		/h/
Frikativ	stimmhaft		/v/	/z/		/j/			[ʁ]	
Nasal				/n/						
Lateral				/l/						
Vibrant				[r]					[R]	

Tab. 4: Konsonantensystem

Anmerkung zur Tabelle: Die labial-labial gebildeten Konsonanten heißen Bilabiale, die dental-labial gebildeten Labiodentale.

Die in einer Sprache vorhandenen distinktiven Merkmale müssen die vorhandenen phonetischen Merkmale der einzelnen Laute nicht ausschöpfen. Im deutschen Sprachgebiet werden zum Beispiel zwei verschiedene vibrierende Konsonanten gesprochen, die an verschiedenen Artikulationsstellen gebildet werden. Neben dem uvular-postdorsalen [R] steht ein alveolar-koronales [r], das durch Vibration der Zungenspitze erzeugt wird. Zwischen den beiden Lauten besteht ein großer Abstand in Bezug auf die Artikulationsstelle, der mit dem Abstand zwischen [s] und [x] vergleichbar und ebenso deutlich akustisch wahrnehmbar ist. Das Wort [Rɑ:t] – [rɑ:t] ist aber dennoch kein Minimalpaar, da es sich um zwei verschiedene Realisierungen desselben Zeichens *Rat* handelt. Die Merkmale der Artikulationsstelle sind in diesem Fall also nicht distinktiv. Bei [R] und [r] handelt es sich um freie, regional verteilte Varianten desselben Phonems /R, r/, neben denen noch weitere Varianten vorkommen. Phonemvarianten heißen **Allophone**. Auch der *ich*-Laut [ç] und der *ach*-Laut [x] sind Allophone eines Phonems, das in Anlehnung an die Orthographie auch als /**ch**/ bezeichnet wird. Ihr Auftreten richtet sich nach der lautlichen Umgebung, ist also stellungsbedingt; diese Allophone können daher nicht in derselben Umgebung auftreten, sie sind komplementär distribuiert.

5.2.6. SILBENBEGRIFF UND SILBENPHONOLOGIE

Die Phonologie der Einzellaute, die sogenannte segmentale Phonologie, erlaubt noch nicht die Beschreibung von Wortformen. Die einzelne Wortform besteht nicht unmittelbar aus Phonemen, sondern aus Silben, geregelten Folgen von Phonemen.

Die Gliederung in Sprechsilben ist den Sprechern unmittelbar einsichtig; Schulkinder können bei der Besprechung der graphischen Worttrennung am Zeilenende, die im Deutschen meist der Silbenstruktur folgt, ohne weiteres bei jeder Silbe einer mehrsilbigen Wortform in die Hände klatschen. Die Gliederung der Wortform in Silben ist prinzipiell nicht mit der morphematischen Gliederung einer Wortform in Morpheme identisch (man vergleiche dazu im Einzelnen Kapitel 8), wie hier im Vorgriff an Beispielen erkennbar wird:

Silbengliederung	Morphemgliederung
lie - ben	*lieb - en*
lieb - lich	*lieb - lich*
lieb - li - che	*lieb - lich - e*

Eine Übereinstimmung ist stets zufällig.

Der Aufbau der Silbe aus Phonemen ist regelhaft und sprachspezifisch, das heißt, bestimmte Phonemkombinationen sind je nach Sprache an einzelnen Positionen der Silbe zulässig.

Die Silbenpositionen heißen Anfangsrand – Kern – Endrand. Kern und Endrand bilden den Reim. Kern ist im Deutschen meist ein Vokal. Silben, die auf Vokal enden, heißen offene Silben; Silben, die auf Konsonant enden, heißen geschlossene Silben. Silben mit leerem Anfangsrand, also solche, die mit Vokal beginnen, heißen nackte Silben. Sie sind im Deutschen selten, da im heimischen Wortschatz dem betonten Vokal der glottale Plosiv, der 'Knacklaut' [ʔ], vorausgeht.

Das Vorkommen und die Kombination der Phoneme im Anfangs- und Endrand folgen im Deutschen bestimmten Regeln, die zu einem allgemeinen Silbenbaugesetz zusammengefasst werden können. Hier sei zur Veranschaulichung nur auf typische Kombinationen von zwei Konsonanten im Anfangsrand und im Endrand hingewiesen:

Anfangsrand:	Plosiv –	Liquid	(*klein*, ***Preis***)
	Frikativ –	Liquid	(*schlau, frei*)
Endrand:	Liquid –	Plosiv	(*welk*, *hart*)
	Liquid –	Frikativ	(*falsch, scharf*)

Bei mehrsilbigen Wortformen liegt zwischen Endrand der einen und Anfangsrand der anderen Silbe die Silbengrenze: *Milch-eis*, *Eis-tee* usw. Wenn in der Silbengrenze ein zu beiden Silben gehörender Konsonant steht, spricht man von Silbengelenk: *Müt-ter, Him-mel*. (Der Konsonant wird nur orthographisch verdoppelt, nicht phonetisch). Schließlich gehören zur Phonetik und Phonologie noch die Beschreibung der Regelung des Wortakzents sowie die Darstellung der Satzintonation; auf diese Bereiche der suprasegmentalen Phänomene kann aber nicht eingegangen werden.

5.3. Phonetische und phonologische Analyse

Die phonetische Transkription dient in Aussprachewörterbüchern der entsprechenden Information der Benutzer. Sie wird auch zur Beschreibung von gesprochener Sprache überhaupt eingesetzt, zum Beispiel bei Dialektuntersuchungen; das kann hier im Lehrbuch nicht als Analyseverfahren dargestellt werden. Jeder Benutzer dieses Buches sollte sich aber mit der Lautschrift so weit vertraut machen, dass er Ausspracheangaben lesen kann und auch selbst Informationen über die Aussprache schreiben kann, zum Beispiel die Wiedergabe der unterschiedlichen Aussprache des Wortendes in dem Wort *König*: [ɪç – ɪk].

Segmentale phonologische Analysen gehen von Minimalpaaren aus, und berücksichtigen dabei die Distribution. Für die Phoneme /s/ und /z/ sind zunächst folgende Minimalpaare relevant:

[zɑ:l]	–	[vɑ:l]	Saal – Wahl	
['le:zən]	–	['le:bən]	lesen – leben	
['nɑ:zə]	–	['nasə]	Nase – nasse	
['mu:zə]	–	['mu:sə]	Muse – Muße	
[mu:s]	–	[mu:t]	Mus – Mut	

Das Phonem /z/ kommt in der deutschen Standardsprache in Wortanlaut und intervokalisch vor, das Phonem /s/ im Wortauslaut und ebenfalls intervokalisch. Im Anlaut gibt es keine Minimalpaare mit /z/ und /s/. Eine Aussprache mit /s/ im Anlaut (['sɔnə] statt ['zɔnə]) konstituiert lediglich eine regionale Variante. Eine Aussprache mit /z/ im Auslaut würde ebenfalls kein Minimalpaar zu /s/ bilden. Intervokalisch dagegen kommen beide Phoneme vor und bilden Minimalpaare. Darauf soll bei der Behandlung der Orthographie zurückgekommen werden; vgl. Kapitel 6.3.

5.4. ZUM PROBLEM DER AUSSPRACHENORM

Deutsch lernende Sprecher anderer Sprachen und Berufssprecher haben ein Interesse an verbindlicher Information über die Aussprache der deutschen Standardsprache in Wörterbüchern. Es gibt im deutschen Sprachraum aber keine Institution, die festgelegt hätte oder festlegen könnte, welche der regional und sozial vorkommenden Aussprachevarianten als Norm gesetzt werden sollte. So variiert beispielsweise die Aussprache des Phonems /r/ regional zwischen [r] und [ʀ], die Aussprache des /ch/ vor Vokal im Anlaut zwischen [ç], [k] und [ʃ] (Beispiel *Chemie*). Bevor deskriptiv mit der Erfassung und Beschreibung einer Aussprachenorm begonnen werden kann, muss also mit einer gewissen Normativität festgesetzt werden, welche tatsächlich zu beobachtende Aussprache, beispielsweise welcher Region, als Norm betrachtet werden soll. Die Aussprachewörterbücher geben in ihren Einleitungen darüber Auskunft. Ein Vergleich mehrerer Wörterbucheinleitungen kann der Vertiefung in diese Problematik dienen.

PHONETIK UND PHONOLOGIE

5.5. DEFINITIONEN

Die Erklärungen der artikulatorischen Merkmale der deutschen Vokale und Konsonanten in Abschnitt 5.2.4. werden hier nicht noch einmal aufgeführt.

akustische artikulatorische, auditive Phonetik	sieh Phonetik
Allophon	die phonetisch variierende Realisierung eines Phonems
distinktive Merkmale	phonetischen Eigenschaften von Lauten, die die Oppositionen tragen
Distribution	Gesamtheit der Umgebungen, in denen ein Phonem vorkommt
Kontrast	der zeichenkonstituierende Gegensatz der aufeinander folgenden Phoneme
Minimalpaar	zwei Zeichen, die sich in nur einem Phonem unterscheiden
Opposition	der zeichenunterscheidende Gegensatz von zwei in derselben Umgebung möglichen Phonemen
paradigmatisch	Beziehung sprachlicher Elemente zu den in derselben Umgebung an ihrer Stelle möglichen anderen sprachlichen Elementen
Phon	ein Laut als segmentierbare phonetische Analyseeinheit
Phonem	ein Laut, der innerhalb eines sprachlichen Systems zur Unterscheidung sprachlicher Zeichen verwendet wird
Phonetik	Untersuchung der Sprachlaute nach Aspekten ihrer artikulatorischen Erzeugung, ihrer akustischen Übermittlung und ihrer auditiven Wahrnehmung
Phonologie	Untersuchung der Funktion der Laute innerhalb eines Sprachsystems
Reim	Kern und Endrand einer Silbe; Gleichklang ab dem letzten betonten Vokal als Kern bildet den Reim zwischen den Versen eines Gedichts; er ist rein, wenn alle Laute übereinstimmen, unrein, wenn sie teilweise nur ähnlich sind.

Silbe	lautliche Einheit zwischen Phonem und Wortform mit charakteristischer einzelsprachlicher Struktur; sie besteht aus Anfangsrand, Kern (im Deutschen meist ein Vokal) und Endrand. Kern und Endrand bilden den Reim.
Silbengelenk	in der Silbengrenze stehender zu beiden Silben gehörender Konsonant
Silbengrenze	Grenze zwischen Endrand der einen und Anfangsrand der nächsten Silbe
syntagmatisch	die Beziehung der sprachlichen Elemente zu den in ihrer Umgebung vorkommenden Elementen

5.6. LITERATUR

Kurzinformation:
Metzler Lexikon Sprache. Artikel: Allophon, API, Distinktives Merkmal, Lautschrift, Opposition, Phonem, Silbe

Einführende Literatur:
P. *Eisenberg*, in: Duden. Grammatik der deutschen Gegenwartssprache, S. 17-53
A. *Linke* – M. *Nussbaumer* – P.R. *Portmann*, Studienbuch Linguistik, S. 461-501 (von U. Willi)
G. *Meinhold* – D. *Nerius*, in: Kleine Enzyklopädie Deutsche Sprache, S. 310-350
H. *Pelz*, Linguistik, S. 69-107

Grundlegende und weiterführende Literatur:
Phonetik:
B. *Pompino-Marschall*, Einführung in die Phonetik
K.J. *Kohler*, Einführung in die Phonetik des Deutschen

Phonologie:
T.A. *Hall*, Phonologie. Eine Einführung
N.S. *Trubetzkoy*, Grundzüge der Phonologie
G. *Meinhold* – E. *Stock*, Phonologie der deutschen Gegenwartssprache
M. *Philipp*, Phonologie des Deutschen
O. *Werner*, Phonemik des Deutschen

Aussprachewörterbücher:
Duden. Aussprachewörterbuch
Th. *Siebs*, Deutsche Aussprache
Wörterbuch der deutschen Aussprache

KAPITEL 6: GESCHRIEBENE SPRACHE UND ORTHOGRAPHIE

6.1. EINSTIEG: *DELPHIN? DELFIN? DELPHIEN?*

Rechtschreibung

Delfine schwimmen schnell und leis
(man schreibt sie mit »ph« – ich weiß;
doch schreibt man ja auch Tele»f«on,
und das bereits seit langem schon) –
sie schwimmen (wie gesagt, mit »f«) –
sie schwimmen – vorn ihr alter Scheff
(wir schreiben schließlich auch »Schofför«) –
sie schwimmen also durch das Meer.

Was heißt durchs »Meer«? – Sogar durch »Meere«!
Und manche altgediente Mähre,
wie überhaupt so manches Ferd
(mit »V« wär es *total* verkehrt)
glaubt, es sei schnell wie ein Delphien!
(Das zweite »e« ist schlecht für ihn.)

Orthogravieh - das sieht man hier –
ist nicht ganz leicht für Mensch und Tier!

Heinz Erhardt, Rechtschreibung, in: Poetische Sprachspiele. Vom Mittelalter bis zur Gegenwart. Herausgegeben von Klaus Peter Dencker, Universal-Bibliothek Nr. 18238, Stuttgart 2003, S. 240

Heinz Erhardt macht in seinen Versen Aussagen zur deutschen Orthographie, die geeignet sind, in die Problematik der Materie einzuführen: Analog zu der ihm schon vertrauten Schreibung *Telefon* (statt *Telephon*) legitimiert er auch die Schreibung *Delfin*, während er *Delphien* ablehnt. Damit nimmt er die Orthographiereform von 1996 vorweg, die die Schreibung *Delfin* eingeführt hat. Die Analogie zu *Scheff* funktioniert nach der heutigen Rechtschreibung freilich nicht, da nur *Chef* und *Chauffeur* richtig ist. Mit *Meere* und *Mähre* spielt er auf ein landschaftlich begrenztes Problem an: Wo nämlich die Phoneme /eː/ und /ɛː/ identisch als [eː] ausgesprochen werden (etwa im Norden des deutschen Sprachgebietes), kann die richtige Schreibung in Fällen wie *Meere* und *Mähre* nur semantisch gefunden werden. Die Schreibung *Ferd* gibt auch eine landschaftliche Aussprache wieder, die nicht auf die richtige Schreibung *Pferd* führen kann; und an dieser Stelle statt *F* auch noch *V* zu setzen, wäre eben *total* verkehrt.

6.2. Geschriebene Sprache und Orthographie
6.2.1. Sprechen und Schreiben

Wenn Sprechen (so in Kapitel 2) im Sinne von Rede als individuelle Realisierung des sprachlichen Systems verstanden wird, so existieren für diese Realisierung zwei verschiedene Mittel: das Sprechen im eigentlichen Sinn und das Schreiben. Der Ausdruck *Sprechen* wurde also bei den bisherigen Überlegungen in dieser Hinsicht undifferenziert verwendet und schloss das Schreiben ein.

Nun müssen aber auch die besonderen Bedingungen von Sprechen im eigentlichen Sinne und von Schreiben im eigentlichen Sinne berücksichtigt werden. Sie werden beim Vergleich alltäglicher Situationen deutlich. Bei einem Verkaufsgespräch beispielsweise sind Sprecher und Hörer in der Regel zur gleichen Zeit am gleichen Ort. Bei einer schriftlichen Bestellung erfolgen die Bestellung und der Empfang der bestellten Ware dagegen in zeitlicher und räumlicher Distanz. Daraus ergibt sich für den *Sprecher* ein unmittelbarer Kontakt zum Hörer, der *Schreiber* tritt dagegen mit dem Leser nur mittelbar in Kontakt. Das Sprechen ist im Vollzug noch in vieler Hinsicht modifizierbar, etwa durch Sprechtempo, Lautstärke, aber auch durch Gestik und Mimik. Dagegen muss das Schreiben mit den graphischen Mitteln auskommen. Die mündliche Sprachproduktion verläuft spontaner, der Sprecher kann sich mit Blick auf den Hörer aber ständig verbessern. Beim Schreiben vollzieht sich die Produktion in der Regel langsamer und reflektierender. Die einmal abgesandte Nachricht kann dann aber nicht mehr korrigiert werden. Das Hören des Gesprochenen erfolgt gleichzeitig mit der Hervorbringung, es ist nur einmalig möglich und unter Umständen lückenhaft und gestört. Das Lesen einer Mitteilung dagegen kann beliebig oft erfolgen. Geschrieben wird daher aufgrund der genannten Bedingungen insbesondere in Situationen, in denen es auf Genauigkeit, Bewahrbarkeit und Reproduzierbarkeit der Nachricht ankommt. Gesprochen wird dagegen in allen Situationen, in denen eine rasche und unmittelbare Reaktion möglich und erwünscht ist.

6.2.2. Graphische und phonische Realisierung – mündliche und schriftliche Konzeption

Weitere Veranschaulichung an unterschiedlichen Situationen zeigt, dass mit den Ausdrücken Sprechen und Schreiben noch nicht genau genug unterschieden wird. Der mündlich vorgetragene, also gesprochene Text eines wissenschaftlichen Vortrags ist oft vorher schriftlich ausformuliert, also geschrieben worden. Umgekehrt lesen wir in einem gedruckten Interview Äußerungen, die zuvor mündlich konzipiert und realisiert worden sind.

Um diese Phänomene angemessen zu erfassen und die Merkmale gesprochener und geschriebener Sprache sinnvoll anwendbar zu machen, sind die Begriffe und die Terminologie weiterentwickelt worden. Das **Medium** der sprachlichen Kommunikation lässt sich nur als phonisch oder graphisch bestimmen, womit aber auch nur eine rein äußerliche Bestimmung gegeben ist. Relevant für die sprachliche Gestaltung im Sinne der im Abschnitt 6.2.1. beschriebenen Merkmale ist hingegen die kommunikative Strategie, nämlich die **Konzeption** des Textes für die geschriebene oder für die gesprochene Kommunikation. Dabei sind Übergangsformen zu beobachten.

Die Trennung des Begriffpaares **gesprochen – geschrieben** in die zwei Gegensätze der **phonischen und graphischen Realisierung** einerseits und der **konzeptionellen Mündlichkeit und Schriftlichkeit** andererseits erlaubt angemessenere Beschreibungen. So wird beispielsweise Internetkommunikation in Chats zweifellos graphisch realisiert, gehört aber in den Bereich mündlicher Konzeption und zeigt daher auch viele Merkmale der Mündlichkeit. Umgekehrt lässt die bei Vorträgen nicht seltene Handbewegung zur gestischen Signalisierung von Anführungszeichen erkennen, dass der mündlich realisierte Text eigentlich schriftlich konzipiert wurde. Interpunktion kann aber nun einmal nur gelesen, nicht gehört werden.

6.2.3. STRENGERE NORMATIVITÄT GESCHRIEBENER SPRACHE UND ORTHOGRAPHISCHE NORMKODIFIKATION

Für Schreiben und Sprechen haben sich entsprechend ihren Funktionen und ihren Situationsbedingungen eigene Normen der Realisierung entwickelt. Zu diesen Normen der Realisierung gehören insbesondere die Aussprachenorm und die Orthographie. Dabei entspricht es den Funktionen mündlicher Kommunikation, dass hier nur in Ausnahmefällen die Aussprachenorm für die phonische Realisierung angewandt wird (z.B. von einem Nachrichtensprecher im Fernsehen), weshalb auch gar kein Bedarf an einer von einer Institution sanktionierten Norm besteht. Aus den Funktionen geschriebener Sprache ergibt sich der höhere Aufwand bei der Gestaltung und die strengere Beachtung ihrer Normen. Insbesondere hat sich für die graphische Realisierung eine Rechtschreibnorm von sehr viel höherer Normativität entwickelt, die in der Moderne für den Gebrauch in den Schulen und im amtlichen Schriftverkehr staatlich geregelt wird.

Im gesamten deutschen Sprachgebiet gilt daher eine relativ einheitliche Orthographie, die in ihren inhaltlichen Regelungen letztlich auf der im 18. Jahrhundert entwickelten Norm beruht. Im 19. Jahrhundert wurde in einem langwierigen Prozess die Einheitlichkeit dieser Norm herbeigeführt und ihre Festlegung in Regelwerken und Wörterbüchern erreicht. Seit der II. Orthographischen Konferenz im Jahre 1901 und dem Beitritt der Schweiz im Jahre 1902 gilt diese Orthographie im gesamten deutschen Sprachgebiet. Im Jahre 1996 erfolgte für das ganze deutsche Sprachgebiet eine amtliche Neuregelung, die 2004 und 2006 modifiziert wurde. In dieser Form liegt die Regelung den Rechtschreibwörterbüchern wie dem Rechtschreib-Duden zugrunde und gilt in der Schule.

6.2.4. ALPHABETSCHRIFT UND PHONOLOGISCHES PRINZIP

Das für die Schreibung der deutschen Sprache verwendete Schriftsystem beruht auf der lateinischen Alphabetschrift. Durch deren Elemente – die Buchstaben – ist prinzipiell eine Beziehung der Schriftzeichen auf die Laute gegeben.

Den **Phonemen** als lautlichen Einheiten entsprechen **Grapheme** als schriftliche Repräsentanten der Phoneme; dabei wird hier ein relationaler Graphembegriff zugrunde gelegt. Bei strenger Anwendung dieses phonologischen Prinzips wäre eine eindeutige Zuordnung je eines Phonems zu je einem Graphem zu erwarten. Eine Betrachtung der deutschen Gegenwartsorthographie zeigt aber, wie schon das Gedicht von Heinz Erhardt, dass die Zuordnung von Phonemen und Graphemen nicht einheitlich geregelt ist. So wird /f/ einmal <f>, einmal <ph> geschrieben und /ɑː/ kann dreifach orthographisch realisiert werden:

/ɑː/ → <a>: *Tag*   <aa>: *Saal*   <ah>: *Zahl*

Dass entsprechende Beobachtungen auch für andere Phoneme gelten, geht aus der systematischen Gegenüberstellung von Phonemen und ihren orthographischen Repräsentanten im Deutschen hervor.

Vokalismus					
Kurzvokale			Diphthonge		
/ɪ/	<i>	*Bild*	/aɪ/	<ei>	*Weise*
/ʏ/	<ü>	*hübsch*		<ai>	*Waise*
/ʊ/	<u>	*Kunst*	/aʊ/	<au>	*Baum*
/ɛ/	<e>	*Held*	/ɔʏ/	<eu>	*heute*
	<ä>	*hält*		<äu>	*Häute*
/œ/	<ö>	*können*			
/ɔ/	<o>	*oft*			
/a/	<a>	*Bach*			

Langvokale					
/iː/	<i>	Lid	/ɛː/	<ä>	träge
	<ie>	Lied		<äh>	Mähne
	<ih>	ihm	/øː/	<ö>	schön
/yː/	<ü>	Blüte		<öh>	Höhle
	<üh>	Bühne	/oː/	<o>	Pol
/uː/	<u>	Mut		<oo>	Boot
	<uh>	Huhn		<oh>	Lohn
/eː/	<e>	Weg	/ɑː/	<a>	Tag
	<ee>	Beet		<aa>	Saal
	<eh>	Sehne		<ah>	Zahl

Tab.1: Orthographie des Vokalismus

Konsonantismus			
	Einfachschreibungen	Doppelschreibungen	Besonderheiten
/p/	<p>	<pp>	<b> im Auslaut (*Leib*)
/t/	<t>	<tt>	<d> im Auslaut (*Hand*)
/k/	<k>		<g> im Auslaut (*Tag*) <ck> (*Sack*) <q> in <qu> (*Quark*) <ch> in <chs> (*Dachs*) <x> = /k/ + /s/ (*Hexe*)
/b/	<b>	<bb>	
/d/	<d>	<dd>	

/g/	\<g\>	\<gg\>	
/pf/			\<pf\> (*Pfund*)
/ts/			\<z\> (*Zahl*) \<tz\> (*Satz*)
/f/	\<f\>	\<ff\>	\<v\> (*Vater*)
/ʃ/			\<sch\> (*schön*) \<s\> vor \<p\> (*Spiel*) \<s\> vor \<t\> (*Star*)
/s/		\<ss\>	\<ß\>, \<s\> im Auslaut (*Gruß, aus*) \<x\> = /k/ + /s/ (*Hexe*)
/ch/			\<ch\> (*ich*)
/h/	\<h\>		
/v/	\<w\>		\<u\> in \<qu\> (*Quark*), \<v\> (*Vase*)
/z/			\<s\> im An- und Inlaut (*Sonne, leise*)
/j/	\<j\>		
/m/	\<m\>	\<mm\>	
/n/	\<n\>	\<nn\>	
/ŋ/			\<ng\> (*eng*), \<n\> vor \<k\> (*Bank*)
/l/	\<l\>	\<ll\>	
/r/	\<r\>	\<rr\>	

Tab. 2: Orthographie des Konsonantismus

6.2.5. DAS SEMANTISCHE PRINZIP DER ORTHOGRAPHIE

Die orthographische Norm steht zunächst einmal im Dienst der **Aufzeichnungsfunktion** der Schreibung. Sie ordnet dem Laut, genauer: dem Phonem, die jeweilige Schreibung, das Graphem, zu und folgt damit einem **phonologischen Grundprinzip**. Darauf beruht umgekehrt die Möglichkeit, beim lauten Lesen den Graphemen die Phoneme in ihrer jeweiligen Realisierung zuzuordnen. Dem phonologischen Grundprinzip entspricht es, dass dem Phonem /ɪ/ ein Graphem

<i> zugeordnet ist, dass die Länge der Vokale teils direkt, teils indirekt bezeichnet wird und so weiter.

Es sind aber auf den ersten Blick vielfältige Abweichungen vom phonologischen Grundprinzip erkennbar: So stehen einerseits mehrfach für ein Phonem mehrere Grapheme zur Verfügung: [ɛ] – <e>, <ä>, /aɪ/ – <ei>, <ai> und so weiter.

Andererseits wird der lautliche Unterschied zwischen *Hand* [-t] und *Hände* [-d-] in der Schreibung nicht ausgedrückt, obwohl ein eigenes Graphem <t> zur Verfügung stände.

Wenn statt der möglichen Schreibungen *Hant – Hende* die Schreibungen *Hand – Hände* gewählt wurden, so wird damit die Identität des Wortes *Hand* graphisch besser bewahrt. Die Schreibung erlaubt es, in den verschiedenen Wortformen das eine Wort *Hand* als Bedeutungsträger optisch wiederzuerkennen. Diese Schreibung dient damit unmittelbar der **Erfassungsfunktion**, der Inhaltsübermittlung. Sie folgt damit einem semantischen, das heißt auf die Inhaltsseite der Sprache gerichteten Grundprinzip, das im vorliegenden Fall als morphologisches Einzelprinzip (**morphologisch-semantisches Prinzip**) auftritt (zum Begriff des Morphems siehe Kapitel 8).

Diesem Prinzip zufolge gilt in der deutschen Gegenwartsorthographie Morphemkonstanz. Ganze Wortfamilien zeigen durchgehend dieselbe Schreibung des Grundmorphems, vom Umlautzeichen abgesehen:

lehren, Lehre, Lehrer, Lehrbuch, belehren, Belehrung, unbelehrbar usw.
leeren, Leere, entleeren, Entleerung usw.
Haut, Häute, häuten, Häutung, Hautpflege usw.

Das morphologisch-semantische Prinzip besitzt in der Gegenwartsorthographie eine große Reichweite und regelt viele Schreibungen.

Auf der Wortebene wirkt das **lexikalisch-semantische Prinzip** in der konkreten Ausprägung der Großschreibung der Wortart Substantiv ebenfalls in großem Umfang. Eine wesentlich geringere Rolle spielt es in der unterscheidenden Schreibung homophoner, das heißt gleichlautender, Wörter wie *Weise – Waise, Moor – Mohr*.

Auf der Satzebene wird das **syntaktisch-semantische Prinzip** in der Großschreibung am Satzanfang und vor allem in der Interpunktion wirksam.

Auf der Textebene regelt das **textuell-semantische Prinzip** unter anderem die Großschreibung am Anfang von Überschriften; darüber hinaus wirkt es in allen Formen graphischer Textgestaltung in Absätzen, Einrückungen und so weiter; dazu vergleiche man Kapitel 18.

6.3. GRAPHEMATISCHE ANALYSE

Die Komplexität der Beziehungen kann noch deutlicher veranschaulicht werden, wenn man wie in dem Handbuch 'Deutsche Orthographie' sowohl von der phonologischen wie von der graphematischen Seite ausgeht. Aus den mehrere Seiten umfassenden Tabellen sei hier ein Ausschnitt zu den *s*-Lauten und *s*-Graphien gegeben:

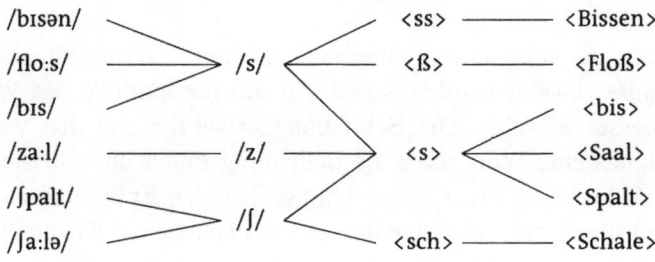

Dieter Nerius, Deutsche Orthographie, S. 124

Die zugrunde liegenden phonologischen Verhältnisse sind in Kapitel 5.3. erörtert worden. Da in der deutschen Standardsprache in Wortanlaut nur das Phonem /z/ und im Wortauslaut nur das Phonem /s/ vorkommt, können beide <s> geschrieben werden (*Saal, bis*). Intervokalisch kommen dagegen beide Phoneme vor und bilden Minimalpaare. Daher werden sie dann auch verschieden geschrieben: *reisen – reißen*. Für /s/ werden neben <s> je nach der Quantität des vorhergehenden Vokals auch <ss> und <ß> geschrieben: *bis – Bissen – Floß*. Schließlich kann die Schreibung <s> auch für /ʃ/ vor /t/ und /p/ verwendet werden: *Spalt, Stadt*, weil es in dieser Position außer in Lehnwörtern wie *Stil* keine andere Aussprache gibt. Zur Schreibung der s-Laute im Deutschen gehören auch noch die besonderen Regeln für die Phonemkombinationen /ts/ und /ks/. Für /ks/ wird außer <ks> und <chs> auch <x> geschrieben: *links, Wachs, Axt*. Für /ts/ kommen außer <ts> auch <ds> sowie <tz> und <z> vor: *nichts, abends, Katze, Herz*.

6.4. ZUR PROBLEMATIK EINER ORTHOGRAPHIEREFORM

Nach mehreren Anläufen und jahrzehntelanger Diskussion kam es im Jahre 1996 zu einer von den deutschsprachigen Staaten verabschiedeten Rechtschreibreform, die von der schreibenden und lesenden Gesellschaft zum Teil heftig abgelehnt wurde und wird, gleichwohl aber in den Schulen und im amtlichen Gebrauch eingeführt wurde. In den Modifizierungen von 2004 und 2006 wurde ein Teil der Kritik berücksichtigt.

Zum Verständnis der emotionalen Heftigkeit der Diskussion sind folgende Überlegungen hilfreich. Die Orthographienorm hat eine Erfassungsfunktion, kann also vom Lesen aus beschrieben und bewertet werden. Sie hat aber auch eine Aufzeichnungsfunktion, dient also dem Schreiben und kann ebenso aus dieser Perspektive betrachtet werden. Da dem Schreiben ein Schreibenlernen vorausgeht, wird die Beurteilung der Orthographie oft auf diesen Aspekt zugespitzt: Ist eine Rechtschreibung schnell, einfach und problemlos erlernbar? Einfach und schnell zu lernen wäre etwa eine durchgehende Kennzeichnung der Langvokale nach einem Prinzip: Langes *a* schreibt man *ā*.

Aus der Leserperspektive wird dagegen die Frage lauten: Kann man aus der Schreibung schnell und einfach die vermittelte Information erfassen? Schnelle Informationserfassung wird durch semantische Steuerung der Schreibung erleichtert, also durch Schreibungen wie *malen* und *mahlen*, *Wal* und *Wahl* usw.

Da für diese Bewertungen selbst keine allgemein anerkannten Kriterien existieren und da vor allem nicht erkennbar ist, wie objektiv und rational zwischen der Schreiber- und der Leserperspektive eine Abwägung erfolgen könnte, bleibt hier viel Spielraum für individuelle Meinungen und Setzungen.

6.5. DEFINITIONEN

Aufzeichnungsfunktion	Anwendung der Rechtschreibung beim Schreiben, also bei der Aufzeichnung von Texten, beim Diktat bei der Umsetzung von Lauten in Buchstaben
Erfassungsfunktion	Anwendung der Rechtschreibung beim Lesen, also bei der Erfassung der Information in Texten, beim lauten Lesen bei der Umsetzung von Buchstaben in Laute
Graphem	die schriftliche Repräsentation eines Phonems
graphische/phonische Realisierung	Unterscheidung der Rede (im Sinne von Kapitel 2) nach ihrer medialen Verwirklichung durch Sprechen bzw. Schreiben
lexikalisch-semantisches Prinzip	Realisierung des semantischen Prinzips der Orthographie auf Wortebene (z.B. in der unterschiedlichen Schreibung von Homophonen wie *Weise – Waise*)
morphologisch-semantisches Prinzip	Realisierung des semantischen Prinzips auf Morphemebene (Morphemkonstanz), z.B. in der Wortfamilie *lehr-*

mündliche/schriftliche Konzeption	Unterscheidung der Rede (im Sinne von Kapitel 2) nach ihrer Gestaltung im Hinblick auf mündliche bzw. schriftliche Realisierung
phonologisches Prinzip	das orthographische Prinzip der Beziehung der Schriftzeichen auf die Lautseite der Sprache, also auf die Phoneme
semantisches Prinzip	das orthographische Prinzip der Beziehung der Schriftzeichen auf die Inhaltsseite der Sprache, realisiert als morphologisch-semantisches, lexikalisch-semantisches, syntaktisch-semantisches und textuell-semantisches Prinzip
syntaktisch-semantisches Prinzip	Realisierung des semantischen Prinzips der Orthographie auf Satzebene (z.B. in der Interpunktion)
textuell-semantisches Prinzip	Realisierung des semantischen Prinzips der Orthographie auf Textebene (z.B. in der Gliederung in Abschnitte)

6.6. LITERATUR

Kurzinformation:

Metzler Lexikon Sprache. Artikel: Alphabetische Schrift, Geschriebene Sprache, Geschriebene Sprachform, Gesprochene Sprache, Gesprochene Sprachform, Graphem, Graphematik, Graphem-Phonem-Korrespondenz, Mündlichkeit, Orthographie, Orthographiereform, Schrift, Schriftlichkeit, Schriftsystem

Einführende Literatur:

P. *Eisenberg*, in: Duden. Grammatik der deutschen Gegenwartssprache, S. 54-84
N. *Fuhrhop*, Orthografie
G. *Meinhold* – D. *Nerius*, in: Kleine Enzyklopädie Deutsche Sprache, S. 310-350
R. *Rath*, in: Kleine Enzyklopädie Deutsche Sprache, S. 363-383
B. *Schaeder*, in: J. Dittmann – C. Schmidt (Hgg.), Über Wörter, S. 167-188

Grundlegende und weiterführende Literatur:

P. *Koch* – W. *Oesterreicher*, Romanistisches Jahrbuch 36 (1985), S. 15-43
U. *Maas*, Grundzüge der deutschen Orthographie
H.H. *Munske*, Orthographie als Sprachkultur
D. *Nerius*, Beiträge zur deutschen Orthographie
D. *Nerius*, Deutsche Orthographie
Die *Rechtschreibreform*. Pro und Kontra
Schrift und Schriftlichkeit. Ein interdisziplinäres Handbuch

KAPITEL 7: DIE WORTARTEN

7.1. EINSTIEG: *ESSEN* ODER *ESSEN*?

In einem Artikel der ZEIT vom 30.12.2009 heißt es unter der Überschrift „Nachgesalzen":

> „Zu Essen gab es bei der Schweiztour recht viel."

Das hier auftretende Wort *Essen* kommt im Gegenwartsdeutschen als Verb und als Substantiv vor:

(1) *Ich möchte heute Fisch essen.*

(2) *Wir trinken gerne Wein zum Essen.*

In verbaler Verwendung wird das Wort klein geschrieben (Beispiel 1), in substantivischer Verwendung groß (Beispiel 2).

Auch das vorausgehende Wort *zu* kann unterschiedliche Funktionen haben. In Verbindung mit einem infiniten Verb ist *zu* Infinitivpartikel:

(3) *Ich nehme mir vor, häufiger Fisch zu essen.*

Zu kann aber auch vor einem Substantiv stehen und mit diesem ein Syntagma bilden.

(4) *Zu diesem Essen passt ein Rotwein.*

(5) *Zum Essen gibt es guten Wein.*

In diesem Fall geht von *zu* die Forderung nach einem Substantiv im Dativ aus. *Zu* ist dann Präposition (dazu genauer weiter unten 7.2.5.). Die Präposition zieht dann in der Regel noch einen Artikel (bestimmt oder unbestimmt) nach sich.

In dem eingangs zitierten Satz aus der ZEIT besteht der Verbalkomplex aus *gab zu essen*. *Essen* ist in dem Satz klein zu schreiben.

Korrekt ist also: „Zu essen gab es bei der Schweiztour recht viel."

Eine ähnliche Konstruktion findet sich in der Apotheken Umschau vom 18.12.2009, in der das Ergebnis einer Umfrage wie folgt zusammengefasst wird: „Es gibt zu viel zu essen, sagen mehr als acht von Zehn." In diesem Satz ist *essen* korrekt klein geschrieben. Hier tritt aber ein weiteres Problem der Groß-/Kleinschreibung bei *Zehn* auf, das als Zahlwort klein zu schreiben ist.

Die Beispiele zeigen, dass die Wortart Auswirkungen auf die Orthographie hat und die Funktion eines Wortes relevant für die Bestimmung seiner Wortart ist. Damit stellt sich die Frage nach den Kriterien, die Wörter einer Wortart auszeichnen.

7.2. DIE WORTARTEN
7.2.1. WORTFORMEN UND WÖRTER

Betrachtet man die Wörter in dem Text in Kapitel 8, so lässt sich ein erstes Einteilungskriterium der Wörter ausmachen. Manche Wörter stehen in derselben Form im Wörterbuch, in der sie auch im Text vorkommen, zum Beispiel: *amtlich, Miene, Kontinent, Spaziergang, jetzt, nötig*. Andere Wörter des Textes müssen erst in die Form gebracht werden, in der sie im Wörterbuch stehen, zum Beispiel: *Jahres → Jahr, lautete → lauten, vermocht → vermögen, Kräfte → Kraft*.

Dabei zeigt sich, dass manche Wörter immer in derselben Form erscheinen, wie zum Beispiel *jetzt, bald, oder, wie, seit*, andere aber in verschiedenen Formen vorkommen oder vorkommen können, wie zum Beispiel *seinem – sein, Miene, Spaziergang, nötig*.

Wörter unterscheiden sich also nach ihrer formalen Veränderlichkeit oder Unveränderlichkeit im Textzusammenhang. Deshalb muss auch begrifflich unterschieden werden zwischen der einzelnen im Text vorkommenden Wortform und dem Wort als Einheit im Wörterbuch, das Lexem genannt wird. Die Veränderung der Wortformen heißt **Flexion**; die entsprechenden Wörter flektieren beziehungsweise sind flektierbar. Unterschiedlich flektierte Wortformen eines Wortes (z.B. *lautete* und *lautet*) werden auch als unterschiedliche grammatische Wörter bezeichnet.

7.2.2. UNTERSCHIEDE ZWISCHEN WÖRTERN

Die Veränderlichkeit und Unveränderlichkeit der Wörter hängt mit ihren unterschiedlichen syntaktischen Funktionen zusammen und drückt ihre syntaktischen Beziehungen aus. Dass im ersten Satz die Wortform *lautete* erscheint (statt *lauteten*), hängt zum Beispiel damit zusammen, dass der Bezugspunkt *sein Name* ist (und nicht etwa *Namen*). Die Form *hielten* (statt *hielt*) steht in syntaktischem Zusammenhang mit den Formen *einige Droschken und Equipagen* (Z. 21).

Deutlich erkennbar sind auch die Unterschiede in der semantischen Beziehung der Wörter, so etwa zwischen Wörtern vom Typ *Geburtstag, Name, Frühlingsnachmittag, Jahres* einerseits und Wörtern vom Typ *lautete, zeigte, besteht, verhelfen* andererseits. Diese zunächst nur angedeuteten Unterschiede zwischen den Wörtern liegen allen Einteilungen des Wortschatzes in Wortarten oder Wortklassen zugrunde.

Ein Unterschied zwischen den Wörtern zeigt sich bei dem Versuch, ihre Bedeutung unabhängig von ihrer Verwendung im Kontext anzugeben. Das bereitet keine Schwierigkeiten bei Wörtern des Textes wie *Geburtstag* (Z. 1-2) 'Jahrestag der Geburt', *Wohnung* (Z. 4) 'meist aus mehreren Räumen bestehender, nach außen abgeschlossener Bereich in einem Wohnhaus ...', *Schriftsteller* (Z. 8) 'jmd., der [beruflich] literarische Werke verfasst', *unternehmen* (Z. 5) 'etw., was bestimmte Handlungen ... erfordert, in die Tat umsetzen; Maßnahmen ergreifen', *falsch* (Z. 16) 'künstlich u. meist täuschend ähnlich nachgebildet, imitiert; dem tatsächlichen Sachverhalt nicht entsprechend' oder *still* (Z. 19) 'so, dass kein, kaum ein Geräusch, Laut zu hören ist; ruhig'. Derartige Wörter, die eine kontextunabhängige, selbstständige Bedeutung haben, werden als **Autosemantika** bezeichnet. In der Regel handelt es sich dabei um Substantive, Verben oder Adjektive. Autosemantika bilden offene Klassen von Wörtern, das heißt, der Wortbestand an Autosemantika verändert sich kontinuierlich. Es können immer wieder neue Substantive, Verben oder Adjektive entstehen.

Anders verhält es sich bei Wörtern wie *an* (Z. 2), *von* (Z. 5), *nach* (Z. 1), *bei* (Z. 11), *daß* (Z. 13), *obgleich* (Z. 17). Die Bedeutung dieser Wörter ist vom jeweiligen Kontext abhängig. Die Präpositionen *an* und *von* treten beispielsweise in folgenden Funktionen auf:

an:	*an der Wand* (räumlich)
	an dem Tag (zeitlich)
	an Krücken gehen (mit Hilfe von)
von:	*von Norden* (räumlich)
	von zu Hause lösen (Trennung)
	von nun an (zeitlicher Ausgangspunkt)
	einer von euch (Menge, zu der der genannte Teil gehört)
	Lehrer von Beruf (in Bezug auf)
	der Hut von meinem Vater (Besitzer einer Sache)
	Post von einem Freund (Urheber)

Derartige Wörter, die bei isoliertem Auftreten keine selbstständige lexikalische Bedeutung tragen, werden **Synsemantika** genannt. In der Regel handelt es sich dabei um Funktionswörter wie Präpositionen, Konjunktionen und Partikeln. Synsemantika bilden geschlossene Klassen von Wörtern. Ihr Wortbestand verändert sich kaum. Es entstehen fast keine neuen Präpositionen, Konjunktionen und Partikeln.

7.2.3. KLASSIFIKATIONSMÖGLICHKEITEN VON WÖRTERN

Die Beispiele zeigen, dass es unterschiedliche Möglichkeiten der Klassifizierung von Wörtern gibt. Teilt man die Wörter nach der Veränderlichkeit oder Unveränderlichkeit ihrer Form ein, so legt man eine morphologische Klassifikation zugrunde. Diese hat jedoch den Nachteil, dass die vielen unveränderlichen Wörter nicht differenziert werden können.

Sind die entscheidenden Kriterien die syntaktische Funktion und mögliche syntaktische Positionen eines Wortes, so wendet man eine syntaktische Klassifikation an. Diese führt allerdings zu einer sehr hohen Anzahl von Wortarten, da die flektierenden Wörter eben an vielen Positionen im Satz stehen können.

Wörter können schließlich auch aufgrund semantischer Merkmale klassifiziert werden. Die Beachtung der semantischen Unterschiede zwischen den Wörtern liegt der im Schulunterricht verbreiteten Terminologie Namenwort oder Dingwort, Eigenschaftswort, Tätigkeitswort zugrunde. Namenwörter wie *Bett*, *Bild*, *Teppich* benennen Größen, geben in einem allerdings landläufigen Sinn die Namen der Dinge an. Zur genaueren Unterscheidung von Name und Wort ist hier auf Kapitel 26 zu verweisen. Eigenschaftswörter wie *alt*, *müde*, *klein*, *grau* benennen Eigenschaften von Dingen, Tätigkeitswörter wie *erzählen*, *wohnen*, *beschreiben*, *sehen* Tätigkeiten. Den Wortarten lassen sich somit auch gewisse grundsätzliche semantische Leistungen zuordnen (dazu Kapitel 16).

Im Einzelnen treten die vielfältigsten Probleme auf, wenn alle Wortarten nach einer einheitlichen Vorgehensweise aufgrund flexionsmorphologischer, syntaktischer oder semantischer Merkmale eingeteilt werden sollen. Die in Grammatiken verwendeten Einteilungen unterscheiden sich je nach Gewichtung der Merkmale und Ausdifferenzierung von kleineren Wortgruppen als eigene Wortarten beträchtlich. Im Folgenden wird eine Mischklassifikation vorgenommen, bei der die formveränderlichen Wörter nach dem morphologischen Kriterium und die formunveränderlichen Wörter nach syntaktischen Kriterien klassifiziert werden. Das semantische Kriterium wird dann herangezogen, wenn das morphologische und das syntaktische Kriterium zu keiner ausreichenden und angemessenen Bestimmung führt.

7.2.4. WORTARTENEINTEILUNG FLEKTIERBARER WÖRTER

Nach der grundsätzlichen Unterscheidung von flektierbaren und nicht-flektierbaren Wörtern werden die flektierbaren Wörter nach den für sie zutreffenden Flexionskategorien eingeteilt. Genus, Kasus und Numerus sind die Flexionskategorien der nominalen Wortarten des Deutschen, nämlich Substantiv, Adjektiv, Pronomen einschließlich Artikel. Beim Adjektiv tritt zusätzlich die Komparation (Steigerung) auf. Die nominalen Wortarten sind deklinierbar, das heißt, dass bei ihrer Flexion die grammatische Kategorie Kasus ausgewiesen wird.

In der deutschen Gegenwartssprache werden in der Flexion der nominalen Wortarten folgende grammatische Kategorien unterschieden:

drei Genera	Maskulinum
	Neutrum
	Femininum
vier Kasus	Nominativ
	Genitiv
	Dativ
	Akkusativ
zwei Numeri	Singular
	Plural

Die Flexionsmorpheme am Verb drücken Person, Numerus, Modus, Tempus und Genus Verbi aus. Das Verb wird als konjugierbar bezeichnet.

In der deutschen Gegenwartssprache werden in der Flexion der Verben folgende grammatische Kategorien unterschieden:

drei Personen	1. Person (Sprecher)
	2. Person (Angesprochener)
	3. Person (Besprochenes)
zwei Numeri	Singular
	Plural
drei Modi	Indikativ
	Konjunktiv
	Imperativ
zwei Tempora	Präsens
	Präteritum
zwei Genera Verbi	Aktiv
	Passiv

Das Passiv sowie weitere Tempusformen werden mit den Hilfsverben *sein, haben* und *werden* gebildet; diese Formenbildung (z.B. *ist gekommen*) nennt man analytisch, im Gegensatz zur synthetischen Formenbildung (z.B. *kam*), man vergleiche Kapitel 11. Die Flexion nach den unterschiedlichen grammatischen Kategorien dient als Grundlage einer Einteilung der flektierenden Wortarten:

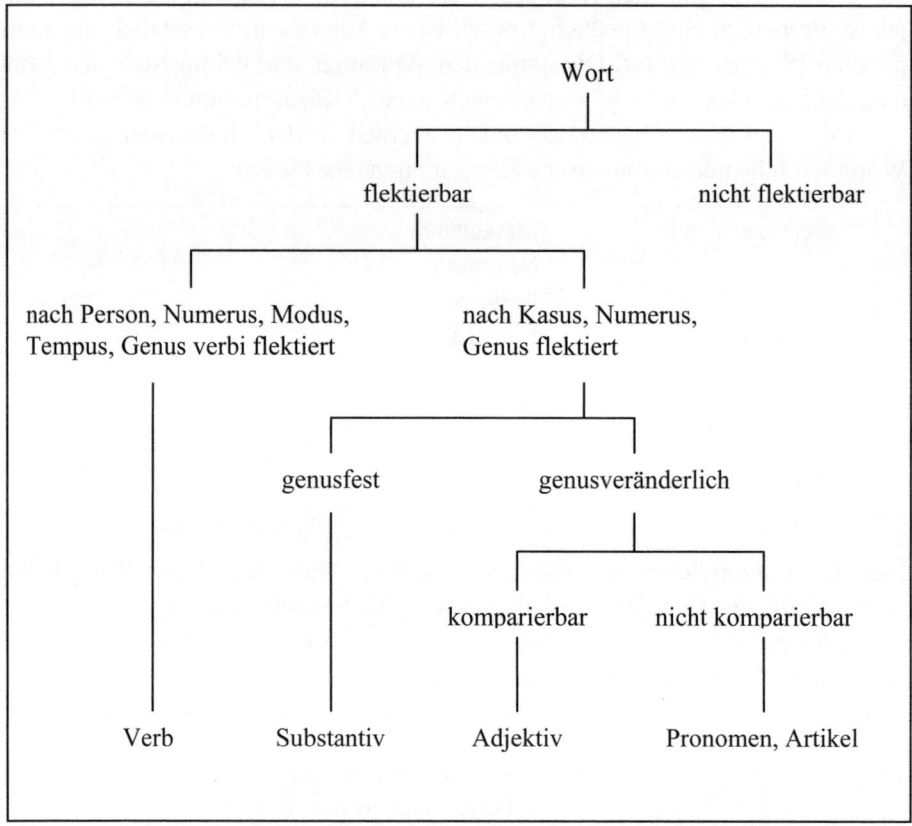

Abb. 1: Flektierende Wortarten (nach W. Flämig, Grammatik des Deutschen. Einführung in Struktur- und Wirkungszusammenhänge, S. 358)

Bei dieser Einteilung ist keine Unterscheidung von Pronomen und Artikel möglich, weshalb diese zuweilen als Artikelwörter zusammengefasst werden. Traditionell werden sie nach semantischen Merkmalen weiter differenziert:

Artikel	
determiniert:	*der, die, das*
undeterminiert:	*ein, eine*

Pronomen	
Demonstrativpronomen:	*dieser, jener*
Possessivpronomen:	*mein, ihr, sein*
Reflexivpronomen:	*sich*
Personalpronomen:	*ich, du, er, sie, es*
Relativpronomen:	*der, wer*
Interrogativpronomen:	*welcher, was, wie*
Indefinitpronomen:	*mancher, irgendein, etwas*
	unflektierbar: *man, nichts*

Bei der Wortarteneinteilung nach Flexionsverhältnissen ist allerdings zu beachten, dass nicht immer alle Wörter einer Wortart alle Merkmale der Wortart erfüllen. So gibt es beispielsweise unter den Adjektiven solche, die nicht komparierbar sind: *schwanger, tot*. Einige Substantive sind nur im Singular (z.B. *Hitze, Treue, Schutz*) oder nur im Plural (z.B. *Masern, Eltern*) zu verwenden. Das Fehlen eines Wortartenmerkmals rechtfertigt allerdings nicht, diese Wortarteneinteilung aufzugeben und durch eine Vielzahl kleinerer Wortklassen zu ersetzen.

7.2.5. WORTARTENEINTEILUNG NICHT-FLEKTIERBARER WÖRTER

Die morphologisch nur negativ als nicht-flektierbar ausgeschiedenen Wörter lassen sich nach ihren syntaktischen Eigenschaften gliedern. Der Text von Peter Bichsel (Kapitel 3) enthält beispielsweise folgende nicht-flektierbaren Wörter:

von, zu, um, oder, fast, kaum, und, vielleicht, aber, wo, so, auf, daneben, an, morgens, auch

Durch verschiedene Proben lassen sich die unflektierbaren Wörter weiter differenzieren.

a) *Der Student kommt vermutlich mittags.*
b) *Kommt der Student mittags?* *Vermutlich.*
c) *Kommt der Student vermutlich?* **Mittags.*

KAPITEL 7

Die Entscheidungsfrage b) kann mit dem Wort *vermutlich* beantwortet werden. Damit erweist sich *vermutlich* als satzwertig. Satzwertige Wörter, die den Geltungsgrad des ganzen Satzes modifizieren, werden als **Modalwörter** bezeichnet.

Die Entscheidungsfrage c) kann nicht mit dem Wort *mittags* beantwortet werden. Somit besitzt *mittags* keinen Satzwert. Das Wort *mittags* ist auch nicht satzmodifizierend. Es kann aber im Satz umgestellt werden (zur Umstellprobe vergleiche man Kapitel 12 und 13. Damit erweist sich *mittags* als satzgliedwertiges unflektierbares Wort. Wörter mit Satzgliedwert, aber ohne Satzwert und ohne satzmodifizierende Funktion werden **Adverbien** genannt. Die Unterscheidung von Modalwörtern und Adverbien aufgrund der Merkmale Satzwertigkeit und Satzmodifikation ist nicht unumstritten. Einige Grammatiken betrachten die Modalwörter als Sonderklasse der Adverbien. Sie werden zuweilen auch Modaladverbien oder Satzadverbien genannt; die Duden-Grammatik (Nr. 868) bezeichnet sie als „Kommentaradverbien (Adverbien der Stellungnahme und Bewertung)."

> Adverbien lassen sich in weitere Klassen unterteilen:
> Modaladverbien: *flugs, genauso, hinterrücks*
> Lokaladverbien: *dort, links, drinnen*
> Temporaladverbien: *kürzlich, gestern, morgens*
> Pronominal-/Präpositionaladverbien: *darauf, dafür*
> Konjunktionaladverbien: *trotzdem, deshalb*

Die unflektierbaren Wörter ohne Satzgliedwert lassen sich danach unterscheiden, ob sie Fügteilcharakter haben oder nicht. Wörter mit Fügteilcharakter treten mit oder ohne Kasusforderung auf. Fügteile mit Kasusforderung heißen **Präpositionen**; sie leisten die syntaktische Einfügung von präpositionalen Satzgliedern oder Attributen. Textbeispiele sind *von, auf*.

Fügteile ohne Kasusforderung, die bei- oder nebenordnend sind, heißen **Konjunktionen**; sie fügen Teile von Satzgliedern, Gliedteilsätze, Gliedsätze oder Sätze aneinander. Textbeispiele sind *oder*, *und*. Fügteile ohne Kasusforderung, die unterordnend sind, heißen **Subjunktionen.** Sie ordnen abhängige Teilsätze unter. Textbeispiele sind *damit, wenn, weil*.

Unflektierbare Wörter ohne Satzgliedwert und ohne Fügteilcharakter heißen **Partikeln**; sie dienen der Modifizierung der Aussage. Textbeispiele sind *fast* und *kaum* in den Sätzen:

> *Es lohnt sich fast nicht, ihn zu beschreiben,*
> *kaum etwas unterscheidet ihn von andern.*

Partikeln werden traditionell in weitere Klassen unterteilt, wobei die Anzahl der Klassen in den Grammatiken divergiert.

Modalpartikel/Abtönungspartikel drücken die Einstellung des Sprechers aus und modifizieren den Geltungsgrad einer Aussage: *(ich will) halt/doch/ja/eben (weg)*

Gradpartikel oder Steigerungspartikel drücken den Grad einer Eigenschaft des Bezugswortes aus: *er geht einigermaßen/überaus/ziemlich gern ins Theater*

Fokuspartikel dienen der Hervorhebung des Bezugswortes: *nur/sogar/auch (Tom)*

Vergleichspartikel: *(so alt) wie, (älter) als*

Identifikationspartikel: *(ein Lehrer) wie (Tom); (Tom) als (Lehrer)*

Negationspartikel: *nicht (er), nicht (spülen)*

Infinitivpartikel: *zu (spülen)*

Antwortpartikel: *ja, nein, doch*

Ausrufe wie *Au!*, *Ach!*, *Hallo!*, *Prost!* werden in der Duden-Grammatik als Gesprächspartikel aufgeführt. Da sie Sätze repräsentieren, werden sie zuweilen (so bei Helbig/Buscha und Engel) als Satzäquivalente bezeichnet.

Schon an diesem Beispiel wird deutlich, dass der Terminus Partikel sehr unterschiedlich gefasst wird. Er wird zum Teil mit erheblich weiterer Bedeutung verwendet, was im Einzelfall beachtet werden muss.

Die nichtflektierbaren Wörter werden also zunächst nach syntaktischen Merkmalen einer Wortart zugewiesen. Sodann lassen sie sich nach semantischen Merkmalen weiter differenzieren.

Wie die Beispiele zeigen, können nichtflektierbare Wörter in mehreren syntaktischen Funktionen auftreten: *fast* kann Adverb (*wir hätten fast vergessen*) oder Partikel (*fast wie ein Kind*) sein; *kaum* kann Konjunktion (*kaum dass der Regen nachließ*), Adverb (*ich habe kaum geschlafen*) oder Partikel (*kaum drei Meter*) sein, *um* kann Präposition (*um die Welt segeln*) oder Konjunktion (*ich beeilte mich, um den Bus nicht zu verpassen*) sein.

Die Unterschiede der syntaktischen Funktionen dienen als Grundlage einer Einteilung der nichtflektierenden Wortarten:

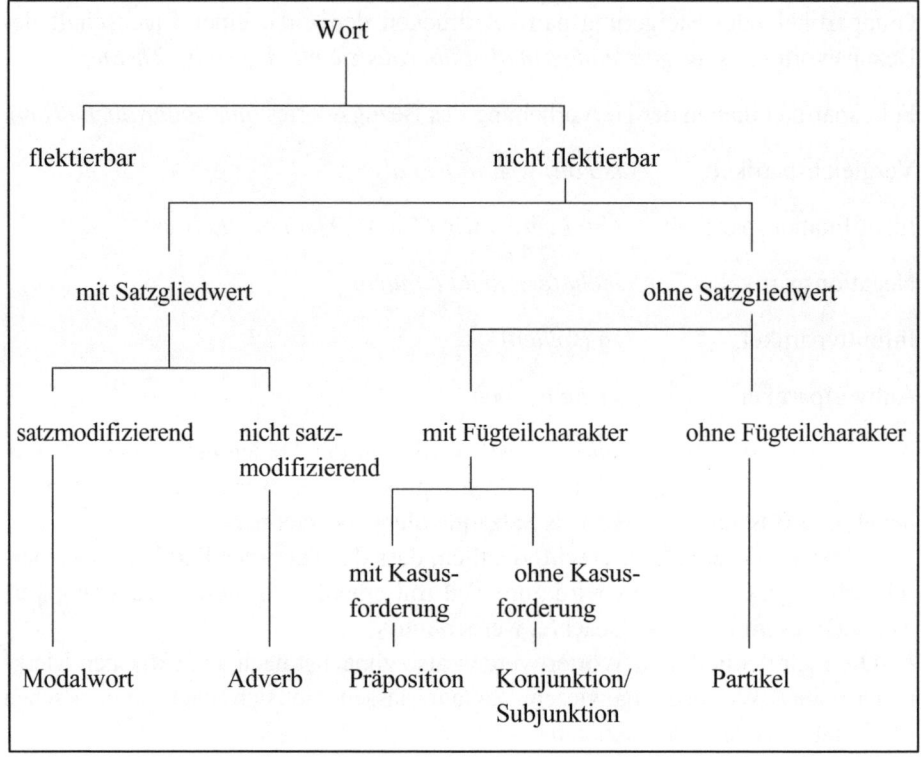

Abb. 2: Nicht flektierende Wortarten (weitgehend nach W. Flämig, Grammatik des Deutschen. Einführung in Struktur- und Wirkungszusammenhänge, S. 358)

Bei der Wortarteneinteilung nichtflektierbarer Wörter sind vereinzelt Überschneidungen von Merkmalen zu beobachten. So können Partikeln ebenso wie Modalwörter den Geltungsgrad eines Satzes modifizieren:

> *Das Seminar ist vermutlich überfüllt.*   (= Modalwort)
> *Das Seminar ist wohl überfüllt.*   (= Partikel)

7.2.6. WORTARTEN UND WORTBILDUNG

Bei der Wortbildung werden vielfach die Grenzen der Wortarten durch Transposition (dazu vergleiche man Kapitel 10) überwunden; zum Beispiel werden aus Verben und Adjektiven Substantive gebildet:

wohnen	– *Wohnung*	*eindringlich*	– *Eindringlichkeit*
bewegen	– *Bewegung*	*beredsam*	– *Beredsamkeit*

Dabei kommt es zu Verschiebungen in der Bedeutung, indem eine Tätigkeit oder eine Eigenschaft nun wie ein Gegenstand benannt wird. Aus diesem Grund sind die semantisch begründeten Wortartbezeichnungen nur bei primären, nicht durch Wortbildung entstandenen Wörtern problemlos anwendbar (z.B. *Stadt, zart, helfen*).

7.3. ANALYSEVERFAHREN UND ANALYSEBEISPIELE

In Peter Bichsels Geschichte „Ein Tisch ist ein Tisch" findet sich folgender Satz:

> Der alte Mann machte morgens einen Spaziergang und nachmittags einen Spaziergang, sprach ein paar Worte mit seinem Nachbarn, und abends saß er an seinem Tisch.

In dem Satz sind die folgenden nicht-flektierbaren Wörter enthalten: *morgens, und, nachmittags, paar, mit, und, abends, an*.

Die Wörter *morgens, nachmittags* und *abends* haben Satzgliedwert, sind aber nicht satzmodifizierend. Die Entscheidungsfrage *Machte der alte Mann einen Spaziergang?* kann nicht mit *morgens* oder *nachmittags* beantwortet werden. Auch die Frage *Saß er an seinem Tisch?* kann nicht mit *abends* beantwortet werden. Damit sind die Wörter nicht satzmodifizierend und damit auch keine Modalwörter sondern Adverbien.

Das zweimal vorkommende Wort *und* sowie die Wörter *mit* und *an* haben zwar keinen Satzgliedwert, aber die Fähigkeit, Sätze oder Satzteile aneinanderzufügen (= Fügteilcharakter). Die Wörter unterscheiden sich hinsichtlich ihrer Kasusforderung: *und* hat keine Kasusforderung und ist somit als Konjunktion zu bestimmen; *mit* (*seinem Nachbarn*) und *an* (*seinem Tisch*) fordern ein Substantiv im Dativ und erweisen sich dadurch als Präpositionen.

KAPITEL 7

Das Wort *paar* verhält sich ungewöhnlich. Es bildet mit *ein* die feste Verbindung *ein paar* in der Bedeutung 'einige wenige'. Das Besondere an der Verwendung wird im Vergleich zu ähnlichen Konstruktionen deutlich:

ein paar Worte 'einige wenige Worte'
drei Worte
einige Worte
wenige Worte

Ein paar steht wie ein Adjektivattribut vor einem Substantiv, wird aber gewöhnlich endungslos gebraucht. Das gilt auch häufig für Zahlwörter wie *drei*. In Grammatiken wird *ein paar* trotz der Endungslosigkeit unter den flektierbaren Wortarten aufgeführt (Duden, § 414).

In dem Satz sind die folgenden flektierbaren Wörter enthalten: *der, alte, Mann, machte, einen, Spaziergang, einen, Spaziergang, sprach, ein, Worte, seinem, Nachbarn, saß, er, seinem, Tisch.*

Nach Person, Numerus, Modus, Tempus und Genus verbi flektieren die Wörter *machte, sprach* und *saß*:

machte	3. Person Singular Indikativ Präteritum Aktiv
sprach	3. Person Singular Indikativ Präteritum Aktiv
saß	3. Person Singular Indikativ Präteritum Aktiv

Sie erweisen sich damit als Verben.

Nach Genus, Kasus, Numerus flektieren *der, alte, Mann, einen, Spaziergang, einen, Spaziergang, ein, Worte, seinem, Nachbarn, er, seinem, Tisch*. Genusfest und damit als Substantive zu bestimmen sind *Mann, Spaziergang* (zweimal), *Worte, Nachbarn, Tisch*.

Mann	Maskulinum Nominativ Singular
Spaziergang	Maskulinum Akkusativ Singular (zweimal)
Worte	Neutrum Akkusativ Plural
Nachbarn	Maskulinum Dativ Singular
Tisch	Maskulinum Dativ Singular

Genusveränderlich sind *der, alte, einen, einen, ein, seinem, er, seinem*. Ein weiteres Klassifizierungsmerkmal ist die Komparierbarkeit, die für *alte* zutrifft.

der alte Mann – der ältere Mann – der älteste Mann

Die verbleibenden Wörter sind nicht komparierbar und gehören somit zur Gruppe der Pronomen und Artikel.
Pronomen: *er, seinem* (zweimal)

Er ist Personalpronomen und steht in dem Satz für *der alte Mann*. *Seinem* ist Possessivpronomen.
Artikel: *der, einen* (zweimal), *ein*
Der ist bestimmter Artikel, *einen, ein* unbestimmter Artikel.

7.4. PROBLEMBEREICH: WORTARTEN IN GRAMMATIKEN UND WÖRTERBÜCHERN

Grammatiken und Wörterbücher geben Auskunft darüber, welcher Wortart ein Wort angehört. Beim Durchblättern eines Wörterbuchs fällt auf, dass zu vielen Wörtern mehrere Wortartangaben gemacht werden. Diese Wörter gehören – wie bereits in Abschnitt 7.2.4. sichtbar geworden ist – je nach ihrer syntaktischen Verwendung verschiedenen Wortarten an.

Im 'Deutschen Universalwörterbuch' des Duden-Verlages werden beispielsweise bei dem Wort *doch* drei Wortarten unterschieden:

> I. Konjunktion in der Bedeutung von 'aber': *Ich klopfe, doch niemand öffnet.*
> II. Adverb in der Bedeutung von 'dennoch': *Sie blieb dann doch zu Hause.*
> III. Partikel: *Das hast du doch gewusst.*

Duden. Deutsches Universalwörterbuch, S. 387

Grammatiken verfügen oft über ein Wortregister, das die Stellenangaben bereits nach Wortarten differenziert. In der 'Duden-Grammatik' lautet der Registereintrag zu *doch*:

> ***doch*** Abtönungspartikel 878 · Antwortpartikel 886 · Wortstellung: Adverb oder Konjunktion? 937

Duden. Grammatik der deutschen Gegenwartssprache, S. 1308

Wörterbücher und Grammatiken stimmen allerdings in ihren Wortartbestimmungen keineswegs überein, da sie die morphologischen, syntaktischen und semantischen Kriterien unterschiedlich gewichten. In der 'Duden-Grammatik' (S. 146-640) werden beispielsweise neun Wortarten unterschieden: fünf flektierbare (Substantive, Artikelwörter und Pronomen, Adjektive, Verben) und vier unflektierbare (Adverbien, Partikeln, Präpositionen, Junktionen). G. Helbig und J. Buscha unterscheiden in ihrer für den Ausländerunterricht konzipierten 'Deutschen Grammatik' (S. 5-12) 12 Wortarten (Verb, Substantivwörter, Adjektiv, Adverb, Artikelwörter, Pronomen *es*, Präpositionen, Konjunktionen, Partikeln, Modalwörter, Negationswörter, Satzäquivalente). U. Engel kommt in seiner 'Deutschen Grammatik' (S. 18f.) durch eine weitere Differenzierung der Partikeln auf

KAPITEL 7

15 Wortarten (Verben, Nomina, Determinative, Adjektive, Pronomina, Präpositionen, Subjunktoren, Konjunktoren, Adverbien, Modalpartikeln, Rangierpartikeln, Gradpartikeln, Kopulapartikeln, Satzäquivalente, Abtönungspartikeln). Die stärkste Wortartdifferenzierung ergibt sich aus einer streng syntaktischen Kategorisierung, bei der H. Bergenholtz und B. Schaeder auf 51 Wortarten kommen. Die Wortart Verb wird dabei allein in zehn Verbwortarten (finites Verb, Imperativ, Hilfsverb finit, Hilfsverb Imperativ, Partizip, Hilfsverb Partizip, Infinitiv, Hilfsverb Infinitiv, Infinitiv mit eingeschlossenem *zu*, Verbzusatz) unterteilt.

An den Wörtern des Satzes *Eigentlich versucht der Lehrer deutlich zu sprechen* lässt sich zeigen, wie unterschiedlich die Wortartbestimmungen in den grammatischen Werken ausfallen.

Wort	H. Bergenholtz – B. Schaeder 1977	G. Helbig – J. Buscha 1993	U. Engel 1996	Duden 2009
eigentlich	Adverb	Partikel	Rangierpartikel	Abtönungspartikel (Modalpartikel)
versucht	finites Verb	Verb	Verb	Verb
der	Artikel	bestimmter Artikel	definiter Artikel	definiter Artikel
Lehrer	Substantiv	Substantiv	Nomen	Substantiv
deutlich	Adverb	Adverb	Adjektiv	Adjektiv
zu	Infinitivpartikel	Partikel	Subjunktor	nicht eigens bezeichnet
sprechen	Infinitiv	Verb	Verb	Verb

Die unterschiedlichen Bestimmungen können an dem Wort *deutlich* beispielhaft erklärt werden. Das Wort *deutlich* ist isoliert betrachtet ein Adjektiv, da es grundsätzlich flektierbar (und komparierbar) ist: *deutliche Worte – deutlichere Worte*. In dem obigen Satz wird *deutlich* adverbial verwendet und ist dementsprechend auch unflektiert. Betrachtet man das Wort als lexikalische Einheit, also unabhängig von seinen syntaktischen Verwendungsmöglichkeiten, so ist es als Adjektiv zu bestimmen. Diese Bestimmung nehmen U. Engel und die Duden-Grammatik vor. Legt man die syntaktische Verwendung von *deutlich* in dem Beispielsatz zugrunde, so kann es als Adverb bestimmt werden. Das syntaktische Kriterium wenden bei ihrer Klassifizierung H. Bergenholtz – B. Schaeder und G. Helbig / J. Buscha an.

Der in den Abschnitten 7.2.4. und 7.2.5. dargestellte Ansatz, der im Wesentlichen auf W. Flämig zurückgeht, verbindet morphologische (flektierbar und unflektierbar), syntaktische (Satzgliedwert, Fügteilcharakter, Kasusforderung) und semantische Kriterien (satzmodifizierend) miteinander.

7.5. DEFINITIONEN

Adjektiv	nach Genus, Kasus und Numerus flektierbares und komparierbares Wort
Adverb	unflektierbares Wort ohne satzmodifizierende Funktion und ohne Satzwert, aber mit Satzgliedwert
Autosemantikon	Wort, das eine kontextunabhängige, selbstständige Bedeutung hat (Substantiv, Verb oder Adjektiv)
Flexion	Veränderung der Wortformen (nach Person, Numerus, Modus, Tempus, Genus Verbi oder nach Genus, Kasus, Numerus)
geschlossene Wortarten	Wortarten wie Präpositionen, Konjunktionen und Partikeln, die nur in geringem Umfang durch Wortbildung erweitert werden
grammatisches Wort	unterschiedlich flektierte Wortform eines Wortes
Konjunktion	unflektierbares Wort ohne Satzgliedwert, das Fügteilcharakter, aber keine Kasusforderung hat; es fügt Teile von Satzgliedern, Gliedteilsätze, Gliedsätze oder Sätze gleichordnend aneinander.
Modalwort	unflektierbares satzwertiges Wort, das den Geltungsgrad des ganzen Satzes modifiziert
offene Wortarten	Wortarten wie Substantive, Adjektive und Verben, die kontinuierlich durch Wortbildung erweitert werden
Partikel	unflektierbares Wort ohne Satzgliedwert und ohne Fügteilcharakter; sie dient der Modifizierung der Aussage.
Präposition	unflektierbares Wort ohne Satzgliedwert, das Fügteilcharakter und eine Kasusforderung hat; sie leistet die syntaktische Einfügung von präpositionalen Satzgliedern oder Attributen.

Kapitel 7

Pronomen	nach Genus, Kasus und Numerus flektierbares, aber nicht-komparierbares Wort
Subjunktion	unflektierbares Wort ohne Satzgliedwert, das Fügteilcharakter, aber keine Kasusforderung hat; sie fügt Teile von Satzgliedern, Gliedteilsätze, Gliedsätze oder Sätze unterordnend aneinander.
Substantiv	nach Kasus und Numerus flektierbares genusfestes Wort
Synsemantikon	Wort, das bei isoliertem Auftreten keine selbstständige lexikalische Bedeutung trägt (Funktionswörter wie Präpositionen, Konjunktionen und Partikeln)
Verb	nach Person, Numerus, Modus, Tempus und Genus Verbi flektierbares Wort

7.6. Literatur

Kurzinformation:

Metzler Lexikon Sprache. Artikel: Adjektiv, Adverb, Autosemantikum, Flexion, Geschlossene und Offene Klasse (Wortart), Grammatische Wortform, Konjunktion, Modalwort/-partikel, Partikel, Präposition, Pronomen, Substantiv, Synsemantikon, Verb

Einführende Literatur:

G. *Van der Elst* – M. *Habermann*, Syntaktische Analyse, S. 143-166

Grundlegende und weiterführende Literatur:

V.G. *Admoni*, Der deutsche Sprachbau
H. *Bergenholtz* – B. *Schaeder*, Die Wortarten des Deutschen
Duden. Grammatik der deutschen Gegenwartssprache
U. *Engel*, Deutsche Grammatik
J. *Erben*, Deutsche Grammatik
W. *Flämig*, Grammatik des Deutschen
Handbuch der deutschen Wortarten
K.E. *Heidolph* – W. *Flämig* – W. *Motsch*, Grundzüge einer deutschen Grammatik
G. *Helbig* – J. *Buscha*, Deutsche Grammatik. Ein Handbuch für den Ausländerunterricht
M.D. *Stepanowa* – G. *Helbig*, Wortarten und das Problem der Valenz in der deutschen Gegenwartssprache

KAPITEL 8: WORTBILDUNG I. GRUNDBEGRIFFE

8.1. EINSTIEG: *WORTBILDUNG IM SCHULBUCH*

> Hallo Freunde! Was haben diese Wörter gemeinsam?
> Schrankwand
> Obstschalen
> Taschengeld
> Hosenlatz
> Rotwein
> Ein Tipp noch: Lies die Wörter so ←
> und auch so →
> Der Spruchbustler

Schreibe die Beispiele aus dem Rätsel des Spruchbustlers
in dein Heft und erkläre die Bedeutung.
Ergänze deine Liste mit weiteren Beispielen.

Verstehen und Gestalten. F5. Arbeitsbuch für Gymnasien. München: Oldenbourg 2003, S. 158

Jeder Sprecher des Deutschen, auch jeder Schüler, wird erkennen, dass die Wörter ihre Bildungsweise gemeinsam haben, insofern sie aus zwei auch selbstständig vorkommenden Wörtern bestehen. Die Aufforderung, die Reihenfolge der Bestandteile zu ändern und die Bedeutung zu erklären, macht bewusst, dass die Reihenfolge für die Bedeutung relevant ist:

Hosenlatz	'Latz an einer Hose'
Latzhose	'Hose mit Latz'
Schrankwand	'aus Schrankelementen bestehende Anbauwand'
Wandschrank	'in eine Wand eingebauter Schrank'
Taschengeld	'kleinerer Geldbetrag für jemanden, der kein eigenes Geld hat'
Geldtasche	'Tasche für das Aufbewahren von Geld'
Obstschale	'Schale bestimmter Früchte', 'Schale für Obst'
Schalenobst	'Obst, das Schalen hat'? 'Obst, das in einer Schale liegt'?
Rotwein	'roter Wein'
weinrot	'rot wie Wein'

Die vorgegebene Wortauswahl ist äußerst problematisch, insofern sie unmittelbar in eine ganze Reihe von komplexen Wortbildungsproblematiken führt. Hier kann nur angedeutet werden, was als fachliches Wissen zu einer angemessenen Behandlung der Fälle vorausgesetzt wird. (Dabei kann hier offenbleiben, ob die Schulbuchverfasser sich dessen bewusst waren).

In der hier vorgenommenen Anordnung stehen *Hosenlatz/Latzhose* für den Fall des vollmotivierten Kompositums, dessen Bedeutung aus der Summe der Bedeutungen der Einzelbestandteile und ihrer Reihenfolge erklärbar ist. An den Bedeutungsangaben ist auch unmittelbar erkennbar, dass das zweite Element, das Grundwort, grundlegend ist und auch bei den Substantiven das Genus bestimmt: ein *Hosenlatz* ist ein Latz, eine *Latzhose* ist eine Hose. So lassen sich auch *Schrankwand* und *Wandschrank* annähernd beschreiben, obgleich *Wand* in beiden Wörtern nicht wirklich dieselbe Bedeutung hat. Die Bedeutung von *Taschengeld* ist zwar 'Geld', sie lässt sich aber nicht mehr auf die Bedeutung von *Tasche* beziehen, weil die Bildung nicht voll motiviert ist. In *Obstschale* kann *Schale* in den beiden Bedeutungen verstanden werden, die das Wort *Schale* hat. Dagegen ist *Schalenobst* kein geläufiges Kompositum und steht auch nicht im Wörterbuch. In einem Text könnte es als Ad-hoc-Bildung vorkommen und dann auch verstanden werden: *Welches Obst könnten wir denn in diese Schale legen? Diese fleckigen Äpfel eigen sich jedenfalls nicht als dekoratives Schalenobst.* Das Beispiel *Rotwein* schließlich ist das einzige mit einem adjektivischen Bestimmungswort, weshalb bei Vertauschung der Reihenfolge eben auch ein Adjektiv entsteht, das dann mit kleinem Anfangsbuchstaben geschrieben wird.

Die in der Erläuterung der Aufgabe in dem Schulbuch verwendeten Fachbegriffe Kompositum, vollmotiviert, Grundwort, lexikalisiert, Ad-hoc-Bildung und die Festlegung der Wortart einer Bildung einschließlich ihrer orthographischen Konsequenzen sind in dem vorliegenden Kapitel an entsprechender Stelle zu erklären. Ein im Bereich der Wortbildung kompetenter Lehrer wird mit der Aufgabe viel anfangen können, die allein gelassenen Schüler würden mit Sicherheit in Verwirrung stürzen. Das Einstiegsbeispiel verdeutlicht also auch die Möglichkeit, Schulsprachbücher fachlich sprachwissenschaftlich zu kritisieren.

8.2. Grundbegriffe der deutschen Wortbildung
8.2.1. Morphemanalyse

Als Wortbildung oder Wortbildungslehre wird die Disziplin der Sprachwissenschaft bezeichnet, die die Muster aufdeckt, nach denen komplexe Wörter strukturiert sind und neue Wörter gebildet werden. Es geht also um die Ermittlung der „Bauweise" von vorhandenen Wörtern und um die Möglichkeiten zur Bildung neuer Wörter. Die Wortbildung ist für den Ausbau des Wortschatzes von zentraler Bedeutung.

Der Textanfang aus „Der Tod in Venedig" von Thomas Mann wird unter dem Aspekt des Aufbaus des sprachlichen Zeichens betrachtet:

```
 1  Gustav Aschenbach oder von Aschenbach, wie seit seinem fünfzigsten Geburtstag
 2  amtlich sein Name lautete, hatte an einem Frühlingsnachmittag des Jahres 19.., das
 3  unserem Kontinent monatelang eine so gefahrdrohende Miene zeigte, von seiner
 4  Wohnung in der Prinzregentenstraße zu München aus allein einen weiteren Spa-
 5  ziergang unternommen. Überreizt von der schwierigen und gefährlichen, eben
 6  jetzt eine höchste Behutsamkeit, Umsicht, Eindringlichkeit und Genauigkeit des
 7  Willens erfordernden Arbeit der Vormittagsstunden, hatte der Schriftsteller dem
 8  Fortschwingen des produzierenden Triebwerkes in seinem Innern, jenem »motus
 9  animi continuus«, worin nach Cicero das Wesen der Beredsamkeit besteht, auch
10  nach der Mittagsmahlzeit nicht Einhalt zu tun vermocht und den entlastenden
11  Schlummer nicht gefunden, der ihm, bei zunehmender Abnutzbarkeit seiner Kräf-
12  te, einmal untertags so nötig war. So hatte er bald nach dem Tee das Freie gesucht,
13  in der Hoffnung, daß Luft und Bewegung ihn wiederherstellen und ihm zu einem
14  ersprießlichen Abend verhelfen würde.
15  Es war Anfang Mai und, nach naßkalten Wochen, ein falscher Hochsommer ein-
16  gefallen. Der Englische Garten, obgleich nur erst zart belaubt, war dumpfig wie
17  im August und in der Nähe der Stadt voller Wagen und Spaziergänger gewesen.
18  Beim Aumeister, wohin stillere und stillere Wege ihn geführt, hatte Aschenbach
19  eine kleine Weile den volkstümlich belebten Wirtsgarten überblickt, an dessen
20  Rand einige Droschken und Equipagen hielten, hatte von dort bei sinkender Son-
21  ne seinen Heimweg außerhalb des Parks über die offene Flur genommen und
22  erwartete, da er sich müde fühlte und über Föhring Gewitter drohte, am Nördli-
23  chen Friedhof die Tram, die ihn in gerader Linie zur Stadt zurückbringen sollte.
24  Zufällig fand er den Halteplatz und seine Umgebung von Menschen leer. Weder
25  auf der gepflasterten Ungererstraße, deren Schienengeleise sich einsam gleißend
26  gegen Schwabing erstreckten, noch auf der Föhringer Chaussee war ein Fuhrwerk
27  zu sehen; hinter den Zäunen der Steinmetzereien, wo zu Kauf stehende Kreuze,
28  Gedächtnistafeln und Monumente ein zweites, unbehaustes Gräberfeld bilden,
29  regte sich nichts, und das byzantinische Bauwerk der Aussegnungshalle gegen-
30  über lag schweigend im Abglanz des scheidenden Tages.
```

Thomas Mann, Die Erzählungen, Frankfurt a.M. 1966, S. 444f.

Kapitel 8

Der Inhalt des vorliegenden Textes wird durch die am Aufbau des Textes beteiligten Einheiten vermittelt. Im herkömmlichen Sinne gelten als kleinste bedeutungstragende Einheiten der Sprache die Wörter. Bereits das Beispiel *Eindringlichkeit* (Z. 6) zeigt aber, dass in Wörtern wieder andere Wörter enthalten sein können, neben denen andere Elemente stehen, die man nicht als Wörter bezeichnen kann, die aber auch an der Bedeutung des ganzen Wortes beteiligt sind. Das Verfahren der Ermittlung und Bestimmung dieser Einheiten soll zunächst am Beispiel *Eindringlichkeit* erarbeitet werden.

In *Eindringlichkeit* ist das Adjektiv *eindringlich* enthalten. Die Wörter *Eindringlichkeit* und *eindringlich* kommen selbstständig vor, das Element *-keit* nicht. Dieses ist insofern an der Bedeutung des Wortes *Eindringlichkeit* beteiligt, als das Wort *Eindringlichkeit* einer anderen Wortart angehört als das Wort *eindringlich* und sich die beiden Wörter nur in diesem Element *-keit* unterscheiden. *-keit* lässt sich auch in anderen Wörtern wiederfinden:

Eindringlich	/	*keit*	*Haltbar*	/	*keit*
Beredsam	/	*keit*	*Abnutzbar*	/	*keit*
Freundlich	/	*keit*	*Regsam*	/	*keit*
Traurig	/	*keit*	*Übel*	/	*keit*

Diesen Wörtern mit jeweils unterschiedlicher Bedeutung ist gemeinsam, dass sie Substantive sind und dass bei Abtrennung des Elements *-keit* Adjektive als Grundlage erkennbar werden. Aufgrund dieses Befundes lässt sich dem Element *-keit* die Funktion zuordnen, zu Adjektiven Substantive zu bilden, in denen die Adjektivbedeutung als selbstständige Größe ausgedrückt wird. Diese Funktion ist das, was das Element *-keit* zur Bedeutung des ganzen Wortes beiträgt.

Auch das Wort *eindringlich* steht in einer vergleichbaren Wortreihe:

eindring	/	*lich*	*bedroh*	/	*lich*
ersprieß	/	*lich*	*volkstüm*	/	*lich*
männ	/	*lich*	*freund*	/	*lich*
gelb	/	*lich*	*bitter*	/	*lich*

Es handelt sich um Adjektive, deren Grundlage Verben, Substantive oder Adjektive sind. An ihrer Bedeutung ist das Element *-lich* beteiligt. Das Beispiel *männlich* zeigt, dass bei der Kombination von Elementen lautliche Veränderungen auftreten können.

8.2.2. KONSTITUENTENSTRUKTUR

Das Wort *Eindringlichkeit* besteht also aus drei Elementen, die gemeinsam die Bedeutung ergeben. Das sind *eindring(en), -lich, -keit*. Diese Elemente stehen im Hinblick auf die Bedeutung aber nicht einfach nebeneinander. Das Element *-keit* verbindet sich nur mit Adjektiven, so dass nur eine Zweigliederung in *eindringlich* und *-keit* erfolgen kann. Die durch das Element *-lich* gegebene Festlegung auf die Wortart Adjektiv ist in der Bildung auf *-keit* aufgehoben. Der Bestandteil *eindringlich* seinerseits ist ebenfalls in eine Zweiheit aufzulösen. Das Element *-lich* verbindet sich mit Verben, Substantiven und Adjektiven. Die Wortbildungsstruktur kann folgendermaßen veranschaulicht werden:

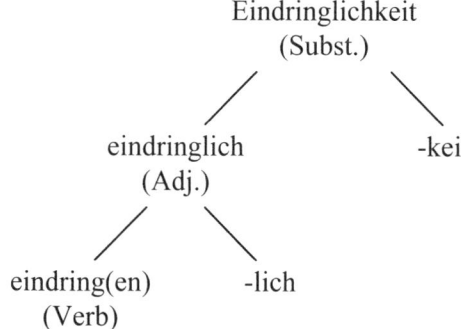

Strukturelle Elemente wie *eindringlich* und *-keit* bilden auf verschiedenen, hierarchisch geordneten Ebenen Wörter oder Teile von Wörtern. In dieser Eigenschaft werden sie Konstituenten genannt, ihre Verbindung und Anordnung Konstituentenstruktur. Als unmittelbare Konstituenten, also als Bildungselemente auf derselben hierarchischen Stufe, stehen sich in dem gewählten Beispiel *eindringlich* und *-keit* gegenüber, wobei *eindringlich* seinerseits ebenfalls als Wortbildungsprodukt erkannt und in die unmittelbaren Konstituenten *eindring(en)* und *-lich* zerlegt werden kann. Auch *eindring(en)* könnte weiter analysiert werden; man vergleiche weiter unten Kapitel 10.

8.2.3. DURCHSICHTIGKEIT, MOTIVIERTHEIT, PARAPHRASE

Die Beschreibung der Konstituentenstruktur setzt die morphologische Durchsichtigkeit und die semantische Motiviertheit einer Wortbildung voraus (man vergleiche zur Erklärung dieser Begriffe Kapitel 3.2.5.). So ist das Wort *Eindringlichkeit* im Hinblick auf die durch die Kombination der einzelnen Elemente entstandene Bedeutung beschreibbar als 'Eigenschaft des Eindringlich-Seins'. In dieser Umschreibung der Bedeutung bleibt die Konstituente *eindringlich* erhalten, während die Konstituente *-keit* durch bedeutungsbeschreibende sprachliche Mittel ersetzt wird. Mit dieser Art der Umschreibung, die als Wortbildungsparaphrasierung bezeichnet wird, werden die beiden unmittelbaren Konstituenten *eindringlich* und *-keit* in ihrer Funktion verdeutlicht. Zudem wird in der Paraphrase das Basiswort (*eindringlich*) aufgegriffen und die Wortart des Wortbildungsproduktes (Eigenschaft = Substantiv) ausgedrückt. Zugleich wird die Entscheidung für diese Form der Zerlegung begründet.

8.2.4. SEGMENTIEREN UND KLASSIFIZIEREN VON MORPHEMEN

Die kleinsten am Zustandekommen der Bedeutung eines Wortes beteiligten Einheiten der Sprache werden Morpheme genannt. Verbreitet ist eine verkürzte Definition des Morphems als kleinste bedeutungstragende Einheit der Sprache. Wenn man aber Bedeutung als Verweisung eines Ausdrucks auf einen Inhalt versteht, so hat nur eine Morphemkonstruktion als Ganzes eine Bedeutung, an der die einzelnen Morpheme in unterschiedlicher Weise beteiligt sind.

Das Verfahren, mit dem die Morpheme ermittelt werden, gliedert sich in die beiden Schritte des Segmentierens und Klassifizierens. Segmentieren bedeutet die Zerlegung von komplexen Wörtern in ihre Bestandteile (*eindringlich, -keit*). Für den als Morphem zu klassifizierenden Bestandteil *-keit* werden Oppositionen gebildet, die das Morphem *-keit* in verschiedenen Umgebungen zeigen.

Eindringlich-
Freundlich-   *-keit*
Traurig-

Die Segmentierung ist nur dann sinnvoll, wenn auch die verbleibenden Elemente mit einer vergleichbaren Funktion in anderen Umgebungen vorkommen. Diese Bedingung ist insofern erfüllt, als die Elemente *eindringlich, freundlich* und *traurig* auch als selbstständige Wörter, und zwar als Adjektive, auftreten.

Beim Klassifizieren des Morphems ist in syntagmatischer Hinsicht seine Umgebung und in paradigmatischer Hinsicht seine Beziehung zu anderen in denselben Umgebungen auftretenden Morphemen zu berücksichtigen. Das Morphem *-keit* tritt an andere Wörter an und bildet mit ihnen Substantive. In diese Klasse gehören ferner beispielsweise die Wortbildungsmorpheme *-heit, -e, -erei, -ung*, die alle feminine Substantive von anderen Wörtern ableiten:

Wohn-ung, Menschlich-keit, Schön-heit, Größ-e, Lauf-erei, Beweg-ung.

Es gibt allerdings auch eine Reihe von Fällen, in denen ein Morphem nur in einer Morphemkonstruktion auftritt, wie zum Beispiel *Brom-* in *Brombeere*. Die Abtrennung des Morphems *Brom-* ist durch die Opposition zu *Erdbeere* als richtig erweisbar. Singulär und nicht frei vorkommende Grundmorpheme wie *Brom-* in

Brombeere werden als **unikale Morpheme** bezeichnet. Wortbildungen mit unikalen Morphemen können nur historisch erklärt werden: *Brombeere* aus ahd. *brāmberi* 'Beere des Dornstrauchs'.

8.2.5. FUNKTIONSKLASSEN DER MORPHEME

Morpheme lassen sich aufgrund ihrer Funktion verschiedenen Klassen zuordnen. Grundlage jedes Wortes ist immer mindestens ein Morphem, das die inhaltliche Beziehung des Wortes zu dem bezeichneten Sachverhalt und zu anderen Wörtern begründet und häufig auch allein als Wort auftreten kann, zum Beispiel *schön* in *Schönheit*. Nach ihrer Wichtigkeit für das ganze Wort nennt man diese Morpheme **Grundmorpheme, Stamm-Morpheme** oder **Basismorpheme**. Ein Wort besteht aus mindestens einem Grundmorphem, zum Beispiel *Tee* (Z. 12), *klein* (Z. 19). Es kann aber auch mehrere Grundmorpheme aufweisen. Beispielsweise bestehen die Bildungen *Hoch-sommer* (Z. 15) und *Halte-platz* (Z. 24) jeweils aus zwei Grundmorphemen. Häufig werden die Grundmorpheme zur Bildung neuer Wörter mit Morphemen vom Typ *-keit*, *-lich* usw. kombiniert, so zum Beispiel in *amt-lich* (Z. 2). Diese Morpheme treten entweder vor Grundmorpheme und werden **Präfix** genannt (z.B. *er-*, *ge-*, *be-*, *ver-*) oder sie treten hinter Grundmorpheme und werden **Suffix** genannt (z.B. *-lich*, *-heit*, *-ung*, *-nis*). Als Oberbegriff für Präfix und Suffix wird **Affix** verwendet. Diese Morpheme modifizieren die Bedeutung der Grundmorpheme und/oder dienen der Überführung eines Grundmorphems in verschiedene Wortarten und damit zugleich in verschiedene syntaktische Funktionen. Im Hinblick auf ihren Anteil an der Bildung des ganzen Wortes heißen sie **Formationsmorpheme** oder **Wortbildungsmorpheme**.

Die Segmentierung der Morpheme des Wortes *Jahres* (Z. 2) führt auf eine weitere Klasse von Morphemen. Das Element *-es* lässt sich aufgrund folgender Oppositionen segmentieren: *Jahr-es : Haus-es : Hut-es : Mann-es*. Die verbleibenden Elemente *Jahr-*, *Haus-*, *Hut-*, *Mann-* können auch mit einem Segment *-e* verbunden auftreten: *Jahr-e, Haus-e, Hut-e, Mann-e*. Im Unterschied zu den Formationsmorphemen entsteht bei dieser Verbindung kein neues Wort. Es entsteht eine neue Wortform oder ein neues grammatisches Wort, das heißt ein Wort, das grammatisch anders einsetzbar ist. Das Morphem *-es* lässt sich als Genitivendung im Singular neutraler und maskuliner Substantive klassifizieren. In syntagmatischer Hinsicht ist sein Auftreten gebunden an neutrale und maskuline Substantive, denen die Artikelform *des* oder *eines* vorangehen kann. In paradigmatischer Hinsicht steht die Genitivendung *-es* in Opposition zur Dativendung *-e* und zum Fehlen von Endungen im Nominativ und Akkusativ. Um die Opposition auch dieser Formen in Bezug auf die Endung benennen zu können, spricht man von einer **Nullendung** (Ø): *Geist-Ø* gegenüber *Geist-es*. Das Morphem *-es* gehört in die

Klasse der **Flexionsmorpheme** oder **Flexive**, die vor allem die Beziehungen der Wörter im Satz ausdrücken und daher auch **Relationsmorpheme** heißen: man vergleiche Kapitel 11. Auf diese Weise sind sie an der grammatischen Bedeutung beteiligt, die die Wörter im jeweiligen Kontext haben. Formations- und Relationsmorpheme lassen sich als unselbstständige **Hilfsmorpheme** den Grundmorphemen gegenüberstellen. Die Flexionsmorpheme bilden jeweils kategorial bestimmte geschlossene Paradigmen. Im Unterschied dazu sind die Wortbildungsparadigmen offen, insofern sie durch Neubildungen prinzipiell erweiterbar sind.

Es lassen sich nun weitere im Text von Thomas Mann vorkommende Wörter segmentieren und ihre Morpheme klassifizieren. Es treten beispielsweise die folgenden Grundmorpheme auf: *Heim* und *Weg* in *Heimweg* (Z. 21), *Wirt* und *Garten* in *Wirtsgarten* (Z. 19), *fünf* in *fünfzigsten* (Z. 1). Formationsmorpheme sind beispielsweise *-ung* in *Wohnung* (Z. 4), *-lich* und *-keit* in *Eindringlichkeit* (Z. 6), *er-* und *-lich* in *ersprießlich* (Z. 14). Als Flexionsmorpheme klassifizierbar sind beispielsweise *-em* in *seinem* (Z. 1), *-es* in *Jahres* (Z. 2), *-en* in *produzierenden* (Z. 8).

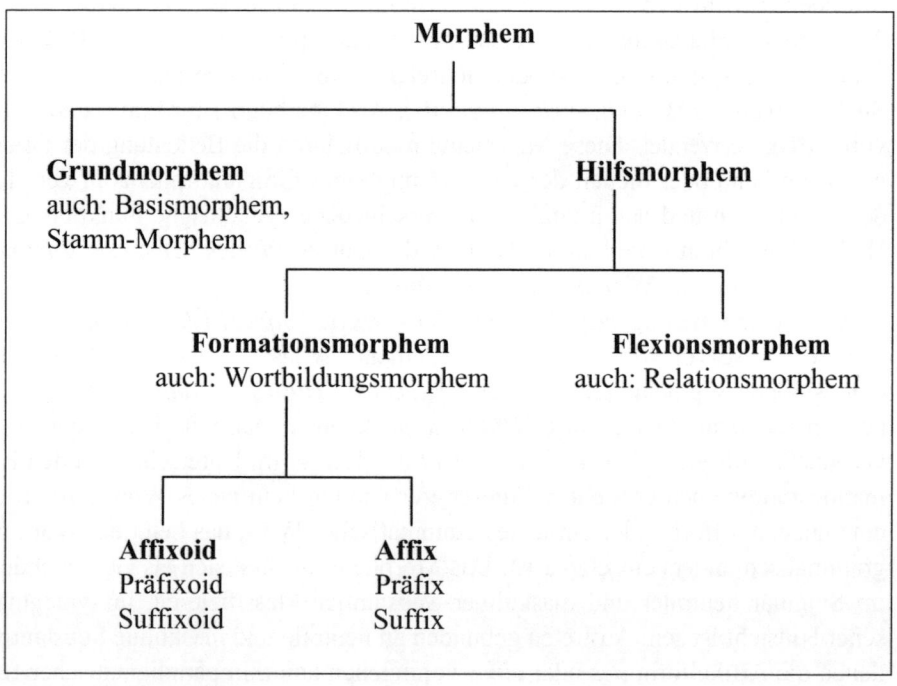

Abb. 1: Morphemklassifikation

8.2.6. KOMPOSITION UND DERIVATION

Während die Flexionsmorpheme der Verbindung der Wörter im Text dienen und in diesem Rahmen neue Wortformen schaffen, bilden Grund- und Formationsmorpheme neue Wörter. Dabei können grundsätzlich zwei Verfahren nach der Art der beteiligten Morpheme unterschieden werden. In dem Wort *Hochsommer* (Z. 15) treten als unmittelbare Konstituenten die beiden Wörter *hoch* und *Sommer* zusammen. Wortbildungen wie diese, in denen die beiden Konstituenten Wörter oder Grundmorpheme sind, die in der Regel (mit Ausnahme unikaler Morpheme) auch außerhalb der jeweiligen Verbindung vorkommen, nennt man **Komposita** (Singular: **Kompositum**) oder **Zusammensetzungen**. Den Wortbildungstyp nennt man **Komposition** oder **Zusammensetzung**. Den Komposita sind Wortbildungen gegenüberzustellen, in denen eine Konstituente nicht selbstständig vorkommt. Die Konstituente *-keit* in dem Wort *Eindringlichkeit* (Z. 6) ist als Formationsmorphem zu klassifizieren. Sie leitet aus dem Wort *eindringlich* eine neue Bildung ab. Solche Bildungen nennt man **Derivate** oder **Ableitungen**. Den Wortbildungstyp nennt man **Derivation** oder **Ableitung**.

Komposition und Derivation können in einem Wort kombiniert auftreten, wie an dem Beispiel *Aussegnungshalle* (Z. 29) sichtbar wird. Die gesamte Bildung ist zunächst als Kompositum aus *Aussegnung* und *Halle* zu charakterisieren. Das Element *-s-* ist als Fugenelement zu bestimmen. Die erste Konstituente *Aussegnung* ist eine Ableitung eines Substantivs auf *-ung* von einem Verb *aussegn(en)*, das selbst aus einem Präfix *aus-* und einem Grundmorphem *segn(en)* besteht. Die zweite Konstituente *Halle* ist ein substantivisches Grundmorphem.

8.3. ANALYSEVERFAHREN – ANALYSEBEISPIELE

Bei der Wortbildungsanalyse sind die morphologischen und semantischen Aspekte der Bildung zu beschreiben.

Zunächst ist die Flexionsform der Bildung nach den mit der Wortart verbundenen Kategorien zu bestimmen und das Flexionsmorphem abzutrennen. Sodann wird der Wortakzent angegeben. Dieser ist insofern zu beachten, als eine Verschiebung des Wortakzentes zu einer anderen Bedeutung führen kann (z.B. *übersetzen – übersetzen*).

Die eigentliche Wortbildungsanalyse bezieht sich dann auf die Wortbildung in ihrer unflektierten Form, die sogenannte Nullform (Infinitiv bei Verben, Nominativ Singular bei Substantiven und unflektierte Grundform bei Adjektiven). Ausgangspunkt ist die Wortbildungsparaphrase.

Ziel dieser Paraphrase ist es, die an der Wortbildung beteiligten Konstituenten beziehungsweise die Basis und die Wortbildungsbedeutung, also ihre Beziehung zueinander, sichtbar zu machen. Entsprechend soll die Paraphrase die Konstituenten eines Kompositums beziehungsweise die Basis eines Derivats enthalten.

Turmuhr   '*Uhr* an einem *Turm*'
Lehrer   '*Person*, die *lehrt*'

Die Paraphrase muss der Bildung semantisch entsprechen und die Wortart der Basis und der Bildung zu erkennen geben:

kindlich   'sich einem *Kinde* [= Basis] gemäß verhaltend [= Adjektiv]'
kindisch   'sich als Erwachsener in unangemessener Weise wie ein *Kind* [= Basis] benehmend [= Adjektiv]'

Eine Wortbildungsparaphrase, die Struktur, Bedeutung und Wortart einer Bildung wiedergeben soll, unterscheidet sich daher oft erheblich von einer Bedeutungsangabe in einem Wörterbuch. Man vergleiche die Wörterbuchangabe zu *Lehrer*: '1.a) *jmd., der an einer Schule unterrichtet*', 'b) *jmd., der an einer Hochschule od. Universität lehrt*', '2. *jmd., der anderen sein Wissen vermittelt, der durch sein Wissen, seine Persönlichkeit als Vorbild angesehen wird; Lehrmeister*' (Duden. Das große Wörterbuch der deutschen Sprache, V, S. 2390). Eine Wortbildungsparaphrase wird nicht gegeben; sie ist auch nicht Aufgabe eines Wörterbuchs.

Da Wörter in Texten in je bestimmter aktueller Bedeutung vorkommen, ist der Kontext bei der Analyse zu berücksichtigen. So wäre *Lesung* in einem Kontext wie *Die Lesung des Autors dauerte zwei Stunden* als Vorgangsbezeichnung, nomen actionis, zu bestimmen, hingegen in einem Kontext wie *Seine Lesung der Handschrift erwies sich als fehlerhaft* als Ergebnisbezeichnung, nomen acti.

Bei allen Bildungen ist grundsätzlich binär (bei einigen Kopulativkomposita auch ternär) vorzugehen. Dieses Vorgehen erweist sich besonders bei Bildungen aus mehr als zwei Grundmorphemen als wichtig.

von seiner Wohnung (Z. 3-4): Dativ Singular Femininum
Wohnung: Substantiv, Femininum
          Paraphrase: 'Ort/Stelle, wo man wohnt'
          Morpheme: *wohn-*: Grundmorphem des Verbs *wohnen*
                          -ung: Suffix, das Substantive bildet
monatelang (Z. 3):   adverbiell gebrauchtes Adjektiv
          Paraphrase: '(mehrere) Monate lang (andauernd)'
          Morpheme: *Monate*: Grundmorphem, Substantiv, Maskulinum, im Plural
lang: Grundmorphem, Adjektiv und Adverb

8.4. Problembereich: Ist Kurzwortbildung Wortbildung?

Eine besondere Art der Wortbildung ist die **Kurzwortbildung**, bei der keine neuen Wörter entstehen, sondern vorhandene verkürzt werden. Es können mehrere Formen unterschieden werden. In den Beispielen *Ober(kellner)*, *Auto(mobil)*, *Foto(grafie)* sowie *(Regen)schirm*, *(Schall)platte*, *(Wäsche)trockner* werden links- oder rechtsstehende Bestandteile in der Funktion der ganzen Morphemkombination verwendet. Man spricht in diesen Fällen auch von **Kopfwörtern** und **Schwanzwörtern**.

In Fällen wie *Kripo* (*Kriminalpolizei*), *Kita* (*Kindertagesstätte*), *Hapag* (*Hamburg-Amerikanische Paketfahrt Aktiengesellschaft*) oder *Nato* (*North Atlantic Treaty Organization*) liegt eine wortförmige Verbindung von Wortanfängen vor, die als **Silbenwort** oder silbenbildendes **Akronym** bezeichnet wird. Bei aneinander gereihten Großbuchstaben ergeben sich silbisch artikulierte Initialkombinationen: *UB*, *LKW*, *UKW*. Bildungen dieser Art werden als **Initialwörter** bezeichnet. Silbenwort und Initialwort kommen auch in Kombination vor wie in *Azubi* (*Auszubildender*). Ein Sonderfall der Initialwörter ist in Bildungen wie *O-Saft* (*Orangensaft*), *S-Bahn* (*Schnellbahn*), *U-Boot* (*Unterseeboot*) gegeben, bei denen nur der erste Teil der vollständigen Bildung durch die Initiale verkürzt wird. Dieser Typ wird als **Initialkompositum** bezeichnet.

Eine andere Kürzungsform liegt in den Beispielen *Bier(glas)deckel*, *Tank(stellen)wart* vor. Zwei Wörter werden zu einem zusammengezogen, wobei ein Zwischenelement wegfällt. Diese Kürzungsform wird als **Klammerform** bezeichnet.

Als **Kontamination** wird die Vermischung von zwei Wörtern zu einem neuen Wort bezeichnet. Diese Kürzungsform begegnet versehentlich bei Sprechfehlern (z.B. *Vortragung* aus *Vortrag* und *Vorlesung*), kann aber auch beabsichtigt sein wie bei *jein* (*ja* und *nein*), *tragikomisch* (*tragisch* und *komisch*), *Stagflation* (*Stagnation* und *Inflation*), *verschlimmbessern* (*verschlimmern* und *verbessern*). In diesen Fällen wird auch von Wortkreuzung, Wortverschmelzung, Wortmischung oder Portmanteauwort gesprochen.

Kurz- und Vollformen treten in der Regel in unterschiedlichen Verwendungsbereichen auf. Besonders die bessere Handhabbarkeit der Kurzform führt zu ihrer häufigen Verwendung. In Fällen, in denen die Vollform außer Gebrauch gekommen ist und kein Zusammenhang mehr zwischen Voll- und Kurzform gesehen wird, etabliert sich die Kurzform als feste Worteinheit. Das gilt beispielsweise für *DIN* (für *Deutsche Industrie-Norm*), *Radar* (für *radio detection and ranging*), *Ufo* (für *unbekanntes Flugobjekt*).

Während die genannten Kürzungsformen häufig auch in der Schriftsprache vorkommen, gibt es noch Wortkürzungen, die der mündlichen Sprachverwendung vorbehalten sind: *Abi* (*Abitur*), *Uni* (*Universität*), *Homo* (*Homosexueller*) sowie mit dem Suffix *-i Profi* (*Professional*), *Pulli* (*Pullover*), *Studi* (*Student*).

Insofern Kurzwortbildung zu einer Kürzung vorhandener Wörter, nicht aber zu neuen Wörtern führt, ist sie nicht Gegenstand der Wortbildung im engeren Sinne. Insofern sich aber Kurzformen auch als feste Worteinheiten verselbstständigen können und auch als Bausteine in Wortbildungen eingehen können, ist die Kurzwortbildung zentraler Gegenstand der Wortbildung.

8.5. DEFINITIONEN

Die Definitionen zur Wortbildung sind in Kapitel 10 zusammengefasst.

8.6. LITERATUR

Die Literatur zur Wortbildung ist in Kapitel 10 zusammengefasst.

KAPITEL 9: WORTBILDUNG II. KOMPOSITION

9.1. EINSTIEG: *Bierdeckelsteuer*

„FDP will mit Bierdeckelsteuer beim Wähler punkten."

Die Welt, 24.03.2009

Am 4.11.2009 erbringt eine Google-Suche etwa 6.880 Fundstellen für das Wort *Bierdeckelsteuer*, das in keinem gedruckten Wörterbuch steht und sich auch nicht unter den über 300.000 Stichwörtern von elexiko, dem Online-Wörterbuch des Instituts für deutsche Sprache in Mannheim, befindet. Das Wort veranschaulicht sehr gut wichtige Aspekte der Wortbildung durch Komposition im Deutschen. Das Verständnis des Wortes wird zunächst durch die drei erkennbaren Bestandteile gesteuert, wobei aber nach dem prinzipiell binären Aufbau von Komposita ein Teil der Zusammensetzung bereits eine Zusammensetzung sein muss. Da *Deckelsteuer* unbekannt ist, *Bierdeckel* ('Untersetzer aus Pappe oder Filz für das Bierglas') aber durchaus als Kompositum gebräuchlich ist, wird das Wort als 'Steuer, die etwas mit Bierdeckel zu tun hat' verstanden. Zusammensetzungen mit *Steuer* enthalten als ersten Bestandteil meist die Angabe der Sache, auf die eine Steuer hoben wird wie *Hundesteuer, Kaffeesteuer, Zweitwohnungssteuer, Getränkesteuer, Teesteuer* usw. Andere Beziehungen zwischen Erst- und Zweitelement liegen vor in Bildungen wie *Einwegsteuer, Niedrigsteuer, Nachsteuer* u.a.

> „Als Bierdeckelsteuer wird das Steuerkonzept des CDU-Politikers und Finanzexperten Friedrich Merz bezeichnet, welcher die Berechnung der Einkommensteuerlast nach einem Stufentarif mit drei Steuerstufen vorschlug. Der Name Bierdeckelsteuer für dieses Steuerkonzept rührt von der Annahme, dass das Konzept für den Steuerzahler so einfach und nachvollziehbar sein soll, dass die Einkommensteuer auf einem Bierdeckel berechnet werden kann."

http://de.wikipedia.org/wiki/Bierdeckelsteuer am 4.11.2009

Bierdeckelsteuer meint also die wegen der Einfachheit des Steuersystems auf der kleinen Fläche eines Bierdeckels berechenbare Einkommensteuer. Grundsätzlich kann die semantische Beziehung zwischen den Bestandteilen von Komposita nur mit der Kenntnis der außersprachlichen Welt erschlossen werden. Das gilt schon für ganz einfache, sehr gebräuchliche Wörter wie *Haustür*, *Handtuch*, *Fußball*, die in einem bestimmten Maße lexikalisiert sind. Es gilt besonders für stark verdichtende Wörter vor allem in der Sprache der Politik und der Medien, in denen häufig ganze Diskurse zusammengefasst werden. Alle

Versuche, deutsche Komposita mit stereotypen Konstruktionen mit dem Genitiv oder mit bestimmten Präpositionen zu paraphrasieren, sind deshalb abwegig, wenn nicht lächerlich. *Haustür* ist durch 'Tür des Hauses' nicht umschrieben, ebensowenig *Handtuch* durch 'Tuch für die Hand'.

9.2. DER WORTBILDUNGSTYP KOMPOSITION
9.2.1. DETERMINATIVKOMPOSITUM

In dem Text von Thomas Mann begegnen neben *Hochsommer* (Z. 15) weitere Komposita, zum Beispiel *Frühlingsnachmittag* (Z. 2), *Vormittagsstunden* (Z. 7), *Halteplatz* (Z. 24), *Gedächtnistafeln* (Z. 28). Das Zweitelement der Komposita markiert die Wortart der gesamten Bildung und legt die grammatischen Kategorien fest, beim Substantiv also das Genus, und drückt die Flexion des Ganzen nach Kasus und Numerus aus: *Hochsommer* ist ein maskulines Substantiv, da *Sommer* ein maskulines Substantiv ist. Aufgrund dieser wichtigen grammatischen Funktionen und wegen seiner Grundbedeutung wird das Zweitelement **Grundwort** genannt.

Die Bedeutung des Kompositums wird von Erstelement und Grundwort gemeinsam festgelegt: *Frühlingsnachmittag* 'Nachmittag im Frühling', *Vormittagsstunden* 'Stunden am Vormittag', *Halteplatz* 'Platz, wo ein öffentliches Verkehrsmittel hält', *Gedächtnistafeln* 'Tafeln zum Gedächtnis'. Das Erstelement bestimmt (determiniert) die Bedeutung des Grundwortes näher. Aufgrund dieser Funktion der Erstelemente werden sie als **Bestimmungswörter** bezeichnet. Der in diesen Bildungen vorliegende Kompositionstyp wird im Hinblick auf die Bedeutungsbeziehung zwischen Bestimmungswort und Grundwort **Determinativkompositum** genannt. Das Bedeutungsverhältnis wird als **subordiniert** bezeichnet. Ein Merkmal der Determinativkomposita ist, dass sie später im Text durch ihr Grundwort vertreten werden können (man vergleiche Kapitel 18. Textlinguistik). *Frühlingsnachmittag* ist durch *Nachmittag* ersetzbar, *Gedächtnistafeln* durch *Tafeln*. Der Ersatz ist möglich, da die Bedeutung des Kompositums innerhalb der Bedeutung des Grundwortes liegt. Ein solches Bedeutungsverhältnis wird als **endozentrisch** bezeichnet.

Die Art der Determination kann variieren. Sie ergibt sich nicht unmittelbar aus der Bildung selbst, sondern oft erst aus den außersprachlichen Gegebenheiten. So liegt bei *Frühlingsnachmittag* 'Nachmittag im Frühling' und *Vormittagsstunden* 'Stunden am Vormittag' eine zeitliche Determination des Grundwortes durch das Bestimmungswort vor, *Halteplatz* weist eine lokale und funktionale Determination auf, und bei *Gedächtnistafeln* ist eine Bestimmung durch den Zweck gegeben: 'Tafeln zum Gedächtnis'.

Einige Determinativkomposita weisen eine feste Relation zwischen Erstglied und Zweitglied auf: *Kindererziehung* 'Erziehung von Kindern', *Romanleser* 'Leser von Romanen', *Sportlehrer* 'Lehrer für Sport'. Diese Relation wird durch die Rektion bestimmt, worunter die syntaktische Abhängigkeit eines Wortes von einem anderen verstanden wird. Die Verben *lesen, lehren* und *erziehen* regieren den Akkusativ. Werden aus diesen Verben Substantive gebildet, so vererben sie die Rektion semantisch an das Substantiv, ohne dass der regierte Kasus ausgedrückt wird:

er liest Romane	→	*Leser von Romanen*	→	*Romanleser*
er lehrt Sport	→	*Lehrer von Sport*	→	*Sportlehrer*
er erzieht Kinder	→	*Erziehung von Kindern*	→	*Kindererziehung*

Derartige Komposita werden als **Rektionskomposita** bezeichnet. Sie bestehen aus einem Grundwort, das einer Ergänzung bedarf (*Leser*), und einem Bestimmungswort, das diese Ergänzung enthält (*Roman*). Bei Rektionskomposita ist das Bedeutungsverhältnis von Grundwort und Bestimmungswort festgelegt. Für andere Bildungen ist das Bedeutungsverhältnis nicht ohne Weiteres festgelegt. So kann *Holzstand* einen 'Stand für Holz' oder einen 'Stand aus Holz' meinen. Das gilt auch für Ad-hoc-Bildungen, die zu einer bestimmten Gelegenheit oder für eine bestimmte Situation gebildet werden: *Hasengruppe, Igelgruppe* 'Kindergartengruppe, die als Symbol einen Hasen/Igel hat'. Solche Bildungen können durch häufigen Gebrauch vieler Menschen zu festen Komposita werden: z.B. *Rinderwahnsinn*.

Die unmittelbaren Konstituenten eines Kompositums können selbst schon Komposita sein. Das gilt beispielsweise für *Prinzregentenstraße* (Z. 4). Bei diesem Kompositum ist das Bestimmungswort bereits zusammengesetzt.

$(A + B) + C = (Prinz- + -regent-en) + -straße$

Bei *Kinderfahrrad* ist das Grundwort bereits zusammengesetzt:

$A + (B + C) = Kind-er- + (-fahr + -rad)$

9.2.2. Possessivkompositum

Bei anderen Komposita liegt ein anderes Bedeutungsverhältnis vor:

Rotschwänzchen	'Vogel, der einen roten Schwanz hat'
Langbein	'Person, die lange Beine hat'
Rotschopf	'Person, die einen roten Schopf hat'
Sechszylinder	'Auto, das sechs Zylinder hat'

KAPITEL 9

Auch bei diesen Komposita wird wie bei den bisher behandelten Komposita das Zweitglied durch das Erstglied determiniert. Es handelt sich also um Determinativkomposita. Allerdings liegt die Bedeutung der ganzen Bildung außerhalb der Bedeutung des Grundwortes. Ein *Rotschwänzchen* ist kein Schwänzchen, ein *Langbein* ist kein Bein, ein *Rotschopf* ist kein Schopf, ein *Sechszylinder* ist kein Zylinder, weshalb das Kompositum auch nicht durch das Grundwort ersetzt werden kann. Ein solches Bedeutungsverhältnis wird als **exozentrisch** bezeichnet. Häufig erfolgt die Bezeichnung nach einem Besitzverhältnis. Exozentrische Determinativkomposita mit einem derartigen Bedeutungsverhältnis werden **Possessivkomposita** genannt.

Anderen Komposita mit einem exozentrischen Bedeutungsverhältnis liegen **Übertragungen** zugrunde:

> *Langfinger*   'Person, die (im übertragenen Sinne) lange Finger hat'
> *Dickkopf*   'Person, die (im übertragenen Sinne) einen dicken Kopf hat'
> *Milchgesicht* 'Person, die (im übertragenen Sinne) ein Gesicht wie Milch hat'

In keinem Fall ergibt sich die bezeichnete Größe aus den Bestandteilen des Kompositums, doch verweisen etwa Bezeichnungen für Körperteile als Grundwort immerhin auf Lebewesen mit diesen Körperteilen.

9.2.3. KOPULATIVKOMPOSITUM

In dem Auszug aus Thomas Manns Erzählung zeigt sich in dem Kompositum *naßkalt* (Z. 15) ein anderes Bedeutungsverhältnis zwischen Erstelement und Zweitelement als in den bisherigen Bildungen. Beide Elemente stehen semantisch gleichwertig nebeneinander. Die Bedeutungen beider Elemente bilden additiv die Bedeutung des Kompositums: *nasskalt* 'nass und kalt zugleich'. Das Bedeutungsverhältnis derartiger Komposita ist als **koordiniert** zu bestimmen. Sie werden als **Kopulativkomposita** bezeichnet. Bei diesen Komposita gehören beide Elemente derselben Wortart an. Sie stammen zudem aus demselben Bedeutungsbereich, hier aus dem der Witterungsadjektive. Durch die Umkehrung der konventionellen Reihenfolge verändert sich die Bedeutung nicht, allerdings ist sie in der Regel nicht üblich. Bei Determinativkomposita hingegen ist die Umkehrung der Reihenfolge der Elemente stets mit einer Veränderung der Bedeutung verbunden: *Hochsommer* versus *Sommerhoch*. Kopulativkomposita werden häufig mit Bindestrich geschrieben: *schwarz-weiß, schwarz-rot-gold, Österreich-Ungarn, Elsass-Lothringen*.

Bei einigen substantivischen Bildungen ist die Grenze zum Determinativkompositum nicht immer scharf zu ziehen: *Strumpfhose, Dichterkomponist*. Die

Bildungen haben wie die Determinativkomposita ihre Betonung auf dem Erstelement (*Strúmpfhose* wie *Córdhose*) und sind auch wie Determinativkomposita paraphrasierbar: *Strumpfhose* 'Hose, die Merkmale eines Strumpfes hat'; *Dichterkomponist* 'Komponist, der (auch) Dichter ist'. Mit den Kopulativkomposita verbindet sie die formale Struktur (Übereinstimmung der Wortart und des semantischen Bereichs).

Kontrovers werden auch Kopulativkomposita betrachtet, bei denen die beiden unmittelbaren Konstituenten additiv in die Bedeutung eingehen. Der bezeichnete Gegenstand ist weder das vom ersten noch das vom zweiten Bestandteil Bezeichnete (so *Strumpfhose*, worunter weder ein Strumpf noch eine Hose, sondern etwas Drittes verstanden wird), oder er umfasst sowohl das vom ersten wie vom zweiten Bestandteil Bezeichnete (so bei *Strichpunkt*: 'Punkt und Strich zugleich'). Auch hier wird in der jüngeren Forschung der Vorteil eines eigenen Wortbildungstyps in Frage gestellt. Beide Formen des Kopulativkompositums können auch als Unterformen des Determinativkompositums betrachtet werden, mit dem sie auch die Betonung des Erstelementes gemein haben. Die weiteren Bedingungen, die Übereinstimmung der Wortart und des semantischen Bereichs von Erst- und Zweitelement, unterscheiden sie von herkömmlichen Determinativkomposita.

Zu erörtern wäre hier das Für und Wider der Klassifizierung anhand einer größeren Anzahl von Bildungen.

Lit.: E. Breindl – M. Thurmair, Deutsche Sprache 20 (1992) S. 32-61; G.D. Schmidt, in: G. Hoppe et al., Deutsche Lehnwortbildung, S. 53-101; J. Vögeding, Das Halbsuffix *-frei*

9.2.4. FUGENELEMENTE

Das Substantiv *Geburtstag* (Z. 1) weist außer den Bestandteilen *Geburt* und *Tag* mit *-s-* ein Element auf, das an der Nahtstelle zwischen beiden Elementen steht und entsprechend als Fugenelement bezeichnet wird. Vergleichbare Fugenelemente zeigen auch andere Wortbildungen des Textes: *Prinzregent-en-straße* (Z. 4), *Vormittag-s-stunden* (Z. 7), *Mittag-s-mahlzeit* (Z. 10), *Wirt-s-garten* (Z. 19), *Gräb-er-feld* (Z. 28), *Aussegnung-s-halle* (Z. 29).

Das Beispiel *Geburt-s-tag* zeigt, dass das Fugenelement nicht unbedingt in Zusammenhang mit der Flexion der ersten Konstituente *Geburt* gesehen werden kann. Bei der Flexion des Femininums *Geburt* tritt kein *-s* auf. Das Fugenelement kann hier also keine flexivische Bedeutung (etwa des Genitivs Singular oder des Plurals) in die Bedeutung der Bildung einbringen. Das gilt auch für *-s-* in *Aussegnung-s-halle* und *-e-* in *Bad-e-tuch*. In diesen Fällen liegt ein **unparadigmatisches Fugenelement** vor, das nicht aus dem Flexionsparadigma des Substantivs stammt.

In anderen Fällen stimmen die Fugenelemente formal mit Flexionselementen der ersten Konstituenten überein, zum Beispiel in *Prinzregent-en-straße* (Genitiv Singular), *Vormittag-s-stunden* (Genitiv Singular), *Mittag-s-mahlzeit* (Genitiv Singular), *Wirt-s-garten* (Genitiv Singular), *Tag-es-licht* (Genitiv Singular), *Herz-enswunsch* (Genitiv Singular), *Löwe-n-käfig* (Genitiv Singular oder Plural) und *Gräber-feld* (Plural). Das Fugenelement *-er-* tritt nur bei Wörtern auf, die den Plural mit *-er* bilden: *Grab – Gräberfeld, Huhn – Hühnerei, Rind – Rindersteak*. In all diesen Fällen spricht man von einem **paradigmatischen Fugenelement**, da das Fugenelement formal einem Flexionsmorphem des Substantivs entspricht. Auch in diesen Fällen sind die Fugenelemente hinsichtlich ihrer Funktion keine Flexionselemente und bringen somit auch keine entsprechende Bedeutung (wie z.B. Genitiv Singular) in die Bildung ein. Einige Lexeme weisen unterschiedliche Fugenelemente auf oder gehen ohne Fugenelement in eine Wortbildung ein: *Kalb-sbraten, Kälb-er-magen, Kalb-fleisch*. Einige Varianten sind regional begrenzt: süddt. *Schwein-s-braten* – norddt. *Schwein-e-braten*, andere führen zu einer Bedeutungsdifferenzierung: *Geschicht-s-buch – Geschichte-n-buch*.

Fugenelemente lassen sich nur schwer durch Regularitäten erfassen. Ihr Vorhandensein oder Fehlen wirkt geradezu regellos: *Ratte-n-plage, Orden-s-frau, Glaube-ns-beweis, Pferd-e-stärke, Lied-er-buch, Held-en-tat, Sieg-es-wille, Schmerz-ens-schrei*. In Lehnwortbildungen begegnen weitere Fugenelemente: *Techn-o-logie, Strat-i-graphie*. Hinzu kommen weitere Besonderheiten wie Umlaut (*Mäusefalle*), Ersetzungsfugen (*Hilfsangebot*, 'Angebot an Hilfe') und Subtraktionsfugen (*Schulbrot*, 'Brot für die Schule'). Zu beachten ist auch, dass Fugenelemente häufig auch ganz fehlen: *Haustür, Tischbein*.

9.2.5. ZUSAMMENRÜCKUNG

Von dem häufigen Typ der Zusammensetzung ist der Sonderfall der **Zusammenrückung** zu unterscheiden. Gemeint ist, dass eine syntaktische Wortgruppe unter Beibehaltung der Wortfolge und gegebenenfalls der Flexion zu einem neuen Wort 'zusammengerückt' worden ist:

drei Käse hoch	zu	*Dreikäsehoch*
nimmer satt	zu	*Nimmersatt*
lange Weile	zu	*Langeweile*
mit Hilfe	zu	*mithilfe*
in Folge	zu	*infolge*

An der Bildung *Langeweile* wird die Beibehaltung der Flexion sichtbar, die bei Komposita wie *Langlauf* gerade nicht gegeben ist.

Bei dem Wortbildungsprozess findet immer auch ein Wortartwechsel statt (Wortgruppe → Substantiv), der auch als Konversion bezeichnet wird (zur Konversion vgl. Kap. 10.2.5.), weswegen für diese Bildungen in Wortbildungslehren zuweilen kein eigener Wortbildungstyp angesetzt wird (so bei Wolfgang Fleischer/ Irmhild Barz), sondern die Bildungen der Konversion zugeordnet werden.

9.3. ANALYSEVERFAHREN UND ANALYSEBEISPIELE

Die Analysebeispiele sind in Kapitel 10.3. zusammengefasst.

9.4. PROBLEMBEREICH: DIE SUFFIXOIDLAWINE – EIN ZWISCHENREICH ZWISCHEN KOMPOSITION UND DERIVATION?

Wortbildungen wie *Chemiewerk* und *Schönheit* lassen sich eindeutig und problemlos den Typen Komposition und Derivation zuordnen. *Chemiewerk* ist ein Determinativkompositum. Die Bildung kann im Satz auch durch das Grundwort *Werk* allein vertreten werden. Ebenso sicher ist *Schönheit* als Derivation zu bestimmen. Von einem Adjektiv ist durch ein Formationsmorphem ein Substantiv abgeleitet worden. Das Suffix *-heit* kann selbstständig nicht vorkommen.

Vergleicht man jedoch *Chemiewerk* mit *Buschwerk*, *Laubwerk* oder *Schuhwerk*, so ist auf Anhieb erkennbar, dass diese Bildungen nicht sinnvoll durch *Werk* ersetzt werden können. In diesen Bildungen hat *-werk* nicht die Bedeutung 'Fabrik', sondern das Element verleiht den Bildungen eine kollektive Bedeutungskomponente: *Buschwerk* 'Gesamtheit der Büsche'; *Laubwerk* ‚Gesamtheit des Laubes' und *Schuhwerk* 'Schuhe; Gesamtheit der Schuhe'. Die Hauptbedeutung dieser Bildungen liegt auf dem ersten Bestandteil, nicht wie bei Determinativkomposita auf dem zweiten. Der zweite Bestandteil ist semantisch entleert. Das Element *-werk* neigt zur Reihenbildung: *Ast-*, *Busch-*, *Flecht-*, *Laub-werk* usw. Obwohl *Werk* als eigenständiges Wort existiert, hat es in diesen Bildungen eine suffixartige Funktion. Suffixartige Morpheme werden **Suffixoide** (auch **Halbsuffixe**) genannt, die Bildungen **Suffixoidbildungen**.

Andere Beispiele für Suffixoidbildungen sind *Ideen-gut*, *Wort-gut*; *Pflanzen-reich*, *Tier-reich*; *Näh-zeug*, *Papier-zeug*.

Einige Elemente befinden sich derzeit in der Entwicklung von einem Grundwort zu einem Suffixoid. Das gilt zum Beispiel für *Lawine*, worunter heute eine an Gebirgshängen niedergehende Masse von Schnee oder Eis verstanden wird. An den Beispielen *Schnee-lawine – Sand-lawine – Geröll-lawine – Schutt-lawine – Blech-lawine – Gäste-lawine – Schulden-lawine* zeigt sich, dass sich *Lawine* von der ursprünglichen Bezeichnungsklasse 'Schnee, Eis' allmählich entfernt und die pejorativen Bedeutungsmerkmale 'zu viel', 'nicht mehr einzudämmen' annimmt: *Blechlawine* 'besorgniserregend viel Blech' (= zu viele Autos).

Auch zwischen Komposita und Präfixbildungen ist ein Übergangsbereich erkennbar. Präfixartige Morpheme dienen oft als verstärkende Zusätze: *Affen-hitze, Riesen-durst, Mords-kerl, Pfunds-wetter, Blitz-erfolg, Bomben-stimmung*. Die genannten ersten Bestandteile haben alle eine verstärkende Bedeutung, ganz unabhängig davon, welche Bedeutung sie als eigenständiges Wort haben. Die Elemente sind semantisch entleert. Entsprechend sind sie auch leicht austauschbar: *Affen-, Höllen-, Bomben-, Mords-hitze*. Schließlich neigen sie wie Suffixoide zur Reihenbildung: *Pfunds-kerl, -wetter, -laune, -feier*. Derartige präfixartige Morpheme werden **Präfixoide** (auch **Halbpräfixe**) genannt, die Bildungen **Präfixoidbildungen**. Präfixoidbildungen und Suffixoidbildungen werden als **Affixoidbildungen** zusammengefasst.

Der Grenzbereich von Komposition und Derivation lässt sich nicht so leicht fassen wie die eindeutigen Komposita und eindeutigen Derivationen. Ein Affix und damit der Wortbildungstyp Derivation liegt in jedem Fall dann vor, wenn das Element nicht oder nicht mehr selbstständig im Wortschatz vorkommt, wie zum Beispiel *-heit* und *-tum* (man vergleiche Kapitel 23: Grammatikalisierung). Die Schwierigkeit liegt vor allem in einer Abgrenzung von Komposita und Affixoidbildungen, da sie formal, ausdrucksseitig gleich sind. Die weiteren Kriterien (semantische Entleerung gegenüber dem selbstständig vorkommenden Morphem, Reihenbildung) werden nicht von allen Elementen in gleicher Weise erfüllt. Zudem kommt ein subjektiver Ermessensspielraum hinzu. In jedem Fall gibt es einen breiten Übergangsbereich zwischen Grundmorphemen und Suffixoiden. So könnten die Bildungen *Bildwerk, Dichtwerk* und *Bauwerk* (Z. 29) heute als Zusammensetzungen wie als Ableitungen klassifiziert werden.

Diese Kategorisierungsprobleme und die Beobachtung, dass Affixoide Merkmale von Grundmorphemen [selbstständiges Vorkommen, (noch) erkennbarer semantischer Bezug zum Grundmorphem] und Merkmale von Affixen (Entfernung von der Bedeutung des freien Morphems, Reihenbildung) tragen, führen in der neueren Forschung verschiedentlich zum Verzicht auf den Affixoidbegriff. So wird das Affixoid zuweilen in das System der Affixe einbezogen (so beispielsweise von Johannes Erben), zuweilen eher als Grundmorphem betrachtet (so bei Wolfgang Fleischer, Irmhild Barz und Peter Eisenberg).

9.5. DEFINITIONEN

Die Definitionen zur Wortbildung sind in Kapitel 10 zusammengefasst.

9.6. LITERATUR

Die Literatur zur Wortbildung ist in Kapitel 10 zusammengefasst.

KAPITEL 10: WORTBILDUNG III. DERIVATION

10.1. EINSTIEG: REFLEXIVES DURCHEINANDER

„Wenn die sich noch in Entwicklung befindlichen Mittel von Exelixis als erfolgreich herausstellen, könnte Sanofi-Aventis dafür mehr als eine Milliarde Euro an Exelixis zahlen müssen."

Frankfurter Allgemeine Zeitung vom 29.05.2009

Der *wenn*-Satz formuliert die Bedingung, dass *die (sich noch in Entwicklung befindlichen) Mittel (von Exelixis) als erfolgreich herausstellen*. Das Verb *herausstellen* wird aber in der hier vorliegenden Bedeutung stets reflexiv gebraucht: *sich herausstellen als (richtig, falsch, angemessen, erfolgreich* usw.) im Sinne von 'sich erweisen als etwas'. Dem Satz fehlt somit ein Reflexivpronomen, das nach *wenn* oder vor *als* stehen könnte.

Die formulierte Bedingung kann aber noch nicht erfüllt sein, weil die Mittel sich offensichtlich noch in der Entwicklung befinden. Dieser Tatbestand wird in dem Satz mit Hilfe der Ableitung des Adjektivs *befindlich* von dem Verb *sich befinden* ausgedrückt, wobei die adverbiale Ergänzung des Verbs *in der Entwicklung* auf das Adjektiv übergeht. In dem Satz ist auch das Reflexivpronomen vom Verb zum Adjektiv übertragen worden, so als ob nicht die Ableitung *befindlich* sondern die Partizipialbildung *befindend* verwendet würde, die immer reflexiv gebraucht wird: *die sich in der Entwicklung befindenden Mittel*. Das Adjektiv *befindlich* wird dagegen stets ohne Reflexivpronomen verwendet. In dem zitierten Satz steht hier also ein Reflexivpronomen zu viel; es sind also mehrere Konstruktionen vermischt worden. Der Satz müsste lauten: „Wenn sich die noch in Entwicklung befindlichen Mittel von Exelixis als erfolgreich herausstellen, könnte Sanofi-Aventis dafür mehr als eine Milliarde Euro an Exelixis zahlen müssen."

Das Beispiel kann durch seine Fehlerhaftigkeit auf wichtige Prinzipien im Bereich der deverbalen Wortbildung aufmerksam machen.

10.2. DER WORTBILDUNGSTYP DERIVATION
10.2.1. GRUNDBEGRIFFE DER DERIVATION

In dem Auszug aus der Erzählung „Der Tod in Venedig" begegnen auch einige Wortbildungen, in denen eine Konstituente nicht frei vorkommt, sondern als Formationsmorphem zu klassifizieren ist, zum Beispiel *Wohn-ung* (Z. 4), *Abnutzbarkeit* (Z. 11), *Beweg-ung* (Z. 13), *dumpf-ig* (Z. 16), *be-steht* (Z. 9), *be-lebt* (Z. 19), *ver-helfen* (Z. 14). Es handelt sich dabei um **Derivate** oder **Ableitungen**.

Der Bestandteil, mit dem das Formationsmorphem bei der Ableitung verbunden wird, heißt **Basis**. Die Basis kann aus einem Grundmorphem (z.B. *dumpf-*) oder einem bereits gebildeten Wort (z.B. *abnutzbar-*) bestehen.

Tritt das Formationsmorphem hinten an die Basis an (*grün-lich*), spricht man von einer **Suffixbildung** oder Suffigierung. Tritt das Formationsmorphem vorne an die Basis an (*un-klug*), spricht man von einer **Präfixbildung** oder Präfigierung. Treten gleichzeitig ein Präfix und ein Suffix an eine Basis an, spricht man von **Zirkumfixbildung** (auch Zirkumfigierung oder kombinatorische Ableitung): *Ge-sing-e, ge-fräß-ig, be-vollmächt-ig(en), be-grad-ig(en)*. Ableitungen wie die hier genannten, bei denen ein Affix (Oberbegriff zu Präfix und Suffix) an die Basis antritt, werden als **explizite Ableitungen** bezeichnet (zu Ableitungen ohne Affixbeteiligung sieh weiter unten Abschnitt 10.2.6.).

Zwischen der Basis und dem Derivat kann ein Wechsel der Wortart eintreten: *wohn(en)* → *Wohn-ung*; *beweg(en)* → *Beweg-ung*; *abnutzbar* → *Abnutzbar-keit*. Es kann auch nur ein Wechsel der Bezeichnungsklasse eintreten: *Bamberg* ('Ort') → *Bamberger* ('Person'). Ein Wortart- und/oder Bezeichnungsklassenwechsel durch Ableitung wird **Transposition** genannt. Die Wortartzugehörigkeit wird durch das Suffix festgelegt (zum Terminus Bezeichnung Kapitel 16).

Eine Ableitung ohne Wortartwechsel und ohne Wechsel der Bezeichnungsklasse wird als **Modifikation** bezeichnet. Sie erfolgt grundsätzlich bei der Wortbildung mit Präfixen, da Präfixe keinen Einfluss auf die Wortartzugehörigkeit haben: *leben* → *be-leben*; *helfen* → *ver-helfen*. Modifikation kann aber auch bei der Wortbildung mit Suffixen vorliegen. Ein Beispiel aus dem Text von Thomas Mann ist *dumpf* → *dumpf-ig* (Z. 16); weitere Beispiele sind *Arzt* → *Ärzt-in*, *Haus* → *Häus-chen*, *grün* → *grünlich*.

Die Funktion der Suffixe beschränkt sich nicht auf die Wortartzuweisung. Die Suffixe haben semantisch unterscheidbare Funktionen, wobei auch ein einzelnes Suffix polyfunktional sein kann. Das wird beispielsweise an den Substantiven des Textes sichtbar, die mit Hilfe des Suffixes *-ung* aus Verben abgeleitet sind: *Wohnung* (Z. 4) 'Ort, an dem man wohnt', *Bewegung* (Z. 13) 'Vorgang des Bewegens'.

10.2.2. Typen der Modifikation und Transposition

In der folgenden Übersicht sind wichtige Arten der Modifikation und Transposition sowie einige ihrer morphologischen Mittel zusammengestellt.

Modifikationsart	Erklärung	Beispiele
Diminution	Bezeichnung mit dem Zusatz der Verkleinerung oder Verniedlichung	-chen (*Häuschen*), -lein (*Häuslein*)
Augmentation	Bezeichnung mit dem Zusatz der Vergrößerung oder Wichtigkeit	Super- (*Supertalent*), Un- (*Unmenge*), Über- (*Übervater*)
Negation	Bezeichnung mit dem Zusatz 'kein' oder 'nicht'	Un- (*Untiefe*), Nicht- (*Nichtraucher*)
Taxation	Bezeichnung mit dem Zusatz 'falsch', 'ehemalig', 'besonders'	Miss- (*Misswirtschaft*), Ex- (*Exkanzler*), Sonder- (*Sonderbestellung*)
Motion	Bezeichnung mit dem Zusatz 'weiblich' oder 'männlich'	-in (*Freundin*), -euse (*Friseuse*), -er (*Witwer*), -erich (*Gänserich*)
Kollektion	Bezeichnung für die Gesamtheit des in der Basis Genannten	-schaft (*Bruderschaft*)
Soziation	Bezeichnung für den Partner des in der Basis Genannten	Mit- (*Mitspieler*), Ko(n)- (*Konrektor*)

Transpositionsart	Erklärung	Beispiele
Nomen agentis	Bezeichnung eines Täters	-er (*Lehrer*), -eur (*Friseur*), -ant (*Demonstrant*), -ist (*Kolumnist*), -iker (*Chemiker*)
Nomen actionis	Bezeichnung einer Handlung	-ung (*Grabung*)
Nomen acti	Bezeichnung eines Zustands oder Ergebnisses einer Handlung	-ung (*Bildung*, *Lieferung*)
Nomen qualitatis	Bezeichnung einer Eigenschaft	-heit (*Faulheit*)
Nomen patientis	Bezeichnung für denjenigen, auf den sich eine Handlung bezieht	-ling (*Prüfling*)
Nomen instrumenti	Bezeichnung für ein Gerät	-er (*Bohrer*)
Nomen loci	Bezeichnung für einen Ort	-erei (*Bäckerei*)

Tab. 1: Modifikations- und Transpositionsarten

An den Beispielen zeigt sich, dass einige Präfixe (wie *un-*) oder Suffixe (wie *-ung, -er*) verschiedene semantische Leistungen erfüllen können (*un-*: Augmentation und Negation; *-ung*: Nomen actionis und Nomen acti; *-er*: Nomen agentis und Nomen instrumenti). Zudem ist erkennbar, dass sich Affixe mit Basen verschiedener Wortart verbinden können: *-er*: *Lehr-er* (Basis: Verb *lehren*) – *Musik-er* (Basis: Substantiv *Musik*); *-heit*: *Schön-heit* (Basis: Adjektiv *schön*) – *Gott-heit* (Basis: Substantiv *Gott*); *un-*: *un-treu* (Basis: Adjektiv *treu*) – *Un-mensch* (Basis: Substantiv *Mensch*). Die Wortbildung unterliegt aber auch bestimmten Restriktionen. So verbindet sich das Suffix *-heit* nur mit Adjektiven (*Klar-heit*), Substantiven (*Tor-heit*) und Zahlwörtern (*Drei-heit*), nicht aber mit Verben, das Suffix *-ner* nur mit Substantiven (*Glöckner, Söldner, Pförtner*), nicht aber mit Verben oder Adjektiven. Zuweilen wird eine den Wortbildungsregeln konforme Bildung nicht geschaffen, da die Bedeutung bereits durch ein anderes Wort besetzt wird. So wird die regelkonforme Bildung **Stehler* durch das Lexem *Dieb* blockiert. *Kocher* ist nicht in Entsprechung zu *Lehrer, Läufer, Bäcker* nomen agentis, da *Koch* diese Funktion innehat.

10.2.3. Präfigierung von Verben

In dem weiter oben abgedruckten Textausschnitt aus Thomas Manns Erzählung begegnen einige präfigierte Verben: *unternehmen, bestehen, vermögen, wiederherstellen, verhelfen, einfallen, überblicken, erwarten, zurückbringen, erstrecken*. Diese Verben lassen sich unter dem Aspekt der Selbstständigkeit und der Abtrennbarkeit des ersten Bestandteils in drei Gruppen einteilen:

Die Verben *bestehen, vermögen, verhelfen, erwarten, erstrecken* weisen Präfixe auf, die bei einer Verwendung im Satz untrennbar mit der Basis verbunden bleiben. Diese Verben werden auch als **Präfixverben** im engeren Sinne bezeichnet.

Bei den Verben *unternehmen, überblicken* ist der erste Bestandteil wie bei den Präfixverben untrennbar mit der Basis verbunden. Die Morpheme kommen aber auch als eigenständige Wörter (Präpositionen) vor. Diese Fälle werden als **Partikelpräfixverben** bezeichnet.

Die Verben *wiederherstellen, einfallen, zurückbringen* weisen dagegen frei vorkommende, abtrennbare Bestandteile auf. Sie werden aufgrund dieser Eigenschaft als **Partikelverben** bezeichnet. Bei Partikelverben trägt der erste Bestandteil, die Partikel, den Akzent: *éinfallen, ábfahren, wéglaufen*. Präfixverben und Partikelpräfixverben tragen den Akzent auf der Basis: *verhélfen, bekómmen, erwárten, unternéhmen, überblícken*.

10.2.4. ZUSAMMENBILDUNG

Ein anderer Derivationstyp zeigt sich im Text bei dem Wort *Schriftsteller* (Z. 7). Nach einer Wörterbuchdefinition bezeichnet die Bildung 'jmd., der literarische Werke verfasst'. Die Ableitung erfolgt mit Hilfe des Suffixes *-er* von der Basis *Schrift stellen* in der Bedeutung von 'einen Text herstellen'. Die Bildung ist durch die Basis *Schrift stellen* nicht mehr voll motiviert, da eine solche Wortgruppe in dieser Bedeutung nicht mehr gebräuchlich ist. Eine voll motivierte Bildung ist dagegen beispielsweise *braunäugig*. Basis ist die Wortgruppe *braune Augen*, die mit Hilfe des Suffixes *-ig* abgeleitet worden ist.

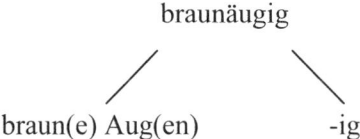

Ableitungen von Wortgruppen nennt man **Zusammenbildungen**. Eine Deutung der Bildungen *Schriftsteller* und *braunäugig* als Komposita scheidet aus, da es *Steller* und *äugig* als Grundwörter nicht gibt.

Zu dem Bereich der Zusammenbildungen können auch Bildungen wie *Schwarzhörer* und *Autofahrer* gezählt werden, da eine Ableitung von den verbalen Fügungen *schwarz hören* und *Auto fahren* aus semantischen Gründen näher liegt als eine formal mögliche Herleitung von den Substantiven *Hörer* und *Fahrer*.

10.2.5. DERIVATION OHNE AFFIX: IMPLIZITE ABLEITUNG – KONVERSION

Bei den bisherigen Beispielen für eine Derivation war stets ein Affix an der Wortbildung beteiligt. Es handelt sich also um **explizite Ableitungen**.

Es gibt auch eine Art der Ableitung, an der kein Affix beteiligt ist. Die Überführung eines Wortes in eine andere Wortart ohne Affix, aber häufig mit einer Veränderung der Ausdrucksseite durch Wechsel des Vokals oder des wurzelschließenden Konsonanten heißt **implizite Ableitung**. Dieser Typ begegnet bei den starken Verben, die den Ablaut des Stammvokals an das Derivat weitergeben: *Griff* aus *greifen*, *Wurf* aus *werfen*, *Band/Bund* aus *binden*, *Zug* aus *ziehen*. Hierher kann man auch die Fälle stellen, bei denen die Ableitung ohne Vokalwechsel erfolgt: *kauf(en) – Kauf* (Z. 27). Der Stamm (*kauf-*) wird unverändert in eine neue Wortart überführt und funktioniert dann mit den Flexionsmorphemen beider Wortarten: *er kauf-t – des Kauf-es*. Es findet also eine einfache Umkategorisierung mit Wechsel der Flexionskategorie statt. Das gilt auch für Beispiele wie *das Nichts* aus *nichts, das Heute* aus *heute*. Dieser Typ, bei dem der Wortstamm ohne vokalische Veränderung in eine andere Wortart überführt wird und dann in verschiedenen Wortarten verfügbar ist, wird in manchen Wortbildungslehren auch als **morphologische Konversion** oder bei Ausgangspunkt von einem Verbstamm als **Verbstammkonversion** bezeichnet. Ein weiteres Beispiel aus dem Text ist *Einhalt* (Z. 10). Die Verbstammkonversion ist in der Gegenwartssprache kaum noch produktiv.

Eine weitere Form der suffixlosen Ableitung, bei der keine Veränderung der Ausdrucksseite eintritt, wird einhellig zur Konversion gezählt. Gemeint ist eine Bildung wie *Fortschwingen* (Z. 7-8). Die Bildung unterscheidet sich ausdrucksseitig vom Infinitiv nur durch die Substantivgroßschreibung. Das Infinitivflexiv *-en* des Verbs *fortschwingen* ist in die Substantivierung eingegangen (anders als bei *kaufen* > *Kauf* oder *werfen* > *Wurf*). Die Substantivierung nimmt dann auch die Flexion des Substantivs an: *das Fortschwingen – des Fortschwingen-s*. Eine derartige Überführung eines Wortes in eine andere Wortart ohne Affix und ohne Veränderung der Ausdrucksseite wird als **reguläre** oder **syntaktische Konversion** oder bei Ausgangspunkt von einem Infinitiv als **Infinitivkonversion** bezeichnet. Weitere Beispiele für eine Konversion sind *das Rufen* aus *ruf(en)*, *das Treffen* aus *treff(en)*, *der/die/das Neue* aus *neu*, *der/die/das Schöne* aus *schön*, *der/die Angestellte* aus *angestellt*. So wie das substantivierte Verb die Infinitivendung beibehält (*rufen* → *das Rufen*), so behält auch das substantivierte Adjektiv die adjektivische Flexion (*der alte Mann* → *der Alte*). An den Beispielen zeigt sich, dass die Ausgangswortart unterschiedlich sein kann. Der Typ der syntaktischen Konversion ist gegenwartssprachlich hochproduktiv.

Zu beachten ist, dass häufig nur die Verwendung im Kontext Aufschluss darüber gibt, ob eine explizite Ableitung oder eine syntaktische Konversion vorliegt:

> *Die Süße* in *Die Süße der Vanille* (= explizite Derivation mit dem Suffix *-e*)
> *Die Süße* in *Die Süße aus der Disco* (= Konversion des Adjektivs)

Einige Konversionen sind mit einer Bedeutung im Wortschatz fest verankert, die nicht mehr allein aus der Basis ableitbar ist. Das gilt für Bildungen wie *das Unternehmen* und *der Jugendliche*, die als lexikalisiert bezeichnet werden.

Ein Sonderfall der Konversion ist die **Präfixkonversion**, bei der die Überführung in eine andere Wortart gleichzeitig mit dem Hinzutreten eines Präfixes verbunden ist: *Arzt* > *ver-arzt-en*, *Note* > *be-not-en*, *Keller* > *ein-keller-n*, *Bruder* – *ver-brüder-n*.

10.2.6. LEHNWORTBILDUNG

In der Erzählung von Thomas Mann kommen mehrere Wörter vor, die nichtheimischen Ursprungs sind. Dazu gehören die durch Anführungszeichen als Zitat markierten lateinischen Wörter „motus animi continuus" (Z. 8-9; 'anhaltende Bewegung der Seele') sowie mehrere Wörter, die im Deutschen ganz geläufig sind. Lateinischen Ursprungs sind beispielsweise *Kontinent* (Z. 3) und *Monumente* (Z. 28), aus dem Französischen stammen *Equipagen* (Z. 20; 'elegante Kutschen') und *Chaussee* (Z. 26; 'befestigte Landstraße'), aus dem Englischen *Tram* (Z. 23; Kurzform zu *tramway* 'Straßenbahnlinie').

Für Fragen der Wortbildung sind die Wörter von Interesse, die Morphemkombinationen darstellen, die also gebildet sind. Diese Bildungen können als fertige Wortbildungen ins Deutsche übernommen worden sein; in dem Fall handelt es sich um **(Wort-)Entlehnung**. Sie können aber auch aus entlehnten Elementen im Deutschen gebildet worden sein; dann liegen **Lehnwortbildungen** vor. Diese Unterscheidung betrifft die Entstehung der Bildungen und ist sprachhistorisch zu untersuchen.

Im Deutschen begegnet eine große Fülle von Bildungen mit Lehnelementen. Dabei tritt ein heimisches Formationsmorphem an eine entlehnte Basis an (z.B. *realist-isch*, *deklinier-bar*, *phrasen-haft*), oder es kann – sehr viel seltener – die Basis heimisch, das Formationsmorphem entlehnt sein (z.B. *Bummel-ant*, *Hornist*, *Schwul-ität*). In vielen Fällen sind alle beteiligten Morpheme entlehnt: *Millionär*, *Kapital-ist*, *Rektor-at*, *Sozial-ist*. Diese Bildungen sind wie heimische Wortbildungen analysierbar (explizite Derivationen mit Suffix), da ihre Basiswörter als selbstständige Wörter vorkommen. In den Bildungen *Fris-eur*, *Mass-eur*, *Emigrant*, *Illustr-ation* liegen als Basen Verben vor, die selbst suffigiert sind: *fris-ier-en*, *mass-ier-en*, *emigr-ier-en*, *illustr-ier-en*. Die Ableitung erfolgt in diesen Fällen durch Wechsel des Suffixes *-ier-* mit *-eur* oder *-ant* oder *-ation*.

An der Lehnwortbildung sind häufig Morpheme beteiligt, die wie die Grundmorpheme lexikalische Bedeutung haben, allerdings ausschließlich in gebundener Form vorkommen. Das gilt z.B. für *Bio-* in *Bioladen*, *Biogemüse* oder *Hydro-* in *Hydrokultur*, *Hydrogel*. Solche Morpheme werden in der Wortbildungsliteratur gewöhnlich als **Konfixe** bezeichnet. Sie können an der Bildung von Komposita (*Bio-gas*, *Aero-bus*) oder auch Derivationen (*fanat-isch*, *Fanat-iker*) beteiligt sein. Von heimischen Grundmorphemen unterscheiden sie sich dadurch, dass sie meist gebunden und nur selten frei vorkommen.

Schwierigkeiten ergeben sich bei der Analyse dann, wenn die Bildungen Basen haben, die im Deutschen isoliert sind, also nicht in anderen Wörtern vorkommen. Das gilt beispielsweise für *Veterin-är*, *Dek-an*, *Bar-on*. Dass es sich um gebildete Wörter handelt, ist aus vergleichbar gebildeten Wörtern wie *Million-är*, *Kastell-an*, *Kompagn-on* zu erkennen.

Ein weiteres Problem der Lehnwortbildung besteht in der Feststellung des Basiswortes, wenn mehrere Wörter dafür in Frage kommen. Das gilt beispielsweise für die Bezeichnung *Rassist*, neben der im Deutschen *Rasse*, *Rassismus* und *rassistisch* existieren.

Mit diesen Problemen werden Spezifika der Lehnwortbildung sichtbar, die aber nicht dazu führen dürfen, diesen großen Bereich aus der Wortbildung auszugrenzen. Die Lehnwortbildung steht gleichrangig neben der heimischen Wortbildung. Beide Systeme bilden das Gesamtsystem unserer Wortbildung wie auch unseres Wortschatzes überhaupt. Aufgabe der Sprachwissenschaft ist es, die Gemeinsamkeiten und je spezifischen Merkmale zu erforschen.

10.2.7. WORTFAMILIEN

Morphologische Strukturen bestimmen nicht nur den Aufbau der Wörter, sondern auch große Teile der Wortschatzgliederung in synchroner und diachroner Hinsicht (zu dieser Unterscheidung sieh Kapitel 22). Dabei kommt den morphologischen Paradigmen oder Wortfamilien eine besondere Rolle zu. Als Wortfamilie wird auf synchroner Ebene die Gesamtheit der mit einem Grundmorphem gebildeten Wörter bezeichnet.

In dem anschließenden Ausschnitt aus dem 'Wortfamilienwörterbuch der deutschen Gegenwartssprache' von Gerhard Augst wird die Wortfamilie zu *biegen* dargestellt. Diesem Wort werden komplexe Wörter zugeordnet, die mit dem Bezugswort zusammen synchron gegenwartssprachlich eine Wortfamilie bilden: *biegsam, Biegsamkeit, Biegung, Bogen, Bügel, abbiegen, Abbieger, Abbiegung* etc. Dabei werden die Wortbildungen zugleich einer Bedeutung des Basisverbs zugeordnet: 1. 'etwas krümmen, gekrümmt werden'; 2. 'die Richtung ändern'. Im Anschluss an die Tabellen werden die Stichwörter getrennt nach ihren Bedeutungen in Einzelartikeln genauer besprochen. Dabei werden auch Weiterbildungen genannt (zu *Bügel* zum Beispiel *Kleiderbügel, Steigbügel, Abzugsbügel*).

WORTBILDUNG III: DERIVATION

biegen, bog, gebogen
Für diese Wf. ist eine besondere Darstellungsform gewählt worden. Das Vb. biegen entfaltet eine große Wf., dazu gehören Bogen, Bügel. Das abgeleitete Vb. beugen entwickelt seinerseits eine kleine Wf. Die meisten Informanten stellen Buckel u. bücken nicht mehr zu biegen; einige erkennen allerdings bei Vorgabe den Zusammenhang. Vgl. als eigene Wfn. Buckel, bücken.

beugen
1. *etw./sich biegen, krümmen*
2. *zwingen, sich zu fügen*
3. */in der Phys./*
4. */in der Sprachw./*

biegen
1. *etw. krümmen, gekrümmt werden*
2. *die Richtung ändern*

	1	2
bieg en	x	
Bieg sam		x
Bieg sam keit		x
Bieg ung		x
Bog en	x	x
Büg el	x	
ab bieg en	x	x
ab bieg er		x
Ab bieg ung		x
auf bieg en	x	
aus bieg en	x	x
bei bieg en		x
durch bieg en	x	
ein bieg en	x	x
hin bieg en	x	
um bieg en	x	x
ver bieg en	x	
zurecht bieg en		x

Mehrere Präfigierungen mit biegen 1 werden (auch) im metaphorischen Sinn gebraucht (biegen = jmdn./eine Angelegenheit, Situation, so beeinflussen, verändern, dass sie den eigenen Vorstellungen besser gefällt): ab-; bei-; hin-; ver-; zurecht-; *vgl. auch die Zus.* gerade-

	1	2	3	4
beug en				
Beug e	x			
beug sam		x		
un beug sam		x		
Beug ung	x	x	x	x
un ge beug t	x			
ver beug en	x			
Ver beug ung	x			
vor beug en	x			
zurück beug en	x			

1. /hat/ *etw. biegen auf etw. so umformend einwirken, dass es eine gekrümmte, abgewinkelte Form erhält:* Rohre, Bleche b.; einen Draht zu einer Spirale b.; er hat den Stab wieder gerade gebogen; Äste zur Seite, nach unten b.; *gebogen werden, eine gebogene Form annehmen:* die Bäume bogen sich im Wind; ◊ der Tisch bog sich unter der Last der Speisen *(es waren Speisen in überreichem Maß aufgetragen)* ⊚ geradebiegen ◊ u m g. *etw. in Ordnung bringen*
biegsam /Adj./ *leicht zu biegen:* biegsames Holz;
Biegsamkeit, die; -, /o. Pl./ ⟨-keit⟩ *das Biegsamsein*

Bogen, der; -s, -/Bögen a. *aus einem elastischen gebogenen Stab und einer Sehne bestehende Schusswaffe:* den B. spannen; Pfeil und B. ⊚ Bogenschießen – Flitz(e)bogen *als Kinderspielzeug dienender kleiner B. zum Abschnellen von Pfeilen;* b. M u s i k ⟨gebogene⟩ *elastische Stange aus Hartholz, mit der die Saiten eines Streichinstrumentes gestrichen u. dadurch zum Tönen gebracht werden* ⊚ Fiedelbogen; Geigen-
Bogen ‚Papierbogen' *vgl. dort*
Bügel, der; -s, - *zu einem Bogen o. Ä. gekrümmter* ⟨gebogener⟩ *schmaler Gegenstand* ⟨in unterschiedlichen Bereichen⟩ a. *aus Holz od. Kunststoff zum Aufhängen von Kleidungsstücken* ⟨kurz für Kleiderbügel⟩ ⊚ Kleiderbügel; b. *als Fußstütze für den Reiter, die in Höhe der Füße seitlich vom Sattel herabhängt* ⟨kurz für Steigbügel⟩ ⊚ Steigbügel; c. *als Teil des Brillengestells, mit dem die Brille auf dem Ohr aufliegt* ⟨kurz für Brillenbügel⟩; d. *zum Schutz des Abzugs eines Gewehres* ⟨kurz für Abzugsbügel⟩ ⊚ Abzugsbügel; e. *als Einfassung aus festem Material am oberen Rand von Handtaschen, Geldbeuteln o. Ä.; daran angebrachter, fester Griff einer Handtasche;* f. *als Stromabnehmer bei elektrischen Bahnen*

Gerhard Augst, Wortfamilienwörterbuch der deutschen Gegenwartssprache, S. 108

10.3. ANALYSEVERFAHREN UND ANALYSEBEISPIELE

Beispiel 1: *[...] das byzantinische Bauwerk der <u>Aussegnungshalle</u> gegenüber* (Z. 29)
Die zu analysierende Bildung ist als Genitiv Singular Femininum des Substantivs *Aussegnungshalle* zu bestimmen. Die grammatischen Kategorien sind nicht durch ein Flexionsmorphem angezeigt.

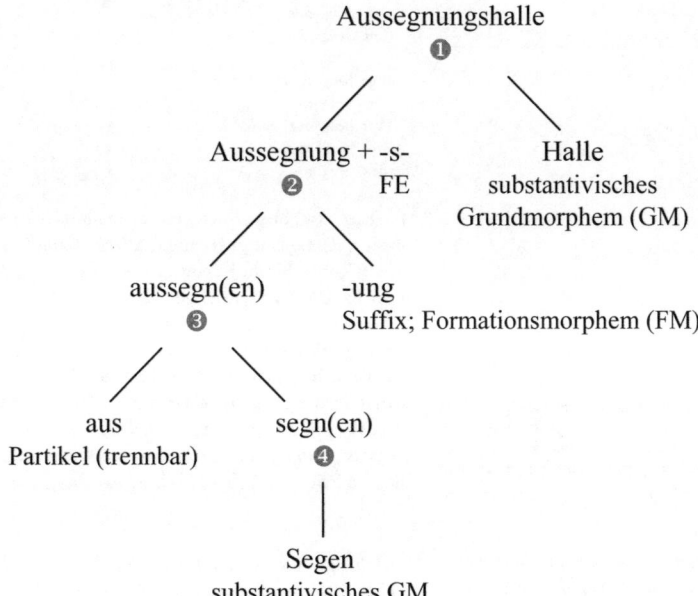

❶ Substantiv, Akzent auf *aus-*
Wortbildungsparaphrase (WBP): Halle zur Aussegnung
Wortbildungstyp (WBT): endozentrisches Determinativkompositum aus substantivischem Bestimmungswort und Grundwort
unparadigmatisches Fugenelement (FE) *s*

❷ Substantiv, Akzent auf *aus-*
WBP: Vorgang, bei dem ausgesegnet wird
WBT: explizite Derivation, Suffixbildung, deverbale Substantivbildung; Transposition; nomen actionis

❸ Verb, Akzent auf *aus-*
WBP: lexikalisiert
Kontextbedeutung: einem Verstorbenen den letzten Segen erteilen
WBT: explizite Derivation, Partikelverbbildung; Modifikation

❹ Verb (Stamm)
WBP: Segen erteilen
WBT: morphologische Konversion, desubstantivische Verbbildung, Transposition, Synkope des *-e-*

Wenn eine komplexe Bildung wie in diesem Beispiel vollständig analysiert wird, ist zu berücksichtigen, dass nur für den letzten Bildungsschritt und sein Ergebnis (hier die Zusammensetzung von *Aussegnung* und *Halle*) eine aktuelle Bedeutung im Kontext gegeben ist. Die zugrundeliegenden Bildungen wie *Aussegnung, aussegnen, segnen* können als Lexikoneinheiten analysiert werden.

Beispiel 2: *[...] Eindringlichkeit und Genauigkeit des Willens* (Z. 6)
Die zu analysierende Bildung ist als Akkusativ Singular Femininum des Substantivs *Genauigkeit* zu bestimmen. Die grammatischen Kategorien sind nicht durch ein Flexionsmorphem angezeigt.

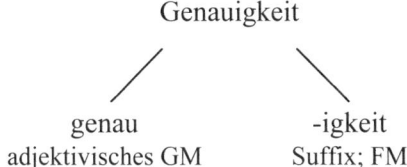

Substantiv, Akzent auf *genáu*
WBP: Eigenschaft, dass etwas genau ist
WBT: explizite Derivation, Suffixbildung; deadjektivische Substantivbildung; Transposition
Das Suffix *-igkeit* ist gegenüber dem Suffix *-keit* (wie in *Heiserkeit*) erweitert um *-ig-*. Die Erweiterung ist durch eine Übertragung von Bildungen wie *Traurigkeit* entstanden, deren Basis bereits auf *-ig* endet.

Beispiel 3: *[...] daß Luft und Bewegung [...] ihm zu einem <u>ersprießlichen</u> Abend verhelfen würden* (Z. 13-14)
Die zu analysierende Bildung ist als Dativ Singular Maskulinum des Adjektivs *ersprießlich* zu bestimmen. Die grammatischen Kategorien sind durch das Flexionsmorphem *-en* angezeigt.

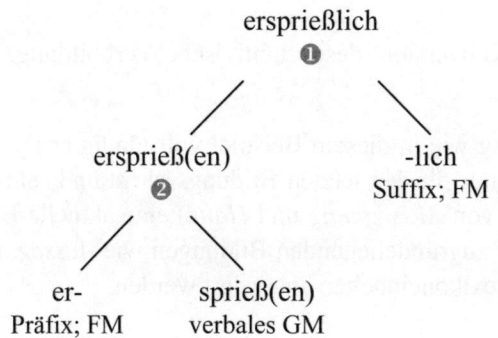

❶ Akzent auf *-sprieß-*
WBP: die Eigenschaft habend, dass etwas ersprießt
WBT: explizite Derivation, Suffixbildung; deverbale Adjektivbildung; Transposition

❷ Verb, Akzent auf *-sprieß-*
WBP: beginnen zu sprießen
WBT: explizite Derivation, verbale Präfixbildung; Modifikation

Beispiel 4: ... *hinter den Zäunen der* Steinmetzereien (Z. 27)
Die zu analysierende Bildung ist als Genitiv Plural des Femininums *Steinmetzerei* zu bestimmen. Die grammatischen Kategorien werden durch das Flexionsmorphem *-en* angezeigt.

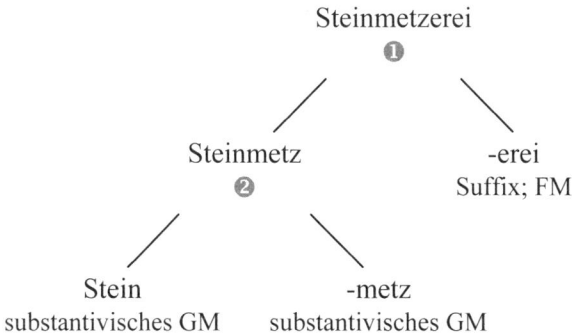

❶ Akzent auf *-ei*
WBP: Ort, an dem ein Steinmetz tätig ist
WBT: explizite Derivation, Suffixbildung; desubstantivische Substantivbildung; Transposition
Das Suffix *-erei* ist gegenüber dem Suffix *-ei* (wie in *Ziegelei*) um *-er-* erweitert. Die Erweiterung ist durch eine Übertragung von Bildungen wie *Bücherei* entstanden.

❷ Substantiv, Akzent auf *Stéin*
WBP: nicht möglich, da *-metz* nicht in die Paraphrase eingebracht werden kann; es kommt zwar auch in *Metzger* und *metzeln* vor, ist aber durch diese Vorkommen semantisch nicht vollständig motiviert; es ähnelt damit einem unikalen Morphem.
Kontextbedeutung: Handwerker, der Steine behaut und bearbeitet
WBT: endozentrisches Determinativkompositum, substantivisches Bestimmungswort, substantivisches Grundwort

Beispiel 5: ... *bei zunehmender Abnutzbarkeit seiner Kräfte* (Z. 11)
Die zu analysierende Bildung ist als Dativ Singular Femininum des Substantivs *Abnutzbarkeit* zu bestimmen. Die grammatischen Kategorien sind nicht durch ein Flexionsmorphem angezeigt.

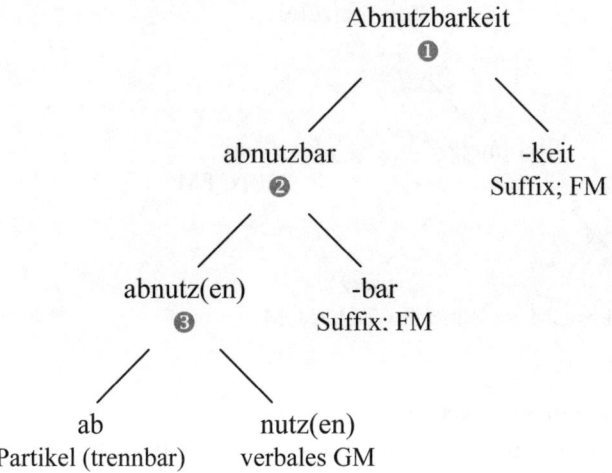

❶ Akzent auf *ab-*
WBP: Tatsache, dass etwas abnutzbar ist
WBT: explizite Derivation, Suffixbildung; deadjektivische Substantivbildung; Transposition

❷ Adjektiv, Akzent auf *ab-*
WBP: fähig, abgenutzt zu werden
WBT: explizite Derivation, Suffixbildung; deverbale Adjektivbildung; Transposition

❸ Verb, Akzent auf *ab-*
WBP: lexikalisiert
Kontextbedeutung: durch Gebrauch im Wert mindern
WBT: explizite Derivation, Partikelverbbildung; Modifikation

10.4. PROBLEMBEREICHE

Beispiel 1: *unplattbar – Erlaubte und unerlaubte Wortbildung? Normfragen*

Vor 25 Jahren hat Hans-Jürgen Heringer den proklamatischen Appell „Gebt endlich die Wortbildung frei!" formuliert. Anlass für seinen Aufsatz war die Beobachtung, dass Sprecher dank ihrer Erziehung durch Sprachkritiker Bildungen wie *Großigkeit* oder *leitartikeln* nicht verwenden (dürfen) und auch nicht akzeptieren, denn „im üblichen Sprachunterricht werden nichtübliche Wortbildungen meist als Fehler gewertet" (B. Weisgerber, Theorie und Sprachdidaktik, S. 70). Der Artikel hat nicht an Aktualität eingebüßt, auch wenn inzwischen das eine oder andere Beispiel H.-J. Heringers zum usuellen Wortschatz des Deutschen gehört (so zum Beispiel *Lerner*). Wortbildungsfreiheiten gibt es nach wie vor nur im Bereich der Literatur oder der Werbung, wobei hier die Verletzung von Wortbildungsregeln bewusst erfolgt, um Aufmerksamkeit auf die neue Wortbildung zu lenken. Das kann an einem Beispiel gezeigt werden.

Das Adjektivsuffix *-bar* tritt vor allem an Verbstämme an: *essbar, drehbar, waschbar, zerlegbar, bezweifelbar, buchstabierbar, brennbar, heilbar, trinkbar, tastbar, lesbar, prüfbar.* Dagegen ist das Modell desubstantivischer *-bar*-Bildungen kaum noch produktiv: *schiffbar, jagdbar.* Noch deutlich seltener und vollständig unproduktiv sind *-bar*-Bildungen mit adjektivischer Basis: *offenbar.* Vor dem Hintergrund dieser Bildungsregeln, die sich aus den gebräuchlichen *-bar*-Bildungen ablesen lassen, erscheint die von Coca Cola für die unzerstörbaren PET-Flaschen aufgebrachte Bildung *unkaputtbar* als Regelverstoß. Der Verstoß besteht darin, dass von Adjektiven wie etwa *kaputt* keine Ableitungen mit dem Suffix *-bar* gebildet werden können. Geschieht es doch – wie in *unkaputtbar* – wird die Aufmerksamkeit des Lesers oder Hörers auf die neue Bildung gelenkt, was in der Werbung eben auch erwünscht ist. Eine solche Bildung kann dann auch Schule machen. So werden in der Fahrradwerbung derzeit *unplattbare* Reifen angeboten.

Bildungen wie *unkaputtbar* oder *unplattbar* sind funktional unproblematisch; sie entsprechen dem System, in dem die Kombination Adjektiv + *-bar* verankert ist. Die Bildungen sind jedoch nicht normgerecht; sie gehören nicht zu den normalerweise gebräuchlichen Realisierungen. Wenn Bildungen wie *unkaputtbar, unplattbar* weitere Bildungen dieses Typs anregen (denkbar sind Bildungen wie **unschlankbar, *unfrohbar, *unklugbar* oder **unsattbar*), könnte sich darin ein Normwandel zeigen.

Die Kenntnis von Wortbildungsregeln ist wichtig für alle, die regelkonforme Bildungen schaffen sollen (z.B. Schüler in einer Klassenarbeit), wie auch für alle, die diese Regeln – aus welchem Grund auch immer – bewusst verletzen wollen (z.B. Werbetexter). Die Sprachwissenschaft hat die Aufgabe, die Regeln zu ermitteln, zu beschreiben und gegebenenfalls zu hinterfragen.

Manche einem usuellen Wortbildungsmuster folgenden Bildungen werden tatsächlich nicht gebildet, da sie durch ein anderes Wort blockiert sind. So ist die Bildung *Stehler durch Dieb blockiert, *Freuung ist durch Freude, *Sprechung durch Spruch, *Trinkung durch Trunk/Trank blockiert. Das mögliche Nomen agentis *Kocher ist durch Koch blockiert, während es als Nomen instrumenti zur Verfügung steht.

Es zeigt sich, dass sich nicht alle regelgerecht gebildeten Wörter auch durchsetzen können. An diese Beobachtungen knüpft sich die Frage an, ob Blockaden nur zufällig hier und da vorkommen oder ob es systematische Blockierungen gibt. Systematische Blockierungen könnten beispielsweise zwischen morphologisch und funktional ähnlichen Suffixen auftreten, so zwischen -heit und -ität: Trivialität - *Trivialheit; *Autarkität – Autarkheit.

Lit.: U. Demske, Beiträge zur Geschichte der deutschen Sprache und Literatur 122 (2000) S. 365-411; H. Elsen, Neologismen. Formen und Funktionen neuer Wörter in verschiedenen Varietäten des Deutschen; H. Günther, in: L. Lipka – H. Günther (Hgg.), Wortbildung, S. 258-280; H.-J. Heringer, Sprache und Literatur in Wissenschaft und Unterricht 15 (1984) S. 42-53; C. Scherer, Wortbildungswandel und Produktivität; F. Plank, Morphologische (Ir-)Regularitäten; A. Werner, Papiere zur Linguistik 52 (1995) S. 43-65

Beispiel 2: Ableitungsrichtung

Bei der Wortbildungsanalyse von Derivationen und Konversionen stellt sich die Frage nach der Basis der Bildung und damit nach der Ableitungsrichtung. Diese Frage kann jedoch oftmals nicht leichthin beantwortet werden. Als Entscheidungshilfe werden morphologische Kriterien (z.B. gelten Substantive wie Verbot, Befehl, Ersatz, Zerfall als Konversionen beziehungsweise implizite Ableitungen aus Verben, da die Präfixe ver-, be-, er- und zer- verbale Präfixe sind), semantische Kriterien (fischen ist von Fisch abgeleitet, da es 'Fische fangen' meint, also den Fisch bereits voraussetzt) und das Kriterium der Usualität (zielen ist von Ziel abgeleitet, da die Ableitung eines Verbs von einem Substantiv häufiger vorkommt als die von einem Verb zu einem Substantiv) angeboten.

Aber auch bei Berücksichtigung dieser nicht unproblematischen Kriterien lässt sich die Ableitungsrichtung nicht immer klar bestimmen: Leid – leiden, Hunger – hungern, Ernst – ernst. Dagegen zeigen Neubildungen eindeutig eine Ableitungsrichtung: Google → googeln, Twitter → twittern.

Die Frage, was Basis und was Ableitungsprodukt ist, stellt sich erst recht bei Bildungen mit Lehnsuffixen (*Demonstr-ant – Demonstr-ation – demonstr-ieren; Fris-eur – Fris-ur – fris-ieren; Operat-eur – Operat-or – oper-ieren*). Je nach Gewichtung der Kriterien kann die Ableitungsrichtung abweichend bestimmt werden.

Es knüpfen sich an dieses Problem Fragen nach dem Nutzen der Feststellung einer Ableitungsrichtung und gegebenenfalls nach den Kriterien ihrer Festlegung.

Lit.: W. Eins, Muster und Konstituenten der Lehnwortbildung; R.Z. Murjasow, Deutsch als Fremdsprache 13 (1976) S. 121-124; W. Rettig, Sprachliche Motivation; St. Stricker, Substantivbildung durch Suffixableitung um 1800, S. 44-48

Beispiel 3: Okkasionalismen – Neologismen

Terminologische Unklarheit herrscht auch bei Bildungen, die neu sind. Neologismen sind Wörter, die seit kurzer Zeit zum allgemeinen Sprachgebrauch gehören. Das gilt beispielsweise für *Bungeespringen* und *Wellness*. Okkasionalismen, auch Ad-hoc-Bildungen oder Gelegenheitsbildungen genannt, unterscheiden sich von Neologismen dadurch, dass sie nicht zum allgemeinen Sprachgebrauch gehören, sondern an einen spezifischen Kontext gebunden sind, in dem sie ad hoc auch gebildet worden sind. Das gilt zum Beispiel für *Bierdeckelsteuer*.

Die Abgrenzung zwischen den Termini ist aber nicht immer ganz klar, da sich Okkasionalismen von ihrem Entstehungskontext lösen können und durchaus auch darüber hinaus verstanden werden. Damit bewegen sie sich auf Neologismen zu, ohne deren Status (gleich) zu erreichen.

Lit.: www.ids-mannheim.de/II/Neologie/ (mit umfangreicher Literatur zur Neologismusforschung); P. Hohenhaus, Ad-hoc-Wortbildung; C. Peschel, Zum Zusammenhang von Wortneubildung und Textkonstitution

10.5. Definitionen

Ableitung	sieh **Derivat**
Affix	Oberbegriff zu Präfix und Suffix
Affixoid	Oberbegriff zu Präfixoid und Suffixoid
Affixoidbildung	Oberbegriff zu Präfixoidbildung und Suffixoidbildung; Wortbildung, bei der aus einer Basis mit Hilfe eines Affixoides ein neues Wort gebildet wird.
Akronym	wortförmige Verbindung von Wortanfängen; wird auch als Silbenwort bezeichnet.
Basismorphem	sieh **Grundmorphem**
Bestimmungswort	erste Konstituente eines Determinativkompositums
Derivat/Ableitung	Wortbildung, bei der aus einer Basis mit Hilfe eines Formationsmorphems ein neues Wort gebildet worden ist
Derivation	Wortbildungstyp, durch den Derivate gebildet werden
Determinativkompositum	Kompositum, bei dem die zweite Konstituente, das Grundwort, durch die erste Konstituente, das Bestimmungswort, näher spezifiziert wird; das Bedeutungsverhältnis ist subordiniert. **Endozentrisches Determinativkompositum**: Kompositum, dessen Bedeutung innerhalb der Bedeutung des Grundwortes liegt **Exozentrisches Determinativkompositum**: Kompositum, dessen Bedeutung außerhalb der Bedeutung des Grundwortes liegt
Entlehnung	Übernahme eines Wortes oder einer Wortbildung aus einer anderen Sprache
explizite Ableitung	Ableitung mit Hilfe eines Affixes
Flexionsmorphem	sieh **Relationsmorphem**
Formationsmorphem	(auch **Wortbildungsmorphem**) unselbstständiges Morphem, mit dessen Hilfe neue Wörter gebildet werden

freies Grundmorphem	Grundmorphem, das auch als selbstständiges Wort vorkommen kann
Fugenelement	an der Verbindungsstelle von erster und zweiter Konstituente auftretendes Element **paradigmatisches Fugenelement:** Fugenelement, das formal einem Flexionselement des Bezugswortes entspricht **unparadigmatisches Fugenelement:** Fugenelement, das nicht einem Flexionselement des Bezugswortes entspricht
gebundenes Grundmorphem	Grundmorphem, das in der anzutreffenden Form nicht als selbstständiges Wort vorkommen kann
Grundmorphem	(auch **Stamm-Morphem** oder **Basismorphem**) Morphem, das selbstständig auftreten kann und die lexikalische Bedeutung des Wortes begründet
Grundwort	zweite Konstituente eines Determinativkompositums
Hilfsmorphem	unselbstständiges Morphem, also Formations- oder Wortbildungsmorphem und Relations- oder Flexionsmorphem
implizite Ableitung	Überführung eines Wortes in eine andere Wortart ohne Affix, aber mit einer Veränderung der Ausdrucksseite durch Kürzung der Basis und gegebenenfalls Aufnahme des ablautenden Vokals starker Verben
Infinitivkonversion	Überführung eines Infinitivs in ein Substantiv ohne Beteiligung eines Affixes
Initialkompositum	Sonderfall des Initialwortes, bei dem nur der erste Teil des Kompositums durch die Initiale verkürzt wird
Initialwort	Verbindung von Initialen, die silbisch oder wortförmig artikuliert werden
Klammerform	Kürzungsform, bei der zwei Wörter zu einem zusammengezogen werden, wobei ein Zwischenelement wegfällt
kombinatorische Ableitung	sieh **Zirkumfixbildung**

Komposition	Wortbildungstyp, durch den Komposita gebildet werden
Kompositum	(auch **Zusammensetzung**) Wortbildung, in der die unmittelbaren Konstituenten Wörter oder Grundmorpheme sind, die auch außerhalb der jeweiligen Verbindung als selbstständige Lexeme vorkommen
Konfix	Morphem, das lexikalische Bedeutung hat, aber nicht selbstständig vorkommt
Kontamination	Vermischung von zwei Wörtern zu einem neuen Wort; sie wird auch als Wortkreuzung, Wortverschmelzung, Wortmischung oder Portmanteauwort bezeichnet
Konversion	Überführung in eine andere Wortart ohne Affix und ohne Veränderung der Ausdrucksseite **Morphologische Konversion:** Konversion, bei der ein Wortstamm durch eine einfache Umkategorisierung mit Wechsel der Flexionskategorie, aber ohne vokalische Veränderung in eine andere Wortart überführt wird; sie wird bei Ausgangspunkt von einem Verbstamm auch als **Verbstammkonversion** bezeichnet. **Syntaktische Konversion:** Konversion, bei der ein Wort ohne Affix und ohne Veränderung der Ausdrucksseite (also unter Beibehaltung der Flexive der Basis) in eine andere Wortart überführt wird; sie wird auch als **reguläre Konversion** oder bei Ausgangspunkt von einem Infinitiv als **Infinitivkonversion** bezeichnet.
Kopfwort	Wort, das aus einem linksstehenden Bestandteil einer Wortbildung besteht, aber in der Funktion der ganzen Morphemkombination verwendet wird
Kopulativkompositum	Kompositum, bei dem das Bedeutungsverhältnis zwischen dem Erstelement und dem Zweitelement koordiniert ist und beide Wörter der selben Wortart und Bezeichnungsklasse angehören
Lehnwortbildung	Bildung von Wörtern aus Lehnelementen im Deutschen
Modifikation	Ableitung ohne Wortartwechsel

Morphem	kleinste bedeutungstragende Einheit der Sprache
morphologische Konversion	sieh **Konversion**
Partikelpräfixverb	Verb, bei dem ein frei vorkommendes, aber in der Flexion nicht abtrennbares Wort an die Basis angetreten ist
Partikelverb	Verb, bei dem ein frei vorkommendes und in der Flexion abtrennbares Wort an die Basis angetreten ist
Portmanteauwort	sieh **Kontamination**
Possessivkompositum	exozentrisches Determinativkompositum, bei dem das Bedeutungsverhältnis als Bezeichnung nach dem Besitz einer Eigenschaft oder als Übertragung zu beschreiben ist
Präfix	Formationsmorphem, das vorne an ein Wort antritt und mit diesem ein neues Wort, eine Derivation, bildet
Präfixbildung	Wortbildung, bei der aus einer Basis mit Hilfe eines Präfixes ein neues Wort gebildet wird
Präfixkonversion	Sonderfall der Konversion, bei der die Überführung in eine andere Wortart gleichzeitig mit dem Hinzutreten eines Präfixes verbunden ist
Präfixoid	präfixartiges Morphem
Präfixverb	Verb, bei dem ein Präfix an die Basis angetreten ist, das auch in flektierter Form mit der Basis verbunden bleibt
reguläre Konversion	sieh **Konversion**
Rektionskompositum	Determinativkompositum, bei dem das Grundwort einer grammatischen Ergänzung bedarf, die im Bestimmungswort enthalten ist
Relationsmorphem	(auch **Flexionsmorphem**) unselbstständiges Morphem, das keine neue Wortbildung schafft, sondern eine neue Wortform, die syntaktische Relationen ausdrückt

Schwanzwort	Wort, das aus einem rechtsstehenden Bestandteil einer Wortbildung besteht, aber in der Funktion der ganzen Morphemkombination verwendet wird
Silbenwort	sieh **Akronym**
Stamm-Morphem	sieh **Grundmorphem**
Suffix	Formationsmorphem, das hinten an ein Wort antritt und mit diesem ein neues Wort, eine Derivation, bildet
Suffixbildung	Wortbildung, bei der aus einer Basis mit Hilfe eines Suffixes ein neues Wort gebildet wird
Suffixoid	suffixartiges Morphem
syntaktische Konversion	sieh **Konversion**
Transposition	Ableitung mit Wortart- und/oder Bezeichnungsklassenwechsel
unikales Morphem	Morphem, das in der Regel nur in einer einzigen Verbindung auftritt. Bildungen mit unikalen Morphemen sind nur historisch erklärbar.
Verbstammkonversion	sieh **Konversion, morphologische**
Wortbildungsmorphem	sieh **Formationsmorphem**
Wortbildungsparaphrase	inhaltliche Umschreibung motivierter Wortbildungen, durch die ihre Konstituentenstruktur und ihr Basisbezug sichtbar gemacht wird
Wortentlehnung	sieh **Entlehnung**
Wortfamilie	auf synchroner Ebene die Gesamtheit der mit dem gleichen Grundmorphem gebildeten Wörter
Wortkreuzung, Wortverschmelzung, Wortmischung	sieh **Kontamination**
Zirkumfixbildung/ Zirkumfigierung	Derivation, bei der gleichzeitig ein Präfix und ein Suffix an die Basis antreten

Zusammenbildung	Sonderfall der Derivation, bei der eine Wortgruppe die Ableitungsbasis darstellt
Zusammenrückung	Sonderfall der Zusammensetzung, bei dem eine syntaktische Wortgruppe unter Beibehaltung der Wortfolge und der Flexion zu einem neuen Wort 'zusammengerückt' worden ist
Zusammensetzung	sieh **Kompositum**

10.6. Literatur

Kurzinformation:

Metzler Lexikon Sprache. Artikel: Ableitung, Ableitungsaffix, Ableitungsbasis, Affixoid, Akronym, Determinativkompositum, Flexionsmorphem/Flexiv, Fugenelement, Grundmorphem, Grundwort, Implizite Ableitung, Komposition, Kompositum, Kompositionsfuge, Konfix, Konversion, Kopfwort, Kopulativkompositum, Kurzwort, Lehnpräfix, Lehnsuffix, Lehnwort, Lehnwortbildung, Modifikation, Morph, Morphem, Morphologie, Paraphrase, Partikelverb, Possessivkompositum, Präfix, Präfixbildung, Präfixoid, Präfixverb, Rektionskompositum, Schwanzwort, Suffigierung, Suffix, Suffixoid, Suffixverbindung, Transposition, Unikales Morphem, Wortbildung, Wortbildungstyp, Wortfamilie, Zusammenbildung, Zusammenrückung

Einführende Literatur:

I. *Barz* – M. *Schröder*, in: Kleine Enzyklopädie Deutsche Sprache, S. 178-217
A. *Busch* – O. *Stenschke*, Germanistische Linguistik, S. 93-114
E. *Donalies*, Die Wortbildung des Deutschen. Ein Überblick
L.M. *Eichinger*, Deutsche Wortbildung. Eine Einführung
J. *Erben*, Einführung in die deutsche Wortbildungslehre
K. *Kessel* – S. *Reimann*, Basiswissen Deutsche Gegenwartssprache, S. 91-125
R. *Lühr*, Neuhochdeutsch, S. 131-191
J. *Meibauer*, in: J. Meibauer u.a., Einführung in die germanistische Linguistik, S. 29-69
B. *Naumann*, Einführung in die Wortbildungslehre des Deutschen
N.R. *Wolf*, in: J. Dittmann – C. Schmidt (Hgg.), Über Wörter, S. 59-86

Grundlegende und weiterführende Literatur:

H. *Altmann* – S. *Kemmerling*, Wortbildung fürs Examen
G. *Augst*, Wortfamilienwörterbuch der deutschen Gegenwartssprache
I. *Barz*, in: Duden. Die Grammatik, S. 634-762
E. *Breindl* – M. *Thurmair*, Deutsche Sprache 20 (1992) S. 32-61

KAPITEL 10

Deutsche Wortbildung. Typen und Tendenzen in der Gegenwartssprache, Erster Hauptteil: Das Verb; Zweiter Hauptteil: Das Substantiv; Dritter Hauptteil: Das Adjektiv; Vierter Hauptteil: Substantivkomposita; Fünfter Hauptteil: Adjektivkomposita und Partizipialbildungen; Morphem- und Sachregister zu Band I-III

P. *Eisenberg*, Grundriss der deutschen Grammatik, I. Das Wort

St. *Eschenlohr*, Vom Nomen zum Verb: Konversion, Präfigierung und Rückbildung im Deutschen

W. *Fleischer* – I. *Barz*, Wortbildung der deutschen Gegenwartssprache

N. *Fuhrhop*, in: E. Lang – G. Zifonun (Hgg.), Deutsch – typologisch, S. 525-550

H.-M. *Gauger*, Durchsichtige Wörter

D.-H, *Lee*, Rückläufiges Wörterbuch der deutschen Sprache

H. *Elsen*, Neologismen. Formen und Funktionen neuer Wörter in verschiedenen Varietäten des Deutschen

H.H. *Munske*, in: Deutscher Wortschatz, S. 46-74

H.H. *Munske*, in: Germanistik in Erlangen, S. 559-595

R.Z. *Murjasov*, DaF 13 (1976) S. 121-124

K. H. *Ramers*, in: Ch. Dürscheid – K. H. Ramers – M. Schwarz (Hgg.), Sprache im Fokus, S. 33-45

G. D. *Schmidt*, in: G. Hoppe et al., Deutsche Lehnwortbildung, S. 53-101

H. *Wegener*, Linguistische Berichte 196 (2003) S. 424-457

Weiterführende Literatur zu den skizzierten Problemen

U. *Demske*, Beiträge zur Geschichte der deutschen Sprache und Literatur 122 (2000) S. 365-411

W. *Eins*, Muster und Konstituenten der Lehnwortbildung

H. *Elsen*, Neologismen. Formen und Funktionen neuer Wörter in verschiedenen Varietäten des Deutschen

N. *Fuhrhop*, in: E. Lang – G. Zifonun (Hgg.), Deutsch – typologisch, S. 525-550

H. *Günther*, in: L. Lipka – H. Günther (Hgg.), Wortbildung, S. 258-280

H.-J. *Heringer*, Sprache und Literatur in Wissenschaft und Unterricht 15 (1984) S. 42-53

P. *Hohenhaus*, Ad-hoc-Wortbildung. Terminologie, Typologie und Theorie kreativer Wortbildung im Englischen

R. Z. *Murjasow*, Deutsch als Fremdsprache 13 (1976) S. 121-124

C. *Peschel*, Zum Zusammenhang von Wortneubildung und Textkonstitution

F. *Plank*, Morphologische (Ir-)Regularitäten

W. *Rettig*, Sprachliche Motivation. Zeichenrelationen von Lautform und Bedeutung am Beispiel französischer Lexikoneinheiten

C. *Scherer*, Wortbildungswandel und Produktivität

St. *Stricker*, Substantivbildung durch Suffixableitung um 1800

A. *Werner*, Papiere zur Linguistik 52 (1995) S. 43-65

www.ids-mannheim.de/II/Neologie/

KAPITEL 11: GRUNDZÜGE DER FLEXIONSMORPHOLOGIE

11.1. EINSTIEG: *DER FEHLER DES AUTOREN IST DER GENITIV*

> *Ich könnte immer wieder schreien, wenn ich irgendwo von „dem Autoren" lese. Und das lese ich leider immer häufiger. Also, hier sei's gesagt: „Autoren" ist Plural, und sonst nix!*
>
> *Lustigerweise sind es meist Autoren, die nicht wissen, wie man ihren Beruf richtig schreibt – und das ist irgendwie traurig. Wenn ich so was in einem Manuskript lese, würde ich dem betreffenden „Autoren" immer gerne sagen, er soll erst mal zur Schule gehen und schreiben lernen, bevor er auf diesem Gebiet arbeiten will.*
>
> *Interessant auch, wie unbelehrbar manche an ihrem Fehler festhalten: Da wird ein eindeutiger grammatischer Sachverhalt gerne zur „umstrittenen Frage" erklärt, oder es wird gar auf die „Neue Rechtschreibung" verwiesen. Selbst der Hinweis auf den Duden hilft nicht immer weiter: „Aber im Duden steht doch: 'Autor, der; -s, ...oren' Und das heißt doch wohl, dass man 'Autors' oder 'Autoren' schreiben kann?" So was kriegt man dann zu hören. Und fühlt sich doppelt peinlich berührt, weil diese Autoren nicht nur ihre Berufsbezeichnung [ergänze: nicht] richtig schreiben können, sondern nicht mal den Duden benutzen.*

Alexander Lohmann, Mein Autorentagebuch zu Literatur und Politik; Sprache, Humor und Alltag. Mittwoch, 7. Februar 2007[1]

Ungeachtet dieses heftigen Tadels, dem freilich jegliche Begründung fehlt, weist eine Google-Suche[2] neben etwa 66 300 000 Belegen für *des Autors* etwa 14 700 000 Fundstellen für *des Autoren* nach. Was veranlasst so viele Schreiber, diese Form zu verwenden? Welche Argumente gibt es dafür, diese Form für fehlerhaft zu erklären? Antworten können aus dem System der Substantivflexion der deutschen Gegenwartssprache gewonnen werden. Der Aufgabe dieser *Einführung* entsprechend kann hier freilich nur ein knapper Überblick geboten werden, keine vollständige grammatische Darstellung.

---

[1] http://lohmannsland.blogspot.com/2007/02/der-fehler-des-autoren-ist-der-genitiv.html (aufgesucht am 4.3.2010)
[2] am 4.3.2010

11.2. Grundzüge der Flexionsmorphologie
11.2.1. Flektierende Wortarten und ihre Flexionskategorien

In Kapitel 7 wurden die verschiedenen Flexionskategorien zur Unterscheidung der flektierenden Wortarten benutzt:

> Substantive haben festes Genus und flektieren nach Kasus und Numerus.
> Adjektive flektieren nach Genus, Kasus und Numerus und sind komparierbar.
> Artikel sowie Pronomen flektieren nach Genus, Kasus und Numerus, einzelne Pronomen auch nach Person.
> Verben flektieren nach Person, Numerus, Modus, Tempus und Genus verbi.
> Die Flexion der nominalen Wortarten (Substantiv, Adjektiv, Artikel, Pronomen) heißt auch Deklination, die Flexion der Verben Konjugation.

Die Kategorie **Genus** 'grammatisches Geschlecht' (Plural: Genera) wird als Maskulinum, Femininum oder Neutrum realisiert und hat prinzipiell nichts mit der außersprachlichen Kategorie Sexus (natürliches Geschlecht) zu tun.

Die Kategorie **Kasus** 'Fall' (Plural: Kasūs) wird als Nominativ, Genitiv, Dativ und Akkusativ realisiert und dient der Bezeichnung syntaktischer Funktionen.

Die Kategorie **Numerus** 'Zahl' (Plural: Numeri) wird als Singular und Plural realisiert und verweist bei allen flektierenden Wortarten auf die außersprachlichen Gegebenheiten der Einheit und Vielheit.

Die **Komparation** 'Steigerung' des Adjektivs bezeichnet das Formensystem aus Positiv 'Grundstufe', Komparativ 'erste Steigerungsstufe' und Superlativ 'zweite Steigerungsstufe, Höchststufe' (z.B. *schön, schöner, der schönste*).

Die Kategorie **Person** wird realisiert als 1. Person (Selbstbezeichnung des Sprechers), 2. Person (Bezeichnung des Angesprochenen) und 3. Person (Bezeichnung des Besprochenen) (vgl. Kapitel 19). Sie gliedert die Personal- und Possessivpronomina (*ich, du, er/sie/es* usw., *mein, dein* usw.) und wird in der Verbkonjugation beachtet (z.B. *ich mache, du machst* usw.).

Die Kategorie **Modus** 'Aussageweise' (Plural: Modi) wird realisiert als Indikativ, Konjunktiv und Imperativ und dient dem Ausdruck der Modalität.

Die Kategorie **Tempus** 'Zeitform' (Plural: Tempora) wird nach der traditionellen Grammatik im Deutschen realisiert als Präsens, Präteritum, Futur I, Perfekt, Plusquamperfekt und Futur II. Sie dient dem Ausdruck zeitlicher Verhältnisse.

Die Kategorie **Genus verbi** 'Verhaltensrichtung des Verbs' (Plural: Genera verbi) wird realisiert als Aktiv und Passiv; sie dient der Bezeichnung der Perspektive, unter der ein Sprecher ein Geschehen darstellt.

Bei dieser Übersicht ist zu beachten, dass hier die Verhältnisse in der deutschen Gegenwartssprache dargestellt sind. Ältere Stufen des Deutschen sowie andere moderne und antike Sprachen haben teilweise andere Verhältnisse: Im Französischen gibt es beispielsweise nur zwei Genera am Substantiv, im Lateinischen wurden acht Kasus unterschieden, in altgermanischen Sprachen wie dem Gotischen drei Numeri usw.

11.2.2. ZUR FLEXION DER SUBSTANTIVE
11.2.2.1. KASUSFLEXION

Für die Substantivflexion der deutschen Gegenwartssprache ist festzustellen, dass die Kasuskategorie hier nur unvollständig ausgedrückt wird, was am Adjektiv, Artikel und Pronomen ausgeglichen wird.

Feminine Substantive haben im Singular keine Flexionsmorpheme, maskuline und neutrale Substantive haben manchmal eine Dativendung (*-e*) und in der Regel eine Genitivendung (*-es*); beim Maskulinum existiert auch ein Muster mit der Endung *-en* im Genitiv, Dativ und Akkusativ, woraus das Einstiegsproblem *des Autors/des Autoren* resultiert.

Maskulinum		Neutrum	Femininum
der Mensch	*der Mann*	*das Haus*	*die Frau*
des Menschen	*des Mannes*	*des Hauses*	*der Frau*
dem Menschen	*dem Manne*	*dem Hause*	*der Frau*
den Menschen	*den Mann*	*das Haus*	*die Frau*

Tab. 1: Kasusflexion der Substantive

Im Plural gibt es nur eine Kasusendung im Dativ (*-n*), die aber nicht an alle Pluralmorpheme antreten kann: *den Männer-n, den Häuser-n, den Tage-n, den Gäste-n* usw., aber: *den Menschen, den Autos*.

11.2.2.2. PLURALBILDUNG

Für die Bildung des Plurals am Substantiv steht in der deutschen Gegenwartssprache eine ganze Reihe von sprachlichen Mitteln zur Verfügung:
Eine erste Übersicht gibt die folgende Tabelle aus der Duden-Grammatik (Nr. 278):

	ohne Pluralendung	mit Pluralendung
ohne Umlaut	der Balken → die Balken das Muster → die Muster	der Tag → die Tage der Staat → die Staaten das Auto → die Autos
mit Umlaut	der Garten → die Gärten die Tochter → die Töchter der Nagel → die Nägel	der Stab → die Stäbe der Wald → die Wälder die Wurst → die Würste

Tab. 2: Pluralflexion der Substantive

Für die Darstellung der Verteilung der Pluraltypen auf die Genera benötigt die Duden-Grammatik 12 Druckseiten, was eine Vorstellung von der Komplexität der Verhältnisse gibt.

11.2.2.3. ZUR SYSTEMATIK DER SUBSTANTIVFLEXION

Aus den Verbindungen von Kasus- und Pluralflexion lassen sich Deklinationstypen aufstellen. Dabei werden die mit *-en* gebildeten Kasusformen als schwach bezeichnet, die übrigen als stark. Die Verbindung schwacher Kasusformen mit dem Plural *-en* konstituiert die **schwache Flexion**, die Verbindung starker Kasusformen mit dem *-en*-Plural die **gemischte Flexion** und mit allen anderen Pluralendungen die **starke Flexion**.

starke Flexion	gemischte Flexion	schwache Flexion
der Tag Gen. *des Tag-es* *die Kraft* Gen. *der Kraft*	*der Staat* Gen. *des Staat-es*	*der Mensch* Gen. *des Mensch-en*
Plur. *die Tag-e* *die Kräft-e*	Plur. *die Staat-en*	Plur. *die Mensch-en*

Tab. 3: Flexionsklassen der Substantive

Zur Ergänzung der Tabelle muss gesagt werden, dass in der starken und in der gemischten Flexion alle drei Genera vertreten sind; bei der starken Flexion sind auch nicht alle Pluralendungen eingetragen. Die schwache Flexion tritt nur an Maskulina auf, unter denen sehr viele Bezeichnungen von Lebewesen auf *-e* sind (*der Löwe, der Rabe, der Pate, der Biologe* usw.) sowie viele Personenbezeichnungen auf betonte Wortausgänge wie *Student, Demonstrant, Artist, Gymnasiast, Patriot, Athlet* usw. Maskulina auf nicht betontes *-or* flektieren gemischt: *der Direktor, des Direktors, die Direktoren*. Von dieser Norm aus lässt sich ein Genitiv auf *-en* als fehlerhaft bewerten. Andererseits kann eine solche Form auch als Ausdruck des Übergangs in die schwache Flexion verstanden werden. Unerklärt bleibt aber, warum dieser schwache Genitiv nur bei dem Wort *Autor* so häufig auftritt, bei Wörtern wie *Direktor, Lektor* hingegen nur sehr selten belegt werden kann[3]. Vgl. zum Normbegriff Kap.2 und 29.

11.2.3. ZUR FLEXION DER ADJEKTIVE
11.2.3.1. SYNTAKTISCHE VERWENDUNG DES ADJEKTIVS

Es gibt drei syntaktische Verwendungsweisen des Adjektivs, wobei das Adjektiv nur in einer davon flektiert wird:

> attributiv (flektiert): *der schnelle Wagen*
> prädikativ (unflektiert): *Der Wagen ist schnell.*
> adverbial (unflektiert): *Der Wagen fährt schnell.*

11.2.3.2. FORMENBESTAND

Für die Flexion des Adjektivs existieren zwei Sätze von Endungen, die in einer gewissen Analogie zur Substantivflexion stark und schwach genannt werden:

Schwache Flexion

	Maskulinum	Neutrum	Femininum
Singular	*der schnelle Wagen* *des schnellen Wagens* *dem schnellen Wagen* *den schnellen Wagen*	*das rote Auto* *des roten Autos* *dem roten Auto* *das rote Auto*	*die kleine Hand* *der kleinen Hand* *der kleinen Hand* *die kleine Hand*
Plural	*die schnellen Wagen* *der schnellen Wagen* *den schnellen Wagen* *die schnellen Wagen*	*die roten Autos* *der roten Autos* *den roten Autos* *die roten Autos*	*die kleinen Hände* *der kleinen Hände* *den kleinen Händen* *die kleinen Hände*

Tab. 4: Schwache Adjektivflexion

Die schwache Flexion kennt nur Formen auf *-e* und auf *-en*.

---

[3] Google-Recherche am 6.3.2010

Starke Flexion

	Maskulinum	Neutrum	Femininum
Singular	*schneller Wagen* *schnellen Wagens* *schnellem Wagen* *schnellen Wagen*	*rotes Auto* *roten Autos* *rotem Auto* *rotes Auto*	*kleine Hand* *kleiner Hand* *kleiner Hand* *kleine Hand*
Plural	*schnelle Wagen* *schneller Wagen* *schnellen Wagen* *schnelle Wagen*	*rote Autos* *roter Autos* *roten Autos* *rote Autos*	*kleine Hände* *kleiner Hände* *kleinen Händen* *kleine Hände*

Tab. 5: Starke Adjektivflexion

Es ist gut erkennbar, dass die starken Endungen des Adjektivs weitgehend mit den Endungen des bestimmten Artikels übereinstimmen.

11.2.3.3. VERWENDUNG DER FORMEN

Aus dem Vergleich von Nominalsyntagmen mit Adjektiven aus dem Text in Kapitel 2 lässt sich die Regelung der Verwendung der beiden Formeninventare erkennen:

> *von ein-em alt-en Mann*   *ein müd-es Gesicht*
> *in ein-er klein-en Stadt*   *grau-e Hosen*
> *d-er alt-e Mann*   *alt-e Zeitungen*

Den schwach flektierten Adjektiven in den drei links stehenden Beispielen gehen an den Artikeln jeweils die starken Endungen voraus. Die Regel lautet: Nach Artikeln oder Pronomen mit starken Endungen wird das Adjektiv schwach flektiert. Die rechts stehenden Beispiele zeigen artikellose Syntagmen, in denen natürlich auch keine Endung vorausgehen kann, sowie eine Artikelform *ein* ohne eine Flexionsendung: In diesen Fällen steht am Adjektiv die starke Endung.

11.2.4. ZUR FLEXION DER VERBEN
11.2.4.1. SYNTHETISCHE UND ANALYTISCHE FORMENBILDUNG

In dem Text in Kapitel 8 begegnen u.a. folgende Verbformen, die sich nach der Formenbildung gruppieren lassen:

einfache Formen, bei denen die Flexion am Verb selbst ausgedrückt wird; sie werden **synthetisch** genannt: *lautete, zeigte, besteht, war, erwartete, hielten, fand* usw.
komplexe Formen, bei denen die Flexion an einem Hilfsverb ausgedrückt wird; sie werden **analytisch** genannt: *hatte unternommen, hatte vermocht, hatte gesucht, verhelfen würden, hatte genommen, hatte überblickt, zurückbringen sollte.*

Als **Hilfsverben** im engeren Sinne werden *sein, werden* und *haben* gebraucht; im weiteren Sinne können zu den Hilfsverben auch die **Modalverben** *wollen, mögen, sollen, müssen, können* und *dürfen* gezählt werden. Hilfsverben werden auch Auxiliarverben genannt.

Formen, an denen durch die Flexion Person und Numerus ausgedrückt werden (z.B. *lautete* 3. Pers. Sing., *würden* 3. Pers. Plur. usw.), heißen **finite Formen**, die anderen **infinite Formen** (z.B. *unternommen* Partizip Präteritum, *zurückbringen* Infinitiv).

11.2.4.2. STARKE UND SCHWACHE VERBEN

Bei den synthetischen Präteritumsformen im Text in Kapitel 7 wird eine unterschiedliche Formenbildung sichtbar:

lautete, zeigte, erwartete – war, hielten, fand

In der regelmäßigen Formenbildung endet die Form der 3. Pers. Sing. auf *-te*. Die Formentabelle zeigt, dass hier weitgehend dieselben Personal- und Numerusendungen wie im Präsens vorliegen, denen ein Tempuskennzeichen *-t-* vorangeht:

ich zeig-e	ich zeig-t-e
du zeig-st	du zeig-t-est
er, sie, es zeig-t	er, sie, es zeig-t-e
wir zeig-en	wir zeig-t-en
ihr zeig-t	ihr zeig-t-et
sie zeig-en	sie zeig-t-en

Tab. 6: Regelmäßige synthetische Verbalflexion

Diese Präteritumsformen (und das Partizip mit *ge-* und *-t* wie z.B. *gesucht*) zeigen in der deutschen Gegenwartssprache sehr viele Verben, insbesondere auch alle Neubildungen. Diese Verben werden **regelmäßige Verben** genannt, in historischer Perspektive **schwache Verben**.

Eine Form wie *fand* zeigt demgegenüber Nullendung und Stammvokalwechsel (Ablaut) gegenüber dem Präsens *finden*. In der Gegenwartssprache existiert noch eine kleinere Gruppe von Verben mit dieser aus heutiger Sicht unregelmäßigen Formenbildung, die sogenannten **starken Verben**, die zum Teil außerordentlich häufig gebraucht werden.

Auf das Phänomen des Übertritts starker Verben in die schwache Flexion wurde bereits in Kapitel 2.3. hingewiesen; bei der Behandlung des Sprachwandels in Kapitel 23.2. wird darauf nochmals eingegangen; vgl. auch Kapitel 29.

11.2.4.3. FORMENBESTAND DER TEMPORA UND MODI

In der traditionellen Beschreibung des Deutschen werden sechs Tempora unterschieden, in denen jeweils zwei Modusformen (Indikativ = Ind. und Konjunktiv = Konj.)[4] vorkommen. Die folgende Tabelle gibt jeweils die Form der 3. Pers. Sing. eines schwachen und eines starken Verbs. In vielen anderen Positionen der Flexion unterscheiden sich die Konjunktivformen nicht von denen des Indikativs:

Präsens Ind. *er sucht* *er findet*	Präteritum Ind. *er suchte* *er fand*	Futur I Ind. *er wird suchen* *er wird finden*
Präsens Konj. *er suche* *er finde*	Präteritum Konj. *er suchte* *er fände*	Futur I Konj. *er werde suchen* *er werde finden*
Perfekt Ind. *er hat gesucht* *er hat gefunden*	Plusquamperfekt Ind. *er hatte gesucht* *er hatte gefunden*	Futur II Ind. *er wird gesucht haben* *er wird gefunden haben*
Perfekt Konj. *er habe gesucht* *er habe gefunden*	Plusquamperfekt Konj. *er hätte gesucht* *er hätte gefunden*	Futur II Konj. *er werde gesucht haben* *er werde gefunden haben*

Tab. 7: Synthetische und analytische Verbalflexion

---

[4] Der Imperativ (z.B. *komm!*) steht außerhalb dieser Gliederung und wird manchmal auch nicht als Modus angesehen.

11.3. Analyseverfahren und Analysebeispiele
11.3.1. Nominale Syntagmen

Für nominale Syntagmen wird die Bestimmung nach Kasus, Numerus und Genus gegeben; soweit Adjektive enthalten sind, werden sie als stark oder schwach flektiert bestimmt. Das Auftreten der jeweiligen Adjektivform kann aus dem Kontext des Syntagmas begründet werden.

Die folgenden Beispiele stammen aus dem Text in Kapitel 8:

(bei) zunehmender Abnutzbarkeit   Dat. Sing. Fem.

Das Genus Femininum ist mit dem Substantiv gegeben; der Numerus Singular ergibt sich aus dem Fehlen der Pluralendung; die Kasusendung steht im Genitiv und Dativ Singular, wegen der Kasusforderung der Präposition *bei* muss hier Dativ vorliegen; das Adjektiv ist stark flektiert, da keine starke Endung vorausgeht.

(zu) einem ersprießlichen Abend   Dat. Sing. Mask.

Das Genus Maskulinum ist mit dem Substantiv gegeben; der Numerus Singular ergibt sich aus dem Fehlen der Pluralendung; die Kasusendung *-em* kommt nur im Dat. Sing. vor; das Adjektiv wird schwach flektiert, da eine starke Endung am unbestimmten Artikel *einem* vorangeht.

Weitere Analysebeispiele werden im Zusammenhang mit der syntaktischen Kategorie Attribut besprochen, vgl. Kapitel 12.3.

11.3.2. Verbale Formen

Für verbale Formen wird die Bestimmung nach Person, Numerus, Modus, Tempus und Genus verbi gegeben. Das Verb wird nach der Art der Formenbildung als stark oder schwach bestimmt, auftretende Hilfs- und Modalverben werden als solche benannt.

Die folgenden Beispiele stammen aus dem Text in Kapitel 8:

(sein Name) lautete   3. Pers. Ind. Prät. Aktiv des schwachen Verbs *lauten*

Die Form ist als 3. Person zu bestimmen (und nicht als 1. Person), weil sie mit einem Substantiv, das durch *er* ersetzbar ist, verbunden ist; die Bestimmung als Indikativ ergibt sich aus dem Fehlen von Konjunktivsignalen im Kontext, das Tempus Präteritum ist am *-t-* der Form erkennbar, das Genus verbi Aktiv am Fehlen der Passiv-Umschreibung mit dem Hilfsverb *sein* oder *werden*. Die Präteritalbildung mit *-t-* erweist das Verb als schwach.

(Gustav Aschenbach) hatte unternommen 3. Pers. Ind. Plusquamperf. Aktiv
Die Form ist als 3. Person zu bestimmen (und nicht als 1. Person), weil sie mit einem Substantiv, das durch *er* ersetzbar ist, verbunden ist; die Bestimmung als Indikativ ergibt sich aus dem Fehlen des Konjunktivmerkmals Umlaut (*hätte*), das Tempus Plusquamperfekt ist an der Verbindung des Hilfsverbs *haben* im Präteritum mit dem Partizip Präteritum *unternommen* erkennbar, das Genus verbi Aktiv am Fehlen der Passiv-Umschreibung mit dem Hilfsverb *sein* oder *werden*. Die Partizipbildung mit Ablaut (*unternehmen - unternommen*) erweist das Verb als stark.

(daß Luft und Bewegung) verhelfen würden 3. Pers. Plur. Konj. Prät. Aktiv
Die Form ist als 3. Person zu bestimmen (und nicht als 1.Person), weil sie mit einem Substantiv, das durch *sie* ersetzbar ist, verbunden ist; die Bestimmung als Konjunktiv ergibt sich aus dem Umlaut (*ü*) im Hilfsverb *werden*, das Tempus Präteritum ist am Ablaut (*werden - wurden*) erkennbar, das Genus verbi Aktiv am Fehlen der Passiv-Umschreibung mit dem Hilfsverb *sein* oder *werden*. *verhelfen* ist ein starkes Verb (Ablaut: *verhalf - verholfen*)

(die) zurückbringen sollte 3. Pers. Ind. Prät. Akt. des Modalverbs *sollen* in Verbindung mit dem Infinitiv; vgl. zur Analyse solcher verbalen Komplexe Kapitel 13.4.

11.4. ZUM PROBLEM DER TEMPORA IM DEUTSCHEN

In Abschnitt 11.2.4.3. ist die Gliederung der deutschen Verbalflexion in sechs Tempora als traditionell bezeichnet worden; damit ist gemeint, dass diese Einteilung bei der Entwicklung der deutschen Grammatikschreibung nach dem Vorbild der lateinischen Grammatik eingeführt und seitdem tradiert worden ist. Sie wird auch heute noch in Grammatiken benutzt, so z. B. in der als 'Handbuch für den Ausländerunterricht' verbreiteten 'Deutschen Grammatik' von Gerhard Helbig und Joachim Buscha. Die 'Deutsche Grammatik' von Ulrich Engel verzichtet demgegenüber überhaupt auf den Begriff Tempus (und Modus) und kennt nur die fünf Verbkategorien Präsens, Präteritum, Konjunktiv I, Konjunktiv II und Imperativ. Das Vorgehen wird am Ende des Verbkapitels in einem Abschnitt „Zum Problem der Tempora im Deutschen" ansatzweise begründet. Die Duden-Grammatik betont (Nr. 598) den Unterschied zwischen den synthetischen, einfachen und den analytischen, komplexen Verbformen. Für die analytischen Vergangenheitsformen verwendet sie im Anschluss an die 'Grammatik der deutschen Sprache' von Gisela Zifonun, Ludger Hoffmann, Bruno Strecker[5] die neuen Bezeichnungen Präsensperfekt (*hat gegeben, ist abgereist*) und Präteritumperfekt (*hatte gegeben, war abgereist*) ein. Die IdS-Grammatik hebt mit dieser Terminologie den zusammengesetzten Charakter der analytischen Formen hervor. Sie geht in Abschnitt F 1.1 von dem folgenden Inventar von Verbformen aus:

infinite Formen:	Infinitiv I *geben*
	Infinitiv II *gegeben haben*
	Partizip II *gegeben*
finite Formen:	
synthetisch gebildet	Präsens *ich gebe* usw.
	Präteritum *ich gab* usw.
analytisch gebildet	Futur *ich werde geben* usw.

Daraus ergibt sich ein Tempussystem mit sechs Tempora, das dem traditionellen System entspricht, aber seine Bezeichnungen auf einem anderen Reflexionsniveau begründet. Es wäre nun im Einzelnen im Hinblick auf die Tempussemantik und die Verwendung der Formen zu beschreiben, was an dieser Stelle natürlich nicht möglich ist.

Präsens	Präteritum	Futur (Präsens des Hilfsverbs + Inifinitiv I
ich gebe	*ich gab*	*ich werde geben*
Präsensperfekt (Präsens des Hilfsverbs + Partizip II)	Präteritumperfekt (Präteritum des Hilfsverbs + Partizip II)	Futurperfekt Präsens des Hilfsverbs + Inifinitiv II)
ich habe gegeben	*ich hatte gegeben*	*ich werde gegeben haben*

---

[5] Diese vom Institut für deutsche Sprache in Mannheim herausgegebene Grammatik wird als IdS-Grammatik bezeichnet.

11.5. DEFINITIONEN

Ablaut	Wechsel des Vokals in der Stammsilbe starker Verben (z.B. *geben - gab*)
analytische Verbform	komplexe Form, bei der die Flexion an einem Hilfsverb ausgedrückt wird
Deklination	Flexion der nominalen Wortarten (Substantiv, Adjektiv, Artikel, Pronomen)
finite Verbform	Form, an der durch die Flexion Person und Numerus ausgedrückt werden
gemischte Flexion des Substantivs	die Verbindung starker Kasusformen (alle außer *-en*) mit dem *-en*-Plural
Genus	grammatisches Geschlecht, Kategorie der Deklination
Genus verbi	Verhaltensrichtung des Verbs, Kategorie der Konjugation; sie dient der Bezeichnung der Perspektive, unter der ein Sprecher ein Geschehen darstellt.
Hilfsverben	die Verben *sein*, *werden* und *haben*, die mit infiniten Formen analytische Formen bilden
infinite Verbform	Form, an der die Kategorien Person und Numerus nicht ausgedrückt wird
Kasus	Fall, Kategorie der Deklination, dient der Bezeichnung syntaktischer Funktionen
Komparation	Steigerung des Adjektivs
Komparativ	erste Steigerungsstufe bei der Komparation
Konjugation	Flexion der Verben
Modalverben	Hilfsverben im weiteren Sinne, die der Modifizierung der mit ihnen verbundenen Infinitive dienen *(wollen, mögen, sollen, müssen, können* und *dürfen)*
Modus	Aussageweise, Kategorie der Konjugation; sie dient dem Ausdruck der Modalität (Sprechereinstellung).

Numerus	Zahl, Kategorie der Deklination und Konjugation; sie verweist auf die außersprachlichen Gegebenheiten der Einheit und Vielheit.
Person	Kategorie der Konjugation und der Personal- und Possessivpronomina; sie dient der Bezeichnung der Rollen in der Redesituation.
Positiv	Grundstufe bei der Komparation
regelmäßiges Verb	sieh **schwaches Verb**
schwache Flexion des Adjektivs	Flexion mit Endungen, die der schwachen Substantivflexion entsprechen
schwache Flexion des Substantivs	die Verbindung schwacher Kasusformen (mit -en) mit dem Plural -en
schwaches Verb	Verb, das Präteritum und Partizip II mit -t bildet (z. B. *sag-t-e, gesag-t*)
starke Flexion des Adjektivs	Flexion mit Endungen, die der Flexion der Artikel und Pronomen entsprechen
starke Flexion des Substantivs	die Verbindung starker Kasusformen (alle außer -en) mit starken Pluralendungen (alle außer -en)
starkes Verb	Verb, das seine Tempusform mit Ablaut bildet (z.B. *finden – fand – gefunden*)
Superlativ	zweite Steigerungsstufe, Höchststufe bei der Komparation
synthetische Verbform	einfache Form, bei der die Flexion am Verb selbst ausgedrückt wird
Tempus	Zeitform, Kategorie der Konjugation; sie dient dem Ausdruck zeitlicher Verhältnisse
unregelmäßiges Verb	sieh **starkes Verb**

KAPITEL 11

11.6. LITERATUR

Kurzinformation:
Metzler Lexikon Sprache. Artikel: Ablaut, analytische Verbformen, Deklination, finite Verbformen, gemischte Flexion des Substantivs, Genus, Genus verbi, Hilfsverben, infinite Verbformen, Kasus, Konjugation, Komparation, Komparativ, Modalverben, Modus, Numerus, Person, Positiv, regelmäßige Verben, schwache Flexion des Adjektivs, schwache Flexion des Substantivs, schwache Verben, starke Flexion des Adjektivs, starke Flexion des Substantivs, starke Verben, Superlativ, synthetische Verbformen, Tempus, unregelmäßige Verben

Einführende Literatur:
R. *Thieroff* – P.M. *Vogel*, Flexion

Grundlegende und weiterführende Literatur:
Duden. Grammatik
P. *Eisenberg*, Grundriß der deutschen Grammatik
U. *Engel*, Deutsche Grammatik
G. *Helbig* – J. *Buscha*, Deutsche Grammatik
B. *Rothstein*, Tempus
G. *Zifonun*, L. *Hoffmann*, B. *Strecker* u.a., Grammatik der deutschen Sprache

KAPITEL 12: SYNTAX I. BAUSTEINE UND BAUPRINZIPIEN VON SÄTZEN

12.1. EINSTIEG: INTUITIVE REGELHAFTIGKEIT – WOZU SYNTAX?

In einem Satz stehen die Wörter nicht einzeln und isoliert, sondern sie stehen untereinander in näheren und ferneren Beziehungen und geben dies unter anderem in ihrer Flexionsform und in ihrer Stellung im Satz zu erkennen. Diese Beziehungen werden bei der Produktion von Sätzen von den Sprechern bzw. Schreibern intuitiv hergestellt, und sie werden vom Hörer bzw. Leser intuitiv erfasst. Man kann sich also fragen, welche Notwendigkeit besteht, diese implizite sprachliche Organisation explizit zu machen, sie in der Schulgrammatik Schülern zu vermitteln und sie in dem sprachwissenschaftlichen Teilgebiet der Syntax zu erforschen.

Explizites Sprechen über Sätze und die in ihnen geltenden Strukturen wird zum Beispiel da erforderlich, wo Verstöße gegen diese Strukturen vorliegen und beschrieben werden müssen. Dafür ein Beispiel:
In einer Musik-Rezension stand am 2.6.2009 in der Frankfurter Allgemeinen Zeitung:

> *Für sein neues Album hat sich der Trompeter Enrico Rava mit den Besten der Zunft zusammengetan. Heraus kam ein Streifzug durch die Jazzgeschichte, das auch als Gesamtkunstwerk durchgeht.*

Um den ziemlich krassen Fehler zu beschreiben, der hier vorliegt, braucht man mindestens die folgenden syntaktischen Termini und Prinzipien: Der hier mit *das* beginnende Teilsatz ist ein attributiver Relativsatz zu dem Substantiv *Streifzug* im übergeordneten Satz. Das den Relativsatz einleitende Relativpronomen muss mit dem Bezugswort im Genus und im Numerus kongruieren. Da das Substantiv *Streifzug* Maskulinum ist und im Singular steht, muss das Pronomen also *der* und nicht *das* lauten. Der Fehler mag dadurch entstanden sein, dass der Schreiber noch an das Neutrum *Album* dachte.

Syntax bezeichnet den Satzbau als Regelsystem der Sprache sowie die wissenschaftliche Teildisziplin, die sich mit der Analyse und Beschreibung dieses Regelsystems beschäftigt. Ihre wissenschaftliche Notwendigkeit begründet sich natürlich nicht nur aus der Fehleranalyse und der Unterrichtssituation, sondern auch aus dem wissenschaftlichen Interesse an den Kategorien und der Organisation der Sprache, an ihrem Funktionieren überhaupt.

KAPITEL 12

12.2. BAUSTEINE UND BAUPRINZIPIEN VON SÄTZEN
12.2.1. SATZGLIEDERMITTLUNG

Wenn wir zunächst in einem geschriebenen Text wie dem von Peter Bichsel (Kapitel 3.1.) die durch die Großschreibung des ersten Wortes und durch einen Punkt am Satzende abgegrenzten Sätze als solche identifizieren, so orientiert sich unser Verstehen aber nicht nur an den durch Zwischenräume getrennten einzelnen Wörtern oder Wortformen des Satzes, sondern wir erfassen ganze, zusammengehörige Wortgruppen.

Diese engere Zusammengehörigkeit einzelner Teile des Satzes wird erkennbar, wenn man **Umstellproben** (auch: Verschiebeproben) vornimmt. Zusammengehörende Teile müssen an die erste Stelle im Aussagesatz, also vor die finite Verbform gesetzt werden können. Dazu muss als erstes diese Verbform an ihren Flexionsendungen und an ihrer Wortwurzel erkannt werden. In dem Satz *Im obersten Stock des Hauses hat er sein Zimmer* ist *hat* das finite Verb. Ein Wort kann einzeln umgestellt werden, andere Wörter können, wenn sinnvolle Anordnungen entstehen sollen, nur als ganze Gruppe umgestellt werden. Die Verbform wird nicht verschoben.

[*Er*] ***hat*** [*sein Zimmer*] [*im obersten Stock des Hauses*].
[*Sein Zimmer*] ***hat*** [*er*] [*im obersten Stock des Hauses*].
[*im obersten Stock des Hauses*] ***hat*** [*er*] [*sein Zimmer*].

Geschlossen umstellbare Einheiten heißen **Satzglieder**. Satzglieder sind also:

[*im obersten Stock des Hauses*] – [*er*] – [*sein Zimmer*].

Im nächsten Satz ergeben sich folgende Möglichkeiten der Umstellung:

[*Er*] ***hatte*** [*jetzt*] [*eine neue Sprache, die ihm ganz allein gehörte*].
[*Jetzt*] ***hatte*** [*er*] [*eine neue Sprache, die ihm ganz allein gehörte*].
[*Eine neue Sprache, die ihm ganz allein gehörte*], ***hatte*** [*er*] [*jetzt*].

Satzglieder des Satzes sind demnach:

[*er*] – [*jetzt*] – [*eine neue Sprache, die ihm ganz allein gehörte*].

Dieser Satzgliedbestimmung scheint die folgende Umstellung zu widersprechen:

Eine neue Sprache hatte er jetzt, die ihm ganz allein gehörte.

Der Ausdruck *eine neue Sprache* erweist sich hier als auch allein umstellbar. Er wäre demnach allein als Satzglied anzusehen, was der früheren Bestimmung widerspräche. Dadurch, dass *die ihm ganz allein gehörte* zusammen mit *eine neue Sprache* an die erste Position gesetzt werden kann, ist klar, dass es sich um ein einziges Satzglied handeln muss.

Als weitere Probe kann die **Ersatzprobe** (auch: Austauschprobe) durchgeführt werden. Was bei der Umstellprobe als Ganzes an den Anfang rücken kann, wird durch möglichst kurze Einwortausdrücke (Pronomen, Pronominaladverbien o.a.) ersetzt.

Eine neue Sprache, die ihm ganz allein gehörte, hatte er jetzt.
Das/ dies hatte er jetzt.

Umstellprobe und Ersatzprobe sind die wichtigsten Verfahren bei der Ermittlung der Satzglieder oder Satzkonstituenten. Mit ihrer Hilfe lässt sich die intuitive Erfassung der Satzbestandteile methodisch absichern.

12.2.2. NOMINALE SYNTAGMEN UND KONGRUENZ

Einzelne Satzglieder bestehen nur aus einer pronominalen Wortform wie dem Personalpronomen *er*, andere wie *sein Zimmer* aus kleinen Wortgruppen, hier aus Possessiv-Pronomen und Substantiv, wieder andere aus mehreren Wortgruppen wie *im obersten Stock des Hauses*. In diesem Satzglied, das als ganzes durch *dort* ersetzt werden kann, ist intuitiv eine Zweigliedrigkeit erkennbar, insofern *im obersten Stock* und *des Hauses* jeweils zusammengehören und erst als ganze Gruppen in eine engere Beziehung treten. Diese Gliederung ist auch hier in der Analyse durch Ersatzproben nachweisbar: *im obersten Stock* kann insgesamt beispielsweise ohne grammatische Veränderung durch *im Parterre* ersetzt werden, *des Hauses* etwa durch *des Gebäudes*.

Für die Verständigung über derartige Wortgruppen ist der Terminus **Syntagma** hilfreich, der für syntaktisch zusammengehörige Wortgruppen verwendet wird, wobei einfache und komplexe Gruppen gemeint sein können, und zwar unabhängig davon, ob sie in einem Satz als Satzglied fungieren oder Teil eines Satzgliedes sind. Das Satzglied *er* besteht aus einer einzelnen Wortform, das Satzglied *sein Zimmer* aus einem einfachen Syntagma, das Satzglied *im obersten Stock des Hauses* aus einem komplexen Syntagma, das aus zwei einfacheren Syntagmen besteht. Syntagmen, die Wörter der nominalen Wortarten Substantiv, Adjektiv und Pronomen bzw. Artikel enthalten, werden nominale Syntagmen genannt.

Nominale Wortarten flektieren nach den grammatischen Kategorien Genus, Kasus und Numerus. In dem Text von Bichsel können folgende grammatische Bestimmungen vorgenommen werden:

sein	Akk. Sing. Neutr.	*Zimmer*	Akk. Sing. Neutr.
des	Gen. Sing. Neutr.	*Hauses*	Gen. Sing. Neutr.
im	Dat. Sing. Mask.	*obersten*	Dat. Sing. Mask.
		Stock	Dat. Sing. Mask.
eine	Akk. Sing. Fem.	*neue*	Akk. Sing. Fem.
		Sprache	Akk. Sing. Fem.

Innerhalb einzelner Syntagmen herrscht Kongruenz. Beispielsweise stehen in dem Syntagma *eine neue Sprache* alle Bestandteile im Akk. Sing. Fem.

Im Hinblick auf die Flexion der einzelnen nominalen Wortarten sind Bestimmungen unterschiedlich eindeutig. So können die Formen *des* und *Hauses* beide nur Gen. Sing. sein, wobei das Genus immer vom Substantiv vorgegeben ist. In dem Syntagma *im obersten Stock* könnte das Wort *Stock* außer Dat. Sing. Mask. auch Nom. oder Akk. Sing. sein und *obersten* könnte Gen., Dat., Akk. Sing., Nom. Gen. Dat. und Akk. Plur. Mask. sein; da aber an der Präpositionsform *im* (Verschmelzung von *in* + *dem*) durch das *-m* der Kasus Dat. Sing. Mask. oder Neutr. ausgedrückt ist, kommt für das ganze Syntagma nur die Bestimmung als Dat. Sing. in Frage. In manchen Fällen führt keine der Flexionsendungen zur Eindeutigkeit. So kann *eine neue Sprache* Nom. oder Akk. Sing. Fem. sein. Sofern die Umgebung im Satz den Kasus festlegt – hier: Akk. – ist die Kongruenz aber auch hier gewahrt.

Wenn Syntagmen in größere Syntagmen eingehen, bleiben sie als Wortgruppe unverändert, d.h., sie bewahren ihre Kongruenz:

> *im obersten Stock* Dat. Sing. Mask. + *des Hauses* Gen. Sing. Neutr.

Es stellt sich dann die Frage, welche anderen syntaktischen Prinzipien außer der Kongruenz die Struktur komplexerer Syntagmen bestimmen.

12.2.3. REKTION

Für eine Reihe von Nominalsyntagmen ist der Kasus durch die Präposition bestimmt:

> *im obersten Stock, von einem alten Mann, in einer kleinen Stadt, nahe der Kreuzung*

Die Präpositionen regieren die weiteren Elemente des Syntagmas durch die von ihnen ausgehende Kasusforderung, die auch als Definitionsmerkmal der Wortart gilt (vgl. Kapitel 7); sie wird Präpositionalrektion genannt. Eine Kasusforderung geht auch von Verben aus, hier spricht man von Verbrektion. Dieser Begriff wird in Kapitel 13.2 in den weiteren Zusammenhang der Verbvalenz gestellt.

Für das Syntagma *einen grauen Hut* wird von dem Verb *tragen* der Kasus Akkusativ gefordert, für das Syntagma *eine neue Sprache* von dem Verb *haben* usw. An den Beispielen zeigt sich wieder das schon angesprochene Phänomen, dass manche Nominalsyntagmen ihren Kasus durch ihre Flexion eindeutig anzeigen, andere erst durch die Rektion von Verb oder Präposition eindeutig in ihrem Kasus bestimmt werden.

Verbrektion und Präpositionalrektion können gemeinsam auftreten, insofern beispielsweise das Verb *erzählen* keinen einfachen Kasus regiert, sondern einen Anschluss des Nominalsyntagmas mit der Präposition *von* verlangt, die wiederum den Dativ fordert.

In anderen Fällen geht von einem Substantiv im Nominalsyntagma zwar nicht direkt eine Kasusforderung für ein angeschlossenes Syntagma aus, aber das erste bestimmt doch den Anschluss des zweiten Syntagmas durch die Festlegung eines dafür zu wählenden Kasus oder einer bestimmten Präposition:

im obersten Stock des Hauses
einen Tag mit Sonne

Wenn im Zusammenhang mit dem Syntagma *im obersten Stock* ausgedrückt werden soll, wovon dieser oberste Stock ein Teil ist, so steht diese Angabe im Genitiv; wenn im Zusammenhang mit dem Syntagma *einen Tag* Begleitumstände dieses Tages ausgedrückt werden sollen, so wird diese Angabe mit der Präposition *mit* angeschlossen.

12.2.4. TOPOLOGIE

Für nominale Syntagmen gilt im Deutschen die feste Reihenfolge Artikel oder Pronomen – Adjektiv – Substantiv wie in dem Beispiel *einem alten Mann*. Der Text von Thomas Mann (vgl. Kap. 8) enthält noch komplexere Syntagmen, für deren innere Anordnung ebenfalls feste Regeln gelten:

eine so gefahrdrohende Miene
den volkstümlich belebten Wirtsgarten

Im ersten Beispiel ist das Adjektiv *gefahrdrohende* durch die vorangehende Gradpartikel *so* modifiziert, im zweiten Beispiel das Adjektiv *belebten* durch das Adverb *volkstümlich*, das ebenfalls vor dem Adjektiv steht.

In komplexeren Nominalgruppen trägt die Reihenfolge der einzelnen Syntagmen zum Verständnis bei. In der Regel steht das von einem Nominalsyntagma abhängige zweite Syntagma nach dem übergeordneten, wie die Textbeispiele verdeutlichen:

KAPITEL 12

im obersten Stock des Hauses
einen Tag mit Sonne
der alte Mann im grauen Mantel
dem Fortschwingen des produzierenden Triebwerkes in seinem Innern

Auch bei der Kombination von drei Syntagmen werden sie in der gegebenen Reihenfolge verstanden: *Das Triebwerk schwingt fort, es befindet sich in seinem* [Aschenbachs] *Innern*.

Sofern ein Adjektiv innerhalb eines Nominalsyntagmas eine Erweiterung um ein nominales Syntagma erlaubt oder erfordert, was besonders bei Verbaladjektiven wie den Partizipien der Fall ist, steht diese Erweiterung vor dem Adjektiv; man vgl. aus dem Text von Th. Mann:

von der schwierigen und gefährlichen, eben jetzt eine höchste Behutsamkeit, Umsicht, Eindringlichkeit und Genauigkeit des Willens erfordernden Arbeit der Vormittagsstunden

Hier ist das Syntagma *eine höchste Behutsamkeit, Umsicht, Eindringlichkeit und Genauigkeit des Willens* eine vom Adjektiv *erfordernden* geforderte Erweiterung.

Die syntaktischen Phänomene, die die Reihenfolge oder Anordnung der Wortformen in Syntagmen und der Satzglieder im Satz betreffen, nennt man **Topologie**, dazu vgl. man weiter Kapitel 15.2.5.

12.2.5. KOORDINATION UND SUBORDINATION

Nominale Syntagmen können auch mit Erweiterungen auftreten, durch die etwa die Position des Adjektivs oder des Substantivs mehrfach besetzt werden. So stehen in dem Text von Th. Mann (Kapitel 8) mehrere Adjektive nebeneinander wie in dem Syntagma

von der schwierigen und gefährlichen, [...] Arbeit der Vormittagsstunden

oder mehrere Substantive wie

Luft und Bewegung
einige Droschken und Equipagen
zu Kauf stehende Kreuze, Gedächtnistafeln und Monumente.

Die Adjektive beziehungsweise Substantive stehen auf derselben Ebene gleichrangig nebeneinander. Die Verbindung gleichrangiger syntaktischer Elemente nennt man Koordination oder Parataxe. Die einzelnen Elemente können durch Konjunktionen wie *und* verbunden sein, was man **syndetisch** nennt; sie können aber auch ohne explizite Verbindung stehen und nur mittels Komma angeschlossen sein, was man **asyndetisch** nennt.

In koordinierten Konstruktionen gilt das Prinzip der Ökonomie, insofern jeweils das Element, das für mehrere koordinierte Elemente in gleicher Weise fungiert, nur einmal gesetzt wird. In dem Syntagma *einige Droschken und Equipagen* gilt das Pronominaladjektiv *einige* für beide Substantive und wird deshalb beim zweiten eingespart. Auch *zu Kauf stehende* gilt in dem Syntagma gleichermaßen für alle drei Substantive und wird deshalb nur einmal gesagt. In dem komplexen Ausdruck *von der schwierigen und gefährlichen, [...] Arbeit der Vormittagsstunden* ist *Arbeit* das Bezugswort für alle Adjektive. Die Einsparung von Elementen im Satz nennt man **Ellipse**.

Der Gegenbegriff zur Koordination, Gleich-/ Nebenordnung bzw. Parataxe ist Subordination, Unterordnung bzw. Hypotaxe:

| Parataxe | – | Koordination | – | Gleichordnung |
| Hypotaxe | – | Subordination | – | Unterordnung |

Subordination ist uns bereits in den erweiterten Nominalsyntagmen begegnet: So ist *neue* in dem Syntagma *eine neue Sprache* dem Ausdruck *eine Sprache* untergeordnet, das heißt von ihm abhängig, ebenso *des Hauses* dem Syntagma *im obersten Stock* oder *im grauen Mantel* dem Syntagma *der alte Mann*.

12.2.6. ATTRIBUT

Die Erweiterungen von Syntagmen und damit auch Satzgliedern können nun begrifflich noch genauer analysiert und beschrieben werden. Die Weglassprobe kann auch auf dieser Ebene angewandt werden; mit ihrer Hilfe kann ermittelt werden, welche Elemente anderen untergeordnet sind. In dem Syntagma *eine neue Sprache* ist das Adjektiv *neue* weglassbar. Das Satzglied *eine Sprache* wäre grammatisch (nicht semantisch!) ebenso korrekt: *Er hatte jetzt eine Sprache, ...* Weglassbare Erweiterungen von Syntagmen heißen **Attribute**. Das ihnen übergeordnete Element heißt **Kern** oder **Nukleus**; an ihn sind sie gebunden, also von ihm abhängig. Attributen liegen Prädikate zugrunde: Den Satz *Er hatte jetzt eine neue Sprache* kann man auf die beiden Aussagen: *Er hatte jetzt eine Sprache. Die war neu.* zurückführen. Dem Syntagma *eine neue Sprache* liegt also die Aussage (Prädikation) zugrunde, dass die Sprache neu war.

Attribute können in Klammerform oder in senkrechten Strukturgraphen veranschaulicht werden:

> *eine (neue) Sprache* *eine Sprache*
> |
> *neue*

Attribute lassen sich unter anderem nach der Wortart klassifizieren; *neue* ist demnach ein **Adjektivattribut**. Nach der Wortart des attribuierten Kerns handelt es sich um ein Attribut zum Substantiv. Adjektivattribute stehen in flexivischer Kongruenz zum substantivischen Kern und seinem Artikel oder Pronomen (vgl. oben Abschnitt 12.2.2).

Durch die Umstellprobe ist nachgewiesen, dass es sich bei der Wortgruppe *im obersten Stock des Hauses* um ein einziges Satzglied handelt. Die Teilgruppe *des Hauses* ist weglassbar und somit als Erweiterung der Teilgruppe *im obersten Stock* zu analysieren. Sie kann nur zusammen mit dem Element auftreten, auf das sie sich bezieht. Der Wortart nach ist *des Hauses* ein substantivisches Attribut; es wird im Hinblick auf den charakteristischen Kasus **Genitivattribut** genannt.

In dem Syntagma *im obersten Stock* ist *obersten* nicht weglassbar, wohl aber ersetzbar:

> *im obersten Stock*
>   *ersten*
>   *zweiten*

Es handelt sich ebenfalls um eine Erweiterung zu dem Kern *Stock*. Das lässt sich zeigen, wenn man *im* zu *in einem* auflöst, wodurch *obersten* weglassbar wird:

> *In einem Stock des Hauses hat er sein Zimmer.*

In dem Satzglied *der alte Mann im grauen Mantel* sind *alte* und *im grauen Mantel* Attribute; im Hinblick auf den präpositionalen Anschluss heißt das zweite Attribut **Präpositionalattribut**. Innerhalb dieses Attributs ist wiederum ein Attribut *grauen* zu ermitteln. Es gibt also Attribute zu Attributen (auch: Attribute zweiten Grades), die dann wiederum als Kerne fungieren können.

Auch diese Struktur lässt sich in zwei Formen darstellen:

Klammerform: *der (alte) Mann (im [grauen] Mantel)*

oder Strukturgraph:

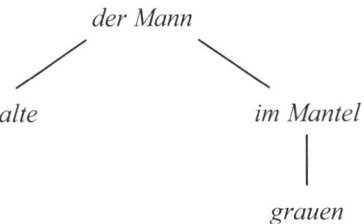

12.3. ANALYSE VON NOMINALSYNTAGMEN

Beispiel 1 (Thomas Mann, Der Tod in Venedig: vgl. Kap. 8): Der Komplex

von der schwierigen und gefährlichen, eben jetzt eine höchste Behutsamkeit, Umsicht, Eindringlichkeit und Genauigkeit des Willens erfordernden Arbeit der Vormittagstunden

steht nach dem Adjektiv *überreizt* und ist als Ganzes weglassbar:

Überreizt [...] hatte der Schriftsteller ...

Es handelt sich um ein Präpositionalattribut, das angibt, wovon der Schriftsteller überreizt war. Die Präposition *von* verlangt den Kasus Dativ, der für das feminine Substantiv *Arbeit*, das im Singular keine Flexionsendung annimmt, am Artikel *der* ausgedrückt wird. Auch alle anderen Elemente sind weglassbar:

Überreizt von der Arbeit hatte der Schriftsteller ...

Es handelt sich einerseits um die Adjektivattribute *schwierigen, gefährlichen* und *[...] erfordernden*, die untereinander koordiniert sind, andererseits um das Genitivattribut *der Vormittagstunden*.
Das zeigt sich daran, dass sie einzeln weglassbar, aber auch kombinierbar sind:

Überreizt von der Arbeit der Vormittagstunden
Überreizt von der schwierigen Arbeit
Überreizt von der gefährlichen Arbeit
Überreizt von der [eben jetzt eine höchste Behutsamkeit, Umsicht, Eindringlichkeit und Genauigkeit des Willens] erfordernden Arbeit
Überreizt von der schwierigen Arbeit der Vormittagstunden

> *Überreizt von der gefährlichen Arbeit der Vormittagstunden*
> *Überreizt von der [eben jetzt eine höchste Behutsamkeit, Umsicht, Eindringlichkeit und Genauigkeit des Willens] erfordernden Arbeit der Vormittagstunden*

Der ganze Komplex *eben jetzt eine höchste Behutsamkeit, Umsicht, Eindringlichkeit und Genauigkeit des Willens erfordernden* ist weglassbar; wenn *erfordernden* nicht weggelassen wird, dann muss es aufgrund seiner verbalen Basis weitere Bestimmungen erhalten, die ausdrücken, was hier erfordert ist. Sie stehen in dem vom Verb *erfordern* regierten Kasus Akkusativ: *Behutsamkeit, Umsicht, Eindringlichkeit, Genauigkeit*, die koordiniert sind. *Behutsamkeit* wird durch ein weglassbares Adjektivattribut *höchste* näher bestimmt, *Genauigkeit* durch das Genitivattribut *des Willens*. Der Ausdruck *eben jetzt* ist als Ganzes weglassbar. Weil *eben* auch allein weglassbar ist, so dass *jetzt* auch allein stehen könnte, was umgekehrt nicht geht, erweist sich *eben* als Erweiterung zu *jetzt*:

> *Überreizt von der eine höchste Behutsamkeit, [...] erfordernden Arbeit*
> *Überreizt von der jetzt eine höchste Behutsamkeit, [...] erfordernden Arbeit*
> ? *Überreizt von der eben eine höchste Behutsamkeit, [...] erfordernden Arbeit*

Im Gegensatz zu den von *erfordernden* verlangten Akkusativen ist das Attribut *jetzt* frei.

Der gesamte Komplex lässt sich graphisch darstellen, wobei die Subordination durch das Untereinander und die Koordination durch das Nebeneinander veranschaulicht wird:

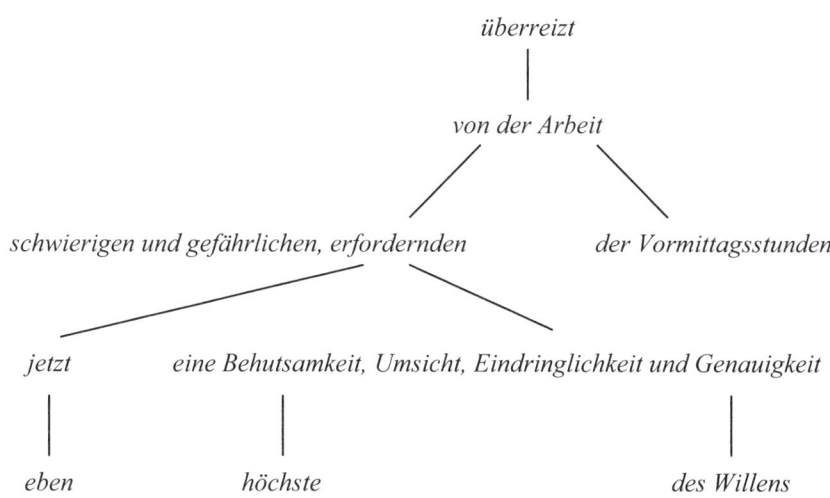

Beispiel 2: In einer Buchbesprechung war am 9. Juni 2009 in der Frankfurter Allgemeinen Zeitung zu lesen:

> *Norbert Scheuer, geboren 1951, wird mit jedem Buch deutlicher erkennbar als einer unserer großen, vom breiten Publikum freilich erst noch zu entdeckender Erzähler.*

Der Komplex *einer unserer ...Erzähler* ist ein umfangreicheres Nominalsyntagma, von dem allerdings eine gewisse Irritation ausgeht.

Nach *einer* steht der Ausdruck *unserer Erzähler* im Genitiv Plural. Der nominale Kern ist erweitert durch die Adjektivattribute *großen* und *zu entdeckender*, wobei dieses durch das Präpositionalattribut *vom Publikum* erweitert ist, das seinerseits ein Adjektivattribut *breiten* besitzt. Das Verbaladjektiv *zu entdeckender* ist ferner durch *freilich erst noch* attribuiert. Dieses Attribut kann unabhängig von dem Attribut *vom breiten Publikum* stehen und umgekehrt:

> *einer unserer großen, freilich erst noch zu entdeckender Erzähler*
> *einer unserer großen, vom breiten Publikum zu entdeckender Erzähler*

Die Analyse geht wiederum über Weglassproben weiter:

> *einer unserer großen, erst noch zu entdeckender Erzähler*
> *einer unserer großen, noch zu entdeckender Erzähler*
> *einer unserer großen, freilich noch zu entdeckender Erzähler*
> *einer unserer großen, freilich zu entdeckender Erzähler*

Es ergibt sich ein auch von der Reihenfolge nahegelegtes Verständnis

([freilich] erst) noch zu entdeckender,

wobei *noch* durch *erst* und dieses durch *freilich* bestimmt werden. Die oben angesprochene Irritation geht von der Endung der Form *entdeckend-er* aus. Alle zwischen *unserer* und *Erzähler* einfügbaren Adjektive müssen nämlich die Endung *-en* tragen:

> *einer unserer*   *Erzähler*
>   *großen, bedeutenden, unbekannten,*
>   *noch zu lesenden, noch zu entdeckenden [...]*

Die in dem Zeitungsartikel stehende Form *zu entdeckender* wäre richtig, wenn weiter vorn nicht *einer* sondern *ein* stünde, dem freilich nicht *unserer großen* folgen könnte:

> *Norbert Scheuer wird erkennbar als ein [unserer großen,] vom breiten Publikum freilich erst noch zu entdeckender Erzähler.*

Vermutlich geriet der Verfasser über dem relativ umfangreichen Komplex zwischen *einer* und *Erzähler* von der einen Konstruktion in die andere. Dadurch wurde das syntaktische Bauprinzip der Kongruenz gestört: In dem von *einer* abhängigen in sich zusammengehörigen Komplex *unserer ... Erzähler* ist Kongruenz, also Übereinstimmung in den Flexionskategorien gefordert.

Das Beispiel verdeutlicht an einem recht komplizierten Fall, wie mit Hilfe der syntaktischen Analyse Fehler in Texten nicht nur beschrieben sondern auch erklärt werden können.

12.4. ZUM PROBLEM DES SATZGLIEDBEGRIFFS UND DER SATZGLIEDERMITTLUNG

Wenn für die Satzgliedermittlung die Umstellprobe an die erste Stelle des Satzes vor dem finiten Verb zusammen mit einer Ersatzprobe als sicheres Verfahren gilt, so liegt dem die Annahme zugrunde, dass in entsprechenden Sätzen stets nur ein Satzglied vor dem finiten Verb steht. Vorausgesetzt werden hier zum einen Verbalsätze (zu verblosen Sätzen vgl. Kapitel 13.), zum anderen Aussagesätze (vgl. Kapitel 15.), für die Zweitstellung des finiten Verbs gilt. Man kann dann die Satzglieddefinition an das Ermittlungsverfahren binden und das Satzglied als die größte, geschlossen an die Erststelle eines Aussagesatzes mit finitem Verb umstellbare Konstituente eines Satzes definieren.

Das Verfahren ist auch bei sehr komplexen Satzgliedern ohne Schwierigkeiten anwendbar. So steht in dem Satz in dem Th.-Mann-Text

hinter den Zäunen der Steinmetzereien, wo zu Kauf stehende Kreuze, Gedächtnistafeln und Monumente ein zweites, unbehaustes Gräberfeld bilden, regte sich nichts

ein umfangreicher Komplex vor dem finiten Verb *regte*, der durch das Pronominaladverb *dort* in gleicher Funktion ersetzbar wäre und somit ein einziges Satzglied bildet.

In einem Satz aus einem anderen Text von Th. Mann (Der kleine Herr Friedemann) heißt es:

Hier saß er oft in seiner Kindheit am Fenster, vor dem stets schöne Blumen prangten, auf einem kleinen Schemel zu den Füßen seiner Mutter.

Die Erststellenprobe funktioniert problemlos für *oft, in seiner Kindheit* und *er*:

*Oft **saß** er in seiner Kindheit hier am Fenster, ...*
*In seiner Kindheit **saß** er oft hier am Fenster, ...*
*Er **saß** in seiner Kindheit oft hier am Fenster, ...*

Der Rest macht irgendwie Schwierigkeiten:

*Hier am Fenster, vor dem stets schöne Blumen prangten, auf einem kleinen Schemel zu den Füßen seiner Mutter **saß** er oft in seiner Kindheit.*
*Hier am Fenster, vor dem stets schöne Blumen prangten, auf einem kleinen Schemel **saß** er oft in seiner Kindheit zu den Füßen seiner Mutter.*
*Zu den Füßen seiner Mutter **saß** er oft in seiner Kindheit hier am Fenster, vor dem stets schöne Blumen prangten, auf einem kleinen Schemel.*
*Auf einem kleinen Schemel **saß** er oft in seiner Kindheit hier am Fenster, vor dem stets schöne Blumen prangten, zu den Füßen seiner Mutter.*
*Hier am Fenster, vor dem stets schöne Blumen prangten, **saß** er oft in seiner Kindheit auf einem kleinen Schemel zu den Füßen seiner Mutter.*
*Am Fenster, vor dem stets schöne Blumen prangten, **saß** er hier oft in seiner Kindheit auf einem kleinen Schemel zu den Füßen seiner Mutter.*

Die Umstellungen erscheinen nicht alle gleich akzeptabel; es lässt sich aber nicht sicher erkennen, ob es sich um ein einziges oder um mehrere Satzglieder handelt.

Noch deutlicher werden die Schwierigkeiten, wenn in einem Satz zwei inhaltlich deutlich verschiedene Konstituenten vor dem finiten Verb stehen:

Gestern im Kino haben wir uns den Film [...] angesehen.

Die Temporalangabe *gestern* und die Lokalangabe *im Kino* sind dem Verständnis nach zwei verschiedene Konstituenten, die ja auch jede für sich vor dem Verb *haben* stehen könnten. Wenn es sich demnach um zwei Satzglieder handeln muss, so kann die Zweitstellung des finiten Verbs kein ausnahmslos gültiges Gesetz sein; dann wiederum kann man aber auch keine Satzglieddefinition verwenden, die diese Zweitstellung voraussetzt. Allerdings kann man für sehr viele Sätze von dieser Verbstellung ausgehen und die Satzglieder mit der Erststellenprobe ermitteln; das heißt, die Definition ist gültig, erfordert aber die Berücksichtigung von (regelhaften) Ausnahmen. Es bleibt damit die wissenschaftliche Aufgabe einer überall anwendbaren Satzglieddefinition, die nicht operational, sondern inhaltlich vorgeht.

Lit.: Hans-Werner Eroms, Syntax der deutschen Sprache, S. 351-370; Stefan Müller, Mehrfache Vorfeldbesetzung, Deutsche Sprache 31 (2003) S. 29-62; Claudia Wich-Reif, Zur Relevanz des Vorvorfeldbegriffs in Gegenwart und Geschichte, Sprachwissenschaft 32 (2008) S. 173-209

12.5. DEFINITIONEN

Die Definitionen zur Syntax sind in Kapitel 15 zusammengefasst.

12.6. LITERATUR

Die Literatur zur Syntax ist in Kapitel 15 zusammengefasst.

KAPITEL 13: SYNTAX II. SATZ UND SATZGLIED

13.1. EINSTIEG: GROSSSCHREIBUNG AM ANFANG UND PUNKT AM ENDE? ZUR SATZDEFINITION

In Kapitel 12.1. wurde vorläufig von den durch den Großbuchstaben am Anfang und den Punkt am Ende gegebenen Sätzen in einem Text ausgegangen. Eine solche Definition wäre – wenn überhaupt – nur für geschriebene Sprache verwendbar.

Für ein Wort wie *Satz* gibt ein Wörterbuch auch sprachwissenschaftlich brauchbare Informationen:

Sạtz, der; -es, Sätze, (als Maß- od. Mengenangabe auch:) - [mhd. sa(t)z = Lage; Verordnung, Gesetz, Vertrag; Ausspruch; Entschluss; Sprung, zu ↑ setzen, eigtl. = das Setzen; das Gesetzte; 1: seit dem 16. Jh. (wohl in Weiterführung der mhd. Bed. »Anordnung der Worte, in Worten zusammengefasster Ausspruch«)]: **1.** *im Allgemeinen aus mehreren Wörtern bestehende, in sich geschlossene, eine Aussage, Frage od. Aufforderung enthaltende sprachliche Einheit:* ein kurzer, langer, verschachtelter S.; ein einfacher, eingeschobener, abhängiger S.; Sätze bilden, konstruieren, analysieren; ich möchte dazu noch ein paar Sätze sagen *(mich dazu noch kurz äußern);* mitten im S. abbrechen; in abgehackten, zusammenhanglosen Sätzen sprechen; das lässt sich nicht in/mit einem S. erklären, sagen *(bedarf weitläufigerer Ausführungen).* **2.** *(in einem od. mehreren Sätzen) formulierte) Erkenntnis, Erfahrung od. Behauptung von allgemeiner Bedeutung; [philosophische od. wissenschaftliche] These:* ein sehr anfechtbarer S.; der S. *(Lehrsatz)* des Euklid, des Pythagoras; einen S. aufstellen, begründen, widerlegen. **3.** ⟨o. Pl.⟩ (Druckw.) **a)** *das Setzen* (3 g) *eines Manuskripts:* der S. beginnt, ist abgeschlossen; das Manuskript geht in [den] S., wird zum S. gegeben; **b)** *gesetzter Text, der die Vorlage für den Druck darstellt; Schriftsatz:* der S. muss korrigiert werden. **4.** (Musik) **a)** *Periode* (7 a); **b)** *in sich geschlossener Teil eines mehrteiligen Musikwerks:* der erste, zweite S. einer Sinfonie, Sonate, Suite; ein schneller, langsamer S.; **c)** *Art, in der ein Musikwerk gesetzt ist; Kompositionsweise:* ein zwei-, drei-, mehrstimmiger S.; ein homofoner, polyfoner S. **5.** (Amtsspr.) *in seiner Höhe festgelegter Betrag, Tarif für etw. [regelmäßig] zu Zahlendes od. zu Vergütendes* (z. B. Steuersatz, Beitragssatz, Zinssatz): ein hoher, niedriger S.; ein S. von 42 Cent pro Kilometer; der S. der Sozialhilfe. **6.** *bestimmte Anzahl zusammengehöriger [gleichartiger] Gegenstände [verschiedener Größe]:* ein S. Schüsseln, Kochtöpfe, Schraubenschlüssel; ein S. Reifen; einige S./Sätze Briefmarken; diese Beistelltische werden nur im S. verkauft. **7.** (EDV) *Gruppe in bestimmter Hinsicht zusammengehöriger Daten einer Datei; Datensatz.* **8.** *Bodensatz:* der S. von Kaffee, Wein; beim Abgießen der Flüssigkeit bleibt der S. zurück; auf dem Boden des Gefäßes hat sich ein schlammiger S. gebildet. **9.** (Badminton, Tennis, Tischtennis, Volleyball) *Spielabschnitt, der nach einer bestimmten Zahl von gewonnenen Punkten beendet ist:* einen S. [Tennis] spielen, gewinnen, verlieren; er verlor in drei Sätzen. **10.** *[großer] Sprung; großer [eiliger] Schritt:* einen großen S. machen; er machte einen S. über den Graben, zur Seite; in/mit wenigen Sätzen hatte er ihn eingeholt.

Duden. Deutsches Universalwörterbuch, S.1436

Die relevanten Angaben sind:
  a) in sich geschlossene sprachliche Einheit
  b) eine Aussage, Frage oder Aufforderung enthaltend
  c) im Allgemeinen aus mehreren Wörtern bestehend

Merkmal c gilt offensichtlich nicht ausnahmslos, wie der Ausdruck *im Allgemeinen* signalisiert. Demnach gibt es offenbar auch Sätze, die nur aus einem Wort bestehen. Merkmal b nimmt auf die kommunikative Funktion Bezug. Mit einem Satz wird nach etwas gefragt, wird zu etwas aufgefordert, wird etwas – im weitesten Sinne – ausgesagt. Merkmal a erscheint besonders schwierig zu greifen, weil der Aspekt *in sich geschlossen* nicht weiter bestimmt ist. Die Merkmale legen nahe, dass eine in der Regel über den Umfang eines Wortes hinausgehende sprachliche Einheit als Satz bezeichnet werden kann, wenn sie als geschlossene Einheit mit einer kommunikativen Funktion verstanden wird.

Was in dem Wörterbuchartikel fehlt, ist der Umstand, dass ein Satz in der Regel Teil eines größeren kommunikativen Zusammenhangs ist, den man insgesamt als Text im weitesten Sinne bezeichnen kann (vgl. Kapitel 18). Ein Satz ist dann eine derartige in sich geschlossene Einheit in einem Brief, einem Gespräch usw. Ein Text kann aus nur einem Satz bestehen, so wie ein Satz aus nur einem Wort.

In einer lateinischen Wette um den kürzesten Text glaubte sich der Schreiber eines Briefs mit dem einen kurzen Satz *Eo rus* 'Ich gehe aufs Land' schon am Ziel, wurde aber mit der Antwort seines Partners geschlagen: *I* 'geh'![1] Der eine Laut *i* ist die Form der 2. Person Singular im Imperativ des Verbs *ire* 'gehen', zu dem *eo* die 1. Person Indikativ Präsens Aktiv ist. Die Imperativform *I* allein kann einen Aufforderungssatz bilden, der hier zugleich der ganze Brieftext ist. Voraussetzung ist dabei allerdings, dass *I* in der gegebenen Situation als Antwortbrief identifiziert wird.

13.2. SATZ UND SATZGLIED
13.2.1. NOMINALSATZ UND VERBALSATZ

In den meisten Sätzen ist eine finite Verbform enthalten, nach deren Vorkommen solche Sätze als Verbalsätze bezeichnet werden. Der vorangestellten Satzdefinition genügen aber auch verblose Strukturen, in denen meist nominale Syntagmen eine geschlossene Einheit mit einer kommunikativen Funktion bilden. Man bezeichnet sie etwas verengt als Nominalsätze, wofür die präzisere Bezeichnung nicht-finite kommunikative Minimaleinheit vorzuziehen wäre. Handbücher nennen in diesem Zusammenhang meist zweigliedrige feste Wendungen wie *Träume, Schäume*. Tatsächlich kommen aber in bestimmten Textsorten oder Textpositionen häufig Nominalsätze vor, so z.B. in Überschriften zu Zeitungsartikeln (Fränkischer Tag vom 12. 5. 2009):

---

[1] Zitiert bei Hans-Martin Gauger, Das ist bei uns nicht Ouzo. Sprachwitze, München 2007, S. 129

> *Niederlage für Stadtwerke*
> *Der Papst in Israel*
> *Zu nass für den Salat*
> *Amok-Alarm an Gymnasium bei Bonn*

Daneben gibt es aber auch Überschriften in Verbalsatz-Form:

> *MAN-Affäre weitet sich aus*

In der Textsorte der gesprochenen Sportreportage kommen häufig auch komplexere Nominalsätze vor, z.B.:

> *ZDF-Übertragung: DFB-Pokal Werder Bremen : FC Augsburg*
> *21.43 Uhr   Klasse Pass auf Özil. Özil verfolgt von Reinhardt.*
> *21.46 Uhr   Dann das Foul von Frings. Nächste Freistoßsituation für den FC Augsburg*
> *22.12 Uhr   Pizzaro nicht im Abseits. Pizzaro Tor!*

13.2.2. SATZGLIEDBESTIMMUNG IM VERBALSATZ: VERBVALENZ

Im Verbalsatz lässt sich vom Verb aus die Funktion der übrigen Satzglieder bestimmen. Die Weglassprobe lässt erkennen, welche Satzglieder für den Satz grammatisch konstitutiv sind und welche fehlen können, ohne dass der Satz grammatisch unvollständig wird. Das Verb ist in keinem Fall weglassbar; es bildet den grammatischen Kern des Satzes. In dem Satz *Er hatte jetzt eine neue Sprache, die ihm ganz allein gehörte.* ist nur das Satzglied *jetzt* weglassbar. Die Satzglieder *er* und *eine neue Sprache, die ...* sind notwendig, um mit dem verbalen Satzkern *hatte* zusammen einen grammatisch vollständigen Satz zu bilden. Derartige verbabhängige Satzglieder werden als **Ergänzungen** bezeichnet, die übrigen – wie *jetzt* – als **freie Angaben**. Ergänzungen sind in ihrer Bedeutung und Form vom Verb festgelegt; ihre Verwirklichung im Satz ist aber nicht in jedem Fall notwendig (dazu vergleiche man weiter unten Abschnitt 13.2.3.).

Das Verb *haben* erfordert in der hier vorliegenden Bedeutung 'besitzen' stets zwei Ergänzungen, eine Ergänzung im Nominativ und eine im Akkusativ. Dies lässt sich durch Ersatzproben für diese beiden Satzglieder überprüfen:

> *Er*   *eine neue Sprache.*
> *Der Mann*   *hatte*   *einen Hut.*
> *Die Familie*   *einen neuen Wagen.*
> abstraktes Satzmuster:
> *Jemand*   *hat*   *etwas.*

Die Struktur derartiger Sätze lässt sich abstrakt darstellen:

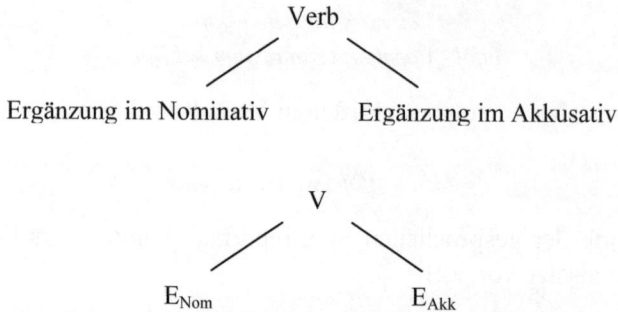

Die Symbole E_{Nom}, V und E_{Akk} stehen für die Bestandteile eines Satzes; die Verbindungslinien sollen die Abhängigkeit der Ergänzungen vom Verb ausdrücken.

Der Ersatz des Verbs durch andere Verben mit ähnlicher Bedeutung lässt diese Abhängigkeit der Ergänzungen besonders deutlich werden:

Er	*hatte*	*eine neue Sprache.*
Er	*verfügte*	*über eine neue Sprache.*
Ihm	*gehörte*	*eine neue Sprache.*

Verfügen fordert zwei Ergänzungen, und zwar eine Ergänzung im Nominativ und eine Präpositionalergänzung. Die Präposition *über* ist fest. Das Satzmuster ist: *Jemand verfügt über etwas.*

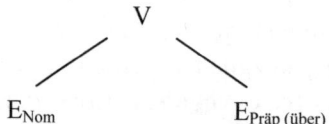

Gehören fordert zwei Ergänzungen, und zwar eine Ergänzung im Nominativ (*eine neue Sprache*) und eine im Dativ (*ihm*). Das Satzmuster ist: *Etwas gehört jemandem.*

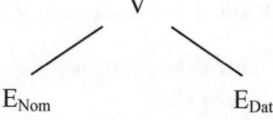

Die Fähigkeit des Verbs, Ergänzungen in bestimmter Zahl und Gestalt an sich zu binden, nennt man **Valenz** oder Wertigkeit und so spricht man von einwertigen, zweiwertigen usw. Verben. Im Blick auf die Valenz wird das Verb als Satzkern aufgefasst. Der verbale Satzkern und die von ihm abhängigen Ergänzungen konstituieren den Satz. Die hier im Ansatz vorgeführte **Valenzgrammatik** hat sich bei der Beschreibung der Syntax der deutschen Gegenwartssprache besonders bewährt. Im Hinblick auf das Prinzip der Abhängigkeit, der **Dependenz**, spricht man auch von **Dependenzgrammatik**.

13.2.3. ERGÄNZUNGEN, AKTANTEN UND SEMANTISCHE ROLLEN

Die vom Verb geforderten Satzglieder bezeichnen die an dem vom Verb ausgedrückten Vorgang oder Zustand beteiligten Größen; sie werden **Aktanten** genannt. Der ganze Satz bezeichnet einen Sachverhalt; man spricht in diesem Sinne vom propositionalen Gehalt des Satzes oder kurz von der **Proposition** (vgl. auch Kapitel 19.2.1.). Zum Sachverhalt 'Besitz einer Sache' gehören zwei Aktanten, die ihrer Bedeutung nach den Besitzer und die besessene Sache bezeichnen. Solche abstrakten Größen bezeichnet man auch als **semantische Rollen**. Bei dem Verb *haben* in der Bedeutung 'besitzen' bezeichnet die Nominativ-Ergänzung den Besitzer, die Akkusativ-Ergänzung das Besessene. In der Nominativ-Ergänzung wird die semantische Rolle des Handelnden, das Agens, realisiert, in der Akkusativ-Ergänzung die des die Handlung Erleidenden, das Patiens.

Der alte Mann	*hatte*	*eine neue Sprache*
E_{Nom}		E_{Akk}
Besitzer	'besitzen'	Besessenes
Agens		Patiens

Bei der Wahl eines anderen Verbs für denselben Sachverhalt ändern sich die semantischen Rollen der Aktanten nicht, auch wenn sie syntaktisch eine andere Gestalt erhalten. Das Verb *gehören* beschreibt den Sachverhalt Besitz gewissermaßen aus umgekehrter Sicht:

etwas	*gehört*	*jemandem*
E_{Nom}		E_{Dat}
Besessenes	'besessen werden'	Besitzer
Patiens		Agens

Kapitel 13

Bei manchen Verben sind nicht alle Ergänzungen in jedem Satz realisiert. Das Verb *reden* kann allein mit einem Subjekt auftreten, ist somit obligatorisch nur einwertig. Zum Vorgang des Redens gehören aber sehr oft als weitere Aktanten die Gegenstände, über die oder von denen geredet wird, sowie die Zuhörer, zu denen oder mit denen geredet wird. Diese Aktanten können in einem Satz durch fakultative Ergänzungen bezeichnet werden, deren Form und Bedeutung dann ebenfalls vom Verb festgelegt wird:

jemand redet [(*mit jemandem*) (*über jemanden oder über etwas*)]

Der fakultative Charakter dieser Ergänzungen bedingt, dass sie grammatisch gesehen weglassbar sind. Diese Eigenschaft teilen sie mit den freien Angaben, von denen sie also nicht durch die Weglassprobe unterschieden werden können. Im Unterschied zur freien Angabe bleiben sie aber inhaltlich als Bezeichnungen von Aktanten mit dem Verb verbunden.

Eine der durch die Valenz geforderten Ergänzungen ist gegenüber den anderen durch eine formale Übereinstimmung mit dem finiten Verb hervorgehoben. Die Ergänzung im Nominativ und das verbale Satzglied zeigen in der Flexionskategorie des Numerus und der Person Kongruenz:

Er	*hatte*	eine	neue	*Sprache.*
3. Person	3. Person			
Singular	Singular			

Wir	*haben*	eine	neue	*Sprache.*
1. Person	1. Person			
Plural	Plural			

Die durch diese Kongruenz gegebene Sonderstellung wird auch in der speziellen Bezeichnung der Nominativergänzung als **Subjekt** berücksichtigt. Die anderen Ergänzungen in den übrigen Kasus werden auch **Objekte** genannt. Für die Kasusforderung des Verbs an die Objekte wird auch der Begriff **Rektion** verwendet, der bereits in Kapitel 12. benutzt wurde.

Für Sätze ohne finites Verb kann der Valenzbegriff nicht ohne weiteres verwendet werden, somit auch nicht die Terminologie der Satzglieder. Es ist aber stets möglich, den einzelnen Konstituenten semantische Rollen von Aktanten zuzuweisen; so ist der im letzten Beispiel in Abschnitt 13.2.1. genannte Spieler zweifellos Agens.

13.2.4. DIE FREIEN ANGABEN

Das weglassbare Satzglied *jetzt* in dem Satz *Er hatte jetzt eine neue Sprache,...* bezeichnet den Zeitpunkt, zu dem der ausgedrückte Sachverhalt vorlag. Für viele Sachverhalte lassen sich Zeit und Ort angeben sowie weitere Umstände, unter denen sich der Sachverhalt vollzieht. Als Beispiel wird der verkürzte erste Satz des Textes in Kapitel 8 gewählt:

> *Gustav Aschenbach [...] hatte an einem Frühlingsnachmittag des Jahres 19.. [...] von seiner Wohnung in der Prinzregentenstraße zu München aus allein einen weiten Spaziergang unternommen.*

Nach Umstell- und Ersatzproben zur Ermittlung der Satzglieder und Weglassproben zur Ermittlung der valenzabhängigen (in diesem Fall obligatorischen) Ergänzungen bleibt als grammatisches Satzminimum übrig:

> *Gustav Aschenbach hatte einen weiten Spaziergang unternommen.*

Weglassbar sind die Satzglieder:

> – *an einem Frühlingsnachmittag des Jahres 19..*
> – *von seiner Wohnung in der Prinzregentenstraße zu München aus*
> – *allein.*

Es handelt sich um eine Temporalangabe (A_{Temp}), eine Lokalangabe (A_{Lok}) und eine Modalangabe (A_{Mod}), in denen Umstände der Zeit, des Ortes und der Art und Weise beschrieben werden. Als weiteren Typ gibt es Kausalangaben (A_{Kaus}). Darunter versteht man neben Angaben des Grundes im eigentlichen Sinne auch konsekutive, konditionale, konzessive und finale Angaben.

In der graphischen Darstellung des Satzes können die Angaben nicht dem Verb untergeordnet werden, da sie nicht von ihm gefordert sind; sie betreffen vielmehr den Sachverhalt, das Geschehen insgesamt. Das wird deutlich bei dem zur Sicherung des Angabestatus in vielen Syntaxdarstellungen empfohlenen *geschehen*-Test, einer Paraphrase mit dem Verb *geschehen*:

> (*Aschenbach hatte einen Spaziergang unternommen,*)
> – *und das **geschah** an einem Frühlingsnachmittag*
> – *und das **geschah** von seiner Wohnung aus*
> – *und das **geschah** allein.*

Mit diesem Test lassen sich meist die freien Angaben von den fakultativen Ergänzungen unterscheiden, die stets Aktanten des Vorgangs bezeichnen.

Die Angaben werden in der Graphik dem Satz selbst untergeordnet; die gestrichelten Linien signalisieren den Unterschied zu den durchgezogenen Linien für die Dependenzbeziehung:

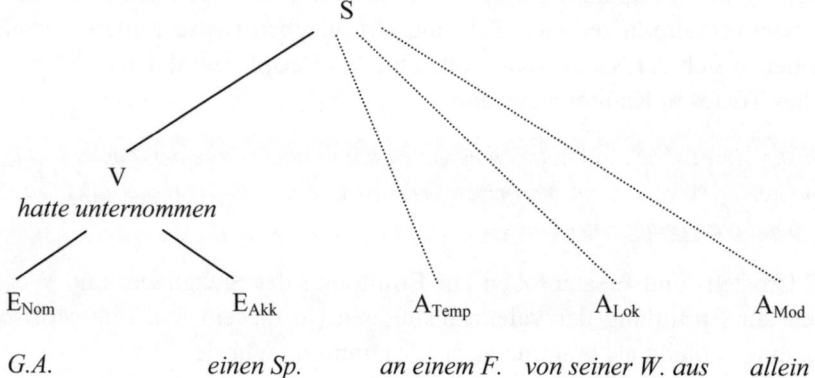

Mit diesem Beispiel wird deutlich, dass zur Analyse und Darstellung eine bestimmte Terminologie und vor allem ein Inventar von Satzgliedern, nämlich Ergänzungen wie Angaben, benötigt wird, mit dem alle vorkommenden Fälle erfasst werden. Dafür ist hier auf die Grammatiken und auf die Anleitungen zur Satzanalyse zu verweisen.

13.2.5. AUSBAU VON NICHTVERBALEN SATZGLIEDERN

Nichtverbale Satzglieder können unterschiedliche Komplexität aufweisen, wie in Kapitel 12. gezeigt wurde. Insbesondere können sie durch Attribute erweitert sein, was aber ihre Funktion im Satz als Ergänzung oder Angabe nicht berührt. Bei der Satzanalyse wird auf einer ersten Analysestufe von den Attributen abgesehen. Erst in einem weiteren Schritt werden die Satzglieder in ihrer Binnenstruktur analysiert (vgl. Kapitel 12).

13.2.6. KOMPLEXE VERBALE SATZGLIEDER

In der voranstehenden Satzanalyse sind komplexe verbale Formen als Einheit behandelt worden, was im Hinblick auf die Verbvalenz unproblematisch ist. Die Form *hatte unternommen* lässt sich noch genauer bestimmen: Sie besteht aus der Präteritumsform (3. Person Singular Indikativ) des Hilfsverbs *haben* und aus der Partizip-Präteritum-Form des Vollverbs *unternehmen*. Zusammen wird sie als Tempusform Plusquamperfekt bestimmt. Der Text in Kapitel 8 enthält weitere derartige Formen, die in gleicher Weise zu analysieren sind: *hatte gesucht, hatte überblickt, hatte genommen*.

In dem Verbalkomplex *verhelfen würden* ist eine Konjunktiv-II-Form des Hilfsverbs *werden* mit dem Infinitiv des Vollverbs *verhelfen* verbunden; für die Satzanalyse ist von der Valenz des Verbs *verhelfen* auszugehen: Das Satzmuster lautet *jemand verhilft jemandem zu etwas*.

In dem Verbalkomplex *zurückbringen sollte* ist eine Präteritumsform des Modalverbs *sollen* mit dem Infinitiv des Vollverbs *zurückbringen* verbunden. Auch hier ist für die Satzanalyse vom Vollverb auszugehen: *jemand sollte jemanden zurückbringen* parallel zu *jemand bringt jemanden zurück*.

Komplexe verbale Satzglieder tragen durch ihre Flexionskategorien Tempus und Modus sowie Genus verbi im erheblichen Umfang zur Satzbedeutung insgesamt bei; das wird ist in Kapitel 15 thematisiert.

13.3. SATZANALYSEN

Beispiel 1: Analyse einfacher Sätze aus dem Text von P. Bichsel in Kapitel 3

Auf einem kleinen Tisch steht ein Wecker, daneben liegen alte Zeitungen, an der Wand hängen ein Spiegel und ein Bild.

Die hier durch Kommas getrennten Einheiten sind selbstständige Sätze, die auch mit einem Punkt abgeschlossen werden könnten. Hier sollen sie als einzelne Sätze analysiert werden.

Auf einem kleinen Tisch steht ein Wecker.

Die umstellbaren Satzglieder *Auf einem kleinen Tisch* und *ein Wecker* sind von der Verbvalenz gefordert. *Stehen* in der Bedeutung 'sich befinden' verlangt eine E_{Nom}, die bezeichnet, was oder wer steht, und eine in der Form nicht festgelegte lokale Ergänzung, die bezeichnet, wo etwas oder jemand steht, sie wird als Adverbialergänzung bezeichnet. Das Satzmuster lautet: *Jemand oder etwas steht irgendwo.*

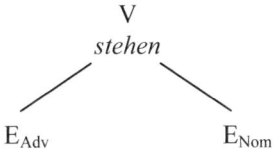

Die beiden anderen Sätze sind ganz parallel gebaut und ergeben dieselbe Analyse. Auch der Ausdruck *ein Spiegel und ein Bild* ist ein Satzglied, nämlich E_{Nom}. Das Attribut kann in diese Art der Darstellung integriert werden:

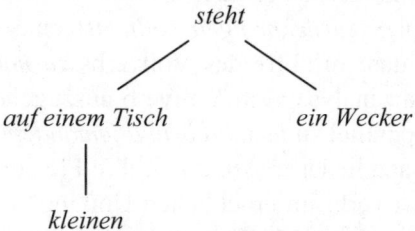

In einer anderen Darstellungsform werden die einzelnen Wörter eines Satzes untereinander aufgelistet und erhalten tabellarisch die syntaktischen Bestimmungen auf Wortebene, auf Satzgliedebene und auf Satzebene.

Text	Wortart	gramm. Best.	Satzglied-ebene	Satz-ebene
auf	Präp.	Kasus: Dat.		
einem	unb. Art.	Dat. Sing. Mask.		E_{Adv}
kleinen	Adj.	Dat. Sing. Mask.	Attribut	
Tisch	Subst.	Dat. Sing. Mask.		
steht	Verb	3. P. Sing. Ind. Präs.		verbaler Satzkern
ein	unb. Art.	Nom. Sing. Mask.		E_{Nom}
Wecker	Subst.	Nom. Sing. Mask.		

In einer weiteren Darstellungsweise werden die Satzglieder in der Reihenfolge ihres Auftretens im Satz hintereinander notiert:

Auf einem kleinen Tisch	*steht*	*ein Wecker*
E$_{Adv}$	V	E$_{Nom}$

Die bei den Strukturgraphiken explizit mögliche Veranschaulichung der Dependenz geht hier verloren; die Dependenz kommt aber dennoch in der Bezeichnung der Satzglieder als E = Ergänzung oder A = Angabe zum Ausdruck. Weitere Aspekte der Analysedarstellung werden im Zusammenhang komplexerer Sätze in Kapitel 14. besprochen.

Beispiel 2: Analyse komplexer Verbformen

> *überreizt ... hatte der Schriftsteller dem Fortschwingen ... nicht Einhalt zu tun vermocht ...*

Die Ergänzungen *der Schriftsteller* und *dem Fortschwingen* sind durch die Valenz des Ausdrucks *Einhalt tun* bestimmt: *jemand tut jemandem / einer Sache Einhalt*. Dieser verbale Ausdruck ist hier durch das modal verwendete Verb *vermögen* im Plusquamperfekt modifiziert, das durch das Partizip *vermocht* und das Hilfsverb *hatte* gebildet wird. Das modale Verb *vermögen* erfordert die Konstruktion des modifizierten verbalen Ausdrucks *Einhalt tun* im Infinitiv mit dem Zusatz *zu*. Es geht also in dem Satz zunächst darum, dass jemand einer Sache Einhalt tut ('etwas Störendes abstellt'), dann darum, dass jemand die Fähigkeit besitzt, einer Sache Einhalt zu tun, und schließlich, dass er diese Fähigkeit vor der erzählten Situation nicht besessen hat. An dieser Bedeutung ist die Negationspartikel *nicht* beteiligt, die aus der Perspektive der Verbvalenz den Status einer freien Angabe hat, ferner das Tempus Plusquamperfekt und die Bedeutung des modalen Verbs *vermögen*.

Für den Satz insgesamt ergibt sich folgender Ansatz, der in Kapitel 14. bei der weiteren Analyse wieder aufgegriffen wird:

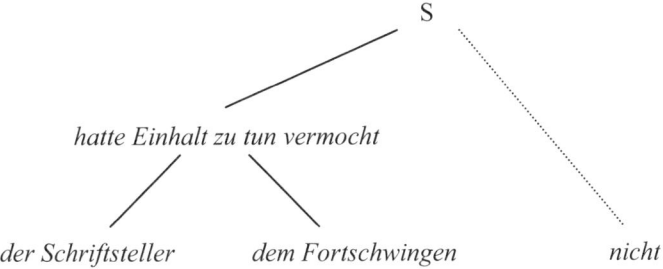

13.4. ZUM PROBLEM DER ANALYSE KOMPLEXER VERBALER FORMEN

Aus einem Kommentar in der Frankfurter Allgemeinen Zeitung vom 12.8.2009:

> *Und es konnte als Fortsetzung der Machtspiele zwischen Putin und Medwedjew aufgefasst werden, indem sich der Präsident als der zivilisiertere Staatsmann zu profilieren wollen schien.*

Der mit *indem* beginnende Teilsatz soll hier isoliert betrachtet werden. Als Satzglieder können ermittelt werden:

der Präsident – als der zivilisiertere Staatsmann

Sie erfüllen die Valenz des Verbs *sich profilieren* und realisieren das Satzmuster *jemand profiliert sich als jemand*.

Ein Detailproblem ergibt sich zunächst mit dem Reflexiv-Pronomen *sich*. Manche Verben werden ausschließlich mit dem Reflexiv-Pronomen verwendet, wie z.B. *sich schämen*. Das Verb ist echtreflexiv; für die Valenzbestimmung wird das Reflexiv-Pronomen nicht berücksichtigt. Das Satzmuster lautet: *jemand schämt sich*. In anderen Fällen ist das Reflexiv-Pronomen aber durch andere Ergänzungen ersetzbar, wie z. B. bei *sich waschen*. Hier steht das Reflexiv-Pronomen als Akkusativergänzung zu *waschen*, wie das Satzmuster zeigt: *jemand wäscht jemanden oder etwas*. Das Verb *profilieren* wird wohl überwiegend reflexiv verwendet, ist aber laut Duden. Deutsches Universalwörterbuch – wenngleich seltener – mit anderen Akkusativergänzungen verwendbar: *jemanden oder etwas profilieren*. Das wäre bei der Analyse zumindest zu diskutieren.

Von grundsätzlicher Bedeutung ist jedoch die Frage, ob nicht das Modalverb *wollen* und das modale Verb *scheinen* auch Valenz besitzen und entsprechend zu analysieren wären:

jemand scheint etwas zu tun
jemand will etwas tun

Diese Satzmuster zeigen übrigens deutlich, dass Modalverben wie *wollen* den Infinitiv ohne *zu* anschließen, modale Verben wie *scheinen* aber mit *zu*, wodurch der Konstruktionsfehler in dem zitierten Satz deutlich beschreibbar wird:

jemand scheint etwas zu tun, nämlich *zu wollen*
jemand will etwas tun, nämlich *sich profilieren als ...*

Es muss also in dem Satz am Ende lauten: *... profilieren zu wollen schien.*

Bei der getrennten Analyse der verbalen Bestandteile gibt es mehrere Valenz tragende Verben und demzufolge eine entsprechend stark untergliederte Struktur:

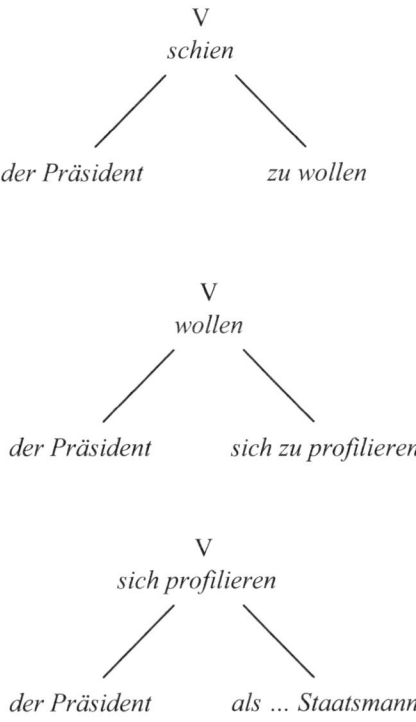

Diese untergliederte Analyse verdeutlicht die komplexen Strukturen; im Satz steht die E$_{Nom}$ *der Präsident* tatsächlich nur einmal. Dazu kommt, dass die Verben *wollen* und *sich profilieren* nicht in finiter Form gebraucht werden. Für eine zusammenhängende Analyse spricht, dass der Satz nach seiner Proposition derart beschreibbar ist, dass es darum geht, dass der Präsident sich als ... Staatsmann profiliert, was dahingehend modifiziert ist, dass er das zu wollen schien.

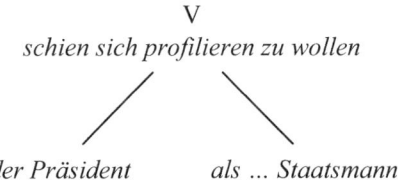

Lit.: H.-W. Eroms, Syntax der deutschen Sprache, S. 137-151 (5.3. Die Valenz der Hilfsverben); K. Welke, Einführung in die Satzanalyse, S. 194-243 (8 Komplexe Prädikate)

13.5. Definitionen

Die Definitionen zur Syntax sind in Kapitel 15 zusammengefasst.

13.6. Literatur

Die Literatur zur Syntax ist in Kapitel 15 zusammengefasst.

KAPITEL 14: SYNTAX III. GESAMTSATZ UND TEILSATZ

14.1. EINSTIEG: WIEDERHOLTE EINBETTUNG

Ernst Jandl, darstellung eines poetischen problems

>   ein
>   wort
>   neben
>   das
>
>   ein wort
>   neben das
>   ein zweites
>   wort tritt
>   [...]
>
>   ein wort neben das ein zweites
>   neben das ein drittes neben das
>   ein viertes neben das ein fünftes
>   neben das ein sechstes wort tritt
>   [...]

Ernst Jandl, der künstliche Baum, Sammlung Luchterhand 9, Neuwied am Rhein und Berlin 1970, S. 88 (gekürzt)

Ausgangspunkt des Textes ist das Syntagma *ein wort*, das durch ein satzförmiges Attribut erweitert wird: *neben das ein zweites wort tritt*. Jandl nutzt dann die Möglichkeit der weiteren Einbettung, denn auch das Syntagma *ein zweites wort* kann wieder durch einen Attributsatz erweitert werden: *neben das ein drittes wort tritt*. Das immer gleiche Verb *tritt* kann dann erspart werden; es muss nur einmal am Ende stehen. Ein Ende ist nicht vorgegeben und vom Autor auch nicht vorgesehen: Am Seitenende steht nach der letzten Zeile:

ein zehntes neben das ein elftes neben das ein zwölftes wort tritt   etc.

Was Ernst Jandl hier im Sinne der konkreten Poesie mit konkretem sprachlichen Material thematisiert und zeigt, ist die Möglichkeit, innerhalb von Sätzen und von Satzgliedern immer wieder Attribute in Form von Sätzen einzubetten. So entstehen komplexe Sätze mit Teilsätzen.

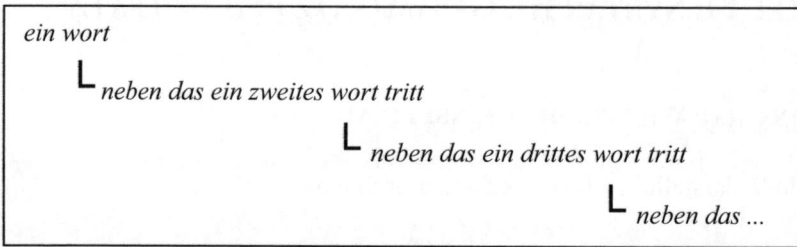

14.2. Gesamtsatz und Teilsatz
14.2.1. Sätze als Teile von Satzgliedern

Mit der Satzgliedermittlung in Kapitel 12.2.1. konnte bereits gezeigt werden, dass in Satzgliedern Strukturen enthalten sein können, die satzartigen Charakter haben, den man insbesondere am finiten Verb erkennen kann. In dem Satz

Er hatte jetzt eine neue Sprache, die ihm ganz allein gehörte.

gibt es zwei finite Verben (*hatte* und *gehörte*), und bei entsprechender Umstellung der Verbform *gehörte* kann man aus dem Komplex *die ... gehörte* auch eine selbstständige in sich geschlossene Einheit bilden:

Die gehörte ihm ganz allein.

Umstellprobe und Ersatzprobe zeigen, dass der *die*-Satz Teil des Satzgliedes *eine neue Sprache* ist.

Eine neue Sprache, die ihm ganz allein gehörte, hatte er jetzt.
Das   hatte er jetzt.

Ein Satz kann also weitere satzartige Konstruktionen als Teile von Satzgliedern enthalten, sogenannte **Gliedteil-Sätze**. Sie sind als weglassbare Erweiterungen Attribute und demzufolge sind sie mit ihrem Kern zusammen umstellbar und ersetzbar; sie können nicht ohne den Kern im Satz auftreten (vgl. auch Kapitel 12.2.1.).

14.2.2. Sätze als Satzglieder

Außer Attributen, also Satzgliedteilen, können auch Satzglieder Satzgestalt besitzen. Die Umstellprobe erweist den *weil*-Satz als Satzglied des gesamten Satzes:

Er mußte lachen, weil er all das nicht verstand.

Weil er all das nicht verstand, mußte er lachen.

Die Ersatzprobe mit *deshalb* bestätigt diesen Befund:

Deshalb mußte er lachen.

Ebenso lässt sich der *dass*-Satz als Satzglied bestimmen:

und das Besondere war, daß das alles dem Mann plötzlich gefiel.

Umstellprobe: *und daß das alles dem Mann plötzlich gefiel, war das Besondere.*
Ersatzprobe: *und das war das Besondere.*

Der *weil*-Satz oder seine Entsprechung *deshalb* fungiert im Gesamtsatz als Angabe, da er nicht von dem verbalen Ausdruck *mußte lachen* gefordert wird. Diese Angabe in Satzform ist in sich wie ein Satz beschreibbar, wenn man die die Verbindung und Unterordnung kennzeichnende Subjunktion *weil* abtrennt:

Er verstand all das nicht.

Der *dass*-Satz oder seine Entsprechung *das* fungiert im Gesamtsatz als vom Verb geforderte Nominativ-Ergänzung. Diese Ergänzung in Satzform ist auch als Satz beschreibbar, wenn man die Subjunktion *dass* abtrennt:

Das alles gefiel dem Mann plötzlich.

Sätze, die als Satzglieder in anderen Sätzen fungieren, werden als **Gliedsätze** bezeichnet.

14.2.3. VERBSTELLUNG

Dem Verfahren der Satzgliedermittlung durch Umstellproben liegt die für viele Sätze zutreffende Annahme zugrunde, dass das finite Verb in einem selbstständigen Satz nach dem ersten Satzglied steht, was als Zweitstellung bezeichnet wird (vgl. Kapitel 12.4.).
Die bisher analysierten Gliedsätze und Gliedteilsätze hingegen haben das finite Verb in Endstellung:

*die ihm ganz allein **gehörte***
*weil er all das nicht **verstand***
*daß das alles dem Mann plötzlich **gefiel***

Zusammen mit der Endstellung des finiten Verbs sind die Teilsätze durch das Auftreten eines Einleitewortes einer ganz bestimmten Wortart (vgl. Kapitel 7) charakterisiert:

die = Relativ-Pronomen
wie = Subjunktion
dass = Subjunktion

Nichteingeleitete Teilsätze können Zweitstellung und auch Spitzenstellung des finiten Verbs haben:

*Er sagte, er **kann/könne** nicht kommen.*
***Kommt** er zu spät, fahren wir ohne ihn ab.*

In beiden Fällen ist eine Umformung in einen eingeleiteten Teilsatz mit Endstellung des Verbs möglich:

*Er sagte, **dass** er nicht kommen **könne**.*
***Wenn** er zu spät **kommt**, so fahren wir ohne ihn ab.*

Durch diesen Test können nichteingeleitete Teilsätze von selbstständigen Sätzen mit Spitzenstellung oder Zweitstellung des finiten Verbs unterschieden werden:

***Kommt** er zu spät?*
*Er **kann** nicht kommen.*

14.2.4. ZUR TERMINOLOGIE KOMPLEXER SÄTZE

Gliedsätze und Gliedteilsätze sind abhängige Sätze, die Teile von übergeordneten Sätzen, den Träger- oder Matrixsätzen, sind. Sie werden nach der syntaktischen Funktion klassifiziert:

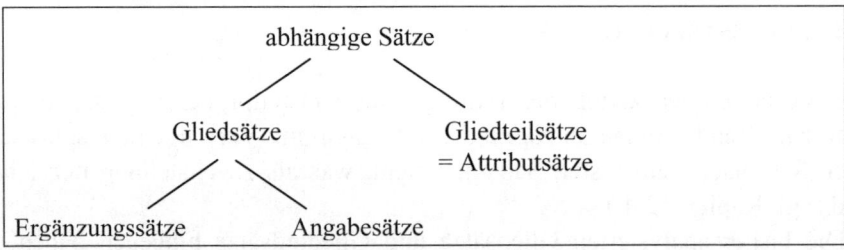

Sätze, die Teilsätze enthalten, sind komplex; sie werden, wie auch einfache Sätze, als Ganzes als Gesamtsatz bezeichnet. Damit ist grundsätzlich die Einheit gemeint, die mit einem Satzschlusszeichen endet (Punkt, Ausrufezeichen, Fragezeichen) und aufgrund der verschiedenen Proben als zusammengehörig ermittelt werden kann. Komplexe Sätze werden auch Satzgefüge genannt. Die traditionelle Redeweise von Hauptsatz und Nebensatz ist ungenau und kann manchmal irreführend sein, da komplexe Strukturen mit dieser Terminologie nicht erfasst werden. Für einen Attributsatz und seinen Trägersatz lässt sich problemlos vom Hauptsatz *Er hatte jetzt eine neue Sprache* und dem Nebensatz *die ihm ganz allein gehörte* sprechen. Es kann aber zu fehlerhaften Satzanalysen führen, wenn man etwa einen Ergänzungssatz als 'Nebensatz' isoliert und den übrigen Teil des Gesamtsatzes, in dem der Ergänzungssatz als Satzglied fungiert, als 'Hauptsatz' getrennt analysiert: *und das Besondere war,* [*daß* ...].

14.3. SATZANALYSEN

Beispiel 1:
In dem Text in Kapitel 3.1. lässt sich folgender Satz abgrenzen:

– *und das Besondere war, daß das alles dem Mann plötzlich gefiel.*

Anstelle des Anschlusses mit Gedankenstrich wäre auch ein Satzschluss mit Punkt und Großschreibung am Anfang (*Und* ...) denkbar. Der Satz enthält zwei Verbformen: *war* und *gefiel*, die einen Aufbau des ganzen Satzes aus zwei Teilsätzen anzeigen. Die Subjunktion *daß* bezeichnet syntaktische Unterordnung und ist ein typisches Einleitewort abhängiger Sätze. Als abhängiger Satz muss der *dass*-Satz Teil eines Trägersatzes sein. Die Umstellprobe und die Ersatzprobe haben ihn in Abschnitt 14.2.2. bereits als Satzglied ausgewiesen:

– *und daß das alles dem Mann plötzlich gefiel, war das Besondere.*
– *und das   war das Besondere.*

Die Konjunktion *und* lässt sich nicht umstellen, sie ist kein Satzglied, sondern verbindet hier lediglich den Satz mit dem vorhergehenden Teilsatz.

Das Verb *sein* (in der Form *war*) wird in dem Satz zweiwertig verwendet; beide Ergänzungen stehen im Nominativ, wobei eine der anderen prädikativ zugeordnet ist:

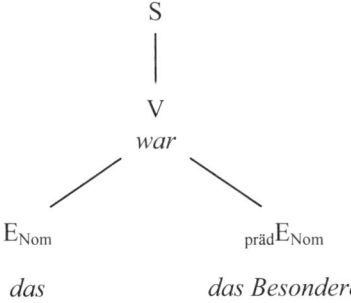

KAPITEL 14

Die Nominativ-Ergänzung ist selbst satzförmig:

    Umstellproben: *das alles gefiel dem Mann plötzlich*
                         dem Mann gefiel das alles plötzlich
                         plötzlich gefiel dem Mann das alles

    Weglassprobe: *das alles gefiel dem Mann*

Verbvalenz:

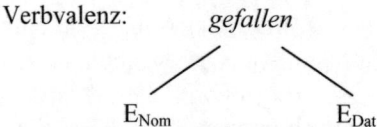

plötzlich ist eine Modalangabe (vgl. auch Kapitel 13.2.4.).

Satzstruktur:

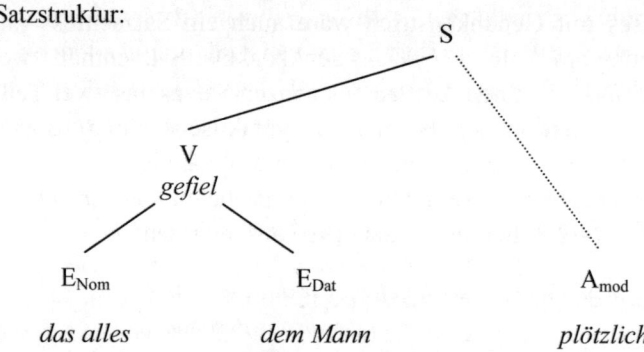

Bei der Darstellung des ganzen Satzes wird die Darstellung des abhängigen Satzes in die des übergeordneten Satzes eingefügt:

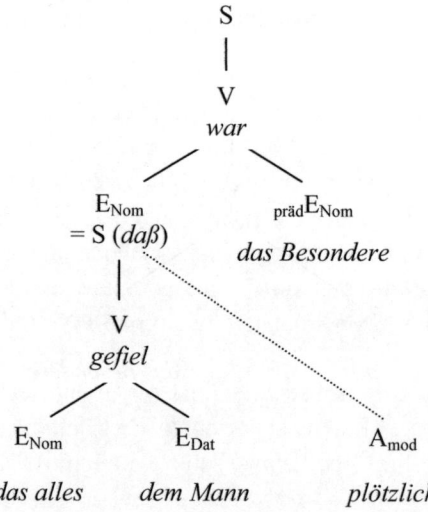

180

Bei umfangreicheren Sätzen wird diese verbreitete Art der Darstellung in sogenannten Strukturbäumen oder Baumgraphen schnell unübersichtlich. Dann erweist sich die folgende Form als vorteilhaft:

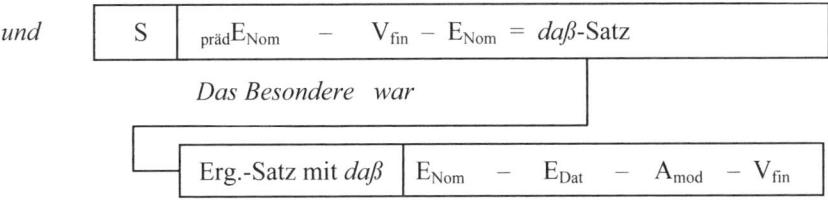

Bei dieser Darstellung werden die Satzglieder in der Reihenfolge ihres Auftretens im Satz hintereinander notiert, die Gefügestruktur wird mit den Kästen graphisch durch Einrückung veranschaulicht, was besonders bei Satzgefügen mit vier, fünf oder noch mehr Teilsätzen hilfreich ist.

Ein weiterer Vorteil dieser Darstellung liegt darin, dass hier die Reihenfolge der Satzglieder abgebildet werden kann. Auch sie besitzt syntaktische Funktion und ist deshalb bei der Satzanalyse zu berücksichtigen (dazu vgl. Kap. 15.). Die mögliche weitere Strukturierung unterhalb der Satzebene ist bei dieser Darstellung gesondert zu behandeln.

Beispiel 2:

Da das Tor zum Gesetz offensteht wie immer und der Türhüter beiseitetritt, bückt sich der Mann, um durch das Tor in das Innere zu sehen.

a) Es sind drei finite Verbformen *(offensteht, beiseitetritt, bückt)* und ein Infinitiv *(zu sehen)* festzustellen. *beiseitetritt* befindet sich in Endstellung, die mit der einleitenden Subjunktion *da* korrespondiert (untergeordneter Teilsatz); für *offensteht* ließe sich die Endstellung leicht herstellen: *wie immer offensteht.* Kafka hat an dieser Stelle die Angabe ausgeklammert, vermutlich, um sie zu betonen (zur Ausklammerung vgl. Kapitel 15.2.5.). Die Konjunktion *und* koordiniert die beiden Teilsätze, für die die Subjunktion *da* das gemeinsame Einleitewort ist. Die *da*-Sätze könnten durch *aus diesem Grund* oder *deswegen* ersetzt werden. *Da...beiseitetritt* ist also eine sehr komplexe Kausalangabe, die im Trägersatz an erster Stelle steht. Das finite Verb *bückt* befindet sich in Zweitstellung. Es handelt sich also um einen Aussagesatz/Satz mit der kommunikativen Funktion der Aussage (vgl. Kapitel 15).

b) Für den Trägersatz ergibt sich folgende Satzgliedbestimmung:

[aus diesem Grund] – bückt sich – der Mann –, um ... zu

KAPITEL 14

Das Verb *sich bücken* ist echtreflexiv und hier einwertig, *der Mann* ist die zugehörige E_{Nom}. Die durch *aus diesem Grund* ersetzbaren *da*-Sätze bilden eine Kausalangabe, der Infinitiv mit *um zu* gibt den Zweck an; er ist durch einen entsprechenden Teilsatz mit Subjunktion ersetzbar: *damit er in das Innere sieht*. Es ergibt sich folgender Ansatz für die Darstellung des Gesamtsatzes:

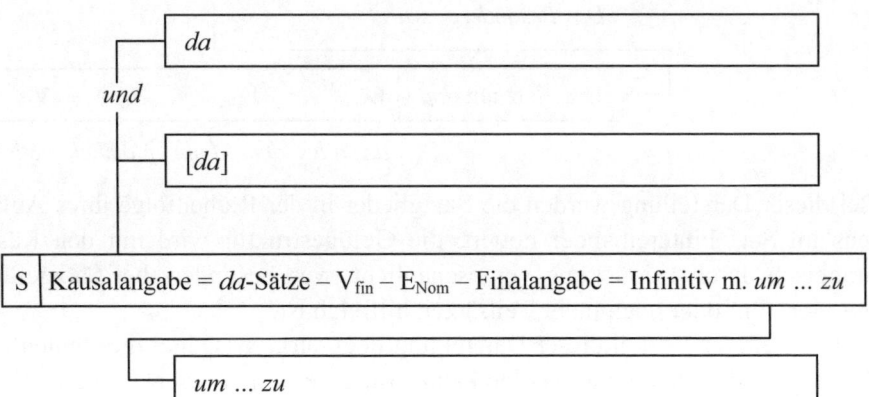

c) In *da*-Satz 1 ist das Verb *offensteht* einwertig, die zugehörige E_{Nom} ist *das Tor zum Gesetz; wie immer* ist weglassbar und durch die *geschehen*-Probe als freie Angabe (temporal) zu klassifizieren. In *da*-Satz 2 ist *beiseitetritt* ebenfalls einwertig, E_{Nom} ist *der Türhüter*.

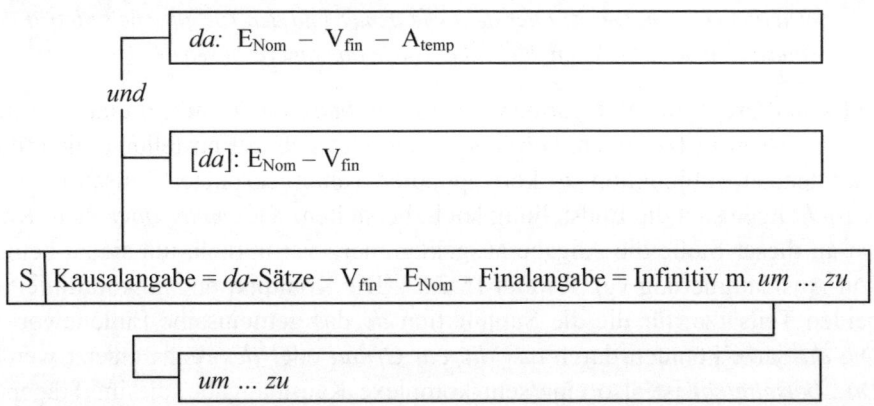

d) In der Infinitivkonstruktion ist von folgender Valenz des Verbs *sehen* auszugehen:
jemand sieht irgendwohin (auf etwas, in etwas, zu etwas). Da das Verb nicht in finiter Form, sondern eben als Infinitiv verwendet wird, ist die E_{Nom} nicht realisiert; sie ist durch die E_{Nom} des Trägersatzes inhaltlich gegeben. *durch das Tor* ist freie Angabe mit lokaler Bedeutung:

> Infinitiv mit *um ... zu ...* : $A_{lok} - E_{Adv} - V_{inf}$

Beispiel 3:

Beim Aumeister, wohin stillere und stillere Wege ihn geführt, hatte Aschenbach eine kleine Weile den volkstümlich belebten Wirtsgarten überblickt, an dessen Rand einige Droschken und Equipagen hielten, hatte von dort bei sinkender Sonne seinen Heimweg außerhalb des Parks über die offene Flur genommen und erwartete, da er sich müde fühlte und über Föhring Gewitter drohte, am Nördlichen Friedhof die Tram, die ihn in gerader Linie zur Stadt zurückbringen sollte.
(Text in Kapitel 8)

a) Alle Teilsätze mit Endstellung des Verbs kann man für die Ermittlung des Trägersatzes/der Trägersätze aller untergeordneten Strukturen weglassen. Es sind die folgenden; zur Verdeutlichung werden in dem ersten abhängigen Satz die elliptische Verbform *hatten* und im vierten Satz die elliptische Subjunktion *da* hinzugefügt:

– *wohin stillere und stillere Wege ihn geführt* [*hatten*]
– *an dessen Rand einige Droschken und Equipagen hielten*
– *da er sich müde fühlte*
– *und* [*da*] *über Föhring Gewitter drohte*
– *die ihn in gerader Linie zur Stadt zurückbringen sollte*

Das Gerüst des Gefüges besteht aus drei koordinierten Trägersätzen, wie an den drei finiten Verben in Zweitstellung erkennbar ist:

– *Beim Aumeister ... hatte Aschenbach ... den ... Wirtsgarten überblickt*
– [*er*] *hatte von dort ... seinen Heimweg ... genommen*
– *und* [*er*] *erwartete ... die Tram*

Die ersten beiden Trägersätze sind nur durch Interpunktionszeichen verbunden (asyndetisch), der zweite und der dritte durch die Konjunktion *und* (syndetisch). Im zweiten und dritten Trägersatz wird das im ersten Trägersatz genannte Subjekt (= E_{Nom}) nicht wiederholt, es kann weggelassen werden (Ellipse), weil es bereits genannt wurde. Die Gefügestruktur der drei Trägersätze lässt sich vorläufig darstellen:

KAPITEL 14

b) Die weitere Analyse folgt dem bereits erläuterten Verfahren (Umstell-, Ersatzprobe; *geschehen*-Test). Hier das Ergebnis (zu Satz 2 werden anschließend zusätzliche Erläuterungen gegeben):

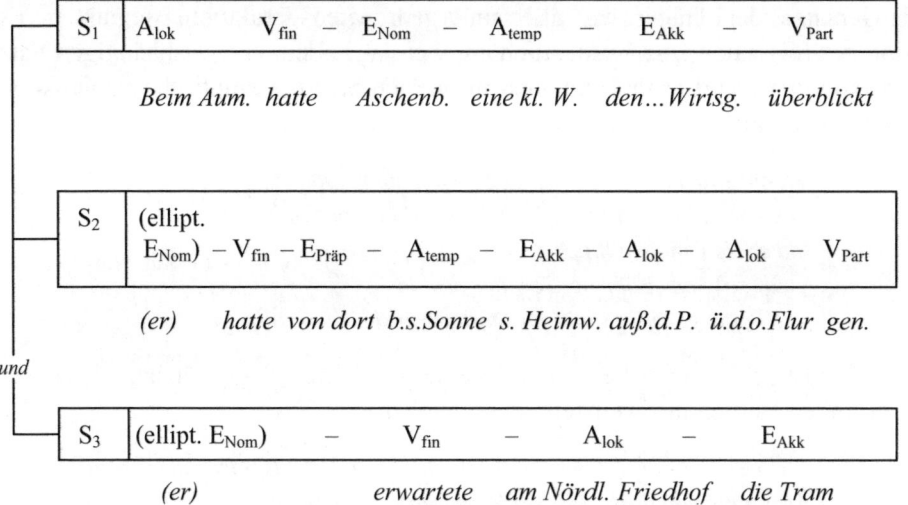

c) Die abhängigen Sätze lassen sich weiter unterscheiden:
Der Satz *da ... drohte* besteht aus zwei durch *und* koordinierten Sätzen, in deren zweitem die Subjunktion *da* erspart ist. Die beiden *da*-Sätze lassen sich durch *deshalb* ersetzen, sie sind somit Gliedsätze, und zwar wegen ihrer Unabhängigkeit von der Verbvalenz Angabesätze.

Die übrigen, ebenfalls weglassbaren Sätze stehen jeweils als Attributsätze zu einem Kern:

– *Beim Aumeister, wohin stillere und stillere Wege ihn geführt, ...*
– *den Wirtsgarten, an dessen Rand einige Droschken und Equipagen hielten, ...*
– *die Tram, die ihn in gerader Linie zur Stadt zurückbringen sollte.*

Im Gefüge werden sie folgendermaßen berücksichtigt:

Syntax III. Gesamtsatz und Teilsatz

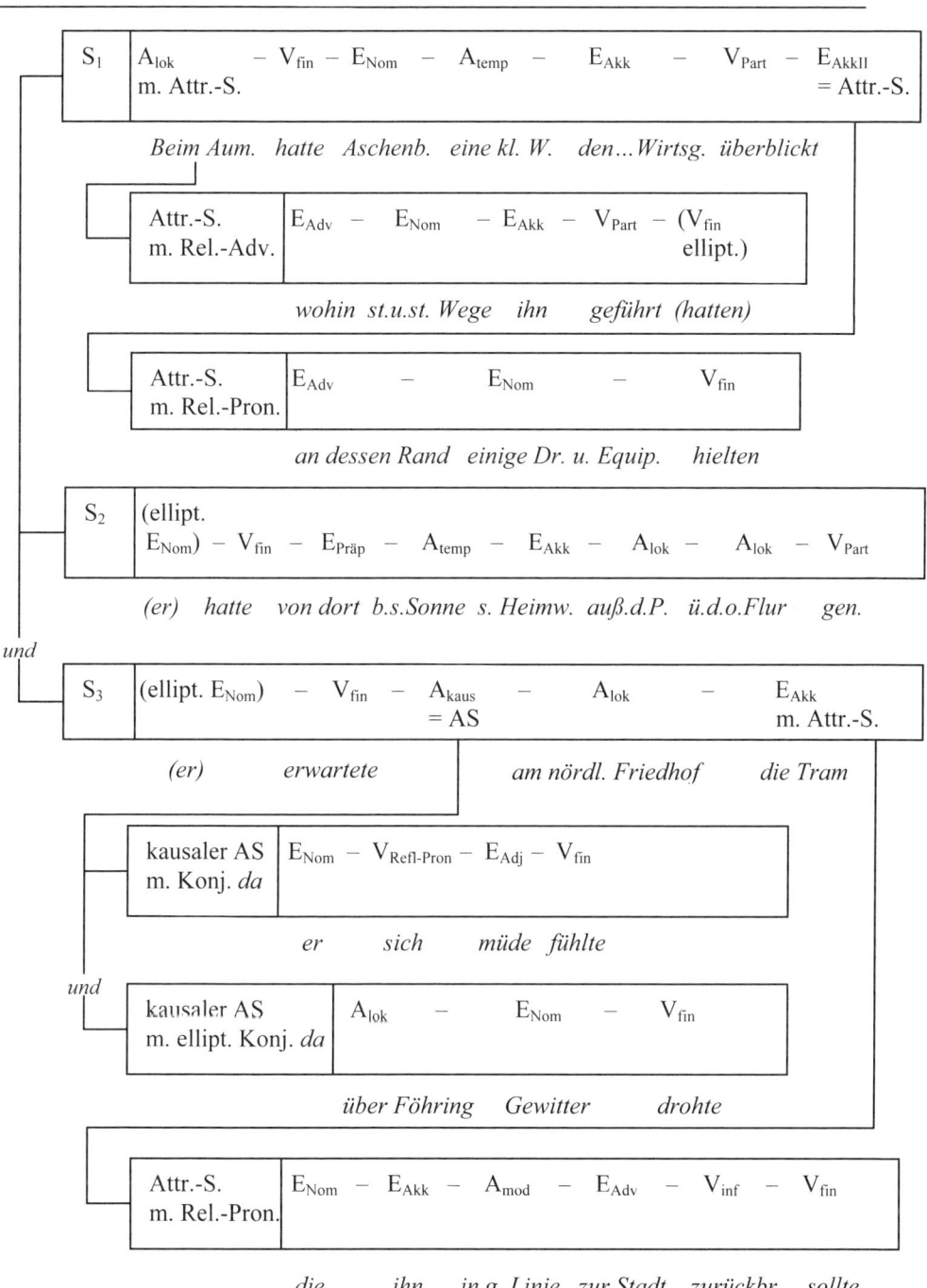

185

Die Binnenstruktur der einzelnen Satzglieder (ausgenommen die satzförmigen und satzartigen Teile) kann nun Satz für Satz behandelt werden.

Erläuterungen zu Satz 2:
Für das Verb *nehmen* ist hier von folgender Valenz auszugehen:

> *jemand nimmt seinen Weg von irgendwo nach irgendwo*

Die Präpositionalergänzung für das Ziel ist in dem vorliegenden Satz im Bestimmungswort *Heim-* inhaltlich realisiert; man vergleiche:

> *jemand nimmt von irgendwo seinen Weg nach Hause*
> *jemand nimmt von irgendwo seinen Heimweg*

Die Bezeichnung des Ausgangspunktes ist in der Präpositionalergänzung *von dort* realisiert. Für das Satzglied *über die offene Flur* könnte erwogen werden, ob es eine fakultative Ergänzung ist; man vergleiche:

> *jemand nimmt seinen Weg von a über b nach c*
> ähnlich
> *jemand fährt von a über b nach c*

Das Satzglied *außerhalb des Parks* wurde hier als Lokalangabe bestimmt, weil es an die erste Satzgliedstelle umstellbar erscheint und weglassbar ist. Würde es nach *über die offene Flur* stehen, so müsste es als Präpositionalattribut hierzu bestimmt werden.

Schwierigkeiten sind bei Originalsätzen aus Originaltexten normal und sollen deshalb auch in einer Einführung thematisiert werden. Wichtig ist, dass die verschiedenen Möglichkeiten der Analyse diskutiert werden und die Entscheidung für eine Möglichkeit sachgemäß begründet wird.

14.4. ZU PROBLEMEN DER RELATIVSÄTZE

Aus dem sehr umfangreichen Gebiet der abhängigen Sätze (Teilsätze, Nebensätze) soll in dieser Einführung nur ein Problembereich ansatzweise vertieft werden: die Relativsätze. Mit diesem Terminus wird das charakteristische Einleitewort zum entscheidenden Merkmal gemacht, das Relativwort. Es tritt in zwei Varianten auf:

> *und erwartete [...] die Tram,* **die** *ihn in gerader Linie zur Stadt zurückbringen sollte*
> *Beim Aumeister,* **wohin** *stillere und stillere Wege ihn geführt, [...]*

die ist ein Relativ-Pronomen und wie andere Pronomen nach Genus, Kasus und Numerus flektiert, *wohin* ist ein Relativ-Adverb und wie die Adverbien insgesamt unflektierbar. Die Flexionskategorien des Relativpronomens werden einerseits durch die Kongruenz mit dem Bezugswort in Genus und Numerus festgelegt, andererseits sind sie durch die syntaktische Rolle als Satzglied im Relativsatz bestimmt. Ein Kongruenzfehler in einem Text wurde im Einstieg zu Kapitel 12 aufgegriffen. Die Satzgliedrolle im Relativsatz hängt mit der Verbvalenz zusammen. In dem hier zitierten Beispiel ist *die* Nominativergänzung zu *bringen*. Bei einem anderen Verb, beispielsweise *fahren*, ändert sich die Satzgliedrolle:

die Tram, **mit der** *er in die Stadt fahren wollte*

In manchen regionalen Umgangsprachen begegnet auch die Verwendung des Relativadverbs *wo* in der Beziehung auf Personen, die nicht als standardsprachlich gilt: *der Mann, wo* (zur Umgangssprache vgl. Kapitel 20). In anderen Fällen stehen die Konstruktionen zum Teil auch standardsprachlich in Konkurrenz:

das Buch, nach dem er sucht
das Buch, wonach er sucht
das Buch, wo er nach sucht

Hier ergeben sich Probleme der Normfestsetzung und der Bewertung (Vgl. Duden-Grammatik, Nr. 1660. Diese Phänomene sind auch Gegenstand jüngerer Forschung; man vergleiche etwa Jürg Fleischer, Die Syntax von Pronominaladverbien in den Dialekten des Deutschen, 2002).

Der syntaktischen Funktion nach sind Relativsätze sehr oft Attribute (vgl. *die Tram, die ...*), können aber auch Satzglieder sein, insbesondere mit verallgemeinerndem Relativpronomen:

Wer wagt, gewinnt.

Der *wer*-Satz steht für die Nominativergänzung zu *gewinnt*. Wandelt man *wer* zu *derjenige, der* um, ist der Relativsatz als Attribut zu *derjenige* zu analysieren.

Schließlich gibt es Relativsätze, die nicht als Satzglieder und auch nicht als Attribute zu Satzgliedern im übergeordneten Satz verstanden werden können:

Er hat mich besucht, was mich gefreut hat.

Der Satz kann auf verschiedene Weise umgeformt werden, womit die Funktion des *was*-Satzes verdeutlicht werden kann:

Er hat mich besucht. Das hat mich gefreut.

Er hat mich zu meiner Freude besucht.

In allen drei Konstruktionen kommentiert der Sprecher den Sachverhalt 'Er hat mich besucht', und zwar in einem selbstständigen Satz (*Das hat mich gefreut*), in einer in den Satz eingefügten modalen Angabe der Sprecherbewertung (*zu meiner Freude*) oder in einem sogenannten weiterführenden Relativsatz (*was mich gefreut hat*). Weiterführende Relativsätze werden auch als Satzattribute bezeichnet, womit gemeint ist, dass sie sich attributiv auf einen Trägersatz als Ganzen und kein bestimmtes Satzglied darin beziehen.

Lit.: R. Bergmann, in: Studien zur deutschen Grammatik. Johannes Erben zum 60. Geburtstag, S51-66; H.-W. Eroms, Sprachwissenschaft 34 (2009) S. 115-150

14.5. DEFINITIONEN

Die Definitionen zur Syntax sind in Kapitel 15 zusammengefasst.

14.6. LITERATUR

Die Literatur zur Syntax ist in Kapitel 15 zusammengefasst.

KAPITEL 15: SYNTAX IV. SATZMODUS UND MITTEILUNGSSTRUKTUR

15.1. EINSTIEG: WAS IST EIN AUSRUFESATZ?

\multicolumn{2}{l}{Grundlegende sprachliche Strukturen und Begriffe}
Satz	Satzzeichen: Punkt, Komma, Fragezeichen, Ausrufezeichen, Doppelpunkt, Redezeichen Satzarten: Aussage-, Frage-, Ausrufesatz wörtliche Rede
	Subjekt
	Prädikat
	Ergänzungen: Satzglied; einteilige, mehrteilige Ergänzungen
	Zeitstufen: Präsens, Präteritum, Perfekt

Niedersächsisches Kultusministerium, Kerncurriculum für die Grundschule. Schuljahrgänge 1 – 4. Deutsch, Hannover 2006, S. 29

Wie auch sonst in Lehrplänen korrespondieren die Satzzeichen Punkt, Fragezeichen und Ausrufezeichen mit den Satzarten Aussage-, Frage- und Ausrufesatz. Wo etwas mehr Klarheit geboten wird[1], wird zum Ausrufesatz noch die Kategorie Aufforderungssatz hinzugefügt. Damit sind deutlich verschiedene kommunikative Funktionen von Sätzen gemeint, die als Satzarten bezeichnet werden können:

etwas aussagen/mitteilen – Aussagesatz
nach etwas fragen – Fragesatz
zu etwas auffordern – Aufforderungssatz

Die Kategorie Ausruf bezieht sich dagegen nicht auf die kommunikative Funktion sondern auf die akustische Gestalt einer Äußerung; man vergleiche die Wörterbuchangabe zu *Ausruf*: 'kurze, laute Äußerung als Ausdruck einer Gemütsbewegung' (Duden. Deutsches Universalwörterbuch, S. 212).

---

[1] Zum Beispiel bei Johanna Echtermann, Mein Grundschulwissen – lernen und nachschlagen: Lexikon, Nürnberg 2007, S. 28

Die Merkmale eines Ausrufs sind also Emotionalität, Lautstärke, geringer Umfang. Die syntaktische Realisierung ist sehr vielgestaltig:

> *Hilfe! Wie schön! Das ist ja unglaublich! Wenn ich den erwische! Wer war das?*

Eine einfach definierbare syntaktische Kategorie *Ausrufesatz* gibt es nicht; inwieweit in der Syntax eine eigene Kategorie des Exklamativsatzes anzusetzen ist, ist Gegenstand der Diskussion.

Für die Terminologie der Satzarten und der ihnen zugeordneten Interpunktionszeichen lässt sich sagen, dass in Aussagesätzen am Ende ein Punkt steht, in Fragesätzen ein Fragezeichen und in Aufforderungssätzen ein Ausrufezeichen. Darüber hinaus werden Ausrufe mit einem Ausrufezeichen geschrieben, bilden aber keine feste Satzart mit durchgehenden Merkmalen.

Mit den genannten Satzarten ist ein unmittelbarer Zusammenhang mit der von der Pragmatik beschriebenen kommunikativen Funktion des Satzes gegeben (vgl. Kapitel 19).

15.2. Satzmodus und Mitteilungsstruktur
15.2.1. Proposition und Illokution: Satzmodi

Wenn es beispielsweise darum geht, dass Großeltern einem Enkelkind zum Geburtstag ein bestimmtes Buch kaufen, so kann dieser propositionale Gehalt in ganz verschiedenen kommunikativen Situationen und entsprechenden Funktionen geäußert werden:

> als Mitteilung (Aussage) eines Sachverhaltes, etwa als Antwort auf eine Frage
> *(Und was haben die Großeltern dem Kind geschenkt?)*
> *Die Großeltern haben dem Kind zum Geburtstag das Buch XY gekauft.*

> als Frage nach dem Vorliegen eines bestimmten Sachverhalts, etwa als Frage der Eltern des Kindes an die Großeltern: *Kauft ihr dem Kind zum Geburtstag das Buch XY?*, und es könnte weiter gefragt werden *oder sollen wir ihm das schenken?*

> als Aufforderung zu einem bestimmten Tun, etwa von den Eltern des Kindes an die Großeltern gerichtet: *Kauft ihr doch dem Kind das Buch XY zum Geburtstag!* und es könnte die Mitteilung folgen: *weil wir ihm schon etwas anderes schenken wollen.*

Die mit der Äußerung, der Lokution, verbundene kommunikative Absicht wird Illokution genannt. Sie ist nicht an eine bestimmte sprachliche Form des Satzes gebunden. Da unter Aufforderung sowohl Befehl als auch Wunsch verstanden werden, sind dafür die unterschiedlichsten sprachlichen Formen möglich.
Ebenso kann in verschiedenen sprachlichen Formen gefragt werden. Zur Beschreibung dieser Formen dient die Kategorie der Satzmuster, für die kommunikative (illokutive) Funktion soll der Ausdruck Satzmodus verwendet werden.

15.2.2. VERBSTELLUNGSMUSTER – SATZMUSTER

In Kapitel 14.2.3. wurden die Verbstellungstypen Erststellung, Zweitstellung und Endstellung im Zusammenhang mit der Beschreibung selbstständiger und abhängiger Sätze besprochen. Sie werden hier im Zusammenhang mit der kommunikativen Funktion der Äußerung erneut behandelt.

Eine feste Zuordnung zwischen der Position des finiten Verbs und einer syntaktischen Kategorie ist nur für die Endstellung gegeben, die nur im eingeleiteten abhängigen Satz (Nebensatz) vorkommt; umgekehrt haben eingeleitete abhängige Sätze stets Endstellung, worunter hier auch gewisse spezielle Fälle der Anordnung komplexer Verbformen verstanden werden sollen:

dass er kommt
dass er gekommen ist
dass er kommen soll
dass er hat kommen sollen

Für Erststellung und Zweitstellung des finiten Verbs sind die Verhältnisse komplizierter. Beide Positionen kommen im selbstständigen und im abhängigen Satz vor. (Zur Erststellung und Zweitstellung im abhängigen Satz vgl. Kapitel 14.2.3.)

Für selbstständige Sätze gilt:

Aussagesatz	–	Zweitstellung
Fragesatz	–	Erststellung in der Entscheidungsfrage
		Zweitstellung in der mit w-Wort eingeleiteten Ergänzungsfrage
Aufforderungssatz	–	Erststellung oder Zweitstellung

Beispiele:

    Aussagesatz: *Er trägt einen grauen Hut*
    Fragesatz:
        Entscheidungsfrage: *Trägt er einen grauen Hut?*
        Ergänzungsfragen: *Was trägt er?*
                                 Wer trägt einen grauen Hut? usw.
    Aufforderungssatz:
        Erststellung: *Trag doch mal den grauen Hut!*
        Zweitstellung: *Jetzt trag doch mal den grauen Hut!*

15.2.3. SATZMODUS

Zwischen dem jeweiligen Satzmuster und der kommunikativen Absicht, der Illokution muss unterschieden werden. Das Satzmuster kann der Illokution entsprechen: Der Fragesatz hat dann Fragefunktion. Es kann aber auch eine Aufforderung in Fragesatzform ausgedrückt werden: *Kann mal jemand das Fenster schließen?* Dieser Satz ist nur formal ein Fragesatz, funktional drückt er eine Aufforderung oder einen Wunsch aus. Das Satzmuster des Aussagesatzes kann auch zum Fragen verwendet werden, wenn die entsprechende Intonation hinzukommt:

    Er trägt einen grauen Hut?

Auch Wünsche oder Aufforderungen können in entsprechenden Situationen in Aussageform geäußert werden:

    Ansage des Lehrers im Unterricht: *Jetzt holen wir die Lateinbücher heraus!*

Für jeden selbstständigen Satz sind also bei der Analyse der Satzmodus und das Satzmuster zu bestimmen. Zum Teil wird für Satzmuster auch der Terminus Satzart gebraucht.

15.2.4. DIE MITTEILUNGSSTRUKTUR DES AUSSAGESATZES

Neben der Position des finiten Verbs ist auch die Anordnung der nichtverbalen Satzglieder von Bedeutung. Das Verfahren der Umstellprobe bei der Satzgliedermittlung könnte den Eindruck erwecken, als sei die Reihenfolge der Satzglieder beliebig. Tatsächlich ist aber in jedem Satz im Text eine bestimmte Reihenfolge gegeben, die nicht zufällig ist, sondern Ausdruck der Mitteilungsstruktur, und die so zur Bedeutung des Aussagesatzes beiträgt (vgl. auch Kapitel 14.3. Beispiel 2 Kafka).

In dem Text in Kapitel 3.1. gibt es Sätze, die diese Mitteilungsstruktur in sehr einfacher Form zeigen.

Er wohnt in einer kleinen Stadt, [...]
Er trägt einen grauen Hut [...]
und er hat einen dünnen Hals [...]

In diesen Sätzen wird mit dem Personalpronomen *er* auf den am Anfang der Geschichte eingeführten alten Mann Bezug genommen; er ist das nun bekannte Thema, über ihn erfolgen weitere Mitteilungen, die alle neue Informationen enthalten, wie insbesondere an den unbestimmten Artikeln (*einer, einen*) sichtbar wird. Bei einer vollständigen Satzanalyse ist auch diese Ebene mit zu berücksichtigen; dazu vergleiche man Kapitel 18.2.6.2. (Artikel) und 18.2.5. (Thema und Rhema).

15.2.5. DIE FELDER IM AUSSAGESATZ – UMKLAMMERUNG UND AUSKLAMMERUNG

Bei der Beschreibung der Reihenfolge der Satzglieder, der Topologie des Satzes, wird für den Aussagesatz ausgehend von der Stellung des finiten Verbs von Feldern gesprochen.

Die Position vor dem in Zweitstellung befindlichen Verb wird Vorfeld genannt. Elemente vor dem Satzglied im Vorfeld wie etwa Konjunktionen stehen dann im Vorvorfeld:

Denn	*er*	*trägt*	*einen grauen Hut.*
Vorvorfeld	Vorfeld	finites Verb	Mittelfeld

Die weitere Feldergliederung ergibt sich aus der in deutschen Sätzen häufigen Komplexität der Verbformen, deren Bestandteile dann im Satz aufgespalten werden:

Die finite Verbform bleibt in diesen Fällen in Zweitstellung, die anderen, infiniten Elemente (Infinitiv, Partizip) stehen am Ende des Satzes. Die beiden Verbteile umklammern das Mittelfeld des Satzes:

Er	*hat*	*einen grauen Hut*	*getragen.*
Vorfeld	finites Verb	Mittelfeld	infinite Verbform

Sofern Satzglieder oder Satzgliedteile erst nach der infiniten Verbform stehen, befinden sie sich im Nachfeld, sie sind ausgeklammert (vgl. Kapitel 14.3.):

Er	hat	einen Hut	getragen,	der grau war.
Vorfeld	finites Verb	Mittelfeld	infinite Verbform	Nachfeld

Die Besetzung des Vorfeldes kann als Mittel der Hervorhebung benutzt werden, wenn dort Satzglieder platziert werden, die aufgrund ihres Mitteilungswertes in der Regel erst später im Satz stehen würden. Das Nachfeld wird oft genutzt, um das Mittelfeld nicht zu umfangreich und demzufolge unübersichtlich werden zu lassen.

15.3. SATZANALYSEN

Beispielhaft werden Ausschnitte aus der Packungsbeilage des Medikaments Mucosolvan analysiert:

Liebe Patientin, lieber Patient!
Bitte lesen Sie diese Gebrauchsinformation aufmerksam, weil sie wichtige Informationen darüber enthält, was Sie bei der Anwendung dieses Arzneimittels beachten sollen. Wenden Sie sich bei Fragen bitte an Ihre Ärztin/Ihren Arzt oder Ihre Apothekerin/Ihren Apotheker.

Gegenanzeigen
Wann dürfen Sie MUCOSOLVAN HUSTENSAFT 30 mg/5 ml nicht einnehmen?
Sie dürfen MUCOSOLVAN HUSTENSAFT 30 mg/ 5 ml nicht einnehmen bei bekannter Überempfindlichkeit gegen Ambroxolhydrochlorid, dem Wirkstoff des Arzneimittels, oder einen der sonstigen Bestandteile.
Bei Vorliegen einer Fructoseintoleranz sollte MUCOSOLVAN HUSTENSAFT 30 mg/5 ml nicht eingenommen werden. Im Zweifelsfalle sollte der Arzt befragt werden.
Wann dürfen Sie MUCOSOLVAN HUSTENSAFT 30 mg/5 ml erst nach Rücksprache mit Ihrem Arzt einnehmen?
Im Folgenden wird beschrieben, wann Sie MUCOSOLVAN HUSTENSAFT 30 mg/5 ml nur unter bestimmten Bedingungen und nur mit besonderer Vorsicht einnehmen dürfen. Befragen Sie hierzu bitte Ihren Arzt. Dies gilt auch, wenn diese Angaben bei Ihnen früher einmal zutrafen.

Was müssen Sie in Schwangerschaft und Stillzeit beachten?

Was ist bei Kindern zu berücksichtigen?
Der Wirkstoff Ambroxol darf bei Kindern unter

Häufig ein Warnzeichen: regelmäßiger Husten
Dringen größere Partikel in die Luftwege – z. B. beim „Verschlucken", werden sie durch Husten herausgeschleudert. In diesen Fällen ist der Husten ein sinnvoller Schutzreflex, der die Luftwege freihält und die lebenswichtige Sauerstoffversorgung des Körpers sichern hilft. Tritt der Husten jedoch regelmäßig auf, muss er als Warnzeichen einer mehr oder weniger schweren Erkrankung von Lunge oder Luftwegen angesehen werden.

1. **Vermeiden Sie Luft-Belastungen!**
Hier ist vor allem das Rauchen gemeint. Denn jede Art von Rauchen (aktiv oder passiv) schadet Ihren Atemwegen und verzögert bzw. verhindert den Heilungsprozess. Deshalb gilt der Rat: Rauchen Sie selbst nicht. Und versuchen Sie, vor allem bei akuter Erkrankung, Räume zu meiden, wo stark geraucht wird.
2. **Beugen Sie Infekten vor!**
Sie können viel tun. Etwas Sport, selbst Bewegung an frischer Luft sorgt schon für eine bessere Abhärtung der Atemwege.
Gesunde Ernährung und ausreichend Vitamine sind ebenfalls wertvoll für eine gute Vorbeugung.
3. **Folgen Sie den Anweisungen Ihres Arztes!**
Er weiß am besten, was gut für Sie ist. Und wenn Sie trotzdem weiter Schwierigkeiten haben, dann fragen Sie ihn erneut um Rat.

Ausschnitte aus der Packungsbeilage des Medikamentes Mucosolvan

Der Text enthält die Satzmuster Aussagesatz, Aufforderungssatz und Fragesatz, die jeweils an der Stellung des finiten Verbs und an anderen Merkmalen erkennbar sind. Durch die der Textsorte Brief entsprechende Anrede des Empfängers, hier des Käufers und Anwenders des Medikaments, in der Form *Liebe Patientin, lieber Patient!* wird eine Kommunikationssituation geschaffen, in der Fragen und Aufforderungen möglich und plausibel sind. Zunächst werden die **Satzmuster** anhand der Verbstellung beschrieben.

Die Aufforderungssätze sind an der Spitzenstellung des Verbs und am Ausrufezeichen als Satzschlusszeichen erkennbar:

Vermeiden Sie Luft-Belastungen!
Beugen Sie Infekten vor!
Folgen Sie den Anweisungen Ihres Arztes!

Die Verbform ist dem Anredepronomen *Sie* entsprechend die der 3. Pers. Ind. Präs., die hier als Imperativ (2. Pers. Distanz) gebraucht wird.

Spitzenstellung des Verbs kann auch in abhängigen Sätzen, und zwar in Konditionalsätzen, auftreten:

Tritt der Husten jedoch regelmäßig auf,
muss er als Warnzeichen ... angesehen werden.

Spitzenstellung des Verbs kann auch bei Fragesätzen vorkommen; in dem Textausschnitt kommen aber nur Fragesätze mit Zweitstellung vor, die an dem einleitenden Fragepronomen (*w*-Wort) erkennbar sind:

Wann dürfen Sie...?
Was müssen Sie...?
Was ist...?

Zweitstellung des Verbs kommt schließlich in dem Text auch in Aussagesätzen vor:

In diesen Fällen ist der Husten ein sinnvoller Schutzreflex, ...
Deshalb gilt der Rat: ...

Das Satzmuster allein legt noch nicht den **Satzmodus** fest. Aufgrund der Kommunikationssituation und der damit zusammenhängenden Textsorte dienen die Aufforderungssätze des Textes tatsächlich dem Appell an die Leser, bestimmte Verhalten zu verwirklichen oder zu vermeiden. Der Aufforderungscharakter wird auch in einigen Sätzen, die dem Muster nach Aussagesätze sind, insofern realisiert. Erkennbar ist er dann allein am Satzinhalt:

> *Deshalb gilt der Rat: ...*
> *Denn jede Art von Rauchen schadet Ihren Atemwegen.*

Das Fragesatzmuster dient in dem Text nicht dem Fragen im eigentlichen Sinne, nämlich dass der Fragesteller etwas erfragen will. Vielmehr werden hier mögliche Fragen der Leser formuliert. Diese haben gleichzeitig textstrukturierende Funktion.

Umklammerung und **Ausklammerung** sollen nun an zwei Aussagesätzen beschrieben werden:

> *Bei Vorliegen einer Fructoseintoleranz **sollte** Mucosolvan Hustensaft [...] nicht **eingenommen werden**.*

Die komplexe Verbform aus Modalverb *sollte* und Infinitiv Passiv *eingenommen werden* bilden die verbale Umklammerung. Im Vorfeld steht das Satzglied *Bei Vorliegen...*

> *Sie **dürfen** Mucosolvan Hustensaft [...] nicht **einnehmen** bei bekannter Überempfindlichkeit gegen Ambroxolhydrochlorid, dem Wirkstoff des Arzneimittels, oder einen der sonstigen Bestandteile.*

Die komplexe Verbform aus dem Modalverb *dürfen* und dem Infinitiv *einnehmen* bildet die verbale Umklammerung, in der aber nur ein Satzglied (E_{Akk}) steht. Die konditionale Angabe *bei bekannter Überempfindlichkeit ...* hat einen erheblichen Umfang und eine komplexe Attributstruktur und ist deshalb zur Erleichterung des Verständnisses ausgeklammert[2].

Für die Analyse der Satzgliedfolge in Aussagesätzen im Hinblick auf die Mitteilungsstruktur vgl. Kapitel 18.2.5. (Thema – Rhema) und 18.3. (Analyse).

---

[2] Die Komplexität ist wohl auch die Ursache für den Konstruktionsfehler: Die Apposition *Wirkstoff des Arzneimittels* muss im gleichen durch die Präposition *gegen* geforderten Kasus Akkusativ stehen wie das Bezugswort *Ambroxolhydrochlorid* und der mit *oder* angeschlossene Ausdruck *einen der sonstigen Bestandteile*. Es muss also grammatisch korrekt *den Wirkstoff* heißen.

15.4. Zum Problem einer ganzheitlichen Satzanalyse

> Freundschaftsdienste
> Als Beispiel für die richtige Art, Freunden einen Dienst zu erweisen, gab Herr K. folgende Geschichte zum besten. »Zu einem alten Araber kamen drei junge Leute und sagten ihm: ›Unser Vater ist gestorben. Er hat uns siebzehn Kamele hinterlassen und im Testament verfügt, daß der Älteste die Hälfte, der zweite ein Drittel und der Jüngste ein Neuntel der Kamele bekommen soll. Jetzt können wir uns über die Teilung nicht einigen; übernimm du die Entscheidung.‹ Der Araber dachte nach und sagte: ›Wie ich es sehe, habt ihr, um gut teilen zu können, ein Kamel zu wenig. Ich habe selbst nur ein einziges Kamel, aber es steht euch zur Verfügung. Nehmt es und teilt dann, und bringt mir nur, was übrigbleibt.‹« Sie bedankten sich für diesen Freundschaftsdienst, nahmen das Kamel mit und teilten die achtzehn Kamele nun so, daß der Älteste die Hälfte, das sind neun, der Zweite ein Drittel, das sind sechs, und der Jüngste ein Neuntel, das sind zwei Kamele bekam. Zu ihrem Erstaunen blieb, als sie ihre Kamele zur Seite geführt hatten, ein Kamel übrig. Dieses brachten sie, ihren Dank erneuernd, ihrem alten Freund zurück.«
> Herr K. nannte diesen Freundschaftsdienst richtig, weil er keine besonderen Opfer verlangte.

Bertolt Brecht, Geschichten vom Herrn Keuner, Werkausgabe edition suhrkamp. Gesammelte Werke in 20 Bänden, Band 12, Frankfurt am Main 1967, S. 389f.

Für einen einzelnen Satz dieses Textes ist seine **Zugehörigkeit zu diesem Text** von Bedeutung, der zweifach als Geschichte charakterisiert ist: Auf der ersten Ebene hat der Autor Brecht die ganze Sammlung, aus der der Text genommen ist, Geschichten vom Herrn Keuner genannt. Innerhalb dieser Geschichte wird das, was Herrn K. *zum besten gibt*, wiederum Geschichte genannt. Es wird also etwas **erzählt**, was das **Tempus Präteritum** bedingt.

In dem Satz *Zu ihrem Erstaunen blieb, als sie ihre Kamele zur Seite geführt hatten, ein Kamel übrig.* steht das Verb *übrigbleiben* im Präteritum (*blieb*), das Verb *führen* in dem *als*-Satz im Plusquamperfekt. Damit wird eine zeitliche Abfolge ausgedrückt. Das Plusquamperfekt *geführt hatten* bezeichnet das dem Präteritum *blieb übrig* vorangegangene Geschehen.

Der Satz zeigt als **selbständiger Aussagesatz** mit dem Modus Indikativ Zweitstellung des finiten Verbs und Endstellung in dem abhängigen *als*-Satz. Nach Umstell- und Ersatzproben ergeben sich für die Struktur des Satzes folgende **Satzglieder**:

Zu ihrem Erstaunen, als sie ... geführt hatten, ein Kamel.

KAPITEL 15

Das Verb *übrigbleiben* ist einwertig: *etwas bleibt übrig. ein Kamel* ist demnach E Nom. Der *als*-Satz ist Gliedsatz, und zwar temporaler Angabesatz. *zu ihrem Erstaunen* ist ebenfalls Angabe, und zwar mit modaler Bedeutung. In dem *als*-Satz lassen sich die Satzglieder *sie, ihre Kamele, zur Seite* ermitteln, die drei Ergänzungen des Verbs *führen* realisieren: *jemand führt jemanden irgendwohin*.

S	A_{mod}	–	V_{fin}	–	A_{temp} = AS	–	E_{Nom}	–	$V_{Best\text{-}Wort}$
	Zu ihrem E.		blieb,		als...hatten,		ein Kamel		übrig

	AS mit Subj. *als*	E_{Nom}	–	E_{Akk}	–	E_{Adv}	–	$V_{Part}V_{fin}$
		sie		ihre Kamele		zur Seite		geführt hatten

Durch die Possessivpronomen *ihrem* und *ihre* und das Personalpronomen *sie* ist der Satz mit dem vorhergehenden Text verbunden: Die Pronomen beziehen sich alle auf die drei jungen Leute. Auch die Wortwiederholung *Kamel(e)* verküpft den Satz mit dem Vortext. Sowohl die Pronominalformen als auch die Formen *Kamele* und *Kamel* sind daher **thematisch**. Neu und damit **rhematisch** sind in dem Satz zum einen das *Erstaunen*, zum anderen und vor allem die Tatsache, dass ein Kamel übrigbleibt. Wie diese Mitteilungstruktur in der *Topologie* ausgedrückt wird, erkennt man, wenn man sich andere mögliche Reihenfolgen der Satzglieder vorstellt:

a) *Als sie ihre Kamele zur Seite geführt hatten, blieb zu ihrem Erstaunen ein Kamel übrig.*
b) *Ein Kamel blieb zu ihrem Erstaunen übrig, als sie ihre Kamele zur Seite geführt hatten.*

Mit der Vorfeldbesetzung durch die A_{mod} *zu ihrem Erstaunen* wird eine Hervorhebung bewirkt, die zugleich Spannung hervorruft, da der Grund für das Erstaunen noch unbekannt ist. Die Einbettung des *als*-Satzes verzögert die Auflösung und steigert somit die Spannung. In der Umstellung a werden die beiden Schritte des Geschehens der faktischen Abfolge entsprechend erzählt, was unauffällig wirkt. In Umstellung b wird die tatsächliche Abfolge sprachlich umgekehrt, wodurch der *als*-Satz wie ein Nachtrag wirkt. Die im Text gegebene Reihenfolge bringt die Pointe *ein Kamel übrig* ans Ende und damit an die Stelle mit dem höchsten Mitteilungswert.

Das Beispiel kann verdeutlichen, welchen Aufwand eine Satzanalyse verursacht, in der alle Ebenen der Syntax berücksichtigt werden und auch noch der Kontext mit einbezogen wird. Zunächst kann nicht auf diesen verzichtet werden, weil beispielsweise mit der Textsorte auch Vorgaben für das Tempus verbunden sind, und weil der anaphorische und damit thematische Charakter einzelner Satzglieder nicht ohne den Vortext erkannt werden kann. Damit lässt sich die Satzanalyse eigentlich nicht aus der Textanalyse lösen, womit zugleich Aspekte der Pragmatik mit ins Spiel kommen. Auf der Satzebene selbst sind Satzmuster und Satzmodus, die Gesamtsatzstruktur und schließlich die Satzglieder der Teilsätze zu bestimmen. Für die Satzglieder selbst wäre dann noch die Ausgestaltung durch Attribute zu beschreiben und bei den flektierten Wortformen die einzelnen Flexionsmorpheme. Der dafür insgesamt erforderliche Aufwand verdeutlicht, welche komplexen Prozesse beim Produzieren und Rezipieren eines Satzes ablaufen.

15.5. DEFINITIONEN

Aktant	die an einem Sachverhalt beteiligte Größe
Angabe	Satzglied, das den Umstand des ausgedrückten Sachverhalts (Ort, Zeit, Art und Weise, Grund i.w.S.) bezeichnet; eine Angabe wird nicht von der Verbvalenz gefordert, weshalb sie auch freie Angabe genannt wird.
Angabesatz	Angabe in Form eines abhängigen Satzes (Gliedsatz)
asyndetisch	ohne Konjunktionen in Koordination stehende Elemente
Attribut	innerhalb eines Satzgliedes auftretende, weglassbare Erweiterung zu einem übergeordneten Kern; Attribute können auch weiter attribuiert sein, das sind Attribute zweiten, dritten usw. Grades. Attribute kann man nach dem verwendeten Wortmaterial bestimmen (z.B. Adjektivattribut) oder nach der Art der Verknüpfung (z.B. Genitivattribut).
Attributsatz	Attribut in Form eines abhängigen Satzes (Gliedteilsatz)
Ausklammerung	Herausstellung von Satzgliedern ins Nachfeld
Dependenz	Abhängigkeit syntaktischer Einheiten von anderen

KAPITEL 15

Ellipse	Ersparung von Elementen
Ergänzung	von der Verbvalenz in Form und Bedeutung bestimmtes Satzglied, das die Aktanten des ausgedrückten Sachverhalts bezeichnet. Sie ist für die Grammatikalität des Satzes oft notwendig (obligatorische Ergänzung); zuweilen ist ihre Verwirklichung im Satz grammatisch nicht notwendig (fakultative Ergänzung).
Ergänzungssatz	Ergänzung in Form eines abhängigen Satzes (Gliedsatz)
Ersatzprobe	das Verfahren des Austauschs von syntaktischen Einheiten durch andere Einheiten, beispielsweise der Ersatz eines Nominalsyntagmas durch ein Pronomen
Gesamtsatz	eine abgeschlossene syntaktische Einheit, deren Ende mit einem Satzschlusszeichen markiert wird
Gliedsatz	Satzglied in Form eines abhängigen Satzes
Gliedteilsatz	Attribut in Form eines abhängigen Satzes
Hypotaxe	sieh **Subordination**
Kern	die einem Attribut übergeordnete Einheit
Kongruenz	Übereinstimmung von Satzgliedern oder von Teilen von Satzgliedern in bestimmten Kategorien
Koordination	(Parataxe) die Gleichordnung von Einheiten im Syntagma oder im Satz
Mittelfeld	der Bereich des Satzes zwischen den beiden Teilen der verbalen Klammer
Nachfeld	der Bereich des Satzes nach dem schließenden Element der verbalen Klammer
Nominalsatz	eine abgeschlossene sprachliche Einheit mit kommunikativer Funktion ohne Verb
Nukleus	sieh **Kern**
Parataxe	sieh **Koordination**
Rektion	die von Präpositionen, Verben oder anderen Wörtern ausgehende Forderung nach einem bestimmten Kasus

Satz	in der Regel über den Umfang eines Wortes hinausgehende sprachliche Einheit, die als geschlossene Einheit mit einer kommunikativen Funktion verstanden wird
Satzgefüge	komplexer Satz, der Teilsätze enthält
Satzglied	die durch Umstellprobe und Ersatzprobe ermittelte Konstituente eines Satzes
Satzmodus	kommunikative Funktion des Satzes (Illokution; vgl. Kap. 19.5.)
Satzmuster	durch die Stellung des finiten Verbs und andere Elemente bestimmter formaler Typ des Satzes
semantische Rolle	die inhaltliche Funktion der Ergänzungen des Verbs
Subordination	(Hypotaxe) die Unterordnung von Einheiten im Syntagma oder im Satz
syndetisch	mit Konjunktionen verbundene in Koordination stehende Elemente
Syntagma	begrifflich und terminologisch offene Bezeichnung für Gruppen von im Satz zusammengehörigen Wortformen; der Ausdruck ist nicht mit dem Begriff Satzglied gleichzusetzen.
Teilsatz	ein Satz, der Teil eines Gesamtsatzes ist
Topologie	alle Phänomene der Reihenfolge oder Anordnung syntaktischer Elemente
Trägersatz	ein Satz, von dem ein oder mehrere Teilsätze abhängig sind
Umstellprobe	das Verfahren der Veränderung der Reihenfolge von Bestandteilen eines Syntagmas oder von Satzgliedern im Satz, beispielsweise die Umstellung von Satzgliedern an die Erststelle vor das finite Verb
Valenz	die Fähigkeit des Verbs, nach ihrer Anzahl und ihrer syntaktischen Gestalt bestimmte Satzglieder an sich zu binden

verbale Klammer	Aufspaltung komplexer verbaler Formen im Aussagesatz in Zweitstellung und Endstellung
Verbalsatz	eine abgeschlossene sprachliche Einheit mit kommunikativer Funktion mit Verb
Vorfeld	der Bereich des Satzes vor dem öffnenden Element der verbalen Klammer
Vor-Vorfeld	der Bereich des Satzes vor dem Vorfeld

15.6. LITERATUR

Kurzinformation:
Metzler Lexikon Sprache. Artikel: Angabe, Austauschprobe, Dependenz, Dependenzprogrammatik, Ergänzung, Semantische Rolle, Valenz, Valenzgrammatik, Verschiebeprobe, Weglassprobe

Einführende Literatur:
A. *Linke* – M. *Nussbaumer* – P.R. *Portmann*, Studienbuch Linguistik, S. 84-91

Grundlegende und weiterführende Literatur:

zur Syntax der deutschen Gegenwartssprache
Duden. Grammatik der deutschen Gegenwartssprache
P. *Eisenberg*, Grundriß der deutschen Grammatik, I-II
U. *Engel*, Deutsche Grammatik
J. *Erben*, Deutsche Grammatik
H.-W. *Eroms*, Syntax der deutschen Sprache
W. *Flämig*, Grammatik des Deutschen
Grammatik der deutschen Sprache, I-III
G. *Helbig* – J. *Buscha*, Deutsche Grammatik
R. *Musan*, Informationsstruktur
A. *Wöllstein*, Topologisches Satzmodell

zur praktischen Satzanalyse
H. *Altmann* – S. *Hahnemann*, Syntax fürs Examen
R. *Bergmann* – P. *Pauly* – C. *Moulin-Fankhänel*, Neuhochdeutsch
R. *Musan*, Satzgliedanalyse
G. *Van der Elst* – M. *Habermann*, Syntaktische Analyse
K. *Welke*, Einführung in die Satzanalyse

KAPITEL 16: SEMANTIK UND LEXIKOLOGIE

16.1. EINSTIEG: DAS MISSVERSTÄNDNIS

In einer Kommunikation kommt es dann zu Missverständnissen, wenn der Empfänger etwas anderes verstanden hat als der Sender gemeint hat. Ein Missverständnis kann zum Beispiel bei der Verwendung von Wörtern erfolgen, die unterschiedliche Bedeutungen haben. In Witzen bedienen wir uns gerne dieses Phänomens. Ein Beispiel liefern die folgenden altbekannten Witze:

> (1) Ober: „Wie fanden Sie das Schnitzel?"
> Gast: „Ganz zufällig unter dem Salatblatt."
>
> (2) „Stellen Sie sich vor, mein kleiner Peter sitzt bereits, obwohl er erst 6 Monate alt ist!" – „Nein, die heutige Jugend! Was hat er denn angestellt?"

Im ersten Beispiel basiert der Witz auf den beiden Bedeutungen von *finden*:

– 'in bestimmter Weise einschätzen, beurteilen, empfinden'
– 'zufällig oder suchend auf jemanden oder etwas treffen, stoßen'

Sitzen hat die Bedeutungen:

– 'eine Haltung eingenommen haben, bei der man mit Gesäß und Oberschenkeln bei aufgerichtetem Oberkörper auf einer Unterlage ruht'
– '(ugs.) wegen einer Straftat längere Zeit im Gefängnis eingesperrt sein'

Die Bedeutung 'im Gefängnis eingesperrt sein' wird im Wörterbuch der deutschen Sprache des Duden-Verlags als umgangssprachliche Verwendung markiert. Viele Wörter haben unterschiedliche Bedeutungen, woraus aber nur selten Missverständnisse wie in den genannten Witzen entstehen. In der Regel legt der Kontext die aktuelle Bedeutung des Wortes fest. Häufig ist den Sprachverwendern auch gar nicht bewusst, dass sie ein Wort verwenden, das auch noch eine andere Bedeutung trägt.

KAPITEL 16

In Peter Bichsels Geschichte begegnen folgende Sätze:

> *Er (...) beschleunigte seinen Gang.*
> *Dem Spiegel sagte er Stuhl.*

Die drei Substantive *Gang, Spiegel* und *Stuhl* haben als kontextlos verwendete Einzelwörter mehrere Bedeutungen. Die Kommunikation, das heißt das Verständnis dieser Sätze, wird dadurch aber nicht behindert. Der Kontext legt fest, welche Bedeutung die Wörter hier haben.

> *Er (...) beschleunigte seinen Gang.* – *Der Gang war zehn Meter lang.*
> *Dem Spiegel sagte er Stuhl.* – *Der Spiegel des Sees ist gesunken.*

Die Semantik ist die Lehre von der Bedeutung. Ihr Gegenstand ist die Bedeutung auf allen Ebenen, besonders der Wörter und Sätze. Die Lexikologie befasst sich mit Wörtern als strukturellen Einheiten des Wortschatzes, der auch als Lexikon bezeichnet wird. Diese sprachwissenschaftlichen Disziplinen haben also die Erfassung und Beschreibung des Wortschatzes und der Bedeutung der einzelnen Wörter zum Gegenstand.

16.2. GRUNDBEGRIFFE DER SEMANTIK UND LEXIKOLOGIE
16.2.1. BEDEUTUNGSARTEN

Lexikalische Bedeutung

Das sprachliche Zeichen trägt Bedeutung, indem es mittels eines Ausdrucks auf einen Inhalt verweist. Die Inhaltsseite eines Zeichens wird durch die Gesamtheit der funktionalen Einheiten gebildet. So, wie die Phoneme als strukturierte Kombinationen von artikulatorischen Merkmalen beschreibbar sind, lassen sich die funktionalen Einheiten der Bedeutungsseite, die **Sememe**, als Kombinationen kleinster begrifflicher Merkmale, der **Seme**, beschreiben.

Spiegel
'Gegenstand aus Glas oder Metall, dessen glatte Fläche das, was sich vor ihm befindet, als Abbild zeigt'
'Oberfläche eines Gewässers, einer Flüssigkeit'

Die Betrachtung der Sememe des Substantivs *Spiegel* in ihrer wörterbuchüblichen Fassung zeigt hier zwei Begriffskomplexe. Jeder der sememischen Begriffskomplexe besitzt eine für das System der Gegenwartssprache charakteristische, invariante Kombination von Begriffsmerkmalen. Im ersten Semem finden sich so etwa die Merkmale 'Gegenstand', 'aus Glas oder Metall bestehend', 'mit einer glatten Fläche', 'etwas als Abbild zeigend'. Als sprachliches Zeichen, das solche Sememe besitzt, wird das Substantiv *Spiegel* als **Lexem** bezeichnet. Die Sememe stehen untereinander durch gemeinsame Merkmale in Beziehung. So besitzen die beiden hier betrachteten Sememe gemeinsam das Merkmal 'glatte Oberfläche'.

Die lexikalische Bedeutung, die von den Sememen getragen wird, meint das 'Was' der sprachlichen Erfassung der Welt. Sie stellt einen Bezug zwischen der Ausdrucksseite, der Lautgestalt, und allen Gegenständen eines bestimmten Typus her. Der Bezug wird nicht hergestellt zu einem individuellen Gegenstand, sondern zu einer Klasse von Gegenständen. Die lexikalische Bedeutung wird mit der formalen Struktur des Wortes fest verbunden gesehen. Das Lexem *Spiegel* ist nicht nur für einen individuellen Spiegel anwendbar, sondern für die Klasse der Spiegel.

Die Sememe können quer durch die Wortarten gehen. So hat *Spiegel* auch gemeinsame Bedeutungsmerkmale mit dem Verb

spiegeln   'als Spiegelbild erscheinen'
'das Spiegelbild von etw. zurückwerfen'
'(wie ein Spiegel Lichtstrahlen zurückwerfend) glänzen'

und dem Adjektiv

spiegelig   'eine spiegelähnliche Oberfläche habend'.

Kategorielle Bedeutung

Zur Bedeutungsseite der Wörter gehört auch, auf welche Weise sie die Welt erfassen. So erfasst jedes Substantiv die Welt als Ding. Das Verb erfasst die Welt als Tätigkeit. Das Adjektiv erfasst die Welt als Eigenschaft. Das gilt auch für Substantive, die lexikalisch gerade kein Ding bezeichnen, wie zum Beispiel *Liebe*, und für Verben, die lexikalisch gerade keine Tätigkeit ausdrücken, wie zum Beispiel *ruhen*, sowie für Adjektive, die lexikalisch keine Eigenschaft bezeichnen, wie zum Beispiel *ärztlich*.

Diese Bedeutungsart gilt jeweils für alle Wörter einer Wortart; sie weisen eine kategorielle Gleichartigkeit auf, das heißt, sie zeigen eine Gleichartigkeit hinsichtlich ihrer grammatischen Eigenschaften. Sie werden grammatisch gleich behandelt. Diese Bedeutungsart, die die Art und Weise der sprachlichen Erfassung der Welt meint, wird als **kategorielle Bedeutung** bezeichnet (man vergleiche auch Kapitel 7).

Instrumentale Bedeutung

Auch einzelne Elemente eines Wortes können Bedeutung tragen. In *Tag-e* gibt das Element *-e* der Einheit die Bedeutung 'Plural'. Diese Funktion einzelner bestimmter sprachlicher Elemente wird als **instrumentale Bedeutung** bezeichnet. Sie wird getragen von Relationsmorphemen. Die instrumentale Bedeutung ist stets auf ein einzelnes sprachliches Element, eine bestimmte Wortform, bezogen (*Tage*). Sie wirkt sich aber auf den ganzen Satz aus.

Syntaktische Bedeutung
Neben den Bedeutungsarten, die von einem einzelnen Wort getragen werden, gibt es auch Bedeutungen, die sich auf den ganzen Satz beziehen.

Der Satz *Im obersten Stock des Hauses hat er sein Zimmer* aus Peter Bichsels Erzählung (Kapitel 3) kann als Aktivsatz, Singularsatz und Präsenssatz bestimmt werden. Diese Bestimmungen sind **syntaktische Bedeutungen** des Satzes, die auf den instrumentalen Bedeutungen der Wortformen beruhen.

Ontische Bedeutung
Eine weitere Bedeutungsart, die sich auf den ganzen Satz bezieht, meint den Wirklichkeits- oder Seinswert, der einer Sache zugeschrieben wird. Die Sätze *Es regnet* und *Es regnet nicht* unterscheiden sich in ihrem Seinswert, der in dem ersten Satz bejaht und in dem zweiten Satz verneint wird. Die Sätze haben eine unterschiedliche **ontische Bedeutung**. Ihre syntaktische Bedeutung ist hingegen gleich.

16.2.2. EINDEUTIGKEIT UND MEHRDEUTIGKEIT

In dem Text von Peter Bichsel ist der Satz *Im obersten Stock des Hauses hat er sein Zimmer* ohne Weiteres zu verstehen. Es bereitet keine Schwierigkeit, den einzelnen Ausdrücken die jeweiligen Inhalte zuzuordnen. Der Ausdruck *Stock* wird verstanden als Bezeichnung für einen Gebäudeteil, der auch als *Geschoss* oder *Etage* bezeichnet wird.

Dennoch ist die Bedeutung des Ausdrucks *Stock* keineswegs eindeutig, wie beispielsweise der Artikel *Stock* in dem Wörterbuch 'Wörter und Wendungen' zeigen kann.

> **Stock,** der: **1.** ⟨*Stab, Stecken*⟩ ein langer, dünner, dicker, derber S.; S. und Hut (*poet;* die Wanderausrüstung); das Regiment des Stockes (eine Gewaltherrschaft) ‖ ich habe mir einen S. zum Wandern geschnitten; der Hund bekam den S. zu fühlen, spüren (wurde geprügelt); den S. auf jmds. Buckel (*umg*), Rücken tanzen lassen; jmdn., ein Tier mit dem S. traktieren, schlagen; er geht am S., an zwei Stöcken; mit dem S. nach jmdm. schlagen; den Hund über den S. springen lassen; er ist steif wie ein S., sitzt da wie ein S. – **2.** ⟨*Baumstumpf u. -wurzel*⟩ Stöcke herausmachen (*umg*), ausgraben, roden; es ging über S. und Stein (querfeldein) – **3.** ⟨*Block*⟩ Gefangene in den S. legen, schließen (mittelalterliche Strafe); der Gefangene mußte im S. sitzen – **4.** ⟨*Bienenhaus*⟩ die Bienen leben in Stöcken, verlassen den S. zum Schwärmen, tragen Honig in den S. ein – **5.** ⟨*Stockwerk [außer dem Erdgeschoß]*⟩ das Haus hat zwei Stock, ist zwei Stock hoch; wir wohnen dritter / dritten S. [links] / im dritten S. [links]; in welchem, im wievielten S. wohnen Sie?; sie ziehen in den dritten S.; vierter S.: Lebensmittel! (Ausruf des Fahrstuhlfahrers [im Kaufhaus])

Wörter und Wendungen, S. 613

Wie der Wörterbuchartikel zeigt, kann der Ausdruck *Stock* auf verschiedene Inhalte verweisen. Er besitzt verschiedene Sememe. Die Verbindung eines Ausdrucks mit mehreren Sememen heißt **Polysemie** (Mehrdeutigkeit). Von der Polysemie zu unterscheiden ist die **Homonymie** (Gleichnamigkeit). Homonym sind Wörter, die ausdrucksseitig gleich (homograph = 'gleich geschrieben', homophon = 'gleich ausgesprochen'), inhaltsseitig aber unterschiedlich sind. In vielen Fällen entsteht die Ausdrucksgleichheit homonymer Wörter durch lautliche Entwicklungen oder Entlehnungsprozesse. In Wörterbüchern haben homonyme Wörter eigene Ansätze, die durch Indexzahlen unterschieden werden:

> [1]*Reif*   'Niederschlag, der sich in Bodennähe (...) in Form von feinen schuppen-, feder- od. nadelförmigen Eiskristallen abgesetzt hat'
> [2]*Reif*   'ringförmiges Schmuckstück'

Duden. Deutsches Universal-Wörterbuch, S. 1294

KAPITEL 16

In der Darstellung des Wortschatzes im Wörterbuch wird der einzelne Ausdruck mit seinen Bedeutungen isoliert dargestellt, wobei seine Polysemie sichtbar wird. Bei der Polysemie handelt es sich nicht um eine Ausnahmeerscheinung; vielmehr können zahlreiche weitere Wörter des Textes von P. Bichsel als Beispiele angeführt werden. Es ist ihnen nur eine Auswahl der in Wörterbüchern genannten Bedeutungen beigegeben:

Bett	'Möbelstück zum Schlafen', 'Vertiefung eines fließenden Gewässers'
Bild	'Darstellung', 'Anblick', 'Vorstellung', 'Eindruck', 'Zeichen'
spielen	'sich beschäftigen', 'aufführen', 'darstellen', 'vor sich gehen', 'bewegen', 'so tun, als ob'

Innerhalb des polysemen Gefüges bestehen vielfach Motivationsbeziehungen zwischen den Sememen, die auf gemeinsamen begrifflichen Merkmalen oder Bedeutungsentwicklungen beruhen. So entsteht die Bedeutung *Stock* = 'Bienenhaus' aus einer Bezeichnungsübertragung von der Bedeutung 'Baumstumpf' auf einen 'hohlen Baumstumpf, in dem Bienen gehalten werden'. Sprachlicher Konservativismus bewahrt diese Bezeichnungsfunktion als eigenes Semem bis in die Gegenwartssprache, obwohl die Art der Bienenhaltung sachlich heute deutlich verändert ist.

Die eindeutige Verständlichkeit des Wortes *Stock* in dem zitierten Satz des Textes beruht auf seinen Bedeutungsbeziehungen im Kontext. Die Verbindung mit den Bedeutungen der Ausdrücke *obersten*, *des Hauses* und *hat er sein Zimmer* schließt alle anderen Bedeutungen des Lexems *Stock* aus. Die lexikalische Polysemie erfährt im Kontext ihre Monosemierung. Die Verbindung mit dem Kontext konstituiert die aktuelle Bedeutung, die in der Regel eindeutig ist.

16.2.3. SYNTAGMATISCHE BEDEUTUNGSBEZIEHUNGEN

Im Nebeneinander der einzelnen Wörter ergibt sich eine gegenseitige Bestimmung und Eingrenzung ihrer jeweils möglichen Bedeutungen. Die vorliegende Verbindung mit *Haus* ergibt für *Stock* die Eingrenzung auf die Bedeutung 'Gebäudeteil', sowie umgekehrt die Verbindung mit *Stock* für *Haus* die Eingrenzung auf 'Gebäude' ergibt und damit andere Bedeutungen, wie in den Verbindungen ein *Hohes Haus*, *das erste Haus am Platze*, *ein fideles Haus* ausschließt. Die eindeutige Festlegung der Bedeutung von Wörtern im Satz ist die Voraussetzung für das Funktionieren von Kommunikation.

Die Wörter stehen auch in Hinsicht auf ihre Bedeutungen in syntagmatischen Beziehungen. Bestimmte kontextuelle Verbindungen sind semantisch möglich, andere nicht. Die semantische Vereinbarkeit oder Verträglichkeit von Wörtern im Kontext wird **Kompatibilität** genannt. Syntagmatische semantische Beziehungen ermöglichen nicht nur Verbindungen von Wörtern, sie können auch den Charakter von Forderungen annehmen.

Der Sprachwissenschaftler Eugenio Coseriu hat das Enthaltensein der Bedeutung von Lexemen in der Bedeutung anderer Lexeme als 'lexikalische Solidarität' bezeichnet. E. Coseriu unterscheidet drei Typen: **Implikation** meint, dass ein Lexem ein anderes impliziert und somit nicht eigens genannt werden muss. Der Satz *Er hat blonde Haare* könnte durch *Er ist blond* ersetzt werden, da *blond* das Lexem *Haare* impliziert. In dem Satz *Sie wiehert* kann nur eine Stute gemeint sein, in *Sie bellt* nur eine *Hündin*. Die Implikation ist eine besonders enge Solidarität.

Eine weniger enge Solidarität zeigt sich in dem Satz *Er fährt Roller*. Aus dem Wortfeld der Fahrzeuge wird ein einzelnes Lexem, hier *Roller*, selektiert. Anstelle von *Roller* wären auch andere Lexeme einsetzbar, so zum Beispiel *Fahrrad*, *Wagen*, *Bus*, *PKW*, *Lastwagen*. Das Verb *fahren* ist kompatibel mit allen Lexemen aus dem Wortfeld der Fahrzeuge. Dieses Wort, das Archilexem des Wortfeldes, muss also nicht eigens genannt werden, zum Beispiel in einem Satz wie *Er fährt nach München*. Vielfach wird aber ein Lexem des Wortfeldes ausgewählt. Diese Solidarität wird daher als **Selektion** bezeichnet.

Ein Beispiel für die Solidarität, die am wenigsten eng ist, zeigt der Satz *Das Pferd frisst*. Aus der Klasse der fressenden Tiere wird ein einzelnes Lexem, hier *Pferd*, erfasst. Anstelle von *Pferd* wären auch andere Lexeme einsetzbar, so zum Beispiel *Löwe*, *Hund*, *Kuh*, *Maus*. Das Verb *fressen* ist kompatibel mit allen Lexemen aus der Klasse der fressenden Tiere. Diese Solidarität wird als **Affinität** bezeichnet.

Bei den syntagmatischen Beziehungen geht es um die Verträglichkeit der Wörter im Satz und damit um die Einsetzbarkeit von Wörtern. Insofern sind die semantischen Merkmale von Wörtern syntaktisch relevant. Dass ein Satz wie *Hohe Felsen fressen hastig* unverständlich ist, liegt an semantischen Unverträglichkeiten, nicht jedoch an syntaktischen Verstößen. Das Verb *fressen* erfordert ein Lebewesen als Agens; das Verb verträgt sich zwar mit dem Adverb *hastig*, aber nicht mit dem Agens *hohe Felsen*. Anstelle von *hastig* wäre ein Lexem wie *farblos* beispielsweise semantisch nicht möglich. Das Verb steuert, welche Satzglieder mit welchen semantischen Merkmalen eingesetzt werden können. Hier zeigt sich, dass semantische Merkmale auch für die Syntax eine Rolle spielen.

16.2.4. PARADIGMATISCHE BEDEUTUNGSBEZIEHUNGEN

Die Bedeutungen der Wörter stehen auch in paradigmatischen Beziehungen. In dem gegebenen Kontext ist das Wort *Stock* durch andere Wörter ersetzbar:

Im obersten	*Stock*	*des Hauses*
Im obersten	*Geschoss*	*des Hauses*
In der obersten	*Etage*	*des Hauses*

Die Wörter *Stock, Geschoss, Etage* haben in diesem Kontext dieselbe aktuelle Bedeutung, da sie dasselbe bezeichnen. In diesem Sinne sind sie **Synonyme**. Paradigmatische semantische Beziehungen treten nicht nur als Synonymie auf. Die Bedeutungen können auch im Sinne der Über- oder Unterordnung sowie im Sinne des Gegensatzes in paradigmatischer Beziehung stehen.

Überordnung und Unterordnung der Bedeutungen beobachten wir zum Beispiel bei der paradigmatischen Beziehung der Wörter *Hund* und *Pudel*. *Hund* ist Hyperonym zu *Pudel*, *Pudel* Hyponym zu *Hund*. Die paradigmatische Beziehung heißt **Hyperonymie** beziehungsweise **Hyponymie**. So wie *Pudel* sind auch *Schäferhund, Dackel, Terrier* und *Dalmatiner* Hyponyme zu *Hund*. Sie werden als Kohyponyme bezeichnet. Die paradigmatische Beziehung heißt **Kohyponymie**. Entgegengesetzte Bedeutung haben zum Beispiel die Ausdrücke *im obersten Stock - im untersten Stock*. Die Wörter *oberste* und *unterste* sind Antonyme, sie stehen in der Beziehung der **Antonymie**. Wörter wie *Samstag* und *Sonnabend* oder *Metzger, Schlachter* und *Fleischer* sind Heteronyme. Die Beziehung der **Heteronymie** ist in diesen Beispielen durch regionale Unterschiede im Sprachgebrauch bedingt (dazu Kapitel 21). Komplexe paradigmatische semantische Beziehungen finden sich in **Wortfeldern**.

Wortfeld ist ein von Jost Trier eingeführter (und vor allem von Eugenio Coseriu weitergeführter) Terminus zur Bezeichnung einer Menge von sinnverwandten Wörtern, deren Bedeutungen sich gegenseitig begrenzen und die einen bestimmten begrifflichen oder sachlichen Bereich abdecken sollen. Zum Wortfeld 'Fortbewegung' gehören beispielsweise Verben wie *gehen, laufen, rennen, wandern, pilgern, spazieren, schlendern*. Die Verben sind sinnverwandt und können in bestimmten Kontexten auch ausgetauscht werden:

Die Studentin	*geht*	*zum Bus.*
Die Studentin	*läuft*	*zum Bus.*
Die Studentin	*rennt*	*zum Bus.*
Die Studentin	*spaziert*	*über die Straße.*
Die Studentin	*schlendert*	*über die Straße.*
Die Studentin	*pilgert*	*über die Straße.*

Die Verben weisen inhaltsunterscheidende Züge auf. Durch diese Inhaltsunterschiede sind sie semantisch voneinander abgrenzbar, zum Beispiel durch die Geschwindigkeit (*gehen, laufen, rennen*), durch die Intention (*pilgern* 'eine Reise an eine besonders verehrte Stätte machen') oder die Gangart (*wandern* 'eine größere Strecke gehen', *schlendern* 'lässig und gemächlich gehen'). Die Wörter eines Wortfeldes stehen in Opposition zueinander.

16.2.5. STRUKTURELLE WORTFELDANALYSE

Die beschriebenen Bedeutungsbeziehungen, die zwischen Lexemen bestehen, führen zu einer Strukturierung und Beschreibung des Lexikons, des Wortschatzes des Deutschen. Die strukturelle Wortfeldanalyse von E. Coseriu setzt bei Wörtern an, die zum gleichen inhaltlichen Bereich gehören und in paradigmatischer Beziehung stehen.

Das Wortfeld der Sitzmöbel umfasst beispielsweise Lexeme wie *Stuhl*, *Sessel*, *Hocker*, *Sofa*. Diese Wörter verfügen über einen gemeinsamen inhaltlichen Kern und stehen in paradigmatischer Beziehung. Jedes der genannten Lexeme besteht semantisch aus einer Kombination inhaltlicher Merkmale. Die kleinsten inhaltsunterscheidenden Züge werden als **Seme** bezeichnet. Die Wörter bilden ein Wortfeld, weil sie alle mindestens ein gemeinsames Merkmal haben, sich aber gleichzeitig alle in mindestens einem Merkmal voneinander unterscheiden. Die Seme lassen sich in eine Matrix bringen, die freilich um weitere Lexeme und um weitere Seme ergänzt werden könnte.

Sem **Lexem**	Sem^1 'zum Sitzen'	Sem^2 'mit Rückenlehne'	Sem^3 'für 1 Person'	Sem^4 'mit Armlehne'
Stuhl	+	+	+	−
Sessel	+	+	+	+
Hocker	+	−	+	−
Sofa	+	+	−	+

Abb.1: Semanalyse Sitzmöbel

Jedes Lexem hat im Wortfeld seinen festen Platz. Sein Inhalt besteht aus einem Bündel distinktiver Merkmale. Das Merkmal, das allen Lexemen gemeinsam ist, ist hier Sem[1] 'zum Sitzen'. Dieses inhaltliche Merkmal konstituiert das Lexem *Sitzmöbel*, das als Oberbegriff des Wortfeldes fungiert. Ein solcher Oberbegriff wird als **Archilexem** bezeichnet. Ein Archilexem ist eine lexikalische Einheit, die dem ganzen Inhalt eines Wortfeldes entspricht. Nicht zu jedem Wortfeld existiert allerdings ein Archilexem, so fehlt es beispielsweise zu dem Wortfeld der Altersbezeichnungen wie *neu, jung, alt*.

Neben der Strukturform des Wortfeldes existiert als weitere paradigmatische Struktur die **Klasse**. Eine Klasse ist die Gesamtheit der Lexeme, die einen gemeinsamen inhaltsunterscheidenden Zug haben. Beispiele für Klassen sind 'Lebewesen' (z.B. *Mensch, Kind, Tier, Hund*) oder 'transitive Verben' (z.B. *übergeben, aushändigen, schenken, reichen*). Der Inhaltszug, durch den die Lexeme verbunden sind, wird als **Klassem** bezeichnet. Klassen können durch einen grammatischen Zug (hier Transitivität) verbunden sein, während Wortfelder stets lexikalische Inhaltskontinua sind.

Klassen können Wortfelder im Ganzen umfassen. So liegt das Wortfeld 'Verwandtschaftsbezeichnungen' innerhalb der Klasse 'menschliche Wesen'. Ein Klassem kann ein Wortfeld auch unterteilen. So wird das Wortfeld 'Altersadjektive' (*jung, neu, alt*) durch das Klassem 'menschliche Wesen' (*jung, alt*) geteilt.

Die strukturelle Wortfeldanalyse hat das Anliegen, Aufbau und Funktionieren der paradigmatischen Strukturen des Wortschatzes (Aufbau des Wortfeldes durch Oppositionen der Lexeme) zu erforschen und damit den Wortschatz im Ganzen einer semantischen Strukturanalyse zu unterziehen.

16.2.6. PROTOTYPENSEMANTIK

Ein anderer Beschreibungsansatz des Lexikons wird durch die sogenannte **Prototypensemantik** vertreten. In der Prototypensemantik wird die Zugehörigkeit zu einer Kategorie aus dem Grad der Ähnlichkeit mit dem Prototypen ermittelt. Der Prototyp ist das Exemplar, das von den Sprechern als bester Vertreter einer Kategorie anerkannt wird. Die Lexeme werden also nicht über ein gemeinsames Inhaltsmerkmal beschrieben, sondern über sogenannte Familienähnlichkeiten. Jedes Mitglied muss nach dieser Methode eine Ähnlichkeit mit einem anderen Mitglied haben, aber eben nicht mit allen. In den meisten Kategorien gibt es Merkmale, die typischer für das Feld sind als andere.

Bezogen auf das Beispiel der Sitzmöbel wäre zum Beispiel *Stuhl* ein 'besseres' (prototypischeres) Exemplar der Kategorie als etwa *Sofa*, weil Sem^3 'für eine Person' ein typisches Merkmal des Feldes ist als Sem^4 'mit Armlehne'.

Ein anderes Beispiel ist das Begriffsfeld 'Vogel'. Mit dem Begriff 'Vogel' werden bestimmte prototypische Eigenschaften verbunden. Dazu gehören zum Beispiel 'kann fliegen' und 'hat Federn'. Entsprechend antwortet ein hoher Prozentsatz aller Befragten auf die Bitte, einen Vogel zu nennen, nicht mit *Strauß* oder *Pinguin*, sondern mit *Spatz* o.ä. Ein Merkmal ist dann typisch für eine Kategorie, wenn möglichst viele Vertreter es aufweisen und es möglichst selten in anderen Kategorien auftaucht. So ist das Merkmal 'kann fliegen' typischer als das Merkmal 'zwitschert'. Aus den beiden Werten kann man den Grad der prototypischen Zugehörigkeit der einzelnen Vertreter zu einem Begriffsfeld errechnen. Die Merkmale 'kann fliegen' und 'hat Federn' sind in hohem Maße prototypisch für das Begriffsfeld. Prototypische Merkmale sind aber per definitionem keine notwendigen Merkmale, weshalb auch ein weniger 'vogelhafter' Vertreter wie ein *Pinguin* als Vogel erkannt werden kann.

In der Prototypensemantik wird im Unterschied zur strukturellen Semantik nicht immer streng zwischen sprachlichen und enzyklopädischen Merkmalen unterschieden. Für die Beschreibung des Lexikons besteht der wesentliche Unterschied der Ansätze darin, dass die strukturelle Semantik die Zugehörigkeit zu einem Wortfeld über einen allen Vertretern gemeinsamen Kernbestand an notwendigen Semen feststellt. In der Prototypensemantik hingegen muss ein Vertreter lediglich mindestens ein Merkmal mit einem anderen Vertreter teilen. Es gibt nur typische, aber keine notwendigen Merkmale. Die Prototypensemantik ist dadurch in der Lage, die unscharfen Ränder zahlreicher Lexembedeutungen zu erklären. Damit lassen sich weniger vogelhafte Exemplare wie *Strauß* und *Pinguin* der Kategorie 'Vogel' implizieren, ebenso beispielsweise ein Stuhl mit einer einzigen Armlehne der Kategorie 'Sitzmöbel'.

Die Prototypentheorie ist in den letzten Jahren auf immer weitere Bereiche der Sprachwissenschaft ausgedehnt worden, beispielsweise auf die Phonologie, Morphologie, Syntax und Textlinguistik. Der Gedanke der Kategorisierbarkeit unter prototypischen Aspekten ist auf jede sprachliche Kategorie anwendbar.

16.2.7. BEZEICHNUNG, BEDEUTUNG UND SINN

In den bisherigen Betrachtungen ging es stets um die Bedeutung, die an das einzelsprachliche Lexem gebunden ist. Demgegenüber wird die Beziehung, die zwischen dem sprachlichen Zeichen und dem außersprachlichen Sachverhalt besteht, **Bezeichnung** genannt, beispielsweise die Beziehung zwischen dem sprachlichen Zeichen *Stock* und dem außersprachlichen Sachverhalt 'Gebäudeteil'. Für den Sachverhalt 'horizontale Gliederung von Gebäudeteilen' stehen verschiedene sprachliche Zeichen als Bezeichnungen zur Verfügung, zum Beispiel: *Keller, Parterre, Erdgeschoss, 1., 2., 3. Etage, Dachboden*. Die Bezeichnung dieser Sachver-

KAPITEL 16

halte mit diesen Wörtern ist möglich, weil die Bedeutung dieser Wörter diese Bezeichnungsfunktion beinhaltet. Der Begriff der **Bedeutung** ist aber von dem Begriff Bezeichnung klar zu trennen. Unter Bezeichnung wird lediglich die Verbindung eines sprachlichen Zeichens mit einem außersprachlichen Sachverhalt verstanden. Bezeichnung meint nur die Funktion, den außersprachlichen Sachverhalt zu erfassen. Sie kann mit unterschiedlichen sprachlichen Mitteln erfolgen:

- in verschiedenen Sprachen: *Haus, house, maison, huis*;
- in einer Sprache mit verschiedenen Lexemen: *Haus, Gebäude, Heim, Villa, Burg, Bau*;
- in verschiedenen Sätzen: *Der Hund beißt Hans*; *Hans wird von dem Hund gebissen*.

Die Bezeichnung ist unabhängig von der jeweiligen Einzelsprache. Die Bedeutung eines Zeichens ist dagegen fest mit dem Ausdruck verbunden. Sie ist immer einzelsprachlich. Die Bedeutung ist im Unterschied zur Bezeichnung auch ohne aktuellen Bezug auf einen außersprachlichen Sachverhalt mit einem Ausdruck mitgegeben. Mit dem Ausdruck *Haus* ist die Bedeutung 'Gebäude' verbunden. Die Bedeutung ist das einzelsprachliche Mittel, die Bezeichnung im Sprechen herzustellen. Sie ist Teil der Langue des Deutschen.

Neben Bezeichnung und Bedeutung existiert als dritte Größe der **Sinn**. Der Sinn wird vom Text, seinen Sätzen und den einzelnen grammatischen Verbindungen getragen. Der Sinn betrifft den spezifischen Inhalt einer sprachlichen Äußerung bei Kenntnis der Welt, Kenntnis der Situation, Kenntnis der beteiligten Personen etc. Die Interpretation eines Textes führt zur Erschließung seines Sinns. Eine Äußerung wie *Die Tür steht offen* kann in verschiedenen Situationen einen ganz anderen Sinn konstituieren. Es kann gemeint sein *Bitte schließe die Tür, sie ist nämlich offen* oder *Es ist kalt hier, die Tür ist nämlich offen* oder *Der Hund kann weglaufen, die Tür ist nämlich offen*. Der Sinn bezieht sich stets auf den Text mit all seinen sprachlichen und außersprachlichen Implikationen.

Die Bezeichnung korrespondiert also mit dem Sprechen im Allgemeinen, die Bedeutung mit den in einer Einzelsprache gegebenen Möglichkeiten der Bezeichnung, und der Sinn ist dem Text zuzuweisen.

16.2.8. ONOMASIOLOGISCHE UND SEMASIOLOGISCHE FRAGESTELLUNG

Das Bedürfnis nach Bezeichnungen für außersprachliche Sachverhalte entsteht in der natürlichen Sprechsituation. Der Sprecher verwendet für den Sachverhalt die aufgrund ihrer Bedeutung entsprechende Bezeichnung. In der Auswahl aus mehreren möglichen Bezeichnungen wird das Phänomen der Synonymie als paradigmatische Bedeutungsbeziehung berücksichtigt. Für den Hörer ist mit dem übermittelten Ausdruck eine Bedeutung verbunden. Durch die syntagmatischen Bedeutungsbeziehungen zum Kontext ist die jeweilige aktuelle Bedeutung realisiert. Auf diesem Wege wird dem Hörer die konkrete Bezeichnungsfunktion des Ausdrucks verständlich.

Entsprechend dem Verhältnis von Bedeutung und Bezeichnung werden zwei wissenschaftliche Fragestellungen in der Semantik unterschieden. Die **Onomasiologie** geht von den außersprachlichen Sachverhalten, Vorstellungen und Inhalten aus und fragt nach ihren Bezeichnungen. In seiner einfachsten Form vollzieht sich das onomasiologische Verfahren im Vorzeigen und Bezeichnen eines Gegenstandes.

    Wie bezeichnet man ein Gebäude, in dem man wohnen kann?   *Haus.*

Die **Semasiologie** geht von der Ausdrucksseite des sprachlichen Zeichens aus und fragt nach seiner Bedeutung, das heißt seiner Bezeichnungsfunktion im Hinblick auf Inhalte, Vorstellungen und außersprachliche Sachverhalte.

    Was bedeutet *Haus*?   Gebäude, in dem man wohnen kann.

Aufgabe der Semantik ist es, die Inhaltsseite der sprachlichen Zeichen, ihr Zusammenwirken und Funktionieren in der Sprache zu erforschen und zu beschreiben. Soweit semantische Beschreibungen auf der Wortebene durchgeführt werden, sind sie Gegenstand der Lexikologie.

16.2.9. STRUKTUREN DES LEXIKONS

Bei einer Strukturierung und Beschreibung des Wortschatzes lässt sich häufig ein 'Wortüberschuss' beobachten. Das Nebeneinander von Synonymen, bedeutungsähnlichen und in speziellen Kontexten austauschbaren Wörtern, ist keine Seltenheit: *Geschoss – Stock – Etage, Anfang – Beginn, Bildschirm – Monitor, bekommen – erhalten, Katarrh – Erkältung, Pilz – Schwammerl, sterben – ableben, Geldbeutel/-börse – Portemonnaie.* Solche Wörter sind allerdings tatsächlich nur bedeutungsähnlich, nicht bedeutungsgleich. Sie sind in vielen, aber nicht in allen Kontexten austauschbar. Aus diesem Grund spricht man von **partieller** Synonymie. Es zeigen sich regionale (*Pilz – Schwammerl*), stilistische (*sterben – ableben*), soziolektale (*Geld – Moneten*), fachsprachliche (*Bildschirm – Monitor*) und grammatische (*Anfänge – *Beginne*) Unterschiede und Besonderheiten. Synonyme stellen also keine Redundanzen im Lexikon dar, sondern ermöglichen erst eine nach Situation und Intention treffende Äußerung. Die Beispiele zeigen zugleich, dass Wörter aus entlehntem Wortgut in nicht geringem Maße zu der Synonymie beitragen.

Neben der Wortvielfalt lassen sich aber auch Bezeichnungslücken feststellen:

hungrig : *satt*
durstig : ?

Besonders bei neu entstandenen Sachen und Sachverhalten entsteht ein Bezeichnungsbedarf. So ist die Berufsbezeichnung *Krankenpfleger* (nicht etwa *Krankenbruder* als Entsprechung zu *Krankenschwester*) erst dann gebildet worden, als Männer diesen Beruf anstrebten und somit ein Bezeichnungsbedarf gegeben war.

Der Wortschatz befindet sich in einer ständigen Entwicklung (man vergleiche Kapitel 25). Einerseits werden neue Wörter gebildet oder aus anderen Sprachen übernommen (Fremdwörter, Lehnwörter), andererseits veralten Wörter (z.B. *Trottoir* für *Bürgersteig*), werden ungebräuchlich und verschwinden aus der Sprache. Es ist Aufgabe der Lexikologie, den Wortschatz in seinem Funktionieren im Sprachgebrauch und in seinem Wandel zu erforschen und zu beschreiben. Die Erfassung und Dokumentation des Wortschatzes ist Gegenstand der Lexikographie (dazu vergleiche man Kapitel 27).

16.3. ANALYSEVERFAHREN UND ANALYSEBEISPIELE

> Sperlinge sind kleine Singvögel mit dickem Schnabel. (...) Viele Arten leben wenigstens in einem Teil des Jahres in Schwärmen. Die Sperlinge bewohnen Afrika, Europa und Asien. (...) In Deutschland leben drei Arten; davon gibt es aber den Schneefink nur in den Alpen. Wie weit Haus- und Feldsperling hier heimisch waren oder erst durch den Ackerbau nach Mitteleuropa kamen, ist unklar. (...)
> Spatzen sind sehr gesellige Tiere. Sie brüten gerne in Kolonien, in denen aber jedes Paar seinen Nestbereich verteidigt. Das ganze Jahr über leben sie in Trupps, die früher im Herbst und Winter gelegentlich auch viele tausend Tiere groß sein konnten. Die Paare halten lebenslang zusammen. Das Männchen umwirbt seine Partnerin in der Zeit des Nestbaus unaufhörlich; die vielen Kopulationen der Partner dienen dabei dem Zusammenhalt des Paares. Haussperlinge baden viel, sowohl im Staub als auch im Wasser. (...)
> So ein häufiger Vogel, der zudem ständig in der Nähe des Menschen lebt, hat natürlich viele Namen. Im überwiegenden Teil von Nordrhein-Westfalen heißt er *Mösch* mit zahlreichen Abwandlungen wie *Mösche, Müsche* oder *Hüsmösch*. Im Sauerland gibt es neben *Mösche* auch den Ausdruck *Luinink* oder *Luilink*, was in Ostwestfalen zu *Luining, Lüning* oder *Lühling* wird.

Vögel der Dörfer und Städte, Abschnitt zum Haussperling, S. 4f. http://www.ginsterverlag.de/Projekte files/Siedlungen.pdf; Zugriffsdatum: 19.5.2010

Der Artikel handelt von dem Sperling und seinen Lebensgewohnheiten. Dieses Thema wird durch etliche Wörter des Textes aufgebaut, die inhaltlich in Beziehung stehen. Dazu gehören *Sperling – Singvogel – Schnabel – Arten – Schwarm – Schneefink – Haus- und Feldsperling – heimisch – Spatz – Tier – brüten – Kolonie – Nest – Trupp – Paar – Männchen – Nestbau – Kopulation – Mösch – Mösche – Müsche – Hüsmösch* (zur Isotopie siehe Kapitel 18.2.6.7.). Die Lexeme stehen in unterschiedlichen syntagmatischen und paradigmatischen Bedeutungsbeziehungen zueinander.

Als Synonyme, die im Text austauschbar sind, gelten *Sperling* und *Spatz*. Sie sind Hyperonyme zu *Schneefink, Haus-* und *Feldsperling*, die als Kohyponyme nebeneinander stehen. *Sperling* und *Spatz* sind Hyponyme zu dem Lexem *Singvogel*, das selbst wieder Hyponym zu *Tier* ist.

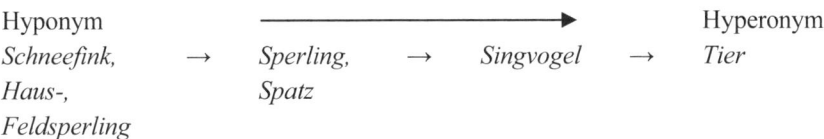

Hyponym						Hyperonym
Schneefink,	→	*Sperling,*	→	*Singvogel*	→	*Tier*
Haus-,		*Spatz*				
Feldsperling						

Auch andere Lexeme weisen einander ähnliche Bedeutungen auf, auch wenn sie im Text nicht immer austauschbar sind. Dazu gehören *Kolonie* ('lockerer Verband … tierischer Individuen einer Art') und *Trupp* ('kleine Gruppe von Personen, die gemeinsam ein Vorhaben ausführen'), wobei sich *Trupp* meist auf eine Gruppe von Menschen bezieht. Somit besteht partielle Synonymie.

In dem Text begegnen auch polyseme (mehrdeutige) Wörter. So ist *Schwarm* hier als 'größere Zahl sich … zusammen fortbewegender gleichartiger Tiere' aufzufassen und nicht als Bezeichnung für 'jemanden, der schwärmerisch verehrt wird'. Beide Lexeme gehen sprachhistorisch jedoch auf die gleiche Wurzel zurück. Polysemie zeigt sich auch bei *Nest*, das in diesem Text eine 'Brutstätte von Vögeln' meint und nicht etwa ein 'Bett' oder einen 'kleinen, abgelegenen Ort' etc. Die Polysemie dieser und weiterer Wörter führt nicht zu einem Verstehensproblem, da die aktuelle Bedeutung durch den Kontext eindeutig festgelegt wird.

Wörter wie *Mösch, Mösche, Müsche, Hüsmösch, Luinink, Luilink, Luining, Lüning* oder *Lühling* sind Heteronyme, die sich von standardsprachlichen Lexemen wie *Spatz* und *Sperling* durch ihre regionale Bindung unterscheiden (dazu Kapitel 21).

Der Text bietet auch verschiedene syntagmatische Bedeutungsbeziehungen. Während die bei der Charakterisierung des Sperlings verwendeten Verben *leben, bewohnen, zusammenhalten, umwerben, baden* kompatibel sind mit Lexemen aus der Klasse der Lebewesen und damit die lexikalische Solidarität der Affinität vorliegt, ist das Verb *brüten* in der hier vorliegenden Bedeutung 'auf dem Gelege sitzen' nur von Vögeln aussagbar. Hier liegt die engere lexikalische Solidarität der Selektion vor: *brüten* verträgt sich nur mit einem Lexem aus dem Wortfeld der Vögel (z.B. *der Spatz/Star/Fink brütet*). Die Beziehung der Selektion liegt auch bei den Lexemen *Schnabel* und *Nest* vor, die vornehmlich in Bezug auf Vögel Verwendung finden. Die Kompatibilität der Wörter ist Voraussetzung für die Sinnhaftigkeit von Texten.

16.4. ZUR PROBLEMATIK DER SEMANTISCHEN MERKMALANALYSE

Im Wörterbuch „Die sinn- und sachverwandten Wörter" aus dem Duden-Verlag werden unter dem Stichwort *fortbewegen* (S. 243f.) knapp achtzig Verben genannt, mit denen im Deutschen die Tätigkeit des Fortbewegens bezeichnet werden kann, die also das Sem 'fortbewegen' gemein haben. Davon weisen einige Wörter Markierungen auf wie umgangssprachlich (z.B. *pesen, wetzen*), salopp (z.B. *schlappen*), abwertend (z.B. *latschen*), österreichisch (z.B. *hatschen*), derb (z.B. *laufen wie eine gesengte Sau*). Es verbleiben etliche Verben, die keine derartige Kennzeichnung haben und somit als hochsprachlich gelten können. Dazu gehören Verben wie *gehen, marschieren, schreiten, wallen, stolzieren, stelzen, stöckeln, tänzeln, trippeln, staksen, stapfen, waten, schlurfen, watscheln, rennen, spurten, hasten, kriechen, pilgern*. Für diese Verben stellt sich die Frage, ob sie weitgehend austauschbar sind oder an bestimmte Verwendungssituationen gebunden sind. Die Beantwortung solcher Fragen ist nicht allein Aufgabe des Wörterbuchmachers, sondern auch eines jeden Sprachverwenders, der sich situationsgerecht ausdrücken will. Es stellt sich die Frage nach den Gebrauchsbedingungen der Lexeme und damit nach den Semen, durch die sich die Lexeme unterscheiden.

Im Deutschen Universalwörterbuch des Duden-Verlags werden folgende Bedeutungsangaben gemacht:

Lexem	Bedeutungsangabe
gehen	'sich in aufrechter Haltung auf den Füßen schrittweise fortbewegen'
laufen	'sich in aufrechter Haltung auf den Füßen in schnellerem Tempo fortbewegen'
schreiten	'ruhig, würdevoll, feierlich gehen'
wallen	'feierlich, gemessen einherschreiten'
stelzen	'sich mit steifen großen Schritten bewegen'
stöckeln	'in kleinen Schritten ruckartig und steif gehen'
tänzeln	'sich mit leichten federnden oder hüpfenden Schritten bewegen'
trippeln	'kleine, schnelle Schritte machen'
staksen	'sich ungelenk, mit steifen Beinen bewegen'
stapfen	'mit festen Schritten gehen und dabei die Beine höher anheben und kräftig auftreten, so dass der Fuß im weichen Untergrund einsinkt'
waten	'auf nachgebendem Untergrund gehen, wobei man ein wenig einsinkt und deshalb die Beine beim Weitergehen anheben muss'
schlurfen	'gehen, indem man die Schuhe über den Boden schleifen lässt'
watscheln	'sich schwerfällig fortbewegen, sodass sich das Gewicht sichtbar von einem Bein auf das andere verlagert'
rennen	'schnell, in großem Tempo, meist mit ausholenden Schritten laufen'
spurten	'ein Stück einer Strecke, bes. das letzte Stück vor dem Ziel, mit stark beschleunigtem Tempo zurücklegen'
hasten	'sehr eilig, von innerer Unruhe getrieben gehen'
kriechen	'sich mit an den Boden gedrücktem Körper fortbewegen'
pilgern	'sich an einen bestimmten Ort begeben'

Aus diesen Bedeutungsangaben lassen sich einige Seme gewinnen, die für die Verwendung des jeweiligen Fortbewegungsverbs zentral sind. Dazu gehören: 'auf den Füßen' (Sem 1), 'schnell / langsam' (2/3), 'mit großen / kleinen Schritten' (4/5), 'aufrecht' (6), 'würdevoll / feierlich' (7), 'mit steifen Schritten' (8), 'ruckartig' (9), 'mit festen Schritten' (10), 'federnd / hüpfend' (11), 'mit höherer Anhebung des Beines / ohne Anhebung des Beines' (12/13), 'mit kräftigem Auftritt' (14), 'auf nachgebendem Untergrund' (15), 'mit deutlicher Gewichtsverlagerung' (16), 'von Unruhe getrieben' (17), 'mit an den Boden gedrücktem Körper' (18), 'auf ein Ziel hin orientiert' (19). Die Seme lassen sich in eine Merkmalmatrix einbringen:

Seme / Lexem	1	2/3	4/5	6	7	8	9	10	11	12/13	14	15	16	17	18	19
gehen	+			+												
laufen	+	+/−		+												
schreiten	+			+	+											
wallen	+			+	+											
stelzen			+/−			+										
stöckeln	+		−/+	+		+	+									
tänzeln									+							
trippeln		+/−	−/+													
staksen				+												
stapfen	+							+		+/−	+	+				
waten	+									+/−		+				
schlurfen	+			+						−/+						
watscheln	+													+		
rennen	+	+/−	+/−	+												
spurten		+/−														+
hasten	+	+/−		+										+		
kriechen				−											+	
pilgern																+

Abb. 2: Semanalyse Fortbewegungsverben

Die Wörterbuchangaben lassen eine Differenzierung von mindestens 19 Semen zu, die aber offensichtlich nicht ausreichend sind, um alle Bedeutungsnuancen zu unterscheiden. So sind beispielsweise *schreiten* und *wallen* nicht identisch. Einige Merkmale werden auch in den Bedeutungsangaben des Wörterbuchs nicht eigens aufgeführt, wenngleich sie gewöhnlich vorliegen. So wird das Merkmal 'aufrecht' beispielsweise bei *stelzen, tänzeln, trippeln, staksen, stapfen, waten, watscheln, spurten, pilgern* nicht genannt, obwohl diese Fortbewegungsarten in der Regel bei mehr oder weniger aufrechter Körperhaltung erfolgen. *Stapfen* impliziert Schnee, *waten* in der Regel Wasser. Bei *kriechen* ist ausgeschlossen, dass die Fortbewegung schnell erfolgt. Die Matrix ließe sich also deutlich verfeinern. Es wird aber auch so schon ablesbar, dass die Lexeme neben einem gemeinsamen Merkmal mindestens ein unterscheidendes Sem enthalten, so dass ihre Synonymie nur partiell ist. Die Auswechselbarkeit in einem Text ist auch nur dann möglich, wenn das unterscheidende Sem nicht blockierend wirkt.

16.5. Definitionen

Affinität	Tatsache, dass ein Lexem ein Lexem aus einer bestimmten Klasse fordert
Antonymie	paradigmatische Beziehung der Gegensätzlichkeit der Bedeutungen
Archilexem	Einheit, die dem Inhalt eines ganzen Wortfeldes entspricht
Bedeutung	feste Verbindung zwischen einem Ausdruck und einem Inhalt
Bezeichnung	Verbindung eines sprachlichen Zeichens mit einem außersprachlichen Sachverhalt
Heteronymie	paradigmatische Beziehung zwischen bedeutungsähnlichen Wörtern, die dialektal (*Pferd - Ross*), soziolektal (*Geld - Knete*) oder interlingual (*father - Vater*) etc. unterschieden sind
Homonymie	Tatsache, dass mehrere Wörter ausdrucksseitig gleich (homograph = 'gleich geschrieben', homophon = 'gleich ausgesprochen'), inhaltsseitig aber unterschiedlich sind
Hyperonymie	paradigmatische Beziehung der Überordnung der Bedeutungen
Hyponymie	paradigmatische Beziehung der Unterordnung der Bedeutungen
Implikation	Tatsache, dass ein Lexem aufgrund der Bedeutung ein anderes impliziert (*blond* impliziert *Haare*)
instrumentale Bedeutung	Bedeutung einzelner Elemente, die ein neues grammatisches Wort schaffen. Sie wird getragen von Relationsmorphemen. Die instrumentale Bedeutung wirkt sich auf den ganzen Satz aus.
kategorielle Bedeutung	Art und Weise der sprachlichen Erfassung der Welt. Sie ist für alle Wörter einer Wortart gleich.
Klasse	im Anschluss an E. Coseriu Gesamtheit der Lexeme, die durch einen gemeinsamen inhaltsunterscheidenden Zug zusammenhängen [E. Coseriu, Lexikalische Solidaritäten, Poetica 1 (1967) S. 294f.]

Klassem	der Inhaltszug, durch den eine Klasse definiert wird
Kohyponymie	Hyponymie mehrerer Lexeme; Lexeme, die einem Hyperonym auf gleicher Ebene untergeordnet sind
Kompatibilität	semantische Vereinbarkeit oder Verträglichkeit von Wörtern im Kontext
lexikalische Bedeutung	das 'Was' der sprachlichen Erfassung der Welt. Sie stellt einen Bezug zwischen der Lautgestalt und allen Gegenständen eines bestimmten Typus her. Die lexikalische Bedeutung wird mit der formalen Struktur des Wortes fest verbunden gesehen.
lexikalische Solidarität	im Anschluss an E. Coseriu das Enthaltensein der Bedeutung von Lexemen in der Bedeutung anderer Lexeme
Onomasiologie	Frage, die von den außersprachlichen Sachverhalten, Vorstellungen und Inhalten ausgeht und nach ihren Bezeichnungen fragt
ontische Bedeutung	Wirklichkeits- oder Seinswert, der einem Sachverhalt zugeschrieben wird
Polysemie	Tatsache, dass ein Ausdruck mehrere Bedeutungen hat; ein Ausdruck ist mit mehreren Sememen verbunden
Selektion	Tatsache, dass ein Lexem ein einzelnes Lexem aus einem Wortfeld selektiert
Sem	kleinstes bedeutungsunterscheidendes Inhaltsmerkmal; Lexeme, die sich nur durch ein Sem unterscheiden, stehen in Opposition zueinander.
Semasiologie	Frage, die von der Ausdrucksseite des sprachlichen Zeichens ausgeht und nach seiner Bedeutung fragt
Semem	die aus Semen kombinierte Einzelbedeutung eines Lexems
Sinn	Inhaltsebene, die sich auf den Text bezieht, durch den Text konstituiert wird
Synonymie	paradigmatische Beziehung zwischen bedeutungsähnlichen Wörtern, die in einem speziellen Kontext dieselbe aktuelle Bedeutung haben können, da sie dasselbe bezeichnen

syntaktische Bedeutung	Bedeutung, die dem ganzen Satz zukommt (z.B. Aktivsatz, Singularsatz, Präsenssatz)
Wortfeld	im Anschluss an E. Coseriu lexikalisches Paradigma, das durch die Aufteilung eines lexikalischen Inhaltskontinuums unter verschiedene in der Sprache als Wörter gegebene Einheiten entsteht, die durch einfache inhaltsunterscheidende Züge in unmittelbarer Opposition zueinander stehen [E. Coseriu, Lexikalische Solidaritäten, Poetica 1 (1967) S. 294]

16.6. LITERATUR

Kurzinformation:

Metzler Lexikon Sprache. Artikel: Antonymie, Archilexem, Bedeutung, Bezeichnung, Heteronymie, Hyperonymie, Hyponymie, Klasse, Klassem, Kohyponymie, Kompatibilität, Lexem, Lexikalische Bedeutung, Lexikalische Semantik, Lexikalische Solidarität, Lexikologie, Wortfeld, Onomasiologie, Polysemie, Sem, Semantik, Semasiologie, Semem, Sinn, Synonymie

Einführende Literatur:

A. *Linke* – M. *Nussbaumer* – P.R. *Portmann,* Studienbuch Linguistik, S. 149-192

P.R. *Lutzeier,* in: J. Dittmann – C. Schmidt (Hgg.), Über Wörter, S. 35-58

Ch. *Römer* – B. *Matzke,* Der deutsche Wortschatz. Struktur, Regeln und Merkmale

Ch. *Römer* – B. *Matzke,* Lexikologie des Deutschen. Eine Einführung

Th. *Schippan* – H. *Ehrhardt,* in: Kleine Enzyklopädie Deutsche Sprache, S. 62-107

M. *Schlaefer,* Lexikologie und Lexikographie

M. *Steinbach,* in: J. Meibauer u.a., Einführung in die germanistische Linguistik, S. 162-207

St. *Ullmann,* Semantik. Eine Einführung in die Bedeutungslehre

Grundlegende und weiterführende Literatur:

R. *Bergmann,* Sprachwissenschaft 2 (1977) S. 17-59

E. *Coseriu,* in: Sprachwissenschaft und Übersetzen, S. 104-121

E. *Coseriu,* Einführung in die Allgemeine Sprachwissenschaft

E. *Coseriu,* Einführung in die strukturelle Betrachtung des Wortschatzes

E. *Coseriu,* Formen und Funktionen. Studien zur Grammatik

E. *Coseriu,* Poetica 1 (1967) S. 293-303

E. *Coseriu,* Probleme der strukturellen Semantik. Vorlesung, gehalten im Wintersemester 1965/66 an der Universität Tübingen

N. *Dörschner,* Lexikalische Strukturen

H. *Geckeler,* Strukturelle Semantik und Wortfeldtheorie

Kapitel 16

H. *Gipper* – H. *Schwarz*, Bibliographisches Handbuch zur Sprachinhaltsforschung. Teil I., Bände I-IV; Teil II. Bände A–D

G. *Kleiber*, Prototypensemantik

E. *Leisi*, Der Wortinhalt. Seine Struktur im Deutschen und Englischen

P.R. *Lutzeier*, Linguistische Semantik

M. *Philipp*, Semantik des Deutschen

O. *Reichmann*, Germanistische Lexikologie

Th. *Schippan*, Lexikologie der deutschen Gegenwartssprache

L. *Schmidt*, Wortfeldforschung

Ch. *Schwarze* – D. *Wunderlich* (Hgg.), Handbuch der Lexikologie

Semantik. Ein internationales Handbuch der zeitgenössischen Forschung

J. *Trier*, Der deutsche Wortschatz im Sinnbezirk des Verstandes

St. *Ullmann*, Grundzüge der Semantik

KAPITEL 17: PHRASEOLOGIE

17.1. EINSTIEG: WORTVERBINDUNGEN IM LITERARISCHEN TEXT

In der 'Blechtrommel' von Günter Grass findet sich der folgende Textausschnitt, in dem sich der Erzähler an ein Erlebnis aus seiner Kindheit erinnert:

> „Die Uhr ist kaputt!" rief Matzerath und ließ die Trommel los. Mit knappem Blick überzeugte ich mich, daß mein Schrei der eigentlichen Uhr *keinen Schaden angetan* hatte, daß nur das Glas hinüber war. Für Matzerath jedoch, auch für Mama und Onkel Jan Bronski, der an jenem Sonntag nachmittag seine *Visite machte*, schien mehr als das Glas vorm Zifferblatt kaputt zu sein. Bleich und mit hilflos verrutschten Blicken äugten sie einander an, tasteten nach dem Kachelofen, hielten sich am Klavier und Büfett, *wagten sich nicht vom Fleck*, und Jan Bronski bewegte trockene Lippen unter flehentlich verdrehtem Auge, daß ich noch heute glaube, des Onkels Bemühungen galten dem Wortlaut eines Hilfe und Erbarmen fordernden Gebetes, wie etwa: *Oh, du Lamm Gottes, du nimmst hinweg die Sünden der Welt* – Miserere nobis. Und diesen Text dreimal und hernach noch ein: *O Herr*, ich bin nicht würdig, daß du eingehst unter mein Dach; aber *sprich* nur *ein Wort*...
>
> Natürlich *sprach* der Herr *kein Wort*. Es war ja auch nicht die Uhr kaputt, nur das Glas. Es ist aber das Verhältnis der Erwachsenen zu ihren Uhren höchst sonderbar und kindisch in jenem Sinne, in welchem ich nie ein Kind gewesen bin. Dabei ist die Uhr vielleicht die großartigste Leistung der Erwachsenen. Aber *wie es nun einmal ist*: Im selben Maß wie die Erwachsenen Schöpfer sein können und bei Fleiß, Ehrgeiz und einigem Glück auch sind, werden sie gleich nach der Schöpfung Geschöpfe ihrer eigenen epochemachenden Erfindungen.
>
> Dabei ist die Uhr *nach wie vor* nichts ohne den Erwachsenen. Er zieht sie auf, er stellt sie vor oder zurück, er bringt sie zum Uhrmacher, damit der sie kontrolliere, reinige und notfalls repariere. Ähnlich wie beim Kuckucksruf, der zu früh ermüdet, beim umgestürzten Salzfäßchen, *bei Spinnen am Morgen*, *schwarzen Katzen* von links, beim Ölbild des Onkels, das von der Wand fällt, weil sich der Haken im Putz lockerte, ähnlich wie beim Spiegel sehen die Erwachsenen hinter und in der Uhr mehr, als eine Uhr darzustellen vermag.
>
> Mama, die trotz einiger schwärmerisch phantastischer Züge den nüchternsten Blick hatte, auch leichtsinnig, wie sie sein konnte, jedes vermeintliche Zeichen stets zu ihrem Besten wertete, fand damals das erlösende Wort.
>
> „*Scherben bringen Glück!*" rief sie fingerschnalzend, holte Kehrblech und Handfeger und kehrte die Scherben oder das Glück zusammen."

Günter Grass, Die Blechtrommel, Göttingen 1993, S. 79f. (Kursivierungen N.F.)

Neben den einzelnen Wörtern (Einzellexemen) kommen in diesem Textausschnitt Wortverbindungen vor, die den Sprechern der deutschen Sprache eher in Verbindung miteinander geläufig sind und nur in diesen Kombinationen Sinn ergeben. Dazu gehören zum Beispiel die Wendungen *keinen Schaden antun, sich nicht vom Fleck wagen, wie es nun einmal ist, nach wie vor, Spinnen am Morgen, Scherben bringen Glück!* und einige mehr. Manche dieser Wendungen wie etwa *nach wie vor, keinen Schaden antun* und *ein / kein Wort sprechen* sind fester Bestandteil unserer Kommunikation und fallen dem muttersprachlichen Sprecher nicht unbedingt als besondere sprachliche Einheiten auf. Einige Kommunikationssituationen kommen nur mit Hilfe solcher Wendungen zustande. Zum Beipsel begrüßen wir einander mit der Wortverbindung *Guten Tag!*, beim Abschied wünschen wir uns gegenseitig *ein schönes Wochenende* und *Guten Appetit!* beim Essen. Zu Feiertagen wird gesagt: *Einen guten Rutsch ins Neue Jahr!, Frohe / gesegnete Weihnachten* oder allgemein *Frohes Fest!* Die Wendung *Oh, du Lamm Gottes, du nimmst hinweg die Sünden der Welt* im Ausschnitt aus dem Roman von Günter Grass ist nur in Texten religiösen Charakters vorstellbar, und dort nur als Anrede an Gott. Es gibt schließlich Textsorten, die in ihrem Aufbau nicht ganz frei, sondern „vorgefertigt" sind und zu deren konstitutiven Merkmalen die obligatorische Verwendung der Wortverbindungen gehört. Man denke hier an Formbriefe in der Wirtschaft und Verwaltung, Danksagungen, Todesanzeigen, Verträge und Anträge unterschiedlicher Art, Beglückwünschungen und bis zu einem gewissen Grad Gutachten, Rezensionen, Einladungen, einleitende Kapitel in schriftlichen Hausarbeiten usw.

All diese Wortverbindungen haben zwei Merkmale gemeinsam. Zum einen sind sie eben Wortverbindungen und bestehen aus mehr als einem Wort. Zum anderen existieren sie als Wortverbindungen nicht einmalig im Text von Günter Grass, sondern werden von uns in dieser Struktur (manchmal mit Varianten) in diversen Kommunikationssituationen mit der gleichen Bedeutung wiederholt verwendet. Sie sind in dieser Kombination und Bedeutung usuell, das heißt bekannt und geläufig, geworden.

17.2. Einführung in die Phraseologie

Usuelle, aus mehr als einem Wort bestehende Wortverbindungen werden in der Sprachwissenschaft **Phraseologismen** genannt. Einzelne Wörter, aus denen ein Phraseologismus besteht, bezeichnet man als **Komponenten** oder **Konstituenten**. Phraseologismen sind Gegenstand einer Teildisziplin der Linguistik, die **Phraseologie** heißt. In der Germanistischen Linguistik existiert die Phraseologieforschung seit den 70er Jahren des 20. Jahrhunderts. In ihren Grundgedanken geht sie auf die Theorien des Schweizer Linguisten Charles Bally und des russischen Sprachwissenschaftlers Vladimir V. Vinogradov zurück. Die linguistische Phraseologieforschung ist innerhalb der Lexikologie zu verorten. Allerdings weisen Phraseologismen besondere morphosyntaktische, semantische, pragmatische und bildliche Merkmale auf, die die Phraseologismen von Einzellexemen einerseits und von freien Wortverbindungen andererseits abheben. Ihre adäquate Untersuchung ist deshalb nur ebenenübergreifend und interdisziplinär möglich.

17.2.1. MERKMALE DER PHRASEOLOGISMEN
17.2.1.1. POLYLEXIKALITÄT

Da alle im Text vom Günter Grass erwähnten Ausdrücke aus mehr als einem Wort bestehen, ist ihnen das erste phraseologische Merkmal gemeinsam – die **Polylexikalität**. Phraseologismen können unterschiedlich lang sein: *Schaden antun* oder *O Herr* bestehen aus nur zwei Wörtern, was als Kriterium für die untere Grenze der Wortmenge in einem Phraseologismus gilt. Als Wörter zählen dabei sowohl Autosemantika, das heißt Lexeme mit selbständiger lexikalischer Bedeutung, zum Beispiel *Herr*, als auch Synsemantika, die keine oder nur im Zusammenspiel mit anderen Lexemen erkennbare lexikalische Bedeutung aufweisen, zum Beispiel *O* in *O Herr*. Hingegen besteht die Wendung *wie es nun einmal ist* aus fünf Komponenten. *Scherben bringen Glück!* ist außerdem noch ein abgeschlossener Satz, der bis vor kurzem die obere Grenze eines Phraseologismus darstellte. In der gegenwärtigen Phraseologieforschung wird diese obere Grenze überschritten: Zum Untersuchungsbereich der Phraseologie werden ganze formelhafte Texte wie beispielsweise Danksagungen zugerechnet.

17.2.1.2. STRUKTURELLE FESTIGKEIT

Allen Phraseologismen ist ferner das zweite Merkmal – **die Festigkeit** – gemeinsam. Festigkeit erstreckt sich auf mehrere Phänomene. Unter der **strukturellen Festigkeit** versteht man zum Beispiel die Geläufigkeit eines Phraseologismus in einer bestimmten morphosyntaktischen Kombination von Komponenten und einer bestimmten lexikalischen Besetzung. Nur durch diese gegebene Kombination und Besetzung kommt die Bedeutung eines Phraseologismus zustande. So kann zum Beispiel in der Struktur der Phraseologismen *Scherben bringen Glück!* oder *nach wie vor* keine einzige Komponente durch eine andere substituiert, das heißt ausgetauscht, umgestellt und / oder flektiert werden. Weitere Beispiele dieser Art sind *gang und gäbe, klipp und klar, Wenn* *schon, denn schon!* usw. Andere Phraseologismen sind morphosyntaktisch flexibler. In *Schaden antun* kann man zwar die erste substantivische Konstituente nicht ohne Bedeutungsverlust durch eine andere ersetzen, aber man kann sie negieren *(keinen Schaden antun)*, die verbale Komponente lässt die Flexion zu *(tut keinen Schaden an, tat keinen Schaden an, hat keinen Schaden angetan)*. Die Möglichkeit der Flexion der verbalen Komponenten ist auch beim Phraseologismus *wie es nun einmal ist* gegeben, man vergleiche *wie es nun einmal war*. Der Phraseologismus *nicht vom Fleck* geht Verbindungen mit unterschiedlichen Verben ein, wie beispielsweise *nicht vom Fleck kommen, sich nicht vom Fleck wagen*. In Bezug auf alle anderen Komponenten sind diese Phraseologismen strukturell fest.

Strukturelle Festigkeit lässt sich besonders gut bei den Phraseologismen beobachten, die in ihrer Struktur morphosyntaktische **Irregularitäten** bzw. **Restriktionen**, das heißt Beschränkungen, aufweisen. Durch diese Irregularitäten und / oder Restriktionen unterscheiden sich die phraseologischen Wortverbindungen von den freien, in denen das Kombinieren von Wörtern ausschließlich durch reguläre Regeln der Morphosyntax und Semantik eingeschränkt ist. Im Text lassen sich dafür keine Beispiele finden, aber folgende Belege veranschaulichen dies. Der Phraseologismus *auf gut Glück* enthält ein für das gegenwärtige Sprachsystem des Deutschen untypisches unflektiertes attributives Adjektiv *gut*. In der Wendung *in (des) Teufels Küche kommen* wird das Genitivattribut vorangestellt, was im heutigen Deutsch nicht mehr produktiv ist. Bei *an jemandem einen Narren gefressen haben* steht das Verb *fressen* mit einem Präpositionalobjekt in Dativ, obwohl es diese Rektion in der freien Verwendung nicht verlangt.

Strukturell fest sind einige Phraseologismen außerdem, weil sie keine morphologischen und / oder syntaktischen Operationen mit sich durchführen lassen, d.h. sich restriktiv verhalten. Der Phraseologismus *Der / dieser Zug ist abgefahren!* kann zum Beispiel nicht in den Plural gesetzt (1a) oder in einen Relativsatz (1b) umgewandelt werden, weil dadurch die phraseologische Bedeutung 'es ist zu spät, man kann nichts ändern' verloren geht. Ebenso wenig kann hier das Tempus geändert werden (1c). Ferner würde die Substitution (1d) zur Zerstörung der Bedeutung führen.

(1a) **Die / diese Züge sind abgefahren!*
(1b) **Das ist der Zug, der abfährt!*
(1c) **Der / dieser Zug fährt ab!*
(1d) **Das / dieses Auto ist angekommen!*

Ein weiteres Merkmal der strukturellen Festigkeit sind die so genannten **unikalen Komponenten**. Darunter versteht man solche Konstituenten, die phraseologisch gebunden sind und in der freien Verwendung nicht vorkommen. Solche Konstituenten unterliegen lexikalisch-semantischen Restriktionen und können nicht durch andere ergänzt bzw. umgestellt werden. Dies gilt zum Beispiel für die Wortverbindung *gang und gäbe*: Ihre beiden Konstituenten *gang* und *gäbe* existieren nicht in der freien Verwendung und verfügen über keine Synonyme, durch die sie substituiert werden könnten. Ebenso lässt sich der Ausdruck *Maulaffen feilhalten* nur mit den beiden Konstituenten *Maulaffen* und *feilhalten* realisieren. Viele Irregularitäten und Restriktionen lassen sich ausschließlich sprach- bzw. kulturhistorisch erklären, weil es sich dabei um die Verfestigung bzw. das „Einfrieren" älterer Sprachverhältnisse handelt. Der historische Prozess, durch den eine freie Wortverbindung zu einem mehr oder weniger festen Phraseologismus wird, heißt **Phraseologisierung**.

17.2.1.3. VARIATION UND MODIFIKATION

Neuere phraseologische Untersuchungen anhand umfangreicher Korpora, am historischen und dialektalen Material zeigen allerdings, dass die strukturelle Festigkeit (auch synchron) stark zu relativieren ist. Sie ist nicht wie früher angenommen ein absolutes Merkmal der Phraseologismen, sondern eine ihrer Eigenschaften, die unterschiedlichen Wortverbindungen in unterschiedlichem Maße eigen ist. Absolute strukturelle Festigkeit ist vor allem den Phraseologismen mit unikalen Komponenten und morphosyntaktischen Irregularitäten eigen. Andere Phraseologismen lassen zahlreiche Möglichkeiten der Variation zu. So gibt es grammatische Varianten in einer Komponente, zum Beispiel im Numerus (2) oder im Artikelgebrauch (3). Eine Komponente des Phraseologismus kann durch zwei oder mehr lexikalische Varianten ausgefüllt werden (4a, b). Ferner kann die Reihenfolge der Konstituenten variabel sein (5).

(2) *jemandem auf den Fuß / die Füße treten*
(3) *den / einen Fuß in die Tür bekommen*
(4a) *bis an / über den Hals in Schulden stecken*
(4b) *jemandem den Kram / Krempel / Laden vor die Füße werfen / schmeißen*
(5) *wie Hund und Katze / Katze und Hund leben*

Lexikalische und grammatische Variation ist besonders für die älteren weniger normierten Sprachstufen des Deutschen typisch. Der Prozess der Phraseologisierung verläuft über die Reduktion bzw. den Schwund der Varianten.

Bei der Variation handelt es sich um nicht beabsichtigte, usuelle Veränderungen der Phraseologismen in der Sprachverwendung. Phraseologismen sind außerdem oft Gegenstand der **Modifikation**. Unter Modifikation versteht man okkasionelle, das heißt gelegentlich vorkommende, nicht usualisierte Veränderungen, die zumeist mit stilistischen und / oder pragmatischen Effekten intendiert sind. Modifikationen der Phraseologismen sind in Zeitungsartikeln und in der Werbung ein beliebtes Stilmittel: *hinter schwäbischen* (statt: *schwedischen*) *Gardinen*, *auf Nummer Neckermann* (statt: *sicher*) *gehen*, *sage und sende* (statt: *schreibe*).

17.2.2. IDIOMATIZITÄT

Alle Phraseologismen sind geläufige polylexikalische und mehr oder weniger feste Einheiten. Sie unterscheiden sich jedoch im Hinblick auf ihre Semantik. Bei den Wortverbindungen *keinen Schaden antun* oder *nach wie vor* kann man auf Grund der **wörtlichen** oder **freien Bedeutung** der Komponenten unschwer erschließen, was die Ausdrücke als Ganzheiten bedeuten. Sie sind semantisch völlig regulär. Etwas anders ist die Wendung *ein / kein Wort sprechen* gelagert. Hier hat die Komponente *sprechen* dieselbe wörtliche Bedeutung wie außerhalb des Phraseologismus, die Komponente *Wort* kann nicht nur wörtlich, sondern auch als 'Lehre Gottes' interpretiert werden. Diese zweite Bedeutung ist spezifisch für den Phraseologismus *kein / ein Wort sprechen* und den vorgegeben Kontext: In der freien Verwendung wird *Wort* nicht zwingend im Sinn von 'Lehre Gottes' verwendet. Ähnlich verhält sich die Wortverbindung *sich nicht vom Fleck wagen*, in der nur die Komponente *sich wagen* wörtlich gemeint ist. Wörtlich kann ebenfalls der Phraseologismus *Scherben bringen Glück* verstanden werden, allerdings enthält er eine semantische Inkompatibilität: Die Konstituente *Scherben* wird personifiziert und steht in Verbindung mit dem Verb *bringen*. Diese semantische Irregularität konstituiert die Bedeutung 'scherzhafter tröstender Kommentar, wenn jemand Glas, Porzellan oder Ähnliches zerbrochen hat' und ist nur innerhalb des Phraseologismus verständlich. Die spezifische, irreguläre Bedeutung einer Komponente innerhalb des Phraseologismus bezeichnet man als **phraseologische Bedeutung**.

Phraseologisch kann nicht nur die Bedeutung einer Konstituente innerhalb des Phraseologismus sein. Dieser Terminus bezieht sich auch auf die semantische Spezifik der gesamten Wortverbindungen und wird synonym zu **aktuelle Bedeutung** verwendet. Die Spezifik der aktuellen oder phraseologischen Bedeutung einer Wortverbindung besteht darin, dass sie nicht regulär bzw. nur partiell regulär aus den freien Bedeutungen der Komponenten ableitbar ist und nur dann zustande kommt, wenn die Wortverbindung in bestimmter mehr oder weniger festgelegter morphosyntaktischer und lexikalischer Realisierung vorliegt. Folgende Beispiele sollen dies veranschaulichen. Die aktuelle Bedeutung des Phraseologismus *Öl ins Feuer gießen* kann man als 'einen Streit noch verschärfen' paraphrasieren; *jemandem einen Korb geben* ist polysem, das heißt mehrdeutig, und bedeutet '1. jemandes Heiratsantrag ablehnen' und '2. jemanden abweisen'. Die wörtlichen Bedeutungen aller Konstituenten ermöglichen keine Schlussfolgerungen über die phraseologischen Bedeutungen der beiden Ausdrücke als Ganzheiten. Auf der Ebene des Sprachsystems besteht keine Beziehung zwischen der freien und der phraseologischen Bedeutung, das heißt es gibt keine semantische Regel, die es erlauben würde, aus der freien Bedeutung der Komponenten und deren Zusammenfügung die phraseologischen Bedeutungen 'einen Streit noch verschärfen' oder '1. jemandes Heiratsantrag ablehnen; 2. jemanden abweisen' abzuleiten.

Die Diskrepanz zwischen der wörtlichen und der phraseologischen Bedeutung einer ganzen Wortverbindung nennt man **Idiomatizität im semantischen Sinn**. Semantische Idiomatizität ist eine graduelle Eigenschaft, über die die Phraseologismen nicht im gleichen Maß verfügen. Je stärker die Diskrepanz zwischen der wörtlichen und phraseologischen Bedeutung ist, umso stärker idiomatisch ist der Phraseologismus. Wie oben gezeigt, ist sie bei den Ausdrücken *jemandem einen Korb geben* und *Öl ins Feuer gießen* besonders groß. Die beiden Phraseologismen sind deshalb **voll-idiomatisch**. Die Phraseologismen *ein / kein Wort sprechen, sich nicht vom Fleck wagen* und *Scherben bringen Glück* sind jeweils nur hinsichtlich der einzelnen Konstituenten idiomatisch, während andere ihre freie Bedeutung beibehalten. Phraseologismen mit dieser Struktur nennt man **teil-idiomatisch**. Wortverbindungen, die durch keine oder nur minimale semantische Differenzen zwischen phraseologischer und wörtlicher Bedeutung charakterisiert sind, werden als **nicht-idiomatisch** bezeichnet, zum Beispiel *keinen Schaden antun* aus unserem Text. Den historischen Prozess, durch den eine Wortverbindung mehr oder weniger fest und (im semantischen Sinn) idiomatisch wird, nennt man **Idiomatisierung**. Die dabei entstehenden Phraseologismen werden als **Idiome** bezeichnet. Idiome weisen somit alle Merkmale einer phraseologischen Wortverbindung auf: Sie sind geläufig, polylexikalisch, relativ fest und idiomatisch. In der älteren Phraseologieforschung wurden sie deshalb als „Phraseologismen im engen Sinn" bezeichnet. Wortverbindungen mit den Merkmalen geläufig, polylexikalisch, relativ fest und mit fehlender Idiomatizität ordnete man dem Bereich der Phraseologie im weiten Sinn zu. Angesichts der Schwierigkeiten, mit denen die Bestimmung des Idiomatizitätsgrades einhergeht, wurde diese Unterteilung gegenwärtig aufgehoben.

Die Kombination der Merkmale 'Idiomatizität', 'Geläufigkeit' und 'strukturelle Festigkeit' ermöglicht eine genauere Unterscheidung der phraseologischen Wortverbindungen nicht nur von anderen polylexikalischen Ausdrücken, sondern auch von idiomatischen Einzelwörtern (Metaphern). Im Text von Günter Grass finden sich die Wendungen *ähnlich wie beim Kuckucksruf, der zu früh ermüdet* und *beim umgestürzten Salzfäßchen*. Beide Wendungen sind zwar idiomatisch und polylexikalisch, aber nicht strukturell fest. Ihnen liegt keine feste Wortverbindung zugrunde, die einem durchschnittlichen Sprecher des Deutschen geläufig und in phraseologischen Wörterbüchern verzeichnet wäre. Wir haben hier mit Einzellexemen *Kuckucksruf* und *Salzfäßchen* in der symbolischen Verwendung zu tun. Sie werden von Günter Grass als Andeutungen von etwas Schlechtem interpretiert und stehen in einer Kette mit ähnlichen 'Vorzeichen': Spinnen am Morgen, schwarze Katzen oder das von der Wand fallende Bild eines Onkels. Ferner können die Einzellexeme *Kuckucksruf* und *Salzfässchen* in ihren wörtlichen Bedeutungen verwendet werden. Psycholinguistische Experimente zeigen hingegen für voll-idiomatische Phraseologismen, dass sie von Sprachbenutzern sofort in der aktuellen Bedeutung ohne den Umweg über die wörtliche Lesart rezipiert und produziert werden.

17.2.3. TYPEN DER PHRASEOLOGISMEN

Unterschiedliche Merkmale sind in den Phraseologismen unterschiedlich stark ausgeprägt. Dies erklärt die Existenz der verschiedenen phraseologischen Typen. Seit der Zeit ihrer Entstehung war die Phraseologieforschung bemüht, den eigenen Untersuchungsgegenstand zu klassifizieren. Im Vordergrund standen dabei je nach Forschungsparadigma syntaktische, semantische, pragmatische und funktionale Kriterien. Gegenwärtig besteht weitgehender Konsens darüber, dass die Beschränkung auf ein Klassifikationskriterium nicht ausreichend ist. In der Phraseologieforschung hat sich deshalb die Klassifikation durchgesetzt, der eine Kombination syntaktischer, semantischer und pragmatischer Kriterien zugrunde liegt. Sie wird im Folgenden vorgestellt.

Den Kernbestand der Phraseologie bilden **Idiome**. Das sind Phraseologismen, die die Ebene eines Satzes nicht überschreiten (d.h. sie sind satzgliedwertig) und denen in hohem Maße das Kriterium der Idiomatizität eigen ist. Im Text von Günter Grass findet sich ein Idiom – *sich nicht vom Fleck wagen*. Weitere Beispiele (nicht aus dem Text) sind: *das Kind mit dem Bade ausschütten, ins Gras beißen, das fünfte Rad am Wagen sein, etwas auf dem Kerbholz haben* usw. Der hohe Grad an Idiomatizität unterscheidet die Idiome von den ebenfalls satzgliedwertigen Phraseologismen, die **Kollokationen** genannt werden. Gegenwärtig werden unter Kollokationen im weiten Sinn alle mehr oder weniger festen Wortverbindungen verstanden, die nur schwach oder gar nicht idiomatisch sind. Das ist ein großer Bereich der formelhaften Ausdrücke, die auf den ersten Blick nichts Ungewöhnliches in ihrer Struktur enthalten, weil sie syntaktisch und semantisch völlig regulär aufgebaut sind, wie zum Beispiel *(keinen) Schaden antun* oder auch (nicht aus dem Text) *sich die Zähne putzen, den Tisch decken, jemandem Hilfe leisten, Maßnahmen treffen / ergreifen* usw.

Bei der genauen Analyse wird allerdings deutlich, dass diese Wortverbindungen im Deutschen genau in den genannten lexikalischen Besetzungen präferiert werden und sich im interlingualen Vergleich von ihren Äquivalenten unterscheiden. Besonders deutlich veranschaulicht die zwischensprachlichen Unterschiede die Kollokation *sich die Zähne putzen*, die folgende Entsprechungen in den anderen Sprachen hat:

(6) engl. *to brush the teeth* 'die Zähne bürsten'
    ital. *pulire i denti* 'die Zähne polieren'
    frz. *se laver les dents* 'sich die Zähne waschen'
    russ. *čistit' zuby* 'Zähne sauber machen'

Eine große Untergruppe der Kollokationen bilden **Funktionsverbgefüge**, das heißt Verbindungen aus einem Substantiv und einem semantisch verblassten Verb, bei denen das Substantiv aus einem Verb nominalisiert wurde und die ursprüngliche Bedeutung dieses Verbs ausdrückt, zum Beispiel *zur Entscheidung kommen* (< *entscheiden*), *zur Aufführung bringen* (< *aufführen*) usw.

Kollokationen, die in der Fachsprache vorkommen, gehören zu der nächsten Untergruppe der **phraseologischen Termini**. Das Besondere dieser Untergruppe besteht darin, dass phraseologische Termini genauso wie Worttermini in ihrer Bedeutung streng festgelegt sind. Diese Festlegung gilt primär nur innerhalb des fachlichen Subsystems der Sprache. Beispiele aus der Fachsprache der Mathematik sind *spitzer Winkel* oder *gleichschenkliges Dreieck*. Einige phraseologische Termini sind jedoch nicht an die Fachsprache gebunden. Sie sind idiomatisch und finden Eingang in die Alltagskommunikation, man vergleiche aus dem Sportbereich *jemanden [schach]matt setzen, sich selbst ein Eigentor schießen* oder aus dem Bereich der Computersprache *Mauszeiger ziehen, Daten konvertieren, einen Text einblenden / ausblenden* usw.

Dem Randbereich des Typs 'Kollokationen' können die so genannten **onymischen Phraseologismen** zugerechnet werden. Beispiele dafür sind *Schwarzes Meer, Europäische Union, Das Rote Kreuz, Das Weiße Haus, Straße des 17. Juni* usw. Sie haben die Funktion von Eigennamen und unterscheiden sich aufgrund dieser semantischen Besonderheit von allen anderen Phraseologismen. Sie werden deshalb manchmal nicht als phraseologisch bzw. innerhalb der Phraseologie als eine eigenständige semiotische Klasse betrachtet.

Idiome und Kollokationen sind syntaktisch gesehen satzgliedwertig. Die weiteren vier phraseologischen Typen unterscheiden sich davon durch ihren satzwertigen Charakter. **Feste Phrasen** stellen zum Beispiel vollständige Sätze dar, die explizit an den Kontext angeschlossen sind. Der Anschluss kann durch anaphorische Elemente wie *das* (7) oder durch Personalpronomina (8) erfolgen. In Beispiel (9) enthält der Phraseologismus die so genannte Leerstelle *jemandem*, die im jeweiligen Kontext durch die Benennung einer Person aktualisiert wird: *Nach dem Gehörten ging Herrn Müller plötzlich ein Licht auf.* Die Aktualisierung der Leerstelle ermöglicht die Anknüpfung des Phraseologismus an den Kontext. Dies gewährleisten ferner Partikel und Adverbiale: Die feste Phrase (10) kann durch die Erststellung der Partikel *jetzt* in den Kontext eingeführt werden: *Jetzt ist das Eis gebrochen.*

(7) *Das macht die Suppe auch nicht fett!*
(8) *Du kannst mich totschlagen.*
(9) *Jemandem geht ein Licht auf.*
(10) *Das Eis ist gebrochen.*

Den zweiten Typ der satzwertigen Phraseologismen bilden **Sprichwörter**, die sich von den festen Phrasen durch ihre lehrhafte, didaktisch-moralische Konnotation unterscheiden. Sprichwörter dienen oft der Generalisierung, abstrakter Charakterisierung von Situationen bzw. Personen. Sie können vom Hörer / Leser als Anweisungen für das Handeln aufgefasst werden. Sprichwörter sind in ihrer Struktur geschlossen, das heißt sie müssen durch kein lexikalisches Element an den Kontext angeschlossen werden. Einige Beispiele sind *Scherben bringen Glück, Ein Unglück kommt selten allein, Morgenstund hat Gold im Mund.*

Zu den satzwertigen Phraseologismen gehören ferner **Gemeinplätze**, die Selbstverständlichkeiten vermitteln (*Man lebt nur einmal*) und / oder tautologisch sind (*Was sein muss, muss sein*) sowie **geflügelte Worte**. Die Besonderheit der geflügelten Worte besteht darin, dass sie auf eine identifizierbare Quelle zurückgehen. Unter einer identifizierbaren Quelle versteht man traditionell ein literarisches Werk. So ist der Phraseologismus *Sein oder Nichtsein, das ist hier die Frage* ein geflügeltes Wort, weil es aus Shakespeares 'Hamlet' (Tragödie III, 1) stammt. Gegenwärtig werden auch Zitate aus Filmen, Liedern und der Werbesprache als geflügelte Worte betrachtet, man vergleiche die Wendung *Reif für die Insel!*, mit dem man heute deutlich machen möchte, dass man eine Erholung dringend nötig hat, 'urlaubsreif' ist. Ursprünglich lautete so der Titel eines 1982 von dem österreichischen Liedermacher Peter Cornelius geschriebenen Schlagers.

Idiome, Kollokationen und alle satzwertigen Phraseologismen beziehen sich auf Personen, Objekte, Situationen und Vorgänge der realen oder fiktiven Welt, indem sie sie benennen, identifizieren, charakterisieren oder darüber generalisieren. Ihre Funktion lässt sich also als eine referentielle beschreiben. Davon sind **strukturelle Phraseologismen** zu unterscheiden, die in der Kommunikation die grammatische Funktion haben, syntaktische Relationen herzustellen. Strukturelle Phraseologismen sind oft Präpositionen, Konjunktionen oder Wortverbindungen in adverbialer Verwendung wie *nach wie vor, im Hinblick auf, nicht nur – sondern auch, im Handumdrehen, im Zuge* und so weiter.

Eine wieder andere Funktion im zeichentheoretischen Sinn weisen **Routineformeln** auf. Ihr wichtigstes Merkmal besteht darin, dass sie als 'vorgefertigte' Formeln für die Lösung immer wiederkehrender kommunikativer Aufgaben benutzt werden. Sie werden daher auch **kommunikative Phraseologismen** genannt. Unter kommunikativen Aufgaben versteht man zum Beispiel Kontaktaufnahme *(Wie geht es?)*, Begrüßung, Beginn und Beendigung eines Sprechakts *(Guten Morgen!, ich eröffne die Verhandlung, auf Wiedersehen!, Schönes Wochenende)*, Steuerung der Aufmerksamkeit in einem mündlichen Gespräch *(Nicht wahr?, Hör mal!)*, metakommunikative Formulierungen *(wie bereits erwähnt, ich meine)* oder Entlastung bei Formulierungsschwierigkeiten *(wie sagt man?, lass mich mal überlegen)*. Routineformeln können an bestimmte Situationen gebunden sein wie die Formel *Guten Appetit!*, die nur am Tisch zu Beginn der Aufnahme einer Speise gesagt wird. Davon sind die situationsunabhängigen Routineformeln zu unterscheiden, die in diversen schriftlichen und mündlichen Texten benutzt werden, zum Beispiel: *siehst du?, darf ich dazu was sagen?, ich bin der Meinung* usw. Die Bestimmung der einen dominierenden Funktion ist bei Routineformeln oft schwierig; ihre Verwendung lässt sich eher durch die Kombination mehrerer Funktionen beschreiben und ist stark pragmatisch geladen.

Die drei letzten phraseologischen Typen weisen eine Besonderheit in ihrem Aufbau auf und werden aufgrund der strukturellen Merkmale von den übrigen Klassen abgegrenzt. Die so genannten **Modellbildungen** sind Wortverbindungen, die nach einem Strukturschema gebildet sind und deren Komponenten frei variiert werden können. Die Bedeutung des Modells kann dabei konstant bleiben. So sind die Phraseologismen *Glas um Glas, Auge um Auge, Stein um Stein* nach dem Modell *X um X* mit der Bedeutung 'ein X nach dem anderen' gebildet. Je nach der lexikalischen Besetzung kann die Bedeutung aber auch variieren, man vergleiche die Modellbildungen *von Tag zu Tag* mit der Paraphrase 'stetige Entwicklung' und *von Mann zu Mann* mit der Bedeutung 'wechselseitiger Austausch von Informationen'. Nach einem Muster sind auch **Paarformeln** (oder **Zwillingsformeln**) gebildet: Zwei synonyme bzw. antonyme Wörter gleicher Wortart oder zweimal dasselbe Wort werden mit *und*, einer anderen Konjunktion oder Präposition zu einer paarigen Formel verbunden, zum Beispiel: *hin und her, klipp und klar, Schulter an Schulter* usw. Paarformeln zeichnen sich durch spezifische rhetorische Merkmale aus, zum Beispiel durch den Stabreim (*fix und fertig, frank und frei*). Das Muster *tertium comparationis – Vergleichssignal wie – Vergleichsspender* liegt den **komparativen Phraseologismen** zugrunde. Sie enthalten einen expliziten Vergleich, der häufig der Verstärkung eines Verbs (11) oder eines Adjektivs (12) dient:

(11) *sich verkaufen*　　　　*wie*　　　　*warme Semmeln*
　　　tertium comparationis　*Vergleichssignal*　*Vergleichsspender*
(12) *dumm*　　　　　　　　*wie*　　　　*Bohnenstroh*

Eine eindeutige Zuordnung eines Phraseologismus zu dem jeweiligen Typ ist oft nicht möglich. Die feste Phrase *Das Eis ist gebrochen* oder das Sprichwort *Der Mensch ist sterblich* können aufgrund ihrer ausgeprägten pragmatischen Konnotation auch als Routineformeln betrachtet werden. Zwillingsformeln sind oft Teil der Idiome: *mit jemandem durch dick und dünn gehen*. Zwischen den phraseologischen Typen gibt es fließende Übergänge, die die Mehrfachzuordnung berechtigen.

17.3. ANALYSE VON PHRASEOLOGISMEN IM TEXT UND WEITERE ÜBUNGEN

Aufgabe 1: Bestimmen Sie folgende Phraseologismen aus dem Text von Günter Grass am Anfang des Kapitels typologisch. Begründen Sie Ihre Zuordnung ausgehend von den im Abschnitt 17.5 angeführten Definitionen.

　　a) *Oh, du Lamm Gottes*
　　b) *Visite machen*
　　c) *kein/ein Wort sprechen*

(Lösung: a) Routineformel, aufgrund der ausgeprägten kommunikativen Funktion (Anrede) und der Gebundenheit an religiöse Kontexte; b) Kollokation, weil satzgliedwertig und nicht idiomatisch; c) Kollokation, weil satzgliedwertig und teilidiomatisch; da die Idiomatizität nur bei einer Konstituente vorhanden ist und nicht die Gesamtbedeutung der ganzen Wendung betrifft, ist es kein Idiom).

Aufgabe 2: Umschreiben Sie die Bedeutung der Wendung *sich nicht vom Fleck wagen* aus dem Text von Günter Grass. Wie ist der Phraseologismus hier gemeint - wörtlich oder idiomatisch? Was lässt sich über die Diskrepanz der wörtlichen und idiomatischen Bedeutung sagen?

(Lösung: die Wendung bedeutet 'sich nicht von der Stelle rühren, nicht von der Stelle weggehen'. Der Phraseologismus ist im Text idiomatisch gemeint, obwohl sich die Idiomatizität nur auf eine Konstituente bezieht, nämlich *Fleck*. Der Phraseologismus ist somit teilidiomatisch).

Aufgabe 3: Bei den folgenden Wendungen sind in Duden 11 doppelte Formen verzeichnet. Wie lässt sich das Nebeneinander dieser Formen erklären? Sind die doppelten Formen bei allen Phraseologismen mit Blick auf ihre Verwendung gleichberechtigt?

    a) *aus eigener/der eigenen Tasche bezahlen*
    b) *sich den Buckel/Rücken freihalten*
    c) *die Beine in die Hand/unter den Arm nehmen*
    d) *im Begriff sein/stehen, etwas zu tun*

(Lösung: Das Nebeneinander dieser Formen lässt sich dadurch erklären, dass die morphosyntaktische Struktur der Phraseologismen und ihre lexikalische Besetzung nur als relativ fest bezeichnet werden kann. Bei a) und c) sind die doppelten Formen gleichberechtigt, bei b) und d) ist die Variation stilistisch bedingt: die Variante mit *Buckel* in (b) ist umgangssprachlich markiert, *im Begriff stehen* (d) ist im Veralten begriffen und wird seltener verwendet als *im Begriff sein*).

17.4. BESCHREIBUNGSPROBLEME IDIOMATISCHER PHRASEOLOGISMEN

Bei der linguistischen Analyse als auch bei der lexikographischen Beschreibung bereiten vor allem idiomatische Phraseologismen mehrere Probleme. Besonders die teil-idiomatischen Phraseologismen zeigen, dass der Übergang von freien zu phraseologischen Wortverbindungen gleitend ist. Für die Interpretation eines Phraseologismus als teil- oder voll-idiomatisch liegen manchmal keine objektivierbaren Kriterien vor, die Entscheidung ist daher von der Introspektion des Linguisten abhängig. Wenn eingangs behauptet wurde, dass Phraseologismen im Sprachsystem innerhalb der lexikalischen Ebene zu verorten sind, veranschaulichen die unten aufgezählten semantischen Besonderheiten ihren Sonderstatus.

Das im Abschnitt 17.2.2. analysierte Idiom *jemandem einen Korb geben* hat zwei Bedeutungen: '1. jemandes Heiratsantrag ablehnen' und '2. jemanden abweisen' und ist somit mehrdeutig oder polysem. Im Gegensatz zu Einzelwortlexemen ist hier die erste Bedeutung bereits eine „übertragene". Würde man ein polysemes Idiom und ein polysemes Lexem miteinander vergleichen, so müsste man sagen, dass der ersten Bedeutung des Idioms in der Lexik bereits die zweite ('übertragene') semantische Stufe entspricht. Somit steht die phraseologische Polysemie in einem deutlichen Unterschied zu Einzelwortlexemen, deren erste Bedeutung zumeist konkret ist und in verschiedene Richtungen übertragen werden kann. Unterschiedliche Bedeutungskomponenten eines Phraseologismus können außerdem ganz unabhängig voneinander strukturiert sein. So weist die feste Phrase *jemandem schwillt der Kamm* zum einen die Bedeutung 'jemand wird übermütig, überheblich' auf, zum anderen wird sie benutzt, um auszudrücken, dass jemand zornig ist.

Ein idiomatischer mehr-, aber auch eindeutiger Phraseologismus kann ferner in einer bestimmten Bedeutung ad hoc auf viele verschiedene Situationen angewandt werden. Dies veranschaulichen ausgewählte Kontexte zu der Wendung *zwei Fliegen mit einer Klappe schlagen*:

(a) *Zwei Fliegen mit einer Klappe schlagen* möchten wir bei einem Pressegespräch anläßlich unseres Jubiläums im Jahr 2000. Zum einen möchte Rektor Prof. Dr.-Ing. Sigmar Wittig Sie über den Stand der Planungen für unser 'Großereignis' im kommenden Jahr informieren. Darüber hinaus möchten wir die Gelegenheit zu einem lockeren Gedankenaustausch nutzen (Sitzungsprotokoll der Universität Karlsruhe Nr. 027 / 22. April 1999).

(b) Der Beilsteiner Bürgermeister Günter Henzler gilt nicht gerade als wankelmütig. Dadurch, dass er selbst eine Fläche für einen Discounter ins Rennen schickt, *schlägt er zwei Fliegen mit einer Klappe*. Erstens sorgt er für allgemeines Aufatmen in Oberstenfeld. Zweitens begegnet er in Beilstein den Kritikern, die sich sorgen, am Ende ganz ohne Discounter dazustehen (Internetrecherche, 27.08.2007).

(c) Wer für den 100-Fragen-Test des hessischen Innenministeriums büffelt, könnte *zwei Fliegen mit einer Klappe schlagen*: deutscher Staatsbürger werden – und Millionär bei Günter Jauch (Frankfurter Rundschau online, 16.03.2006).

Das Idiom hat eine einzige Bedeutung 'einen doppelten Zweck auf einmal erfüllen', die aber in den Kontexten unterschiedlich aktualisiert wird. Mit zwei Fliegen sind in (a) Informieren und Gedankenaustausch, in (b) das Aufatmen und die Auseinandersetzung mit den Kritikern, in (c) Aufnahme der deutschen Staatsbürgerschaft und Bereicherung gemeint. Das heißt, dass Phraseologismen allgemeine vage Charakterisierungen vermitteln können, die für unterschiedliche kommunikative Situationen, Menschen und Handlungen gelten und dort konkretisiert werden. Diese semantische Besonderheit nennt man **Vagheit**; sie stellt insbesondere die lexikographische Bearbeitung der Phraseologismen vor nicht triviale Herausforderungen: Die Bedeutungsparaphrase eines Phraseologismus muss möglichst vage formuliert sein und verschiedene Verwendungskontexte umfassen.

Gleichzeitig sind Phraseologismen auch komplexe Einheiten. Diese semantische Besonderheit steht auf den ersten Blick in einem Widerspruch zur Vagheit. Mit **Komplexität** ist gemeint, dass Phraseologismen neben dem semantischen Kern über (zahlreiche) differenzierende bzw. konkretisierende Konnotationen verfügen. Mit einem Phraseologismus drückt man also ein „Mehr" an semantischen Informationen aus als dies normalerweise mit Einzellexemen möglich ist. Diese Eigenschaft bezeichnet man anders als **semantischpragmatischen Mehrwert**. Das folgende Beispiel soll dies veranschaulichen.

(a) Ich habe Dreizehn auf dem Gewissen. Das heißt Dreizehn, denen ich selbst das Licht ausgeblasen habe, denn wenn ich mit meiner Bande gehe, zähle ich diese Toten nicht als meine. Wenn ich jetzt *ins Gras beiße*, ist mir das egal. Schließlich ist der Tod das Geschäft. Wir machen auch andere Sachen (COSMAS I, M91/104.1229/1991).

(b) Im April 1945 lag der damals 25-jährige Krüger, der ein Jahr zuvor in Monte Cassino verwundet worden war, mit einem Haufen anderer Endkämpfer als Soldat am Weser-Ems-Kanal, dazu bestimmt, für den Führer *ins Gras zu beißen* (COSMAS I, R99 / Okt. 85959 / 1999).

In den angeführten Kontexten kommt das Idiom *ins Gras beißen* vor. In Duden 11 ist die Bedeutung des Idioms als 'sterben' paraphrasiert. Diese semantische Angabe erklärt allerdings nicht, warum in den angeführten Kontexten das Idiom gegenüber dem einfachen Lexem *sterben* bevorzugt wird. Dies lässt sich nur mit dem semantisch-pragmatischen Mehrwert oder mit der komplexem Semantik des Idioms erklären: Mit diesem Idiom stellt man nicht nur fest, dass jemand gestorben ist, sondern man drückt sich expressiv aus. Damit vermittelt der Sprecher seine abschätzende, ironische bzw. sarkastische Einstellung zum eigenen Tod, zum Sterben insgesamt oder zur Art des Sterbens einer Person. Entscheidend bei der Wahl des Idioms ist eben diese abschätzende, ironische bzw. sarkastische Einstellung, die die Verwendung des Idioms an eine beschränkte stilistisch niedrig markierte Zahl der mündlichen Gesprächssituationen bindet.

17. 5. Definitionen

aktuelle Bedeutung eines Phraseologismus	eine spezifische, irreguläre Bedeutung eines Phraseologismus
feste Phrasen	vollständige Sätze, die durch den anaphorischen Gebrauch von Pronomina, Präpositionen, Partikeln, durch die Aktualisierung von Leerstellen usw. explizit an den Kontext angeschlossen sind, zum Beispiel: *Das macht die Suppe auch nicht fett!*; *du kannst mich totschlagen*; *jmdm. geht ein Licht auf*; *das Eis ist gebrochen*.
Funktionsverbgefüge	Verbindungen aus einem Substantiv und einem Verb, bei denen das Substantiv aus einem Verb nominalisiert wurde und das Verb semantisch verblasst ist, zum Beispiel: *zur Entscheidung kommen, zur Aufführung bringen*
freie Bedeutung	die reguläre Bedeutung eines Phraseologismus bzw. einer Konstituente innerhalb eines Phraseologismus, die nach den semantischen Regeln des Deutschen konstruiert wird und sich von der Bedeutung in der freien Verwendung nicht unterscheidet
geflügeltes Wort	ein satzwertiger Phraseologismus, der auf eine identifizierbare Quelle zurückgeht, zum Beispiel: *Sein oder Nichtsein, das ist hier die Frage*; *Neckermann machts möglich*; *reif für die Insel!*
Gemeinplätze	Phraseologismen, die satzwertig sind und Selbstverständlichkeiten vermitteln; sie können tautologisch sein, vgl.: *Man lebt nur einmal*; *was sein muss, muss sein.*
Idiom	satzgliedwertiger, höchst idiomatischer Phraseologismus, zum Beispiel: *das Kind mit dem Bade ausschütten, ins Gras beißen*
Idiomatisierung	historischer Prozess, in dem eine Wortverbindung mehr oder weniger fest und idiomatisch wird
Idiomatizität	die Diskrepanz zwischen der wörtlichen und der phraseologischen Bedeutung einer ganzen Wortverbindung

Irregularität	eine morphosyntaktische Abweichung in der Struktur eines Phraseologismus, die den regulären Regeln der deutschen Morphosyntax nicht (mehr) entspricht, zum Beispiel das unflektierte attributivische Adjektiv *gut* in *auf gut Glück*
Kollokation	ein satzgliedwertiger, nicht- bzw. nur schwachidiomatischer Phraseologisierung, zum Beispiel: *Schaden antun, sich die Zähne putzen, den Tisch decken, jemandem Hilfe leisten, Maßnahmen treffen / ergreifen*
kommunikative Phraseologisierung	eine „vorgefertigte" Formel für die Lösung immer wiederkehrender kommunikativer Aufgaben wie *Guten Morgen!*; *ich eröffne die Verhandlung*; *wie bereits erwähnt*; *wie sagt man?*
komparative Phraseologisierung	ein expliziter Vergleich, der häufig der Verstärkung eines Verbs oder Adjektivs dient, zum Beispiel: *sich verkaufen wie warme Semmeln*; *dumm wie Bohnenstroh*
Komplexität	Vielzahl der differenzierenden, konkretisierenden, handlungsorientierten usw. Konnotationen eines Phraseologismus
Komponente/ Konstituente	ein Wort in der Struktur eines Phraseologismus, zum Beispiel besteht das Idiom *etwas auf dem Kerbholz haben* aus fünf Komponenten: *etwas*, *auf*, *dem*, *Kerbholz* und *haben*
Modellbildungen	Bildung nach einem Strukturschema; ihre Komponenten können frei variiert werden, vgl.: *Glas um Glas*, *Auge um Auge*, *Stein um Stein*.
Modifikation	okkasionelle, d.h. gelegentlich vorkommende, nicht usualisierte Veränderungen, die zumeist mit stilistischen und / oder pragmatischen Effekten intendiert sind
onymische Phraseologisierung	Phraseologisierung mit der Funktion von Eigennamen, zum Beispiel: *Schwarzes Meer*, *Europäische Union*, *das Rote Kreuz*, *das Weiße Haus*, *Straße des 17. Juni*

Paarformel	zwei synonyme bzw. antonyme Wörter gleicher Wortart oder zweimal dasselbe Wort, die durch *und*, eine andere Konjunktion oder Präposition verbunden sind, zum Beispiel: *hin und her, klipp und klar, Schulter an Schulter*
phraseologische Bedeutung einer Komponente	spezifische, irreguläre Bedeutung innerhalb eines Phraseologismus
phraseologische Bedeutung eines Phraseologismus	sieh **aktuelle Bedeutung eines Phraseologismus**
phraseologischer Terminus	in seiner Bedeutung streng festgelegt; die Festlegung gilt primär nur innerhalb des fachlichen Subsystems der Sprache, zum Beispiel: *spitzer Winkel, gleichschenkliges Dreieck*.
Phraseologie	Teildisziplin der Linguistik, die usuelle geläufige polylexikalische, mehr oder weniger feste Wortverbindung aus mindestens zwei Wörtern, die auch idiomatisch sein können, untersucht
Phraseologisierung	historischer Prozess, in dem sich eine freie Wortverbindung zu einer mehr oder weniger festen entwickelt
Phraseologismus	eine usuelle geläufige polylexikalische und mehr oder weniger feste Wortverbindung aus mindestens zwei Wörtern, die auch idiomatisch sein kann
Polylexikalität	das erste Merkmal, das allen Phraseologismen eigen ist. Darunter versteht man die Tatsache, dass Phraseologismen aus mehr als einem Wort bestehen.
Restriktion	eine eingeschränkte Möglichkeit der morphosyntaktischen und/oder lexikalischen Veränderung eines Phraseologismus
Routineformel	sieh **kommunikativer Phraseologismus**
semantisch-pragmatischer Mehrwert	sieh **Komplexität**

Sprichwort	ein satzwertiger, in seiner Struktur geschlossener Phraseologismus, der aufgrund seiner Geschlossenheit durch kein lexikalisches Element an den Kontext gebunden wird. Sprichwörter haben eine lehrhafte, didaktisch-moralische Konnotation und dienen der Generalisierung, abstrakter Charakterisierung von Situationen bzw. Personen, zum Beispiel: *Scherben bringen Glück!, Ein Unglück kommt selten allein, Morgenstund hat Gold im Mund.*
strukturelle Festigkeit	die Geläufigkeit eines Phraseologismus in einer bestimmten morphosyntaktischen Kombination von Komponenten und einer bestimmten lexikalischen Besetzung
struktureller Phraseologismus	Phraseologismus mit der grammatische Funktion, syntaktische Relationen herzustellen. Darunter werden oft Präpositionen, Konjunktionen oder Wortverbindungen in adverbialer Verwendung verstanden, zum Beispiel: *im Hinblick auf; nicht nur – sondern auch; im Handumdrehen; im Zuge.*
unikale Komponente	ein Wort in der Struktur eines Phraseologismus, das an diesen Phraseologismus gebunden ist und in der freien Verwendung nicht vorkommt
Vagheit	Die Eigenschaft der Phraseologismen, allgemeine vage Charakterisierungen zu vermitteln, die für unterschiedliche kommunikative Situationen, Menschen und Handlungen gelten und dort konkretisiert werden
wörtliche Bedeutung	sieh **freie Bedeutung**
Zwillingsformel	sieh **Paarformel**

17.6. Literatur

Kurzinformation:

Metzler Lexikon Sprache. Artikel: aktuelle Bedeutung, Funktionsverbgefüge, Idiom, Idiomatisierung, Idiomatizität, Kollokation, Konstituente, Paarformel, Phraseologie, Phraseologisierung, Phraseologismus, Sprichwort, Zwillingsformel

Einführende Literatur:

H. *Burger*, Phraseologie. Eine Einführung am Beispiel des Deutschen
C. *Palm*, Phraseologie – Eine Einführung

Grundlegende und weiterführende Literatur:

D. *Dobrovol'skij*, Idiome im mentalen Lexikon. Ziele und Methoden der kognitivbasierten Idiomforschung

D. *Dobrovol'skij* – E. *Piirainen*, Figurative language: Cross-cultural and cross-linguistic perspectives

H. *Feilke*, Sprache als soziale Gestalt. Ausdruck, Prägung und die Ordnung der sprachlichen Typik

Phraseologie. Ein internationales Handbuch zeitgenössischer Forschung

S. *Stein*, Formelhafte Sprache. Untersuchungen zu ihren pragmatischen und kognitiven Funktionen im gegenwärtigen Deutsch

KAPITEL 18: TEXTLINGUISTIK: BAUPRINZIPIEN UND BAUSTEINE VON TEXTEN

18.1. EINSTIEG: SÄTZE UND TEXTE

Aus der alltäglichen Erfahrung und dem Gebrauch der Sprache haben wir eine recht sichere Vorstellung davon, was ein Text ist: eine eher schriftsprachliche, über den Satz hinausgehende, thematisch gebundene, abgeschlossene Einheit, die sich an einem Muster orientiert und bestimmte Funktionen hat. Wir können ein Kochrezept, eine Todesanzeige oder einen Brief schon aufgrund der Anlage des Textes identifizieren:

Mag. Julia Müller
Fürstendamm 18
5020 Salzburg
Tel: (++43) 662-874455

XYZ AG
Personalabteilung
Herr Heinz Maier
Hauptstraße 65
5020 Salzburg

Salzburg, 20. April 2002

Bewerbung auf Ihre Anzeige „Junge Systementwickler gesucht"

Sehr geehrter Herr Maier,

in den Salzburger Nachrichten las ich, dass Sie zum 15. Mai 2002 eine junge Systementwicklerin mit der Aufgabe einstellen wollen, Systeme zur laufenden Anpassung des internen Großrechners an die Bedürfnisse der Marketing-Spezialisten zu entwickeln. Ich bewerbe mich bei Ihnen, weil ich glaube, die dafür notwendigen Voraussetzungen mitzubringen.

Nach dem Abitur studierte ich an der Universität Salzburg Informatik. Ich lernte in den ersten vier Semestern die Grundlagen des Programmierens. Anschließend verbrachte ich zwei äußerst interessante Auslandssemester an der Eidgenössischen Technischen Hochschule in Zürich, wo ich eine Vorliebe für kreative Systementwicklung entwickelte. Nach Salzburg zurückgekehrt, schloss ich mein Informatikstudium mit dem Diplomthema „Die Probleme der Bedarfsabklärung bei Systemanpassungen" ab.

Meine ersten Praxiserfahrungen sammelte ich während eines zweijährigen Praktikums als Programmiererin in der Firma ABP AG in Innsbruck. Nach dem Praktikum blieb ich weiterhin in

> dieser Firma als teilzeitangestellte Programmiererin tätig. Zur Zeit gehört es zu meinen Aufgaben, Kundenwünsche im Bereich Textverarbeitung praxisnah zu realisieren.
>
> Ich bewerbe mich, um meine Vorliebe für Systementwicklung beruflich umzusetzen. Deshalb würde ich gerne im Bereich Systementwicklung in einem bedeutenden Unternehmen wie Ihrem selbstständig arbeiten.
>
> Über Ihre Einladung zu einem Vorstellungsgespräch würde ich mich freuen.
>
> Mit freundlichen Grüßen
>
> Mag. Julia Müller
>
> Anlagen:
> 1 tabellarischer Lebenslauf
> 3 Kopien von Arbeitszeugnissen
> 1 Kopie des Diplomzeugnisses

Abb. 1: Bewerbungsschreiben
(http://www.deutsch-lernen.com/job_application/bewerbungsschreiben_muster.htm, 9.12.2009)

Der Text ist ein Muster für eine Bewerbung; er wird hier zunächst wie eine echte Bewerbung betrachtet.

Die Verfasserin signalisiert dem Adressaten, dass sie die formalen und die inhaltlichen Anforderungen an ein Bewerbungsschreiben kennt. Die Absenderadresse steht links oben über der Empfängeradresse, rechts findet sich die Orts- und Datumsangabe. Es folgt eine linksbündige Betreffzeile, darauf eine ebenfalls linksbündige, offizielle Anrede, der in Absätze gegliederte Textkörper, eine Grußformel, die Unterschrift sowie ein Anlagenverzeichnis. Bei der Betreffzeile zeigt sich, dass die Verfasserin die derzeit aktuelle Norm kennt. Zur Illustration ein Auszug des Berufszentrum ABIS e.K. zu Bewerbungsschreiben, das sich auf die DIN 5008 stützt. DIN ist die Abkürzung für „Deutsches Institut für Normung":

> **Die Betreffzeile und der eigentliche Anschreibentext**
> Die Betreffzeile beginnt in der 24. Zeile. In ihr wird kurz und präzise auf den Inhalt und den Grund des Schreibens eingegangen. Die Betreffzeile wird nicht unterstrichen, das Wort „Betreff" oder die altertümliche Abkürzung „Betr." werden keinesfalls geschrieben. Nach der Betreffzeile folgen zwei Leerzeilen. Danach folgt die Anrede, die durch eine Leerzeile vom Textblock abgesetzt wird. Innerhalb des Textes werden neue Absätze durch eine Leerzeile gekennzeichnet.

(http://www.berufszentrum.de/din_5008_bewerbung.html, 9.12.2009)

Ein Text ist also mehr als eine miteinander zusammenhängende Folge von Sätzen (vgl. hierzu Kapitel 12.-15.). Doch auch die grammatischen und semantischen Beziehungen zwischen den Sätzen, innerhalb der Textteile und zwischen den Textteilen konstituieren den Text (vgl. Kapitel 18.2.6.).

18.2. TEXTHAFTIGKEIT, TEXTEXTERNE UND TEXTINTERNE MERKMALE
18.2.1. WAS WOZU WIE IN WELCHEM KONTEXT?

Texte werden von einem Produzenten für einen Rezipienten verfasst. Mit seinem Text verfolgt der Produzent eine bestimmte Intention, er handelt mit Sprache (vgl. hierzu auch Kapitel 19. Pragmatik). Produzent des Bewerbungsschreibens ist Julia Müller, Rezipient ist Heinz Maier in seiner Funktion als Mitarbeiter in der Personalabteilung der XYZ AG. Intention des Schreibens ist es, Herrn Maier davon zu überzeugen, dass die Produzentin die Richtige für die von der XYZ AG ausgeschriebene Stelle ist. Der Brief ist im situativen Kontext des Arbeitsmarktes (Stellenangebot und -gesuch) angesiedelt. Die Betreffzeile des Bewerbungsschreibens ist mit einer Überschrift vergleichbar (zur syntaktischen Struktur von Überschriften vgl. Kapitel 13.2.1.). Sie gibt das Thema des Folgenden vor: die Bewerbung auf eine Anzeige als „Junger Systementwickler". Die Absätze konstituieren sich aufgrund verschiedener Themen bzw. Teilthemen, im Beispiel des Bewerbungsschreibens: 1. Absatz: Anlass der Bewerbung, 2. Absatz: das Stellenangebot betreffende Ausschnitte aus dem Lebenslauf, 3. Absatz: bisher ausgeführte Tätigkeiten, die einen Bezug zum Stellenangebot haben, 4. Absatz: Grund der Bewerbung, 5. Absatz: mögliches Vorstellungsgespräch.

18.2.2. TEXT – KONTEXT – KOTEXT

Der Textkörper setzt sich aus transphrastischen (über den Satz hinausgehenden) Einheiten zusammen. Zwischen den Einheiten eines Textes besteht **Kohärenz**, ein Sinnzusammenhang. Der Sinnzusammenhang wird durch semantische und syntaktische Elemente hergestellt. Die Satzverknüpfung wird als **Kohäsion** bezeichnet.

Ab einem bestimmten Textumfang und einer gewissen Themenvielfalt werden die transphrastischen Einheiten in Absätze, Kapitel und Teiltexte (zum Beispiel einzelne Geschichten in einem Geschichtenbuch) gegliedert, die als Makrostrukturen bezeichnet werden. Makrostrukturelle Gliederungsprinzipien unterliegen wie alle anderen schriftsprachlichen Gegebenheiten einem orthographischen Prinzip, dem textuell-semantischen Prinzip (vgl. dazu Kapitel 6.2.5.).

KAPITEL 18

Die Einheiten des Textes stehen in einem Kontext. Damit können die transphrastischen (internen) Beziehungen gemeint sein, aber auch der räumliche, zeitliche, auf bisherigen Erfahrungen von Produzent(en) und Rezipient(en) basierende (externe) Kontext. Im Rahmen der Pragmatik, die sich im Gegensatz zur Semantik mit sprachlichen Äußerungen in einem ganz bestimmten **Kontext** beschäftigt, hat sich zur Abgrenzung für die textinternen Beziehungen der Terminus **Kotext** etabliert.

18.2.3. SITUATION

Texte entstehen in bestimmten Situationen, die bei der Textanalyse berücksichtigt werden müssen. Das Bewerbungsschreiben wird nur dann als solches verstanden, wenn es zur richtigen Zeit am richtigen Ort vorliegt, vor dem 15. Mai 2002 in der Personalabteilung der XYZ AG. Im vorliegenden Kontext, der Präsentation des Schreibens auf der Internetseite *http://www.deutsch-lernen.com* hat es eine andere Funktion. Es dient als beispielhafte Bewerbung für Ratsuchende in diesem Bereich und wird entweder in einer Trainingssituation oder als Vorlage für eine andere, reale Bewerbung verwendet. In den in diesem Kapitel verwendeten Beispielen liegen die Texte in schriftsprachlicher Form auf Papier vor, Produzent und Rezipient(en) sind räumlich und zeitlich voneinander getrennt.

Gegenwärtig spielen Texte eine immer größere Rolle, die über das Medium Computer übertragen werden.

18.2.4. TEXTSORTEN UND TEXTEXEMPLARE

Mehrere einzelne Textexemplare, wie etwa Bewerbungsschreiben, die von verschiedenen Personen für unterschiedliche Stellen verfasst wurden, bilden aufgrund ihrer musterhaften Erscheinungsform Gruppen von Texten, **Textsorten**. Textsorten folgen mehr oder weniger strengen Norm(vorstellung)en. Ein Bewerbungsschreiben mit offiziellem Charakter unterliegt einer strikten Normierung (s.o.), ein Privatbrief muss nur den Erwartungen bezüglich der Empfängeradresse folgen, ansonsten hat der Verfasser freie Hand, solange das Verständnis zwischen ihm und dem Adressaten nicht gefährdet ist. Dies zeigt das Beispiel in Abschnitt 4.

Mehrere Textsorten lassen sich zu Texttypen zusammenfassen. So gehören Kochrezepte, Backrezepte und medizinische Rezepte (heute: Rezepturen) als Hyponyme zum Hyperonym Rezept. Gemeinsam ist den drei Rezeptsorten ein Zutaten- und Anleitungsteil, sie unterscheiden sich unter anderem in ihrem Zweck (Nahrungsmittel bzw. Heilmittel).

Texte sind aus verschiedenen Textteilen zusammengesetzt, und jede Textsorte kann ganz spezifische Textteile zeigen, für die es mehr oder weniger feste Positionen gibt. Eine Überschrift steht am Text- oder Kapitelbeginn, eine Zusammenfassung hingegen kann am Anfang, am Ende oder am äußeren Seitenrand stehen. Anredepronomina sowie das Personalpronomen in der 1. Person Singular sind spezifisch für briefliche Kommunikation (s.o., Abschnitt 1 Bewerbungsschreiben).

Aufgrund der alltagssprachlichen Verwendung der Bezeichnung 'Textsorte', aufgrund unterschiedlicher Abstraktionsniveaus und vielfältiger Einteilungsmöglichkeiten (thematisch, formal, stilistisch, medienbezogen) sowie unterschiedlicher wissenschaftlicher Traditionen (z.B. in der Literaturwissenschaft: Dramatik, Epik, Lyrik > Untergruppen) ist es sehr schwer, ein allgemein gültiges Schema zu finden.

18.2.5. Thema – Rhema: Mitteilungswert

Unter Thema ist der Kerngedanke eines Textes zu verstehen, aber auch das, worüber im Folgenden kommuniziert wird. Im Aussagesatz sind das die Informationen, die links vor dem finiten Verb stehen. In dem Bewerbungsschreiben fällt auf, dass die Verfasserin häufig nicht das Subjekt/die E_{Nom} (*ich*) an die erste Position im Satz stellt, sondern ein anderes Satzglied:

> Nach dem Abitur studierte ich ... Anschließend verbrachte ich ... Nach Salzburg zurückgekehrt, schloss ich ... ab.

Im thematischen Teil des Satzes steht jeweils ein für die Bewerbung relevanter Lebensabschnitt, im rhematischen Teil werden Informationen über das Handeln der Bewerberin in diesem Zeitabschnitt gegeben. Der höhere Mitteilungswert liegt im Rhemabereich – hier werden die neuen, dem Leser noch nicht bekannten Informationen geliefert –, und dementsprechend sind die obigen Sätze konstruiert: An der ersten Stelle im Satz steht jeweils eine temporale Angabe, auf das finite Verb, das die Handlung in diesem Zeitraum/zu diesem Zeitpunkt bezeichnet, folgt die E_{Nom}, also das Subjekt (in diesem Fall inhaltlich mit *ich*, der Bewerberin, gefüllt). Das sind die bekannten, die thematischen Größen im Satz. Es folgen neue, rhematische Informationen. Den höchsten Mitteilungswert besitzt jeweils das Satzglied bzw. Satzgliedteil, das ganz rechts im Satz steht. Demzufolge haben Ausklammerungen nicht nur die Funktion, die Klammerteile näher zusammenzubringen, sie dienen auch der Betonung und der Gewichtung von Informationen.

KAPITEL 18

Für Texte ist die Thema-Rhema-Struktur komplexer als für Sätze. Die drei Grundmuster sind 1. die lineare Thema-Rhema-Progression, 2. die Thema-Rhema-Progression mit einem durchgängigen Thema und 3. die Thema-Rhema-Progression mit abgeleiteten Themen. Eine lineare Abfolge von Thema und Rhema liegt vor, wenn zu dem (bekannten) Thema eines Satzes ein (neues) Rhema mitgeteilt wird. Im folgenden Satz wird das Rhema als Thema (da nun bekannt) wieder aufgenommen und rhematisch erläutert. Ein durchgängiges Thema liegt im Bewerbungsschreiben in Absatz 2 vor. Thema ist jeweils die Verfasserin, *ich*:

T1 Nach dem Abitur studierte ich → R1 an der Universität Salzburg Informatik.
↓
T1 Ich lernte in den ersten vier Semestern → R2 die Grundlagen des Programmierens.
↓
T1 Anschließend verbrachte ich → R3 zwei äußerst interessante Auslandssemester an der Eidgenössischen Technischen Hochschule in Zürich, ...

Eine lineare Thema-Rhema-Progression läge vor, wenn das Thema des zweiten Satzes Informatik oder die Universität Salzburg wäre:

T1 Nach dem Abitur studierte ich → R1 an der Universität Salzburg Informatik.
↓
T2 (= R1) An der Universität Salzburg/Dort kann man auch Jura, ... studieren.

oder T2 (= R1) Informatik ist ein Fach, das man ...

Eine Thema-Rhema-Progression mit abgeleiteten Themen könnte so aussehen:

T1 Nach dem Abitur studierte ich → R1 an der Universität Salzburg Informatik.

T2 Viele meiner Mitschüler → R2 suchten sofort eine Anstellung.

T3 Ein Klassentreffen wird → R3 in absehbarer Zeit leider nicht stattfinden.

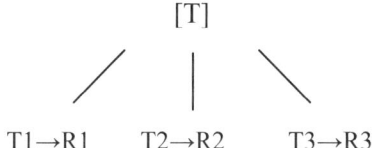

Das Hyperthema ist hier 'die Zeit nach dem Abitur'.

In der neueren Literatur werden zur Beschreibung der Verknüpfung von Bekanntem und Neuem auch die Begriffspaare **Topik (topic)** und **Kommentar (comment)** bzw. **Hintergrund** und **Fokus** verwendet. Wie Sätze in Bezug auf Bekanntes und Neues gestaltet sind, wird mit der **Informationsstruktur** beschrieben. Sätze sind nicht nur bloße Vermittler von Informationen (vgl. auch Proposition, Kapitel 19.2.1. Pragmatik, Der Sprechakt), sie vermitteln Informationen auf eine bestimmte Art und Weise. Ein Produzent versucht, seine Informationen möglichst optimal an einen Rezipienten weiterzugeben, und diese Weitergabe ist immer auch kontextabhängig.

18.2.6. GRAMMATISCHE UND SEMANTISCHE TEXTKONSTITUTION

Für die transphrastische Verknüpfung stehen grammatische und semantische Elemente zur Verfügung. Dazu gehören phorische Elemente, Konnektoren und verschiedene Formen der lexikalischen Wiederaufnahme.

18.2.6.1. PHORIK: ANAPHORIK UND KATAPHORIK

Anaphorische und **kataphorische Verknüpfungen** leisten die Personalpronomen der 3. Person Singular und Plural (*er*, *sie*, *es*; *sie*), die auf lexikalisch-semantische Einheiten Bezug nehmen, die unmittelbar vorher genannt wurden bzw. unmittelbar nachher genannt werden. Sie sind mit diesen Einheiten in Genus und Numerus kongruent.

> Anapher: „Angesichts der politischen und moralischen Brisanz der Frage" bat er bei **Diepgen** um Verständnis für sein Ansinnen. **Den** hatte der Brief gestern abend aber noch nicht erreicht. [die tageszeitung, 7.2.1991, S. 2]
>
> Katapher: Bekannt wurde **sie** als Moderatorin von VIVA, jetzt versucht **sie** sich als Schauspielerin, aber ganz aufgegeben hat **sie** ihren Jugendtraum, Journalistin zu werden, **Heike Makatsch**. [Wolfgang Heim im Gespräch mit Heike Makatsch, SDR3 *Leute*, 1997]

(nach http://hypermedia.ids-mannheim.de, 9.12.2009)

Auch Pronomen und Adverbien nehmen bereits bekannte Einheiten mittels Verweis wieder auf (vgl. Kapitel 19.2.4 Ich, du und die anderen: Deixis). Die Pronomen und Adverbien selbst haben wenig lexikalisch-semantische Merkmale. *Ihre* in *Ihre Anzeige* [...] im Bewerbungsschreiben verweist auf eine Zugehörigkeit zum Adressaten, *meine* in *Meine ersten Praxiserfahrungen* [...] auf die Verfasserin des Schreibens. Das Adverb *anschließend* schafft eine temporal zurückweisende Verknüpfung zum vorausgehenden Satz:

> Nach dem Abitur studierte ich an der Universität Salzburg Informatik. Ich lernte in den ersten vier Semestern die Grundlagen des Programmierens. **Anschließend** verbrachte ich [...]

18.2.6.2. ARTIKEL

Wie phorische Elemente haben Artikel Verweisfunktion. Während der bestimmte Artikel auf Bekanntes weist, weist der unbestimmte Artikel auf Neues:

> Meine ersten Praxiserfahrungen sammelte ich während **eines** zweijährigen Praktikums als Programmiererin in der Firma ABP AG in Innsbruck. Nach **dem** Praktikum blieb ich weiterhin in dieser Firma als teilzeitangestellte Programmiererin tätig.

Als der Terminus *Praktikum* zum ersten Mal im Bewerbungsschreiben genannt wird, verwendet die Verfasserin den unbestimmten Artikel. Im nächsten Satz gehört *Praktikum* zu den bekannten Einheiten und so setzt sie den bestimmten Artikel.

18.2.6.3. KONNEKTOREN

Konnektoren sind sprachliche Einheiten, die Sätze zu Textteilen verbinden, aber auch Teilsätze und Satzgliedteile. Dazu gehören Konjunktionen (wie *und*, *aber*, *oder*) und bestimmte Adverbien (wie *deshalb*, *darum*, *denn*, *stattdessen*). Ein Beispiel aus dem Bewerbungsschreiben liegt mit dem Satz

> **Deshalb** würde ich gerne im Bereich Systementwicklung in einem bedeutenden Unternehmen wie Ihrem selbstständig arbeiten.

vor. *Deshalb* verbindet das Folgende mit dem vorausgehenden Satz – *Ich bewerbe mich, um meine Vorliebe für Systementwicklung beruflich umzusetzen.* – und dient dazu, einen Grund anzugeben.

Ob Teilsatz- oder Textverknüpfung vorliegt, bestimmt manchmal allein die Interpunktion, wie das folgende Beispiel anhand der koordinierenden Konjunktion *und* zeigt:

> Je reifer eine Technologie ist, umso weniger können wir uns damit im Wettbewerb differenzieren. **Und** dann wird sie zum typischen Kandidaten für eine Auslagerung.

(http://www.computerwoche.de/it_strategien/it_management/573869/, 13.12.2008)

Hätte der Autor anstelle des Punktes ein Komma gewählt [...] *differenzieren, **und** dann wird* [...] so läge eine Teilsatzverknüpfung vor wie im folgenden Beispiel:

> Es gebe in manchen Städten polizeibekannte Gaststätten, in denen man nur sagen müsse, welches Rad man haben wolle, **und** dann bekomme man es.

(http://www.zeit.de/1994/26/Und-dann-wird-der-Sattel-geklaut, 24.3.2009)

oder im Peter Bichsel-Text (vgl. Kapitel 14.3.)

> **und** das Besondere war, daß das alles dem Mann plötzlich gefiel.

18.2.6.4. IDENTISCHE WIEDERAUFNAHME (REKURRENZ)

Rekurrenz ist die Wiederaufnahme eines sprachlichen Ausdrucks. Die bezeichnete Größe muss identisch sein:

> Meine ersten Praxiserfahrungen sammelte ich während eines zweijährigen **Praktikums** als **Programmiererin** in der **Firma** ABP AG in Innsbruck. Nach dem **Praktikum** blieb ich weiterhin in dieser **Firma** als teilzeitangestellte **Programmiererin** tätig.

Es handelt sich um ein Praktikum, um eine Programmiererin und um eine Firma. Dass es sich um ein einziges Praktikum und dieselbe Firma handelt und nicht um zwei verschiedene, wird auch durch die Kombination von unbestimmtem und unbestimmtem Artikel bzw. bestimmtem Artikel und Demonstrativpronomen signalisiert (vgl. Kapitel 18.2.6.1. – 2.). Partielle Rekurrenz zeigt sich in der Wiederaufnahme von *Systementwickler* aus der Betreffzeile durch die Derivation mit dem Suffix *-in* (*Systementwicklerin*) im ersten Absatz des Textkörpers.

18.2.6.5. SUBSTITUTION

Eine andere Form der Wiederaufnahme von Textelementen ist die Substitution durch bedeutungsähnliche Lexeme. *Anfang* kann beispielsweise durch *Beginn* ersetzt werden, *Orange* durch *Apfelsine*, *Aufzug* durch *Lift*, *Kopf* durch *Haupt* oder *Rübe*. *Anfang* und *Beginn* sind echte Synonyme, davon gibt es sehr wenige. *Orange* wird eher im süddeutschen Raum gebraucht, *Apfelsine* im norddeutschen, *Aufzug* ist ein heimisches Lexem, während *Lift* eine Entlehnung ist. *Kopf* ist die neutrale Bezeichnung, *Haupt* ist als ‚gehoben' markiert, *Rübe* als ‚salopp'. Das Lexem *Firma* könnte im Bewerbungsschreiben prinzipiell durch die bedeutungsähnlichen Wörter *Betrieb* oder *Unternehmen* ersetzt werden. Dass die Verfasserin von dieser Möglichkeit keinen Gebrauch gemacht hat, kann der Textsorte und dem damit verbundenen Stil geschuldet sein (vgl. Abschnitt 18.2.6.8.).

18.2.6.6. HYPERONYMIE UND HYPONYMIE

Neben der Wahl bedeutungsähnlicher Lexeme gehören die Ersetzung durch Ober- oder Unterbegriff (Hyperonym oder Hyponym) zu den Substitutionsmöglichkeiten, wie *Hammer – Werkzeug, Gurke – Gemüse, Kuh – Tier*. Normalerweise wird das Hyponym durch das Hyperonym ersetzt. Im Bewerbungsschreiben wird die Relation mithilfe der Wortbildung hergestellt: *Informatikstudium* ist ein Hyponym zu *Studium*. Kohyponyme sind zum Beispiel *Germanistik-, Medizin-, Jurastudium*.

18.2.6.7. ISOTOPIE: TEXTWISSEN – SACHWISSEN – WELTWISSEN

Texte bilden ein grammatisch-semantisches Geflecht, doch das genügt nicht, um die Herstellung des Textsinns, die Kohärenzbeziehungen, vollständig zu erfassen. Solche inhaltliche Verbundenheiten werden mit dem Terminus **Isotopie** bezeichnet. Es gilt festzustellen, ob es im Text bestimmte Lexemgruppierungen gibt, die ein gemeinsames, d.h. rekurrentes, semantisches Merkmal haben und somit zur Textkonstitution beitragen. Im Bewerbungsschreiben sind dies beispielsweise die Lexeme *Abitur, Universität, studieren, Semester, Hochschule, Informatikstudium* und *Diplom*. Ein Text kann mehrere Isotopieebenen enthalten, die einander ablösen oder sich überlagern. Das zum Textverständnis notwendige Welt- und Sachwissen ist rezipientenabhängig (Laie oder Experte, Geschäftspartner oder Privatperson, Gärtner oder Biologe usw.).

18.2.6.8. STIL

Mit seinem Stil signalisiert der Produzent, an wen sein Text gerichtet sein soll, welche Haltung er gegenüber dem Rezipienten einnimmt, in welchem sozialen Umfeld der Text angesiedelt ist. Auch der gewählte Stil dient dazu, das Kommunikationsziel möglichst gut zu erreichen. Stile können individuell oder originell sein. Kennt man einen Autor gut, so lassen sich oft bereits Textausschnitte sicher zuweisen. Das trifft für Schriftsteller wie Thomas Mann oder Franz Kafka zu, aber auch für Kritiker, Sportreporter usw. Stile können aber auch typisch, konventionell und unauffällig sein wie im Bewerbungsschreiben.

18.2.7. TEXTFUNKTION

In Anlehnung an die Sprechakttheorie (vgl. Kapitel 19.2.1 – 3. Pragmatik) kann Texten bzw. Teilen von Texten eine informative, eine appellative, eine obligative, eine expressive oder eine deklarative Funktion zugewiesen werden. Als hauptsächlich informativ lassen sich Nachrichten und Bericht klassifizieren, als appellativ Gesetzestexte und Rezepte, als obligativ Verträge und Angebote, als expressiv Gratulationsschreiben und Kondolenzbriefe, als deklarativ Ernennungsurkunden und Testamente. Sprechakten kann eine, und zwar eine einzige, Funktion zugewiesen werden. Da Texte normalerweise aus mehreren unterschiedlichen Äußerungseinheiten bestehen, wie das Bewerbungsschreiben zeigt, werden sie nach der dominanten Funktion bestimmt; für das Bewerbungsschreiben ist das die obligative.

18.3. TEXTANALYSE

1   **Penguin Cafe Orchestra**
2   *Music From The Penguin Cafe*
3   Simon Jeffes sammelte Pinguin-Figuren und
4   Klänge, er war ein Tagträumer und ein Forscher
5   des Zufälligen und Surrealen.
6   Mit dem Penguin Cafe Orchestra, einem losen Ensemble von
7   Kammermusikern, nahm er seit 1976 sophistische Platten auf,
8   von denen fünf nun wieder veröffentlicht wurden. Neben dem
9   Debüt sind es „Penguin Cafe Orchestra" (1981), „Broadcasting
10 From Home" (1984), „Signs Of Life" (1987) und das Live-
11 Album „When in Rome" 10(1988). Jeffes' Kompositionen ver-
12 einen in einzigartiger Schönheitpizzikate Streicher-Arrange-

KAPITEL 18

> 13 ments, Spielarten der Folklore, elegische Kaffeehausmusik,
> 14 akustischen Jazz und wunderbare Melodien zu einer Feier der
> 15 absoluten Gegenwart. Die zauberische Ästhetik erklang später
> 16 in Fernsehen und Rundfunk, Filmen und Werbe-Clips (und auf
> 17 dem ersten „Cafe Del Mar"-Sampler), als entspannende Well-
> 18 ness-Muzak missverstanden. Der geniale Pinguinmann Simon
> 19 Jeffes erlebte das noch – er starb 1997 unfassbarerweise an ei-
> 20 nem Gehirntumor. (Virgin) ★★★★1/2

Rolling Stone, Nr. 10, Oktober 2008, S. 126

Der Text ist im situativen Kontext der Musikzeitschrift „Rolling Stone" in der Rubrik „SHORT CUTS" erschienen, was ihn zur Textsorte (Musik-)Kritik gehörig ausweist. Anlass der Abfassung und Publikation ist die Neuauflage von fünf LPs in CD-Form am 11.7.2008. Der Autor, also der Textproduzent, ist der Kritiker Arne Willander. Rezipienten sind die Leser der Zeitschrift.

Der Text wird von einer kleinen Abbildung des Original-Covers der LP *Music From The Penguin Cafe* begleitet, die über die ersten vier Zeilen des Textes reicht. In der ersten Zeile steht in fetter Schrift der Bandname, darunter in kursiver Schrift der Titel der LP/CD, mit dem das Thema des folgenden Textes vorgegeben ist. Das erste Satzglied des ersten Satzes, die Nominativergänzung, ist mit dem Eigennamen *Simon Jeffes* besetzt (T1). Über seine Person werden neue Informationen mitgeteilt (R1). Nächstes Thema (T2) ist das Penguin Cafe Orchestra, das in Form einer Präpositionalergänzung im Satz erscheint. Im rhematischen Teil des Satzes (R2) wird eine Relation zu Simon Jeffes, der gemeinsamen Arbeit und der Wiederveröffentlichung der Platten hergestellt. Nächstes Thema (T3) ist das Debüt-Album von 1976. Das Rhema (R3) bilden die vier weiteren Alben, die remastered worden sind. T1, T2 und T3 gehören zu einer Thema-Rhema-Progression mit abgeleiteten Themen. Das übergeordnete Thema [T] ist das Werk der Band Penguin Cafe Orchestra. T3 und R3 bilden zusammen T4, *Jeffes' Kompositionen*. Im Rhema (R4) werden die Kompositionen musikalisch beschrieben. R4 wird zu T5; in R5 wird erläutert, wo die Musik der Band schließlich gespielt wurde. Die Thema-Rhema-Progression mit abgeleiteten Themen wird also ab R3/T4 von einer linearen Progression abgelöst. Der Schlusssatz greift T1 wieder auf, R6 legt eine Beziehung zwischen T1 und R5 dar. Zwei Sätze weisen eine markierte Satzgliedfolge auf: *Mit dem Penguin Cafe Orchestra, [...] nahm er seit 1976 sophistische Platten auf, [...]. Neben dem Debüt sind es „Penguin Cafe Orchestra" (1981), [...]*. Wie schon in Abschnitt 18.2.5. dargestellt, steht das Bekannte (Thema, Hintergrund, Topic), links im Satz: Das *Penguin Cafe Orchestra* wurde bereits in der Überschrift genannt, das Debütalbum insofern, als das Jahr 1976, das Jahr der Entstehung dieses Albums, im vorausgehenden Satz erwähnt wurde. Das Pronomen *er* nimmt den im ersten Satz genannten *Simon Jeffes* wieder auf, signalisiert also auch Bekanntheit. Das Neue im ersten Satz ist die Information über das Produktionsjahr der ersten Platte sowie die Anzahl der Platten, die wieder veröffentlicht wurden: *nahm er seit 1976 sophistische Platten auf, von denen fünf nun wieder veröffentlicht wurden*. Die Wiederveröffentlichung ist die wichtigste Information (der Anlass für die Plattenkritik) und steht demzufolge ganz rechts. Im nächsten Satz werden diese Informationen als bekannt wieder aufgenommen.

Zur grammatischen und semantischen Textkonstitution tragen folgende Elemente bei:

Als Anapher erscheint das Personalpronomen der 3. Pers. Sg. M. *er*, das sich auf *Simon Jeffes*, die E_{Nom} (= das Subjekt) aus Satz 1 (Z. 3), bezieht. (Das Pronomen *er*, Z. 4, in Teilsatz 2 des ersten Satzes bezieht sich ebenfalls auf *Simon Jeffes*, wird aber nicht transphrastisch gebraucht und bleibt deshalb bei einer textlinguistischen Analyse unberücksichtigt, ebenso *er*, Z. 19, in Teilsatz 2 des letzten Satzes.) Kataphorische Elemente sind im Text nicht vorhanden.

Die bestimmten bzw. unbestimmten Artikel als obligatorische Begleiter der Substantive markieren Bekanntheit bzw. Neuheit. So wird der bestimmte Artikel im thematischen Teil der Sätze (Z. 6 *Mit **dem** Penguin Cafe Orchestra*, 8 *Neben **dem** Debüt*, 15 ***Die** zauberische Ästhetik*, 18 ***Der** geniale Pinguinmann*), der unbestimmte Artikel im rhematischen Teil (Z. 4 ***ein** Tagträumer*, ***ein** Forscher des Zufälligen*, 19f. *an **einem** Gehirntumor*), gebraucht. In einem weiteren Schritt muss gefragt werden, ob die Bekanntheit auf Vorerwähntheit beruht oder aber vom Produzenten als Sach- oder Weltwissen vorausgesetzt wird.

Rekurrenz liegt mit der Wiederaufnahme des Eigennamens *Simon Jeffes* (Z. 3 > Z. 18f.) und des Band-Namens *Penguin Cafe Orchestra* (Z. 1 > Z. 9) vor, eine Hyperonymie-Hyponymie-Beziehung zwischen *Platten* (Z. 7) und *Debüt* (Z. 9). Ein Debütalbum ist eine bestimmte Art von Album/Platte. Das gleiche Verhältnis liegt zwischen *Kompositionen* und *Streicher-Arrangements*, *Spielarten der Folklore* usw. (Z. 11 – 14). vor. *Fernsehen*, *Rundfunk*, *Filme* und *Werbe-Clips* sind Kohyponyme zu einem nicht im Text genannten Hyperonym *Medien*, wobei hier auch von einer Isotopiekette gesprochen werden kann. Eine Isotopiekette bilden ferner die Lexeme *Penguin Cafe Orchestra* (Z. 1, 9), *Klänge* (Z. 4), *Kammermusiker*, *aufnehmen*, *Platten* (alle Z. 7), *wieder veröffentlichen* (Z. 8), *Debüt* (Z. 9) und *Kompositionen* (Z. 11). Wiederaufnahme durch Wortbildung erfolgt mit *Pinguin-Figuren* (Z. 3) und *Pinguinmann* (Z. 18). Wieder aufgenommen wird *Penguin* (,Pinguin') aus dem Band- und dem Album-Namen. Der Stil der Kritik ist sachlich und entspricht somit den Erwartungen an die Textsorte. Die Textfunktion ist als hauptsächlich appellativ zu bezeichnen

(Kaufen Sie die CDs, denn sie sind gut!), wenngleich die meisten Einzelaussagen im Text eine informative Funktion haben. Unterstützt wird die Interpretation durch die 4 ½ Sterne am Textende, die die positive Bewertung durch den Kritiker symbolisieren (Maximal werden 5 Sterne vergeben, was sich der Leser aufgrund der vielen anderen kritischen Bewertungen erschließen kann oder einfach aufgrund mehrfacher Lektüre der Zeitschrift weiß). Dass der Text an eine Leserschaft gerichtet ist, die Laien wie (Semi-)Experten umfasst, zeigt etwa die Verwendung des Lexems *Wellness-Muzak*. Versteht der Rezipient den Terminus nicht, ist das Textverständnis aufgrund der vorausgehenden Informationen sowie des Adjektivattributs *entspannende* nicht gestört; der Fachmann, der weiß, dass das Lexem ‚Kaufhausmusik' im Sinne von ‚seichte Musik' bedeutet, fühlt sich angesprochen, weil das Wort, das nicht zum Allgemeinwortschatz gehört, nicht erklärt wird.

18.4. DIE GRENZEN DER BESCHREIBBARKEIT?

Die Beschreibung von Texten bereitet je nach Textsorte und Komplexität gewisse Schwierigkeiten. So werden in textlinguistischen Lehrwerken häufig eher kurze Texte untersucht, bevorzugt Gebrauchstexte, die oft von der sogenannten schönen Literatur abgegrenzt werden. Wie ist das Folgende zu beurteilen?

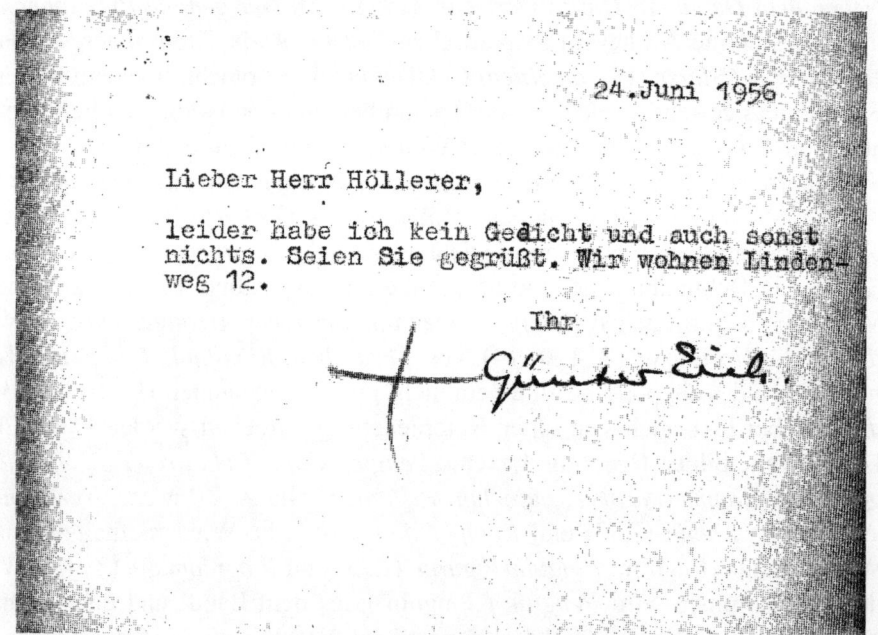

Unschwer lässt sich das Geschriebene aufgrund der Anlage (Datum, Anrede, Textkörper, Grußformel) als (Kurz-)Brief charakterisieren. Postkartenrück- und auch -vorderseite sind durch den Abdruck in dem Werk Elefantenrunden. Walter Höllerer und die Erfindung des Literaturbetriebs. Ausstellungskatalog von Helmut Böttiger unter Mitarbeit von Lutz Dittrich, Texte aus dem Literaturhaus Berlin 15, Berlin 2005, S. 38, der Öffentlichkeit zugänglich gemacht. Der Text bezieht sich auf ein Anschreiben Walter Höllerers an Günter Eich, in dem Eich, ein Nachkriegsliterat und ein Mitglied der „Gruppe 47", um einen Text gebeten wird. Wofür dieser bestimmt sein soll, geht aus dem vorliegenden Schriftstück nicht hervor. Der Gruß folgt unabgesetzt – das ist unproblematisch. Der folgende Satz ist kryptisch. Kohäsive Mittel der Textverknüpfung fehlen und auch von Kohärenz kann auf den ersten Blick nicht gesprochen werden. Der vorliegende Text ist aus sich heraus nicht analysierbar. Die Lösung bietet der vorausgehende Brief Höllerers: Als Herausgeber bittet er um einen Beitrag für die Zeitschrift „Akzente". Sein Anschreiben war fehlerhaft adressiert, was das Rätsel um den Satz *Wir wohnen Lindenweg 12.* auflöst und kohärenzstiftend ist. Die Beziehung zwischen verschiedenen Texten wird als Intertextualität bezeichnet. Im vorliegenden Beispiel ist der eine Text allein nicht analysierbar. Ähnliche Anbindungen an einen Prätext gibt es sogar für bestimmte Textsorten: So kann eine Rezension oder eine Kritik umso besser bewertet werden, je mehr Informationen der Rezipient über den rezensierten bzw. kritisierten Text hat. Weitere intertextuelle Bezüge werden etwa über Zitate hergestellt. Ein ganz weit gefasster Intertextualitätsbegriff postuliert Intertextualität zwischen allen einer Textsorte zugehörigen Textexemplaren, da sie durch ihre Musterhaftigkeit miteinander verknüpft sind.

Ein anderer interessanter Fall liegt bei dem Gedicht „Die Trichter" von Christian Morgenstern vor. Nicht nur, dass das Nonsensegedicht vom Sprachwitz lebt; es ist ein Figurengedicht, das die graphische Form eines Trichters hat. Es besteht eine inhaltliche Beziehung zwischen der graphischen Textstruktur und der von den Wortformen bezeichneten außersprachlichen Realität (vgl. Ikonizität, Kapitel 3). Wird das Gedicht vorgelesen oder vorgetragen, löst sich die Form des Trichters auf: <u.s.w.> wird zu [ʔʊnt zoː ˈvaɪtɐ] und realisiert somit den Reim auf *heiter*:

KAPITEL 18

> **Die Trichter**
>
> Zwei Trichter wandeln durch die Nacht.
> Durch ihres Rumpfs verengten Schacht
> fließt weißes Mondlicht
> still und heiter
> auf ihren
> Waldweg
> u.s.
> w.

Christian Morgenstern, Galgenlieder nebst dem „Gingganz", Berlin 1921, S. 29

18.5. DEFINITIONEN

anaphorisches Element	Element, das auf eine bereits genannte lexikalische Einheit zurückweist
Fokus	der Teil des Satzes, in dem die dem Sprecher/Schreiber wichtigen Informationen stehen
Hintergrund	der Teil des Satzes, in dem die dem Sprecher/Schreiber weniger wichtigen Informationen stehen
Informationsstruktur	die Art und Weise der Anordnung von Bekanntem und Neuem im Satz
Isotopie	Kohärenzbeziehungen, die über textinterne grammatisch-semantische Verknüpfungen hinausgehen (lexikalische Solidaritäten bzw. Kontiguitätsbeziehungen)
kataphorisches Element	Element, das auf eine noch nicht genannte lexikalische Einheit vorausweist
Kohärenz	der mit primär lexikalisch-semantischen Elementen hergestellte Sinnzusammenhang, der zwischen transphrastischen Einheiten besteht
Kohäsion	die mit primär grammatischen Elementen hergestellte Verknüpfung transphrastischer Einheiten

Kommentar (comment)	der Teil des Satzes, der eine neue Aussage über eine bekannte Größe enthält
Konnektor	sprachliche Einheit, die transphrastische Einheiten miteinander verknüpft, eine Relation zwischen transphrastischen Einheiten herstellen
Kontext	die für einen Text relevanten externen räumlichen, zeitlichen, auf bisherigen Erfahrungen von Produzent(en) und Rezipient(en) basierenden Beziehungen
Kotext	die internen Beziehungen, die zwischen den transphrastischen Einheiten eines Textes bestehen
Rekurrenz	Wiederaufnahme eines sprachlichen Ausdrucks
Rhema	das Neue im Text, das, was über das Thema ausgesagt wird
Textsorte	eine Gruppe von Texten, die dem gleichen Muster folgen
Thema	das Bekannte im Text, über das im Folgenden etwas ausgesagt wird
Topik (topic)	der Teil des Satzes, der eine bekannte Größe enthält, über die im Folgenden eine neue Aussage gemacht wird

18.6. LITERATUR

Kurzinformation:

Metzler Lexikon Sprache. Artikel: Anaphorik, anaphorisch, Isotopie, kataphorisch, Konnektor/ Formator, Rekurrenz, Rhema, Text, Textlinguistik, Textsorten, Texttypologie, Thema

Einführende Literatur:

K. *Adamzik*, Textlinguistik. Eine einführende Darstellung
K. *Brinker*, Linguistische Textanalyse. Eine Einführung in ihre Grundbegriffe und Methoden
U. *Fix* – H. *Poete* – G. *Yos*, Textlinguistik und Stilistik für Einsteiger
A. *Linke* – M. *Nussbaumer* – P. R. *Portmann*, Studienbuch Linguistik
R. *Musan*, Informationsstruktur
A. *Wöllstein*, Toplogisches Satzmodell

KAPITEL 18

Grundlegende und weiterführende Literatur:

K. *Adamzik*, Textsorten – Texttypologien

R. A. *de Beaugrande* – W. U. *Dressler*, Einführung in die Textlinguistik

K. *Ermert*, Briefsorten. Untersuchungen zu Theorie und Empirie der Textklassifikation

H. W. *Eroms*, Stil und Stilistik. Eine Einführung

W. *Franke*, ZGL. 15 (1987) S. 263-281

R. *Harweg*, Pronomina und Textkonstitution

W. *Heinemann*, in: K. Adamzik (Hg.), Textsorten. Reflexionen und Analysen, Textsorten 1, S. 9-29

N. *Janich* (Hg.), Textlinguistik

R. *Musan*, ZGL. 30 (2002) S. 198-221

M. *Pfister*, in: U. Broich – M. Pfister (Hgg.), Intertextualität. Formen, Funktionen, anglistische Fallstudien, S. 1-30

B. *Sandig*, Textstilistik des Deutschen

Kapitel 19: Pragmatik: Wie funktioniert das Handeln mit Sprache?

19.1. Einstieg: Mit Sprache handeln

Innerhalb der Teilbereiche der Systemlinguistik – Phonetik und Phonologie, Morphologie, Semantik, Lexikologie, Syntax – wird aufgezeigt, welche Möglichkeiten der sprachlichen Äußerung es prinzipiell gibt. Dazu wird die Sprache gewissermaßen vom Sprecher isoliert. In der Realität des Sprachgebrauchs ist die Sprache aber ein Teil des menschlichen Lebens und Handelns. Wie wir wann und wo wozu mit Sprache handeln, wird in der Pragmatik oder Pragmalinguistik und in der Textlinguistik (vgl. Kapitel 18) untersucht. Da wir wollen, dass unsere Äußerungen von unserem Gegenüber optimal verstanden werden, entscheiden wir uns in einer ganz bestimmten Situation für ganz bestimmte sprachliche Ausdrücke. So verwenden wir im Fränkischen *Krapfen*, wenn wir in anderen Sprachregionen *Berliner* sagen und im Berliner Raum *Pfannkuchen*. Während in der gesprochenen Sprache *ham Se* nicht ungewöhnlich ist, wählen wir in der geschriebenen Sprache *haben Sie*. Im südlichen Teil des deutschen Sprachraums wird eher die Phrase *die Tasche von der Sabine* als *Sabines Tasche* gebraucht. Wir wissen, dass wir Bekannte und Freunde mit *gib mir ...* zum Handeln auffordern können, während wir in einer formelleren Situation eher die syntaktische Struktur *würdest du mir bitte ... geben* gebrauchen. Elliptische Strukturen wie *Mach ich.* erscheinen eher im privaten Bereich – etwa in einem Gespräch oder auch in einer SMS –, je öffentlicher der Kontext ist, desto eher neigt man dazu, diese Struktur zu vermeiden und durch *Das mache ich.* oder auch *Das erledige ich.* zu ersetzen.

Wie im Kapitel 16. (Semantik und Lexikologie) anhand des Beispiels *Stock* gezeigt wird, können sprachliche Zeichen mehrdeutig sein. Die Einbettung des sprachlichen Zeichens in einen Satz reicht nicht unbedingt aus, um die Bedeutung zu erschließen: *Der erste Stock gefällt mir nicht.* Sätze werden nicht ohne Kontext geäußert. Der Kontext kann sprachlich oder nicht sprachlich sein. Situation 1: *Ich nehme den, den Sie mir gerade gezeigt haben.* → Es geht um die Bedeutung 'Stab, Stecken'. Situation 2: *Suchen Sie nur nach Wohnungen im Erdgeschoss.* → Es geht um die Bedeutung 'Stockwerk'.

Stehen die Gesprächspartner im entsprechenden Fachgeschäft bzw. im Maklerbüro, schafft alleine die Situation Eindeutigkeit.

19.2. Darstellung: Wie funktioniert das Handeln mit Sprache?
19.2.1. Der Sprechakt

Der **Sprechakt** ist die Grundeinheit der sprachlichen Kommunikation. Mit ihm wird eine gesprochen- oder schriftsprachliche Äußerung im Hinblick auf die damit intendierte und vollzogene Handlung bezeichnet. Er besteht aus mehreren Teilakten: Der **Äußerungsakt/lokutionäre Akt** (Lokution) bezieht sich auf das physische Hervorbringen einer mehr oder weniger komplexen syntaktisch-semantischen Struktur. Mit dem **illokutiven Akt** (Illokution) wird die kommunikative Absicht bezeichnet (eine Frage stellen oder beantworten, vor einer Sache warnen etc.). Er kann glücken oder misslingen. Der Versuch, den Adressaten durch die Äußerung zu beeinflussen, die Wirkung des Äußerungsaktes, lässt sich mit dem Begriff **perlokutiver Akt** (Perlokution) fassen (die gestellte Frage wird beantwortet oder nicht, die Antwort wird akzeptiert oder abgelehnt, die Warnung wird ernst genommen oder nicht etc.). Der perlokutive Akt ist erfolgreich, wenn die erwartete bzw. erhoffte Wirkung eintritt, wobei diese nicht unbedingt auf eine intentionale Handlung zurückgehen muss. Sie kann nicht-sprachlich sein, etwa, wenn jemand der Aufforderung nachkommt, etwas zu holen, indem er sich auf den Weg macht, um der Forderung nachzukommen. Das in einem Satz Mitgeteilte (der Bezug zur Welt und die Aussagen über die Welt) ist der **propositionale Akt** (Proposition). Der propositionale Gehalt kann wahr oder falsch sein. Zur Demonstration dient der erste Satz des folgenden Textausschnitts:

> Kaum in seinem Büro angekommen, schenkt mir Herr Richter ein paar Aufkleber vom Internat. Sie sind moderner als die von Frau Lerch. Der Adler ist besser gezeichnet und wirkt dreidimensionaler. Auch der Schulranzen ist schöner. Trotzdem kann ich nichts mit ihnen anfangen. Ich stecke sie in die Handtasche meiner Mutter. Jörg Richter bittet uns, Platz zu nehmen. Sein Büro ist groß. Größer als die Zimmer, die ich bisher hier gesehen habe. Größer noch als das Zimmer von Frau Lerch. An der Wand hängen teure Bilder. Die Möbel sind prächtig. Hier drinnen läßt es sich aushalten. „Na Benjamin, schon gespannt, dein Zimmer zu sehen?" fragt Herr Richter und hebt seine Stimme. Ich überlege, wie ich antworten soll. Lange sage ich nichts. Dann entflieht meinen Lippen ein sprödes Ja. Meine Mutter tippt mich an. Ah ja, ich habe den Brief vergessen. Zögernd ziehe ich ihn aus der Tasche.

Benjamin Lebert, Crazy. Roman, KiWi 537, Köln 2000, S. 11

PRAGMATIK: WIE FUNKTIONIERT DAS HANDELN MIT SPRACHE?

Mit dem ersten Satz tätigt Benjamin, der Protagonist des Romans, den Äußerungsakt *Kaum in seinem Büro angekommen, schenkt mir Herr Richter ein paar Aufkleber vom Internat.* Benjamin berichtet vom ersten Zusammentreffen mit Herrn Richter und dessen erster Handlung (illokutiver Akt). Der Sprechakt ist als repräsentativ/assertiv zu klassifizieren (vgl. Kapitel 19.2.2.). Der Äußerungsakt (perlokutiver Akt) bewirkt, dass der Rezipient Herrn Richters Handlung bewertet, und darüber Rückschlüsse auf seinen Charakter zieht. Die Referenz auf Herrn Richter und die Relation *mir ein paar Aufkleber vom Internat schenken* ist der propositionale Gehalt des Satzes. Wäre der Satz als Frage formuliert – „*Wird mir Herr Richter* [...] *ein paar Aufkleber vom Internat schenken?*" oder als Verpflichtung *Herr Richter muss mir* [...] *ein paar Aufkleber vom Internat schenken.* würde sich die Illokution verändern, die Proposition hingegen bliebe gleich. Entsprechend auch die Sätze in Kapitel 15.2.1. *Die Großeltern haben dem Kind zum Geburtstag das Buch XY gekauft.* gegenüber *Kauft ihr dem Kind zum Geburtstag das Buch XY?* und *Kauft ihr doch dem Kind das Buch XY zum Geburtstag!*

19.2.2. KOMMUNIKATIVE FUNKTIONEN: SPRECHAKTTYPEN (ILLOKUTIONSTYPEN)

Die Sprechakte lassen sich ihrer kommunikativen Funktion nach fünf Typen zuweisen:

- Ein **direktiver Sprechakt** liegt vor, wenn der Produzent versucht, den Rezipienten zu einer Handlung zu veranlassen.
  Beispiel: *Ich möchte dich um einen Gefallen bitten.*
  typische Verben: *bitten, auffordern, befehlen*
- Mit einem **repräsentativen/assertiven Sprechakt** wird eine Feststellung getroffen oder eine Behauptung aufgestellt.
  Beispiel: *Ich behaupte, dass der Verfasser sich irrt.*
  typische Verben: *behaupten, feststellen, andeuten, protokollieren*
- Mit einem **kommissiven Sprechakt** wird das zukünftige Vorhaben des Sprechers deutlich.
  Beispiel: *Ich verspreche, dass ich beim nächsten Mal pünktlich bin.*
  typische Verben: *versprechen, geloben, sich verpflichten, drohen*
- Ein **expressiver Sprechakt** beinhaltet Emotionen im weitesten Sinn.
  Beispiel: *Ich gratuliere dir zum bestandenen Examen.*
  typische Verben: *grüßen, sich entschuldigen, kondolieren*
- Beim **deklarativen Sprechakt** geschieht die Handlung mit der Äußerung.
  Beispiel: *Ich danke Ihnen für Ihren Beitrag.*
  typische Verben: *danken, taufen, ernennen, versichern*

Übersicht 1: Sprechakttypen

19.2.3. SPRECHAKTE MIT EXPLIZIT PERFORMATIVEN VERBEN

Für deklarative Sprechakte werden finite Verben mit einer spezifischen Semantik und einer spezifischen Konjugation benötigt, wie auch der folgende Text zeigt, den Studierende für ganz bestimmte schriftliche Studienleistungen benötigen:

> Ich versichere hiermit, dass die Arbeit [...] von mir selbst und ohne jede unerlaubte Hilfe angefertigt wurde, dass sie noch an keiner anderen Stelle zur Prüfung vorgelegen hat und dass sie weder ganz, noch in Auszügen veröffentlicht worden ist. Die Stellen der Arbeit – einschließlich Tabellen, Karten, Abbildungen usw. –, die anderen Werken dem Wortlaut oder dem Sinn nach entnommen sind, habe ich in jedem einzelnen Fall als Entlehnung kenntlich gemacht.

Mit der Formulierung *Ich versichere hiermit, dass ...* geschieht die Versicherung zeitgleich mit der Äußerung. Die Verben, mit denen direkt Handlungen ausgeführt werden können, werden als *performative Verben* bezeichnet. Eine performative Funktion haben diese Verben nur, wenn sie von einer zu der Handlung berechtigten Person in einer adäquaten Situation in der 1. Person Singular Indikativ Präsens geäußert werden. Im Präteritum sind die Verben ebenso wenig performativ wie in der 2. oder 3. Person (im Textausschnitt in Abschnitt 1 *Jörg Richter bittet uns, Platz zu nehmen.*). Ein Signal für die Funktion ist die Verwendung des Pronominaladverbs *hiermit*, das insbesondere in institutionellen Kontexten oft in Verbindung mit performativen Verben verwendet wird.

19.2.4. ICH, DU UND DIE ANDEREN: DEIXIS

Wenn wir uns sprachlich äußern, geschieht das von einem bestimmten Standpunkt, dem deiktischen Zentrum, aus (Hier-Jetzt-Ich-Origo). Der Produzent der Äußerung – das Ich – schreibt oder spricht zu einer Zeit an einem Ort in einer Situation (dem Hier und Jetzt) und verweist auf andere Personen und Sachen, auf Nahes und Fernes, auf Vergangenes, Gegenwärtiges und Zukünftiges. Dafür verwenden wir Deiktika (Zeigewörter):

Ist Benjamin oder die/der Verfasser(in) der Erklärung Produzent der Äußerung, so referiert er/sie mit dem Pronomen *ich* auf sich selbst, mit *sie* auf die Arbeit bzw. die Aufkleber. Findet ein Wechsel der Perspektive statt, so müssen die **deiktischen Ausdrücke** verändert werden. Äußert sich der Rezipient über die Vorgänge, so wird *ich* zu *du*, *mir* zu *dir*, *meiner* zu *deiner*, *hier* zu *da* etc. In der folgenden Tabelle sind die Pronomen und Adverbien aufgeführt, die für verschiedene Formen von Deixis im Verweisraum gebraucht werden können:

Personaldeixis	
Sprecher-/ Schreiberdeixis	ich; wir
	mein; unser
	mich; uns
Hörer-/ Leserdeixis	du, Sie; ihr, Sie
	dein, Ihr; euer, Ihr
	dich, Sie; euch, Sie
Objektdeixis	er, sie, es; sie
	der, die, das; die
	dieser, diese, dieses; diese
	jener, jene, jenes; jene
	sein, ihr; ihr
	sich
Lokaldeixis	da, hier; dort
	vor, hinter; rechts, links
	diesseits, jenseits
Temporaldeixis	jetzt; vorher, gestern, vorgestern, damals;
	dann; später, morgen, übermorgen

Übersicht 2: Deixis

Verweisfunktion haben auch rück- und vorausweisende Pronomen – Anaphern und Kataphern (vgl. hierzu Abschnitt 18.2.6.1. in Kapitel 18 Textlinguistik).

19.2.5. KONVERSATIONSMAXIMEN

Für den Philosophen Herbert Paul Grice ist die zentrale Größe in Kommunikationsprozessen das kooperative Handeln. Er hat vier Konversationskategorien (-maximen) für das Gelingen von Kommunikation formuliert, mit denen Missverständnisse zwischen Sprecher und Hörer bzw. Schreiber und Leser vermieden werden können:

- Kategorie der Quantität
    1. Mache deinen Gesprächsbeitrag so informativ wie (für die augenblicklichen Gesprächszwecke) nötig.
    2. Mache deinen Gesprächsbeitrag nicht informativer als nötig.
- Kategorie der Qualität
    1. Behaupte nichts, von dessen Wahrheit du nicht überzeugt bist.
    2. Behaupte nichts, wofür du keine hinreichenden Beweise hast.
- Kategorie der Relevanz
    Sei relevant.

> – Kategorie der Modalität
> 1. Vermeide Unklarheit im Ausdruck.
> 2. Vermeide Mehrdeutigkeit.
> 3. Vermeide Weitschweifigkeit.
> 4. Vermeide Ungeordnetheit.

Übersicht 3: Konversationsmaximen

Grice erkennt, dass kooperative Kommunikation nach diesen Maximen funktioniert; er sagt nicht, dass sie immer befolgt werden müssen.

Es wird angenommen, dass der Rezipient immer dann von den Konversationsmaximen ausgeht, wenn er aus einer offensichtlich nicht wörtlich zu nehmenden Äußerung das (Mit-)Gemeinte zu entschlüsseln versucht.

19.2.6. IMPLIKATUREN UND PRÄSUPPOSITIONEN

Abb. 1: Scheitern eines indirekten Sprechakts

Fragt jemand, der an der Bushaltestelle wartet, einen Vorübergehenden „Hast Du 'ne Uhr?", so will er nicht wissen, ob der Angesprochene eine Uhr trägt oder besitzt, sondern er möchte wissen, wie spät es ist. Wir äußern öfter etwas, und meinen es nicht wörtlich. Diese Form des Sprechakts wird als **indirekter Sprechakt** bezeichnet.

Aus der Frage nach der Uhr muss der Hörer passende Schlussfolgerungen ziehen, um angemessen antworten zu können:

– Der Sprecher nimmt an, dass ich in der Lage bin, die Uhr zu lesen, da normalerweise nur Menschen Uhren tragen, die auch gelernt haben, die Beziehung zwischen Zeiger(n) und Zahlen zu interpretieren.
– Der Sprecher möchte, dass ich die Uhr zum aktuellen Zeitpunkt nicht nur lese, sondern auch, dass ich ihm das Ergebnis mitteile.

Nicht wörtlich Geäußertes, aber (Mit-)Gemeinte bezeichnet man als **konversationelle Implikaturen**. Auch in anderen Kommunikationssituationen setzen wir Dinge voraus, die nicht geäußert werden. Wenn Benjamin erzählt: *Ich stecke sie in die Handtasche meiner Mutter.*, so muss nicht extra mitgeteilt werden: *Ben-*

jamins Mutter hatte eine Handtasche dabei. oder Ähnliches. Wenn *Jörg Richter* [darum] *bittet* [...], *Platz zu nehmen*, so muss nicht formuliert werden, dass es auch Sitzmöbel in Herrn Richters Büro gibt, auf denen Platz genommen werden kann. Diese Art von Implikatur wird als **konventionelle Implikatur** oder **Präsupposition** bezeichnet.

Ob eine konventionelle oder eine konversationelle Implikatur vorliegt, ist nicht immer eindeutig bestimmbar. Die Zuweisung ist an das Sach- und Weltwissen der Kommunikationspartner gebunden.

Zu den indirekten Sprechakten gehört auch, dass der Produzent Aufforderungen in der Form von Fragen und Befehle als Bitten formuliert:

– Könntest du mir bitte sagen, wie spät es ist?
– Sei so nett und sag' mir, wie spät es ist!

oder (vgl. Kapitel 15.2.3. Satzmodus)

– Kann mal jemand das Fenster schließen?
– Schließe doch bitte das Fenster!

Nicht nur der Produzent einer Äußerung, sondern auch der Rezipient weiß, dass der Produzent aus einer Reihe von Möglichkeiten des Ausdrucks auswählen kann und die Variante wählt, mit der er meint, sein Ziel am besten erreichen zu können. Der Produzent entscheidet sich für die seiner Meinung nach bestmögliche Variante, weil es ihm wichtig ist, dass seine Äußerung richtig verstanden wird (vgl. Kapitel 19.2.5. Konversationsmaximen). Dafür kann er bestimmte Elemente einsetzen, die auf seine kommunikative Absicht hinweisen. Sie werden als Illokutionsindikatoren bezeichnet.

Illokutionsindikatoren können

– performative Verben (*ich danke dir, ich verspreche dir*)
– der Modus (Konjunktiv zum Ausdruck von Wünschen)
– Partikeln (*bitte, eigentlich, gefälligst*)
– bestimmte Satzarten (Verberststellung im Hauptsatz als Signal für eine Frage)
– konventionalisierte Formeln (*Könnten Sie bitte ...; ich wäre dir dankbar, wenn ...*)

sein.

19.2.7. GESPRÄCHS-/KONVERSATIONS- UND DISKURSANALYSE

Während die Einzeläußerungen Untersuchungsgegenstand der Sprechakttheorie sind, interessieren man sich in der Gesprächs- und Diskursanalyse für Äußerungen im Zusammenhang umgebender Äußerungen und für Interaktionszusammenhänge. Es genügt nicht mehr, nur zu analysieren, wie der Produzent agiert, sondern es interessiert auch, wie der Rezipient reagiert, wie er Zustimmung, Ablehnung, Unverständnis etc. zum Beispiel mit Gesprächspartikeln (wie *ja, hm, genau, gut, bitte? wie?*) signalisiert, wie er kenntlich macht, dass er das Rederecht bekommen möchte. Es geht also um Inhalt und Organisationsform von Gesprächen. Als Analysegrundlage für Gespräche/Diskurse dienen Transkripte, in denen die gesprochene Sprache verschriftlicht ist und auch die Prosodie (Akzent, Intonation, Längen, Pausen) und außersprachliche Gegebenheiten verzeichnet sind. Bekannte Transkriptionssysteme sind GAT (= **ge**sprächs-**a**nalytisches **T**ranskriptionssystem) und HIAT (= **h**alb-**i**nterpretative **A**rbeits-**T**ranskription).

Eine Drohung mit dem Zeigefinger, der Ausdruck von Ratlosigkeit durch Schulterzucken oder eine Beleidigung durch das Herausstrecken der Zunge ist kein Sprechakt. Im Kontext der Gesprächs- und Diskursanalyse werden nonverbale Mittel, Gestik und Mimik, als Bestandteil von Gesprächen mitberücksichtigt.

19.3. ANALYSE: TALKSHOW

Die Beschreibung von Gesprächsausschnitten aus einer Aufzeichnung der Talkshow 'Leute' vom 5. Dezember 1983 mit dem Talkmaster Wolfgang Menge und den Gästen Richard von Weizsäcker, Wolfgang Neuss und Ina Deter zeigt, dass es auch für eher freie Formen von Gesprächen Regeln gibt. Diese kennen die Sprachbenutzer nicht „einfach so", sie müssen sie erlernen. Im Kernlehrplan Deutsch für die Realschule in Nordrhein-Westfalen etwa ist unter den Lernzielen am Ende der Sekundarstufe 1 festgehalten (S. 14):

Pragmatik: Wie funktioniert das Handeln mit Sprache?

Gespräche führen
- sich konstruktiv an einem Gespräch beteiligen
- durch gezieltes Fragen notwendige Informationen beschaffen
- Gesprächsregeln einhalten
- die eigene Meinung begründet und nachvollziehbar vertreten
- auf Gegenpositionen sachlich und argumentierend eingehen
- kriterienorientiert das eigene Gesprächsverhalten und das anderer beobachten, reflektieren und bewerten

Zuhören
- Gesprächsbeiträge anderer verfolgen und aufnehmen
- wesentliche Aussagen aus umfangreichen gesprochenen Texten verstehen, diese Informationen sichern und wiedergeben
- Aufmerksamkeit für verbale und nonverbale Äußerungen (z. B. Stimmführung, Körpersprache) entwickeln

Gespräche in Talkshows unterliegen folgenden Organisationsprinzipien:
1. Der Zuschauer ist gewöhnlich in der Rolle des Zuhörers.
2. Der Talkmaster übernimmt den Part des Interviewers.
3. Die Gäste übernehmen jeweils den Part des Interviewten.

Ausgangssituation für den Gesprächsausschnitt ist, dass Wolfgang Neuss andauernd die Diskursregeln verletzt hat, indem er sich selbst das Rederecht gegeben und andauernd (zugegebenermaßen wohlplatzierte) Pointen gesetzt hat. Das hat zur Folge, dass die Ernsthaftigkeit, mit der normalerweise „getalkt" wird, in gewisser Weise außer Kraft gesetzt ist. Das Publikum erwartet weiteren „Klamauk". Der Talkmaster reagiert auf diese Situation, indem er Weizsäcker erst einmal eine recht unkonventionelle private Frage stellt:

> M: Mich würde interessieren, welche Haarfarbe haben Sie früher gehabt?
> (Lachen beim Publikum)
> W: Ich habe (3,0) nicht schwarz aber so: – dunkel – ah dunkelbraun oder sowas.
> (Lachen beim Publikum)
> M: Ich meine, ich werd mal sehen ( )
> W: Ja. Ja, ich war mit meiner früheren Haarfarbe mehr zufrieden als mit meiner heutigen, das kann ich nicht bestreiten.
> (Lachen beim Publikum)

Die Einrückung im Transkript vor *Ja. Ja, ...* zeigt eine Überlappung an, d.h., dass Richard von Weizsäcker redet, während auch noch der Talkmaster Menge redet. Weizsäcker zeigt damit an, dass er das Rederecht gar nicht hat abgeben wollen, das sich Menge einfach genommen hat, als Weizsäcker durch das Lachen des Publikums unterbrochen worden war.

Kapitel 19

> (Zwischenrufe des Publikums und von Ina Deter)
> W: *Na, dit is aber so!*
> M: =Jaja=
> W: *Ja, Sie ham mich ja früher jarnich jekannt.* <Sie

Auf die Zwischenrufe reagiert Weizsäcker nun mit einer neuen Strategie: Er fängt an zu berlinern, wechselt also den Code (vgl. auch Kapitel 21). Später, als Wolfgang Neuss sich wieder einmal einfach das Rederecht genommen hat und damit weiterhin gegen die Diskursregeln verstößt, äußert Weizsäcker:

> W: *NU HÖR DOCH MA UFF MENSCH HIER!* (Beifall)

Zum Berlinern kommen eine lautere Stimme und das Duzen des Gegenübers. Wolfgang Neuss hat mit seinem Verhalten den erwarteten Rahmen einer Talkshow gebrochen, und das führt dazu, dass sich alle Anwesenden neu situieren: Der Talkmaster reagiert, indem er eine ungewöhnliche Frage stellt, die Zuschauer und die Gäste reden einfach dazwischen, die Interviewten adressieren nicht mehr den Interviewer, sondern denjenigen, der den Rahmenbruch begangen hat.

Würde man nur die einzelnen Sprechakte analysieren, wären die Rahmenbrüche gar nicht relevant bzw. sie könnten gar nicht erkannt werden. Der geänderte Code (Umgangssprache > Regionalsprache/Stadtsprache) würde erfasst, die Gründe dafür zu finden, wäre mühsam.

Wenn Menge äußert (illokutionärer Akt) *Mich würde interessieren, welche Haarfarbe haben Sie früher gehabt?*, ist es die kommunikative Absicht (illokutiver Akt), eine Frage zu stellen. Betrachten wir die Antwort, wissen wir, dass der illokutive Akt geglückt ist. Die Wirkung des Äußerungsaktes (perlokutiver Akt) ist die Beantwortung der Frage. Auch das kann nur unter Einbezug des Folgenden beurteilt werden. Die Proposition (propositionaler Akt) ist *Interesse an der früheren Haarfarbe haben*. Dass sie als wahr aufgefasst wird, bleibt ungewiss, solange nicht die Antwort einbezogen wird. Der Illokutionstyp ist direktiv: Der Produzent veranlasst den Rezipienten zu einer (Sprach-)Handlung. In dem ausgewählten Sprechakt erscheinen zwei Pronomen der Personaldeixis: *mich* (Sprecherdeixis), *Sie* (Hörerdeixis). Adverbien, die die Temporaldeixis und die Lokaldeixis markieren, *hier* und *jetzt*, sind nicht nötig; sie ergeben sich aus der Interviewsituation. Dies passt zu einem Unterpunkt der Grice'schen Kategorie der Modalität: Vermeide Weitschweifigkeit. Richard von Weizsäcker hat weiße Haare. In der Äußerung ist die Präsupposition enthalten, dass der Angesprochene früher auch eine andere Haarfarbe gehabt hat. Der Talkmaster Menge muss nicht explizit formulieren: „Bekanntlich werden Menschen nicht mit grauen Haaren geboren." oder Ähnliches. Menge hätte die Möglichkeit gehabt, die Frage anders zu formulieren: *Mich würde interessieren, welche Haarfarbe Sie früher gehabt haben.* Damit wäre die Illokution verändert, der Sprechakt wäre repräsentativ/assertiv. Gegebenenfalls hätte Weizsäcker auch darauf entsprechend geantwortet, mit der gewählten Variante, der Frage, hat der Talkmaster aber sein Ziel sicherlich besser erreichen können.

Lit.: P. Schlobinski, in: N. Dittmar – P. Schlobinski (Hgg.), Wandlungen einer Stadtsprache, S. 83-102

19.4. Handeln und Sprachhandeln

Im Folgenden soll die Relation zwischen Sprachhandeln und Handeln aufgezeigt werden, und zwar anhand einer Figur aus dem 'Nibelungenlied', Rüdiger von Bechelaren (vgl. Splett). Bei seinem ersten Auftreten in der 20. Aventiure ist er Bote. Boten sind insofern zum Sprachhandeln aufgefordert, als sie eine Vermittlerrolle zwischen einem Sender und einem Empfänger einnehmen. Während Post-Boten heute dazu da sind, die Botschaft als Medium zu transportieren, ohne die Botschaft selbst (genau) zu kennen – z.B. geben Einschreiben in gewisser Weise Auskunft über die Relevanz des Inhalts –, waren die Boten im Mittelalter selbst das Medium. So bedingten Inhalt der Botenrede und Reaktion des Adressaten auch ein Dienst-Lohn- oder aber ein Schuld-Strafe-Verhältnis. In der mittelalterlichen Literatur ist die Botenrede von Formelhaftigkeit und immer wiederkehrenden Wendungen begleitet. – Signalhafte Formeln und Rituale begegnen uns auch heute noch in den Botschaften, den Briefen.

Folgende Muster sind beim Zusammentreffen eines Boten mit einem Empfänger festzumachen:

- Der Bote wird empfangen.
- Man geht dem Boten entgegen oder man erhebt sich zumindest vor ihm.
- Man gibt dem Boten die Hand.
- Man bietet dem Boten, je nach Status, Speisen und Getränke an.
- Boten dürfen meist erst sprechen, wenn es ihnen erlaubt worden ist.
- Zumeist gibt es ein Sprechmonopol.
- Die Boten reden vor einem festgelegten Publikum in festen Räumen.

Zur Botschaft gehören Grußformeln und Gesten, Fragen zur Herkunft und zum Absender. Gravierende Abweichungen von diesem Schema – etwa ein fehlender Gruß – fallen auf. Sie weisen auf Ungewöhnliches, Unerwartetes hin.

KAPITEL 19

Hier ein Ausschnitt aus einer der drei Haupthandschriften des Nibelungenliedes, der Handschrift C aus dem 2. Viertel des 13. Jahrhunderts. Es handelt sich um die 20. Aventiure. Rüdiger ist vom Hunnenkönig Etzel ausgesandt worden, um die Burgundin Kriemhilt zu werben. Rüdiger wird schon im Vorfeld als besonderer Bote dargestellt, weil er den Lohn Etzels ausschlägt und auch, weil er versucht, Etzel von seinem Plan abzubringen:

http://www.blb-karlsruhe.de/blb/blbhtml/nib/uebersicht.html

1205,1 Wie solde ich des getrowen. sp*rach der* chunich zehant.
1205,2 daz *der* von Bechelaren. chôme in dizze lant.
1205,3 e daz ᵈᵉʳ chunich riche. die rede vol sp*rach*.
1205,4 Hagene *der* chvene. den gvten Rvdegern sach.
1206,1 Mit sinen besten frivnden. lief er zv zim dan.
1206,2 man sach fvnfhund*er*t degene. von den rossen stan.
1206,3 do wrden wol enpfangen. die von Hvnin lannt.
1206,4 boten nie getrvgen. also herlich gewant.

Es folgt ein Willkommensgruß durch Hagen, die Gäste bedanken sich dafür, sie gehen in den Saal, in dem sich der König aufhält, der König gibt Rüdiger die Hand. Die Gäste bekommen Wein serviert. Die Burgunden erkennen, dass dieser Bote höher gestellt ist als andere. Das führt dazu, dass ihm ein besonderes Vertrauen entgegengebracht wird. Als die Anfrage negativ beschieden wird, hat Rüdiger vor der Abreise doch noch die Möglichkeit, Kriemhilt unter vier Augen zu sprechen. Er gelobt, *er wolde si ergezzen. swaz ir ie geschach.* (V. 1277,3). Sie greift diese Worte auf und fordert, *so swert mir Rvdeger. swaz mir iemen tvot. daz ir mir sit der næhste. der reche miniv leit.* (V. 1279,2-3). Rüdiger handelt als Bote und ist doch mehr, nämlich auch Freund, wird schließlich noch als Schwiegervater Giselhers zum Verwandten. Er fällt aus (s)einer Rolle; Handeln und Sprachhandeln driften auseinander. Rüdiger erkennt den Rachegedanken Kriemhilts und somit die Doppeldeutigkeit der Rede nicht, sichert ihr seiner Interpretation nach nur, wie es angemessen ist, alle nur denkbare Unterstützung zu. Kriemhilt willigt daraufhin in die Heirat ein und die Katastrophe nimmt ihren Lauf.

19.5. Definitionen

Äußerungsakt/lokutionärer Akt (Lokution)	das physische Hervorbringen einer syntaktisch-semantischen Struktur
Deixis	die sprachliche Zeigefunktion; **deiktisch** sind die sprachlichen Elemente, mit denen der Sprecher auf sich selbst und seine Situation und von da aus auf anderes zeigen kann.
illokutiver Akt (Illokution)	kommunikative Absicht des Produzenten
indirekter Sprechakt	Sprechakt, bei dem das Geäußerte (aus sprachstrategischen Gründen) nicht mit dem Gemeinten übereinstimmt
konversationelle Implikatur	nicht explizit geäußerte Annahme über Sachverhalte, die auf dem gemeinsamen Wissen von Produzent und Rezipient beruht
perlokutiver Akt (Perlokution)	die Wirkung des Äußerungsaktes
Präsupposition	(auch: konventionelle Implikatur) eine nicht explizit geäußerte Annahme über Sachverhalte, die aus dem Geäußerten erschlossen werden kann
propositionaler Akt (Proposition)	das in einem Satz Mitgeteilte (der Bezug zur Welt und die Aussagen über die Welt)
Sprechakt	die sprachliche Äußerung in Hinblick auf die damit intendierte und vollzogene Handlung

19.6. Literatur

Kurzinformation:

Metzler Lexikon Sprache. Artikel: Deixis, Illokution, Implikatur, konversationelle Implikatur, Konversationsmaxime, Lokution, Perlokution, Pragmatik/Pragmalinguistik, Präsupposition, Proposition, propositionaler Gehalt, Sprechakt, Sprechaktklassifikation

KAPITEL 19

Einführende Literatur:

A. *Linke* – M. *Nussbaumer* – P. R. *Portmann*, Studienbuch Linguistik, S. 193-232

Grundlegende und weiterführende Literatur:

J. *Austin*, Zur Theorie der Sprechakte (How to Do things With Words). Übersetzung und deutsche Bearbeitung von Eike Savigny

H. P. *Grice*, in: P. Cole – J. L. Morgan (edd.), Speech Acts, S. 41-58. – Deutsche Übersetzung: H. P. *Grice*, in: Sprechakttheorie. Ein Reader, S. 109-126

S. C. *Levison*, Pragmatik

J. *Meibauer*, Pragmatik. Eine Einführung

S. *Müller*, in: L. Lieb – S. Müller (Hgg.), Situationen des Erzählens, S. 89-120

P. *Schlobinski*, in: N. Dittmar – P. Schlobinski (Hgg.), Wandlungen einer Stadtsprache, S. 83-102

J. R. *Searle*, Sprechakte

J. *Splett*, Rüdiger von Bechelaren

Kapitel 20: Die sprachsoziologische Gliederung des Deutschen

20.1. Einstieg: Sprachliches Verhalten und Soziales Verhalten

Der folgende Textausschnitt entstammt dem Roman 'Das Boot' von Lothar-Günther Buchheim. Der Ausschnitt steht in der Wiedergabe eines Gesprächs zwischen Angehörigen einer U-Bootbesatzung:

> Das Schott geht wieder auf.
> „Kruzitürken, wie schauts denn wieder aus in der Stubn!" entrüstet sich der Brückenwilli und schüttelt sich Nässe von Gesicht und Händen.
> Brüllendes Gelächter antwortet ihm.
> „Sags noch mal!" höhnt Fackler.
> „In der Stubn! Wie schauts aus in der Stubn!" imitiert der Eintänzer den Brückenwilli und fragt ihn: „Du bist wohl nich ganz hoppla?" Der Eintänzer kann sich gar nicht beruhigen: „Manometer, das is ne Ausdrucksweise – 'in der Stubn'. Fast so schön wie 'Kugeln aus dem Keller holen'."
> „Was willste denn mit Kugeln aus dem Keller?" erkundigt sich Fackler. „Das hat die Schnapstüte doch beim letzten Artilleriegefecht zum besten gegeben. Weißte das noch nich? 'Kugeln aus dem Keller holen' hat er gesagt anstatt 'Granaten aus der Last mannen'!"

Lothar-Günther Buchheim, Das Boot, dtv 1206, München 1976, S. 272

Die im Text beschriebene Situation ist durch das Eintreten einer weiteren Person und ihre Äußerung *Kruzitürken, wie schauts denn wieder aus in der Stubn* bestimmt. Das folgende Gespräch besteht aus der Reaktion der anderen Personen auf die sprachliche Gestalt dieser Äußerung: Gelächter, Aufforderung zur Wiederholung, Imitation von Teilen der Äußerung, Bewertung des Sprechers und seiner Ausdrucksweise, Wiederholung einer entsprechenden Äußerung derselben Person sowie Kontrastierung dieser Äußerung mit der von den anderen erwarteten Ausdrucksweise.

Der Text verdeutlicht, dass in einer Gruppe in einer bestimmten Situation von jedem Sprecher die Realisierung einer für die Gruppe als verbindlich angesehenen Sprachnorm erwartet wird. Verstöße gegen diese Erwartung werden von der Gruppe mit Sanktionen belegt. Die Sprache wird somit als Bestandteil der sozialen Norm erkennbar.

20.2. DIE SPRACHSOZIOLOGISCHE GLIEDERUNG DES DEUTSCHEN
20.2.1. GEMEINSPRACHE

Die sprachsoziologische (oder: soziolinguistische) Betrachtung befasst sich mit solchen Zusammenhängen zwischen Sprache und sozialen Strukturen. Sie untersucht die sozial bestimmten oder wirksamen Eigenschaften sprachlicher Systeme und Strukturen. Solche Eigenschaften hängen mit bestimmten Merkmalen von Sprechern zusammen, die durch Alter, Beruf, Bildung, Einkommen oder Geschlecht gegeben sind. Andere soziale Determinanten ergeben sich aus institutionell oder funktionell begrenzten Sprachgebrauchssphären, wie sie etwa im kirchlichen, rechtlichen oder geschäftlichen Bereich bestehen. Davon zu unterscheiden sind sozial gebundene Kommunikationsfunktionen wie die Reichweite einzelner Systeme oder Subsysteme, öffentlicher oder privater Gebrauch, Abgrenzungswirkungen oder Terminologisierungen. Ein wesentlicher Gesichtspunkt sprachsoziologischer Zugriffe ergibt sich aus der Frage nach der Verbindlichkeit bestimmter sprachlicher Formen in Sprechergemeinschaften.

Die Gegenüberstellung der realisierten Äußerung *Kugeln aus dem Keller holen* mit der erwarteten Äußerung *Granaten aus der Last mannen* durch eine der beteiligten Personen zeigt, dass unter den hier gegebenen sozialen Voraussetzungen die Verwendung einer fachmännischen Ausdrucksweise erwartet wird.

Mannen gehört zur Fachsprache der Marine und bedeutet 'von Mann zu Mann reichen'. *Last* bezeichnet in dieser Fachsprache einen 'tiefer liegenden Laderaum'. Umgekehrt gehört das die Reaktion auslösende Wort *Stube* nicht zu dieser Fachsprache.

An diesem Beispiel wird bereits deutlich, dass es zum einen eine Erscheinungsform von Sprache gibt, die allen Mitgliedern einer Sprachgemeinschaft gemeinsam und verständlich ist. Zum anderen lassen sich Teilbereiche der Sprache abgrenzen, die nur bestimmten Sprechergruppen gemeinsam und ver-ständlich sind. Die Sprachform, die im gesamten Sprachgebiet als verbindliches Vorbild für alle Sprachteilnehmer gilt, wird als **Gemeinsprache** bezeichnet. Für den Terminus Gemeinsprache finden sich auch zuweilen in gleicher oder ähnlicher Bedeutung die Termini **Hochsprache, Schriftsprache, Einheitssprache, Literatursprache** und **Standardsprache**.

Bei den nur bestimmten Sprechergruppen gemeinsamen und verständlichen Bereichen einer Sprache sind die **Fachsprachen, Sondersprachen** und **Mundarten** zu unterscheiden.

20.2.2. Fachsprache

Sprechergruppen können sich durch den Bezug auf einen gemeinsamen Sachbereich konstituieren. Die auf einen solchen Sachbereich begründeten sprachlichen Subsysteme werden in der Regel **Fachsprachen** genannt. Dabei kann der Terminus Fachsprache sowohl die sprachlichen Einzelerscheinungen bezeichnen wie auch die Gesamtheit der sprachlichen Mittel, die in einem Fachgebiet verwendet werden. Es gibt so viele Fachsprachen wie es Handwerke, Techniken, Wissenschaften gibt, so zum Beispiel die Bergmannssprache, die Druckersprache, die Sprache der elektronischen Datenverarbeitung, die Sprache der Physik, der Rechtswissenschaft, der Medizin, der Sprachwissenschaft.

Fachsprachen unterscheiden sich von der Gemeinsprache im Wesentlichen durch ihren besonderen Wortschatz und weniger durch Besonderheiten der Flexion, Morphologie oder Syntax. Die folgende Textprobe kann das veranschaulichen:

> **Intraarticuläre Frakturen des distalen Unterschenkels (Pilon tibial)**
> **Indikation**
> Die operative Behandlung der distalen intraarticulären Stauchungsfrakturen mit Verschiebung am distalen Ende des Unterschenkels hat sich allgemein durchgesetzt, weil es konservativ außerordentlich schwierig ist, eine exakte und stufenlose Reposition zu erreichen. Trotzdem gibt es noch Indikationen für die konservative Behandlung. Absolute Indikationen für die konservative Behandlung sind die unverschobenen Frakturen sowie Frakturen mit einer Kontraindikation zur operativen Behandlung. Diese kann einmal aus lokalen Gründen gegeben sein, wie infizierte Weichteilverletzungen, vorbestehende Ulcera cruris oder sonst schwergeschädigter Haut-Weichteilmantel. Eine Kontraindikation besteht aber auch, wenn der Verletzte aufgrund seines Allge meinzustandes nicht operationsfähig ist. Eine relative Indikation zur konservativen Behandlung sind mangelnde Kooperationsbereitschaft, wie z.B. bei chronischen Alkoholikern oder alten, nichtkooperativen Patienten, von denen nicht erwartet werden kann, daß sie frühfunktionell unter Entlastung des Beines behandelt werden können.
> Die Indikation zur konservativen oder operativen Behandlung ist aber auch wesentlich von der Frakturform abhängig, und hier hat sich vom Standpunkt der Behandlungsmöglichkeit die Einteilung in vier verschiedene Frakturformen bewährt, nämlich
> 1. Spaltbrüche,
> 2. distale intraarticuläre Stauchungstrümmerbrüche,
> 3. supramalleoläre Stauchungsbrüche mit Beteiligung des Gelenkes,
> 4. supramalleoläre Dreh-Biegungsbrüche mit Beteiligung des Gelenkes.

E. Beck, Konservative Frakturbehandlung des Pilon tibial und des Sprunggelenkes, Der Chirurg 61 (1990) S. 777

KAPITEL 20

Es handelt sich um einen Fachtext der Medizin. Der Wortschatz der Medizin, der auf etwa 500.000 Termini geschätzt wird, enthält vor allem Bezeichnungen lateinischer und griechischer Herkunft, daneben aber auch synonyme deutschsprachige Fachwörter.

In dem abgedruckten Text kommen beispielsweise folgende Fachtermini lateinisch-griechischer Herkunft vor: *chronisch* ['sich langsam entwickelnd, langsam verlaufend (von Krankheiten) (Med.)'], *distal* ['weiter von der Körpermitte bzw. charakteristischen Bezugspunkten entfernt liegend als andere Körper- od. Organteile (Med.)'], *Fraktur* ['Knochenbruch (Med.)'], *Indikation* ['(aus der ärztlichen Diagnose sich ergebende) Veranlassung, ein bestimmtes Heilverfahren anzuwenden, ein Medikament zu verabreichen (Med.)'], *Kontraindikation* ['Gegenanzeige, Umstand, der die [fortgesetzte] Anwendung einer an sich zweckmäßigen od. notwendigen ärztlichen Maßnahme verbietet (Med.)'], *infizieren* ['eine Krankheit, Kranheitserreger übertragen'], *intraarticulär* ['im Innern des Gelenks liegend (Med.)'], *lokal* ['örtlich'], *konservativ* ['erhaltend, bewahrend (... im Gegensatz zu operativer Behandlung)'], *Operation* ['chirurgischer Eingriff'], *operativ* ['die Operation betreffend, chirurgisch eingreifend'], *Pilon tibial* [*Pilon* 'Wurzel'; *tibial* ‚zur Tibia ('Schienbein') gehörend'], *Reposition* ['Wiedereinrichtung von gebrochenen Knochen od. verrenkten Gliedern (Med.)'], *supramalleolär* [*supra* 'über'; *malleolar* 'zum Knöchel gehörend (Med.)'], *Ulcera Cruris* [*ulkus* 'Geschwür'; *crus* 'Unterschenkel'].

Von diesen Termini sind einige Fachbezeichnungen nur für Mediziner verständlich, so *Pilon tibial, distal, supramalleolär* oder *Ulcera Cruris*. Andere Wörter begegnen auch in der Gemeinsprache, so *chronisch, infizieren* oder *Operation*. Allerdings ist die gemeinsprachliche Verwendung eines Wortes nicht immer identisch mit der fachsprachlichen Bedeutung. So wird *chronisch* landläufig als 'dauernd, anhaltend' verstanden (*chronischer Husten* – 'anhaltender Husten'), in der medizinischen Fachterminologie dagegen als 'langsam verlaufend'. Neben manchen lateinischen Fachwörtern existieren synonyme deutsche Wörter, die dem Laien geläufiger sind, so *örtlich* für *lokal* (*örtliche Betäubung* für *Lokalanästhesie*), *anstecken* für *infizieren*, *(Knochen-)Bruch* für *Fraktur*.

Die starke Präsenz des Lateinischen und Griechischen in der Fachsprache der Medizin erklärt sich historisch dadurch, dass diese Sprachen bis in das 18. Jahrhundert hinein alleiniges Verständigungsmittel der Mediziner waren. Die Fachsprache hat aber für Fachleute auch heute entscheidende Vorzüge gegenüber heimischen Wörtern. Die Bezeichnungen sind weitgehend international, wodurch ein internationaler fachlicher Austausch erleichtert wird. Zudem haben die Bezeichnungen eine konstante Bedeutung. Die Bedeutung der Wörter ist durch eine Definition festgelegt. Im Unterschied zu Wörtern lebender Sprachen unterliegen sie auch kaum Bedeutungsveränderungen, die für Fachsprachen und ihre Kommunikation hinderlich wären. Schließlich bietet sich mit dem Lateinischen und Griechischen ein Sprachfundus, aus dem nahezu beliebig viele neue Fachtermini gebildet werden können. Freilich bedürfen auch die medizinischen Nomenklaturen der Ergänzung durch die Gemeinsprachen. Das zeigt sich an deutschen Bezeichnungen für Organe wie *Herz, Lunge* oder *Leber*. Fachsprache und Gemeinsprache sind stets mehr oder weniger stark miteinander verflochten, weshalb auch der Nichtmediziner bis zu einem gewissen Grad in diesem Subsystem angemessen kommunizieren kann. Ist ein Sprecher oder eine Sprechergruppe nicht in der Lage, geforderte oder erwartete Standards einzuhalten, spricht man von sprachsoziologischen Barrieren oder Defiziten. Ein solcher Fall ist beispielsweise dann gegeben, wenn sich ein Arzt im Gespräch mit einem Patienten so stark seiner Fachsprache bedient, dass er von dem Patienten nicht oder nicht ausreichend verstanden wird.

Die hier anhand der medizinischen Fachsprache vorgestellten Merkmale gelten in ähnlicher Weise für andere wissenschaftliche Fachsprachen. Die Sprachsoziologie/Soziolinguistik hat die Aufgabe, diese Subsysteme der Sprache und ihre Verflechtung mit der Gemeinsprache zu beschreiben, wodurch auch Kommunikationsstörungen und Sprachbarrieren entgegengewirkt werden kann.

20.2.3. SONDERSPRACHE

Sprachliche Subsysteme, die stärker durch die soziale Sonderung der Sprecher begründet sind, heißen in der Regel **Sondersprachen**. Daneben existieren die Termini **Soziolekt** oder Gruppensprache, womit die Gesamtheit der sprachlichen Besonderheiten einer sozialen Gruppe bezeichnet wird. Sondersprachen lassen sich nicht in derselben Weise wie die Fachsprachen auf bestimmte Sachgebiete beziehen. Die Sondersprachen sind vielmehr dadurch charakterisiert, dass durch den Wortschatz eine Abgrenzung der Sprecher gegenüber der Allgemeinheit angestrebt wird. Die Sprecher einer Sondersprache sind durch gemeinsame Sonderinteressen oder durch eine gemeinsame soziale Sonderstellung verbunden. Sondersprachen sind zum Beispiel die Schülersprache oder die Studentensprache. Die Gaunersprache, das Rotwelsche, verdeutlicht die Tendenz der Sondersprache zur Geheimsprache und lässt so die abgrenzende Funktion der Sondersprache hervortreten. Die Abgrenzung zwischen Fach- und Sondersprachen ist nicht immer eindeutig, da sich der abweichende Sprachgebrauch auch bei Sondersprachen besonders beim Wortschatz zeigt.

Die folgende Sprachprobe gehört dem sogenannten Schillingsfürster Jenisch an, einer Gaunersprache, die in Schillingsfürst, einem Ort in Franken nahe bei Rothenburg ob der Tauber, gesprochen wurde. Die Wörter des Textes sind noch 1950 in Schillingsfürst verwendet worden.

"FISEL, MER DIWERE JENISCH"	"KERL, WIR SPRECHEN JENISCH"
Der lafer Ruch schurlt an jeden Boscher zsamm. Die Leit sin obaut, no konni lachete. Du bumst, ob wos zum Schurle is.	Der geizige Bauer kratzt jeden Pfennig zusammen. Die Leute sind fortgegangen, jetzt kann ich stehlen. Du paßt auf, ob was zu stehlen ist.
Herles kelof konni nowes aufduse.	Dieses Schloß kann ich nicht aufschließen.
Fisel, bau o, der Ruch hotn Funk pflanzt!	Bursche, lauf davon, der Bauer hat Licht gemacht.
Der Pink hotn Ruch mitm Hirtling g'stupft, no is der Rötling g'scheft, no hot ern derdeist, no sein Gori zupft, no hebbens zottelt.	Der Mann hat den Bauern mit dem Messer gestochen, dann ist Blut gelaufen, dann hat er ihn erschlagen, ihm sein Geld gestohlen, dann haben sie ihn verhaftet.
Den Pink hennes in Doufes g'schabert. Den sein Zinke verdiwere ich nowes.	Der Mann ist ins Gefängnis gekommen. Seinen Namen gebe ich nicht an.
Die por Schei die zind i af am Schmelzer ro.	Die paar Tage sitze ich auf einer Hinterbacke ab.

E. Nierhaus-Knaus, Geheimsprache in Franken – Das Schillingsfürster Jenisch, S. 19

20.2.4. HOCHSPRACHE UND STANDARDSPRACHE

In dem Textausschnitt von Lothar-Günther Buchheim sind über die Unterschiede von Fach- und Gemeinsprache hinaus weitere sprachsoziologische Schichten der deutschen Sprache zu erkennen. Die Aussagen des Erzählers und die vom Erzähler in wörtlicher Rede mitgeteilten Äußerungen der Personen sind in vielen Einzelheiten unterschieden. Während Wörter wie *Nässe, Gesicht, Hände, antworten, imitieren, fragen, sich erkundigen* unauffällig sind und auch in der Hochsprache begegnen, gehören Wörter wie *kruzitürken, ganz hoppla, Manometer, Schnapstüte* in diesen Verwendungen zur Sprachschicht der Umgangssprache.

Als **Hochsprache** wird die Sprachschicht bezeichnet, die eine höhere Entwicklungsstufe als Dialekt und Umgangssprache aufweist. Hochsprache wird häufig synonym gebraucht zu Literatursprache, Schriftsprache, Einheitssprache, Gemeinsprache oder Standardsprache. In der geschriebenen Sprache ist die Hochsprache die Regel. Sie ist die Sprachform der verbindlichen, öffentlichen Mitteilung. Sie ist in Bezug auf Geltungsbereich und Verwendungsmöglichkeit die am wenigsten eingeschränkte Sprachschicht. Sie enthält keine besonders drastischen oder saloppen Wörter und kann insofern als **Standardsprache** bezeichnet werden.

Die Standardsprache dient überregional als öffentliches Verständigungsmittel. Damit sie diese Funktion erfüllen kann, unterliegt sie Regeln, die besonders die Grammatik, Aussprache und Rechtschreibung betreffen. Die Beherrschung der Standardsprache ist Ziel sprachdidaktischer Bemühungen. Vermittelt wird sie beispielsweise in der Schule und anderen Bildungsinstitutionen sowie in Grammatiken. So schreibt der Wissenschaftliche Rat der Dudenredaktion im Vorwort der 6. Auflage der Grammatik:

> „Gegenstand der Duden-Grammatik ist die gesprochene und vor allem die geschriebene deutsche *Standardsprache* (Hochsprache) *der Gegenwart*. Die Standardsprache ist ein System, das in sich nicht einheitlich aufgebaut ist, sondern das geschichtliche, landschaftliche und gesellschaftliche Varianten umfasst."

Weiter unten in der Grammatik wird die Standardsprache als „überregionale Sprachform (Varietät) des Deutschen" bezeichnet. Im Folgenden heißt es:

> „Diese Varietät [...] ist mit ihrem Wortschatz in den großen Wörterbüchern aufgehoben. Die Standardsprache als Schriftsprache trägt Literatur, Kultur, Wissenschaft und Technik. Erst im Medium schriftlicher Sprache kann Wissen systematisch dargestellt und gespeichert werden; ist Wissen jederzeit über Zeit- und Raumschranken hinaus verfügbar; kann Wissen auf der Grundlage des Vorhandenen weiter entwickelt und modifiziert werden. Andererseits erhält die Standardsprache als mündliche Sprache eine neue Qualität durch die neue Medienwelt, die sich seit dem 19. Jh. entwickelt und sich an der Schriftsprache orientiert. Diese neue Qualität mündlicher Standardsprache wird u.a. durch Telefon (1879 ff.), Rundfunk (1923 ff.), Tonfilm (1929 ff.) und Fernsehen (1950 ff.) erzwungen."

Duden. Grammatik der deutschen Gegenwartssprache, 6.A., S. 602, § 1059

Die Standardsprache wird in allen öffentlichen Bereichen verwendet, in Schule und Universität, in der Kirche, in den Medien, in der Politik, in Literatur und Kultur.

In ihrer geschriebenen Form ist die Standardsprache an einer einheitlichen Rechtschreibnorm, in ihrer gesprochenen Form an einer einheitlichen Aussprachenorm orientiert. Die Aussprachenorm wird allerdings nur von wenigen Sprechern voll realisiert, so zum Beispiel bei Nachrichten in Rundfunk und Fernsehen.

20.2.5. Umgangssprache

Umgangssprachliche Wörter wie *kruzitürken*, *ganz hoppla*, *Manometer*, *Schnapstüte* gehören primär zur mündlich, nicht schriftlich fixierten Sprachform. Die Umgangssprache befindet sich in einem Spannungsfeld zwischen Dialekten und Gemeinsprache beziehungsweise Hochsprache. Da sie primär gesprochene Sprache ist, ist sie eine Sprachform des unmittelbaren Kontakts.

Der Begriff der Umgangssprache ist außerordentlich umstritten. Zur Beschreibung der Umgangssprache werden die verschiedensten Merkmale herangezogen. Innerhalb des Wortschatzes zeigt die Umgangssprache im Ganzen einen besonderen Reichtum an drastischen Bezeichnungen zum Ausdruck von Gefühlen und Wertungen. So werden zum Beispiel zahlreiche Tierbezeichnungen als Schimpfwörter verwendet. Die lautlichen und lexikalischen Merkmale der Umgangssprache entsprechen ihrem Verwendungsbereich: Sie wird vorwiegend im privaten, vertraulichen Umgang gebraucht. Dieser mehr inoffizielle Charakter der Umgangssprache begründet ihr Vorherrschen im mündlichen Sprachgebrauch. Innerhalb der geschriebenen Sprache wird sie aus demselben Grund nur in Sonderfällen verwendet, zum Beispiel in privaten Briefen, in der elektronischen Kommunikation (E-Mail, Chat) oder wie hier in der Wiedergabe fiktiver Gespräche.

Der Text von Lothar-Günther Buchheim zeigt, dass auch im Bereich der Umgangssprache Normerwartung und Realisierung auseinanderklaffen können. Dies wird an der Reaktion der Zuhörer auf die Formulierung *wie schauts denn wieder aus in der Stubn* deutlich, die nicht nur der fachsprachlichen Norm in dem Lexem *Stube* für einen Mannschaftsraum an Bord eines Schiffes widerspricht. Die Flexionsform *in der Stubn* und das Lexem *ausschauen* in der vorliegenden Verwendung widersprechen der Erwartung einer vorwiegend norddeutsch geprägten Umgangssprache. Daran wird die regionale Gebundenheit der Umgangssprache erkennbar, die sie in die Nähe der Mundart rückt. Die Sprachschichten unterscheiden sich nicht nur in Bezug auf die gesprochene oder geschriebene Verwendung, sie besitzen auch eine unterschiedliche räumliche Reichweite.

20.2.6. Mundart/Dialekt

Als Mundart oder Dialekt wird eine Sprachschicht bezeichnet, die wie die Umgangssprache primär mündlich realisiert wird. Die Mundart ist auf einen räumlichen Geltungsbereich eingeschränkt. Ihre Besonderheiten erstrecken sich auf alle Sprachebenen (Lautebene/Phonologie, Morphologie, Lexik, Syntax, Idiomatik). Vor allem in der Lautung und im Wortschatz hat die Mundart eine deutliche Ausprägung, die von anderen Sprachteilhabern der Standardsprache als abweichend wahrgenommen wird (man vergleiche Kapitel 21).

Die Mundart hat im Unterschied zur Hoch- und Standardsprache nur einen geringen Öffentlichkeitsgrad. Ihre Geltung ist auf den informellen, privaten Bereich eingeschränkt. Dort wird sie erworben und verwendet. Sie unterliegt keinen kodifizierten orthographischen und grammatischen Regeln. Entsprechend ist sie auch nicht Gegenstand sprachdidaktischen Unterrichts.

Neuere Untersuchungen zur Mundart befassen sich zunehmend mit sprachsoziologischen Fragestellungen. Dazu gehören die unterschiedlichen Verwendungsebenen von Mundart und Hochsprache, der geringere Öffentlichkeitsgrad der Mundart gegenüber der Hochsprache sowie vor allem mögliche Korrelationen von Mundart und sozialer Schicht. Der Gebrauch der Mundart kann je nach Alter, Geschlecht, Thema und Situation variieren, so dass neben die Raumbindung auch schichtenspezifische Aspekte treten. Allerdings sind globale Vorstellungen wie die eines generell abnehmenden Mundartgebrauchs und einer Beschränkung der Mundart auf niedrigere Sozialschichten nicht aufrechtzuerhalten.

20.2.7. VERFLECHTUNG DER SPRACHVARIETÄTEN

Die Gliederung der deutschen Sprache nach Gemeinsprache und Fach- und Sondersprachen sowie die Schichtung in Hochsprache, Umgangssprache, Mundart sind vielfältig miteinander verflochten. In einer Fachsprache können neben der hochsprachlichen Schicht, wie sie der medizinische Text von E. Beck zeigt, auch umgangssprachliche Elemente existieren. Eine solche Verflechtung von Fachsprache und Umgangssprache liegt beispielsweise vor, wenn ein Arzt zu seiner Helferin sagt: *„Jetzt erst das Abdomen von Zimmer 2 und dann das Knie von Zimmer 1."*

In einer Mundart können neben dem gemeinsprachlichen Wortschatz Fachsprachen einzelner Berufe existieren. Das beginnt bereits bei den Bezeichnungen für Berufe, die in den Mundarten divergieren können. Für gemeinsprachlich *Klempner* existieren in den Mundarten Bezeichnungen wie *Blechschläger, Spengler, Flaschner, Blechner, Klempner* Auch der weitere Fachwortschatz dieser Berufe unterscheidet sich in den einzelnen Mundarten.

Ein Beispiel für eine mundartlich bestimmte Sondersprache bietet die Textprobe zum Schillingsfürster Jenisch aus dem Buch von E. Nierhaus-Knaus.

Entsprechend vielfältig sind auch soziologische Schichtungen in der Kompetenz der Sprecher und in den Sprechakten. Die Mehrzahl der Sprecher ist in der Lage, das jeweils angemessene **Register** zu wählen, das heißt, in einem breiten Spektrum sprachsoziologischer Subsysteme angemessen zu kommunizieren und schriftsprachliche, umgangs- und fachsprachliche Normen situationsangemessen einzuhalten. Verfügt ein Sprecher nicht über eine aktive Sprachkompetenz, ist er also nicht in der Lage, in einem speziellen Subsystem zu kommunizieren, so be-

KAPITEL 20

sitzt er oft zumindest eine passive Sprachkompetenz und ist somit in der Lage, eine Kommunikation zu verfolgen und zu verstehen.

20.2.8. HILFSMITTEL

Die vorwiegend im Bereich der Lexik bestehende Selbstständigkeit sprachsoziologischer Subsysteme kann mit einer Reihe von Wörterbüchern erschlossen und betrachtet werden.

Das 'Duden-Universalwörterbuch' berücksichtigt unter anderem umgangssprachliche Elemente. Das im eingangs wiedergegebenen Text enthaltene Wort *Kruzitürken* wird in einem entsprechenden Artikel behandelt:

> **Kru|zi|tür|ken** [wohl zusgez. aus Kruzifix u. Türken, viell. gepr. zu Zeit der Türkeneinfälle (16./17. Jh.)] (salopp): a) Ausruf der Verwünschung, des Zorns; b) Ausruf des Erstaunens.

Duden. Deutsches Universalwörterbuch, S. 968

Das ebenfalls in dem Textausschnitt von L.-G. Buchheim enthaltene Wort *Schnapstüte* fehlt in standardsprachlichen Wörterbüchern und wird auch im 'Wörterbuch der deutschen Umgangssprache' von H. Küpper nicht gebucht. Unter dem Stichwort *Tüte* finden sich dort jedoch Bedeutungsangaben, die auf das Grundwort des Kompositums *Schnapstüte* beziehbar sind:

> **Tüte (Tute)** *f* 1) dummer, langweiliger unselbständiger Mensch; unmilitärischer Mensch; Sonderling. Vielleicht gekürzt aus ›Fliegentüte‹ im Sinne von ›einer, der nur noch zum Fliegenfangen taugt‹ oder von ›einer, der auf den Leim kriecht wie die Fliege bei der Fliegentüte‹. Mir als gemeindeutsch gemeldet; etwa seit den Tagen des ersten Weltkriegs. *Sold* 1914/18 (Haupt- Heydemarck 1, 184). Lit: 1956 Sommer 16, 128.
> 2) alte Tüte: Anredeform unter Halbwüchsigen. Lit: 1960 Haller 1, 21.
> 3) lange Tüte = Objektiv mit langen Brennweiten. *Photographenspr.* Lit: 1958 A 120/35.
> 4) traurige Tüte = erbärmlicher Mensch; Versager. Lit: 1959 A 9/37.

H. Küpper, Wörterbuch der deutschen Umgangssprache, II, S. 290

Der seemännisch-fachsprachliche Gebrauch des Verbs *mannen* ist dem wortgeschichtlichen Handbuch zur Seemannsprache von F. Kluge zu entnehmen:

1. **mannen** 'von Mann zu Mann weiter geben' Goebel 1902: nur modern bezeugt. Vgl. Segebarth 1886 Seemannsreis' S. 70 Denn mann't dat Lot, smit gaud vörut, Will'n sehn, ob richtig uns' Bestick. — Parlow 1902 Kaplaube S. 122 Es kam zu statten, daß die Ladung aus japanischen Lackwaren bestand; sie war an sich leicht und noch dazu in Kisten verpackt, die leicht an Deck gemannt werden konnten. — Sperling 1906 Loggbuch S. 83 Auf dem Oberdeck stehen die Takler in einer langen Reihe nebeneinander, um von Hand zu Hand Eimer mit Wasser an den Ort des Feuers zu bringen; man nennt diese Art des Transportes an Bord: mannen.
2. **mannen** (ein Schiff) 'mit Mannschaft besetzen'; z. B. 1466 Danziger Urt. (Hans. Urkundenb. IX 269) Do mannede des vorgenante schipper sien esping. — Weiteres oben S. 85 unter bemannen.

F. Kluge, Seemannssprache, S. 567

20.3. ANALYSEVERFAHREN UND ANALYSEBEISPIELE

Als Analysebeispiel dienen folgende Auszüge aus dem Bürgerlichen Gesetzbuch:

> **§ 27 Bestellung und Geschäftsführung des Vorstands**
> (1) Die Bestellung des Vorstands erfolgt durch Beschluss der Mitgliederversammlung.
> (2) Die Bestellung ist jederzeit widerruflich, unbeschadet des Anspruchs auf die vertragsmäßige Vergütung. Die Widerruflichkeit kann durch die Satzung auf den Fall beschränkt werden, dass ein wichtiger Grund für den Widerruf vorliegt; ein solcher Grund ist insbesondere grobe Pflichtverletzung oder Unfähigkeit zur ord-nungsmäßigen Geschäftsführung.
> **§ 90 Begriff der Sache**
> Sachen im Sinne des Gesetzes sind nur körperliche Gegenstände.
> **§ 90a Tiere**
> Tiere sind keine Sachen. Sie werden durch besondere Gesetze geschützt. Auf sie sind die für Sachen geltenden Vorschriften entsprechend anzuwenden, soweit nicht etwas anderes bestimmt ist.
> **§ 91 Vertretbare Sachen**
> Vertretbare Sachen im Sinne des Gesetzes sind bewegliche Sachen, die im Verkehr nach Zahl, Maß oder Gewicht bestimmt zu werden pflegen.
> **§ 92 Verbrauchbare Sachen**
> (1) Verbrauchbare Sachen im Sinne des Gesetzes sind bewegliche Sachen, deren bestimmungsmäßiger Gebrauch in dem Verbrauch oder in der Veräußerung besteht.

Kapitel 20

§ 675m Pflichten des Zahlungsdienstleisters in Bezug auf Zahlungsauthentifizierungsinstrumente; Risiko der Versendung

(1) Der Zahlungsdienstleister, der ein Zahlungsauthentifizierungsinstrument ausgibt, ist verpflichtet,
1. unbeschadet der Pflichten des Zahlungsdienstnutzers gemäß § 675l sicherzustellen, dass die personalisierten Sicherheitsmerkmale des Zahlungsauthentifizierungsinstruments nur der zur Nutzung berechtigten Person zugänglich sind,
2. die unaufgeforderte Zusendung von Zahlungsauthentifizierungsinstrumenten an den Zahlungsdienstnutzer zu unterlassen, es sei denn, ein bereits an den Zahlungsdienstnutzer ausgegebenes Zahlungsauthentifizierungsinstrument muss ersetzt werden ...
Hat der Zahlungsdienstnutzer den Verlust, den Diebstahl, die missbräuchliche Verwendung oder die sonstige nicht autorisierte Nutzung eines Zahlungsauthentifizierungsinstruments angezeigt, stellt sein Zahlungsdienstleister ihm auf Anfrage bis mindestens 18 Monate nach dieser Anzeige die Mittel zur Verfügung, mit denen der Zahlungsdienstnutzer beweisen kann, dass eine Anzeige erfolgt ist.

Das Bürgerliche Gesetzbuch enthält die Kodifikation des deutschen allgemeinen Privatrechts, das die zentralen Rechtsbeziehungen zwischen Privatpersonen regelt. Es weist damit die Fachsprache der Juristen auf. Neben der Verwendung der juristischen Fachterminologie (wie *Vorschrift, Gesetz, Veräußerung, bestimmungsgemäß, -dienstleister, -dienstnutzer, Nutzung*) ist diese vor allem durch Präzision und Ökonomie gekennzeichnet, die durch kurze, klare Definitionen wie in §§ 90, 90a erreicht werden. Eine Klarstellung wie die, dass Tiere keine Sachen sind, ist für die Behandlung von Tieren im Sinne des Gesetzes zentral. Im außerjuristischen Sprachgebrauch ist eine solche Feststellung nicht nötig und auch kaum vorstellbar. Zur Präzision trägt auch der einfache parataktische Satzbau bei (§§ 90-92), der eintönig wirkt. In der Gesetzessprache ist aber keine abwechslungsreiche Sprache gefordert, sondern es gilt vielmehr, Gleiches auch gleich zu benennen. Der besonders auf juristische Laien nüchtern und gestelzt wirkende Fachstil wird auch durch eine Anhäufung von Passivkonstruktionen (z.B. *muss ersetzt werden*), präpositionalen Fügungen (*durch Beschluss, gemäß § 675l*), Substantivierungen (z.B. *Bestellung, Vergütung, Widerruflichkeit*) und Funktionsverbgefügen (*zur Entscheidung bringen, in Rechnung stellen*) erreicht.

Ein weiteres Merkmal juristischer Fachsprache ist ein hoher Anteil an Fremdwörtern (*-authentifizierungsinstrument, Risiko, personalisierten, autorisierte*) und Univerbierungen. Darunter wird das Bestreben verstanden, statt einer umständlich langen Zeichenkette ein einziges komplexes Wort zu bilden. In der juristischen Sprache gilt es nicht als hinderlich, dass Univerbierungen zu sehr langen Wörtern führen: *Zahlungsauthentifizierungsinstrument, Zahlungsdienstleister, Zahlungsdienstnutzer*.

Die Sprache der Juristen weist in Lexik, Wortbildung und Syntax von der Standardsprache abweichende Merkmale auf, die zu einer eindeutigen Verständigung innerhalb des Faches beitragen.

20.4. Definitionen

Dialekt	sieh **Mundart**
Fachsprache	Teilbereich der Sprache, der wie die Sondersprache nur bestimmten Sprechergruppen gemeinsam ist. Die Sprechergruppe wird durch den Bezug zu einem gemeinsamen Sachbereich (z.B. Handwerke, Techniken) konstituiert. Fachsprache kann die Spezifika oder die Gesamtheit der sprachlichen Mittel eines Fachgebiets bezeichnen.
Gemeinsprache	die allen Sprechern gemeinsamen Bereiche einer Sprache, im Unterschied zu Fach- und Sondersprachen, die nur bestimmten Sprechergruppen gemeinsam sind. Es existieren Synonyme wie Hochsprache, Schriftsprache, Einheitssprache, Literatursprache, Standardsprache und Koine.
Hochsprache und Standardsprache	Sprachschicht, die eine höhere Entwicklungsstufe als die Umgangssprache und der Dialekt aufweist. Sie ist die Sprachform der verbindlichen, öffentlichen Mitteilung. In der geschriebenen Sprache ist die Hochsprache die Regel. In ihrer gesprochenen Form ist sie an einer einheitlichen Aussprachenorm orientiert (so bei Nachrichtensprechern).
Mundart oder Dialekt	Sprachschicht, die einen räumlich begrenzten Geltungsbereich besitzt. Die Besonderheit erstreckt sich auf alle Sprachebenen, hat aber v.a. in Lautung und Wortschatz eine deutliche Ausprägung, die von Sprechern der Standardsprache als abweichend wahrgenommen wird.
Sondersprache	sprachliches Subsystem, das vor allem durch die sprachliche Sonderung der Sprecher begründet ist
Soziolekt	(auch Gruppensprache) Gesamtheit der sprachlichen Besonderheiten einer sozialen Gruppe
Umgangssprache	Sprachschicht, die zwischen Dialekt und Gemeinsprache bzw. Hochsprache anzusiedeln ist. Sie wird primär mündlich realisiert. Insofern ist sie eine Sprachform des unmittelbaren Kontakts. Durch ihre regionale Gebundenheit rückt sie in die Nähe der Mundart.

KAPITEL 20

20.5. LITERATUR

Kurzinformation:

Metzler Lexikon Sprache. Artikel: Dialekt/Mundart, Einheitssprache, Fachsprache, Gemeinsprache, Gruppensprache/Soziolekt, Hochsprache, Literatursprache, Register, Schriftsprache, Sondersprache, Standardsprache, Umgangssprache

Einführende Literatur:

A. *Linke* – M. *Nussbaumer* – P.R. *Portmann*, Studienbuch Linguistik, S. 335-371

K.J. *Mattheier*, in: Kleine Enzyklopädie Deutsche Sprache, S. 351-363

Grundlegende und weiterführende Literatur:
Sprachsoziologie:

K. *Birkner*, in: J. Dittmann – C. Schmidt (Hgg.), Über Wörter, S. 233-258

N. *Dittmar*, Grundlagen der Soziolinguistik – Ein Arbeitsbuch mit Aufgaben

H. *Henne*, Jugend und ihre Sprache

H. *Löffler*, Germanistische Soziolinguistik

Soziolinguistik. Ein internationales Handbuch zur Wissenschaft von Sprache und Gesellschaft

Stilistik und Soziolinguistik. Beiträge der Prager Schule

P. *Trudgill*, Sociolinguistics

Fachsprache:

H. *Baßler*, in: J. Dittmann – C. Schmidt (Hgg.), Über Wörter, S. 211-231

H.-R. *Fluck*, Fachsprachen. Einführung und Bibliographie

W. von *Hahn* (Hg.), Fachsprachen

L. *Hoffmann*, Kommunikationsmittel Fachsprache. Eine Einführung

L. *Hoffmann* (Hg.), Fachsprachen. Ein internationales Handbuch zur Fachsprachenforschung und Terminologiewissenschaft, I-II

D. *Möhn* – R. *Pelka*, Fachsprachen. Eine Einführung

Th. *Roelcke*, Fachsprachen

J. *Wiese*, in: Kleine Enzyklopädie Deutsche Sprache, S. 458-469

Sondersprache:

E. *Bischoff*, Wörterbuch der wichtigsten Geheim- und Berufssprachen

S.A. *Wolf*, Wörterbuch des Rotwelschen

Umgangssprache:

J. *Eichhoff*, Wortatlas der deutschen Umgangssprachen, I-II

P. *Kretschmer*, Wortgeographie der hochdeutschen Umgangssprache

H. *Küpper*, Wörterbuch der deutschen Umgangssprache, I-VI

Literatur zur Dialektologie sieh Kapitel 21.

KAPITEL 21: DIE SPRACHGEOGRAPHISCHE GLIEDERUNG DES DEUTSCHEN

21.1. EINSTIEG: REGIONALE SPRACHFORMEN IN DER KOMMUNIKATION

Der folgende Text stammt aus einer Sammlung von Sprachwitzen, und zwar aus dem Kapitel zur 'Regionalen Sprachvarianz'.

> Ein Schwabe, ein Schweizer und ein Norddeutscher sitzen zusammen im Zug.
> Da fragt der Schweizer den Norddeutschen:
> „Sin Sie scho' mol in Züri gsi?"
> Als der Norddeutsche verständnislos reagiert, fragt der Schweizer ihn noch einmal:
> „Sin Sie scho' mol in Züri gsi?"
> Der Norddeutsche versteht immer noch nichts, so daß der Schwabe ihm auf die Sprünge helfen will. Er schaut den Norddeutschen lächelnd an und erklärt:
> „Er moint gwä."

P. Koch – Th. Krefeld – W. Oesterreicher, Neues aus Sankt Eiermark, S. 62

In der geschilderten Situation verwenden der Schweizer und der Schwabe zwei unterschiedliche dialektale Formen des Partizips von (standardsprachlich) *gewesen*. Beiden ist offenbar nicht bewusst, dass die von ihnen verwendete Variante für Sprecher aus anderen Sprachregionen des Deutschen nicht verständlich ist. Die Pointe beruht darauf, dass der schwäbische Sprecher zwar bemerkt, dass die Schweizer Variante *gsi* als regionale Sprachform für den Norddeutschen nicht verständlich ist, dass er zur Erklärung aber nicht eine überregional gültige, sondern seine eigene dialektale Variante *gwä* anführt, die für den Norddeutschen sicher nicht weniger unverständlich ist.

Dass regionale Sprachformen eine geringere kommunikative Reichweite haben, also nur für einen eingeschränkten Personenkreis verständlich sind, zeigt sich am deutlichsten, wenn man versucht, die Gespräche zwischen Dialektsprechern (einer anderen deutschen Mundart) zu verstehen. Darüber hinaus gibt es auch eine Reihe nicht-dialektaler Sprachformen, die nur regionale Gültigkeit haben und die deshalb nicht von allen Sprechern des Deutschen verstanden oder akzeptiert werden.

21.2. Die sprachgeographische Gliederung
21.2.1. Sprachgeographische Unterschiede auf verschiedenen sprachlichen Ebenen

Die sprachgeographische Vielfalt des Deutschen zeigt sich besonders im Alltagswortschatz. *Knust, Knörzla* oder *Scherzl* für Anfang beziehungsweise Ende des Brotes, *Griebsch, Krotzen* oder *Butzen* für das Kerngehäuse des Apfels sind jeweils nur eine kleine Auswahl der in den verschiedenen Dialekten dafür verwendeten Wörter.

Die Dialekte unterscheiden sich untereinander und von der Standardsprache aber nicht nur im Wortschatz, sondern auch im Lautsystem und in der Grammatik. Dies kann durch die folgende Gegenüberstellung der Präsensflexion eines schwachen Verbs in der Standardsprache, einem pfälzischen und einem bairischen Dialekt veranschaulicht werden:

ich höre	*isch ruuf*	*i reed*
du hörst	*du ruufschd*	*du redsd*
er hört	*er ruufd*	*ea redd*
wir hören	*mer ruufe*	*mia reen*
ihr hört	*ehr ruufe*	*es redds*
sie hören	*se ruufe*	*si reen*

Abb. 1: Präsensflexion des Verbs in Standardsprache und Dialekten nach: L. Zehetner, Das bairische Dialektbuch, S. 95; R. Post, Pfälzisch, S. 123-126

Die unterschiedlichen Endungen beruhen zum Teil auf regulären lautlichen Entwicklungen (Abfall des unbetonten auslautenden *-e* im Bairischen und Pfälzischen, pfälzisch *schd* für standardsprachlich *st*). Die bairische Endung *-ds* in der 2. Person Plural ist aus Formen entstanden, in denen das folgende Personalpronomen *es* direkt mit dem Verb verbunden (enklitisch) auftrat. Das Pfälzische zeigt im Plural eine übereinstimmende Flexionsform für alle drei Personen. Ein solcher Einheitsplural ist in den Dialekten im Südwesten des deutschen Sprachraums und im Westniederdeutschen üblich.

Der folgende Satz aus einer ostfränkisch-thüringischen Mundart und seine Entsprechungen im Standarddeutschen und im Bairischen zeigen auch Unterschiede in der Wortstellung:

DIE SPRACHGEOGRAPHISCHE GLIEDERUNG DES DEUTSCHEN

> *Was da sich ölles aahotmüßhör!*
> *Was der sich alles hat anhören müssen!*
> *Wos se der alles oohern mein hot!*

Abb.2: Wortstellung in Standardsprache und Dialekten nach: O. Werner, in: Texttyp, Sprechergruppe, Kommunikationsbereich, S. 343-361

Als gesprochene, informelle Sprachvarietät verfügen die Dialekte nicht über schriftlich fixierte, normative Grammatiken. Dennoch hat jeder Dialekt sein eigenes Sprachsystem, das nicht als vereinfachtes Hochdeutsch angesehen werden kann. Vielmehr hat sich die deutsche Standardsprache in relativ komplizierten Ausgleichsvorgängen aus verschiedenen regionalen Sprachformen entwickelt. Die sprachgeographischen Unterschiede beschränken sich im Deutschen deshalb auch nicht auf die Dialekte, sondern reichen bis in die Standardsprache. Die Tätigkeit, die man mit einem Besen verrichtet, wird im Süden des deutschen Sprachgebiets als *kehren*, im Norden als *fegen* bezeichnet. Die Perfektform von *sitzen* lautet in der süddeutschen Variante der Standardsprache *ich bin gesessen*, im Norden dagegen *ich habe gesessen*.

21.2.2. ERHEBUNGSVERFAHREN

Die Ermittlung der sprachgeographischen Gegebenheiten aus bereits vorliegenden (schriftlichen oder mündlichen) Texten ist nur bei relativ häufig auftretenden Phänomenen möglich. Um einheitliches, vergleichbares Material von verschiedenen Ortspunkten zu erhalten, unternimmt man deshalb im Allgemeinen gezielte Befragungen.

Bei der **indirekten** Befragung werden Fragebögen verschickt, die von sprachwissenschaftlichen Laien in normaler Schreibung ausgefüllt werden. Mit dieser Methode kann man mit relativ geringem Aufwand eine sehr hohe Belegdichte erreichen. Sie wird heute vor allem für Wortschatzuntersuchungen verwendet. Bei der **direkten** Befragung befragt ein sprachwissenschaftlich geschulter Explorator eine (oder mehrere) nach bestimmten Gesichtspunkten ausgewählte Gewährsperson(en). Die Antworten werden in phonetischer Umschrift notiert und meist zusätzlich auch auf Tonträger aufgenommen. Mit dieser Methode lassen sich (besonders für lautliche Erscheinungen) genauere und zuverlässigere Ergebnisse erzielen, der Aufwand ist allerdings erheblich größer. Die folgende Abbildung zeigt einen vom Explorator ausgefüllten Ausschnitt aus dem Fragebuch zum Sprachatlas von Bayerisch-Schwaben (SBS), einem Teilprojekt des Bayerischen Sprachatlas (BSA).

Kapitel 21

ˢᶜmə̆rds = mē̆rds   ˢᶜhovempr̥̄
  (hărz̧)

HEUERNTE		
1. "Gras" (-e-)	Ph	gr̄ās
2. Wenn im Frühling das Heu ausgeht, holt man dem Vieh Gras, man tut ... /grünfüttern/(rein)grasen/-güahnen/ /(r)ein(j)ähen/Futter holen/Gras holen/ /ins Futter fahren/	Wo	dsgrāshǫlə grē͂əvc̨əꝺərə
3. "Heu" (der erste Schnitt)	Ph	hâe
4. "heuen"		hâeꝺ	5. "geheut"	khae͂ꝺ
6. "Heuet" (Zeit, Ertrag des Heuens) (-au-) (Genus!)	Ph	hâeꝺ (m)
7. Der zweite Schnitt /Emd/Aumat/Grummet/	Ph	dsɡ̃umꝺ (das...)
8. Tätigkeit von 7 (Verb) /-den/	Wo,Ph	g̃umꝺə
9. Zeit, Ertrag von 7 /-dat/	Ph	g̃umꝺ hâeꝺ

ˢᶜenõimsāds 'ohne Unterbrechung'
  (in einem Satz)

Abb. 3: Fragebuch zum Sprachatlas von Bayerisch-Schwaben, I, S. 34

Im Bayerischen Sprachatlas werden lexikalische, lautliche, morphologische, zum Teil auch syntaktische Erscheinungen in direkter Befragung bei Gewährspersonen der älteren Generation erhoben. In den letzten Jahren wurden besonders die Methoden der indirekten Befragung weiterentwickelt. Erste Ergebnisse des Syntaktischen Atlas der Deutschen Schweiz (SADS) zeigen, dass sich mit speziellen Fragetypen (besonders Bewertungsfragen) auch kleinräumige syntaktische Phänomene in indirekter Befragung erheben lassen.

21.2.3. DER DEUTSCHE SPRACHATLAS UND DIE EINTEILUNG DER DEUTSCHEN DIALEKTE

Die heute übliche Einteilung der deutschen Dialekte, wie sie in Karte 1 dargestellt ist, geht auf das inzwischen historische Material des Deutschen Sprachatlas zurück. Zwischen 1876 und 1939 wurden Fragebögen mit einer Liste von 40 Sätzen, die in die jeweilige Ortsmundart umgesetzt werden sollten, in mehr als 50000 Orte verschickt. Die folgende Wiedergabe einiger Sätze aus den Fragebögen von Orten aus unterschiedlichen Dialektlandschaften soll einen Eindruck von den konstruierten Sätzen und ihrer Umsetzung durch sprachwissenschaftliche Laien vermitteln. Gleichzeitig zeigen die Sätze eine Reihe lautlicher Erscheinungen, die zur Einteilung der Dialekte herangezogen werden.

Satz 4:	Der gute alte Mann ist mit dem Pferde durchs Eis gebrochen und in das kalte Wasser gefallen. *Drr guat alt Ma ischt mit em Gaul durrs Eis nei brocha und en des kalt Wassar gfalla.* (Reutlingen, schwäbisch) *Dä goude alde Mann eß mätt dem Pärd durg et Ais g'brog ann enn datt kalt Waßer g'fall.* (Hermeskeil, Kreis Trier, moselfränkisch)
Satz 6:	Das Feuer war zu heiß, die Kuchen sind ja unten ganz schwarz gebrannt. *Dös Feuer war ze häß, die Kuchen senn unten ganz schwarz gebrennt.* (Coburg, ostfränkisch) *Dat Füür weur to heid, de Kauken sünd jo ünner ganz sward brennt.* (Schönberg, Kreis Herzogtum Lauenburg, nordniederdeutsch)
Satz 8:	Die Füße tun mir sehr weh, ich glaube, ich habe sie durchgelaufen. *D'Füß thun ma recht we-i, i glaub, i hos durchglaufa.* (Kallmünz, Kreis Regensburg, nordbairisch) *De Föte dohn mick sehr wehe, ick jloobe, ick hebbe se dorcheloopen.* (Wolmirstedt, ostfälisch)
Satz 26:	Hinter unserem Hause stehen drei schöne Apfelbäumchen mit roten Äpfelchen. *Hinte unnern Haus stenn drei schöna Öpflboamla mit ruet'n Öpfln.* (Neuses bei Coburg, ostfränkisch) *Hönge osem Hus stohn drei schöne Appelböhmche met rude Äppalche.* (Breidt, Rhein-Sieg-Kreis, ribuarisch)

Abb. 4: Abdruck der zitierten Wenkersätze in: Das Forschungsinstitut für Deutsche Sprache 'Deutscher Sprachatlas' 1988-1992, S. 18, 67; G. Koß, in: Jahrbuch der Coburger Landesstiftung 1972, S. 55, 63; W. König – R. Schrambke, Die Sprachatlanten des schwäbisch-alemannischen Raumes, S. 18; D. Stellmacher, Niederdeutsche Sprache, S. 142, 159

Die nach dem ersten Bearbeiter des Deutschen Sprachatlas, Georg Wenker, benannten Wenkerbögen (mit den 40 **Wenkersätzen**) werden heute im Archiv des Forschungsinstituts für deutsche Sprache/Deutscher Sprachatlas in Marburg/Lahn aufbewahrt. Auf diesem Material basieren die 128 sehr großformatigen Karten des Deutschen Sprachatlas, die in den Jahren 1927 – 1956 veröffentlicht wurden. Sie behandeln aber nur einen kleinen Teil der abgefragten Phänomene. Das historische Sprachatlas-Material wurde auch für den computativ erstellten Kleinen Deutschen Sprachatlas zugrunde gelegt. Im Digitalen Wenker-Atlas (http://www.diwa.info) sind inzwischen die 1647 bisher unveröffentlichten, von

Georg Wenker, Emil Maurmann und Ferdinand Wrede handgezeichneten, farbigen Sprachatlas-Karten im Internet zugänglich gemacht und für dialektologische Auswertungen erschlossen worden.

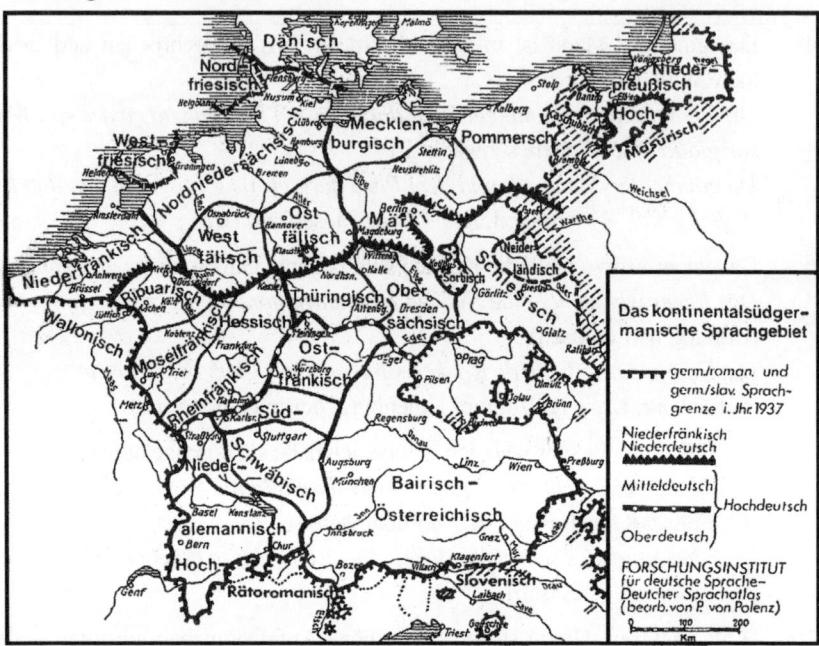

Karte 1: Die Gliederung der Dialekte im deutschen und niederländischen Sprachraum um 1900, in: H. Niebaum – J. Macha, Einführung in die Dialektologie des Deutschen, S. 218

Die **Einteilung** der deutschen Dialekte beruht im Wesentlichen auf lautlichen Kriterien. Die grundlegende Unterscheidung ist diejenige zwischen den **niederdeutschen** Mundarten im Norden und den **hochdeutschen** im Süden des deutschen Sprachgebiets. Niederdeutschen Wörtern mit *t*, *k* und *p* stehen hochdeutsche mit *ss*, *ch* und *ff* gegenüber (man vergleiche *Föte/Füß*, *Kauken/Kuchen* und *loopen/laufa* in den Wenkersätzen 6 und 8). Innerhalb des Hochdeutschen lassen sich nach der Entwicklung von *pp* die südlichen **oberdeutschen** Dialekte mit *pf* (wie in *Apfel*) von den (nördlichen) **mitteldeutschen** mit *pp* (*Appel*) unterscheiden. Die Formen mit *t*, *k* und *p*, wie sie sich auch in den englischen Entsprechungen *foot*, *cake* und *apple* zeigen, sind die sprachgeschichtlich älteren. Die hochdeutschen Formen sind im Zusammenhang mit der zweiten Lautverschiebung entstanden (man vergleiche dazu Kapitel 22). Für die weitere Einteilung der deutschen Dialekte werden unterschiedliche lautliche und morphologische Erscheinungen herangezogen. Bezugsgröße ist jeweils nicht die heutige standardsprachliche, sondern die sprachgeschichtliche Form: Der standardsprachliche Diphthong *ei* beispielsweise geht in *heiß* auf germanisch *ai* (mhd. *ei*) zurück (man vergleiche Wenkersatz 6), in *Eis* dagegen auf germanisch *ī* (mhd. *î*) (man vergleiche Wenkersatz 8). In den Mundarten ist die Entwicklung ganz anders verlaufen. Die folgende Karte zeigt mit *hāß*, *hoiß*, *hoeß* und *hoaß* mehrere unterschiedliche Entsprechungen von mhd. *ei*.

Karte 2: Ausschnitt aus Karte 16 (*heiß*) des Deutschen Sprachatlas

Für *î* gilt dagegen in diesem Gebiet eine einheitliche Entwicklung zu *ai*. Die Entsprechungen von mhd. *î* und *ei* sind hier also nicht zusammengefallen.

Die sprachgeographischen Verhältnisse sind keine statische Größe, sondern ständigen Veränderungen unterworfen. Die Grenzen zwischen bestimmten Erscheinungen verschieben sich im Lauf der Zeit, etwa wenn sich Formen aus Dialekten mit höherem Prestige ausbreiten oder wenn durch politische oder wirtschaftliche Veränderungen neue Kommunikationsräume entstehen. Im Wortschatz gehen viele Wörter zusammen mit den bezeichneten Gegenständen unter, auch im lautlichen und grammatischen Bereich werden häufig kleinräumige Varianten zugunsten weiter verbreiteter aufgegeben. Teilweise werden hier mundartliche Formen durch standardsprachliche ersetzt, dennoch kann nicht von einem geradlinigen Mundartabbau in Richtung auf die Standardsprache gesprochen werden. Vielfach setzen sich nämlich Varianten eines großräumigeren Verkehrsdialektes oder der regionalen Umgangssprache durch, die keineswegs immer durch größere Nähe zur Hochsprache gekennzeichnet sind.

Zu den expandierenden regionalsprachlichen Erscheinungen gehört die Verlaufsform mit *am* (z.B. *Sie ist am Schlafen*), die ursprünglich wohl nur im Westen des deutschen Sprachgebiets galt, sich aber – wie die folgende Karte aus dem Atlas der Alltagssprache (AdA) zeigt – weiter nach Osten ausbreitet.

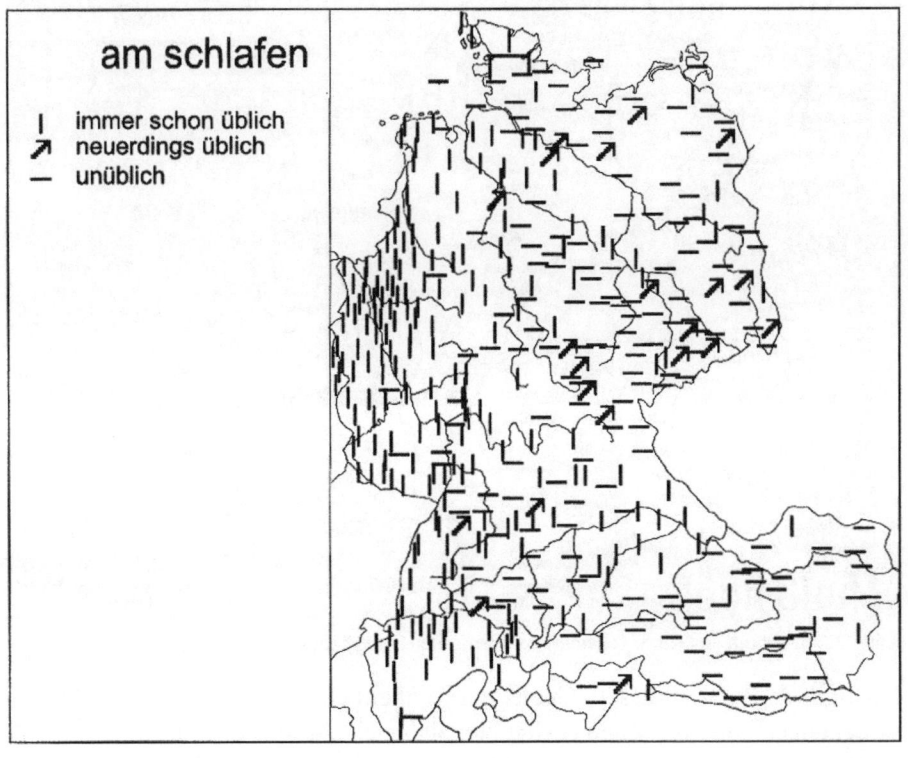

Karte 3: Verlaufsform mit *am*, in: St. Elspaß – R. Möller, in: Dialekt im Wandel, S. 154

21.2.4. DIE DARSTELLUNG DER SPRACHGEOGRAPHISCHEN UNTERSCHIEDE

Jede Arbeit, die sich mit den sprachlichen Verhältnissen an einem bestimmten Ort oder in einer bestimmten Region auseinandersetzt, trägt zur Darstellung der sprachgeographischen Unterschiede des Deutschen bei: die Untersuchung der Phonologie eines Ortsdialektes ebenso wie die Erfassung des dialektalen, umgangssprachlichen oder standardsprachlichen regionalen Wortschatzes in den einschlägigen Wörterbüchern. Augenfällig werden die sprachgeographischen Unterschiede aber in kartographischen Darstellungen, wie sie verschiedene klein- und großräumige Sprachatlanten enthalten. Je nach Ansatz und sprachlichen Gegebenheiten werden dabei unterschiedliche Formen der Kartierung gewählt.

Auf einer **Flächenkarte** (Karte 4) werden die Flächen, in denen eine bestimmte Form oder Variante gilt, durch eine Linie abgegrenzt, die verschiedenen Ausprägungen werden häufig direkt in das Kartenbild eingetragen. Diese Darstellungsform ist besonders dazu geeignet, einen Überblick über die geographische Verteilung der verschiedenen Varianten zu geben.

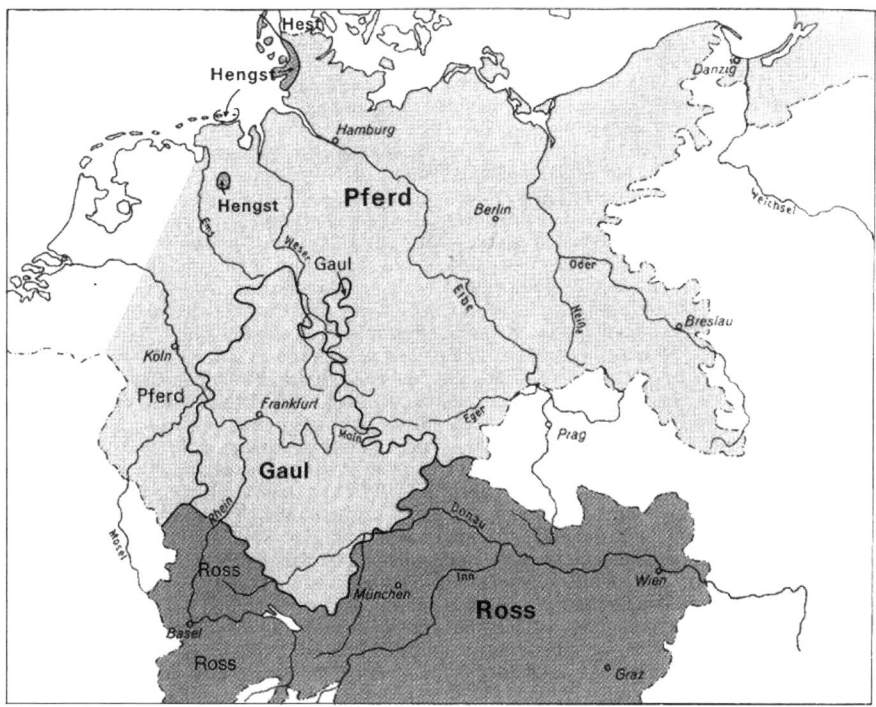

Karte 4: Die Bezeichnungen für *Pferd* in den Mundarten in: W. König, dtv-Atlas Deutsche Sprache, S. 210

Eine **Symbolkarte** (Karte 3 und Karte 5) gibt dagegen für jeden Belegort die realisierte Form als Symbol wieder; die Geltung der Symbole wird in einer Legende aufgelöst. Häufig sind, wie in der oben wiedergegebenen Karte 2 aus dem Deutschen Sprachatlas, Symbol- und Flächendarstellung kombiniert, indem die häufigsten Formen als Fläche dargestellt sind, während Einzelformen als Symbole eingetragen werden.

KAPITEL 21

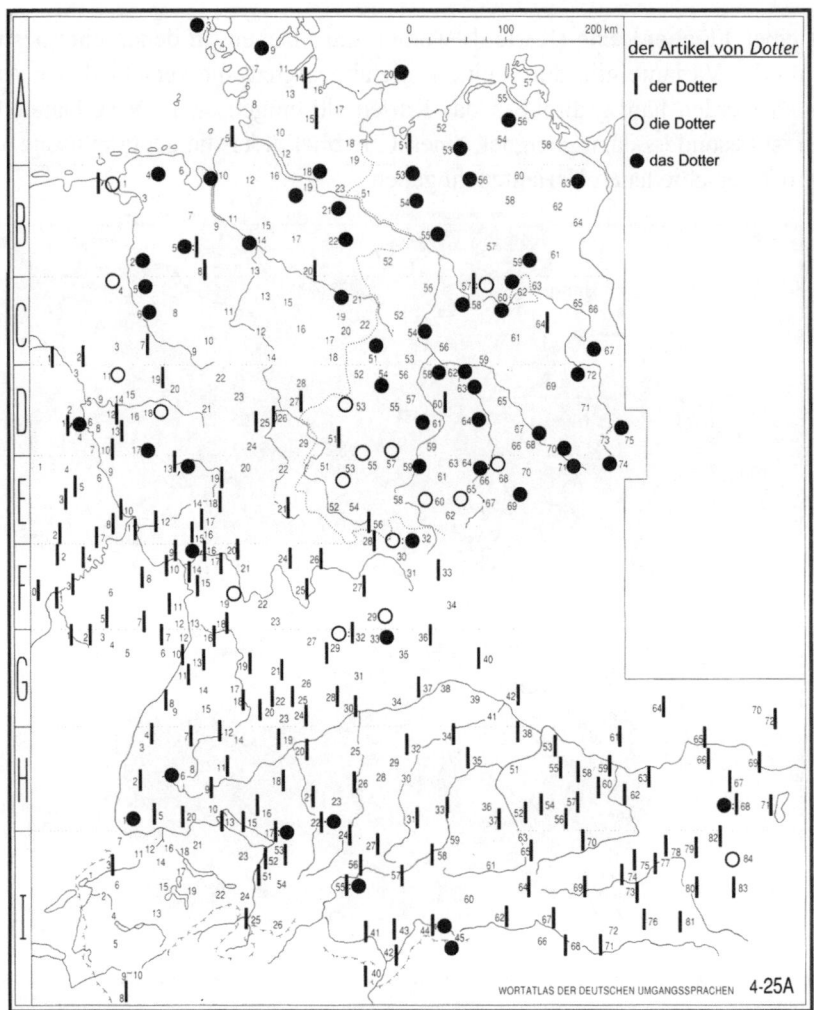

Karte 5: Der Artikel von *Dotter* in: J. Eichhoff, Wortatlas der deutschen Umgangssprachen, IV, Karte 4-25A

Lautliche oder morphologische Erscheinungen zeigen oft für unterschiedliche Belegwörter keine völlig übereinstimmende geographische Verteilung. Insofern enthalten Sprachatlanten meist mehrere Karten zu einer Erscheinung (etwa zur Entwicklung von mhd. *ei*). Durch besondere Darstellungsverfahren lassen sich auch mehrere etwas voneinander abweichende Entsprechungen in einer Karte zusammenfassen. In der folgenden Karte wird durch ein einfaches Strichverfahren der Anteil der Belege mit [ɪç] für <*-ig*> in der Hochsprache des jeweiligen Belegorts verdeutlicht.

Die Sprachgeographische Gliederung des Deutschen

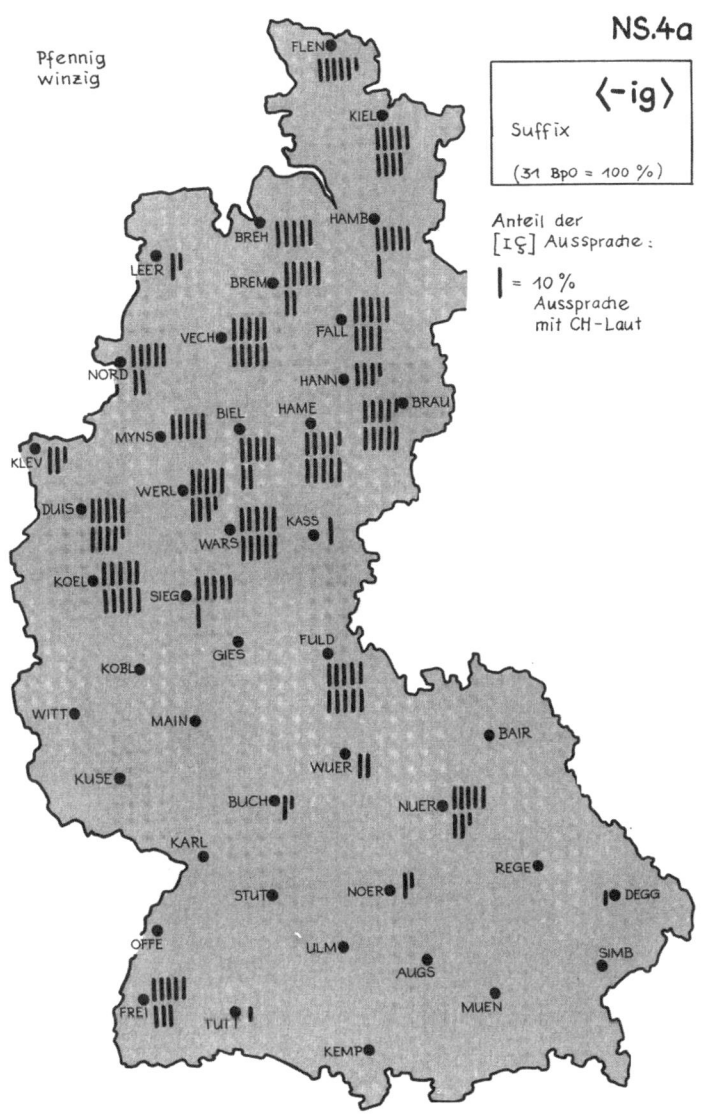

Karte 6: Zur Aussprache des Suffixes <-ig> in der deutschen Standardsprache in: W. König, Atlas zur Aussprache des Schriftdeutschen in der Bundesrepublik Deutschland, II, S. 319

Jede Sprachkarte stellt letztlich einen Kompromiss zwischen der möglichst genauen Wiedergabe der Ausprägungen an jedem Belegort und der Präsentation eines klaren, anschaulichen Kartenbildes dar. Dabei ist die Darstellung um so schwieriger, je kleinräumiger differenziert eine Erscheinung ist.

21.3. ANALYSEVERFAHREN UND ANALYSEBEISPIELE

Die folgenden Textpassagen stammen aus drei verschiedenen Tageszeitungen aus dem deutschsprachigen Raum.

> Stadtführung per Fahrrad
>
> Stadtmitte. Am 1. Mai heißt es in diesem Jahr zum ersten Mal „Fahr Rad durch die grüne Stadt." Dann startet 2010 die erste öffentliche Stadtführung durch Rostock auf dem Fahrrad. [...] Jeden ersten **Sonnabend** und jeden dritten Mittwoch im Monat ist diese Tour durch die Innenstadt erneut im Angebot.

> Wissensnacht lockt mit Kant, Piraten und Lasershow
>
> Stadtmitte. Mit fast 200 Angeboten wollen rund 800 Akteure am 29. April wieder Wissensdurstige in die Nacht hinauslocken. Höhepunkte der siebten Auflage der „Langen Nacht der Wissenschaften" zu nennen, fällt Veranstalter Robert Uhde [...] gar nicht leicht. [...] Zum Beispiel altbekannte Publikumsrenner wie die Fußball-Roboter im Technologiezentrum Warnemünde oder die Anatomie. „**Da** muss man gar nicht mehr groß Werbung **für** machen."

Ostsee-Zeitung, Mittwoch, 28. April 2010, S. 11 (beide Artikel)

> Nicht nur für gute „**Kräpfla**" bekannt
> Jubiläum. Der Obst- und Gartenbauverein Lisberg feiert **heuer** sein 75-jähriges Bestehen

> Neunjähriger **Radler** prallt gegen ein Auto
>
> [...] Dabei zog sich der **Bub** massive Kieferverletzungen, Prellungen und eine Platzwunde am Finger zu.

Fränkischer Tag, **Samstag** / Sonntag, 15./16. Mai 2010, S. 19 (beide Artikel)

> Harte Zeiten für das Braunkehlchen. Die Geschichte eines Niedergangs
>
> In den vergangenen Jahren ist der Bestand des Braunkehlchens stark eingebrochen – was nur ein Beispiel dafür ist, wie die Lebensweise des Menschen die Natur beeinflusst. Ob und wie man **Gegensteuer geben** kann, zeigt sich in einem Greyerzer Tal.
> [...] Borcard und die anderen Bauern des Tals erhalten pro **Hektare**, die auf diese Weise geschützt wird, insgesamt 1200 Franken von Bund und Kanton.

Neue Zürcher Zeitung. Internationale Ausgabe, Mittwoch 26. Mai 2010, S. 24

Schon diese kleine Auswahl macht deutlich, dass Regionalität ein wichtiges und charakteristisches Prinzip der sprachlichen Realität im Deutschen ist. In der Rostocker Ostsee-Zeitung wird der Tag vor dem Sonntag als *Sonnabend* bezeichnet, im Bamberger Fränkischen Tag dagegen als *Samstag*. Das Adverb *heuer* 'dieses Jahr' (etymologisch mit *heute* verwandt) kommt nur in der südlichen Variante der neuhochdeutschen Standardsprache vor, ebenso *Bub* 'männliches Kind' und *Radler* 'Fahrradfahrer'. In der Schweizer Neuen Zürcher Zeitung wird der Phraseologismus *Gegensteuer geben* (für österreichisch und deutschländisch *gegensteuern*) verwendet sowie die feminine Form *Hektare* für das Flächenmaß, das in Deutschland und Österreich nur in der Form *Hektar* (mit maskulinem oder neutralem Genus) auftritt. (Zu diesen und anderen sprachgeographischen Varianten im Wortschatz der neuhochdeutschen Standardsprache vgl. Variantenwörterbuch des Deutschen.)

Neben den standardsprachlichen Formen enthalten die Artikel auch umgangssprachliche beziehungsweise dialektale Formen. Das Substantiv *Kräpfla* (zu *Krapfen*), das im Zeitungsartikel auf S. 302 durch Anführungszeichen als nicht-standardsprachliche Besonderheit graphisch markiert ist, enthält das ostfränkische Diminutivsuffix *-la*. In anderen Dialektregionen enden Diminutive auf *-(e)l*, *-li*, *-ken* oder *-je*, *-ing* etc. (vgl. W. König, dtv-Atlas Deutsche Sprache, S. 157). Eine besonders im Norden des deutschen Sprachraums verbreitete grammatische Besonderheit ist die Aufspaltung von Präpositionaladverbien, wie sie der Rostocker Sprecher in der wörtlich zitierten Passage <u>*da* muss man gar nicht mehr groß Werbung *für* machen</u> (für <u>*dafür* muss man</u> etc.) verwendet. In süddeutschen Varietäten kommen entsprechende Formen allenfalls mit Verdoppelung des Erstelements vor (also etwa <u>*da* weiß ich nichts *davon*</u> für <u>*davon* weiß ich nichts</u>) (vgl. J. Fleischer, Die Syntax von Pronominaladverbien in den Dialekten des Deutschen).

Dabei ist die Frage, welche geographischen Varianten als standardsprachlich anzusehen sind und welche nicht, relativ schwer zu beantworten. Hier zeigen sich je nach Herkunft und Spracheinstellung auch Unterschiede in der Einschätzung durch verschiedene Sprecher und Norminstanzen, zudem kann sich die Position einer Variante im Varietätenspektrum auch ändern. So geht mit der geographischen Ausbreitung der *am*-Verlaufsform (vgl. oben 21.2.3) offenbar auch eine Zunahme der standardsprachlichen Akzeptanz einher (vgl. Duden. Richtiges und gutes Deutsch, S. 62).

21.4. DEFINITIONEN

Man vergleiche auch die Definitionen zu Kapitel 20, besonders Mundart/Dialekt, Hochsprache, Umgangssprache.

Deutscher Sprachatlas	in der ersten Hälfte des 20. Jahrhunderts entstandenes Kartenwerk zur dialektalen Gliederung des deutschen Sprachraums, das mit Hilfe einer Fragebogen-Erhebung in ca. 50000 Orten erarbeitet wurde
hochdeutsche Mundarten	Mundarten im südlichen Teil des deutschen Sprachgebiets, in denen die zweite Lautverschiebung weitgehend durchgeführt ist
mitteldeutsche Mundarten	Mundarten im nördlichen Teil des hochdeutschen Sprachraums
niederdeutsche Mundarten	Mundarten im nördlichen Teil des deutschen Sprachgebiets, in denen die zweite Lautverschiebung nicht durchgeführt ist
oberdeutsche Mundarten	Mundarten im südlichen Teil des hochdeutschen Sprachraums
Wenkersätze	40 Sätze, die im Rahmen der Erhebungen zum Deutschen Sprachatlas (sieh oben) von sprachwissenschaftlichen Laien in ihre Ortsmundart übersetzt werden mussten

21.5. LITERATUR

Kurzinformation:

Metzler Lexikon Sprache. Artikel: Dialekt, Dialektdatenerhebung, Sprachatlas, sowie zu fast allen in Karte 1 genannten Dialektgebieten, z.B. Mitteldeutsch, Oberdeutsch, Rheinfränkisch, Ostfränkisch, Ostfälisch

Einführende Literatur:

W. *König*, dtv-Atlas Deutsche Sprache

H. *Niebaum* – J. *Macha*, Einführung in die Dialektologie des Deutschen

Grundlegende und weiterführende Literatur:

J.K. *Chambers* – P. *Trudgill*, Dialectology

Dialekt im Wandel. Perspektiven einer neuen Dialektologie

Dialektologie. Ein Handbuch zur deutschen und allgemeinen Dialektforschung

Varietäten des Deutschen. Regional- und Umgangssprachen

Kapitel 22: Die sprachgeschichtliche Gliederung des Deutschen

22.1. Einstieg: *Kind und Kegel*

„Familienurlaub: Geld sparen mit Kind und Kegel" betitelt DIE ZEIT einen Artikel vom 7.6.2009, in dem Vorschläge für kostengünstige Urlaube mit der ganzen Familie gemacht werden. Die in dem Titel enthaltene Wendung *mit Kind und Kegel* begegnet uns in der Gegenwartssprache häufig. Gemeint ist, dass etwas mit der gesamten Verwandtschaft oder mit Kindern, Haustieren und Gepäck stattfindet. Das darin vorkommende Wort *Kegel* begegnet auch außerhalb dieser Wendung und kann folgende Bedeutungen tragen: 'geometrischer Körper (…), kegelförmiges Gebilde, Bauelement in Form eines Kegels, zum Kegelspiel gehörende Figur, Ausdehnung einer Drucktype'. Diese Bedeutungen tragen aber offensichtlich nicht zum Verständnis der Wendung mit *Kind und Kegel* bei. Diese erschließt sich erst, wenn man die Verwendung des Wortes in den älteren Sprachstufen des Deutschen hinzuzieht. Im Mittelalter konnte *kegil* das uneheliche Kind bezeichnen, während das eheliche Kind demgegenüber *kint* genannt wurde. Ein Kegel hatte weniger Rechte als ein eheliches Kind und wurde deshalb auch anders bezeichnet. *Kind* bezeichnete also keinen Lebensabschnitt, sondern einen Ehrenstatus. In der frühen Neuzeit ging die soziale Bedeutung der Ehrenhaftigkeit im deutschen Kulturraum allgemein zurück, wobei sich auch die Bedeutung von *Kind* generalisierte und *Kegel* im Hochdeutschen nur noch in der Redewendung *Kind und Kegel* erhalten blieb. Im Deutschen Wörterbuch von Jacob und Wilhelm Grimm (V, Sp. 389) heißt es zu *Kegel*:

> „diesz zeugnis reicht übrigens wol ins 13. jh. zurück. doch auch hier erscheint es nicht mehr selbstständig, sondern schon in der verbindung mit *kind*; diese verbindung, meist '*kind und kegel*', ist eine jener formeln, in denen ein sonst erstorbenes wort sich noch lange mit fortschleppt, und diese gerade, die noch heute lebendig ist, wird mit ihrem stabreim bis in die zeit der ältesten alliterierenden dichtung zurückreichen."

Es folgt ein Beispiel zur Redewendung aus einer aus der Lutherzeit stammenden scherzhaften Ansprache an die versammelten Universitätsmitglieder:

> „nun hört ir herren alle gemain,
> paide grosz und auch klain,
> alt, jung, kegel und kind,
> alle die hie gesamlet sind."

In diesem Beispiel wie in vielen anderen gegenwartssprachlich gebräuchlichen Wendungen (z.B. *aus dem Stegreif etwas tun* mit *Stegreif* 'Steigbügel' aus *steigen* und *Reif; bass erstaunt sein* mit einem sonst nicht erhaltenen Positiv **bass* zu den Steigerungsformen *besser* und *best*) haben sich Wörter gehalten, die heute isoliert nicht mehr gebräuchlich und nicht mehr verständlich sind (dazu Kapitel 17). Sie sind aber durch Rückgriff auf die Sprachgeschichte erklärbar. Kenntnisse der Sprachgeschichte, der Entwicklung von Lauten, Wörtern und grammatischen Strukturen, helfen die Gegenwartssprache besser zu verstehen.

22.2. SPRACHSTUFEN DES DEUTSCHEN
22.2.1. TEXTE ALS QUELLEN

Im Unterschied zur jeweiligen Gegenwartssprache, die der Beobachtung in gesprochener und geschriebener Form zugänglich ist, können die sprachlichen Zustände früherer Zeiten nur aus ihrer schriftlichen Hinterlassenschaft erkannt werden. Alle Texte, von der Inschrift über Urkunden und Briefe bis zu Romanen und Dramen, können als Quellen sprachhistorischer Forschung dienen. Dazu bedarf es ihrer quellenkundlichen Aufbereitung. Darunter versteht man die Ermittlung und Prüfung ihrer Überlieferung in Handschriften oder alten Drucken, ihre sachgerechte Edition und die Feststellung ihrer Entstehungsumstände (Ort, Zeit, Verfasser, Adressat, Zweck usw.). Die Sprachgeschichtsforschung arbeitet daher, besonders im Hinblick auf mittelalterliche Quellen, mit der Literaturgeschichte, der Rechtsgeschichte, der allgemeinen Geschichte zusammen, deren Befunde zu den Entstehungsumständen der Texte für sie wichtig sind. Umgekehrt erarbeitet die Sprachwissenschaft die auch für die anderen Disziplinen wichtigen Grammatiken und Wörterbücher zu den älteren Sprachstufen.

Sprache unterliegt einem ständigen Wandel, der alle Bereiche der Sprache (die Ebenen der Lautung, der Graphie, der Morphologie, Semantik und Syntax) erfasst. Die Veränderung der deutschen Sprache im Laufe der Jahrhunderte kann an einer Folge entsprechend gewählter Textausschnitte beobachtet werden. Dabei wird hier der Ausgangspunkt bei der Sprache des 20./21. Jahrhunderts gewählt, da wir nur für diese aktuelle Zeit über eine uneingeschränkte Sprachkompetenz verfügen. Je älter die Texte sind, desto stärker weicht die Sprache vom Gegenwartsdeutschen ab. Die historische Distanz zwischen älteren Texten und der Gegenwart lässt sich am ehesten dadurch kompensieren, dass ein gleiches Textstück schrittweise in seiner Veränderung durch die Zeit beobachtet wird.

22.2.2. DEUTSCH DES 20./21. JAHRHUNDERTS

Gegenstand der Betrachtung ist ein Ausschnitt aus der Benediktinerregel, der Ordensregel, die von Benedikt von Nursia [um 480 – 21.3.547 (?); Abt des von ihm gegründeten Stammklosters Montecassino bei Neapel] verfasst worden ist und bis heute das Leben der benediktinischen Mönche charakterisiert und bestimmt. Die Ordensregel nennt die Pflichten der Mönche, legt die Stellung des Abtes fest und regelt den Tagesablauf und das Zusammenleben im Kloster. Sie fordert vor allem Abkehr vom weltlichen Leben, Streben nach Vollkommenheit sowie Gehorsam gegenüber dem Abt. Hauptaufgabe der Benediktiner ist die Feier des Gottesdienstes als Verwirklichung kirchlichen Lebens. In der Ordensregel wird auch das regelmäßige Vorlesen der Benediktinerregel vorgeschrieben, so dass der Gebrauch der Regeltexte als sicher gelten kann.

Die Benediktinerregel wird von einer großen Zahl von lateinischen Textexemplaren und vom frühen 9. Jahrhundert an bis zur Gegenwart in zahlreichen deutschen Textfassungen kontinuierlich überliefert. Die älteren volkssprachigen Überlieferungen zeigen eine Bindung der Sprache an die jeweilige Region, in der sich das Kloster befindet, das die Regel angewandt hat.

A. Die Benediktinerregel in einer Übersetzung des 20. Jahrhunderts
Die Benediktus-Regel. Lateinisch-deutsch. Hg. v. Basilius Steidle OSB, 3.A. Beuron 1978, Kapitel 2,1-5

> Die Eigenschaften des Abtes
> (1) Ein Abt, der würdig ist, ein Kloster zu leiten, muß immer den Titel bedenken, mit dem er angeredet wird, und muß der Bezeichnung „Oberer" durch seine Taten gerecht werden. (2) Der Glaube sieht in ihm ja den Stellvertreter Christi im Kloster; redet man ihn doch mit seinem Namen an, (3) wie es beim Apostel heißt: Ihr habt den Geist empfangen, der euch zu Söhnen macht, den Geist, in dem wir rufen: Abba, Vater! (4) Deshalb darf der Abt nichts lehren, bestimmen oder befehlen, was dem Gebot des Herrn widerspricht. (5) Sein Befehl und seine Lehre sollen vielmehr wie ein Sauerteig der göttlichen Gerechtigkeit die Herzen der Jünger durchdringen.

Aus Benediktinerregeln des 9. bis 20. Jahrhunderts. Hg. v. F. Simmler, S. 150

22.2.3. ÄLTERES NEUHOCHDEUTSCH

B. Die Benediktinerregel im älteren Neuhochdeutschen
Münchener Druck von 1670: Maria Laach, Bibliothek der Abtei Maria Laach Mx 11 94

> Das II. Capittel.
> Was der Abbt fůr einer seyn soll.
> (1) Ein Abbt so dem Closter vorzustehen wůrdig ist soll allezeit gedencken an das was er befilcht vnd den Namen deß Obern auch in der That vollzuziehen. (2) Dann er wird im Closter gehalten als Christi Statthalter weil er mit seinem Namen genennt wird (3) wie der Apostel sagt Rom. 8. Ihr habt empfahen den Geist deren die zu Kindern angenommen seynd durch welchen wir ruffen Abba lieber Vatter. (4) Darumb soll ein Abbt nichts ausserhalb der Gebott deß HErrn lehren ordinieren oder gebieten; (5) sondern sein Gebot vnnd Lehr sollen als ein Saurteig der Gőttlichen Gerechtigkeit in seiner Jůnger Gemůter vnd Hertzen eingefasset werden.

Aus Benediktinerregeln des 9. bis 20. Jahrhunderts. Hg. v. F. Simmler, S. 141 [das lange *s* ist durch ein normales *s* wiedergegeben worden]

Der Münchener Druck von 1670 ist gut 300 Jahre älter als der vorausgehende aktuelle Text A. Entsprechend lässt der Text eine Reihe von Unterschieden zur Gegenwartssprache erkennen. Orthographische Unterschiede sind zum Beispiel:

Deutsch des 20. Jahrhunderts	Älteres Neuhochdeutsch Münchener Druck von 1670
würdig (1), *göttlichen* (5)	*wůrdig* (1), *Gőttlichen* (5)
sein	*seyn* (vor 1)
Kloster (2)	*Closter* (2)
bedenken (1)	*gedencken* (1)
Taten (1)	*That* (1)
rufen, Vater (3), *Gebot* (4), *und* (5)	*ruffen, Vatter* (3), *Gebott* (4), *vnnd* (5)
darum	*darumb* (4)
des	*deß* (4)
und (5)	*vnd* (5)

In der Orthographie zeigt der Text in der Großschreibung der Substantive nahezu den heutigen Stand, nur das adjektivische Nomen sacrum *Gottlichen* zeigt abweichend von dem heutigen Usus Großschreibung. Ein älterer Zustand wird sichtbar in Doppelschreibungen der Konsonanten wie in *Abbt, ruffen, Vatter* und *Gebott* (neben *Gebot*), in der Verwendung des <y> für heutiges <i> wie in *seyn* sowie in der Umlautschreibung durch übergeschriebenes <e>. An Schreibvariationen innerhalb des Textes wie *vnd* versus *vnnd* sowie *deß* versus *das* zeigt sich, dass noch keine einheitlich normierte Orthographie vorliegt.

Der Wortschatz entspricht mit geringen Ausnahmen wie *Statthalter* für *Stellvertreter* schon dem heute Üblichen. Unterschiede im Bereich der Syntax werden an verschiedenen Stellen sichtbar, so in dem ersten Satz, der *so* als Relativpartikel aufweist und nicht das Relativpronomen *der* wie in Text A.

Dieser Münchener Druck aus dem Jahre 1670 kann (nach traditioneller Periodisierung) bereits dem Neuhochdeutschen zugerechnet werden, dessen Beginn in die Mitte des 17. Jahrhunderts gesetzt wird.

22.2.4. FRÜHNEUHOCHDEUTSCH

C. Die frühneuhochdeutsche Benediktinerregel

Würzburger Benediktinerregel: Würzburg, Universitätsbibliothek Cod. M. p. th. f. 121, fol. 121r (Ende 15./Anfang 16. Jahrhundert; Würzburg)

> Das ander Capitel ist von dem Abbt:
> (1) Abbas qui p̄esse
> DEr abbt der des wirdich ist das er dem closteʳ vor sol sein der sol alleczeit gedencken das er wirt gesprochen oder geheissen vnd den namen des merern erfuln mit den wercken (2) wan er wurt gelaubt das er an der stat cristi sey in dem closter wan er wurt mit seinem vornamen oder czunamen genent (3) als der czwelfpot spricht Ir habt genomen den geist der erweltn̄ kinder in dem wir schreien abba vatter (4) Do uon sol der abbt nichs wider das gebot vnsers herrn̄ thun des nimer geschehn̄ muß vnd auch do wideʳ nichs leren . setzn̄ oder heissen (5) sunder sein heissn̄ oder sein ler als ein erhebte vrhab sein der gotlichen gerechtikeit vnd sol gesprenckt werden in dy hertzn̄ der iūger

Aus Benediktinerregeln des 9. bis 20. Jahrhunderts. Hg. v. F. Simmler, S. 122 [das lange *s* ist durch ein normales *s* wiedergegeben worden; einige Sonderzeichen wurden vereinfacht]

Der Vergleich des Drucks von 1670 mit dem ostfränkischen Text aus dem Ende des 15. oder Anfang des 16. Jahrhunderts deckt weitere Veränderungen auf. Gegenüber dem Druck weist die ältere Handschrift Abkürzungszeichen, sogenannte Abbreviaturen, auf: *closteʳ* für *closter*, *wideʳ* für *wider*, *erweltn̄* für *erwelten*, *geschehn̄* für *geschehen*, *setzn̄* für *setzen*, *herrn̄* für *herren*, *hertzn̄* für *hertzen* und *iūger* für *iunger*. Buchstaben, die zweifelsfrei ergänzt werden konnten, sind abgekürzt worden, wodurch der Text im Ganzen weniger Raum beanspruchte, der wertvolle Beschreibstoff Pergament also eingespart werden konnte.

KAPITEL 22

Orthographisch auffallend ist die Kleinschreibung der Substantive, von der nur das Nomen sacrum *Abbt* und das aus dem Lateinischen übernommene Substantiv *Capitel* in der Überschrift ausgenommen sind. Zudem zeigt das Pronomen *Ir* Großschreibung, was durch den Beginn der wörtlichen Rede innerhalb des Satzes zu erklären ist. Die Durchführung der Substantivgroßschreibung muss sich also zwischen dem Frühneuhochdeutschen und dem älteren Neuhochdeutschen vollzogen haben.

Zudem fällt auf, dass der frühneuhochdeutsche Text einige heute unbekannte Wörter enthält. Schließlich begegnen Wörter, die in der Standardsprache heute eine andere Bedeutung haben, bei denen sich also die Verwendungsweise geändert hat, so bei dem Verb *schreien* in der Bedeutung 'rufen'.

Älteres Neuhochdeutsch Druck 1670	Frühneuhochdeutsch Würzburg, Ende 15./Beginn 16. Jh.
Obern (1)	*mererñ* (1)
Apostel (3)	*czwelfpot* (3)
ruffen (3)	*schreien* (3)
Saurteig (5)	*vrhab* (5)

Insgesamt zeigt der Text den spezifischen Charakter der frühneuhochdeutschen Sprachstufe, die sich auch in der Syntax (z.B. *das er dem closter vor sol sein*) und Flexionsmorphologie (z.B. *sein ler*) stark vom Neuhochdeutschen unterscheidet.

22.2.5. MITTELHOCHDEUTSCH

D. Die mittelhochdeutsche Benediktinerregel

Engelberger Benediktinerregel: Engelberg, Stiftsbibliothek Cod. 72, fol. 8r (Mitte 13. Jahrhundert; Engelberg)

> Von dim apte wie d^s sin sol.
> (1) Der abt spricht er der da wirdich ist daz er dim samnvnge vor si. d^s sol fursich an gedenchin wie er genemt wirt. vñ des namen so er treit mit dien werchin irvullin. (2) wand wir glóben. daz er dv amt vnsirs herrin x͞p͞i heige in dim gotshus wand^s óch sin namen het (3) als dir apl's spricht. Ir hant genomen vñ impfangin den geist diz wnschiz dir chindon. in dem wir da rv̊ffen vatir vnsre vatir. (4) Vñ dar vmbe spricht er. sol dir abt nv̂t heizen. old sezzen. old lerin vzzirthalb dem gebotte vnsirs herrin. (5) wand sin gebot vñ sin lêre. sol in sinr ivngron gemv̊te gesprengt werdin . als ein hebil des gotlichin rehtis

Aus Benediktinerregeln des 9. bis 20. Jahrhunderts. Hg. v. F. Simmler, S. 44 [das lange *s* ist durch ein normales *s* wiedergegeben worden]

Auf wichtige Kennzeichen des Mittelhochdeutschen gegenüber dem Frühneuhochdeutschen weisen einige Wortpaare dieser Textstücke und anderer Stellen der beiden Texte C und D:

Frühneuhochdeutsch	**Mittelhochdeutsch**
Würzburg, Ende 15./Beginn 16. Jahrhundert	Engelberg, Mitte 13. Jahrhundert
sein (5)	*sin* (5)
seinem vornamen (2)	*sin namen* (2)
auf (Prolog 23)	*vff* (Prolog 23)
alle zeit (Prolog 6)	*zů allen cîten* (Prolog 6)
closterleut (1,1)	*chlostirlute* (1,1)
thu das gut (Prolog 17)	*tv̊e daz gv̊te* (Prolog 17)
bruder (Prolog 19)	*brv̊dra* (Prolog 19)
bruderlicher (1,5)	*brv̊dirlichun* (1,5)

An diesen Wörtern zeigen sich tiefgreifende lautliche Veränderungen im Vokalismus. Die mittelhochdeutsche Handschrift aus Engelberg weist an Stellen Langvokale auf (*cîten*, *vff*, *-lute*), an denen die frühneuhochdeutsche Handschrift aus Würzburg Diphthonge enthält (*Zeit*, *auf*, *-leut*), die wir so auch im Neuhochdeutschen haben. Die neuhochdeutsche Diphthongierung ist in der frühneuhochdeutschen Fassung aus Würzburg durchgeführt.

Umgekehrt finden sich in der mittelhochdeutschen Handschrift Diphthonge (*tv̊e daz gv̊te*, *brv̊dra*), die in der frühneuhochdeutschen Handschrift monophthongiert erscheinen (*thu das gut*, *bruder*). Die neuhochdeutsche Monophthongierung ist in der frühneuhochdeutschen Handschrift durchgeführt.

Der Vokalismus der mittelhochdeutschen Textfassung weicht deutlich vom Vokalismus des (Früh-)Neuhochdeutschen ab, wodurch das Mittelhochdeutsche fremder wirkt. Die neuhochdeutsche Diphthongierung und die neuhochdeutsche Monophthongierung sind wichtige Kennzeichen des Frühneuhochdeutschen. Die zeitliche Grenze zwischen dem Mittelhochdeutschen und Frühneuhochdeutschen wird traditionell in die Mitte des 14. Jahrhunderts gelegt.

Im Wortschatz enthält die mittelhochdeutsche Fassung der Benediktinerregel weitere heute unbekannte Wörter, in dem Textausschnitt beispielsweise *samnunge* 'Konvent'.

Die graphische Kennzeichnung des Umlauts ist ein Merkmal, das in mittelhochdeutschen Texten erwartet werden kann. In dem vorliegenden Text finden sich jedoch keine Umlautschreibungen. Etwas spätere Textzeugen der Benediktinerregel weisen den Umlaut dagegen aus. Dieses Beispiel zeigt, dass sprachliche Merkmale, die als Kennzeichen einer Sprachstufe gelten, in den verschiedenen

Regionen nicht immer zur gleichen Zeit und auch nicht in gleicher Ausprägung eingetreten sind.

22.2.6. ALTHOCHDEUTSCH

E. Die althochdeutsche Benediktinerregel (Interlinearversion)
St. Gallen, Stiftsbibliothek Cod. 916, p. 19-20 (frühes 9. Jahrhundert, St. Gallen)

> Quał DEBEAT ESSE ABBAS
> (1) der fora vvesan . vvirdiger ist. munistres sīblū kehuckan scal daz ist keqhuetan indi nemin meririn tatim erfullan (2) cristes k tuan vvehsal in munistre ist kelaubit denne er selbo ist kenēmit pinemin (3) qhuedentemv potin entfian   gut atū ze uunske chindo in demv haremees fatlih fater (4) enti pidiv neovveht uzzana pibote truhtines daz fer sii sculi edo lerran edo kesezzan edo kepeotan (5) uzzan kipot sinaz edo lera deismin des cotchundin rehtes in discono muatū si kesprengit

Die lateinisch-althochdeutsche Benediktinerregel Stiftsbibliothek St. Gallen Cod. 916. Hg. v. Achim Masser. Mit vier Abbildungen, Studien zum Althochdeutschen 33, Göttingen 1997, S. 97f. [Spatien innerhalb eines Wortes sind aufgehoben worden]; Aus Benediktinerregeln des 9. bis 20. Jahrhunderts. Hg. v. F. Simmler, S. 30 [das lange *s* ist durch ein normales *s* wiedergegeben worden]

Der Vergleich verschiedener, einander entsprechender Wortformen in diesem Textausschnitt der althochdeutschen Fassung und in der mittelhochdeutschen Übersetzung lässt die Merkmale des Althochdeutschen und des Mittelhochdeutschen erkennbar werden.

Mittelhochdeutsch	Althochdeutsch
Engelberg, Mitte 13. Jahrhundert	St. Gallen, frühes 9. Jahrhundert
sezzen (4)	*kesezzan* (4)
êre (5)	*lera* (5)
gemv̂te (5)	*muatū* (5)

Die St. Galler Übersetzung aus dem frühen 9. Jahrhundert zeigt im Vergleich mit der mittelhochdeutschen Fassung volle Endsilbenvokale (in den Beispielen -*a*- und -*u*-), die für das Althochdeutsche charakteristisch sind. Im Mittelhochdeutschen sind diese zu [ə], geschrieben <e>, abgeschwächt.

Viele Wörter sind leicht mit ihren heutigen Entsprechungen zu identifizieren, auch wenn die orthographischen, phonologischen und morphologischen Unterschiede zum Neuhochdeutschen deutlich hervortreten:

vvirdiger (1)	*würdig*	*lera* (5)	*Lehre*
erfullan (1)	*erfüllen*	*rehtes* (5)	*Recht*
chindo (3)	*Kind*	*kepeotan* (4)	*gebieten*

Im Althochdeutschen begegnen aber auch im Vergleich zu den vorausgehenden Sprachstufen noch weitere Wörter, die in der Gegenwartssprache nicht mehr vorkommen und somit nicht ohne Weiteres erkannt werden:

| *kehucken* (1) | 'bedenken' | *haremees* (3) | 'wir rufen' |
| *vvehsal* (2) | 'Stellvertreter' | *discono* (5) | 'der Schüler' |

Hinzu kommen Bedeutungsverschiebungen. So ist *in muatū* (= *muatum*) beispielsweise mit 'in den Herzen' zu übersetzen. Ahd. *muat* kann die Bedeutungen 'Seele, Herz, Gemüt, Gefühl; Sinn, Verstand, Geist; Gesinnung, Sinnesart; Gemütsverfassung; Erregung, Leidenschaft; Neigung, Verlangen, Absicht' und nebenbei auch 'Mut' haben (R. Schützeichel, Althochdeutsches Wörterbuch, S. 216).

Die folgende Übersicht stellt aus den fünf hier betrachteten Überlieferungen der Benediktinerregel einige Wörter und Syntagmen zusammen, die Unterschiede hinsichtlich der Orthographie und Phonologie wie auch der Wortwahl erkennen lassen.

A. 1978	B. München 1670	C. Ende 15. Jh./ Anfang 16. Jh. Würzburg	D. Mitte 13. Jh. Engelberg	E. Anfang 9. Jh. St. Gallen
immer	*allezeit*	*allecezeit*	–	*sīblū*
Kloster	*Closter*	*closte'* (= *closter*)	*samnunge*	*munistres*
mit seinem Namen	*mit seinem Namen*	*mit seinem vornamen oder czunamen*	*ioch sin namen*	*pinemin*
Kloster	*Closter*	*closter*	*gotshus*	*munistre*
angeredet	–	*geheissen*	*genemt*	*keqhuetan*
Oberer	*Obern*	*merern̄*	–	*meririn*
Sauerteig	*Saurteig*	*vrhab*	*hebil* 'Hefe, Sauerteig'	*deismin* 'Deisam, Sauerteig'

sein Befehl und seine Lehre	sein Gebot und Lehr	sein heissn̄	sin gebot vn̄ sin lêre	kipot sinaz edo lera
rufen	ruffen	schreien	růffen	haremees
die Herzen	Gemuter vnd Hertzen	dy hertzn̄	gemv̊te	muatū

Tab. 1: Wortschatzwandel

Für *Kloster* begegnen die Varianten *Kloster*, *Closter*, *closter*, *gotshus*, *munistre* und *samnunge*. Allein an diesem Beispiel zeigen sich orthographische Unterschiede durch die Groß-/Kleinschreibung sowie durch die Varianten *K*- und *C*- sowie lexikalische Unterschiede durch vier verschiedene Bezeichnungen (*closter*, *gotshus*, *munistre*, *samnunge*). Die Lexeme unterscheiden sich hinsichtlich ihrer Bildungsweise und ihres Ursprungs. *gotshus* und *samnunge* sind aus heimischen Wortbildungselementen gebildete Wörter. Während *gotshus* ('Gotteshaus') als Determinativkompositum zu bestimmen ist, liegt mit *samnunge* eine Substantivderivation mit dem Suffix *-unge* vor (zu dieser Terminologie vergleiche man Kapitel 10). *Kloster* und *munistre* sind Entlehnungen aus dem Lateinischen (lat. *clōstrum*, lat. *monasterium*) (dazu Kapitel 25).

Der Vergleich älterer deutscher Texte mit der Gegenwartssprache macht deutlich, dass alle Bereiche der Sprache – Orthographie, Phonologie, Morphologie, Lexik und Syntax – historischen Veränderungen unterworfen sind. Aufgrund dieser Veränderungen werden verschiedene historische Stufen der deutschen Sprache unterschieden (dazu Abschnitt 22.2.9.). Die Veränderungen treten in den verschiedenen Regionen jedoch in unterschiedlichen Ausprägungen auf.

22.2.7. SPRACHGESCHICHTE UND SPRACHGEOGRAPHIE

Die sprachgeschichtliche Gliederung des Deutschen ist verflochten mit seiner sprachgeographischen Struktur. Auch die älteren Texte des Deutschen sind nach ihren sprachgeographischen Merkmalen zu befragen. Die hier ausschnittweise vorgestellten Fassungen der Benediktinerregel entstammen alle dem hochdeutschen, genauer dem oberdeutschen Sprachraum (B: bairisch; C: ostfränkisch; D und E: alemannisch).

Das deutsche Sprachgebiet umfasst das hochdeutsche und das niederdeutsche Gebiet. Der niederdeutsche Sprachraum wird in der Frühzeit der Überlieferung des Deutschen als altsächsischer Sprachraum bezeichnet. So steht dem Althochdeutschen (mitteldeutscher und hochdeutscher Raum) das Altniederdeutsche oder Altsächsische (niederdeutscher Raum) gegenüber.

DIE SPRACHGESCHICHTLICHE GLIEDERUNG DES DEUTSCHEN

Der folgende Text ist in zwei Fassungen unterschiedlicher Herkunft überliefert, einer aus dem südlichen deutschen Sprachgebiet (Text A) und einer aus dem nördlichen (Text B).

A. Wurmsegen: *Pro Nessia*
München, Bayerische Staatsbibliothek Clm 18524,2, fol. 203v (9. Jahrhundert; Tegernsee)

> *Gang zu, Nesso,   mit niun nessinchilinon,*
> *uz fonna marge in deo adra,   vonna den adrun in daz fleisk,*
> *fonna demu fleiske in daz fel,   fonna demo velle in diz tulli.*
> *Ter pater noster.*

B. Wurmsegen: *Contra vermes*
Wien, Österreichische Nationalbibliothek Cod. 751, fol. 188v (10. Jahrhundert)

> *Gang ût, nesso,   mid nigun nessiklinon,*
> *ût fana themo marge an that ben,   fan themo bene an that flesg,*
> *ut fan themo flesgke an thia hud,   ût fan thera hud an thesa strala.*
> *Drohtin, uuerthe so.*

W. Braune, Althochdeutsches Lesebuch, S. 90

Beide Texte sind zwar nicht gleich alt (9. und 10. Jahrhundert), aber sie weisen beide volle Endsilbenvokale auf, die in jedem Fall ein Zeichen für eine frühe Überlieferung des Deutschen sind.

A. Pro Nessia	B. Contra vermes
nessinchilinon	*nessiklinon*
fonna	*fana*
demu	*themo*
tulli	*strala*

Unterschiede zwischen beiden Texten zeigen sich in der Wortwahl:

A. Pro Nessia		B. Contra vermes	
adra	'Ader'	*ben*	'Bein, Knochen'
fel	'Fell, Haut'	*hud*	'Haut'
tulli	'Huf'	*strala*	'Strahl'

Sprachgeographisch von Interesse sind vor allem die Wörter, die sich nur lautlich unterscheiden. Folgende Formen stehen einander gegenüber:

A. Pro Nessia	B. Contra vermes
uz, daz	*ût, that*
mit	*mid*
fleisk, fleiske	*flesg, flesgke*

Germ. *t* ist in der niederdeutschen Fassung B erhalten geblieben (*ût, that*), in der hochdeutschen dagegen zu *z* verschoben (*uz, daz*). Die Verschiebung gehört in den Zusammenhang der zweiten oder hochdeutschen Lautverschiebung, die im hochdeutschen Gebiet (in unterschiedlicher Ausprägung in den einzelnen Regionen) stattgefunden hat, im niederdeutschen Raum dagegen ausgeblieben ist. Das gleiche Phänomen zeigt sich bei der Verschiebung von germ. *d* zu *t* in *mit* in Fassung A, wohingegen Fassung B die unverschobene Entsprechung *mid* aufweist.

Eine weitere wichtige Unterscheidung zeigt sich bei den Formen *fleisk/ fleiske* gegenüber *flesg/flesgke*. Der germanische Diphthong *ei* ist im Hochdeutschen erhalten geblieben, im Niederdeutschen hingegen zum Langvokal *ē* monophthongiert worden. Monophthongierung zeigt sich in Text B auch bei den Wörtern *ben/bene* 'Bein, Knochen'. Text A stimmt in seiner sprachlichen Ausprägung insgesamt zum Althochdeutschen, Text B repräsentiert das Altsächsische.

Aufgabe des Sprachhistorikers ist es, einen Text sprachhistorisch und sprachgeographisch zu analysieren und möglichst genau einzuordnen. Da die sprachlichen Entwicklungen mit zeitlichen Verzögerungen und in landschaftlich unterschiedlichen Ausprägungen erscheinen, sind die sprachlichen Merkmale stets unter zeitlichem und räumlichem Aspekt zu betrachten.

22.2.8. SYNCHRONIE UND DIACHRONIE

Beim Vergleich von Wörtern in den verschiedenen Überlieferungen der Benediktinerregel sind methodische Prinzipien angewandt worden, die auch als solche bewusst zu machen sind. Die einfache Gegenüberstellung von *sîn* der mittelhochdeutschen Benediktinerregel (Text D) und *sein* in der frühneuhochdeutschen Benediktinerregel (Text C) schließt bereits die Feststellung des *sîn* im Mittelhochdeutschen und des *sein* im Frühneuhochdeutschen als zwei vorangehende Arbeitsschritte ein. Das Wort *sîn* wird als Vorkommen des mittelhochdeutschen Phonems /ī/ verwendet. Das Phonem /ī/ wird in seinem Zusammenhang mit dem Phonemsystem gesehen, in dem es seinen Platz in der Reihe der hohen Langvokale /ī/ /ǖ/ /ū/ hat. Das Wort *sein* wird ganz entsprechend als Vorkommen des frühneuhochdeutschen Phonems /ei/ gesehen und in seinen Systemzusammenhang mit der

Diphthongreihe /ei/ /eu/ /au/ gestellt. Das Auftreten dieser Phoneme in denselben Wörtern hat schließlich zu der Feststellung geführt, dass die frühneuhochdeutsche Diphthongreihe die Fortsetzung der mittelhochdeutschen Langvokalreihe ist.

Die mittelhochdeutschen und die frühneuhochdeutschen phonologischen Verhältnisse sind demnach zunächst jeweils für sich als Sprachzustände zu einer bestimmten Zeit gesehen worden, die als solche in ihrem Zustand unter synchronem Aspekt beschrieben werden. Der Vergleich von mindestens zwei zeitlich getrennten Sprachzuständen lässt die in der Geschichte erfolgten Veränderungen erkennen. Der auf diese Veränderungen zielende Aspekt wird als diachron bezeichnet. Bei der Erforschung und Beschreibung der Sprachgeschichte wird die Sprache stets unter synchronem und unter diachronem Aspekt gesehen.

22.2.9. PERIODISIERUNG

Jede Periodisierung der deutschen Sprachgeschichte ist ein Versuch, die Sprachgeschichte in verschiedene, zeitlich fixierbare und linguistisch begründbare Sprachstufen einzuteilen. Die Einteilung ist jedoch nicht mit den Texten selbst bereits gegeben. Es ist Aufgabe der Wissenschaft, ein solches Ordnungsschema zu finden, und zwar mit dem Ziel, für jede angenommene Sprachstufe das 'Wesen' der Epoche zu erfassen. Die etablierten Perioden sollten also als Einheit mit wichtigen Eigenheiten gegenüber dem vorausgehenden und dem folgenden Stadium deutlich abgehoben sein.

Neuere Sprachwandeltheorien gehen von einer kontinuierlichen, aber zugleich unregelmäßigen Entwicklung von Sprache aus. Das heißt: Sprache ist beständig im Wandel begriffen, aber es gibt Zeiten mit Entwicklungsschüben gegenüber Zeiten langsamerer Veränderungen. Zudem gibt es landschaftliche Unterschiede. Die sprachlichen Entwicklungen setzen in den verschiedenen Dialekträumen zu unterschiedlichen Zeiten ein und zeigen unterschiedliche Ausprägungen.

Wegen der zeitlich wie räumlich stark divergierenden Entwicklungen handelt es sich bei den angesetzten Epochengrenzen nicht um unverrückbare Fixpunkte, sondern lediglich um Markierungen für eine mehr oder weniger lange Phase des Übergangs.

Die Hauptkriterien der Periodisierung
Die wissenschaftlich notwendige Periodisierung des Deutschen wird anhand von **sprachexternen** und **sprachinternen Kriterien** vorgenommen.

Sprachextern sind zum Beispiel die Kriterien, die aus der Geschichte oder der naturwissenschaftlichen Evolutionstheorie auf die Sprache übertragen werden. Als sprachexterne Kriterien werden folgende historische Aspekte am häufigsten herangezogen:

- Kirchengeschichte (z.B. Christianisierung, Scholastik, Reformation)
- Sozialgeschichte (z.B. höfische Blütezeit, Entfaltung des Bürgertums)
- Kulturgeschichte (z.B. Beginn der schriftlichen Überlieferung, Wirkung des Buchdrucks)
- Bildungsgeschichte (z.B. Emanzipation der Volkssprache gegenüber dem Lateinischen, Ausbreitung der Lese- und Schreibfähigkeit)

Unter den sprachinternen Kriterien nehmen vor allem konsonantische und vokalische Veränderungen eine herausragende Stellung ein. In den Vor- und Frühstufen des Deutschen werden vor allem die Veränderungen im Konsonantismus herausgestellt (die erste und zweite Lautverschiebung), vom Ausgang des Althochdeutschen bis zum Neuhochdeutschen stehen dagegen stärker die Veränderungen des Vokalismus im Mittelpunkt (Abschwächung im Nebenton; Sekundärumlaut; Dehnung der Kurzvokale; Mono- und Diphthongierung). In der Sprachgeschichte des Neuhochdeutschen treten schließlich morphologische und lexikalische Veränderungen in den Vordergrund (Reduktion innerhalb der Flexion, Ausbau des Wortschatzes). Syntax und Textlinguistik, zum Beispiel Veränderungen der Wortstellung und im Textsortengebrauch, spielen eine geringere Rolle innerhalb der Periodisierungsdiskussion.

In unterschiedlichem Ausmaß wird auch auf weitere Phänomene zurückgegriffen. Dazu gehören:

- Aspekte der Sprachverwendung (Stellenwert der Mundarten, Verhältnis von mündlichem und schriftlichem Sprachgebrauch),
- großräumige Ausgleichsbewegungen (Drucker-, Geschäfts-, Verkehrs-, Umgangssprachen),
- Standardisierungs- beziehungsweise Normierungstendenzen,
- soziale Sprachschichtungen (Funktion von Standes-, Fach- und Sondersprachen),
- Faktoren wie Sprachgeltung und Sprachpolitik (Expansion, Reduktion des Deutschen),
- Kontakt- und Interferenzformen (Phasen des Sprachenkontakts, Sprachpurismus, Aufnahmebereitschaft gegenüber Fremdsprachlichem, Internationalismen),
- Auswirkungen des Sprachbewusstseins sowie soziokultureller und pragmatischer Verhältnisse (Sprache in neuen Medien).

Es bleibt Aufgabe des Sprachhistorikers, die Kriterien für eine Periodisierung festzulegen und zu gewichten. Folglich gibt es auch andere Periodisierungen als die hier vorgeführte Einteilung, die jedoch weit verbreitet ist:

etwa	700	–	etwa 1050	Althochdeutsch
etwa	1050	–	etwa 1350	Mittelhochdeutsch
etwa	1350	–	etwa 1650	Frühneuhochdeutsch
ab etwa	1650			Neuhochdeutsch

22.3. ANALYSEVERFAHREN UND ANALYSEBEISPIEL

Dô wuohs in Niderlanden   eins edelen küneges kint,
des vater der hiez Sigemunt,   sîn muoter Sigelint,
in einer rîchen bürge   wîten wol bekannt,
nidene bî dem Rîne: diu was ze Sánten genant.

Sîvrit was geheizen   der snelle degen guot.
er versúochte vil der rîche   durch ellenthaften muot.
durch sînes lîbes sterke   er reit in menegiu lant.
hey waz er sneller degene   sît zen Búrgónden vant!

Will man den Textauszug sprachhistorisch einordnen und einer Sprachstufe zuordnen, so sind die Wörter des Textes von gegebenenfalls älteren und jüngeren sprachlichen Formen abzugrenzen. Dabei sind neben morphologischen und orthographischen Aspekten und Fragen des Wortschatzes besonders phonologische Merkmale aussagekräftig. Im Folgenden werden einige zentrale Aspekte angeführt.

Das Wort *degen* 'Knabe, Krieger, Held', das etymologisch nicht mit *Degen* 'Stichwaffe' verwandt ist, kommt gegenwartssprachlich allenfalls archaisierend vor. Alle weiteren Wörter haben auch heute noch übliche Entsprechungen und sind mit diesen leicht zu identifizieren. Orthographisch weicht der Text deutlich von der Gegenwartssprache ab. So werden Substantive mit Ausnahme der Eigennamen (*Sigemunt, Sigelint, Rîne, Sánten, Búrgónden*) klein geschrieben. Ein Merkmal der Flexionsmorphologie liefert die Form *was* in *was genant* 'war genannt' und *was geheizen* 'war geheißen'. Die gegenwartssprachliche Form *war* zeigt durch *-r* eine Angleichung an den Plural *waren* (Ausgleich des grammatischen Wechsels). Die Gegenwartssprache kann als Sprachstufe des Textes sicher ausgeschlossen werden.

Kapitel 22

Das Althochdeutsche scheidet aufgrund phonologischer Merkmale ebenso sicher aus. Alle Wörter des Textauszugs haben abgeschwächte End- und Nebensilbenvokale, so beispielsweise *Niderlanden, edelen, küneges, rîchen, bürge, wîten*. Allein schon dieses Merkmal zeigt, dass der Text nicht dem Althochdeutschen angehören kann, so dass nur das Mittelhochdeutsche und das Frühneuhochdeutsche als Sprachstufen des Textes in Frage kommen.

Am Vokalismus zeigt sich ein weiteres zentrales Merkmal. So sind die frühneuhochdeutsche Monophthongierung und Diphthongierung noch nicht eingetreten: *wuohs, hiez, muoter, guot, muot* und *rîchen, wîten, bî, Rîne, sînes, lîbes, sît*. Diese Formen sind vor allem im Mittelhochdeutschen zu erwarten. Zum Mittelhochdeutschen stimmen auch weitere Beobachtungen, die den Konsonantismus betreffen. Die Formen *kint, lant, vant* zeigen, dass der im Althochdeutschen noch stimmhafte Verschlusslaut /d/ im Auslaut seine Stimmhaftigkeit verloren hat. Diese sogenannte Auslautverhärtung wird im Mittelhochdeutschen graphisch durch <t> gekennzeichnet. Im Neuhochdeutschen wird die Auslautverhärtung weiterhin gesprochen. Graphisch wird sie aber nicht mehr gekennzeichnet, um die morphologische Zusammengehörigkeit der verschiedenen Flexionsformen eines Wortes kenntlich zu machen (*Kind – Kindes – Kinder, Land – Landes – Länder, fand – fanden – finden*).

Ein weiteres Kriterium, das den Text vom Frühneuhochdeutschen abgrenzt, zeigt sich in den Schreibungen *snelle, sneller*. Mhd. *s* wird vor Konsonant zu /ʃ/. Dieser Lautwandel wird auch graphisch durch <sch> angezeigt, was in diesem Text noch nicht der Fall ist. Die Schreibung der Textwörter spricht noch für das Mittelhochdeutsche.

Sprachgeographisch ist der Text dem Hochdeutschen zuzuordnen. Die Wörter *hiez, geheizen* und *zen* zeigen postvokalisch und im Anlaut die Verschiebung von germ. *t* zu *z*, die Merkmal des hochdeutschen Raumes ist und das Niederdeutsche ausschließt. Für eine genauere sprachhistorische und sprachgeographische Einordnung des Textes wären weitere Merkmale heranzuziehen. Hier reicht die eindeutige Eingrenzung auf das Mittelhochdeutsche.

Bei dem Text handelt es sich um den Beginn der 2. Âventiure des Nibelungenliedes (zitiert nach: Das Nibelungenlied. Nach der Ausgabe von K. Bartsch hg. von H. de Boor, S. 7f.), das als ein zentrales Epos mittelhochdeutscher Zeit gilt.

22.4. Schwierigkeiten der sprachgeschichtlichen Zuordnung

Die sprachhistorische und sprachgeographische Analyse führt bei etlichen Überlieferungen nicht zu so eindeutigen und klar zuordenbaren Befunden.

So zeigt das Wortgut eines Sachglossars in der Handschrift W* 91 des Historischen Archivs der Stadt Köln ein Nebeneinander niederdeutscher und oberdeutscher Formen. Für das Niederdeutsche spricht die Form *tugel* 'Zügel' mit unverschobenem *t-*. Dagegen ist *chela* 'Kehle' mit verschobenem *k-* nur im Südwesten des deutschen Sprachgebietes zu erwarten. Auch *erdappel* mit unverschobenem *pp* und *stampf* mit verschobenem *p* nach *m* sind nicht in einem Sprachraum zu erwarten. Das gilt schließlich auch für *pund* 'Pfund' mit unverschobenem *p-* im Anlaut und *gluotphāna* 'Glutpfanne' mit verschobenem *p* im Anlaut des Zweitgliedes.

Auch sprachhistorisch zeigt sich ein Nebeneinander von typisch althochdeutschen Formen wie *sprachari* 'Redner' und *ratfrago* und typisch mittelhochdeutschen Formen wie *musare* 'Bussard' und *hunbel* 'Hummel'. Auch gleiche Wörter erscheinen in sprachhistorisch unterschiedlichen Formen wie *falco* und *valke*. Während sich das Nebeneinander älterer und jüngerer Sprachformen noch durch eine Entstehung im Übergangszeitraum erklären lassen mag, geben die sprachgeographisch disparaten Formen größere Rätsel auf. Ein Sprecher, der die niederdeutsche Form verwendet, wird kaum gleichzeitig in anderen Wörtern typisch oberdeutsche Formen realisieren.

An einem solchen Überlieferungsbefund zeigt sich, dass zunächst alle Wörter sprachhistorisch und sprachgeographisch möglichst genau zu beschreiben sind. Erst danach ist nach Erklärungen für den Befund zu suchen. Für die Kölner Handschrift lässt sich Folgendes feststellen: Sie ist am Ausgang des Althochdeutschen entstanden, und zwar im westlichen Mitteldeutschen, nahe der Grenze zwischen dem Niederdeutschen und Mitteldeutschen. Damit erklärt sich das Nebeneinander älterer und jüngerer Formen sowie das Nebeneinander unverschobener niederdeutscher und verschobener hochdeutscher Formen. Allerdings bleiben die oberdeutschen Formen bei rheinischer Herkunft nach wie vor rätselhaft. Ihre Herkunft erklärt sich aus der Vorlage der Handschrift. Die Kölner Überlieferung gehört in den Traditionszusammenhang eines spätalthochdeutschen Glossars (dem sogenannten Summarium Heinrici), das seine Wurzeln im oberdeutschen Sprachraum hat. Durch die abschriftliche Überlieferung ist das oberdeutsche Wortgut in die ansonsten rheinisch geprägte Handschrift gelangt.

Lit.: U. Thies, Graphematisch-phonematische Untersuchungen der Glossen einer Kölner Summarium-Heinrici-Handschrift

22.5. DEFINITIONEN

Althochdeutsch	Bezeichnung für die deutsche Sprache, die im hochdeutschen Sprachraum vom Beginn der Überlieferung (etwa um 700) bis etwa 1050 verwendet worden ist
Diachronie	Entwicklungsphasen einer Sprache in der Aufeinanderfolge verschiedener Zeitabschnitte; eine **diachrone Betrachtung** erforscht die Sprache in der Aufeinanderfolge verschiedener Zeitabschnitte.
Frühneuhochdeutsch	Bezeichnung für die deutsche Sprache, die im hochdeutschen Sprachraum etwa von 1350 bis 1650 verwendet worden ist
Mittelhochdeutsch	Bezeichnung für die deutsche Sprache, die im hochdeutschen Sprachraum etwa von 1050 bis 1350 verwendet worden ist
Neuhochdeutsch	Bezeichnung für die deutsche Sprache etwa ab 1650
Periodisierung	Versuch der (anhand unterschiedlicher Kriterien vorgenommenen) Einteilung der Sprachgeschichte in verschiedene, zeitlich fixierbare und linguistisch begründbare Sprachstufen
Synchronie	Zustand einer Sprache zu einem bestimmten Zeitpunkt; eine **synchrone Betrachtung** erforscht die Sprache zu einem bestimmten Zeitpunkt.

22.6. LITERATUR

Kurzinformation:

Metzler Lexikon Sprache. Artikel: Althochdeutsch, Diachronie, Frühneuhochdeutsch, (zweite bzw. hochdeutsche) Lautverschiebung, Mittelhochdeutsch, Neuhochdeutsch/Deutsch, Synchronie

Grundlegende und weiterführende Literatur:

H. *Eggers*, Deutsche Sprachgeschichte, I, II
R.E. *Keller*, Die deutsche Sprache und ihre historische Entwicklung
G. *Lerchner*, in: Kleine Enzyklopädie Deutsche Sprache, S. 512-647
P. von *Polenz*, Deutsche Sprachgeschichte vom Spätmittelalter bis zur Gegenwart, I, II, III
W. *Schmidt*, Geschichte der deutschen Sprache. Ein Lehrbuch für das germanistische Studium
Sprachgeschichte. Ein Handbuch zur Geschichte der deutschen Sprache und ihrer Erforschung, 1. und 2. Teilband

DIE SPRACHGESCHICHTLICHE GLIEDERUNG DES DEUTSCHEN

Althochdeutsch
Einführende Literatur:
R. *Bergmann* – P. *Pauly* – C. *Moulin-Fankhänel*, Alt- und Mittelhochdeutsch
E. *Meineke* – J. *Schwerdt*, Einführung in das Althochdeutsche
H. *Penzl*, Althochdeutsch. Eine Einführung in Dialekte und Vorgeschichte
St. *Sonderegger*, Althochdeutsche Sprache und Literatur
Wörterbücher:
E. *Karg-Gasterstädt* – Th. *Frings,* Althochdeutsches Wörterbuch
R. *Schützeichel,* Althochdeutsches Wörterbuch
Grammatik:
W. *Braune* – I. *Reiffenstein*, Althochdeutsche Grammatik
Textausgabe:
W. *Braune*, Althochdeutsches Lesebuch

Mittelhochdeutsch
Einführende Literatur:
R. *Bergmann* – P. *Pauly* – C. *Moulin-Fankhänel*, Alt- und Mittelhochdeutsch
H. *Penzl*, Mittelhochdeutsch. Eine Einführung in die Dialekte
H. *Weddige*, Mittelhochdeutsch. Eine Einführung
Wörterbücher:
G.F. *Benecke* – W. *Müller* – F. *Zarncke*, Mittelhochdeutsches Wörterbuch, I-III
B. *Hennig*, Kleines Mittelhochdeutsches Wörterbuch
E. *Koller* – W. *Wegstein* – N.R. *Wolf*, Mittelhochdeutsches Wörterbuch
M. *Lexer*, Mittelhochdeutsches Handwörterbuch, I-III
M. *Lexer*, Mittelhochdeutsches Taschenwörterbuch
Grammatiken:
H. *Paul* – Th. *Klein* – H.-J. *Solms* – K.-P. *Wegera*, Mittelhochdeutsche Grammatik
Weiterführende Literatur:
E. *Oksaar*, Mittelhochdeutsch. Texte, Kommentare, Sprachkunde, Wörterbuch

Frühneuhochdeutsch
Einführende Literatur:
F. *Hartweg* – K.-P. *Wegera*, Frühneuhochdeutsch
H. *Penzl*, Frühneuhochdeutsch
Wörterbücher:
Ch. *Baufeld*, Kleines frühneuhochdeutsches Wörterbuch
Frühneuhochdeutsches Wörterbuch. Hg. v. U. Goebel und O. Reichmann [im Erscheinen begriffen]
Grammatik:
R.P. *Ebert* – O. *Reichmann* – H.J. *Solms* – K.-P. *Wegera*, Frühneuhochdeutsche Grammatik

KAPITEL 22

Textausgabe:

O. *Reichmann* – K.-P. *Wegera* (Hgg.), Frühneuhochdeutsches Lesebuch

Neuhochdeutsch vom 18. Jahrhundert bis 1945
Weiterführende Literatur:

E.A. *Blackall*, Die Entwicklung des Deutschen zur Literatursprache: 1700–1775
D. *Cherubim* – S. *Grosse* – K.J. *Mattheier* (Hgg.), Sprache und bürgerliche Nation
D. *Cherubim* – K.J. *Mattheier* (Hgg.), Voraussetzungen und Grundlagen der Gegenwartssprache
W. *Dieckmann* (Hg.), Reichtum und Armut deutscher Sprache
H. *Kämper* – H. *Schmidt* (Hgg.), Das 20. Jahrhundert. Sprachgeschichte – Zeitgeschichte
R. *Wimmer* (Hg.), Das 19. Jahrhundert. Sprachgeschichtliche Wurzeln des heutigen Deutsch

Periodisierung

Th. *Roelcke*, Periodisierung der deutschen Sprachgeschichte
St. *Sonderegger*, Grundzüge deutscher Sprachgeschichte

KAPITEL 23: SPRACHWANDEL IM DEUTSCHEN

23.1. EINSTIEG: SCHWANKUNGEN IN DER GEGENWARTSSPRACHE ALS AUSGANGSPUNKT

Allen natürlichen Sprachen ist gemeinsam, dass sie sich im Verlauf der Zeit ändern. Diese Veränderungen vollziehen sich in der Regel nicht abrupt oder von einem Tag auf den anderen, sondern allmählich über Generationen von Sprechern. Dass Sprache ihrem Wesen nach keine statische, sondern eine dynamische Größe ist, wird dem Sprecher am deutlichsten greifbar, wenn er mit Normschwankungen in seiner eigenen Gegenwart konfrontiert wird. Die Frage nach dem richtigen oder falschen Sprachgebrauch ist oft Symptom für eine sich vollziehende sprachliche Änderung, die zunächst auch Varianten beziehungsweise Schwankungen im Sprachgebrauch nach sich zieht. Beispiele hierfür wären etwa das Schwanken zwischen

> Präteritalformen wie *sie buk / backte*,
> Partizipialformen wie *hat gehauen / gehaut, hat gewunken / gewinkt*
> oder die Verwendung oder Nicht-Verwendung von *zu* nach *nicht brauchen* + Infinitiv: *er braucht nicht zu kommen / er braucht nicht kommen*.

Diese Schwankungen spiegeln eine sich in der heutigen Gegenwartssprache vollziehende Sprachwandelerscheinung wider: einerseits der teilweise Übergang der starken zur schwachen Flexion bei den Verben (sieh Kapitel 29.2.3.), andererseits die Entwicklung des Verbs *brauchen* zu einem Modalverb: *nicht brauchen* zum Ausdruck der Nicht-Notwendigkeit (beziehungsweise der Negation von *müssen*).

Die Untersuchung von Sprachwandelerscheinungen ergibt sich prinzipiell aus einer diachronischen Fragestellung, sie ist Gegenstand der **historischen Sprachwissenschaft**. In der Regel vollzieht sich Sprachwandel zunächst in der gesprochenen Sprache. Wie und ob dann diese Änderungen ihren Weg in die geschriebene Sprache finden, hängt nicht zuletzt vom Grad der schriftlichen Kodifizierung der betreffenden Sprache ab. Die sprachhistorische Betrachtung von Sprachwandelphänomenen ist jedoch per se (sofern sie sich nicht mit Phänomenen der jüngsten Vergangenheit beschäftigt) auf die schriftliche Überlieferung und deren Auswertung angewiesen. Dieses methodische Problem muss somit dem Sprachhistoriker stets bewusst sein. Für das Deutsche sind Zeugnisse seit dem Althochdeutschen greifbar, die, auch wenn sie Merkmale der gesprochenen Sprache aufweisen können, selbstverständlich nur in schriftlicher Form überliefert sind.

23.2. Sprachwandel
23.2.1. Ebenen des Sprachwandels

Alle sprachlichen Ebenen können von Sprachwandelerscheinungen betroffen sein: Auf der **phonetisch-phonologischen Ebene** ist die Entstehung von Allophonen zu beobachten, die unter Umständen auch zur Entstehung neuer Phoneme führen kann (so etwa der Umlaut). Andere Erscheinungen wären in der neueren Sprachgeschichte des Deutschen beispielsweise die sogenannte frühneuhochdeutsche Diphthongierung (hier werden Langvokale zu Diphthongen; man vergleiche mhd. *mîn niuwez* (= /ü:/) *hûs* > nhd. *mein neues Haus*) und Monophthongierung (hier werden Diphthonge zu Langvokalen; man vergleiche mhd. *liebe guote brüeder* > nhd. *liebe* (= /i:/) *gute Brüder*).

Veränderungen im intonatorischen Bereich betreffen die Entstehung und Festlegung von Akzentstrukturen (so etwa die Festlegung des ursprünglich freien Wortakzentes im Germanischen auf die Anfangssilbe).

Graphematische Änderungen betreffen die geschriebene Ebene des Sprachsystems. Hierunter können Schrifttypwechsel (Fraktur zu Antiqua) oder die Entstehung bestimmter Graphemtypen (etwa das Graphem <ß>) subsumiert werden. Auch Orthographiereformen sind letztendlich Ausdruck von Sprachwandel auf der graphematischen Ebene.

Veränderungen auf **morphologischer Ebene** können zum Beispiel Flexionssysteme (etwa die Entstehung und Kodierung grammatischer Kategorien beziehungsweise Klassen) oder die Wortbildung (etwa die Entstehung von Derivationsaffixen) betreffen.

Syntaktischer Sprachwandel betrifft Veränderungen im Bereich des Satzaufbaus und der Beziehungen zwischen den einzelnen Elementen im Satz (Wort- und Satzgliedstellung). Als Beispiel sei hier für das Deutsche die Festlegung der relativ festen Stellung des Verbs im Satz angeführt, vor allem die Endstellung des finiten Verbs im Nebensatz oder die Zweitstellung im Hauptsatz (Aussagesatz).

Sprachwandel im **lexikalischen Bereich** betrifft vor allem den Bedeutungswandel. Viele Wörter des Deutschen haben eine oft über tausend Jahre alte Geschichte; ihre Verwendung und ihre Bezeichnungsfunktionen können sich dabei im Laufe der Zeit (nicht zuletzt auch bedingt durch außersprachliche Faktoren) ändern, man vergleiche etwa den Bedeutungswandel bei den weiblichen Personenbezeichnungen *Frau*, *Weib*, *Dirne* oder bei den Adjektiven *eitel* (urspr. 'leer'), *blank* (urspr. 'glänzend, hell, weiß') oder *streng* (urspr. 'stark, tapfer'). Auskunft über die Bedeutungsentwicklung geben etymologische und historische Wörterbücher. Ferner stellen auch der Lehnwortschatz einer Sprache und die Entstehung von Phraseologismen (Redewendungen) Sprachwandelerscheinungen im lexikalischen Bereich dar (sieh Kapitel 25.2.6.).

Die Veränderungen auf den einzelnen Ebenen stehen oft in Beziehung respektive Wechselwirkung zueinander. So ist etwa die Nebensilbenabschwächung vom Althochdeutschen zum Mittelhochdeutschen (phonetisch-phonologische Ebene) ihrerseits auf die germanische Festlegung des Akzentes auf den Wortanfang zurückzuführen (intonatorische Ebene). Andererseits bleibt die Abschwächung der unbetonten Silben nicht ohne Folgen: Sie führt bis heute unter anderem zu einer Umstrukturierung innerhalb der Paradigmen von Kasus und Numerus im Nominalbereich, insbesondere zu einem Abbau der Kasuskennzeichnung durch Endungen (morphologische Ebene). Darauf ist wiederum die relativ feste Regelung der Satzgliedfolge zurückzuführen, bei der die syntaktische Funktion an der Position zu erkennen ist; man vergleiche zum Beispiel die strikte Voraussetzung des Subjekts im Englischen (syntaktische Ebene). Vielfach ist somit zu beobachten, dass Lautwandel die Wiege von morphologischen oder morpho-syntaktischen Sprachwandelerscheinungen ist. Die folgende Übersicht stellt diese Zusammenhänge vereinfacht dar.

	phonolog. Ebene	morpholog. Ebene	syntakt. Ebene
germ.	Festlegung des Anfangsakzents		
ahd.	Nebensilbenabschwächung		
mhd.		Abbau der Kasusendungen	
frnhd.			Regelung der Satzgliedfolge

Tab. 1: Sprachwandelschema

23.2.2. GRAMMATIKALISIERUNG

Neben dieser Tendenz ist unter anderem in vielen Sprachen zu beobachten, dass zur Erfüllung neuer beziehungsweise fehlender grammatischer Funktionen lexikalische Elemente herangezogen werden, die in einem längeren Sprachwandelprozess allmählich ihre lexikalische Funktion zugunsten rein grammatischer Funktionen verlieren. Diesen Übergang von einem frei vorkommenden Lexem zu einem gebundenen, grammatischen Morphem nennt man **Grammatikalisierung**. Dieser Terminus wurde von dem französischen Sprachwissenschaftler Antoine Meillet geprägt; er definiert ihn als "le passage d'un mot autonome au rôle d'élément grammatical" 'den Übergang eines autonomen Wortes in die Rolle eines grammatischen Elements'.

So entstand etwa im Französischen aus der Verbindung Infinitiv + *haben* (Infinitiv + *avoir*, z.B. 1. Pers. Sing. *aimer* + *ai*) das sogenannte Futur simple (*j'aimerai* 'ich werde lieben'). Der Grammatikalisierungspfad führt hier von einer ehemals **analytischen (periphrastischen)** zu einer **synthetischen** Verbindung. Das Zweitelement wird zum festen Flexiv, indem es zunächst an das erste angehängt wird (Prozess der **Klitisierung**), dann mit diesem fusioniert. Mit dem Grammatikalisierungsvorgang verbunden ist ein Bedeutungswandel des ehemals autonomen Elementes, das seine lexikalische Bedeutung ('haben, besitzen') aufgibt (Prozess der Entsemantisierung), und zwar zugunsten einer rein grammatischen Bedeutung 'Futur'.

analytische Form	*aimer* + finite Form von *avoir* 'lieben' 'haben' 1. Person: *aimer* + *j'ai* Klitisierung *j'aimer-ai*
synthetische Form	Fusionierung *j'aimerai*

Tab. 2: Klitisierung und Fusionierung

Nicht nur die inneren, systembezogenen Bereiche der Sprache sind dem Sprachwandel unterworfen, sondern auch der Sprachgebrauch selbst (zum Beispiel Veränderungen im Varietätengefüge einer Sprache, Änderungen sprachlicher Konventionen im pragmatischen Bereich wie bei der Anrede und so weiter).

23.2.3. URSACHEN DES SPRACHWANDELS

Die Ursachen des Sprachwandels und dessen Bewertung sind (bereits seit der Antike) vielfach und unterschiedlich diskutiert worden. Für das Deutsche lassen sich Erklärungsversuche bis in die frühe Grammatikschreibung des Barocks zurückführen, wobei hier besonders die Vorstellung von Sprachwandel als Sprachverfall im Vordergrund stand. Im 19. Jahrhundert sind vor allem sprachphysiologische, dann psychologistische Erklärungsversuche zu verzeichnen. Insgesamt ist festzuhalten, dass monokausale Erklärungen zu kurz greifen, denn vielfache sprachinterne und sprachexterne Faktoren bilden insgesamt den Kontext für die Herausbildung, Verwendung und Entwicklung einer Sprache.

Von großer Bedeutung ist die Wirkung der **Analogie** (man vergleiche gr. *analogía* 'Ähnlichkeit, richtiges Verhältnis'). Auf sie zurückführbar sind vor allem Sprachveränderungen, die zusammenhängende Elemente auch auf der Ausdrucksseite aneinander angleichen, und zwar nach einem bereits vorhandenen sprachlichen Muster. Damit wird vor allem Regelmäßigkeit innerhalb von Paradigmen erzeugt, deren struktureller Aufbau zum Teil aufgrund anderer Sprachwandelerscheinungen (etwa Lautwandel) gestört beziehungsweise afunktional sein kann. Beispiel für den paradigmatischen Ausgleich durch Analogie wäre etwa die Angleichung zwischen den Singular- und Pluralformen der starken Präterita, die historisch auf verschiedene Ablautstufen zurückzuführen sind:

    mhd. *warf – wurfen*   *bant – bunden*
    nhd. *warf – warfen*   *band – banden.*

Der Ausgleich führt zu einer einzigen (daher leichter vorhersagbaren, das heißt regelmäßigeren) Vokalvariation im Präteritalstamm. Nur noch beim hochfrequenten Verb *werden* gibt es neben der ausgeglichenen Form *wurde* (zum Pl. *wurden*) noch ein älteres *ward*, in dem die alte Opposition noch enthalten ist. In dieser 'Ausnahme' wird darüber hinaus sichtbar, dass hochfrequente Formen offensichtlich resistenter gegen Sprachwandel sind, da ihre Formen wohl nicht jeweils durch innere Regeln im Sprecher erzeugt werden, sondern einzeln gespeichert werden.

Neben dem innerparadigmatischen Ausgleich wirkt Analogie vor allem auch beim Endungsausgleich zwischen verschiedenen Paradigmen oder Klassen. Auch hier ist des Öfteren die Erzeugung von Regelmäßigkeit (struktureller Symmetrie) ausschlaggebend. Das Deutsche kann hierfür einige Beispiele liefern, etwa in der 3. Person Plural der Verben. Hier werden die im Althochdeutschen unterschiedlichen Endungen *-ent, -ēn, -un, -īn* durch die Vokalabschwächung und den Abfall des *-t* zur einheitlichen Endung *-en.*

		Präsens	Präteritum
ahd.	Indikativ Konjunktiv	*sie werfent* *werfēn*	*wurfun* *wurfīn*
mhd.	Indikativ Konjunktiv	*sie werfent* *werfen*	*wurfen* *würfen*
nhd.	Indikativ Konjunktiv	*sie werfen* *werfen*	*warfen* *würfen*

Tab. 3: Paradigmenvereinheitlichung 1

Unter Umständen entstehen Formen, die sowohl innerparadigmatischen Ausgleich als auch Endungsausgleich aufweisen können. So etwa die 2. Person Singular Indikativ Präteritum der starken Verben, die einerseits innerparadigmatischen Ausgleich der Ablautverhältnisse aufweist und andererseits die alte germanische Endung durch die sonst vorherrschende, neue Endung *-es(t)* ersetzt hat (man vergleiche ahd. *dū wurfi*, mhd. *dû würfe*, nhd. *du warfst*).

KAPITEL 23

Mittelhochdeutsch Indikativ Präteritum	Neuhochdeutsch Indikativ Präteritum
ich warf *dû würfe* *er warf* *wir wurfen* *ir wurfet* *sie wurfen*	*warf* *warfst* (Endung -*st*; Ausgleich *ü > a*) *warf* *warfen* *warft* (Präteritalausgleich *u > a* im Plural) *warfen*
Konjunktiv Präteritum	Konjunktiv Präteritum
ich würfe *dû würfest* *er würfe* *wir würfen* *ir würfet* *sie würfen*	*würfe* *würfest* *würfe* *würfen* *würfet* *würfen*

Tab. 4: Paradigmenvereinheitlichung 2

Die Tabelle zeigt, wie komplexe, zum Teil durch Lautwandel in ihrer Funktionalität gestörte Paradigmen wieder 'aufgeräumt', das heißt funktional eindeutig werden können. Vor allem die Beseitigung des Umlauts im Indikativ erlaubt eine eindeutige Umfunktionierung der umgelauteten Formen des Präteritums zur Kennzeichnung des Konjunktivs, und somit wiederum die Erzeugung regelmäßiger Paradigmen. Dabei ist insgesamt festzuhalten, dass Analogie nicht als reiner Reparaturvorgang zu deuten ist; es handelt sich vielmehr um "einen fundamentalen Prozeß mentaler Organisation; gleiche oder ähnliche Inhalte werden gleich oder ähnlich kodiert" (E. Leiss, S. 855).

Die Erzeugung von analogischem Ausgleich innerhalb von Paradigmen und Klassen wird auch in den Zusammenhang grundsätzlicher sprachimmanenter Tendenzen zu Regelmäßigkeit in der Sprache gestellt (das heißt letztendlich in den Zusammenhang von 'Ökonomie', man spricht daher auch von **Sprachökonomie**). Darin wird die Tendenz in der Sprache gesehen, komplexere Formen und Strukturen durch weniger komplexe zu ersetzen. Auch Erscheinungen im Bereich des Lautwandels werden vielfach sprachökonomischen Tendenzen zugewiesen: so etwa die Nebensilbenabschwächung vom Alt- zum Mittelhochdeutschen als Folge der Festlegung des germanischen Wortakzentes und daraus resultierende Tendenzen, die Aussprache der unbetonten Silben mit möglichst geringem Aufwand zu erzielen. Auch Assimilationsphänomene, die auf phonetisch-artikulatorische Vereinfachungen zielen, können sprachökonomischen Bestrebungen zugerechnet werden (so etwa die Auslautverhärtung oder der Umlaut). Die Tendenz zur Sprachökonomie kann zwar in vielen Bereichen vermutet werden, sie ist jedoch nicht einheitlich oder unidirektional, das heißt, sie verläuft nicht nur in eine Richtung. Im Deutschen lässt sich beispielsweise neben der bereits oben erwähnten Tendenz zum Abbau des flexivischen Systems eine zunehmende Komplexität im Bereich der Wortbildung und Syntax im Verlauf der Sprachepochen feststellen.

Neben solche sprachinterne Bedingungen für den Sprachwandel treten **sprachexterne Gegebenheiten**. So ist auch **Sprachkontakt** ein wichtiger Faktor für Sprachwandel, etwa durch Interferenzen oder Einflüsse (meist) benachbarter Sprachen untereinander. Am schnellsten greifbar ist hier der Wandel des Wortschatzes einer Sprache durch Entlehnungen aus anderen, fremden Sprachen. Aber auch morphologische und syntaktische Strukturwandlungen können auf Sprachkontakt oder Sprachvarietäten innerhalb einer Sprechergemeinschaft (z.B. Bi- oder Trilingualismus) zurückzuführen sein. Ein weiterer Faktor kann die **soziale Variation** innerhalb einer Sprache selbst sein, so zum Beispiel die Anpassung des Sprachgebrauchs an Normen bestimmter Sprechergruppen oder die Übernahme von prestigebesetzten Varianten oder Varietäten (z.B. in der Aussprache).

Dadurch, dass Sprachwandel sich über Generationen hinweg manifestiert, ist auch der kindliche Spracherwerb als Erklärungsfaktor berücksichtigt worden. Man hat beobachtet, dass Kinder beim Spracherwerb vom Einfacheren zum Komplexeren vorgehen und Vereinfachungen beim Lernprozess anwenden.

23.3. ANALYSEVERFAHREN UND ANALYSEBEISPIELE

Suffixentstehung durch Grammatikalisierung
Die folgenden Fälle aus dem morphologischen Bereich sollen exemplarisch Phänomene des Sprachwandels im Deutschen und deren Analyseverfahren veranschaulichen. So eignet sich die Wortbildung des Deutschen besonders gut für die Illustration von Grammatikalisierungsvorgängen. Die Entstehung einer ganzen Reihe von heute gebundenen Wortbildungsaffixen lässt sich unter diesem Gesichtspunkt erklären. So ist der 'Werdegang' des Substantivsuffixes -*heit* zur Bezeichnung von Adjektivabstrakta (*Schönheit*, *Klugheit*, *Sturheit*) geradezu ein typischer Fall. Im Gotischen noch ausschließlich als Substantiv *haidus* 'Art und Weise' belegt, begegnet im Althochdeutschen neben einem frei vorkommenden Substantiv st. M. F. *heit* in der Bedeutung 'Person, Persönlichkeit, Gestalt' auch bereits eine ganze Reihe Kompositionen (Zusammensetzungen), in denen *heit* als Grundwort fungiert, so etwa *zagaheit* 'Zaghaftigkeit'. Das Substantiv kommt im Mittelhochdeutschen nur noch vereinzelt vor; daneben entsteht im Wortbildungsprodukt neben -*heit* als Zweitelement zunehmend auch eine Variante -*(e)cheit*

bzw. *-keit*, wonach dann auch Bildungen wie *bitterkeit*, *ehrbarkeit* möglich wurden. Neben der zunehmend semantischen Entfernung (Entleerung) gegenüber dem frei vorkommenden Lexem war somit auch die formale Abhebung und der Weg zum Suffix vollzogen. Darüber hinaus verschwindet das Substantiv als freies Lexem ganz aus dem Sprachgebrauch. Aus dem frei vorkommenden Lexem wurde somit ein gebundenes grammatisches Morphem, ein Wortbildungssuffix, das reihenbildend und produktiv ist.

	Simplex	Kompositionsglied	Suffix
got.	*haidus* st.M. 'Art und Weise'	–	–
ahd.	*heit* st.M.F. 'Person, Gestalt'		*cindheit* st.F. 'Kindheit' *christânheit* st.F. 'Christenheit' *zagaheit* st.F. 'Zaghaftigkeit'
mhd.	*heit* st.M.F. 'Wesen, Beschaffenheit, Art und Weise' (vereinzelt)	–	massenhaft: *snelheit* *geilecheit* *bitterkeit*
nhd.	–	–	massenhaft: *-heit* – *Freiheit* *-igkeit* – *Schnelligkeit* *-keit* – *Bitterkeit*

Tab. 5: Suffixentstehung bei *-heit*

Diese Entstehung eines neuen Suffixes hat durchaus auch einen funktionalen Aspekt: Es tritt in Konkurrenz zu den vorhandenen substantivischen Abstraktasuffixen des Althochdeutschen *-î* und *-ida*, die unter anderem aufgrund der Nebensilbenabschwächung erheblich an Eindeutigkeit verloren haben (mhd. *-e/-ede*) und somit ihre Produktivität einbüßten; man vergleiche die nur wenigen noch heute vorhandenen Bildungen dieses Typs (*Streng-e*, *Näh-e*, *Zier-de*). Im Fall *-heit* tritt noch in althochdeutscher Zeit ein Genuswechsel vom Maskulinum zum Femininum auf. Das neue, eindeutige Suffix *-heit* übernimmt somit einen festen Platz im vorhandenen Paradigma an substantivischen Ableitungselementen. Auch die substantivischen Suffixe *-tum* und *-schaft* sowie die adjektivischen Suffixe *-haft*, *-lich* und *-sam* haben Grammatikalisierungspfade durchlaufen.

Ähnliche Entwicklungen können in der jüngeren Zeit etwa für die Elemente *-werk*, *-zeug* (zur Bildung von kollektivischen Substantiva) oder für *-mäßig* (zur Bildung von Adjektiven) beobachtet werden. Zu all diesen suffixähnlichen Elementen gibt es zwar noch frei vorkommende Pendants (*das Werk*, *das Zeug*, *mäßig*), die Bedeutungsstrukturen von frei vorkommendem Simplex und Zweitbestandteil im Wortbildungsprodukt divergieren jedoch bereits stark. Das Phänomen des Sprachwandels verläuft somit auf zwei Ebenen, einerseits synchron im Vorkommen von Varianten, konkurrierenden Formen und Schwankungen im Gebrauch, andererseits in diachroner Hinsicht mit dem Entstehen entsprechender grammatischer Elemente aus ehemals frei vorkommenden lexikalischen Elementen.

Übergang von starken Verben zu schwacher Flexion
Schwankungen begegnen wir bei der Konjugation einiger Verben, bei denen es sowohl starke als auch schwache Präteritumsformen gibt, das heißt sowohl eine Präteritumsform mit Ablaut als auch eine mit der Dentalendung *-te*, etwa *er buk / backte*, *sie molk / melkte*, *sog / saugte* und so weiter. Gemeinsam ist allen diesen Verben, dass sie eigentlich starke Verben sind, die neben den regulären starken Präterita auch schwache Formen bilden. Bei manchen begegnen nur noch die schwachen Formen (z.B. *kreischen – kreischte*). In diesem Phänomen kann man eine generelle Tendenz des Übergangs der starken zur schwachen Verbflexion erkennen. Dies bedeutet jedoch nicht, dass alle starken Verben in absehbarer Zukunft schwach flektiert werden, sondern dass hier ein über Jahrhunderte andauernder Rückgang der Zahl der starken Verben zu beobachten ist. Der Klassenwechsel ist auch (abgesehen von ein paar seltenen Ausnahmen) stets in die Richtung von stark zu schwach zu verzeichnen. Offensichtlich wird die starke, ablauthaltige Präteritalendung hinsichtlich ihrer Bildung als komplexer und schwerer zu erzeugen betrachtet. Man kann auch sagen, dass sie gegenüber der schwachen Dentalendung als markiert gilt. Die schwache (unmarkierte) Endung ist damit die eindeutigere, einfachere, regelmäßigere (manche Theoretiker sagen auch 'natürlichere') Endung, die leichter zu erzeugen ist, häufiger vorkommt, früher beim Spracherwerb erworben und dann analogisch auf starke Formen übertragen wird. Diese Tendenz ist auch beim kindlichen Spracherwerb zu beobachten, wenn Kinder statt der zu erwartenden starken Präteritalendung entsprechend schwache Formen bilden (etwa **sie streichte* statt *sie strich*).

23.4. ZUR PROBLEMATIK VON SPRACHWANDEL UND NORMKODIFIZIERUNG

Die diachrone Untersuchung von Sprachwandelphänomenen setzt, wie bereits oben erwähnt, eine entsprechende Menge an schriftlichen Textzeugnissen über die zu untersuchende Zeit voraus. Damit wird prinzipiell vorausgesetzt, dass die betreffende Sprache auch verschriftlicht ist. Man geht davon aus, dass strenger kodifizierte Schriftsprachen (wie etwa das Neuhochdeutsche oder das moderne Französische) resistenter gegen die Aufnahme von Sprachwandelerscheinungen sind als geringer normierte Schriftsprachen, die einen hohen Grad an Variation zulassen.

Im Hinblick auf die Gegenwartssprache lassen sich weitere Beobachtungen anschließen: Da der Sprachwandel sich größtenteils im Bereich der gesprochenen Sprache vollzieht, sind auch hier zunächst gesprochene Varianten vorhanden, die anfänglich miteinander konkurrieren können, um dann eventuell später eine Hauptvariante herauszubilden. Der Weg in die (kodifizierte) Schriftsprache dauert meistens noch einige Zeit. In dem Moment aber, wo die neue Variante als solche ihren Weg in die Kodifikation findet, wird die 'Hemmschwelle' auch geringer sein, diese schriftlich zu benutzen. Somit entsteht auch hier eine Wechselwirkung zwischen Sprachwandelerscheinungen und Kodifizierung. Aufgabe der Grammatikschreibung ist es, die tatsächlich verwendete Sprachnorm zu beschreiben (deskriptives Vorgehen), nicht aber ungeprüft eine tradierte Sprachnorm vorzuschreiben (präskriptives Vorgehen).

Ein schönes Beispiel ist das bereits eingangs erwähnte Verhalten von *nicht brauchen* + Infinitiv mit oder ohne *zu*. Hierzu schreibt der Duden-Band 'Richtiges und gutes Deutsch':

brauchen: 1. Dazu braucht es keines Beweises / keinen Beweis: Bei der unpersönlichen Konstruktion von *brauchen* kann das Objekt im Genitiv stehen: *Dazu braucht es keines Beweises. Es brauchte keiner weiteren Worte.* Diese Ausdrucksweise ist heute selten, sie gehört der gehobenen Sprache an. Üblicher ist der ursprünglich regional- und umgangssprachliche Akkusativ geworden: *Dazu braucht es keinen Wahrsager* (Frisch). *Dazu braucht es einfach wieder einen Glauben oder eine Überzeugung* (Musil).
2. Du brauchst nicht zu kommen / Du brauchst nicht kommen: Verneintes oder durch *nur, erst* u. a. eingeschränktes *brauchen* + Infinitiv mit *zu* drückt aus, dass ein Sachverhalt nicht oder nur unter bestimmten Bedingungen realisiert werden muss: *Du brauchst nicht zu kommen* (= hast es nicht nötig zu kommen, es besteht für dich keine Notwendigkeit zu kommen). Besonders in der gesprochenen Sprache wird das *zu* vor dem Infinitiv oft weggelassen, d. h., verneintes oder eingeschränktes *brauchen* wird wie verneintes oder eingeschränktes *müssen* verwendet: *Du brauchst nicht kommen = Du musst nicht kommen. Du brauchst erst morgen anfangen = Du musst erst morgen anfangen.* Damit schließt sich *brauchen* an die Reihe der Modalverben (*müssen, dürfen, können, sollen, wollen, mögen*) an, die ebenfalls mit dem reinen Infinitiv verbunden werden (↑ auch 3 und 4). In der geschriebenen Sprache wird das *zu* vor dem Infinitiv meistens gesetzt: *Du brauchst nicht zu kommen. Du brauchst erst morgen anzufangen.*

3. Das hättest du nicht zu tun brauchen: Wie bei den Modalverben wird *brauchen* nach dem Infinitiv eines Vollverbs nicht im Partizip II, sondern im Infinitiv eingesetzt: *Das hättest du nicht zu tun brauchen* (nicht: gebraucht). *Er hat nicht zu schießen brauchen.*
4. er braucht: In der gesprochenen Sprache wird zuweilen das *-t* der 3. Person Singular (*er brauch* statt *er braucht*) weggelassen, besonders wenn *brauchen* ohne *zu* verwendet wird. Obwohl *brauchen* dadurch ebenfalls den Modalverben angeglichen wird (vgl. die *t*-losen Formen *er darf, er muss, er soll*), ist diese Form doch nicht zulässig. Verben mit zwei so unterschiedlichen finiten Formen gibt es im Deutschen generell nicht. Es kann nur heißen: *Er braucht das nicht [zu] bezahlen.*
5. brauchte / bräuchte: Da der Konjunktiv II der schwachen Verben keinen Umlaut hat, werden die in der Umgangs- und vor allem in der gesprochenen Sprache üblichen Formen *bräuchte, bräuchtest* usw. (statt: *brauchte, brauchtest* usw.) noch nicht allgemein als standardsprachlich akzeptiert. Der (ursprünglich vor allem süddeutsche) Gebrauch der umgelauteten Formen entspringt wohl dem Bestreben, den Konjunktiv II vom gleichlautenden Indikativ Präteritum abzuheben.

Duden. Richtiges und gutes Deutsch. Wörterbuch der sprachlichen Zweifelsfälle, 6. Auflage Mannheim u.a. 2007, S. 185f.

Mit dem Zusatz am Ende von Abschnitt 2, dass das *zu* vor dem Infinitiv "meistens noch gesetzt" wird, wird die Verwendung ohne *zu* nicht ausdrücklich für normwidrig erklärt, das heißt in diesem Fall, dass auch die *zu*-lose Form akzeptabel ist. Damit kann sich das Verb *nicht brauchen* auch aus syntaktischer Sicht in die Reihe der Modalverben einreihen. Noch keine Kodifizierung hat die Beobachtung gefunden, dass in der gesprochenen Sprache das Verb dabei ist, auch andere Merkmale der Modalverben anzunehmen. So begegnen mündlich bereits *t*-lose Formen in der Flexion der 3. Person Singular Indikativ Präsens: *er brauch nicht kommen*. Diese dentallose Präsensform reiht sich ein in die der 'echten' Modalverben (*sie kann, muss, soll* usw.) und bringt das Verb somit noch einen Schritt weiter auf dem Grammatikalisierungspfad zum Modalverb, doch wird die *t*-lose

Form im obigen Duden-Ausschnitt (Abschnitt 4) noch als "nicht zulässig" bezeichnet. Auch der Umlaut im Konjunktiv II (*bräuchte*) wird entsprechend als noch nicht allgemein standardsprachlich gekennzeichnet. Das Beispiel erlaubt es, das Spannungsfeld zu illustrieren, das bei Phänomenen des Sprachwandels zwischen Varianz im Sprachgebrauch einerseits und Kodifikation der entsprechenden Phänomene andererseits aufgemacht wird.

23.5. DEFINITIONEN

Analogie	die Angleichung einzelner, oft isolierter, unregelmäßig wirkender Formen an häufigere, regelmäßiger wirkende
Grammatikalisierung	der Übergang eines autonomen Wortes in die Rolle eines grammatischen Elements
Sprachökonomie	die Tendenz in der Sprache, komplexere Formen und Strukturen durch einfachere zu ersetzen
Sprachwandel	alle Veränderungen der Sprache von der lautlichen und graphischen Ebene bis hin zu Satz und Text

23.6. LITERATUR

Kurzinformation:

Metzler Lexikon Sprache. Artikel: Analogie, Grammatikalisierung, Lautwandel, Sprachwandel

Einführende Literatur:

R. *Bergmann* – P. *Pauly* – C. *Moulin*, Alt- und Mittelhochdeutsch
R. *Bergmann* – P. *Pauly* – C. *Moulin-Fankhänel*, Neuhochdeutsch
E. *Leiss*, in: Sprachgeschichte, I, 1, S. 850-860

Grundlegende und weiterführende Literatur:

J. *Aitchison*, Language change: progress or decay?
G. Diewald, Deutschunterricht 53 (2000) S. 28-40
R. *Keller*, Sprachwandel
R. *Lass*, Historical linguistics and language change
A.M.S. *McMahon*, Unterstanding language change
A. *Meillet*, in: A. Meillet, Linguistique historique et linguistique générale, S. 130-148
D. *Nübling*, Historische Sprachwissenschaft des Deutschen
H. *Paul*, Prinzipien der Sprachgeschichte
R. Szczepaniak, Grammatikalisierung im Deutschen. Eine Einführung

KAPITEL 24: MEHRSPRACHIGKEIT UND SPRACHKONTAKT

24.1. EINSTIEG: MEHRSPRACHIGE ORTSNAMEN VON *MAILAND* BIS *BAUTZEN*

Im Deutschen sind für zahlreiche Städte in Europa eigene Namensformen gebräuchlich, die von den in anderen Sprachen verwendeten mehr oder weniger stark abweichen. So steht für port. *Lisboa* dt. *Lissabon*, für russ. *Moskwa* dt. *Moskau*, für ital. *Milano* dt. *Mailand*. Derartige Namen nennt man Exonyme. Sie beruhen auf Übernahme und sprachlicher Integration des landesüblichen Namens in das Deutsche. So ist zum Beispiel ital. *Milano* schon im Mittelalter durch Sprachkontakt ins Deutsche übernommen worden, hat die neuhochdeutsche Diphthongierung von *î* zu *ei* mitgemacht und wurde durch ein im Auslaut angefügtes *t* bzw. <d> teilmotiviert. In Italien (und den übrigen Ländern) ist natürlich nur die Namensform der jeweiligen Landessprache üblich und steht auf dem Ortsschild und auf Wegweisern.

Andere Verhältnisse liegen vor, wenn innerhalb des deutschen Sprachraums zweisprachige Ortsschilder erscheinen, auf denen beispielsweise *Bautzen / Budyšin*, *Hoyerswerda / Wojerecy* usw. steht. In der Lausitz lebt bekanntlich die Minderheit der Sorben, deren slawische Sprache den Status der Minderheitensprache besitzt, was unter anderem auch die Verwendung der sorbischen Namensformen neben den deutschen auf den Ortsschildern bedingt. Der Zweisprachigkeit der Schilder entspricht in der Regel auch eine Zweisprachigkeit der Sprecher; die Sorben jedenfalls sind alle zweisprachig.

Zweisprachigkeit und Sprachkontakt werfen die verschiedenartigsten sprachwissenschaftlichen Fragen auf, einerseits solche an die sprachlichen Systemebenen der Phonologie, Morphologie usw., andererseits solche der Pragmatik, der Sprachpolitik, der Sprachpädagogik usw.

24.2. MEHRSPRACHIGKEIT UND SPRACHKONTAKT
24.2.1. MEHRSPRACHIGKEIT UND SPRACHLICHE MINDERHEITEN

Im deutschen Sprachgebiet gibt es neben den Sorben weitere seit langer Zeit existierende sprachliche Minderheiten, nämlich die dänische Minderheit in Südschleswig sowie friesische Minderheiten, nämlich die nordfriesische Minderheit in Schleswig-Holstein (an der Küste von Schleswig und auf den nordfriesischen Inseln) und die ostfriesische Minderheit im Saterland im Nordwesten Niedersachsens; zum Friesischen gehört auch noch die westfriesische Minderheit in den Niederlanden. Die deutsche Sprache ist ihrerseits Minderheitensprache in Ostbelgien, in Italien (Südtirol), in Polen (Schlesien) und in weiteren Staaten.

Sprachliche Minderheiten sind stets durch die geringere Zahl ihrer Sprecher im Vergleich zu der in dem jeweiligen Staat dominierenden Sprachgemeinschaft definiert. In aller Regel sind diese Sprecher zweisprachig, wobei die beiden Sprachen je nach dem der Minderheit sprachenpolitisch gewährten Status unterschiedliches Prestige besitzen und in unterschiedlich vielen Domänen verwendet werden. Für die Sprachen selbst macht es einen entscheidenden Unterschied, ob sie neben ihrer Existenz als Minderheitensprache in einem anderen Raum auch Mehrheitssprache sind oder ob sie nur als Minderheitensprache existieren wie etwa das Ostfriesische und Nordfriesische sowie das Sorbische. Mit dem Sinken der Sprecherzahl und der Einschränkung der Verwendungsmöglichkeiten droht der Verlust dieser Sprachen. Wenn eine Sprache ganz von ihren Sprechern aufgegeben wird oder die Sprecher ausssterben oder umgebracht werden, spricht man auch von Sprachtod.

24.2.2. MEHRSPRACHIGKEIT UND EINWANDERUNG

Zu Mehrsprachigkeit kommt es auch durch Einwanderung, insofern Einwanderer bei der Immigration in ein anderes Sprachgebiet einerseits ihre jeweilige Muttersprache mitbringen, andererseits durch vielfältige Situationen veranlasst sind, die Sprache des Einwanderungslandes zu erlernen. Sie werden auf diesem Wege zunächst auch zweisprachig, bis sie möglicherweise ihre Muttersprache ganz aufgeben. Auch diese Art der Zweisprachigkeit ist auf die Sprecher der aus den Herkunftsländern mitgebrachten Sprachen beschränkt, die in der Regel geringeres Prestige besitzen und nur in eingeschränkten Domänen verwendet werden können.

Auch in diesem Kontext stellen sich sprachenpolitische Fragen, insofern größere Sprechergruppen möglicherweise sprachliche Minderheitenrechte beanspruchen.

Im deutschen Sprachgebiet werden der Erwerb deutscher Sprachkenntnisse durch eingewanderte Sprecher anderer Muttersprachen und die Vermittlung der deutschen Sprache an solche Sprecher mit dem Terminus **Deutsch als Zweitsprache** von der Vermittlung von **Deutsch als Fremdsprache** im Ausland und an Ausländer unterschieden.

24.2.3. Bilingualismus und Diglossie

Zwei- oder Mehrsprachigkeit wird auch **Bilingualismus** oder Multilingualismus genannt und von Diglossie unterschieden; **Diglossie** nennt man den Fall, dass ein Sprecher zwei Varietäten derselben Sprache spricht, wobei die eine Varietät als Standardsprache höheres Prestige besitzt und die andere etwa als Dialekt geringeres Prestige. Eine derartige Diglossie liegt beispielsweise bei Sprechern vor, die niederdeutschen Dialekt und deutsche Standardsprache verwenden. Wenn bilinguale Sprecher innerhalb einer Äußerung zwischen zwei Sprachen oder Varietäten wechseln, spricht man von Sprachwechsel, Kodewechsel oder **code-switching**.

24.2.4. Sprachkontakt und Transferenz

Zum Kontakt zwischen Sprachen kommt es an den Sprachgrenzen, wo in der Regel Verkehr und Handel zu Kontakten zwischen den Sprechern der angrenzenden Sprachen führten. Wichtige Kontaktsprachen für das Deutsche und seine germanischen Vorstufen waren in historischer Folge keltische Sprachen, dann das Lateinische als Sprache des Römischen Reichs, später die daraus entstandenen romanischen Sprachen Französisch und Italienisch, ferner die westslawischen Sprachen Polnisch und Tschechisch, das südslawische Slowenisch sowie Ungarisch.

Eine besondere Wirkung derartigen Sprachkontakts liegt in der Entstehung von **Pidginsprachen** vor. Darunter versteht man dem Handel und Verkehr dienende, nicht standardisierte Behelfssprachen, die gegenüber den zugrunde liegenden Sprachen grammatisch reduziert und lexikalisch beschränkt sind, nur als Zweitsprache erlernt werden und nicht Muttersprache sein können. Pidginsprachen sind vor allem im Zusammenhang mit dem europäischen Kolonialismus auf der Basis des Englischen, Französischen usw. entstanden. Aus Pidginsprachen, aber nicht nur aus solchen, sind auch sogenannte **Kreolsprachen** entstanden, die ebenfalls durch strukturelle Vereinfachung gegenüber ihren Ausgangssprachen charakterisiert sind, aber zu Muttersprachen neuer Sprachgemeinschaften geworden sind und als solche eine eigene Entwicklung, zum Teil bis zur Entwicklung zur Standardsprache, genommen haben.

Sprachkontakt besteht auch innerhalb eines Sprachgebiets durch Mehrsprachigkeit, wenn etwa im Mittelalter und in der frühen Neuzeit neben den europäischen Volkssprachen Latein als Gelehrtensprache verwendet wird oder wenn in der Neuzeit und in der Gegenwart einzelne europäische Sprachen als Sprachen bestimmter sozialer Schichten oder fachlicher Kommunikation verwendet wurden und werden, beispielsweise Französisch als Hofsprache, Italienisch als Fachsprache der Musik oder Englisch als internationale Wissenschaftssprache.

Im Rahmen des Sprachkontakts und der Mehrsprachigkeit von Sprechern kommt es zu Einwirkungen der einen auf die andere Sprache, die ganz allgemein als Interferenzen bezeichnet werden können. Interferenzen sind beispielsweise Übernahmen von Lexemen, aber auch Ersatz eines Phonems einer fremden Sprache durch eins der eigenen Sprache usw. Wenn derartige Einwirkungen in der übernehmenden Sprache fest werden, spricht man von **Transferenzen**. Transferenzen gibt es im Deutschen auf allen sprachlichen Ebenen als Lehnphoneme, Lehngrapheme, Lehnmorpheme und vor allem als Lehn- und Fremdwörter; man vergleiche dazu Kapitel 25.2.4.

Aus vorgängigen Sprachen wurden auch geographische Namen wie die vieler Gewässer (*Rhein, Main* usw.) oder keltischer, römischer oder slawischer Siedlungen übernommen (*Kempten* aus kelt. *Kambodunum*, *Koblenz* aus lat. *Confluentes*, *Leipzig* aus sorbisch *Lipsko*); man vergleiche Kapitel 26.2.6.

Wo es durch Eroberung und Siedlung zu einem längeren Sprachkontakt auf demselben Gebiet kommt, ist in der Regel das Prestige der Kontaktsprachen verschieden. Man nennt dann die überlagernde dominante Sprache **Superstrat**, die überlagerte, unter Umständen verdrängte Sprache **Substrat**. Charakteristische Superstrateinflüsse sind insbesondere Lehnwörter aus den Bereichen kultureller Überlegenheit der Träger der Superstratsprache, charakteristische Substrateinflüsse sind beispielsweise Transferenzen geographischer Namen sowie grammatische und lautliche Wirkungen.

24.3. Zur Erforschung und Analyse von Interferenzen

Ein Beispiel für die Analyse lexikalischer Transferenzen im Text wird in Kapitel 25.3. gegeben.

Für die Analyse von Interferenzen im Rahmen von Bilingualismus sind die Methoden der kontrastiven Sprachwissenschaft anzuwenden, Voraussetzung sind in jedem Fall entsprechende Kenntnisse der beteiligten Sprachen. Eine derartige Analyse kann im Rahmen dieser Einführung nicht geleistet werden.

Es soll hier aber exemplarisch auf die Arbeit einer Forschergruppe 'Sprachvariation als kommunikative Praxis: formale und funktionale Parameter' in den Jahren 2000 bis 2004 am Institut für deutsche Sprache Mannheim und an den

Universitäten Mannheim und Tübingen hingewiesen werden, deren Internet-Dokumentation unter der Adresse http://www.ids-mannheim.de/prag/sprachvariation/start.html eingesehen werden kann. Gegenstand der Forschung war hier über den Bilingualismus hinaus auch die bis zur Entstehung von Mischsprachen führende Sprachmischung.

Einzelne Projekte beschäftigten sich mit den Themen Sprachvariation Deutsch-Türkisch, Sprache italienischer Migranten in Mannheim und Sprachkontakt Deutsch-Englisch.

Das Deutsch-Türkisch-Projekt wurde in Mannheim durchgeführt. Untersucht wurde der „kommunikative soziale Stil" in zwei typischen Jugendgruppen aus den Ausländerstadtteilen Mannheims, in denen ein reduziertes Deutsch mit besonderen prosodischen, phonetischen und lexikalischen Eigenschaften oder eine deutsch-türkische Mischsprache gesprochen werden. Die Ergebnisse des Projekts sind in zahlreichen Veröffentlichungen zugänglich, von denen hier nur eine Auswahl genannt werden kann:

I. *Keim*, Sprachvariation und sozialer Stil am Beispiel jugendlicher Migrantinnen türkischer Herkunft in Mannheim, Deutsche Sprache, 2002, Heft 2, S. 97-123

I. *Keim*, Social style of communication and bilingual speech practices: Case study of three migrant youth groups of Turkish origin in Mannheim/ Germany, Turkic Languages 2003, Heft 6/2. S. 284-300

I. *Keim*, Die Verwendung medialer Stilisierungen von Kanaksprak durch Migrantenjugendliche, Kodikas/ Code. Ars Semiotica 26 (2003), No.1-2, S. 95-111

W. *Kallmeyer* / I. *Keim*, Deutsch-türkische Kontaktvarietäten. Am Beispiel der Sprache von deutsch-türkischen Jugendlichen, in: Moraldo, Sandro M./Soffritti, Marcello (Hg.): Deutsch aktuell. Einführung in die Tendenzen der deutschen Gegenwartssprache, Rom: Carocci, S. 49-59

I. *Keim*, Die "türkischen Powergirls". Lebenswelt und kommunikativer Stil einer Migrantinnengruppe in Mannheim, Studien zur deutschen Sprache 39, 2., durchges. Aufl. Tübingen 2008

24.4. ZUR PROBLEMATIK VON SPRACHENPOLITIK UND MEHRSPRACHIGKEIT

Als Sprachenpolitik bezeichnet man alle politischen Maßnahmen, die auf das Verhältnis zwischen mehreren verschiedenen Sprachen gerichtet sind. Situationen der Mehrsprachigkeit sind sozusagen von Natur aus Objekt von Sprachenpolitik, insofern sie Gegenstand politischer Regelungen sein können: Diese können vom Verbot oder der sozialen Diskriminierung der Verwendung einer Minderheitensprache über ihre Duldung bis zur Förderung reichen.

In historischer Perspektive sind für die Erklärung derartiger Maßnahmen vor allem zwei Aspekte relevant. Einerseits bringt der Nationalstaatsgedanke seit dem 19. Jahrhundert die Forderung der Identität von Sprachgrenzen und politischen Grenzen in die Politik, andererseits werden vor allem im 20. Jahrhundert immer wieder Sprachgrenzen bei der Festlegung politischer Grenzen ignoriert. Insbesondere in den Friedensverträgen am Ende des Ersten Weltkriegs wurde das zuvor proklamierte Selbstbestimmungsrecht der Völker vielfach missachtet, was zu zahlreichen neuen sprachlichen Minderheiten und entsprechenden sprachenpolitischen Auseinandersetzungen führte. So wurde beispielsweise die deutsche Sprache in dem an Italien angeschlossenen Teil Tirols (Südtirol) innerhalb Italiens zur Minderheitensprache, die über Jahrzehnte einem starken Italianisierungsdruck ausgesetzt war.

24.5. DEFINITIONEN DER RELEVANTEN BEGRIFFE

Bilingualismus	s. Zweisprachigkeit
code-switching	Wechsel bilingualer Sprecher innerhalb einer Äußerung zwischen zwei Sprachen oder Varietäten
Deutsch als Fremdsprache	der Bereich der Vermittlung des Deutschen im Ausland und an Ausländer als Praxis und als Gegenstand der Erforschung und Ausbildung
Deutsch als Zweitsprache	der Bereich der Vermittlung des Deutschen im Inland und an eingewanderte Sprecher anderer Muttersprachen als Praxis und als Gegenstand der Erforschung und Ausbildung
Diglossie	besonderer Fall von Zweisprachigkeit, in dem ein Sprecher zwei Varietäten derselben Sprache spricht, wobei die eine Varietät als Standardsprache höheres Prestige und die andere etwa als Dialekt geringeres Prestige besitzt
Interferenz	Einwirkung einer Sprache auf eine andere Sprache

Kreolsprachen	oft, aber nicht immer, aus Pidginsprachen entstandene, ebenfalls durch strukturelle Vereinfachung gegenüber ihren Ausgangssprachen charakterisierte Sprachen, die zu Muttersprachen neuer Sprachgemeinschaften geworden sind
Mehrsprachigkeit	Zustand von Sprechern, die in alltäglicher Kommunikation mehrere Sprachen verwenden
Minderheitensprache	Sprache, deren Sprecher im Vergleich zu der in dem jeweiligen Staat dominierenden Sprachgemeinschaft eine Minderheit bilden
Multilingualismus	s. Mehrsprachigkeit
Pidginsprachen	dem Handel und Verkehr dienende, nicht standardisierte Behelfssprachen, die gegenüber den zugrunde liegenden Sprachen grammatisch reduziert und lexikalisch beschränkt sind und nur als Zweitsprache erlernt werden
Sprachenpolitik	politische Maßnahmen, die auf das Verhältnis zwischen mehreren verschiedenen Sprachen gerichtet sind
Sprachkontakt	Aufeinandertreffen zweier oder mehrerer Sprachen in Sprachgrenzgebieten oder in mehrsprachigen Gebieten
Sprachtod	Verlust von Sprachen durch Aufhören ihrer Verwendung durch ihre Sprecher oder durch Aussterben oder Ermordung ihrer Sprecher
Substrat	überlagerte, unter Umständen verdrängte Sprache in einem Gebiet, in dem es durch Eroberung und Siedlung zu einem längeren Sprachkontakt kommt
Superstrat	überlagernde, dominante Sprache in einem Gebiet, in dem es durch Eroberung und Siedlung zu einem längeren Sprachkontakt kommt
Transferenz	Einwirkungen einer Sprache auf eine andere Sprache im Zusammenhang von Sprachkontakt und Mehrsprachigkeit Transferenzen gibt es im Deutschen auf allen sprachlichen Ebenen als Lehnphoneme, Lehngrapheme, Lehnmorpheme und vor allem als Lehn- und Fremdwörter
Zweisprachigkeit	Zustand von Sprechern, die in alltäglicher Kommunikation zwei Sprachen verwenden

KAPITEL 24

24.6. LITERATUR

Kurzinformation:
Metzler Lexikon Sprache. Artikel: Bilingualismus, code-swictching, Deutsch als Fremdsprache, Deutsch als Zweitsprache, Diglossie, Interferenzen, Kreolsprachen, Mehrsprachigkeit, Minderheitensprache, Multilingualismus, Pidginsprachen, Sprachenpolitik, Sprachkontakt, Sprachtod, Substrat, Superstrat, Transferenz, Zweisprachigkeit

Einführende Literatur:
J. *Bechert* – W. *Wildgen*, Einführung in die Sprachkontaktforschung
C. *Riehl*, Sprachkontaktforschung. Eine Einführung

Grundlegende und weiterführende Literatur:
P. *Auer* – L. *Wie* (Hgg.), Handbook of Multilingualism and Multilingual Communication
H. *Goebl*, Kontaktlinguistik. Ein internationales Handbuch zeitgenössischer Forschung
A. *Harder*/ J. *Schmidt-Radefeldt* (Hgg.). Europäische Sprachen im Kontakt
P. *Mühlhäusler*, Pidgin and Creole Linguistics
H.H. *Munske*, in: Neues und Fremdes im deutschen Wortschatz, S 7-29
H.H. *Munske*, in: Deutscher Wortschatz, S.46-74
H.H. *Munske* – A. *Kirkness*, Eurolatein. Das griechische und lateinische Erbe in den europäischen Sprachen
U. *Weinreich*, Sprachen in Kontakt. Ergebnisse und Probleme der Zweisprachigkeitsforschung

KAPITEL 25: ETYMOLOGIE UND WORTGESCHICHTE

25.1. EINSTIEG: MOTIVIERTHEIT, LEXIKALISIERUNG, WORTGESCHICHTE

In Kapitel 3 war festgestellt worden, dass komplexe sprachliche Zeichen morphologische Durchsichtigkeit besitzen können, der semantische Motiviertheit entsprechen kann. Unter den zahlreichen Komposita mit dem Grundwort *-wurst* sind einige in diesem Sinne motiviert: Das Kompositum *Leberwurst* ist durchsichtig, es besteht aus dem Bestimmungswort *Leber* und aus dem Grundwort *Wurst*. Es ist auch motiviert, denn Leberwurst ist eine Wurst, die Leber enthält.

Andere Komposita mit dem Grundwort *-wurst* sind ebenfalls durchsichtig, insofern auch die Bestimmungswörter identifizierbar sind: *Tee-wurst*, *Knack-wurst*. Eine semantische Motiviertheit ist damit aber nicht ohne Weiteres gegeben, wie die Wörterbucherklärungen zeigen:

> *Teewurst*: 'geräucherte feine Mettwurst'
> *Knackwurst*: 'kleine Brühwurst aus Rindfleisch, Schweinefleisch und Fettgewebe'

Duden. Deutsches Universalwörterbuch, S. 1668, 968

Während das zitierte Wörterbuch *Teewurst* nicht weiter erklärt, liefert es für *Knackwurst* die Motivation:

> „nach dem knackenden Geräusch, das beim Hineinbeißen in die Wurst entsteht".

Weitere *-wurst*-Komposita sind nur noch insofern morphologisch durchsichtig, als ihr Bestimmungswort segmentierbar ist, ohne dass es in unserer heutigen Sprache identifiziert werden könnte:

> *Bock-wurst*, *Katen-wurst*, *Plock-wurst*, *Schlack-wurst*

Es liegt nahe, für diese Wörter eine ursprüngliche semantische Motiviertheit bei ihrer Bildung anzunehmen, die für uns in der heutigen Sprache nicht mehr erkennbar ist, weil wir die Bestimmungswörter *Bock-*, *Katen-*, *Plock-*, *Schlack-* so nicht kennen beziehungsweise zu ihrer sonstigen Bedeutung keine Beziehung herstellen und daher die Bildung nicht verstehen können. Diese Komposita sind als solche Bestandteile des Wortschatzes (des Lexikons) geworden; man nennt diesen Vorgang **Lexikalisierung** oder **Idiomatisierung**, die betreffenden Wörter lexikalisiert oder idiomatisiert. Erklärungen solcher Wörter findet man in historischen Wörterbüchern, die die Herkunft und Geschichte der Wörter darstellen. Sie erklären zum Beispiel

> *Bockwurst* als „eine Wurst, die zum *Bockbier* gegessen wurde, also Klammerform aus *Bockbier-Wurst" (Kluge. Etymologisches Wörterbuch, S. 136),

wobei mit dem Sternchen (*) die betreffende Form als rekonstruiert gekennzeichnet wird; die Entstehung des Wortes wird ins 19. Jahrhundert datiert.

Der gegenwartssprachliche Wortschatz enthält nebeneinander ganz neue und ältere, zum Teil sehr alte Wörter, deren Herkunft in etymologischen Wörterbüchern erklärt wird.

25.2. Etymologie und Wortgeschichte
25.2.1. Germanische Etymologie

In dem 'Etymologischen Wörterbuch des Deutschen' von Wolfgang Pfeifer findet sich zu dem Wort *Wand* folgender Artikel:

> **Wand** f. 'senkrecht stehende, raumbildende und -abtrennende Fläche', ahd. (8. Jh.), mhd. mnd. mnl. *want*, nl. *wand* gehört als ablautendes Verbalnomen zu der unter *winden* (s. d.) behandelten Wortgruppe. Es bezeichnet ursprünglich die nach germ. Bauweise aus Zweigen gewundene oder geflochtene, dann mit Lehm bestrichene Wand. Vgl. auch mit anderer Stammbildung (als *u*-Stämme) anord. *vǫndr* 'Zweig, Stock, Rute', got. *wandus* 'Rute', eigentl. 'Gewundenes' bzw. 'zum Winden Gebrauchtes'.

W. Pfeifer, Etymologisches Wörterbuch des Deutschen, S. 1536f.

Für das feminine (f.) Substantiv *Wand* werden folgende ältere Formen genannt: In den Sprachstufen Althochdeutsch (ahd.), Mittelhochdeutsch (mhd.), Mittelniederdeutsch (mnd.) und Mittelniederländisch (mnl.) gilt *want*. Das Niederländische (nl.) hat *wand*. In allen diesen Sprachen gilt die Bedeutung 'senkrecht stehende, raumbildende und -abtrennende Fläche'. Das Wort ist eine Ableitung von dem Verb *winden* und als Bezeichnung des Flechtwerks der Hauswand zu verstehen. Für das Gotische (got.) und Altnordische (anord.) werden andere Wortformen und Bedeutungen genannt, die aber auch Verwandtschaft erkennen lassen.

Die etymologische Methode beruht auf dem Vergleich von einander entsprechenden Wörtern in verwandten Sprachen und ihren Vorstufen. Die mit der deutschen Sprache am nächsten verwandten Sprachen werden als **germanische Sprachen** bezeichnet. Zu den germanischen Sprachen gehören:

> – Westgermanische Sprachen (Englisch, Friesisch, Niederländisch, Afrikaans, Deutsch, Luxemburgisch, Jiddisch mit ihren historischen Vorstufen)
> – Nordgermanische Sprachen (Isländisch, Norwegisch, Schwedisch, Dänisch, Färöisch mit ihren historischen Vorstufen)
> – Ostgermanische Sprachen, von denen nennenswerte Sprachreste nur aus dem gotischen des 4. Jahrhunderts erhalten sind.

Das zitierte Wörterbuch erklärt das Wort *Wand* innerhalb der altgermanischen Sprachen; die weitere Vorgeschichte wird bei dem zugrunde liegenden Verb *winden* behandelt.

25.2.2. INDOGERMANISCHE ETYMOLOGIE

Neben der deutschen Form *Vater* stehen folgende verwandte germanische Formen des Wortes:

dt.	*Vater*	engl.	*father*
nl.	*vader*	schwed.	*fader*

Ähnliche, offenbar verwandte, Wortformen treten aber auch in weiteren, nicht zu den germanischen Sprachen gehörigen Sprachen auf:

lat.	*pater*	griech.	*patḗr*
altindisch	*pitā́*	altirisch	*athir*

Die germanischen Sprachen haben im Anlaut des Wortes übereinstimmend *f* (bzw. <v>) gegenüber *p* im Lateinischen, Griechischen und Altindischen, während in den keltischen Sprachen wie dem Irischen anlautend *p* geschwunden ist. Die historisch-vergleichende Sprachwissenschaft hat anhand zahlreicher derartiger Wortentsprechungen die Gesetzmäßigkeiten der lautlichen Veränderungen aufgedeckt. Germanisch *f* im Anlaut entspricht in jedem Fall *p* im Griechischen, Lateinischen und Altindischen:

lat.	*piscis*	ahd.	*fisc*	nhd.	*Fisch*
griech.	*pénte*	ahd.	*finf*	nhd.	*fünf*
lat.	*pecus*	ahd.	*fihu*	nhd.	*Vieh*

Die regelmäßige Veränderung von *p* zu *f* steht im Zusammenhang einer umfassenden lautlichen Umgestaltung im Konsonantismus, der **ersten** oder **germanischen Lautverschiebung**. Durch diesen Lautwandel und durch weitere Entwicklungen haben sich die germanischen Sprachen aus der größeren Gruppe der mit ihnen verwandten indogermanischen Sprachen ausgegliedert. In lateinisch, griechisch und altindisch *p* ist demnach auch die für germanisch *f* anzunehmende indogermanische Vorstufe erhalten. Die germanischen Wörter *Vater* usw. sind also mit lateinisch *pater*, griechisch *patér* und altindisch *pitá* urverwandt. Die übrigen Phoneme des Wortes in den verschiedenen verwandten Sprachen stehen in entsprechenden lautgesetzlichen Beziehungen zueinander. Aufgrund dieser Lautgesetze lässt sich eine gemeinsame indogermanische Ausgangsform **pətér* rekonstruieren, die so in den etymologischen Wörterbüchern angegeben wird.

Die **indogermanischen Sprachen** gliedern sich in folgende Gruppen und Einzelsprachen:

- Germanische Sprachen
- Keltische Sprachen (Irisch, Gälisch, Kymrisch, Kornisch, Bretonisch)
- Lateinisch und die aus ihm entstandenen romanischen Sprachen (Portugiesisch, Spanisch, Katalanisch, Okzitanisch, Französisch, Italienisch, Rätoromanisch, Rumänisch)
- Slavische Sprachen (Sorbisch, Polnisch, Tschechisch, Slovakisch; Slovenisch, Serbokroatisch, Makedonisch, Bulgarisch; Russisch, Weißrussisch, Ukrainisch)
- Baltische Sprachen (Litauisch, Lettisch)
- Griechisch
- Albanisch
- Armenisch
- Iranische Sprachen (Persisch usw.)
- Indoarische Sprachen (Hindi, Urdu usw.).

In den einzelnen Sprachgruppen sind Sprachen untergegangen und nur historisch bezeugt, wie zum Beispiel das Gotische bei den germanischen Sprachen und das Altpreußische bei den baltischen Sprachen. Außerdem sind ganze Einzelsprachen wie das Hethitische und Tocharische untergegangen. Neben der indogermanischen Sprachfamilie, die auch indoeuropäisch genannt wird, stehen andere, wie die semitische Sprachfamilie, zu der Hebräisch und Arabisch gehören. Ungarisch, Finnisch und Estnisch gehören zu der finno-ugrischen Sprachfamilie, das Türkische zu den Turksprachen. Das Baskische steht völlig isoliert.

25.2.3. LEHNWORT UND FREMDWORT

Mit dem Wort *Wand* wird das Wort *Mauer* verglichen; der entsprechende Artikel führt auf einen anderen Typ von Etymologie.

> **Mauer** *Sf std.* (8. Jh.), mhd. *mūr(e)*, ahd. *mūra*, as.
> *mūra*. Wie ae. *mūr m.* und anord. *múrr m.* entlehnt
> aus l. *mūrus m.* Die Mauer ist mit dem Steinbau von
> den Römern zu den Germanen gekommen. Ihre
> Entsprechung bei den Germanen war die geflochtene
> und lehmverschmierte ↗ *Wand*. Von dem Wort *Wand*
> ist dann auch das Genus auf *Mauer* übertragen worden. Aus der gleichen Wurzel (ig. *mei-/moi- »befestigen«) auch l. *moenia n.* »Mauer«, das unter
> ↗ *Munition* erwähnt ist. Verb: **mauern**; Täterbezeichnung: **Maurer**; Präfixableitung: **untermauern**.
> Ebenso nndl. *muur*, ne. *mure*, nfrz. *mur*, nschw. *mur*, nisl. *múr*.
> – LM 6 (1993), 406–408; LINDNER, Th. Moderne Sprachen 38
> (1994), 29–32; RGA 19 (2001), 446–448.

Kluge. Etymologisches Wörterbuch, S. 605

Das Wort *Mauer* geht in allen seinen germanischen Formen auf lateinisch *mūrus* zurück. Das lateinische Wort wurde von den Germanen in ihre Sprache übernommen. Derartige Übernahmen von sprachlichen Elementen nennt man **Entlehnung**. Das althochdeutsche Wort *mūra* hat ein neues Genus erhalten und entwickelt sich nach den Bedingungen der aufnehmenden Sprachen weiter. Der Vokal *ū* in mittelhochdeutsch *mūr(e)* wird wie *ū* in *hūs* zu neuhochdeutsch *au* diphthongiert. Wörter fremder Herkunft, die in die aufnehmende Sprache integriert worden sind, können als **Lehnwörter** von den nicht integrierten, fremd gebliebenen **Fremdwörtern** unterschieden werden. Das Wort *Wand* ist gegenüber dem Wort *Mauer* als **Erbwort** zu bezeichnen, da es nicht aus einer anderen Sprache entlehnt wurde, sondern im Germanischen aus eigenem Sprachmaterial gebildet wurde.

Als Fremdwörter, die ausdrucksseitig nicht in das deutsche Laut- und Schreibsystem integriert sind, lassen sich zum Beispiel die Wörter *Croupier*, *Curry* betrachten:

> **Croupier:** Die Bezeichnung für den Gehilfen des Bankhalters (im Glücksspiel) wurde im 18./19. Jh. aus gleichbed. frz. *croupier* entlehnt. Dies bedeutet als Ableitung von frz. *croupe* »Hinterteil« (vgl. *Kruppe*) eigentlich »Hintermann«, dann übertragen etwa »unauffälliger Helfer«.
> **Curry:** Der Name dieser Gewürzmischung (in Pulverform) ist aus angloind. *curry* entlehnt, das ursprünglich eine mit verschiedenen scharfen Gewürzen gekochte Speise bezeichnete, dann auch eine Zusammenstellung solcher Gewürze überhaupt. Voraus liegt tamil. *kari* »Tunke«.

Duden. Herkunftswörterbuch, S. 131

25.2.4. LEHNWORTSCHICHTEN UND FREMDWORTMODEN

Im Laufe der germanischen und deutschen Sprachgeschichte sind in großem Umfang Wörter aus anderen Sprachen aufgenommen worden, wobei vielfältige kulturhistorische Phänomene die Ursache waren. Die Germanen lernten bei den Römern, die jahrhundertelang an den Grenzen des römischen Reichs ihre Nachbarn waren, die Technik des Steinbaus kennen und übernahmen in diesem Zusammenhang Wörter wie *Mauer* (murus), *Fenster* (fenestra), *Pforte* (porta), *Estrich* (astricus), *Ziegel* (tegula), *Kalk* (calx), *Küche* (coquina), *Keller* (cellarium), *Speicher* (spicarium), *Pflaster* (plastrum) usw. Eine weitere Lehnwortschicht steht im Zusammenhang mit der Christianisierung und enthält Wörter wie *Kirche* (kyrike), *Bischof* (episcopus), *Pfaffe* (papas), *Kloster* (claustrum), *Münster* (monasterium), *Mönch* (monachus) usw. Der Einfluss der hochmittelalterlichen französischen Kultur ist an Lehnwörtern wie *Preis*, *Abenteuer*, *Turnier*, *Baron*, *Vasall*, *Lanze* usw. fassbar. Wörter wie *Giro*, *Konto*, *Skonto*, *Diskont* usw. entstammen der italienischen Kaufmannssprache der frühen Neuzeit, *Oper*, *Alt*, *Sopran*, *Arie* usw. der italienischen Fachsprache der Musik im Barock. Der gesamte deutsche Wortschatz besteht zu einem erheblichen Teil aus Lehnwörtern.

25.2.5. BEDEUTUNGSWANDEL IM WORT UND IM WORTSCHATZ

Das Wort *Bursche* ist wie das Wort *Mauer* ein Lehnwort aus dem Lateinischen. Es zeigt gegenüber mittellateinisch *bursa* Veränderungen in der Ausdrucksseite. Die Etymologie des Wortes *Bursche* zeigt eine ursprüngliche Identität mit dem Wort *Börse*. Die folgenden Ausschnitte aus dem 'Deutschen Wörterbuch' von Hermann Paul beschreiben Etymologie und Bedeutungsentwicklung beider Wörter.

Bursche früher auch *Pursch(e)*, 1 als Fem. seit dem 15.Jh. (DWb) bis ins 17.Jh. ›eine Gesellschaft von Studenten, Handwerksgesellen, Soldaten‹ (wohl wegen der gemeinsamen Kasse, ↑¹*Börse*): *giengen wir zu unserer Bursch/weil wir im Dorff nichts mehr zu verrichten hatten* (Grimmelsh., Simpl. 194,26). Indem zu die *Bursch(e)* wie zu anderen Kollektiva das Prädikat häufig in den Pl. gesetzt wurde, faßte man das Wort selbst als Pl. auf. Daher seit dem 17.Jh. der Sg. 2 *Bursch(e)* M. ›einzelnes Mitglied einer solchen Gesellschaft‹, vor allem ›Student‹, früher gew. mit st.Pl.: *Aber wie gehet es sonsten auff der Universität? Seind auch viel Bursche daselbst?* (1658 Schoch, Comoedia, hg. Fabricius, 36), auch als Stufe in der Hierarchie oberhalb ↑*Fuchs*, um 1800 differenziert in *Jung-, Altb.*, so bis ins 20.Jh., heute nur noch für Angehörige einer Verbindung. 3 Allg. ›(junger) lediger Mann‹ (Stieler 1691), auch ›Liebhaber‹, ›Knabe‹, ugs. »ganz wie *bub* oder *kerl*« (DWb 1860): *Ich habe Marx und solche Burschen nie gelesen* (Kipphardt, Oppenh. 222). 4 ›Diener‹ (Stieler), milit.: *Benn ist Offizier und hat einen ›Burschen‹, der ihm dienstlich zur Verfügung steht* (Theweleit, Königs I,31), ›Lehrling‹, kurz für *Handwerker-, Kaufmanns-, Schneiderbursch* (Stieler) usw., heute veraltend: *zwei Stallburschen, solche haben wir noch in Wolfsegg!* (TBernhard, Auslöschung 624).

¹**Börse** mhd. *burse* 1 ›Geldbeutel‹ < lat. *bursa* (zu griech. *býrsa* ›Leder‹) entwickelt die Bed. 2 ›eine aus gemeinschaftl. Kasse lebende Gesellschaft‹ (vgl. Maaler: *Burß* »ein hauffen kriegsknecht«), bes. von Studenten, ↑*Bursche*(1); *Burse* ist noch vielfach Bez. für das Haus, das sie bewohnten. Seit 1.H.18.Jh. erscheint heutiges *B.* (Ad.) als Entlehnung < nl. *beurs* ›Geldbeutel‹, verdeutlichend *Gold-, Geldb.*, heute gehoben für ↑*Portemonnaie* (²UWb).
²**Börse** Seit 1558 wird über Hamburg nl. *beurs* ›Handelsort der Kaufleute‹ entlehnt (*Börs*), nach der Brügger Kaufmannsfamilie *van de Borse*, deren Wappen drei Geldbeutel (↑¹*Börse*) zeigte und vor deren Haus seit dem 14.Jh. Zusammenkünfte der Kaufleute stattfanden (vgl. Henisch noch *Burs* »kauffleuthauß«); nl. *borse, beurs* ging dann über auf gleiche Zusammenkünfte in Antwerpen und das erste dafür dort errichtete Gebäude (1531 *Bursa*). Seit ca. 1850 (Klu.) allgemeiner ›Markt für Waren, für die nach best. Regeln Preise ausgehandelt werden‹, z.B. *Getreide-, Briefmarkenb.*, inzw. auch übertr. *Ideenb.* Dazu um 1870 **Börsianer** ›Börsenspekulant‹.

Hermann Paul, Deutsches Wörterbuch, S. 197, 184

Das Beispiel veranschaulicht, dass auch die Inhaltsseite sprachlicher Zeichen einem Wandel unterworfen sein kann. Von der Bedeutung 'Geldbeutel' erfolgte die Ausweitung auf die Bedeutungen 'aus gemeinsamer Kasse lebende Gesellschaft' und 'gemeinschaftlich bewohntes Haus dieser Gesellschaft'. Von der Bedeutung 'Gesellschaft' vollzog sich eine Verengung auf die Bedeutung 'einzelnes Mitglied der Gesellschaft'. Von hier aus ergab sich eine erneute Ausweitung zu der Bedeutung 'männliche Person'. Vergleichbare Bedeutungsentwicklungen liegen auch bei anderen Wörtern vor. Entsprechend den Lautgesetzen auf der Ausdrucksseite gibt es auch auf der Inhaltsseite Typen von Veränderungen wie zum Beispiel Bedeutungserweiterung und Bedeutungsverengung.

Der Bedeutungswandel beim Einzelwort kann zu feldhaften Veränderungen paradigmatischer semantischer Beziehungen führen. Ein solcher Wortfeldwandel entsteht zum Beispiel im Zusammenhang mit der Bedeutungserweiterung des Wortes *vrouwe, Frau*. Das mittelhochdeutsche Wort *vrouwe* verliert die

Bedeutung 'adelige Herrin' und wird zunehmend in der Bedeutung 'erwachsene weibliche Person' verwendet. Die Bedeutung 'Herrin' geht auf das im 16. Jahrhundert gebildete Lexem *Herrin* über. Daneben treten die aus romanischen Sprachen entlehnten Wörter *Dame* und *Madame* als Erweiterungen des Paradigmas um die Bedeutungen 'vornehme (bürgerliche) Frau'. Die alte Bedeutung 'Herrin' bleibt in modifizierter Form in Anreden wie *gnädige Frau* oder im christlichen Bereich in der Marienbezeichnung wie *unsere liebe Frau* erhalten.

Wortgeschichtliche Prozesse lassen sich am Einzelzeichen in seinen ausdrucks- und inhaltsseitigen Strukturen beobachten, aber auch in den geographischen, sozialen und pragmatischen Verwendungsbedingungen. Die Einzelwortgeschichte zeigt durch syntagmatische und paradigmatische Beziehungen vielfältige Verflechtungen mit der Wortschatzebene und systemhaften Entwicklungen der Lexik. Wortgeschichte ist daher stets auch als Bestandteil von Wortschatzgeschichte zu verstehen.

Da Wörter und Wortschatzteile nicht nur innerhalb systematischer Beziehungen der Sprache zu beschreiben sind, sondern auch im Hinblick auf ihre Verbindung mit dem außersprachlichen Bereich, spielen in der Entwicklung wortgeschichtlicher Strukturen sach-, kultur- oder begriffsgeschichtliche Zusammenhänge häufig eine wichtige Rolle.

25.3. ANALYSEVERFAHREN UND ANALYSEBEISPIELE

Wortgeschichtliche Analysen kann man wortschatzbezogen betreiben, indem mit Hilfe etymologischer Wörterbücher der Wortschatz bestimmter Sachgebiete nach Entlehnungen aus bestimmten Sprachen durchsucht wird, die wiederum in bestimmte kulturgeschichtliche Zusammenhänge führen; dafür sind in Abschnitt 25.2.4 Beispiele gegeben worden.

Auf der Textebene lassen sich die sogenannten Fremdwörter in Hinsicht auf die Merkmale ihrer Fremdheit analysieren: fremde Grapheme oder Graphem / Phonem-Korrespondenzen, fremde Wortbildungsmuster, Fremdheit der Wortbedeutung. Da die individuelle Fremdwortkenntnis von der sprachlichen Bildung abhängt, entsteht hier auch ein sprachpädagogischer Aufgabenbereich.

Besonders reich an Fremdwörtern sind erwartungsgemäß Texte zu technischen Innovationen, wie das folgende Beispiel zeigen kann.

> Digitalkameras - Informationen & Angebote
> Digitalkamera
>
> Digitalkameras haben den Markt erobert und bieten für jeden Zweck den perfekten Fotoapparat. Vollformat-Spiegelreflexkameras für absolute Profis bringen Spitzenleistungen und sind das hochwertigste, was Sie kaufen können. Für begeisterte Hobbyfotographen bieten moderne digitale Spiegelreflexkameras das komplette Paket mit vielen nützlichen Funktionen. Und wer einfach nur Spaß mit seiner Digitalkamera haben möchte ist mit einer digitalen Kompaktkamera gut bedient.

http://einkaufswelt.t-online.de/digitalkamera-special-digitale-spiegelreflexkameras-digitalkamerazubehoer/id_20268704/index (14.4.2010)

Phonische Merkmale:
Deutliches Fremdheitssignal ist die Position des Wortakzents in Fällen wie *digiˈtal, -appaˈrat, absoˈlut, Paˈket, Funkˈtionen*.

Graphische Merkmale:
<y> in *Hobby-* ist ein typisch englischer Wortauslaut, der als Schreibung für /i/ aus dem normalen Rahmen fällt; vgl. auch die Wörter *Baby, happy, City* usw.
-fotographen zeigt einerseits die eingedeutschte Schreibung <f> im Anlaut (statt *Photo-*), andererseits in *-graphen* die Bewahrung der auf griechische Herkunft des Morphems weisende <ph>-Schreibung für /f/; vgl. auch die Wörter *Phonem, Graphem, Morphem,*
Funktionen zeigt mit der Schreibung <tion> für [tsioːn] eine für Wörter lateinischer Herkunft sehr typische Schreibbesonderheit (vgl. weiter *Nation, Station, Option* usw.)

Morphologische Merkmale:
Flexionsmorphologisch fallen die *s*-Plurale auf, die hier gehäuft auftreten: *Kameras* (mehrfach), *Profis*.
Wortbildungsmorphologisch sind Bildungen wie *Information* u.a. hervorzuheben, die das für den Fremdwortschatz typische Phänomen des Suffixaustauschs zeigen: *inform-ieren* > *Inform-ation*; vgl. weiter *stagnieren – Stagnation, fluktuieren – Fluktuation, interpretieren – Interpretation*.

Die Zusammenstellung der Fremdheitsmerkmale darf aber nicht darüber hinwegtäuschen, dass der Text eigentlich nicht weiter auffällig ist, weil der hier verwendete Wortschatz für den Sachbereich Fotografie als normal gelten kann. Dazu trägt sicher auch bei, dass die sogenannten fremden Wörter problemlos mit heimischen zu Komposita verbunden auftreten können: *Vollformat, Spiegelreflexkamera.* Manche Wörter sind auch relativ häufig und werden sogar in der Umgangssprache gebraucht, wie etwa *perfekt, modern, komplett, absolut.*

25.4. ZUM PROBLEM DES PURISMUS

Seit dem 17. Jahrhundert wird der Einfluss fremder Sprachen auch Gegenstand der Sprachbeobachtung und Sprachreflexion. Die Fremdwortübernahme wird quantitativ bewertet, als Modeerscheinung wahrgenommen, zum Teil polemisch kritisiert und führt schließlich zu Gegenbestrebungen mit dem Ziel der Sprachreinheit, zum sogenannten **Purismus**. Sofern darunter eine generelle Freiheit von Wörtern aus anderen Sprachen verstanden werden soll, ist das eine gänzlich ahistorische und unwissenschaftliche Vorstellung. Die Kritik an rein modischen Übernahmen und an völlig unnötigem Ersatz vorhandener heimischer Wörter kann man hingegen auch als Sprachwissenschaftler nachvollziehen. Die derzeitige Debatte um die Anglizismen wird der mit der Wortgeschichte des Deutschen vertraute Sprachwissenschaftler distanziert und gelassen beobachten, denn von den bereits im 17. Jahrhundert heftig kritisierten Gallizismen sind längst nicht alle in die deutsche Sprache eingegangen, andere hingegen wie zum Beispiel *Onkel* (oncle), *Tante* (tante) und *Bluse* (blouse) sind völlig integriert. Das sprachhistorische Wissen um den Reichtum des Lehnwortschatzes, um die Wege seiner lautlichen, graphischen, flexivischen und semantischen Integration ist in jedem Fall für die Beurteilung der Gegenwartssprache von großem Nutzen; es liefert eigentlich erst die angemessenen Maßstäbe für die Beurteilung.

25.5. DEFINITIONEN

Entlehnung	ein aus einer anderen Sprache übernommenes sprachliches Element (z.B. Wort, Morphem, Phonem, Graphem), das in unterschiedlichem Grad in das Sprachsystem der Nehmersprache integriert ist
Erbwort	ein in einer Sprache und ihren Vorstufen vorhandenes Wort, das nicht aus einer anderen Sprache übernommen worden ist
Etymologie	das sprachwissenschaftliche Teilgebiet, das sich mit der Herkunft der Wörter beschäftigt; auch ihr Ergebnis, die Darstellung der Herkunft, wird Etymologie genannt
Fremdwort	ein aus einer anderen Sprache übernommenes Wort, das in Lautung, Schreibung oder Flexion Merkmale seiner fremden Herkunft behalten hat
Idiomatisierung	der Prozess und das Ergebnis des Verlustes der semantischen Motiviertheit komplexer Wörter
Lehnwort	ein aus einer anderen Sprache übernommenes Wort, das in Lautung, Schreibung oder Flexion in die aufnehmende Sprache integriert worden ist
Lexikalisierung	sieh: **Idiomatisierung**
Purismus	das Bestreben, aus einer Sprache die lexikalischen Einflüsse anderer Sprachen zu beseitigen

25.6. LITERATUR

Kurzinformation:
Metzler Lexikon Sprache. Artikel: Entlehnung, Erbwort, Etymologie, Fremdwort, Idiomatisierung, Lehnwort, Lexikalisierung, Purismus

Einführende Literatur:
R. *Bergmann* – P. *Pauly* – C. *Moulin-Fankhänel*, Alt- und Mittelhochdeutsch, S. 127-137
G. *Fritz*, Historische Semantik

Grundlegende und weiterführende Literatur:
H. *Birkhan*, Etymologie des Deutschen P. *Braun* (Hg.), Fremdwort-Diskussion
Duden. Etymologie

KAPITEL 25

H. *Eggers*, Deutsche Sprachgeschichte
Kluge, Etymologisches Wörterbuch der deutschen Sprache
M. *Meier-Brügger*, Indogermanische Sprachwissenschaft
W. *Pfeifer*, Etymologisches Wörterbuch des Deutschen
E. *Seebold*, Etymologie
Sprachgeschichte. Ein Handbuch zur Geschichte der deutschen Sprache und ihrer Erforschung

KAPITEL 26: NAMEN ALS SPRACHLICHE ZEICHEN UND HISTORISCHE ZEUGNISSE

26.1. EINSTIEG: *ACH WIE GUT, DASS NIEMAND WEISS, ...*

In einem Märchen aus der Sammlung der Brüder Grimm wird die Tochter eines armen Müllers mit Hilfe eines zwergenhaften Zauberers zur Königin. Dafür verlangt dieser das Leben ihres ersten Kindes. Die Königin kann den bösen Zauber nur brechen, wenn sie den Namen des Männchens errät. Dies gelingt ihr, sie belauscht den Zwerg und hört dabei seinen Namen: *Rumpelstilzchen*. Dahinter steckt die Vorstellung, dass man mit der Kenntnis des Namens eines solchen Wesens auch Macht über es besitzt. Namen sind nach dieser Vorstellung mit dem Wesen ihrer Träger verbunden.

Die Sprecher als Träger und Benutzer von Namen zeigen daher ein anhaltendes starkes Interesse an der Deutung ihrer Personennamen oder der sie interessierenden Ortsnamen; sie fragen geradezu nach der Bedeutung von Namen. Diesem starken Interesse entspricht zumindest teilweise das Angebot an Namenlexika. Im Radio und im Fernsehen gibt es Sendungen, in denen namenkundliche Fragen von Experten beantwortet werden. Im Internet lässt sich eine Fülle von Anbietern von namenkundlichen Auskünften ermitteln. Auch eine Namenberatungsstelle an der Universität Leipzig erteilt schriftliche oder mündliche Auskünfte zur Herkunft und Bedeutung von Namen.

Zu den in einer Einführung vermittelten Grundkenntnissen der deutschen Sprachwissenschaft zählen daher Grundbegriffe und elementare Informationen zum Bereich der Namenforschung.

26.2. NAMEN ALS SPRACHLICHE ZEICHEN UND HISTORISCHE ZEUGNISSE
26.2.1. NAME UND WORT

Namen sind wie Wörter sprachliche Zeichen. Unter morphologischem Aspekt lassen sie sich wie Wörter im Hinblick auf ihre Bildung untersuchen. Es treten Zusammensetzungen auf wie *Schwarz-bach* und Suffixbildungen wie *Brün-ing* (vgl. Kapitel 9 und 10).

Unter semantischem Aspekt zeigt sich zunächst die Gemeinsamkeit von Name und Wort in ihrer Bezeichnungsfunktion für außersprachliche Gegebenheiten. Wörter bezeichnen dabei aufgrund ihrer Bedeutung: Weil das Wort *Tisch* die Bedeutung 'Möbelstück mit einer waagerecht auf Stützen ruhenden Platte' besitzt, kann man ein einzelnes derartiges Möbelstück mit diesem Wort bezeichnen. Namen bezeichnen dagegen unmittelbar ohne lexikalische Bedeutung: *Köln*, *Neckar*, *Fritz*. Eine Bedeutung ist bei diesen Namen nicht erkennbar, was ihre Bezeichnungsfunktion für die Stadt, den Fluss und eine bestimmte Person nicht beeinträchtigt. Wo scheinbar eine Bedeutung eines Namens vorliegt, wird die Unmittelbarkeit der Bezeichnungsfunktion besonders deutlich. Die Bedeutung des Wortes *Schneider* spielt nämlich für die Bezeichnung des Namenträgers Schneider gerade keine Rolle. Wer *Schneider* heißt, muss bekanntlich keineswegs von Beruf Schneider sein. Namen werden daher auch nicht übersetzt. In England wird *Herr Schneider* nicht *Mister Taylor* genannt; ebensowenig heißt *Casanova* im Deutschen *Neuhaus*.

In Hinsicht auf ihre Bezeichnungsfunktion unterscheidet man Name und Wort als **Eigenname** (Nomen proprium) und **Appellativ** (Nomen appellativum).

26.2.2. NAMEN ALS GEGENSTAND DER SPRACHWISSENSCHAFT

Namen sind als sprachliche Zeichen auf allen Ebenen der Sprachwissenschaft zu analysieren. Sie sind als gesprochene Einheiten phonetisch und phonologisch beschreibbar. So hat beispielsweise der Name *Berlin* eine für den Namentyp auf -*in* charakteristische Endbetonung (vgl. weiter *Schwerin, Stettin*). Namen haben als geschriebene Einheiten spezifische Charakteristika, beispielsweise eine größere Variantenvielfalt wie zum Beispiel bei den Familiennamen *Meyer, Mayer, Meier, Maier* usw. Namen sind Substantive und zeigen eigene Regelungen des Genus und des Artikelgebrauchs; so erhalten als Namen von Schiffen verwendete Orts- oder Familiennamen feminines Genus: *die Bismarck, die Bremen* usw. Namen haben Anteil an der Textkohärenz; so sind Personennamen unter Beachtung des natürlichen Geschlechts anaphorisierbar oder auch durch Appellative substituierbar:

> *Paul* → *er* bzw. *der Mann*; *Frau Müller* → *sie*.

Namen können wie Wörter aus anderen Sprachen übernommen werden, was im Bereich der Rufnamen und der Siedlungs- und Gewässernamen in besonders großem Umfang der Fall war und ist.

Unter pragmatischem Aspekt können Namen eine ganz besondere Rolle spielen, insofern sie als politisches Instrument eingesetzt werden. Für sprachliche Minderheiten ist beispielsweise die Berücksichtigung der Mehrsprachigkeit der Siedlungsnamen ein wesentliches Element ihrer Respektierung (vgl. Kapitel 24.).

26.2.3. DIE GLIEDERUNG DER NAMEN

Die Namen lassen sich nach den Namenträgern und nach ihren Bezeichnungsfunktionen gliedern. Rufnamen und Familiennamen gehören zu den **Personennamen** (Anthroponyme); zu ihnen gehören weiter Beinamen (*Heinrich der Löwe*) und Personengruppennamen (*Alemannen, Hessen, Russen, Schweizer*). Dem Gesamtbereich der Personennamen stehen die **Ortsnamen** (Toponyme) als Bezeichnungen für geographische Gegebenheiten der verschiedensten Art gegenüber. Nach der Art der Örtlichkeit werden hauptsächlich unterschieden: Siedlungsnamen (*Köln, Hallstadt*), Flurnamen und Straßennamen (*Am Graben, Adenauerallee, Ludwigshöhe*), Gewässernamen (*Rhein, Steinhuder Meer, Schwarzbach*), Landschaftsnamen und Ländernamen (*Franken, Bergisches Land, Lüneburger Heide, England*). In einem weiteren Sinne gehören die Ortsnamen zu den **Sachnamen**. Sachnamen sind beispielsweise auch Namen von Schiffen (*die Bismarck, die Pamir, die Europa*), von Waren und Firmen usw. Die Namenforschung insgesamt wird auch Onomastik genannt.

26.2.4. ASPEKTE DER RUFNAMENFORSCHUNG

Anders als Familiennamen oder geographische Namen werden Rufnamen in der Gegenwart in großem Umfang gewählt und vergeben. Rufnamengebung kann daher auch synchron gegenwartssprachlich in Hinsicht auf ihre Motivation bei der Namenwahl untersucht werden. Es lassen sich geradezu Rufnamenmoden beobachten. Vielfach bedienen namenwählende Eltern sich dabei eines der vielen Rufnamenbücher, die als 'Vornamenbücher' auf dem Buchmarkt sind.

Der heutige Rufnamenbestand ist das Ergebnis vielfältiger historischer Entwicklungen. Wie im Wortschatz liegen auch im Rufnamenschatz diese historischen Schichten in der Gegenwart vor:

zweigliedrige germanische Rufnamen wie
Siegfried, Friedrich, Wilhelm,
Brunhild, Hildegard, Kunigunde,
Kurzformen zu zweigliedrigen germanischen Rufnamen wie
Fritz, Willi, Kuno,
Hilde, Berta, Gundi,
biblische Namen wie
Jonas, Jakob, Joseph, Johannes, Andreas,
Sara, Judith, Rachel, Maria, Martha,
Heiligennamen wie
Sebastian, Florian, Lorenz,
Barbara, Katharina, Ursula.

In der Neuzeit sind Rufnamen aufgrund vielfältiger kultureller Einflüsse aus vielen anderen Sprachen hinzugekommen, wie etwa folgende Beispiele veranschaulichen können:

Kevin, Mario, René, Sandra, Nancy, Carmen

An alle diese Namenschichten richten sich nicht nur Fragen nach der Herkunft und Motivation, sondern sie sind auch Gegenstand sprachwissenschaftlicher Analyse im Hinblick auf Lautung und Schreibung, Bildungsweise, Geschlechtsspezifik und so weiter.

26.2.5. ASPEKTE DER FAMILIENNAMENFORSCHUNG

Zur Identifizierung von Personen werden heute Familienname und Rufname angegeben. Verzeichnisse wie Telefonbücher oder Bibliothekskataloge ordnet man, soweit es um Personen geht, nach Familiennamen. In überschaubaren, vertrauten Gemeinschaften wird in der Regel nur der Rufname zur Bezeichnung einer Person verwendet, ohne dass ihr Familienname überhaupt bekannt sein muss (so zum Beispiel bei Gruppen von Studenten). In diesem Sinne liegt Einnamigkeit vor. Personenbezeichnungen in Geschichte und älterer Literatur zeigen im Prinzip Einnamigkeit:

Siegfried, Hagen, Gunther, Kriemhild als literarische Figuren
Notker, Einhard, Karl, Karlmann, Ludwig als historische Persönlichkeiten

Einnamigkeit ist der ältere Zustand. Familiennamen wurden erst in späterer Zeit üblich. Sie entstanden – zunächst in den Städten – aus dem Bedürfnis nach präziserer Identifikation auf dem Weg über individuelle Beinamen. Erst die spätere Erblichkeit lässt aus Beinamen Familiennamen werden.

Nach der Entstehung der ursprünglichen Beinamen lassen sich fünf Typen von Familiennamen unterscheiden, die heute noch an zahlreichen Familiennamen deutlich erkennbar sind.

– Familiennamen wie *Friedrich, Werner, Paul, Martin* entstanden aus Benennungen nach dem Rufnamen des Vaters: (Heinrich, Sohn des) *Friedrich*.
Viele derartige Familiennamen weisen deshalb die ehemalige Genitivendung *-s* auf, zum Beispiel *Friedrichs, Heinrichs, Peters*, sowie bei latinisierten Namen *-i*, zum Beispiel *Martini, Petri*. Die Benennung nach dem Rufnamen des Vaters kann auch durch Zusammensetzung mit dem Grundwort *Sohn* erfolgen, das meist abgeschwächt als *-sen* erscheint: *Friedrichsen, Martinsen, Petersen, Jürgensen, Hansen*.

Dieselbe Funktion haben auch die Bildungen auf *-mann* und die mit dem Suffix *-ing*: *Friedmann, Petermann, Heinemann* (zu *Hein-rich*), *Brüning* (zu *Bruno*), *Berning* (zu *Bern-hard*), *Lorzing* (zu *Lorenz*).

— Familiennamen wie *Schneider, Förster, Wirt* repräsentieren den aus Benennungen nach dem Beruf entstandenen Typ: *Klaus (der) Schneider*. In derartigen Familiennamen sind oft untergegangene oder ungebräuchlich gewordene Berufsbezeichnungen enthalten wie *Weißgerber, Messerschmitt, Köhler, Pfeifer*. Die Berufsbezeichnungen treten auch in der im Humanismus üblich gewordenen Latinisierung auf: *Agricola* (= *Ackermann* oder *Bauer*), *Mercator* (= *Kaufmann* oder *Kramer*), *Faber* (= *Schmied*), *Piscator* (= *Fischer*). Die Benennung nach dem Beruf konnte auch mittelbar nach beruflichen Attributen erfolgen: *Fingerhut* (für einen Schneider), *Rohleder* (für einen Gerber), *Gutbier* (für einen Brauer).

— Familiennamen wie *Bremer, Hamburger, Basler* lassen eine ursprüngliche Benennung nach einem Siedlungsnamen erkennen, der in der Regel die Herkunft der Person bezeichnete: (Otto aus) *Basel*, (Otto der) *Basler*. Neben den Bildungen auf *-er* stehen Fügungen mit *von/van*: *van Beethoven* (nach einem Ortsnamen *Beethoven* in Belgien) sowie Bildungen auf *-mann*: *Münstermann, Wuppermann*.

— Familiennamen wie *Imhof, Amend, Zumbusch, von der Heydt, Aufdermauer* sind entstanden aus Beinamen nach der Lage der Wohnstätte: wie (Friedrich) *Im Hof, Am End* usw. Auch hier treten Suffixbildungen auf: *Brunner, Strasser, Bühler, Gassner, Feldner, Holzner* sowie Bildungen auf *-mann*: *Bachmann, Stegmann*.

— Familiennamen wie *Fröhlich, Kühn, Klein, Langnese, Leisegang, Schönhals* sind entstanden aus Beinamen, die sich ursprünglich auf individuelle Merkmale einer Person bezogen.

Die außerordentlich große Zahl und Verschiedenartigkeit der deutschen Familiennamen beruht auf ihrer Entstehung aus den vorgeführten Beinamentypen. Jeder Beiname kann darüber hinaus in einer großen Fülle von lautlichen und graphischen Varianten auftreten, die sprachgeschichtlich und sprachgeographisch bedingt sind:

Schmied, Schmid, Schmidt, Schmitt, Schmitz, de Smet.
Nikolaus, Niklaus, Niklas, Nickel, Nickels, Klaus, Klausen, Klas, Klasen, Claasen.
Bühler, Biehler, Bichler, Pichler, Bichel, Pichel.

Es kann als geradezu charakteristisch angesehen werden, dass die vom jeweils zugrunde liegenden Appellativ verschiedenen Schreibungen bei den Namen häufiger vorkommen als die mit ihm übereinstimmenden. Sie signalisieren zumindest graphisch deutlich den Eigennamencharakter, wie zum Beispiel *Becker* gegenüber *Bäcker*, *Schmid* gegenüber *Schmied*.

Die sprachgeographische Gebundenheit der Familiennamen erlaubt ihre Darstellung in Atlasform; die in der Moderne zunehmende Migration der Namenträger hat die sprachgeographischen Grundlagen nicht wesentlich verändert. Die Familiennamen bilden also in der Regel in ihrer landschaftlichen Verteilung die dialektgeographischen Verhältnisse ab, beispielsweise in der Verteilung der diphthongierten und undiphthongierten Namenvarianten wie *Krause/Kruse*, *Hausmann/Husmann* usw. Derartige Fälle stellt das von Konrad Kunze und Damaris Nübling geleitete Projekt Deutscher Familiennamenatlas in Band 1 (2009) Die Graphematik/Phonologie der Familiennamen I: Vokalismus dar.

Die im deutschen Sprachgebiet auftretenden Familiennamen sind genauso wie die Rufnamen (und die unter Abschnitt 26.2.6. behandelten geographischen Namen) nicht notwendigerweise im sprachlichen Sinne deutsch. Unter den aus Rufnamen entstandenen Familiennamen finden sich zahlreiche biblische, also hebräische Namen, sowie griechische und lateinische: *Adam*, *Adams*, *Adamek*; *Peter*, *Peters*, *Petersen*, *Petri*, *Petry*; *Paul*, *Pauls*, *Paulsen*, *Pauli*, *Pauly* usw. Griechische und lateinische Familiennamen entstanden auch durch humanistische Übersetzung deutscher Namen: *Schwartzerdt* > *Melanchthon*, *Fischer* > *Piscator* usw. Die aus religiösen Gründen nach 1685 aus Frankreich geflohenen Hugenotten brachten französische Familiennamen wie *Savigny*, *Fontane* usw. in den deutschen Sprachraum. Besonders hoch ist der Anteil slavischer Namen aufgrund der vielfältigen deutsch-slavischen Sprachkontakte im Osten und Südosten des deutschen Sprachgebietes und entsprechender Einwanderungen, beispielsweise von polnischen Arbeitern ins Ruhrgebiet (Ende 19./Anfang 20. Jahrhundert): *Blaschke*, *Jeschke* usw., *Adamek*, *Grzimek* usw., *Galinski*, *Koslowski* usw. Die historisch jüngste Einwanderung hat schließlich zum Auftreten türkischer Familiennamen im deutschen Sprachgebiet geführt: *Özcan*, *Arslan*, *Demir* usw.

26.2.6. HISTORISCHE SIEDLUNGSNAMENSCHICHTEN

Die im heutigen deutschen Sprachraum existierenden Siedlungsnamen sind im Allgemeinen mit den Siedlungen entstanden. Sie lassen sich daher historischen Siedlungsperioden zuordnen. Entsprechend ihrem Alter zeigen sie auch die verschiedensten sprachhistorischen Veränderungen. Aufgrund namenkundlicher, sprach- und siedlungshistorischer Analyse lassen sich in der Landschaft oder auf der Landkarte historische Siedlungsnamenschichten ablesen.

Namen wie *Köln* und *Koblenz* sind Zeugen der Römerzeit. Sie stammen aus lat. *colonia* und *confluentes*. Vielfach sind durch römische Vermittlung noch ältere keltische Namen erhalten geblieben wie etwa *Cambodunum* im Namen *Kempten*. In noch ältere voreinzelsprachliche Zeit weisen viele Flussnamen wie *Rhein, Main, Regnitz, Donau, Isar* usw.

Aus der Zeit der germanischen Landnahme in der Völkerwanderungszeit und im frühen Mittelalter stammen Namen mit dem Suffix *-ing(en)* und mit Grundwörtern wie *-heim, -dorf, -leben*, deren Erstelement meist auf einen Rufnamen zurückgeführt wird: *Sigmar-ingen, Bertolds-heim, Hadmers-leben*. In manchen heutigen Namenformen ist dieser Personenname nicht mehr erkennbar. Erst die historischen Formen geben ihn deutlicher zu erkennen: *Rattelsdorf*, a. 1015 *Ratolfesdorf*.

Für die hoch- und spätmittelalterliche Zeit des Landesausbaus durch Rodung sind Namen kennzeichnend, die als Simplex oder als Grundwort von Komposita den Rodungsvorgang, die Art der Rodung oder das Ergebnis der Rodung bezeichnen: *Konnersreuth – Burkardroth* zu *-reuth, -roth* 'Rodung', *Bodenmais* zu mhd. *meiz* st.M. 'Holzschlag', *Ottengrün* zu mhd. *grüene* st.F. 'neu bewachsener Ort'.

In der Neuzeit kommen nach französischem Vorbild typische Namen des Absolutismus auf wie *Karlsruhe, Ludwigslust*, in denen sich die Landesfürsten ein Denkmal setzten.

26.3. NAMENANALYSE UND NAMENDEUTUNG

Rufnamen
Die von Laien formulierte Frage nach der Bedeutung ist für den Bereich der Rufnamen als Frage nach der etymologischen Erklärung beantwortbar. Das Duden Vornamenlexikon von Rosa und Volker Kohlheim bietet derartige Angaben:

> *Hartmut*: ahd. *harti, herti*, 'hart, kräftig, stark' + ahd. *muot* 'Sinn, Gemüt, Geist'
> *Ursula*: Verkleinerung von lat. *ursa* 'Bärin'
> *Sara*: hebräischen Ursprungs, hebr. *śarā* 'Fürstin'

Dabei ist es offensichtlich, dass die sprachliche Herkunft und die etymologische Bedeutung eines Rufnamens für seine Verwendung keine Rolle spielen. Nicht auszuschließen ist freilich, dass sich Eltern bei der Namengebung auch von der Etymologie leiten lassen.

Familiennamen
Familiennamen lassen sich oft, aber keineswegs immer, auch in ihrer heutigen Gestalt auf einen der fünf Entstehungstypen zurückführen, was bis zu einem gewissen Grad sogar ohne Familiennamenbücher und ohne historische Quellen möglich ist. So sind Familiennamen wie *Peters*, *Heinrich* unschwer als aus Rufnamen entstanden zu erkennen, Namen wie *Schneider*, *Müller* als aus Berufsbezeichnungen abgeleitet, *Groß*, *Kurz* aus Beinamen, *Adenauer*, *Münstermann* aus Herkunftsnamen und *Andergass*, *Zumtor* aus Wohnstättenbezeichnungen. Viele Familiennamen sind aber ohne sprach- und kulturhistorische Informationen nicht angemessen zu deuten. Für viele Namen sind auch mehrere konkurrierende Erklärungen möglich; man vergleiche zum Beispiel den Artikel *Redel* in Duden. Familiennamen von Rosa und Volker Kohlheim (gekürzt): 1. Berufsübername zu mhd. *redel* 'Rädchen' für einen Drechsler oder Metallarbeiter, der Rädchen herstellte. 2. Wohnstättenname für jemanden, der bei einem Wasserrad wohnte, 3. Aus einer mit *-l*-Suffix gebildeten Koseform von Rufnamen, die das Namenwort *rāt* enthalten, entstandener Familienname [...],

Siedlungsnamen
Siedlungsnamen können nur in Ausnahmefällen nach der heutigen Form gedeutet werden, beispielsweise bei Neubenennungen durch moderne Verwaltungsakte, so etwa bei der Gründung der Stadt Wuppertal durch Vereinigung mehrerer Gemeinden im Jahre 1929. Hier ist die Erklärung 'im Tal der Wupper gelegene Stadt' unproblematisch. Für Siedlungsnamen müssen prinzipiell zunächst die überlieferten historischen Schreibungen geprüft werden, da durch lautliche und graphische Umgestaltungen und durch partiellen oder totalen Namenwechsel die ursprünglichen Verhältnisse mehr oder weniger stark verdunkelt sein können. Siedlungsnamenforschung ist daher stark in die Erforschung der Siedlungsgeschichte eingebettet. Für die Ermittlung der historischen Schreibungen ist sie auf die Geschichtswissenschaft angewiesen, bei deren Analyse kommt die historische Sprachwissenschaft in Anwendung; man vergleiche den folgenden Ausschnitt aus dem Artikel *Bad Kissingen* aus einem in Vorbereitung befindlichen Historischen deutschen Ortsnamenbuch:

> 801 (Druck 1607) *Chizziche*, 801 (Kop 12.Jh) *Kizziche*, 822 (Kopie 12. Jh.) *Kizzingen*, 907 *Kizicha*, 1394 *Kissige*, 18. Jh. *Kissingen*. Die Suffigierung mit *-ingen* ist anhand der ältesten Belege als sekundär zu erkennen; ob *-ich* als Fortsetzung eines keltischen *-iaca* gedeutet werden darf, erscheint unsicher. Für das Erstelement ist von der ausnahmslosen *-zz-*Schreibung der älteren Belege auszugehen, die graphisch eindeutig auf Lautverschiebung von vorahd. *-t-* weist und lautlich ähnlich wie *-ss-* zu realisieren ist; erst nach dem späteren Zusammenfall dieses *-zz-* mit vorahd. *-ss-* werden beide gleich gesprochen und

gleich geschrieben. Die in der Forschung diskutierten slavischen oder germanischen Etymologien mit vorahd. -s- statt -t- sind also lautgeschichtlich falsch. Dagegen ist die Herleitung von einem nur erschlossenen keltischen PN *Citus als *Kitiaca wenigstens lautgeschichtlich möglich, wenn auch sonst höchst problematisch, insofern zur Erklärung offenbar ad hoc ein PN angesetzt wird und keltische Namen sonst außerhalb des römischen Reichs nicht tradiert sind. Ebenso wenig kann eine Ableitung von einem ebenfalls nur erschlossenen germanischen PN Chizo überzeugen.

26.4. Zum Problem der Interpretation literarischer Namen

Besonders reizvoll und schwierig in der Interpretation ist das Gebiet der literarischen Onomastik, wenn es in fiktionalen Texten um die den Figuren vom Autor gegebenen Namen geht. Dafür sei hier ein Beispiel aus einem längeren Aufsatz zur Namengebung bei Jean Paul zitiert[1]:

> "I. *Attila Schmelzle*: Der gebrochene Name
> [...] Ebenso wie bei Thomas Manns zwischen Süd und Nord hin- und hergerissenem Künstler *Tonio*, der doch der Bürger *Kröger* bleibt, wird bereits knapp hundert Jahre früher der in seinem Namen ausgedrückte Identitätskonflikt bei Jean Pauls Feldprediger *Attila Schmelzle* literarisch produktiv, wobei die 'Gebrochenheit' dieses Namens aber komplizierter und raffinierter ist als bei Thomas Manns *Tonio Kröger*, dessen Antithetik lediglich in einem Konnotationsbereich stattfindet, dem der sprachgeographischen Markiertheit. Dagegen wird bei *Attila* zunächst auf das Weltwissen des Rezipienten abgezielt, von dem erwartet wird, dass er diesen Namen mit dem historischen Hunnenführer und dessen überlieferten Eigenschaften assoziiert [...]. Der Familienname *Schmelzle* hingegen evoziert sowohl in seiner Klangsymbolik als auch in seiner leicht durchschaubaren lexikalischen Bedeutung die Vorstellung des Weichen, Schmelzenden; hinzu kommt noch die sprachgeographisch als schwäbisch festzumachende, zumindest für den Nicht-Schwaben verniedlichend wirkende Diminutivendung *-le*."

Im weiteren Verlauf der Untersuchung bezieht V. Kohlheim diesen Namen der Figur auch auf deren Berufsbezeichnung als Feldprediger und auf den Inhalt der Erzählung insgesamt und kann zeigen, dass in dem gebrochenen Namen die zentrale Problematik der Figur und der Erzählung mit zum Ausdruck kommt.

---

[1] Volker Kohlheim, Der Eigenname bei Jean Paul: seine Funktion, seine Problematik, Beiträge zur Namenforschung. Neue Folge 41 (2006) S. 439-463, S.441f.

26.5. DEFINITIONEN

Appellativ	(Nomen appellativum, Gattungsname) Das Wort als Einheit des Lexikons, das aufgrund seiner Bedeutung als Bezeichnung für eine außersprachliche Größe verwendet wird
Eigenname	(Nomen proprium) Sprachliche Einheit, die ohne lexikalische Bedeutung zur Bezeichnung individueller außersprachlicher Größen verwendet wird
Namenarten	Nach den Trägern der Namen werden unterschieden: Personennamen (Rufnamen, Familiennamen, Beinamen), Ortsnamen (geographische Namen = Namen von Siedlungen, Stellen, Gewässern, Bergen usw.), sonstige Sachnamen (= Namen von Firmen, Produkten, Schiffen usw.).

26.6. LITERATUR

Kurzinformation:

Metzler Lexikon Sprache. Artikel: Appellativ, Eigenname, Namenarten, Personennamen

Einführende Literatur:

G. *Bauer*, Namenkunde des Deutschen
W. *Fleischer* – G. *Koß* – H. *Naumann*, in: Kleine Enzyklopädie Deutsche Sprache, S. 648-716
G. *Koß*, Namenforschung
R. *Schützeichel*, in: M. *Gottschald* – R. *Schützeichel*, Deutsche Namenkunde, S. 13-76

Grundlegende und weiterführende Literatur:

A. *Bach*, Deutsche Namenkunde
K. *Kunze*, dtv-Atlas Namenkunde
K. *Kunze* – D. *Nübling*, Deutscher Familiennamenatlas
Namenforschung. Ein internationales Handbuch

Namenbücher:

Duden. Geographische Namen in Deutschland
Duden. Familiennamen
Duden. Das große Vornamen-Lexikon

KAPITEL 27: LEXIKOGRAPHIE

27.1. EINSTIEG: DER WEG ZU WÖRTERBUCHINFORMATION

In einem Artikel auf Seite 43 der Neuen Zürcher Zeitung vom 19.10.2004 findet sich ein Bericht über die Entdeckung von Diebesgut. Darin heißt es u.a. „*Zurzeit werden die sichergestellten Utensilien wie Blachen, Kleidungsstücke und angebrochene Lebensmittelpackungen kriminaltechnisch untersucht.*" Aus sprachwissenschaftlicher Sicht ist anzunehmen, dass das in dem Zitat enthaltene Wort *Blache(n)* einem Leser, der nicht aus dem süddeutsch-schweizerischen Raum stammt, zunächst unbekannt erscheint. Zur Lösung des Verständnisproblems sucht dieser Leser Hilfe in einem Wörterbuch. Er schlägt im Deutschen Universalwörterbuch aus dem Dudenverlag im Stichwortalphabet unter *Blache* nach und folgt von dort einem Verweis auf den Artikel *Blahe*. Dort findet sich folgender Eintrag:

> **Bla|he**, (schweiz.:) Blache, (österr.:) Plache, die; -, -n [mhd. blahe, ahd. blaha, verw. mit lat. floccus = Wollfaser (↑Flocke)]: *großes, grobes Leinentuch, Plane.*

Das bei der Zeitungslektüre aufgetretene Verständnisproblem konnte mit der im Wörterbuchartikel enthaltenen Bedeutungsangabe *großes, grobes Leinentuch, Plane* zureichend gelöst werden. Offenbar handelt es sich um ein Wort, das nur in der schweizerischen und österreichischen Standardvarietät des Deutschen vorkommt. Zugleich läßt der Wörterbuchartikel erkennen, dass entgegen der angesetzten Stichwortform *Blahe* als Lautformen *Blache* und *Plache* üblich sind. Dieser Widerspruch weckt das Interesse des Zeitungslesers. Er möchte genauere Informationen zu *Blahe, Blache* bekommen und sucht eine Bibliothek auf. Dort stellt er angesichts der fast unüberschaubaren Fülle verschiedener Wörterbücher fest, dass er sein Ziel nur dann in einem vertretbaren Rahmen erreichen kann, wenn er sich Kenntnisse über Inhalt, Ausbau und Typik der verfügbaren Wörterbücher aneignet.

KAPITEL 27

27.2. LEXIKOGRAPHIE
27.2.1. WÖRTERBÜCHER ALS TEXTE UND INFORMATIONSSPEICHER

Wörterbücher gehören zu den Sachtexten, die als Nachschlagewerke Information über sprachliche Gegebenheiten vorzugsweise von Einzelwörtern bieten. Unterschiedliche Nutzungssituationen führen zu spezifischen Formen der Informationsorganisation sowie darauf bezogene textuelle Merkmale, die in ihrer Kombination einen eigenen Texttyp 'Wörterbuch' zu umschreiben erlauben.

Der Text vieler Wörterbücher gliedert sich in einen Artikelteil und verschiedene komplementäre Textteile. Die komplementären Textteile lassen sich grob in vier Funktionstypen gliedern. Der erste Typ bietet die Auflösung von verkürzt im Artikelteil erscheinenden Informationen. Dazu zählen Abkürzungen im engeren Sinn, aber auch die Auflösung bibliographischer Angaben aus dem Artikelteil in einem Quellenverzeichnis. Der zweite Texttyp erläutert benutzungstechnische Sachverhalte wie das Anordnungsprinzip für die Stichwörter oder Art und Abfolge der Informationen im Artikel. Oft in diese Informationen eingebettet, jedoch auch selbständig erscheint der dritte Typ der komplementären Texte. Er gibt Auskunft über die Fassung des Gegenstandsbereichs, fachliche Grundlagen des Wörterbuchs sowie über die Zielsetzungen, die die Lexikographen verfolgen. Ein vierter, seltenerer textueller Komplementärtyp erscheint in Form separater Register oder besonderer Sortierungen der Stichwörter wie beispielsweise einer rückläufigen Sortierung der Stichwörter ergänzend zu deren normalalphabetischer Anordnung im Artikelteil.

Der Artikelteil weist im Wesentlichen drei unterschiedliche Organisations- und Kohärenzebenen auf. Als wichtigste Ebene erscheint die Artikelreihe. In ihr bilden die Artikel die größten selbständigen Informations- und Texteinheiten mit relativ hoher Informationsautonomie und hoher interner Kohärenz. Diese Merkmale beruhen einerseits darauf, dass jeder Artikel durch seine Beziehung auf ein Stichwort bestimmt ist, andererseits darauf, dass dem Artikeltext idealtypisch ein wörterbuchspezifisches Raster zugrunde liegt, in dem Informationen über das Stichwort angeordnet und aufeinander bezogen werden. Solche Raster, die als **Mikrostrukturen** bezeichnet werden, bilden stets eine Voraussetzung für die sichere und gezielte Informationsentnahme selbst bei hoher Textkomprimierung. Mikrostrukturen gewährleisten auch die Vergleichbarkeit der Informationen aus verschiedenen Artikeln.

Mikrostrukturen beliebiger Wörterbuchartikel lassen sich vereinfacht in einer binären Hauptgliederung beschreiben. Die Erstkonstituente wird vom Stichwort oder Lemma gebildet, die zweite von der auf das Lemma bezogenen Information.

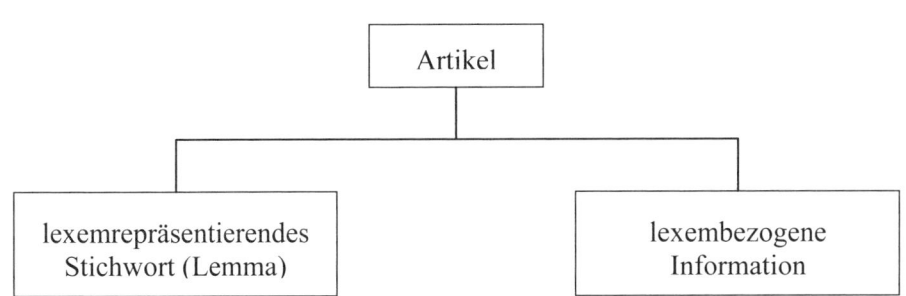

Das Lemma erfüllt für die Textorganisation im Artikel die Funktion eines Leit- und Grenzelementes. Zugleich repräsentiert es in konventionalisierter Form ein Lexem oder Etymon aus dem Gegenstandsbereich des Wörterbuchs.

Die lemmabezogenen Informationen können je nach Komplexität des Artikelaufbaus unterschiedlich stark mikrostrukturell gegliedert sein. Der Artikel ERSATZTEIL in der Neubearbeitung des 'Grimmschen Wörterbuchs' zeigt so zunächst eine Gliederung in vier Hauptabschnitte, die als Stichwortgruppe, Einleitungsteil, Bedeutungsteil und Kompositionsgruppe benannt werden. Die Stichwortgruppe besteht aus der Stichwortform und einer Sigle für die Wortartangabe. Im Einleitungsteil wird eine Erläuterung zur Wortbildung gegeben, die aus der Angabe der Wortbildungsart *zuss.* (= Zusammensetzung) sowie des Bestimmungswortes mit der zugehörigen Wortartangabe besteht. Ferner ist ein Verweis auf eine Gliederungsmarke im Bezugsartikel enthalten. Der Bedeutungsteil besteht aus einer Bedeutungsparaphrase und einer Belegreihe. In der Belegreihe sind alle Zitate nach dem Alter ihrer Erstbezeugung geordnet worden. Jeder Einzelbeleg setzt sich zusammen aus einer Datumsangabe, dem Zitattext und einer bibliographischen Angabe. Die Kompositionsgruppe wird mit einem eigenen Stichwort eingeleitet, dem eine Reihe von Kompositionsgruppenartikeln folgt. Die Stichwörter dieser Kompositionsgruppenartikel erscheinen um die Bestimmungswortkonstituente verkürzt mit Wortartangabe und einer unmittelbar anschließenden Stellenangabe für Belegstellen.

> ERSATZTEIL *n.* *zuss. mit* ersatz *m.* 2. *bestandteil einer maschine, eines fahrzeugs u. dgl., der im austausch zur erneuerung eines unbrauchbar gewordenen teils dient:* 1916 *die schulknaben .. entwendeten .. zwei fahrradhändlern zwei taschenlampen und fünf ersatzteile dazu* HELLWIG *krieg 93.* 1938 *sein beschädigtes privatflugzeug steht in der garage und wartet auf ein ersatzteil* SIEBURG *frühling 219.* 1979 *ein anderes mit dem verkauf von zweirädern und den dazugehörigen ersatzteilen befaßtes unternehmen gött. tagebl. 48,Gött.*
> ERSATZTEIL-. -beschaffung *f.:* 1966 *frankf. allg. ztg. 72,1.* -geschäft *n.:* 1965 *spiegel 43,93.* -lager *n.:* 1961 *ebd. 2,7.* 1979 *südd. ztg. 153,13.* -lieferung *f.:* 1957 KLOSS/N. *struktur 60.*

[2]DWB VIII, 6/7, Sp. 2106

KAPITEL 27

Das hier skizzierte Bild der Artikelstruktur stellt die Realisierung eines sehr variablen, oft erheblich komplexeren Strukturgefüges dar. Viele der Positionen dieses Gefüges sind optional und können je nach Befund beim Einzelwort gefüllt oder ausgespart werden. So sind zum Beispiel innerhalb des Einleitungsteils, wie der Vergleich mit dem Artikel zum Stichwort ES (Pronomen) aus der Neubearbeitung des Deutschen Wörterbuchs zeigt, auch Positionen für die germanische und indogermanische Parallelüberlieferung der Wortform oder Hinweise zur Flexion vorgesehen, wenn einzelwortspezifische Beobachtungen dazu nach Vorgabe des Wörterbuchkonzepts zu buchen sind.

> **ES** *pron.*
> (1) *ahd.* iz, *mhd.* ez. *as. mnd.* it; *anfrk.* it; *got.* ita. *etymolog. anschluß strittig. mnl. nnl.* het; *ae.* hit, *me.* (h)it, *ne.* it. *die nordgerm. entsprechungen durch das dem.pron. ersetzt. nom. akk. neutr. des pron. der 3. pers., gebildet mit der pronominalen flexionsendung* -d *und einer partikel* -ōm *von der schwundstufe des idg. pronominalstamms* *ei-.
> (2) *i-formen, frmhd. auch obd. noch mehrfach bezeugt, in md. texten bis 1. hälfte 16. jhs. – die ältesten s-formen letztes viertel 13. jhs. in vorwiegend al. hss.:* 1278 es *(Basel) corp. altdt. originalurk. 5,113 W. – das schwachtonige wort verliert in der enklise häufig den vokalischen bestandteil, ahd. nach vokalen, mhd. auch nach konsonanten. proklitisches 's ist schriftsprachlich seltener:* 1803 's ist gut KLEIST *Schroffenstein 182. bei der verschmelzung mit* daz *und* ist *kommt es zu vokalveränderungen:* ⟨u1350⟩ eist nicht alsô BONER *edelstein 53 P.*

[2]DWB VIII, 6/7, Sp. 2379

Die Mikrostruktur spiegelt sich in einem gewissen Umfang auch in der Interpunktion oder in typographischen Formaten. So werden die Stichwörter in der Regel durch Fettsatz hervorgehoben und zusätzlich ein- oder ausgerückt. Objekt- und Metasprache zeigen vielfach einen Wechsel von recte und kursiv. Oft sind auch bibliographische Angaben bei den Belegen an eigenen Formaten erkennbar.

In verschiedenen Wörterbüchern wird die Lemmaform auch als Beschreibungselement für lexikalische Eigenschaften des Stichwortes genutzt. Dazu gehören zum Beispiel Kennzeichnungen zum Wortakzent, zur Silbenstruktur oder zur Orthographie. Vorrangig aber dienen die Stichwortformen zur Bildung der zweiten Strukturebene des Artikelteils, der Makrostruktur.

Flot|te, die; -, -n; Flot|ten.ab-
kom|men, ...ba|sis, ...stütz-
punkt; flot|tie|ren (schwimmen;
schweben); -de (schwebende,
kurzfristige) Schuld; Flot|til|le
[österr. nur so, sonst auch ...'tiljə],
die; -, -n (span.) (Verband kleiner
Kriegsschiffe); flott|ma|chen
(Seemannsspr. zum Schwimmen
bringen; ugs. für fahrbereit ma-
chen); vgl. flott; flott|weg (ugs.
für in einem weg; zügig)

   Flotte
  Farbflotte
  Färbeflotte
  Hochseeflotte
  Waschflotte
  Fischereiflotte
 Kauffahrteiflotte
  Panzerflotte
  Kriegsflotte
  Handelsflotte
  Luftflotte

Duden, Rechtschreibung, S. 285; E. Mater, Rückläufiges Wörterbuch, S. 131

Die **Makrostruktur** vieler Wörterbücher ergibt sich aus der alphabetischen Ordnung der Lemmaformen. In der einfachsten Form erscheint jedes Stichwort an der ihm zukommenden alphabetischen Position im rechtsläufigen wie im linksläufigen (rückläufigen) Wörterbuch. Die lexikographische Entscheidung für eine bestimmte makrostrukturelle Anordung der Lemmata ergibt sich unter anderem aus den vorgesehenen Nutzungszielen für ein Wörterbuch. Die alphabetische Anordnung in Leserichtung wird aus Gründen der Üblichkeit bevorzugt, wenn es um die Erschließung einzelwortbezogener Information geht. Diese Anordnung unterstützt z.B. aber auch Nachschlagevorgänge, die sich auf morphologische Rechtserweiterungen beziehen. Wie die Abbildungen aus dem Duden Rechtschreibwörterbuch und dem Duden Universalwörterbuch zeigen, gestattet die vom Stichwort ausgehende rechtsläufige Alphabetisierung, das Paradigma der alphabetisch anschließenden Grundwörter von Komposita usw. im wortfamiliären Zusammenhang zu betrachten. Die rückläufig-alphabetische Anordnung der Stichwörter vom Wortende her eröffnet dagegen die Möglichkeit, von einem bestimmten Stichwort oder Suffix ausgehend morphologische Linkserweiterung zu betrachten. Eine andere Nutzungsform der rückläufigen alphabetischen Makrostruktur besteht darin, das Paradigma der Wortenden nach Reimmöglichkeiten zu durchsuchen *(Flotte, Motte, Rotte)*. Makrostrukturelle Entscheidungen können unabhängig vom Alphabetisierungstypus auch Überlegungen zur Textgestaltung betreffen. So kann aus Übersichtlichkeitsgründen eine glattalphabetische linksbündige Anordnung der Stichwörter gewählt werden wie im folgenden Beispiel. Aus Gründen der Raumersparnis wird vielfach eine teilweise nischenartige, unabgesetzte Abfolge der Artikel wie zum Beispiel bis zur 21. Auflage im Rechtschreibduden bevorzugt (sieh oben).

> **Flot|te,** die; -, -n [1: unter Einfluss von ital. flotta,
> frz. flotte < mniederd. vlōte, zu ↑ fließen; 2: zu
> ↑ Flott]: **1. a)** *Gesamtheit der [Kriegs]schiffe
> eines Staates:* die englische F.: **b)** *größerer
> [Kriegs]schiffsverband.* **2.** *Flüssigkeit, in der
> Textilien gebleicht, gefärbt od. imprägniert wer-
> den.*
> **Flot|ten|ab|kom|men,** das (Milit.): *Vertrag zwi-
> schen zwei od. mehr Staaten über Stärke u.
> Bewaffnung ihrer Flotten* (1 a).
> **Flot|ten|ba|sis,** die (Milit.): *Hafen mit Versor-
> gungseinrichtungen für eine Flotte* (1).
> **Flot|ten|stütz|punkt,** der (Milit.): vgl. Flottenba-
> sis.
> **Flot|ten|ver|band,** der (Milit.): *Gruppe von
> Kriegsschiffen mit gemeinsamer Aufgabe.*
> **flot|tie|ren** ⟨sw. V.; hat⟩ [frz. flotter, zu: flot =
> Welle, aus dem Germ.]: **1.** (Med.) *in einer Flüs-
> sigkeit frei beweglich schwimmen:* der Fetus
> flottiert im Fruchtwasser. **2.** (bildungsspr.,
> Fachspr.) *schwanken, schweben:* flottierende
> Schuld (Rechtsspr.: *kurzfristige Darlehens-
> schuld des Staates, schwebende Schuld*). **3.** (Tex-
> tilind.) *(von Garnfäden im Gewebe) stellenweise
> frei liegen.*
> **Flot|til|le** [flɔˈtɪl(j)ə], die; -, -n [span. flotilla, Vkl.
> von: flota < frz. flotte, ↑ Flotte]: **1.** (Milit.) *Ver-
> band kleinerer Kriegsschiffe.* **2.** *Verband aus
> mehreren Fangschiffen u. einem verarbeitenden
> Schiff, die gemeinsam fischen.*
> **Flot|til|len|ad|mi|ral,** der (Milit.): **a)** ⟨o. Pl.⟩
> *unterster Dienstgrad in der Rangklasse der
> Admirale;* **b)** *Offizier dieses Dienstgrades.*
> **flott|krie|gen** ⟨sw. V.; hat⟩ (ugs.): *flottbekommen.*
> **flott|ma|chen** ⟨sw. V.; hat⟩: **1.** (Seemannsspr.) *(ein
> auf Grund gelaufenes Schiff) wieder zum freien
> Schwimmen bringen.* **2.** (ugs.) *(ein Fahrzeug)
> fahrbereit machen.*

Duden. Deutsches Universalwörterbuch, S. 557

Gegenüber diesen einsträngigen alphabetischen Makrostrukturen ist der Typ der Makrostruktur mit verschiedenen Subalphabeten abzusetzen. Diesen nestalphabetischen Strukturen liegt eine Unterscheidung von Haupt- und Nebenlemmata zugrunde, die je rangverschiedene Alphabetreihen bilden. Das Wörterbuch von D. Sanders ordnet so alle Wortbildungen den Simplizia unter. Um eine Bildung wie *Orlogsflotte* zu finden, muss daher zunächst das Simplex *Flotte* im Hauptalphabet, danach die Bildung im Subalphabet aufgesucht werden.

> **Flótte**, f.; –n; –n=: 1) = Flott II; f. z. B.
> Dobrik 296: Die F–n der Schiffszimmerleute; an den Fischer=
> netzen ꝛc. — 2) **Färb.**: die zum Ausfärben dienenden
> Abkochungen von Farbstoffen. So auch: Farb(e)=,
> Färbe(r)=F. Karmarſch 2, 783 und z. B.: Krapp=F.
> 1, 159; Quercitron=F. 2, 74 ꝛc. — 3) eine größere
> Anzahl zuſammengehöriger Schiffe, im engern Sinn
> von Kriegsschiffen: Kriegs=, Orlogs=F. (vgl. Ge=
> ſchwader), doch auch: Handels= (Sch. 101b), Kauf=
> fahrtei=F.; Scheren=, ſ. Klippe, Anm. ꝛc., z. B.:
> Es warten die F–n, | die in der Fremdlinge Land tragen den
> heimiſchen Fleiß. Sch. 76a, vgl.: Den Teich, wo meine [des
> Knaben] F. | von Tannenborke ſchwamm. Matthiſſon 92 ꝛc.

D. Sanders, Wörterbuch der Deutschen Sprache, I, S. 469

Als dritte Strukturebene des Artikelteils wird hier die Verweisebene betrachtet. In dieser Ebene werden in unterschiedlicher Weise vernetzende Beziehungen zwischen Stichwörtern oder bestimmten Einzelinformationen hergestellt. Bei den Stichwortverweisen handelt es sich in der Regel um Nebenformen, von deren alphabetischer Position auf die maßgebliche Lemmaform mit dem Artikel verwiesen wird.

> **DERENTWILLEN** *adv.* *s.* deretwillen. **DERENWE-GEN** *adv.* *s.* deretwegen. **DERENWEILEN** *konj.* *s.* derweilen. **DERENWILLEN** *adv.* *s.* deretwillen. **DERENZEIT** *adv.* *s.* derzeit. **DERERLEI** *adj.* *s.* derlei. **DERETWEGEN** *adv.* *zuss. des erweiterten gen.*

> **DERWORTEN** *adv. zusb. aus der genitivverbindung von der pron. 1a und wort n. mit dem adverbialmorphem -en. häufig in getrenntschreibung, s. wort n. I B 2c* ¹*DWB*.

²DWB, VI, Sp. 712, 748

27.2.2. ARTEN VON WÖRTERBÜCHERN

Innerhalb der Textgruppe 'Wörterbuch' lassen sich zahlreiche Ausprägungen von spezifischen Wörterbucharten erkennen, die sich unter anderem nach Merkmalen der Wortschatzauswahl und der verschiedenen Beschreibungsansätze unterscheiden lassen.

Die Auswahl von Lexikbereichen für Wörterbücher folgt überwiegend Vorstellungen von raumzeitlichen und sprachsoziologischen Gliederungen der Sprache. Dementsprechend lassen sich je nach berücksichtigtem Wortschatz Wörterbucharten wie das Mundartwörterbuch, das fachsprachliche oder das gegenwartssprachlich-standardsprachliche Wörterbuch benennen. Die vielfach komplexe diasystematische Schichtung des Deutschen führt in der Praxis zwangsläufig zu gewissen Überschneidungen der Lexikbereiche.

KAPITEL 27

Eine andere Art der Unterscheidung von Wörterbucharten ergibt sich aus bestimmten Beschreibungsansätzen oder Beschreibungsschwerpunkten. So lassen sich alle Wörterbücher, die semantische Eigenschaften von Lexemen beschreiben, als Bedeutungswörterbücher zusammenfassen. Innerhalb dieser Gruppe können je nach dem gewählten methodischen Standpunkt semasiologische und onomasiologische Wörterbücher oder nach der Art der berücksichtigten semantischen Qualitäten Synonymwörterbücher, Antonymwörterbücher und so weiter unterschieden werden. Zu solchen lexikologisch begründeten Unterscheidungen kommen ergänzend aus dem lexikographischen Beschreibungsverfahren begründete Unterscheidungsmerkmale von Wörterbüchern hinzu. Je nach dem gewählten lexikographischen Ordnungsprinzip kann von einem rechts- oder linksläufigen alphabetischen Wörterbuch, einem Belegwörterbuch und so weiter gesprochen werden.

Da in vielen Wörterbüchern neben semantischen auch grammatische, morphologische, orthographische, prosodische und pragmatische Sachverhalte behandelt und zudem noch verschiedene Sprachschichten differenziert werden, ist von der Beschreibungsebene her eine eindeutige Typzuordnung selten möglich. Vielfach liegt der Charakter des Allgemeinwörterbuchs vor, in dem unterschiedliche ausdrucks- und inhaltsseitige Erscheinungen der Wörter kombinatorisch behandelt werden.

Schließlich spielen auch der Umfang der im Wörterbuch berücksichtigten Lexeme und Lexemeigenschaften sowie die Zielgruppendifferenzierung für die Unterscheidung von Wörterbucharten noch eine Rolle. Je nach Dokumentationsinteresse und Benutzungsprojektionen stehen stark auswählende oder an Vollständigkeitsvorstellungen ausgerichtete Konzepte mit unterschiedlicher funktioneller Ausrichtung im Vordergrund. Ein einbändiges Handwörterbuch zur Gegenwartssprache kann zwangsläufig nicht die Darstellungsbreite eines entsprechenden zehnbändigen Werks besitzen, wohl aber durch seine leichtere Handhabbarkeit und Übersichtlichkeit in bestimmten Benutzungssituationen wünschenswert erscheinen. Solche Überlegungen sind auch für Zielgruppenorientierung von Bedeutung. Ein Schülerwörterbuch ist im Umfang und in der Beschreibungsweise anders anzulegen als ein Wörterbuch, mit dem differenzierte wissenschaftliche Interessen befriedigt werden sollen.

27.2.3. WÖRTERBÜCHER EINZELNER WORTSCHÄTZE

Nach dem ausgewählten Wortschatz stellen das 'Althochdeutsche Wörterbuch' von R. Schützeichel und das Unternehmen der Leipziger Akademie Sprachstadienwörterbücher dar, die den Lexembestand der Quellen des Althochdeutschen schichtweise beziehungsweise vollständig buchen. Für das Mittelhochdeutsche erfüllt mit einem Schwerpunkt im 13. Jahrhundert und stark selektivem Zugriff M. Lexers 'Mittelhochdeutsches Handwörterbuch' entsprechende Funktionen. Dieses Wörterbuch beruht einerseits auf einem älteren Werk von Benecke - Müller - Zarncke, andererseits wird es durch das jüngere 'Findebuch' ergänzt. Einen speziellen Ausschnitt der mittelhochdeutschen Periode bietet das 'Wörterbuch der Mittelhochdeutschen Urkundensprache'.

> ērhăft, eerhaft *Adj., (ehr)würdig; barmherzig.* B. GB. MH. WH.
>
> êr-haft *adj.* (I. 445ᵇ) *ehrenhaft* LANZ. LAMPR. EN. (êrh. tôt 204, 1). PASS. (106, 44. 116, 49. 166, 50. 189, 27. K. 151, 23); *herrlich, glanzvoll,* êrhafte sezzele HIMLR. 325; *als epith. ornans s. v. a.* êrbære, ein êrhafter knecht Mz. 4, 392; *in urk. auch oft für* êhaft, ân êrhafte nôt UHK. 2, 43. 75. USCH. 328. 402 *etc.;*

R. Schützeichel, Althochdeutsches Wörterbuch, S. 125; M. Lexer, Mittelhochdeutsches Handwörterbuch, Sp. 634

Für die Periode des Neuhochdeutschen liegen unterschiedliche zeitgenössische Wörterbücher des 16.-20. Jahrhunderts vor. Von diesen seien exemplarisch die Werke von Stieler, Steinbach, Adelung und Campe genannt. Zusätzlich erfassen verschiedene historische Wörterbücher auf philologischer Grundlage diesen Zeitraum. Das 'Deutsche Wörterbuch von Jacob Grimm und Wilhelm Grimm' bietet in erster Ausgabe mit ca. 350.000 Stichwörtern die umfänglichste Sammlung des Wortbestandes seit dem Jahr 1450. Auswahlgesichtspunkte dieses Wörterbuchs wie die Aussparung von Fremdwörtern und bestimmten Fachwörtern haben das Entstehen komplementärer Werke wie des 'Deutschen Fremdwörterbuchs' und des 'Deutschen Rechtswörterbuchs' bewirkt. Gegenüber diesen im Quellenbestand jeweils breit gefächerten Werken zeigt das 'Goethewörterbuch' als Autorenwörterbuch einen exemplarischen Ausschnitt des vorgegenwartssprachlichen Zeitraums. Die Lexik der jüngeren Gegenwartssprache ist u.a. und mit verschiedenen Schwerpunkten im 'Großen Wörterbuch der deutschen Sprache' oder im 'Wörterbuch der deutschen Gegenwartssprache' abgebildet worden.

> **Grimasse** 8 Belege **1** *in Anlehnung an ältere Bed, mit negativem Akzent iSv zeremonielle, rituelle Verrenkung* Pfaffen [protestantische Pastoren].. | Die [*im Vergleich zu kath Priestern*] nur in allem Grund der Sachen | Mehr schwäzzen [*im Gottesdienst*]. wenger G-n machen 38,64 EwJude 273 24,233,20 Wj II 1 **2** *für künstliche, unnatürliche Gebärden, Körperhaltungen, mBez auf schauspielerische Attitüde* Unter diesen [*Wander-*] Schauspielern war zwar manches Natürliche und Gute, das unter der Last von Affectation, angenommenen G-n und Eigendünkel erstickt.. werden kann 51,39.9 ThS I 11 51,35.3 ThS I 10 **3** *verzerrte, häßliche Miene, auch im ausgeführten Bild; einmal* 'G. ziehen' [*Bildbeschreibung*] Alexander.. sieht mit einer Miene von Unbehaglichkeit Philippen an, der gleichfalls eine G. von Erstaunen und Verdruß zieht 38,378,53 FGA Engl schwKunst Boydell [G/Merck?] [*Charakterisierung spinozistischer Lebenshaltung*] vielmehr soll man, je bitterer der Kelch ist, eine desto süßere Miene machen, damit ja der gelassene Zuschauer nicht durch irgend eine G. beleidigt werde 29,10,4 DuW 16 [*für: grimace*] 45,68,1 RamNeffe uö

Goethe-Wörterbuch, IV,4, Sp. 477

> **Grimạsse,** die; -, -n 〈*franz.*〉 *verzerrtes Gesicht:* eine absonderliche, drollige, abstoßende, höhnische G.; er verzog das Gesicht zu einer fürchterlichen G.; eine G., Grimassen schneiden, ziehen, machen; die Jungen schnitten einander alberne Grimassen; Georg zieht eine geringschätzige Grimasse REMARQUE *Schwarzer Obelisk* 85

Wörterbuch der deutschen Gegenwartssprache, III, S. 1648

Auch zur Sprachraumlexik des Deutschen liegt ein umfänglicher Komplex von Wörterbüchern vor. Neben zahlreichen Ortsmundarten sind Großräume mit unterschiedlich starker Binnendifferenzierung erfasst worden. Exemplarisch genannt seien hier das 'Bayerische Wörterbuch' und sein Gegenstück, das 'Wörterbuch der bairischen Mundarten in Österreich', das 'Schwäbische Wörterbuch', das 'Thüringische Wörterbuch', das 'Obersächsische Wörterbuch' und das 'Niedersächsische Wörterbuch'. Das 'Schweizerische Idiotikon' nimmt eine Sonderstellung ein, da es neben den mundartlichen Schichten des Schweizerischen auch dessen Standardvarietät berücksichtigt. Eine Reihe dieser Wörterbücher berücksichtigt übergreifend verschiedene historische Sprachperioden.

Traffik m.: Handel. ‚Deßwegen wellend wir söllichen Tr. und Gwerb [mit zugekauften Pferden] wo darzue ervorderliche Winterung nit vorhanden, gentzlich abgestrickt haben.' B Wuchermand. 1613; erneuert 1628. „In der Haubtstatt aber soll ihnen [den einheimischen Glashändlern] der Traffic auch mit dieser einheimischen [Glas-]Wahr außert den Jahrmärkten allerdings abgestrikt und verpotten sein.' 1684, B StR. ‚[Die Fischer dürfen] wann ein jewesender Herr Schultheiß die Seevögt in Namen der Statt oder ein ander Burger sie zum Fischen [‚gebrauchen wolltend'] umb einen billigen Lohn [fischen, doch] daß solcher Fischfang anderst nicht alß zur récréation und Nohtdurft, keineswegs aber zum Eigennutz und Trafic geschehe.' 1711, FMu. StR. — Frz. trafic; vgl. Kluge¹⁸ 786; Heyse, Fremdwb.¹³ 925; Rhein.WB. VIII 1267.

Trafik
F., Verkaufsladen f. Tabakwaren, Zeitungen, Brief-. Stempelmarken u.dgl. allg. (trafíkx, -ík u.ä.); d. Vertrieb d. Tabakwaren ist seit 1784 Staatsmonopol. Näh. s.u. → *Tabák* 3 (4,19), s.a. ASDU 1,72: *in ana bude, de woa ned gresa / ois wira glane drafíg* W. NÖSTLINGER (1974) 57: *Raucher können sich .. nur in der Trafik eindecken* D.Presse 2.3.1995; auch als *(Tabák)-, (Tabák)-* dass. allg., *(Land)- „Landkrämerei"* Steir.Wb. 425, †*(Wein)-* Weinhandel ebd. 626 (ä.Spr.); Etym.: Kf. v. Tabaktrafík; Gw. aus frz. *trafic* Handel, Näh. KLUGE²¹ 785. — Suddt.Wb. 3.285, Schweiz.Id. 14,350. Abl.: *Trafikánt, -in*, M., F., Inhaber(in) e. Tabaktrafik allg. W.B.

Schweizerisches Idiotikon, XIV,176. H., Sp. 350; Wörterbuch der bairischen Mundarten in Österreich, Sp. 253

Den Typ des nach der Wortschatzauswahl fachsprachlichen Wörterbuchs mit historischer Ausrichtung vertreten Veiths 'Bergwörterbuch', Kluges 'Seemannssprachliches Wörterbuch' oder Schirmers 'Kaufmannssprachliches Wörterbuch'. Der jüngeren Fachsprachenlexikographie entstammt zum Beispiel für den medizinischen Bereich der 'Pschyrembel'. Als sondersprachliche Wörterbücher sind unter anderem das 'Wörterbuch der Gaunersprache', das 'Wörterbuch der Schüler- und Studentensprache' sowie verschiedene Wörterbücher zur Jugendsprache zu nennen. Gegenüber solchen gruppensprachlichen Wörterbüchern, die entweder tätigkeitsabhängige oder gruppenabschirmende Lexik abbilden, erfasst das 'Wörterbuch zur NS-Sprache' von Berning eine gruppenideologisch bestimmte Lexik.

Landjahr Bezeichnung für eine achtmonatige Dienstzeit, die seit 1934 durch das „Preußische Gesetz über das Landjahr" für alle schulentlassenen Kinder verpflichtend war.[705] Dazu: L a n d j a h r e r z i e h e r.

C. Berning, Vom 'Abstammungsnachweis' zum 'Zuchtwart', S. 119

27.2.4. SPRACHLICHE EIGENSCHAFTEN VON WÖRTERN

Die Vorstellung verschiedener Wörterbucharten nach ihrem Beschreibungsansatz erfolgt im weiteren in Auswahl für den gegenwartssprachlichen Bereich. Wie der folgende Artikelausschnitt zeigt, finden sich im 'Großen Wörterbuch der deutschen Sprache', das für die gegenwartssprachlichen Allgemeinwörterbücher steht, im Einleitungsteil des Artikels Bibliothek neben Aussprachehinweisen, Angaben zur Wortart und Flexion, kurze etymologische Erklärungen und ein Verweis auf das etymologisch benachbarte Wort Theke. Der gegliederte

Bedeutungsteil weist neben den Paraphrasen zur Bedeutungsbeschreibung verschiedene objektsprachliche Verwendungsbeispiele auf. Für die Bedeutung 2 wird das sprachhistorische Merkmal 'veraltend' angegeben. In das Stichwort ist die Kennzeichnung der Silbengrenzen und die Kennzeichnung des tontragenden Vokals integriert.

> Bi|bli|o|thek, die; -, -en [lat. bibliotheca < griech. bibliothēkē, eigtl. = Büchergestell, zu: thēkē, ↑ Theke]: 1. a) *Einrichtung zur systematischen Erfassung, Erhaltung, Betreuung u. Zugänglichmachung von Büchern; Bücherei:* an, bei einer B. angestellt sein; b) *[geordnete] Büchersammlung:* eine B. von 30000 Bänden; c) *Raum, Gebäude für eine Bibliothek.* 2. (veraltend) *Titel von Buchreihen:* Meiners Philosophische B.

Duden. Das grosse Wörterbuch der deutschen Sprache, II, S. 590

Das betrachtete Allgemeinwörterbuch bietet in semasiologischer Hinsicht zwar die Beschreibung der verschiedenen im Lexem enthaltenen Sememe, jedoch nicht deren paradigmatische Beziehungen innerhalb der gegenwartssprachlichen Lexik. Die komplementäre Information bieten Synonym- beziehungsweise Antonymwörterbücher.

> **fliehen: 1.** ⟨*sich einer Gefahr entziehen wollen*⟩ davonlaufen · flüchten · die Flucht ergreifen · flüchtig sein/werden · sich zur Flucht wenden · sich absetzen + entkommen ♦ *umg*: Fersengeld geben · die Fersen zeigen · lange Beine machen · Reißaus nehmen · sich aus dem Staub machen · das Hasenpanier ergreifen; ausreißen wie Schafleder (*scherzh*); Pech kaufen (*landsch*) ♦ *salopp*: türmen · verduften · sich verdünnisieren · die Kurve kratzen; ausbüxen (*landsch*); → *auch* weglaufen, wegschleichen (I), entfliehen (1), entkommen (1) – **2.** → desertieren – **3.** → meiden

> **fliehen:** standhalten, ausharren, sich stellen ✧ vorgehen, vorrücken, vormarschieren, vorwärtsgehen ✧ suchen ✧ langsam vergehen, schleichen (Zeit)

Wörterbuch Synonyme, S. 292; Ch. Agricola – E. Agricola, Wörter und Gegenwörter, S. 109

Syntagmatische semantische Beziehungen bietet mit den Verwendungsbeispielen bereits der Artikel des Allgemeinwörterbuchs. In dem Wörterbuch 'Wörter und Wendungen' werden schwerpunktmäßig weitere semantisch prototypische Umgebungswörter angegeben. Die diesen Kompatibilitäten zugrunde liegenden semantischen Valenzen lassen sich dem 'Wörterbuch zur Valenz und Distribution deutscher Verben' entnehmen.

nachgeben

I. nachgeben$_{1+(1)-2}$ (V1 = auf Widerstand verzichten)
II. nachgeben → Sn, (Sd)
III. Sn →   1. Hum (*Der Lehrer* gibt nach.)
           2. Abstr (als Hum) (*Das Institut* gibt nach.)
    Sd →   1. Hum (Er gab *dem Kind* nach.)
           2. Abstr (Er gibt *der Mutlosigkeit* nach.)
           3. Act (Er gibt *dem Drängen* nach.)

I. nachgeben$_{1+(1)-2}$ (V2 = nicht standhalten)
II. nachgeben → Sn, (Sd)
III. Sn →   −Anim (*Die Wand* gibt nach.)
    Sd →   Abstr (Die Wand gibt *dem Druck* nach.)

W. Helbig – W. Schenkel, Wörterbuch zur Valenz und Distribution deutscher Verben, S. 316

Bei onomasiologischen Fragestellungen lassen sich Wörterbücher wie 'Der deutsche Wortschatz nach Sachgruppen' oder 'Deutscher Wortschatz' heranziehen. Einem Begriff sind, wie der folgende Ausschnitt zeigt, unterschiedliche Bezeichnungen paradigmaähnlich zugeordnet worden. Der zum Teil sehr assoziative Charakter dieser Zuordnung ist nicht zu übersehen.

263 Verschluß ▲

a) Verschluß. Abdichtung · Stopfen. Stöpsel. Kork, Korken. Pfropfen, Proppen *Nd.* Flaschen-, Sektkorken · Pflock. Zapfen. Spund. Spundzapfen. Hahn. Ladestock · Kolben. Klappe. Ven'til *L.* Ven'tilklappe, -verschluß. Drosselklappe
Schlagbaum. Drehkreuz. Barre. Schott · Schloß. Schlüssel. Riegel 45. Sperre. Türriegel, -sperre. Haken. Schließhaken. Vorlegkette · Krampe. Türfeder. Schließfeder. Schließe
Deckel 223. Kappe. Schraub-, Druckdeckel, -kappe. Schraubverschluß · Lid. Augenlid. Druckknopf. 'Plombe *F.* Bande'role *F.* Siegel. Zollverschluß
Pflaster. Tupfer. Wischer. Kom'presse *L.* Tam'pon *F.* Knebel. Aderpresse, -klemme. Klammer. Wundklammer. Wundnaht · Blutgerinnsel. Blutpfropf

Wehrle-Eggers, Deutscher Wortschatz, S. 86

Spezialwörterbücher mit weiterführender Information finden sich auch für den ausdrucksseitigen Teil der Wortbeschreibung. Neben den Rechtschreib- und Aussprachewörterbüchern sind hier vor allem die morphologischen Wörterbücher zu nennen, in denen syntagmatische und paradigmatische Beziehungen der Lexeme und Morpheme dargestellt werden.

27.2.5. DIGITALE WÖRTERBUCHFORMEN

Seit einer Reihe von Jahren stehen Wörterbücher in digitaler Form zur Verfügung. Im Internet sind verschiedene, meist einfache Übersetzungswörterbücher, die teilweise eigens zu diesem Zweck angelegt wurden, frei benutzbar. Daneben spielen retrospektiv digitalisierte Netz- oder CD-Versionen von Printwörterbüchern zunehmend eine Rolle.

Diese retrodigitalen Wörterbücher gewährleisten vielfach eine komfortable dezentrale Literaturversorgung. Teilweise erschließen sie auch über die herkömmliche Lesenutzung hinausgehende Recherchemöglichkeiten. Die Art der Benutzbarkeit dieser Wörterbücher hängt zunächst davon ab, ob es sich um digitale Bilder von Buchseiten, sogenannte Imagedigitalisierungen, oder um zeichenweise Erfassungen des Textes handelt. Imagedigitalisierungen lassen sich seitenweise aufrufen, wobei der Zugriff über ein entsprechendes Seiten- und Stichwortregister unterstützt wird. Diese Seiten stellen ein graphisch authentisches Abbild der Printvorlage dar und können wie eine Kopie des Originals genutzt werden. Die zeichenbezogenen Retrodigitalisierungen erlauben demgegenüber prinzipiell einen Zugriff auf beliebige Zeichenfolgen im Text. Ein Suchwort kann damit nicht nur unter dem Stichwort des betreffenden Artikels ermittelt werden, sondern auf allen Textebenen des gesamten Wörterbuchtextes. Damit ist prinzipiell der Vorteil verbunden, dass man etwa ein größeres Reservoir von Belegstellen oder das vollständige Auftreten des Suchwortes als Beschreibungselement nachweisen kann. Liegen mehrere Wörterbücher digital vor, besteht grundsätzlich auch die Chance des Vergleichs oder der vernetzten Suche in Wörterbüchern, Textcorpora und anderer Literatur. Dies ist ansatzweise mit Wörterbüchern aus der Dudenredaktion und den Mittelhochdeutschen Wörterbüchern im Verbund möglich. Neue Konzepte für digitale Wörterbuchnutzungen werden gegenwärtig unter anderem in dem Projekt „elexiko" des Instituts für deutsche Sprache in Mannheim entwickelt.

27.2.6. WÖRTERBUCHARBEIT UND IHR FACHLICHER BEZUGSRAHMEN

Wörterbücher verzeichnen und beschreiben bestimmte Ausschnitte der Lexik. Ihre Erarbeitung beruht auf den Verfahren und Ergebnissen der Lexikologie, Lexikographie und Metalexikographie.

Das Arbeitsgebiet der **Lexikologie** umfasst wissenschaftliche Ansätze zur Erforschung der Wörter und des Wortschatzes. Es gliedert sich wissenschaftsorganisatorisch und methodisch in verschiedene, sehr selbständig entwickelte Teilgebiete, von denen vor allem die Wortbildungslehre, die Phraseologie und die lexikalische Semantik erwähnt seien; man vergleiche Kapitel 8 – 10, 16 und 17.

Unter der Bezeichnung **Lexikographie** wird jede Tätigkeit gefasst, die zur Erstellung eines Wörterbuchs führt. Dabei stehen vielfach praktische Interessen wie Hilfestellung bei der Übersetzung, Hinweise auf treffende Ausdrücke oder Bedeutungserklärungen im Vordergrund. Traditionell bieten Wörterbücher auch Informationen über korrekte, normkonforme Verwendung einer Lexik. Andere Aufgaben der Lexikographie bestehen in der Dokumentation und Erschließung von Belegmaterial. Soweit die Erarbeitung von Wörterbüchern in einem wissenschaftlichen Kontext steht, gehen in die Wörterbucharbeit Grundlagen, Ergebnisse und Verfahren der Bezugsdisziplinen ein.

Als **Metalexikographie** wird eine linguistische Disziplin bezeichnet, die die Erforschung der Wörterbücher in ihrem Aufbau, ihren Bedingungen und ihrer Leistungsfähigkeit zum Gegenstand hat. Im Rahmen metalexikographischer Fragestellungen können so etwa Probleme der Corpusbildung, der Strukturierung von Informationen innerhalb eines Wörterbuchartikels, Abläufe von Wörterbuchbenutzungen oder wörterbuchgeschichtliche Fragen untersucht werden.

27.2.7. GRUNDLAGEN DER WÖRTERBUCHARBEIT

Die praktische Ausarbeitung wissenschaftlich tragfähiger Wörterbücher setzt die Erstellung einer Materialgrundlage in Form einer Quellensammlung und eines Belegarchivs voraus. Mit der Quellensammlung wird der Gegenstandsbereich entweder exemplarisch oder vollständig abgebildet. Die vollständige Erfassung aller Quellen eines bestimmten Sprachausschnittes setzt dessen quantitative Überschaubarkeit voraus. Für einzelne Autoren oder geschichtlich sehr begrenzt überlieferte Perioden wie zum Beispiel das Althochdeutsche sind solche Zugriffe realisierbar. Für die Mehrzahl der lexikographischen Gegenstandsbereiche ist unter methodischen wie praktischen Erwägungen jedoch nur eine auswahlweise Abbildung möglich und sinnvoll.

Aus den lexikographischen Quellencorpora wird bei traditioneller Verfahrensweise ein Belegarchiv in Zettelform angelegt. Ein Belegzettel enthält den Textausschnitt einer Quelle, der für Bezeugung und Gebrauch eines bestimmten darin enthaltenen Wortes charakteristisch erscheint. Die Textstelle wird auf dem Belegzettel bibliographisch nachgewiesen. Vielfach zeigen die Belegzettel zusätzliche technische Angaben wie die Stichwortform, Wortartangaben oder Datierungshinweise.

KAPITEL 27

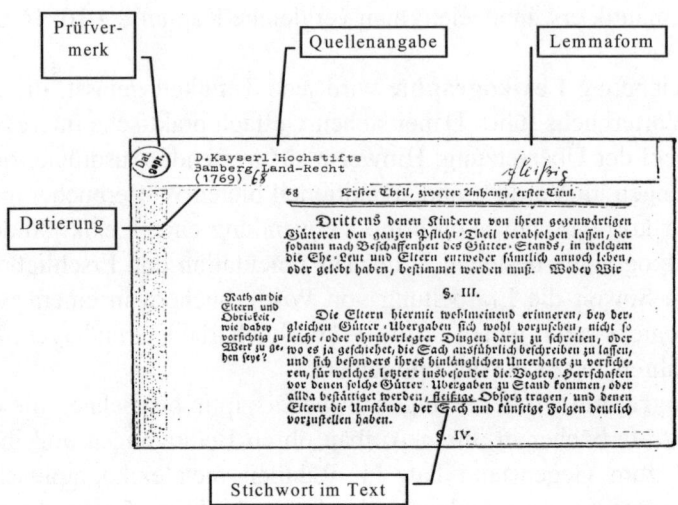

Abb.1: Belegzettel. Deutsches Wörterbuch von Jacob Grimm und Wilhelm Grimm. Neubearbeitung (= ²DWB), Arbeitsstelle Göttingen

Abweichend vom vorgestellten Beispiel finden sich jedoch in vielen Wörterbucharchiven hand- und maschinenschriftliche Belegzettelformen oder Belege, die auf Stellenangaben verkürzt sind.

Die Belegzettel werden traditionell im Rahmen einer Exzerption angelegt. Dabei handelt es sich um einen an den Quellen durchgeführten spezifisch lexikographischen Lese- und Kopierprozess unter den Leitfragen, welche Lexeme aus dem Gegenstandsbereich eines Wörterbuchs in einer Quelle vorkommen und welche Vorkommen für die durch die Wörterbuchkonzeption vorgegebene formale, inhaltliche oder pragmatische Beschreibung eines Lexems von Bedeutung erscheinen.

Die Belegzettelsammlung, die bei der Exzerption entsteht, wird alphabetisch nach Stichwörtern geordnet und zu einem Belegarchiv zusammengestellt. Dieses Belegarchiv gilt als operationalisierte Abbildung des lexikographischen Gegenstandsbereichs. Im Wesentlichen werden zwei Formen dieser Belegarchive unterschieden: Das geschlossene Belegarchiv bewahrt dauerhaft den nach der Exzerption erreichten Bestand an Zetteln. Einem offenen Archiv werden sukzessive neue oder ergänzende Belegsammlungen hinzugefügt. Es besitzt zu verschiedenen Zeitpunkten unterschiedliche Umfänge und qualitative Schichtung.

Digitale Wörterbucharchive entstehen entweder durch Umsetzung vorhandener Zettelarchive oder sind implizit in Textarchiven enthalten und zeichenfolgenbezogen aus diesen auszufiltern; man vergleiche auch Kapitel 28.

27.3. WÖRTERBUCHBENUTZUNG

Wörterbuchbenutzung unter der Zielsetzung, Wissen für die Sprachproduktion oder Sprachinterpretation zu gewinnen, bedingt benutzerseitig eine Reihe von Voraussetzungen und Verfahrensweisen. Zu den wesentlichen Voraussetzungen gehört die Fähigkeit des Benutzers, seine Fragestellung wörterbuchbezogen zu formulieren und die Suchfrage mit Kenntnissen über Bestand und Aufbau von Wörterbüchern zu verbinden. Der Bestand an Wörterbüchern ist über einschlägige Bibliographien zu ermitteln. Zur Orientierung nützlich sind auch verschiedene Handbucharseikel und Übersichtsdarstellungen.

Die Wahl des für eine Fragestellung geeigneten Wörterbuchs kann von den Allgemeinwörterbüchern ausgehen und von dort vertiefend in speziellen Wörterbüchern fortgesetzt werden. Dieses Verfahren ermöglicht es auch, aus einer eher laiengerechten Beschreibung die Grundlagen für Wörterbuchartikel zu gewinnen, die primär an Fachleute gerichtet sind. Bei der erstmaligen Benutzung eines Wörterbuchs sollten die einleitenden und benutzungserläuternden Texte sorgfältig gelesen werden, um die in den Artikeln vorgefundenen Informationen einschätzen zu können.

In fast allen Benutzungssituationen erweist es sich als Vorteil, im Nachschlagevorgang mehrere Werke zu berücksichtigen. Wörterbuchinformation entsteht stets sowohl unter bearbeiterabhängigen Setzungen und Interessen als auch unter spezifischen Gegebenheiten des Benutzungsvorgangs. Eine Beschränkung auf ein bestimmtes Wörterbuch führt unvermittelt zur Abhängigkeit von solchen Axiomen. Allgemein muss auch bei Vorliegen sehr ausführlicher Wörterbuchinformation bedacht werden, dass es sich um Basisinformation handelt, die eine monographische, problemorientierte Auseinandersetzung mit demselben Wort nicht ersetzen kann.

Für das eingangs gewählte Benutzungsbeispiel ergibt sich aus diesen Überlegungen, dass der Benutzer für seine Zielsetzung, mehr über *Blahe/Blache* zu erfahren, eine Suchstrategie wählen kann, die zum einen über historische Wörterbücher und zum zweiten über Sprachraumwörterbücher führt. Über die Neubearbeitung des Deutschen Wörterbuchs von Jacob Grimm und Wilhelm Grimm wird er exemplarisch auf eine zusammenfassende Beurteilung der wortgeschichtlichen Entwicklung und der sprachgeographischen Gegebenheiten geführt. Im betreffenden Artikel erscheint u.a. auch der im Universalwörterbuch fehlende explizite Hinweis auf den Zusammenhang von *Blache* und *Plane*. Demgegenüber würde der Suchweg z.B. über das Variantenwörterbuch des Deutschen keine geschichtlichen Informationen bieten, wohl aber parallel zum Universalwörterbuch die je unterschiedliche Raumbindung von *Blache* und *Plache* ausweisen.

27.4. DEFINITIONEN

Lexikographie	die Tätigkeit, die in Anwendung verschiedener wissenschaftlicher und praktischer Kenntnisse zur Erstellung von Wörterbüchern führt
Lexikologie	das sprachwissenschaftliche Teilgebiet, das sich mit der Beschreibung der Wörter und des Wortschatzes (der Lexik, des Lexikons) befasst
Makrostruktur	die Struktur der Stichwortanordnung
Metalexikographie	das sprachwissenschaftliche Teilgebiet, das sich mit der Untersuchung zur Wörterbucherstellung, Wörterbuchanlage, Wörterbuchbenutzung und Wörterbuchgeschichte befasst
Mikrostruktur	die Struktur und Informationsorganisation, die den einzelnen Artikeln eines Wörterbuchs zugrundeliegt

27.5. LITERATUR

Kurzinformation:

Metzler Lexikon Sprache. Artikel: Lexikographie, Lexikologie, Wörterbuch, Wörterbuchforschung, Wortschatz

Einführende Literatur:

B. *Schaeder,* Germanistische Lexikographie
M. *Schlaefer,* Lexikologie und Lexikographie

Grundlegende und weiterführende Literatur:

Variantenwörterbuch des Deutschen. Die Standardsprache in Österreich, der Schweiz und Deutschland sowie in Liechtenstein, Luxemburg, Ostbelgien und Südtirol
Wörterbücher. Ein internationales Handbuch
H. E. *Wiegand,* Wörterbuchforschung
L. *Zgusta,* Manual Lexicography

KAPITEL 28: SPRACHDATEN ALS GRUNDLAGE FÜR DIE SPRACHWISSENSCHAFT

28.1. EINSTIEG: WOZU BRAUCHT MAN SPRACHDATEN?

Gegenstand sprachwissenschaftlicher Untersuchung ist die Sprache, wie sie in Redeakten, Äußerungen, Zeitungsartikeln, Fachschriften und anderen Formen mündlicher oder schriftlicher Form verwendet wird. Sprachwissenschaftliche Untersuchungen sind also immer empirisch ausgerichtet: Sie stützen sich auf eine (mehr oder weniger) große Anzahl von Redeakten oder Texten. Je nach Erkenntnisinteresse beschreiben sie beispielsweise die darin vorliegende Sprachnorm und das zugrunde liegende System, wie anhand der folgenden Aussage zum Online-Angebot 'grammis – Grammatik in Fragen und Antworten' (Institut für Deutsche Sprache, Mannheim) deutlich wird:

> Um das gewünschte Maß an Übereinstimmung mit dem Sprachhandeln kompetenter Sprachteilhaber zu erreichen, müssen sie [d.h. grammatische Regelformulierungen] auf einer empirischen Erforschung des tatsächlichen Sprachverhaltens der Mitglieder der Sprachgemeinschaft beruhen. In diesem Sinn stützen wir unsere Antworten, wo immer und wann immer dies möglich scheint, auf eine Auswertung einschlägiger Daten aus den Textkorpora des Instituts für Deutsche Sprache sowie weiterer maschinenlesbarer Textsammlungen. Jede Regel, die wir formulieren, muss mit den gefundenen Daten kompatibel sein oder, wenn die Datenlage nicht eindeutig ist, zumindest mit einer substantiellen Teilmenge der Daten.

Derartigen Untersuchungen gehen komplexe Arbeitsschritte voraus. Dazu gehören zunächst Beobachtungen an der Sprache, sodann die Entwicklung einer Fragestellung sowie Hypothesenbildung, die genaue und angemessene Begriffsbildung sowie eine konsequent anzuwendende Untersuchungsmethode.

Schließlich geht es vor allem auch darum, für die Recherche geeignete Sprachdaten zu sammeln bzw. zusammenzustellen. Solch eine Zusammenstellung kann für jede sprachwissenschaftliche Untersuchung eigenständig und neu erstellt werden. Da inzwischen aber viele Texte von verschiedenen Institutionen für einen breiteren Benutzerkreis in digitalisierter Form und für wissenschaftliche Untersuchungen zugänglich gemacht sind, wird häufig auf dieses Sprachmaterial zugegriffen. Zunehmend werden auch die vielen Texte im Internet als Recherchegrundlage verwendet. Eine aus solchen oder anderen Sprachdaten gezielt ausgewählte und strukturierte Zusammenstellung von (gesprochensprachlichen oder schriftsprachlichen) Texten wird als **Corpus** bezeichnet.

28.2. CORPORA, TEXTARCHIVE UND BELEGSAMMLUNGEN

Nicht jede Zusammenstellung von Sprachmaterial ist jedoch ein Corpus. Als Grundlage für sprachwissenschaftliche Untersuchungen dienen auch Sammlungen von **Belegen** (d.h. von authentischen sprachlichen Äußerungen in Form kürzerer Textauszüge) und Archive digitalisierter Texte für nicht-sprachwissenschaftliche Zwecke (z.B. Texte eines Autors, einer literarischen Epoche). Im Folgenden sollen diese Sammlungen von Sprachdaten als Grundlage für sprachwissenschaftliche Untersuchungen vorgestellt werden.

28.2.1. CORPORA

Spachwissenschaftliche Corpora sind meist sehr umfangreiche Sammlungen (vollständiger) Texte einer (manchmal auch mehrerer) Sprachen. Neben den Texten selbst sind im Corpus auch **Metadaten**, d.h. Informationen zu diesen Texten (z.B. Entstehungszeit, Publikationsort, Einordnung in ein Sachgebiet) enthalten. Das Corpus kann auch linguistisch annotiert sein, d.h. Informationen zur Wortart der enthaltenen Wörter und ihren Grundformen, Bestimmung von Konstituenten in Nominalphrasen, Markierung von Eigennamen oder Fehlern usw. anbieten.

Ein Corpus wird aber vor allem mit der Grundidee zusammengestellt, dass die in ihm enthaltenen Sprachausschnitte repräsentativ für die Sprache sind. Da die Grundgesamtheit (die Sprache) aber nicht vollständig und genau als Untersuchungsgegenstand zu bestimmen ist (sie verändert sich täglich), können Aussagen über die Stichproben (die Corpustexte) nur mit Vorsicht verallgemeinert werden. Je größer, aber auch je ausgewogener ein Corpus hinsichtlich der enthaltenen Textsorten ist, desto verlässlicher werden quantitative Aussagen, aber auch qualitative Aussagen über sprachliche Phänomene.

28.2.1.1. SCHRIFTSPRACHLICHE CORPORA

Digitalisierte Textcorpora, die für eigene sprachwissenschaftliche Untersuchungen genutzt werden können, werden von verschiedenen Institutionen angeboten. Ein für sprachwissenschaftliche Fragestellungen besonders geeignetes Corpus ist das am 'Institut für Deutsche Sprache' in Mannheim erarbeitete 'Deutsche Referenzkorpus DEREKO', die „weltweit größte Sammlung deutschsprachiger Korpora als empirische Basis für die linguistische Forschung". Es ist mithilfe des Corpusanalyse- und -recherchetools COSMAS II (= Corpus Search, Management, and Analysis System) zu untersuchen und besteht aus mehreren Einzelcorpora, die zeitlich und regional sowie hinsichtlich der Textsorten differenziert sind. Derzeit umfasst das Corpus 3,9 Milliarden Textwörter; das entspricht über 9 Millionen Buchseiten, wenn durchschnittlich 400 Wörter pro Seite zugrundegelegt werden. Über Art und Zusammensetzung des Corpus und die reichen Suchmöglichkeiten informiert der Programmbereich Korpuslinguistik des Instituts. Die Mannheimer Korpora sind nach Registrierung als Nutzer über eine Webschnittstelle[1] oder durch kostenlosen Download einer Applikation für Windows-Oberflächen[2] zu benutzen. Eine umfangreiche Online-Hilfe mit zahlreichen Beispielen für Suchanfragen führt in die Benutzung ein.

Das 'Digitale Wörterbuch der deutschen Sprache des 20. Jahrhunderts' (DWDS) verfügt über ein Kerncorpus mit 100 Millionen Textwörtern in knapp 80.000 Dokumenten aus dem gesamten 20. Jahrhundert sowie über verschiedene Zeitungs- und Sondercorpora[3]. Hiervon ist besonders das (allerdings nur intern nutzbare) DWDS-Ergänzungscorpus mit ca. 1 Milliarde Textwörtern aus Zeitungstexten zwischen 1990 und 2000 zu erwähnen. Das DWDS-Kerncorpus umfasst Texte aus den Bereichen Zeitung, Belletristik, Wissenschaft, Gebrauchsliteratur und gesprochene Sprache, die nach Textsorten geordnet chronologisch beschrieben werden. Die DWDS-Korpora sind vollständig mit Metadaten und linguistischer Annotation aufbereitet, so dass in ihnen z.B. mit einfachen Suchen, Lemmasuchen oder Suchen nach Wortarten recherchiert werden kann.

Für den weiter unten (Kapitel 29.1. und 29.2.3.) behandelten Wandel des Verbs *winken* von der schwachen Flexion *gewinkt* zur starken Flexion *gewunken* kann beispielhaft das Textcorpus des DWDS nach Auftreten, Häufigkeit und zeitlicher Streuung der jeweiligen Verbformen befragt werden. Dabei zeigt sich, dass die starke Partizipialform *gewunken* 14mal belegt ist, wovon allerdings nur 11 Treffer aus nutzungsrechlichen Gründen angezeigt werden, und zwar in Texten aus den Jahren 1907 (6 Belege), 1917, 1927, 1935, 1953 und 1994 (man vergleiche die Treffer-Anzeige zu *gewunken* in Abbildung 1).

---

[1] http://www.ids-mannheim.de/cosmas2/web-app/
[2] http://www.ids-mannheim.de/cosmas2/win-app/
[3] http://www.dwds.de

KAPITEL 28

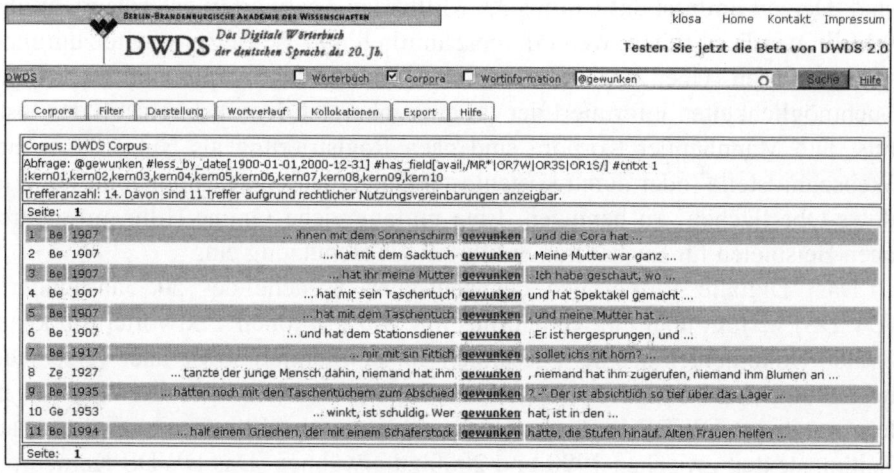

Abb. 1: 'Das Digitale Wörterbuch der deutschen Sprache des 20. Jahrhunderts' (DWDS): Treffer-Anzeige zu *gewunken* im Kerncorpus

Die schwache Flexionsform *gewinkt* ist 51mal belegt, wovon allerdings nur 30 Treffer aus nutzungsrechlichen Gründen angezeigt werden, und zwar in Texten von 1902, 1905, 1907, 1910 (2 Belege), 1912, 1915, 1916, 1917, 1918, 1920 (2 Belege), 1922, 1925, 1926, 1927, 1928, 1929, 1931, 1932, 1940, 1946, 1951, 1957, 1963, 1970 (2 Belege), 1986, 1996 und 1998. Für einen schnelleren Überblick über die zeitliche Verteilung der Wortform in Texten des 20. Jahrhunderts bietet sich ein Blick in so genannte 'Verlaufsstatistiken im DWDS-Kerncorpus' an. Die Recherche bezeugt einerseits eine gleichmäßige Verwendung der schwachen Form über das ganze 20. Jahrhundert, andererseits ist die starke, hochsprachlich als nicht korrekt geltende Form ebenfalls im ganzen 20. Jahrhundert gleichmäßig belegt. Die in Kapitel 29.2.3. zu diesem Verb dargestellten Angaben aus grammatischen und lexikografischen Werken decken sich also mit dem Befund in diesem Textcorpus.

28.2.1.2. GESPROCHENSPRACHLICHE CORPORA

Zwar liegt der Schwerpunkt bei der Erstellung von Corpora zum Deutschen generell auf geschriebener Sprache, doch gibt es auch einige Ressourcen zur gesprochenen Sprache. So ist im 'Digitalen Wörterbuch der deutschen Sprachen des 20. Jahrhunderts' (DWDS) beispielsweise ein 'Corpus Gesprochene Sprache' enthalten, dass Transkripte (also Verschriftlichungen der gesprochenen Äußerungen) von Reden, Rundfunkansprachen, Interviews, Talkshows usw. aus dem gesamten 20. Jahrhundert im Umfang von ca. 2,5 Millionen Wortformen enthält.

In der 'Datenbank gesprochenes Deutsch' (DGD, Teil des 'Archivs für gesprochenes Deutsch') des 'Instituts für Deutsche Sprache' in Mannheim können zu den Treffern einer Suchanfrage in den Transkripten verschiedener gesprochensprachlicher Teilcorpora Tondateien mit den gesprochenen Äußerungen geöffnet werden. Dies ist z.B. dann interessant, wenn man untersuchen möchte, ob eine Partikel wie *halt* betont oder unbetont verwendet wird. Aus den Transkripten (wie in Abbildung 2 gezeigt) lässt sich die Bedeutung dieser Partikel erkennen (sie wird unter anderem verwendet, um zu betonen, dass an einer Tatsache nichts geändert werden kann, vgl. beispielsweise Ausschnitte 1 und 12). Durch Abspielen der Tondateien wird deutlich, dass diese Partikel immer unbetont verwendet wird.

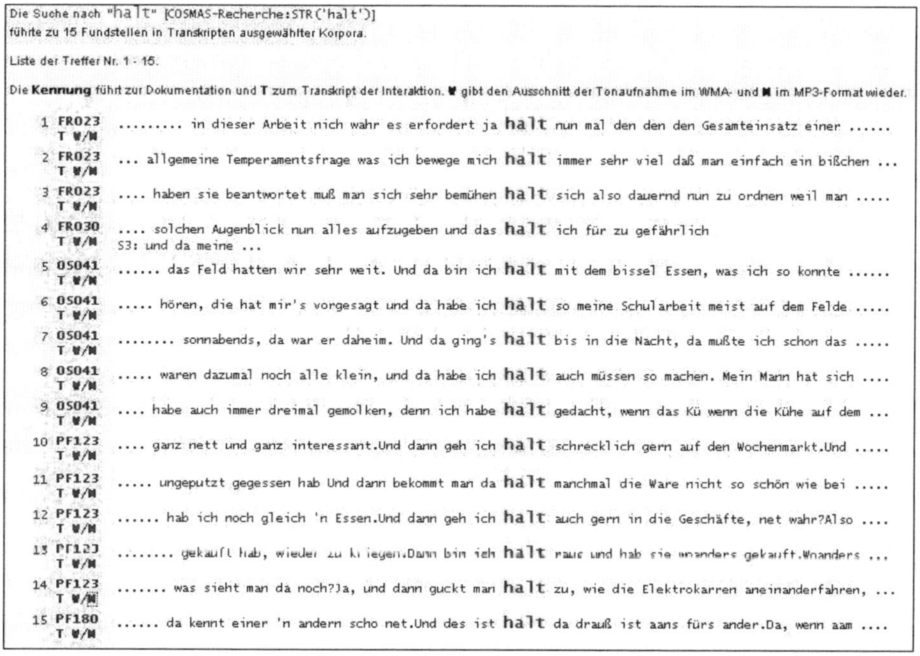

Die Suche nach "halt" [COSMAS-Recherche:STR('halt')]
führte zu 15 Fundstellen in Transkripten ausgewählter Korpora.

Liste der Treffer Nr. 1 - 15.

Die **Kennung** führt zur Dokumentation und **T** zum Transkript der Interaktion. W gibt den Ausschnitt der Tonaufnahme im WMA- und M im MP3-Format wieder.

1	**FR023** T W/M	.... in dieser Arbeit nich wahr es erfordert ja **halt** nun mal den den den Gesamteinsatz einer ......
2	**FR023** T W/M	... allgemeine Temperamentsfrage was ich bewege mich **halt** immer sehr viel daß man einfach ein bißchen ...
3	**FR023** T W/M	.... haben sie beantwortet muß man sich sehr bemühen **halt** sich also dauernd nun zu ordnen weil man .....
4	**FR030** T W/M	.... solchen Augenblick nun alles aufzugeben und das **halt** ich für zu gefährlich S3: und da meine ...
5	**OS041** T W/M	...... das Feld hatten wir sehr weit. Und da bin ich **halt** mit dem bissel Essen, was ich so konnte ......
6	**OS041** T W/M	..... hören, die hat mir's vorgesagt und da habe ich **halt** so meine Schularbeit meist auf dem Felde .....
7	**OS041** T W/M	.... sonnabends, da war er daheim. Und da ging's **halt** bis in die Nacht, da mußte ich schon das .....
8	**OS041** T W/M	..... waren dazumal noch alle klein, und da habe ich **halt** auch müssen so machen. Mein Mann hat sich ....
9	**OS041** T W/M	.... habe auch immer dreimal gemolken, denn ich habe **halt** gedacht, wenn das Kü wenn die Kühe auf dem ...
10	**PF123** T W/M	.... ganz nett und ganz interessant.Und dann geh ich **halt** schrecklich gern auf den Wochenmarkt.Und .....
11	**PF123** T W/M	..... ungeputzt gegessen hab Und dann bekommt man da **halt** manchmal die Ware nicht so schön wie bei .....
12	**PF123** T W/M	...... hab ich noch gleich 'n Essen.Und dann geh ich **halt** auch gern in die Geschäfte, net wahr?Also ....
13	**PF123** T W/M	.... gekauft hab, wieder zu kriegen.Dann bin ich **halt** raus und hab sie woanders gekauft.Woanders ...
14	**PF123** T W/M	.... was sieht man da noch?Ja, und dann guckt man **halt** zu, wie die Elektrokarren aneinanderfahren, ...
15	**PF180** T W/M	...... da kennt einer 'n andern scho net.Und des ist **halt** da drauß ist aans fürs ander.Da, wenn aam ....

Abb. 2: Trefferanzeige zur Suche nach der Partikel *halt* in der 'Datenbank gesprochenes Deutsch' (DGD)

28.2.1.3. ZUSAMMENFASSUNG

Einen Überblick zu deutschsprachigen Corpora (geschrieben- und gesprochensprachlich) bieten L. Lemnitzer und H. Zinsmeister im Kapitel 'Deutsche Korpuslandschaft'[4]. In die Arbeit mit dem 'Deutschen Referenzkorpus' (DEREKO) und dem 'Digitalen Wörterbuch der deutschen Sprache des 20. Jahrhunderts' (DWDS) führt C. Scherer im Kapitel 'Arbeiten mit bestehenden Korpora'[5] ein. In beiden Bänden wird auch die Frage diskutiert, ob das World Wide Web ein Corpus ist. Tatsächlich bietet das World Wide Web eine riesige Menge an authentischen Texten, die prinzipiell auch für sprachwissenschaftliche Untersuchungen herangezogen werden können – allerdings nur mit Vorbehalt. So ist es z.B. nicht einfach, nur die deutschsprachigen Texte zu finden, häufig fehlen Metadaten zu den Texten (wer hat sie wann und wo geschrieben?) und Texte wiederholen sich. Sowohl für verlässliche qualitative wie quantitative Aussagen ist das World Wide Web daher nur bedingt geeignet. Das World Wide Web ist deshalb, aber auch, weil es nicht gezielt zum Zweck sprachwissenschaftlicher Untersuchungen zusammengestellt wurde, kein richtiges Corpus.

28.2.2. TEXTARCHIVE

Sowohl im Internet wie auf elektronischen Datenträgern (z.B. CD-ROM) stehen Sammlungen digitalisierter, meist literarischer Texte zur Verfügung, die vornehmlich zum Zweck der Archivierung und besseren Verfügbarkeit angelegt wurden. Solche **Textarchive** auf CD-ROM umfassen große Einzelwerke der Weltliteratur wie die Bibel oder vollständige Textausgaben eines Autors. So gibt es beispielsweise die Werke Johann Wolfgang von Goethes oder Friedrich Schillers auf CD-ROM. Erwähnenswert ist insbesondere das Projekt 'Digitale Bibliothek'[6], das Anthologien zu zahlreichen literarischen Epochen und Gattungen, Werkausgaben zahlreicher deutsch- und anderssprachiger Autoren, allgemeine Nachschlagewerke und Anthologien sowie Texte zu verschiedenen Fachgebieten auf CD-ROM anbietet. Mit dem Projekt 'Gutenberg'[7] steht im Internet eine umfangreiche Sammlung digitalisierter Texte der Weltliteratur zur Verfügung.

Solche Textarchive können für verschiedene sprachwissenschaftliche Fragestellungen als Untersuchungsgrundlage dienen, z.B. wenn es um den Wortschatz eines Autors oder grammatische Entwicklungen in einem Sprachstadium

---

[4] in: Korpuslinguistik. Eine Einführung, S. 107-126
[5] in: Korpuslinguistik, S. 74-91
[6] http://www.digitale-bibliothek.de/
[7] http://www.gutenberg.org bzw. für das Deutsche http://gutenberg.spiegel.de/

geht. Hierzu sind die Textarchive, ähnlich wie Corpora, meist mit einem Recherchesystem ausgestattet und für dieses auch entsprechend aufbereitet. Diese Systeme bieten beispielsweise alphabetische **Lemmatisierungen** der Textwörter, Angaben zur Frequenz der Wortformen, Nennungen der Quelle und genaue Stelle, Wort- und Syntagmensuche mit Einsatz von Stellvertretern für bestimmte Wortbestandteile (z.B. *-ung*) oder variable Buchstabenfolgen (z.B. *r-f-* für *rief, riefen, rufte* etc.) sowie eine individuelle Bestimmung der Beleglänge. Die ermittelten Daten sind, wie bei Corpora, speicherbar und in Textverarbeitungsprogramme kopierbar, so dass ein zeitaufwändiges und fehleranfälliges Abschreiben der Texte entfällt.

Möglichkeiten der Recherche können erneut an einem Beispiel aus dem Zusammenhang der Verbflexion veranschaulicht werden. Als Beispiel soll das Verb *rufen* dienen, das bis in neuhochdeutsche Zeit hinein stark und schwach flektiert worden ist. Es bestand also ein Nebeneinander von *rief, gerufen* und *rufte, geruft*. Im 19. Jahrhundert ist die schwache Flexion dann aufgegeben worden. Das bei anderen Verben gegenwartssprachlich existierende Normproblem, das aus dem Nebeneinander unterschiedlicher Flexionsformen resultiert (man vergleiche Kapitel 23 und 29.2.3.), ist bei *rufen* heute nicht mehr gegeben, da nur noch die starken Flexionsformen gebräuchlich sind. Der relevante Zeitraum, in dem sich der Wandel in der Flexion von *rufen* vollzogen hat, ist das 18./19. Jahrhundert. Will man die Verhältnisse bei J.W. von Goethe aufdecken, so erweist sich die CD-ROM-Version der Weimarer Goethe-Ausgabe als gutes Hilfsmittel. Das Verb *rufen* ist dort mit über 1.600 Belegen erfasst und kann damit als hochfrequent bezeichnet werden. Tabelle 1 veranschaulicht die Belegfrequenz der stark flektierten Verbformen, die zusammen 1.381 Belege ausmachen:

Wortform	Frequenz
rief	1.248
rief's	5
riefe	8
riefen	104
riefest	1
riefst	9
rieft	6

Tabelle 1: Belegfrequenz stark flektierter Verbformen von *rufen* in 'Goethes Werke auf CD-ROM'. Weimarer Ausgabe. Chadwyck / Healey, Cambridge 1996

KAPITEL 28

Es fragt sich, ob und gegebenenfalls in welchem Umfang in den Goethe-Texten daneben schwache Flexionsformen auftreten. Die Recherche führt zur Erhebung von 14 schwach flektierten Verbformen (*rufte* 13 Belege, *ruften* 1 Beleg). Tabelle 2 zeigt das Ergebnis der Recherche des flektierten Wortes *rufte* in der Weimarer Ausgabe. Aufgelistet sind Abteilung und Band der Ausgabe, der Titel des Werke, in dem die Wortform steht, und die jeweilige Trefferzahl.

Abtlg.,Bd.	Titel	Treffer
I,13ii	Prolog zu dem Schauspiel Der Krieg, von Goldoni. Gesprochen von Madame Becker, geb. Neumann. Den 15. October 1793. [Lesarten]	1
I,19	Die Leiden des jungen Werther. [Apparat]	7
I,51	Wilhelm Meisters theatralische Sendung [Buch 1 – Buch 3]	2
I,51	Wilhelm Meisters theatralische Sendung [Buch 1 – Buch 3], [Lesarten]	2
V,4	Gespräch mit Dutitre, Frau: [undatiert]	1

Tabelle 2: Nachweis der schwach flektierten Verbformen von *rufen* in 'Goethes Werke auf CD-ROM'. Weimarer Ausgabe. Chadwyck / Healey, Cambridge 1996

Tabelle 3 zeigt die beiden *rufte*-Belege aus 'Wilhelm Meisters theatralische Sendung' in Form eines kurzen Kontextes, der etwa eine Zeile umfasst. Zudem wird die Seite genannt, auf der sich der Beleg findet. Oft reicht ein kurzer Kontext aus, um festzustellen, ob der Beleg für die jeweilige Fragestellung relevant ist und – eventuell mit einem längeren Kontext – aufgenommen werden sollte oder ob er auszuschließen ist.

Abtlg./Bd.	Titel/Kontext
I,51	Wilhelm Meisters theatralische Sendung [Buch 1 – Buch 3]. Buch 1, Capitel 5, S. 16 *ihn seine Mutter manchmal herein **rufte**, um ihr etwas heraus tragen*
I,51	Wilhelm Meisters theatralische Sendung [Buch 1 – Buch 3]. Buch 3, Capitel 14, S. 278 *war, faßte sich zusammen und **rufte** die ersten Versen seiner Rolle*

Tabelle 3: Kontexte der *rufte*-Belege in 'Goethes Werke auf CD-ROM'. Weimarer Ausgabe. Chadwyck / Healey, Cambridge 1996

Zu dem zweiten Beleg lautet der vollständige Satz: *Die Symphonie des Stückes ging an, und sein Geist, der aus einer Leidenschaft in die andere geworfen war, faßte sich zusammen und* **rufte** *die ersten Verse seiner Rolle dem Gedächtnisse hervor.* (Wilhelm Meisters theatralische Sendung [Buch 1 – Buch 3]. Buch 3. Capitel 14, S. 278, Z. 24-28).

Für die Frage der Ablösung der schwachen Flexion durch die starke ist auch der Beleg für *ruften* bemerkenswert: *bald wanndt' ich mich hierher zu meiner Mutter, und lebte still, biß sie die Götter* **ruften** *(übergeschrieben riefen, Herder) bey ihr.* (WA. I, 11, S. 382, 14-16: Elpenor. Paralipomena). J.G. Herder hat bei seiner kritischen Textdurchsicht die schwache Verbform *ruften* durch die starke Form *riefen* ersetzt.

Um ein Phänomen wie die Schwankung zwischen starker und schwacher Verbflexion zu untersuchen, sind alle flektierten Formen eines Verbs zu erfassen. Bei dem Beispiel *rufen* zeigt sich, wie gering der Anteil schwach flektierter Formen im Vergleich zu den starken Formen in den Goethe-Texten ist. Erst bei einer vollständigen Erhebung ist ein solcher Befund aussagekräftig und erlaubt Feststellungen über die genaue Frequenz einer Erscheinung und damit über den Stand der Entwicklung bei dem jeweiligen Autor oder in dem ausgewählten Zeitraum.

28.2.3. BELEGSAMMLUNGEN

Insbesondere zu lexikografischen Zwecken (man vergleiche Kapitel 27), aber auch für sprachwissenschaftliche Untersuchungen allgemein werden **Belegsammlungen** angelegt. Solche Sammlungen können aus einem für eine Untersuchung verwendeten Corpus extrahiert werden, sie können aber auch aus anderen Quellen (z.B. allen Werken eines Autors) ermittelt werden.

Eine umfangreiche Belegsammlung zum historischen deutschen Wortschatz ab 1450 besitzen beispielsweise die Arbeitsstellen für die Neubearbeitung des 'Deutschen Wörterbuchs' von Jacob und Wilhelm Grimm in Berlin und Göttingen. Für die Alphabetteile *A* bis *F* liegen dort circa 5 Millionen Belegzettel[8] vor (man vergleiche die Abbildung und Erläuterung eines solchen Belegzettels in Kapitel 27.8.).

Auch andere Wörterbuchunternehmen haben große Belegsammlungen, die Benutzern zugänglich gemacht werden. Beispielsweise verfügt das Goethe-Wörterbuch (mit Arbeitsstellen in Berlin, Hamburg und Tübingen) über ein Belegzettelarchiv, das die gut 90.000 Wörter der Sprache Goethes in über 3,3 Mil-

---

[8] http://grimm.adw-goettingen.gwdg.de/

lionen Belegen repräsentiert. Informationen über deutschsprachige Wörterbücher, ihre Belegsammlungen und Zugriffsmöglichkeiten enthält eine von M. Schlaefer herausgegebene Broschüre (Deutschsprachige Wörterbücher. Projekte an Akademien, Universitäten, Instituten).

Darüber hinaus gibt es an etlichen Forschungsstellen und Instituten verschiedener Universitäten spezielle Belegsammlungen, die aus Forschungsunternehmen hervorgegangen sind und die Interessierte in der Regel auf Anfrage einsehen können. Für Untersuchungen zu neueren Entwicklungen des Lexikons kann z.B. die Sammlung 'Wortwarte' von L. Lemnitzer[9] zugrundegelegt werden, zur Untersuchung syntaktischer Phänomene beispielsweise die von M. Volk aufgebaute 'Grammatiktestumgebung'[10].

Einen guten Überblick über Belegsammlungen zur Sprachgeschichte des Deutschen mit einer Beschreibung der jeweiligen Sammlung und den Zugriffsmöglichkeiten gibt W. Hoffmann in seinem Aufsatz 'Probleme der Korpusbildung in der Sprachgeschichtsschreibung und Dokumentation vorhandener Korpora'[11]. Hinweise auf sprachwissenschaftliche Belegsammlungen zur Gegenwartssprache geben L. Lemnitzer/H. Zinsmeister.[12]

28.2.4. MATERIALGEWINNUNG FÜR EIGENE UNTERSUCHUNGEN

Für manche sprachwissenschaftliche Fragestellungen sind die hier beschriebenen Belegsammlungen, Textarchive oder Corpora nicht geeignet, so dass eine eigene Sammlung von Sprachdaten erstellt werden muss. Für die Zusammenstellung dieser Sammlung sind Kriterien wie Textmenge, zeitliche und räumliche Ausdehnung, Textsorten, Sprachschichten und Sprachvarietäten usw. zu berücksichtigen, damit das Material sich zur Beantwortung der jeweiligen Fragestellung eignet. Gegenstand und Ziel einer Untersuchung bestimmen also die Anlage eines Textcorpus oder einer Belegsammlung.

Will man beispielsweise ein Phänomen der Gegenwartssprache untersuchen, können nur gegenwartssprachliche Texte im Corpus enthalten oder in Form von Belegen verzettelt sein. Der Begriff Gegenwartssprache bedarf allerdings zunächst der Definition, wofür es in der Sprachwissenschaft divergierende Ansätze gibt. Das 'Wörterbuch der deutschen Gegenwartssprache' definierte 1964 seinen Objektbereich folgendermaßen: „Unter deutscher Gegenwartssprache wird außer der [...] heute geschriebenen und gesprochenen Sprache [...] auch

---

[9] http://www.wortwarte.de
[10] http://www.uni-koblenz.de/~compling/Forschung/Gtu/gtu.html
[11] in: Sprachgeschichte. Ein Handbuch zur Geschichte der deutschen Sprache und ihrer Erforschung, 1. Teilband, S. 882-886
[12] in: Korpuslinguistik. Eine Einführung, S. 42-43

die Sprache der in unserer Zeit noch gelesenen lebendigen deutschen Literatur der Vergangenheit verstanden. Daher fußt das Wörterbuch zwar vornehmlich auf dem Wortschatz des 20. Jahrhunderts, zieht aber auch den der Literatur des 19. Jahrhunderts und in gewissem Umfang des letzten Drittels des 18. Jahrhunderts heran." Für das 'Lexikon der Germanistischen Linguistik' hingegen ist „es sinnvoll, die sprachliche Gegenwart im Jahr 1945 beginnen zu lassen".

Ein Corpus, aber auch eine Belegsammlung soll verallgemeinernde Aussagen über die beschriebene Sprache erlauben. Es muss daher eine gewisse Repräsentativität für die untersuchte Sprache besitzen. Bei der deutschen Gegenwartssprache müssen also je nach Zielsetzung ihre geografischen Varianten, ihre Schichtung in Hochsprache und Umgangssprache, ihre Gliederung in Fach- und Sondersprachen und ihre Varietäten in den Textsorten (z.B. Zeitungstexte, Werbetexte, Kochrezepte) berücksichtigt werden.

Gegenstand und Ziel der Untersuchung bestimmen auch die Art und Weise, in der die einzelnen Vorkommen erfasst werden. Sind in Corpora vollständige Texte enthalten oder zumindest sehr lange Textausschnitte, umfassen Belege je nach der Zielsetzung gegebenenfalls Satzglieder, Teilsätze, Satzgefüge oder größere Textausschnitte. Belegsammlungen können entweder auf Papier (mit jeweils einem Beleg auf einer Karteikarte) oder elektronisch (mit jeweils einem Beleg pro Datensatz einer Datenbank) angelegt sein. Corpora stehen dagegen, wegen der großen Textmengen und aus Gründen der besseren Recherchierbarkeit, meist elektronisch zur Verfügung.

Sowohl Belegsammlungen wie Corpora enthalten neben den sprachlichen **Primärdaten** auch Metadaten. Auf jeder Karteikarte einer Belegsammlung bzw. in jedem Datensatz eines Beleges ist neben dem eigentlichen Belegtext die Belegstellenangabe (bestehend aus einer Kurzsigle für den Text, aus dem der Beleg entnommen wurde, und einer Seiten- und Zeilenangaben) enthalten. Metadaten eines Corpus umfassen Angaben dazu, ob es sich um einen gesprochenen oder geschriebenen Text handelt, wer den Text verfasst hat, wo er publiziert wurde, wann er entstanden ist, welchem Thema/Sachgebiet er zugeordnet werden kann usw. Diese Daten werden von den sprachlichen Primärdaten (den Texten) getrennt gespeichert, um in ihnen recherchieren zu können. So können beispielsweise alle Texte eines Corpus, die dem gleichen Thema zugeordnet werden, in einem Teilcorpus zusammengestellt werden, das als Untersuchungsgrundlage für den Wortschatz eines Sachgebietes dienen kann. Dass Corpora neben den Primärdaten auch Metadaten enthalten, unterscheidet sie im Übrigen von reinen Textarchiven.

28.3. ANALYSEBEISPIEL: KOOKKURRENZLISTEN ALS BASIS FÜR DIE ERMITTLUNG VON SYNONYMEN

So vielfältig, wie die Erkenntnisinteressen der Sprachwissenschaft sind, so vielfältig werden Corpora erstellt und genutzt. Die oben in diesem Kapitel verwendeten Beispiele zeigen bereits, wie die Daten aus gesprochen- oder geschriebensprachlichen Corpora zur Grundlage sprachwissenschaftlicher Untersuchungen werden können. Ein Analysebeispiel aus dem Bereich der Lexikologie und Lexikografie soll diese Beispiele ergänzen.

Vorstellbar ist eine Situation, in der ein Verlag ein grundlegend neues Wörterbuch sinn- und sachverwandter Wörter erarbeiten möchte. Es könnte aber auch in einer lexikologischen Einzeluntersuchung um die Synonyme zu einem bestimmten Wort gehen. Hierfür wird ein Corpus aufgebaut, das mithilfe ausgereifter Korpusrecherche- und -analysetools untersucht werden kann, die nicht nur Suchen nach Wörtern und Wortformen erlauben, sondern auch den Kontext der Wörter einbeziehen und Informationen über **Kookkurrenzen** eines Wortes, also 'Mitspieler'-Wörter im Kontext, liefern. Für die Ermittlung der Synonyme eines Wortes wird von der Hypothese ausgegangen, dass die synonymen Wörter die gleichen Kookkurrenzen zeigen.

Ein Tool in der 'Kookkurrenzdatenbank CCDB' (Eine korpuslinguistische Denk- und Experimentierplattform für die Erforschung und theoretische Begründung von systemisch-strukturellen Eigenschaften von Kohäsionsrelationen zwischen den Konstituenten des Sprachgebrauchs. © 2001 – 2007 Institut für Deutsche Sprache, Mannheim) erlaubt es, die Kookkurrenzprofile verschiedener Wörter mit dem eines Suchwortes zu vergleichen. Aus dem in Abbildung 3 gezeigten Ausschnitt der verwandten Kookkurrenzprofile zu *Dorf* lassen sich Hinweise auf mögliche Synonyme wie *Städtchen*, *Örtchen* oder *Dörfchen* gewinnen. Allerdings ist für das Wörterbuch zu überlegen, ob Diminutiva eines Stichwortes (*Dörfchen* zu *Dorf*) tatsächlich als sinnverwandte Wörter aufgenommen werden sollen. Daneben scheinen in der Liste auch andere Relationen auf: Sind *Kleinstadt* oder *Gehöft* der Bezeichnung *Dorf* nebengeordnete Bezeichnungen unter einem Oberbegriff *Siedlung* oder *Ortschaft*? Sollen solche Relationen auch im Wörterbuch erfasst werden? Zu überlegen wäre daneben, ob Komposita wie *Bergdorf* oder *Fischerdorf* als Synonyme oder Hyponyme (also Unterbegriffe) zu *Dorf* im Wörterbuch erscheinen sollen.

SPRACHDATEN ALS GRUNDLAGE FÜR DIE SPRACHWISSENSCHAFT

Abb. 3: Verwandte Kookkurrenzprofile zu *Dorf* in der Kookkurrenzdatenbank CCDB (Ausschnitt)

Generell gilt, dass für die Entscheidung der Frage, ob jedes dieser Wörter tatsächlich ein sinnverwandtes Wort ist und in welcher Relation es zum Stichwort *Dorf* steht, der einfache Blick in solche Listen nicht genügt. Unerlässlich ist die Überprüfung der Vorkommen in den Corpustexten, die erst klare Entscheidungen ermöglichen. So wird z.B. deutlich, dass *Ortschaft* und *Dorf* synonym zueinander verwendet werden können (vgl. Beispiel 1 aus dem 'Deutschen Referenzkorpus' DEREKO), aber auch in einer Beziehung der Über-/Unterordnung stehen (vgl. Beispiel 2 aus dem 'Deutschen Referenzkorpus' DEREKO).

Beispiel 1: Vom Flughafen gibt es einen Buspendelverkehr nach Saariselkä. Auf der Strecke hat man gute Chancen, seine ersten Rentiere zu sehen. Dann taucht das **Dorf** auf, hineingekauert in eine tief verschneite Postkartenlandschaft zwischen den Bergen Kaunispää und Kiilopää. Die **Ortschaft** wurde 1870 von Goldsuchern gegründet. (Die Zeit (Online-Ausgabe), 20.11.2003, Tanzen, bis der Hund kommt, S. 64.)
Beispiel 2: Angeklagt sind die beiden Brüder Zoran und Mirjan Kupreskic, ihr Cousin Vlatko Kupreskic sowie Drago Josipovic, Dragan Papic und Vladimir Santic. Sie sollen das **Dorf** Ahmici und andere **Ortschaften** überfallen haben. (Tiroler Tageszeitung, 18.08.1998, Sechs Kroaten vor Tribunal in Den Haag.)

Es ist daher zu überlegen, ob *Dorf* und *Ortschaft* als Synonyme im Wörterbuch zu verbuchen sind oder nicht. Die Nennung von Textbelegen aus dem Corpus kann in solchen Fällen dem Nutzer die Interpretation der Angaben erleichtern.

28.4. ZUR PROBLEMATIK CORPUSGESTEUERTER UND CORPUSBASIERTER ARBEIT

Der Einsatz von Corpora für sprachwissenschaftliche Untersuchungen (wie generell der empirische Ansatz, der eingangs postuliert wurde) ist nicht unumstritten. Er erscheint dann logisch, wenn linguistische Erkenntnis vom Sprachgebrauch und nicht von Sprecherurteilen ausgehen will. Ist für eine empirische sprachwissenschaftliche Untersuchung die Entscheidung, mit einem Corpus zu arbeiten, gefallen, also eine 'corpusgestützte' Untersuchung anzufertigen, stehen weitere Entscheidungen über den Einsatz verschiedener corpuslinguistischer Methoden an, die nicht einfach zu treffen sind.

Bei **corpusgestützten** Untersuchungen kommen nämlich zwei unterschiedliche Verfahren zum Einsatz: die **corpusgesteuerte** Methode und die **corpusbasierte** Methode. Beim corpusgesteuerten Verfahren benutzt ein Sprachwissenschaftler das seiner Untersuchung zugrundegelegte Corpus explorativ und exhaustiv, d.h. er befragt es ohne Vorannahme mithilfe verschiedener Korpusrecherche- und -analysetools. Die Ergebnisse analysiert, bewertet und beschreibt er dann. Die Beobachtung des Sprachgebrauchs bildet also für die jeweilige Untersuchung die wichtigste Quelle. Die Corpusdaten werden sowohl quantitativ wie qualitativ analysiert. Zum Beispiel könnte etwa eine Darstellung der Verbalflexion bei Goethe aufgrund der weiter oben genannten digitalen Version der Weimarer Ausgabe erarbeitet werden.

Wird das Corpus corpusbasiert ausgewertet, geht der Sprachwissenschaftler dagegen von einer bestimmten Annahme zu einem sprachlichen Phänomen aus und sucht im Corpus gezielt nach Belegen dafür. Das Corpus wird bei diesem Vorgehen als zusätzliche Quelle benutzt, um die Hypothesen zu einem sprachlichen Phänomen zu bestätigen oder zu widerlegen. Die Corpusdaten selbst werden dabei im Grunde weder quantitativ noch qualitativ ausgewertet. Für ein Beispiel kann auf Abschnitt 28.2.2. zurückverwiesen werden, wo Belege aus Goethes Werken für den vermuteten zeitweiligen Übergang des Verbs *rufen* zur schwachen Flexion herangezogen wurden.

Da beide Methoden Vor- und Nachteile haben, stellt sich für jede corpusgestützte sprachwissenschaftliche Untersuchung die Frage, welche Methode angemessen und daher zu bevorzugen ist.

28.5. Definitionen

Beleg	authentische sprachliche Äußerung in Form kürzerer Textauszüge, die als Basis für qualitative Analysen dient
Belegsammlung	Zusammenstellung authentischer sprachlicher Äußerungen als Grundlage für eine sprachwissenschaftliche Untersuchung
Corpus	gezielt ausgewählte und strukturierte Sammlung von Texten als Grundlage für eine sprachwissenschaftliche Untersuchung
corpusbasiert	an den Corpusdaten rückprüfend
corpusgesteuert	von den Corpusdaten ausgehend
corpusgestützt	auf der Basis eines Corpus
Kookurrenzen eines Wortes	Wörter, die als 'Mitspieler' mit anderen Wörtern in einem Kontext auftreten
Lemmatisierung	Zuordnung von Wortformen eines Textes zu ihren Grundformen (Lemmata)
Metadaten	Informationen zu den Primärdaten eines Corpus
Primärdaten	die Texte eines Corpus
Textarchiv	Sammlung digitalisierter Texte zum Zweck der Konservierung und Verfügbarmachung

28.6. Literaturhinweise

Kurzinformation
Metzler Lexikon Sprache. Artikel: Frequenz, Informant, Institut für deutsche Sprache (IdS), Korpus, Korpusanalyse, Lemmatisierung

Einführende Literatur:
L. *Lemnitzer*/H. *Zinsmeister*, Korpuslinguistk. Eine Einführung
S. *Lenz*, Korpuslinguistik
C. *Scherer*, Korpuslinguistik

Grundlegende und weiterführende Literatur:
Corpus Lingustics. Ein internationales Handbuch
D. *Biber* u.a., Corpus Linguistics. Investigating language structure and use
S. *Hunston*, Corpora in Applied Linguistics
E. *Tognini-Bonelli*, Corpus Linguistics at Work

KAPITEL 29: SPRACHNORMPROBLEME – SPRACHBERATUNG – SPRACHPFLEGE

29.1. EINSTIEG: DAS BEDÜRFNIS NACH SPRACHBERATUNG

In einem typischen Brief an die Sprachberatungsstelle der Dudenredaktion, bei der täglich etwa 200 Anrufe und wöchentlich etwa 35 bis 40 schriftliche Anfragen zu sprachlichen Fragen und Problemen eingehen, heißt es:

> Sehr geehrte Damen und Herren,
> in Ihrem Nachschlagewerk ‚Die Rechtschreibung' finde ich die Konjugation des Wortes ‚winken' = winken, winkte, gewinkt.
> Mein Sprachgefühl, wahrscheinlich vor allzu langer Zeit entwickelt, wehrt sich vehement gegen ‚gewinkt' und schlägt mir dagegen ‚gewunken' als richtiges Wort vor.
> Für einen kurzen Hinweis, wodurch diese Verwirrung bei mir entstanden sein mag, wäre ich Ihnen sehr verbunden.

Hinter derartigen Anfragen steht ein Bedürfnis von Sprachbenutzern, Sicherheit über die Richtigkeit bestimmter sprachlicher Formen zu gewinnen. Im vorliegenden Beispiel ist etwa eine Situation vorstellbar, in der jemand das richtige Partizip in einem Brief verwenden will, um nicht bei seinem Adressaten Anstoß zu erregen. Das Bemühen um die richtige Wortform führt zur Bitte um eine Auskunft über die Norm der deutschen Schriftsprache.

Aber nicht nur grammatische Unsicherheiten geben Anlass zu Fragen. So gibt es viele Anfragen, die sich mit der Bedeutung und der Verwendung einzelner Wörter befassen, wie etwa im folgenden Fall (Brief an die Sprachberatungsstelle der Dudenredaktion):

> Sehr geehrte Damen und Herren,
> ich möchte um einige Auskünfte zum Adjektiv „waldig" bitten:
> 1. Ist dieses Wort heute noch sehr gebräuchlich oder eher antiquiert?
> 2. Begegnet es häufig in der Literatur oder hat es hier eher Seltenheitswert?
> 3. In was für einem Zusammenhang kann dieses Adjektiv gebraucht werden (z. B. waldige Insel)?
> Trotz intensiver Beschäftigung mit der Literatur ist mir dieses Adjektiv noch nicht begegnet. Für Informationen und die Beantwortung meiner Fragen bedanke ich mich schon an dieser Stelle.

Hier ist eine Situation vorstellbar, in der jemand beim Schreiben eines literarischen Textes über das Adjektiv *waldig* nachdenkt. Antworten auf seine Fragen hätte er natürlich nicht nur bei einer Sprachberatungsstelle erhalten, sondern er hätte auch in einem Bedeutungswörterbuch neben der Bedeutungsangabe eine stilistische Einordnung und typische Verwendungsmuster des Adjektivs *waldig* finden können (man vergleiche Kapitel 27.).

Es wird anhand solcher Anfragen, die im Übrigen nicht nur von der Sprachberatungsstelle der Dudenredaktion (Mannheim), sondern auch von der 'Gesellschaft für deutsche Sprache [GfdS] e. V.' (Wiesbaden) oder dem 'Institut für Deutsche Sprache' (Mannheim) beantwortet werden, deutlich, dass der Sprachwissenschaft von der Gesellschaft die Aufgabe gestellt wird, sich mit der Norm der Schriftsprache und ihrer Pflege zu befassen (man vergleiche Kapitel 2.4.).

29.2. SPRACHNORMPROBLEME UND SPRACHPFLEGE
29.2.1. DIE NORM DER SCHRIFTSPRACHE

Norm ist in Kapitel 2.2. dieser Einführung als Gesamtheit der sozial gebräuchlichen Realisierungen der Sprache erklärt worden. Die Betrachtung der sprachsoziologischen Gliederung des Deutschen in Kapitel 20 hat gezeigt, dass für alle Schichten der deutschen Sprache eigene Normen existieren, die immer dann sichtbar werden, wenn von ihnen abgewichen wird.

Auf der schriftsprachlichen Ebene gilt das in höherem Grade. Im Unterschied zu den Normen der Dialekte und Umgangssprachen sind die Normen der Schriftsprache strenger und einheitlicher. Das bedeutet, dass weniger Varianten existieren und dass Abweichungen weniger toleriert werden. Die Norm der Schriftsprache ist prinzipiell einheitlich und stabil. Nur so kann die Schriftsprache ihre Aufgabe erfüllen, als die Sprachform mit der größten geographischen, sozialen und inhaltlichen Reichweite in einer Sprachgemeinschaft die Verständigung zu sichern. Damit dieses Verständigungsmittel den sich ständig ändernden Bedürfnissen angepasst bleibt, darf die Norm bei aller Forderung nach Stabilität nicht starr sein. Sie muss vielmehr elastisch auf alle neuen Funktionen reagieren.

29.2.2. DIE KODIFIKATION DER NORM

Damit die schriftsprachliche Norm im Sprachunterricht gelehrt werden kann, damit ihre Einhaltung kontrolliert werden kann und damit Normanfragen beantwortet werden können, muss die Norm kodifiziert werden. Die orthographische Norm der deutschen Schriftsprache ist durch die amtliche Neuregelung der deutschen Rechtschreibung, die am 1. August 1998 in Kraft getreten ist, kodifiziert. Neben den Regeln selbst enthält das amtliche Regelwerk auch ein Wörterverzeichnis. In Rechtschreibwörterbüchern sind die Wörter dieses Wörterverzeichnisses enthalten, daneben werden die Regeln aber auch auf einen wesentlich umfangreicheren Wortschatz angewendet.

Die anderen Sprachebenen werden nicht nur durch amtliche Regelungen normiert. So ist die Aussprachenorm nur in verschiedenen Aussprachewörterbüchern kodifiziert, die grammatische Norm in Grammatiken, die lexikalische Norm in Wörterbüchern, die Stilnorm in Stilratgebern. Für diese Ebenen der schriftsprachlichen Norm stehen die die Norm darstellenden Werke vor der Aufgabe, die gültige und sich wandelnde Norm angemessen zu erfassen.

29.2.3. SPRACHWANDEL UND NORMWANDEL

Sprachliche Normen werden immer zu einem bestimmten Zeitpunkt kodifiziert, d. h., sie halten fest, welche sprachlichen Regeln zu einer bestimmten Zeit gültig sind. Die Sprache verändert sich aber fortwährend (man vergleiche Kapitel 23.), so dass es passieren kann, dass die Norm der sprachlichen Realität nicht mehr entspricht. Ein Beispiel hierfür sind Entwicklungen in der Flexion starker und schwacher Verben.

Generell haben Sprachbenutzer häufig Probleme bei der Entscheidung, ob ein Verb stark oder schwach gebeugt wird, zum Beispiel bei den Verben *backen* (*backte* oder *buk*?) oder *kreischen* (*gekreischt* oder *gekrischen*?). Problematisch sind auch Verben wie *hängen* oder *erschrecken*, bei denen die starken Formen bei intransitiver Verwendung (*ich bin erschrocken*), die schwachen Formen bei transitiver Verwendung (*er hat mich erschreckt*) stehen. Schließlich ist die Bildung des Konjunktivs nicht weniger starker Verben ein typischer Zweifelsfall (z. B. *er stände* oder *er stünde*, *sie höbe* oder *sie hübe*?).

KAPITEL 29

Zur Beantwortung von Sprachanfragen wie den oben zitierten ziehen Sprachberatungsstellen unter anderem Wörterbücher heran. So stellt ein aktuelles Bedeutungswörterbuch aus dem Dudenverlag beispielsweise fest:

> **win|ken** ⟨sw. V.; hat; 2. Part. gewinkt, auch, bes. ugs.: gewunken⟩ [mhd., ahd. winken = schwanken, winken, eigtl. = sich biegen, schwankende Bewegungen machen]: **1. a)** *durch Bewegungen bes. mit der Hand od. einem darin gehaltenen Gegenstand ein Zeichen geben:* freundlich, mit der Hand, einem Taschentuch, zum Abschied w.; sie winkte schon von Weitem zur Begrüßung; Kinder standen am Straßenrand und winkten mit Fähnchen; sie winkte nur leicht [mit dem Kopf, mit den Augen], und sofort verließen sie den Raum; **b)** *jmdn. durch eine Handbewegung auffordern heranzukommen:* dem Kellner w.; sie winkte einem Taxi; **c)** *durch eine*

Duden. Deutsches Universalwörterbuch, S. 1935

Damit wird eine Norm für die Standardsprache kodifiziert, eine Erklärung der 'Verwirrung' des Briefabsenders findet sich aber nicht. Hier hilft der Blick in eine Grammatik, in der zumindest ein Wandel der Norm registriert wird:

> 5   Das unregelmäßige 2. Partizip *gewunken* dringt heute, obwohl es hochsprachlich nicht als korrekt gilt, über das Mundartliche hinaus vor: Obwohl der Fahndungscomputer der Grenzpolizei die Papiere für in Ordnung befand, wurden die Wiener zur Seite gewunken (Augsburger Allgemeine). Die Amerikaner aber haben immer wieder abgewunken – die Vorschläge aus Moskau seien nicht neu (Der Spiegel). Patrick Tambay, der ... das Feld der 26 Wagen angeführt hatte, wurde als Erster abgewunken (Neue Zürcher Zeitung).

Duden-Grammatik, 6. Auflage, S. 144, Anm. 5 (8. Auflage ohne Erläuterung in der Fußnote)

Einen Schritt weiter geht ein aktueller Sprachratgeber der Marke Wahrig, in dem für die Schriftsprache ein Nebeneinander des schwachen und des starken Partizips festgehalten wird:

> **winken**
>
> **Das Verb *winken* wird schwach flektiert:**
>
> *winken – winkte – gewinkt*
>
> **Daneben hat sich das Partizip II *gewunken* etabliert, das im Geschriebenen inzwischen häufiger gebraucht wird als *gewinkt*:**
>
> *Er hat mit den Briefen in der Hand gewinkt.*
> **auch:** *Er hat mit den Briefen in der Hand gewunken.*

Wahrig. Fehlerfreies und gutes Deutsch, S. 268

Der Wandel von der schwachen Flexion *gewinkt* zur starken Flexion *gewunken* lässt sich auch mit einem historischen Wörterbuch belegen:

> 2) sowohl im mhd. wie in nhd. schriftsprache ist schwache conjug. die regel, doch beginnt bereits mhd. der versuch, winken *in die reihe der st. verben III. kl. zu überführen* (*wie mengl.* winken, wank *neben* winkin, wincte STRATMAN-BRADLEY 686ᵇ, SKEAT 713ᵃ); *die mundarten zeigen überwiegend starke formen, vielfach neben den echten schwachen, so im part. prät.* gewunken, *vgl.* gwunke HUNZIKER *Aarg.* 298; SEILER *Basl.* 316; gewunken (*neben* gewinkt) FISCHER *schwäb.* 6, 1, 856; MARTIN-LIENHART 2, 840; SCHMELLER-FR. 2, 960; SCHMELLER *mundarten Bayerns* § 950; gewonk, gewunk (*neben* gewingd) FOLLMANN *lothr.* 543ᵇ; LENZ *Handschuhsh.* 78; MEISINGER *Rappen.* 232; MÜLLER-FRAUREUTH 2, 669; NEUBAUER *Egerländ.* 199, gewåunken REGEL *Ruhlaer ma.* 112; GERBET *Vogtland* 136; gewunge CRECELIUS *oberhess.* 918; gewonken *Elberf. ma.* 174; gewunken FRISCHBIER *preusz. wb.* 2, 471; wunken, wonken (*neben* wenket) WOESTE *westf.* 820ᵃ; BÖGER *Schwalenberg* 167; BAUER-COLLITZ *waldeck.* 114ᵃ, wunken (*neben* winkt) DOORNKAAT-KOOLMAN *ostfries.* 3, 555; *so literarisch seit dem* 16. *jh. bezeugt, namentlich bei dialektisch beeinfluszten autoren, vgl.* gewinket, *auch* gewunken STIELER 2542; gewunken *schuldb.* 31 *bei* GRIMM *gramm.* 1, 2, 904;

¹DWB XIV,2, Sp. 387

Es verdient Hervorhebung, dass hier ganz offensichtlich eine Entwicklung eingetreten ist, die der bei dem Verb *hauen* (man vergleiche Kapitel 2.3.) und bei anderen Verben (man vergleiche Kapitel 23) gerade entgegengesetzt ist. Solche Entwicklungen können im Übrigen durch Auswertung umfangreicher Textcorpora, wie sie zum Beispiel das Institut für Deutsche Sprache (Mannheim) online anbietet, festgestellt werden (man vergleiche Kapitel 28).

Für die Sprachwissenschaft stellen sich mit dieser Beobachtung Fragen nach den Faktoren, die den Wandel der Norm veranlassen, und nach den Faktoren, die die Verwendung einer der Formen bestimmen. Im Hinblick auf den Sprachunterricht und die Sprachverwendung überhaupt kann an die Sprachwissenschaft aber auch die Frage gestellt werden, welche der beiden konkurrierenden Formen gegebenenfalls vorzuziehen ist. Es wird damit ein ganz bestimmtes praktisches Bedürfnis nach präskriptiven Aussagen erkennbar (man vergleiche Kapitel 2.4.), die die Entscheidung der Sprachberatung begründen können.

29.2.4. SPRACHBERATUNG – SPRACHPFLEGE – SPRACHKULTUR

Der außerordentlich große Umfang schriftlicher Kommunikation hat zu einem gesteigerten Bedürfnis nach Sprachberatung, in vielen Fällen im Sinne von Sprachnormberatung geführt. So verzeichnen unter anderem die oben genannten Sprachberatungsstellen insgesamt eine Zunahme von Anfragen. Dabei benötigen die Fragesteller Hilfe sowohl im privaten Bereich (zum Beispiel als Mutter eines Grundschulkindes mit einer schlechten Aufsatznote, als Schriftführer eines Vereines, als Verfasser einer Todesanzeige) wie im beruflichen Kontext (zum Beispiel als Sekretärin, als Verfasser einer Bedienungsanleitung oder eines Protokolls, als Redakteurin). Industrieunternehmen suchen in Stellenanzeigen Germanisten, deren Aufgabe darin bestehen soll, „die bei uns im Gebrauch befindlichen Broschüren, Jahresberichte und anderen Publikationen auf ihre sprachliche und orthographische Richtigkeit hin zu überprüfen".

Neben Fragen, die sich aus dem Schreiben oder Lesen geschriebener Sprache ergeben, nehmen auch Beobachtungen zu gesprochener Sprache zu, wie beispielsweise in folgendem Brief an die Dudenredaktion, in dem es um Fragen eines möglichen Sprachwandels geht (man vergleiche Kapitel 23):

> Sehr geehrte Damen und Herren,
> in der gesprochenen Sprache, vor allem auch im Radio, fällt mir auf, dass die Wörter *sehr, ganz* und *viel* hauptsächlich doppelt benutzt werden: *sehr sehr lange, ganz ganz oft, viel viel mehr.* Und das nicht nur zur Verstärkung der Aussage, sondern als Ersatz für die einfache Form. Die einfache Form – *sehr lange* etc. – ist kaum noch zu hören. Es fällt mir auf bei Ansagen, Moderationen, Interviews (auch mit Politikern).
> Meine Frage: Wie weit ist diese Sache schon in den allgemeinen Sprachgebrauch eingegangen, oder handelt es sich um eine vorübergehende Mode? Meine Freundin gibt in den USA deutschen Sprachunterricht und sie interessiert, ob sie ihre Schüler darauf aufmerksam machen sollte, wenn diese nach Deutschland reisen. Wie sieht es in den anderen deutschsprachigen Ländern aus?
> Mit freundlichen Grüßen

Recht häufig sind auch Unsicherheiten, die sich aus dem Gebrauch bestimmter Bezeichnungen ergeben, deren Verwendung politisch korrekt oder inkorrekt sein kann. Hinter einer Anfrage an die Dudenredaktion wie der folgenden kann der Wunsch stehen, keine beleidigende Bezeichnung zu verwenden; die onomasiologisch formulierte Frage (man vergleiche Kapitel 16.2.8.) zielt deutlich auf pragmatische Aspekte (man vergleiche Kapitel 19):

> Betrifft: Zweifelsfall zur Kennzeichnung von Menschen mit „dunkler Farbe"
> Teilen Sie mir bitte die in Deutschland z. Zt. verbindliche Kennzeichnung der unter Betreff genannten Menschen mit. So wurde kürzlich in WDR-Radionachrichten von einem jungen „dunkelhäutigen Ausländer" gesprochen.
> – Welche Kennzeichnungen sind ausländerfeindlich oder rassistisch?
> Mit freundlichem Gruß (von einem „weißhäutigen Deutschen")

Dieser Aspekt der politischen Korrektheit des Wortgebrauchs wird beispielsweise in dem folgenden Wörterbuchartikel berücksichtigt:

> **Ne·ger** *der*; -s, -; ein Mensch, dessen Haut dunkel od. schwarz ist u. der e-m Volk angehört, das (ursprünglich) aus Afrika kommt ≈ Schwarzer ↔ Weißer, Indianer, Asiate ‖ *hierzu* **Ne·ge·rin** *die*; -, -nen ‖ NB: Statt *Neger* verwendet man heute oft *Schwarzer* (*bes* in politischem Zusammenhang), weil *Neger* oft als beleidigend empfunden wird

Langenscheidts Großwörterbuch Deutsch als Fremdsprache, S. 690

Sprachliche Normen, insbesondere die der Schriftsprache, bedürfen der Kodifizierung durch die Sprachwissenschaft. Sie bedürfen der ständigen Fortentwicklung, das heißt der Sprachpflege, damit sie zur Sprachkultur als dem normgerechten, sachlich, situativ und ästhetisch angemessenen Sprachgebrauch beitragen. Da im deutschen Sprachraum keine Institution wie etwa eine Sprachakademie über die Sprachnorm wacht, können sich an dieser Sprachpflege alle möglichen Institutionen und Personen beteiligen. Vor diesem Hintergrund ist zum Beispiel die Gründung des Deutschen Sprachrats im Jahr 2003 zu sehen, der seine Ziele wie folgt beschreibt (www.deutscher-sprachrat.de):

> Der Deutsche Sprachrat sieht es als seine Aufgabe an, durch Sensibilisierung des Sprachbewusstseins die Sprachkultur im Inland sowie die Stellung der deutschen Sprache im Ausland zu fördern. Dies will er durch Sprachkultivierung im Sinne von Information und Aufklärung über Sprache und vermehrter Diskussion sprachlicher Themen erreichen.
> In Zusammenarbeit mit den sprachgebundenen Medien sucht der Deutsche Sprachrat auf eine vermehrte öffentliche Sprachkritik und auf eine entwickelte Kritikfähigkeit vieler Menschen hinzuwirken, und zwar möglichst anhand von konkreten Anlässen, bei denen falsche oder unangemessene Ausdruckswahl zu Unverständnis, Fehlinformation oder Verärgerung führt. Der Sprachrat wird auch Bemühungen unterstützen, besonders gelungenen, kreativen Sprachgebrauch in der Öffentlichkeit als vorbildlich herauszustellen.

Die Sprachwissenschaft kann beanspruchen, hier mitzureden; es kann auch von ihr erwartet werden, dass sie ihre Sachkompetenz in die öffentliche Debatte um die Sprachkultur einbringt.

29.3. ANALYSEVERFAHREN UND ANALYSEBEISPIELE

Die in diesem Kapitel verwendeten Beispiele zeigen bereits, wie mit Hilfe von sprachwissenschaftlichen Nachschlagewerken wie Wörterbüchern, Grammatiken und Sprachratgebern Normfragen beantwortet werden können. Zur Analyse fehlerhafter oder umstrittener Formen in Äußerungen unter dem Aspekt Norm – System vergleiche man auch Kapitel 2.3. In Kapitel 11.1. findet sich eine Analyse zur fehlerhaften Genitivbildung des Substantivs *Autor*, in Kapitel 12.1. und 12.3. (Beispiel 3) werden Kongruenzfehler (fehlerhafte Kongruenz zwischen Relativpronomen und Bezugssubstantiv bzw. im Nominalkomplex) analysiert. Kapitel 13.4. bietet ein Beispiel für die Analyse und Bewertung von Fehlern bei der Konstruktion komplexer verbaler Formen.

29.4. DAS PROBLEMATISCHE VERHÄLTNIS VON SPRACHPFLEGE UND SPRACHWISSENSCHAFT

Der sprachwissenschaftliche Normbegriff ist als deskriptiv zu bestimmen, doch im Sprachunterricht bekommt der Normbegriff präskriptiven Charakter (man vergleiche Kapitel 2.4.). Vergleichbar ist die Situation für Verfasser beziehungsweise Nutzer von Grammatiken und Wörterbüchern: Die Autoren ermitteln sprachliche Normen durch Sprachbeobachtung und halten diese beschreibend (also deskriptiv) fest. Von den Benutzern dieser Grammatiken und Wörterbücher werden die beschriebenen Normen aber häufig als vorschreibend (also präskriptiv) aufgefasst. Dies kann dazu führen, dass Benutzer von Grammatiken und Wörterbüchern das Fehlen klarer Vorgaben bei sprachlichen Zweifelsfällen (im Sinne von 'richtig' oder 'falsch') negativ bewerten und die entsprechende Nachschlagehandlung in der Grammatik oder dem Wörterbuch als misslungen einschätzen.

Von den Benutzern sprachlicher Nachschlagewerke wird also angenommen, dass solche Werke auch sprachpflegerische Intentionen verfolgen, von ihren sprachwissenschaftlichen Verfassern ist diese Zielsetzung aber nicht unbedingt intendiert. Doch ist dieses Dilemma den Schreibern von Grammatiken und Wörterbüchern durchaus bewusst. Die Autoren des Online-Angebotes 'Grammatik in Fragen und Antworten' (Teil des grammatischen Informationssystems 'grammis' des Instituts für Deutsche Sprache, Mannheim) wenden sich beispielsweise direkt an ihre Nutzer und erklären:

> Man wird Probleme haben, für voll genommen zu werden, wenn man sich solche [sprachliche] Freiheiten herausnimmt. Wenn auch keine rechtsverbindlichen Normen existieren, so finden sich doch von einer breiten interessierten Öffentlichkeit getragene und tradierte Formulierungskonventionen, durch deren Einhaltung man sich als kompetentes Mitglied der Sprachgemeinschaft qualifiziert und deren Nichtbefolgung mehr oder weniger negativ vermerkt wird.
>
> Auskünfte zur grammatischen Wohlgeformtheit haben in Anbetracht solcher, nicht explizit gegebener Formulierungskonventionen den Charakter von Rezepten oder Bedienungsanleitungen, die ihre Nutzer in die Lage versetzen sollen, mit Hilfe expliziter Regelformulierungen ein Sprachverhalten zu erreichen, das dem der als kompetent erachteten Mitglieder der Gemeinschaft möglichst entspricht. Die Regelformulierungen dürfen [...] keine Setzungen sein. Um das gewünschte Maß an Übereinstimmung mit dem Sprachhandeln kompetenter Sprachteilhaber zu erreichen, müssen sie auf einer empirischen Erforschung des tatsächlichen Sprachverhaltens der Mitglieder der Sprachgemeinschaft beruhen. In diesem Sinn stützen wir unsere Antworten, wo immer und wann immer dies möglich scheint, auf eine Auswertung einschlägiger Daten aus den Textkorpora des Instituts für Deutsche Sprache sowie weiterer maschinenlesbarer Textsammlungen. [...]
>
> Nach Lage der Dinge bleibt es nicht aus, dass in manchen Zweifelsfällen auch nach sorgfältiger Überprüfung der Daten keine eindeutige Entscheidung für eine von alternativen Formulierungsmöglichkeiten zu treffen ist. In solchen Fällen scheuen wir uns im Interesse vor allem ausländischer Deutschlerner nicht, auch mal Empfehlungen auszusprechen, die Verwendungskontexte und, wo dies angemessen scheint, auch sprachgeschichtliche und allgemein sprachtheoretische Erkenntnisse berücksichtigen. Der Tenor solcher Empfehlungen ist dabei stets: "Es gibt hier verschiedene Möglichkeiten, doch, wenn Sie sich an das halten, was wir empfehlen, werden Sie in jedem Fall keinen Fehler machen."

Wie dieses Beispiel zeigt, kann eine sprachwissenschaftlich fundierte Darstellung sprachlicher Normen auch ohne Verwendung von Bewertungen wie 'richtig' oder 'falsch' auskommen und zugleich zur Sprachpflege beitragen.

29.5. DEFINITIONEN

deskriptiv	empirisch beschreibend
Kodifikation der Norm	Festhalten der Norm in Regeln
Norm	Gesamtheit der sozial gebräuchlichen Realisierungen der Sprache
präskriptiv	normativ vorschreibend
Sprachberatung	Hilfestellung für Entscheidungen bei sprachlichen Zweifelsfällen
Sprachkultur	normgerechter und sachlich, situativ und ästhetisch angemessener Sprachgebrauch
Sprachpflege	ständige Fortentwicklung sprachlicher Normen

29.6. LITERATUR

Kurzinformation:

Metzler Lexikon Sprache. Artikel: Duden, Kodifizierung, Sprachkultur, Sprachnorm, Sprachpflege

Einführende Literatur:

Die *deutsche* Sprache zur Jahrtausendwende. Sprachkultur oder Verfall?
U. *Förster*, Sprachpflege auf wissenschaftlicher Grundlage
R. *Schnerrer*, in: Kleine Enzyklopädie Deutsche Sprache, S. 717-749

Grundlegende und weiterführende Literatur:

Grundlagen der Sprachkultur. Beiträge der Prager Linguistik
A. *Greule* – E. *Ahlvers-Liebel*, Germanistische Sprachpflege
A. *Greule* – F. *Lebsanft* (Hgg.), Europäische Sprachkultur und Sprachpflege

LITERATURVERZEICHNIS

Kirsten *Adamzik*, Textlinguistik. Eine einführende Darstellung, Germanistische Arbeitshefte 40, Tübingen 2004

Kirsten *Adamzik*, Textsorten – Texttypologien. Eine kommentierte Bibliographie, Münster 1995

Vladimir G. *Admoni*, Der deutsche Sprachbau, 4. Auflage München 1982

Christiane *Agricola* – Erhard *Agricola*, Wörter und Gegenwörter. Antonyme der deutschen Sprache, 6.A. Leipzig 1987

Jean *Aitchison*, Language change: progress or decay?, 3.A. Cambridge 2001

Jean *Aitchison*, Wörter im Kopf. Eine Einführung in das mentale Lexikon, Tübingen 1994

Hans *Altmann* – Suzan *Hahnemann*, Syntax fürs Examen. Studien und Arbeitsbuch, Linguistik fürs Examen 1, 3., aktualisierte A. Göttingen 2007

Hans *Altmann* – Silke *Kemmerling*, Wortbildung fürs Examen. Studien- und Arbeitsbuch, Linguistik fürs Examen 2, 2.A. Wiesbaden 2005

Ulrich *Ammon* - Hans *Bickel* u.a.: Variantenwörterbuch des Deutschen. Die Standardsprache in Österreich, der Schweiz und Deutschland sowie in Liechtenstein, Luxemburg, Ostbelgien und Südtirol, Berlin – New York 2004

Karl-Otto *Apel*, Der Denkweg von Charles Sanders Peirce. Eine Einführung in den amerikanischen Pragmatismus, suhrkamp taschenbuch wissenschaft 141, Frankfurt a.M. 1975

Atlas der deutschen Alltagssprache (AdA). Von Stephan Elspaß und Robert Möller: http://www.uni-augsburg.de/alltagssprache

Peter *Auer* – Li *Wie* (Hgg.), Handbook of Multilingualism and Multilingual Communication, Berlin 2007

Gerhard *Augst*, Wortfamilienwörterbuch der deutschen Gegenwartssprache, 2.A. Tübingen 2009

John Langshaw *Austin*, Zur Theorie der Sprechakte (How to do Things with Words). Deutsche Bearbeitung von E. von Savigny, Reclams Universal-Bibliothek 9396 (3), 3.A. Stuttgart 2002

Adolf *Bach*, Deutsche Namenkunde, I. Die deutschen Personennamen, 1-2; II. Die deutschen Ortsnamen, 1-2; III. Registerband, bearbeitet von D. Berger, 2.A. Heidelberg 1974-1981

Irmhild *Barz*, Die Wortbildung, in: Duden. Die Grammatik. Unentbehrlich für richtiges Deutsch. 8., überarbeitete Auflage. Herausgegeben von der Dudenredaktion, Duden Band 4, Mannheim . Leipzig . Wien . Zürich 2009, S. 634-762

Harald *Baßler*, Definierte Wörter. Fachsprachliche Terminologie, in: J. Dittmann – C. Schmidt (Hgg.), Über Wörter, S. 211-231

Elizabeth *Bates*/Brian *MacWhinney*, Competition, Variation, and Language Learning, in: Brian MacWhinney (Hg.), Mechanisms of Language Acquisition, Hillsdale 1987, S. 157–193

Gerhard *Bauer*, Namenkunde des Deutschen, Germanistische Lehrbuchsammlung 21, 2.A. Berlin 1998

Christa *Baufeld*, Kleines frühneuhochdeutsches Wörterbuch – Lexik aus Dichtung und Fachliteratur des Frühneuhochdeutschen, Tübingen 1996

Bayerisch-österreichisches Wörterbuch, II. Bayern. Bayerisches Wörterbuch (BWB). Hg. v. der Kommission für Mundartforschung, Bayerische Akademie der Wissenschaften, München 1995ff.

Robert-Alain *de Beaugrande* – Wolfgang U. *Dressler*, Einführung in die Textlinguistik, Konzepte der Sprach- und Literaturwissenschaft 28, Tübingen 1981

Johannes *Bechert* - Wolfgang *Wildgen*, Einführung in die Sprachkontaktforschung, Darmstadt 1991

Beiträge zur Valenztheorie, hg. v. Gerhard Helbig, The Hague/Paris 1971

Georg Friedrich *Benecke* – Wilhelm *Müller* – Friedrich *Zarncke*, Mittelhochdeutsches Wörterbuch, I-III, Leipzig 1854-1866, Nachdruck Stuttgart 1990

Aus *Benediktinerregeln* des 9. bis 20. Jahrhunderts. Quellen zur Geschichte einer Textsorte. Hg. v. Franz Simmler, Germanische Bibliothek. NF. 7. Reihe, Heidelberg 1985

LITERATURVERZEICHNIS

Henning *Bergenholtz* – Burkhard *Schaeder*, Die Wortarten des Deutschen. Versuch einer syntaktisch orientierten Klassifikation, Stuttgart 1977

Rolf *Bergmann*, Homonymie und Polysemie in Semantik und Lexikographie, Sprachwissenschaft 2 (1977) S. 17-59

Rolf *Bergmann*, Relativsatz-Probleme in Grammatiken der deutschen Gegenwartssprache, in: Studien zur deutschen Grammatik. Johannes Erben zum 60. Geburtstag, Innsbrucker Beiträge zur Kulturwissenschaft, Germanistische Reihe 25, Innsbruck 1985, S. 51-66

Rolf *Bergmann* – Peter *Pauly* – Claudine *Moulin*, Alt- und Mittelhochdeutsch. Arbeitsbuch zur Grammatik der älteren deutschen Sprachstufen und zur deutschen Sprachgeschichte, 7.A. Tübingen 2007

Rolf *Bergmann* – Peter *Pauly* – Claudine *Moulin-Fankhänel*, Neuhochdeutsch. Arbeitsbuch zur Grammatik der deutschen Gegenwartssprache, 4., erweiterte Auflage, Göttingen 1992

Jean *Berko*, The child's learning of English morphology, Word 14 (1958) S. 150–177 [online verfügbar über die CHILDES-Internetpräsenz unter: http://childes.psy.cmu.edu/topics/wugs/wugs.pdf; zuletzt eingesehen am 11.05.2010]

Jean *Berko*/Roger *Brown*, Psycholinguistic Research Methods, in: Paul H. Mussen (Hg.), Handbook of Research Methods in Child Development, New York 1960, S. 517–557

Cornelia *Berning*, Vom 'Abstammungsnachweis' zum 'Zuchtwart', Berlin 1964

Douglas *Biber* – Susan Conrad – Randi Reppen, Corpus Linguistics. Investigating language structure and use, Cambrige approaches to linguistics, Cambridge 1998

Helmut *Birkhan*, Etymologie des Deutschen, Germanistische Lehrbuchsammlung 15, Bern u.a. 1985

Karin *Birkner*, Wörter in der Gruppe. Zur Soziolinguistik der Wörter, in: J. Dittmann – C. Schmidt (Hgg.), Über Wörter, S. 233-258

Erich *Bischoff*, Wörterbuch der wichtigsten Geheim- und Berufssprachen. Jüdisch-Deutsch, Rotwelsch, Kundensprache; Soldaten-, Seemanns-, Weidmanns-, Bergmanns- und Komödiantensprache, Leipzig 1916

Eric A. *Blackall*, Die Entwicklung des Deutschen zur Literatursprache: 1700–1775. Mit einem Bericht über neue Forschungsergebnisse 1955–1964 von Dieter Kimpel, Stuttgart 1966

Peter *Braun* (Hg.), Fremdwort-Diskussion, Uni-Taschenbücher 797, München 1979

Wilhelm *Braune*, Althochdeutsches Lesebuch, 17.A. bearbeitet von Ernst A. Ebbinghaus, Tübingen 1994

Wilhelm *Braune* – Ingo *Reiffenstein*, Althochdeutsche Grammatik. Laut- und Formenlehre, Sammlung kurzer Grammatiken germanischer Dialekte. A. Hauptreihe Nr. 5/1, 15.A. Tübingen 2004

Klaus *Brinker*, Linguistische Textanalyse. Eine Einführung in ihre Grundbgriffe und Methoden, Grundlagen der Germanistik 29, 6., überarbeitete und erweiterte A. Berlin 2005

Roger *Brown*, A first language, London 1973

Harald *Burger*, Phraseologie. Eine Einführung am Beispiel des Deutschen. 4., neu bearbeitete Auflage Berlin 2010

Albert *Busch* – Oliver *Stenschke*, Germanistische Linguistik. Eine Einführung, Tübingen 2007

John K. *Chambers* – Peter *Trudgill*, Dialectology, 2. Edition, 14. print, Cambridge Textbooks in Linguistics, Cambrigde 2008

Dieter *Cherubim* – Siegfried *Grosse* – Klaus J. *Mattheier* (Hgg.), Sprache und bürgerliche Nation. Beiträge zur deutschen und europäischen Sprachgeschichte des 19. Jahrhunderts, Berlin/New York 1998

Dieter *Cherubim* – Klaus J. *Mattheier* (Hgg.), Voraussetzungen und Grundlagen der Gegenwartssprache, Berlin/New York 1989

Corpus Linguistics. Ein internationales Handbuch. Herausgegeben von Anke Lüdeling und Merja Kytö, Handbücher zur Sprach- und Kommunikationswissenschaft 29, 2 Halbbände, Berlin – New York 2008 und 2009

Eugenio *Coseriu*, Bedeutung und Bezeichnung im Lichte der strukturellen Semantik, in: Sprachwissenschaft und Übersetzen. Symposion an der Universität Heidelberg 24.2.-26.2.1969, hg. v. P.

Hartmann – H. Vernay, Commentationes Societatis Linguisticae Europaeae III, München 1970, S. 104-121
Eugenio *Coseriu*, Einführung in die Allgemeine Sprachwissenschaft, Uni-Taschenbücher 1372, 2.A. Tübingen 1992
Eugenio *Coseriu*, Einführung in die strukturelle Betrachtung des Wortschatzes, Tübinger Beiträge zur Linguistik 14, 2. unveränderte Auflage, Tübingen 1973
Eugenio *Coseriu*, Formen und Funktionen. Studien zur Grammatik. Hg. v. Uwe Petersen, Konzepte der Sprach- und Literaturwissenschaft 33, Tübingen 1987
Eugenio *Coseriu*, Lexikalische Solidaritäten, Poetica 1 (1967) S. 293-303
Eugenio *Coseriu*, Probleme der strukturellen Semantik. Vorlesung, gehalten im Wintersemester 1965/66 an der Universität Tübingen. Autorisierte und bearbeitete Nachschrift von D. Kastovsky, Tübinger Beiträge zur Linguistik 40, 3.A. Tübingen 1978
Eugenio *Coseriu*, System, Norm und 'Rede', in: E. Coseriu, Sprache. Strukturen und Funktionen. XII Aufsätze zur allgemeinen und romanischen Sprachwissenschaft. In Zusammenarbeit mit H. Bertsch und G. Köhler hg. v. U. Petersen, Tübinger Beiträge zur Linguistik 2, 3.A. Tübingen 1979, S. 45-59
Eugenio *Coseriu*, Textlinguistik. Eine Einführung, Tübinger Beiträge zur Linguistik 500, 4. Auflage Tübingen 2007
David *Crystal*, Prosodic development, in: Paul Fletcher/Michael Garman (Hg.), Language Acquisition, S. 174–197
Ulrike *Demske*, Zur Geschichte der -*ung*-Nominalisierung im Deutschen: Ein Wandel morphologischer Produktivität, Beiträge zur Geschichte der deutschen Sprache und Literatur 122 (2000) S. 365-411
Die *deutsche Sprache* zur Jahrtausendwende. Sprachkultur oder Verfall? Hg. v. Karin M. Eichhoff-Cyrus und Rudolf Hoberg, Thema Deutsch, I, Mannheim 2000
Deutsche Wortbildung. Typen und Tendenzen in der Gegenwartssprache. Eine Bestandsaufnahme des Instituts für deutsche Sprache. Forschungsstelle Innsbruck, Erster Hauptteil: I. Kühnhold – H. Wellmann, Das Verb. Mit einer Einführung von Johannes Erben, Sprache der Gegenwart 29, Düsseldorf 1973; Zweiter Hauptteil: H. Wellmann, Das Substantiv, Sprache der Gegenwart 32, Düsseldorf 1975; Dritter Hauptteil: I. Kühnhold – O. Putzer – H. Wellmann, Das Adjektiv, Sprache der Gegenwart 43, Düsseldorf 1978; Vierter Hauptteil: L. Ortner – E. Müller-Bollhagen, Substantivkomposita, Sprache der Gegenwart 79, Berlin/New York 1991; Fünfter Hauptteil: M. Pümpel-Mader – E. Gassner-Koch – H. Wellmann, Adjektivkomposita und Partizipialbildungen, Sprache der Gegenwart 80, Berlin/New York 1992; Morphem- und Sachregister zu Band I-III, Sprache der Gegenwart 62, Düsseldorf 1984
Deutscher Sprachatlas aufgrund des von Georg Wenker begründeten Sprachatlas des Deutschen Reichs in vereinfachter Form begonnen von Ferdinand Wrede, fortgesetzt von Walther Mitzka und Bernhard Martin, Marburg/Lahn 1927-1956
Deutsches Sprichwörterlexikon. Ein Hausschatz für das deutsche Volk. Hg. von Karl Friedrich Wilhelm Wander, Augsburg 1987
Deutschsprachige Wörterbücher. Projekte an Akademien, Universitäten, Instituten. Herausgeber Michael Schlaefer, 3. überarbeitete Auflage Göttingen 2003
Dialekt im Wandel. Perspektiven einer neuen Dialektologie. Hg. von Anja Voeste und Joachim Gessinger, Osnabrücker Beiträge zur Sprachtheorie 71, 2006
Dialektologie. Ein Handbuch zur deutschen und allgemeinen Dialektforschung. Hg. v. W. Besch, U. Knoop, W. Putschke, H.E. Wiegand, I-II, Handbücher zur Sprach- und Kommunikationswissenschaft 1, Berlin/New York 1982/1983
Walther *Dieckmann* (Hg.), Reichtum und Armut deutscher Sprache. Reflexionen über den Zustand der deutschen Sprache im 19. Jahrhundert, Berlin/New York 1989
Gabriele *Diewald*, Grammatikalisierung. Wie entsteht Grammatik?, Deutschunterricht 53 (2000) S. 28-40

LITERATURVERZEICHNIS

Digitaler Wenker-Atlas (DiWa). Hg. v. Jürgen Erich Schmitt u. Joachim Heergen. Bearbeitet v. Alfred Lameli, Alexandra Lenz, Jost Nickel u. Roland Kehrein, Karl-Heinz Müller, Stefan Rabanus. Erste vollständige Ausgabe von Georg Wenkers "Sprachatlas des Deutschen Reichs". 1888-1923 handgezeichnet von Emil Maurmann, Georg Wenker und Ferdinand Wrede, Marburg 2001ff. [http://www.diwa.info]

Jürgen *Dittmann* – Claudia *Schmidt* (Hgg.), Über Wörter. Grundkurs Linguistik, Rombach Grundkurs 5, Freiburg im Breisgau 2002

Norbert *Dittmar*, Grundlagen der Soziolinguistik – Ein Arbeitsbuch mit Aufgaben, Konzepte der Sprach- und Literaturwissenschaft 57, Tübingen 1997

Dmitrij *Dobrovol'skij*, Idiome im mentalen Lexikon. Ziele und Methoden der kognitivbasierten Idiomforschung. Trier 1997

Dmitrij *Dobrovol'skij* – Elisabeth *Piirainen*, Figurative language: Cross-cultural and cross-linguistic perspectives. Amsterdam 2005

Norbert *Dörschner*, Lexikalische Strukturen. Wortfeldkonzeption und Theorie der Prototypen im Vergleich, Münster 1996

Duden. Aussprachewörterbuch. Wörterbuch der deutschen Standardaussprache, 6., überarbeitete und aktualisierte Auflage. Bearbeitet von Max Mangold, Mannheim u.a. 2005

Duden. Bedeutungswörterbuch, 4., aktualisierte und erweiterte Auflage, Mannheim u.a. 2010

Duden. Das Bildwörterbuch. Die Gegenstände und ihre Benennung, 6., neu bearbeitete und erweiterte A. Mannheim u.a. 2005

Duden. Die deutsche Rechtschreibung, 25., völlig neu bearbeitete und erweiterte A. Auf der Grundlage der neuen amtlichen Rechtschreibregeln, Mannheim u.a. 2009

Duden. Deutsches Universalwörterbuch, 6., überarbeitete und erweiterte A., Mannheim u.a. 2007

Duden. Familiennamen. Herkunft und Bedeutung. Bearbeitet von Rosa und Volker Kohlheim, 2., vollständig neu bearbeitete A. Mannheim u.a. 2005

Duden. Geographische Namen in Deutschland. Herkunft und Bedeutung der Namen von Ländern, Städten, Bergen und Gewässern, 2., überarbeitete A. von Dieter Berger, Mannheim u.a. 1999

Duden. Die Grammatik. Unentbehrlich für richtiges Deutsch. Herausgegeben von der Dudenredaktion, Duden Band 4, 7., völlig neu erarbeitete und erweiterte A., Mannheim . Wien . Zürich 2005; 8., überarbeitete A., Mannheim . Wien . Zürich 2009

Duden. Grammatik der deutschen Gegenwartssprache, 6., neu bearbeitete A. Bearbeitet von Peter Eisenberg, Hermann Gelhaus, Helmut Henne, Horst Sitta und Hans Wellmann, Mannheim u.a. 1998

Duden. Das Große Fremdwörterbuch. Herkunft und Bedeutung der Fremdwörter, 4., aktualisierte A. Mannheim u.a. 2007

Duden. Das große Vornamen-Lexikon. Bearbeitet von Rosa und Volker Kohlheim, 3., neu bearbeitete A. Mannheim u.a. 2007

Duden. Das große Wörterbuch der deutschen Sprache in zehn Bänden. 3., völlig neu bearbeitete und erweiterte A., Mannheim u.a. 1999

Duden. Das Herkunftswörterbuch. Etymologie der deutschen Sprache, 4., überarbeitete und erweiterte A. Redaktionelle Bearbeitung der 3. A. Anette Auberle, Annette Klosa, 4. A. Brigitte Alsleben, Mannheim u.a. 2007

Duden. Redewendungen und sprichwörtliche Redensarten. Idiomatisches Wörterbuch der deutschen Sprache. Bearbeitet von Günther Drosdowski und Werner Scholze-Stubenrecht, Duden 11, Mannheim u.a. 1992

Duden. Redewendungen. Wörterbuch der deutschen Idiomatik, 3., überarbeitete und aktualisierte A. Mannheim u.a. 2008

Duden. Richtiges und gutes Deutsch. Wörterbuch der sprachlichen Zweifelsfälle, 6., vollständig überarbeitete A., Mannheim u.a. 2007

Duden. Synonymwörterbuch. Ein Wörterbuch sinnverwandter Wörter, 4., neu bearbeitete A. Mannheim u.a. 2006

Duden. Das Stilwörterbuch, 9., völlig neu bearbeitete A., Mannheim u.a. 2010
Duden. Zitate und Aussprüche. Herkunft und aktueller Gebrauch, 3., aktualisierte A. Mannheim u.a. 2008
^{1}*DWB* = Deutsches Wörterbuch von Jacob Grimm und Wilhelm Grimm, I-XVI, Leipzig 1854-1960
^{2}*DWB* = Deutsches Wörterbuch von Jacob Grimm und Wilhelm Grimm. Neubearbeitung. I, 1983; II, 1998; III, Lfg. 1-5, 1999-2003; VI, 1983; VII, 1993; VIII, 1999; IX, Lfg. 1/2-3/4, 2001-2002
Robert Peter *Ebert* – Oskar *Reichmann* – Hans Joachim *Solms* – Klaus-Peter *Wegera*, Frühneuhochdeutsche Grammatik, Sammlung kurzer Grammatiken germanischer Dialekte. A, 12, Tübingen 1993
Umberto *Eco*, Einführung in die Semiotik. Autorisierte deutsche Ausgabe v. J. Trabant, Theorie und Geschichte der Literatur und der schönen Künste, 9., unveränderte A. München 2002
Hans *Eggers*, Deutsche Sprachgeschichte, I: Das Althochdeutsche und das Mittelhochdeutsche. II: Das Frühneuhochdeutsche und das Neuhochdeutsche, Rowohlts Enzyklopädie 425, 426, Reinbek bei Hamburg 1986, Nachdruck I, 1996, II, 1992
Jürgen *Eichhoff*, Wortatlas der deutschen Umgangssprachen, I-IV, Bern/München 1977-2000
Ludwig M. *Eichinger*, Deutsche Wortbildung. Eine Einführung, narr studienbücher, Tübingen 2000
Wieland *Eins*, Muster und Konstituenten der Lehnwortbildung. Das Konfix-Konzept und seine Grenzen, Germanistische Linguistik 23, Hildesheim u.a. 2008
Peter *Eisenberg*, Grundriß der deutschen Grammatik. I. Das Wort. II. Der Satz, 2. überarbeitete und aktualisierte A. Stuttgart/Weimar 2004
Hilke *Elsen*, Neologismen. Formen und Funktionen neuer Wörter in verschiedenen Varietäten des Deutschen, Tübingen 2004
Stephan *Elspaß* – Robert *Möller*, Internet-Exploration: Zu den Chancen, die eine Online-Erhebung regional gefärbter Alltagssprache bietet, in: Dialekt im Wandel, S. 143-158
Ulrich *Engel*, Deutsche Grammatik – Neubearbeitung - , 2., durchgesehene A. Trostberg 2009
Ulrich *Engel*, Syntax der deutschen Gegenwartssprache, Grundlagen der Germanistik 22, 4., völlig neu bearbeitete A. Berlin 2009
Johannes *Erben*, Deutsche Grammatik. Ein Abriß, 12.A. München 1980
Johannes *Erben*, Deutsche Syntax. Eine Einführung, Germanistische Lehrbuchsammlung 12, Bern u.a. 1984
Johannes *Erben*, Einführung in die deutsche Wortbildungslehre, Grundlagen der Germanistik 17, 5., aktualisierte und ergänzte A. Berlin 2006
Karl *Ermert*, Briefsorten. Untersuchungen zu Theorie und Empirie der Textklassifikation, RGL. 20, Tübingen 1979
Hans-Werner *Eroms*, Funktionale Satzperspektive, Germanistische Arbeitshefte 31, Tübingen 1986
Hans-Werner *Eroms*, Kommentare und Korrekturen: Der Status der weiterführenden w-Relativsätze, Sprachwissenschaft 34 (2009) S. 115-150
Hans-Werner *Eroms*, Stil und Stilistik. Eine Einführung, Grundlagen der Germanistik 45, Berlin 2008
Hans-Werner *Eroms*, Syntax der deutschen Sprache, Berlin/New York 2000
Helmut *Feilke*, Sprache als soziale Gestalt. Ausdruck, Prägung und die Ordnung der sprachlichen Typik, Frankfurt a.M. 1996
Sascha W. *Felix*, Psycholinguistische Aspekte des Zweitsprachenerwerbs, Tübingen 1982
Ulla *Fix* – Hannelore *Poete* – Gabriele *Yos*, Textlinguistik und Stilistik für Einsteiger. Ein Lehr- und Arbeitsbuch. Unter Mitarbeit von Ruth Geier, Leipziger Skripten. Einführungs- und Übungsbücher 1, 2., korrigierte A. Frankfurt a.M./Berlin/Bern 2002
Walter *Flämig*, Grammatik des Deutschen. Einführung in Struktur- und Wirkungszusammenhänge. Erarbeitet auf der theoretischen Grundlage der "Grundzüge einer deutschen Grammatik", Berlin 1991

Literaturverzeichnis

Jürg *Fleischer*, Die Syntax von Pronominaladverbien in den Dialekten des Deutschen. Eine Untersuchung zu Prepositition Stranding und verwandten Phänomenen, Zeitschrift für Dialektologie und Linguistik. Beihefte 123, Wiesbaden – Zürich 2002

Wolfgang *Fleischer* – Irmhild *Barz*, Wortbildung der deutschen Gegenwartssprache. Unter Mitarbeit von Marianne Schröder, 2., durchgesehene und ergänzte A. Tübingen 1995, 3. unveränderte A. 2007

Wolfgang *Fleischer* – Gerhard *Koß* – Horst *Naumann*, Grundzüge der Onomastik, in: Kleine Enzyklopädie Deutsche Sprache, S. 648-716

Hans-Rüdiger *Fluck*, Fachsprachen. Einführung und Bibliographie, 5., aktualisierte und erweiterte A. Tübingen 1996

Uwe *Förster*, Sprachpflege auf wissenschaftlicher Grundlage. Beiträge aus drei Jahrzehnten. Hg. v. der Gesellschaft für deutsche Sprache, Mannheim 2000

Das *Forschungsinstitut* für Deutsche Sprache 'Deutscher Sprachatlas' 1988-1992, Wissenschaftlicher Bericht, Marburg 1992

Wilhelm *Franke*, Texttypen – Textsorten – Textexemplare. Ein Ansatz zu ihrer Klassifizierung und Beschreibung, Zeitschrift für germanistische Linguistik 15 (1987) S. 263-281

Gerd *Fritz*, Historische Semantik, Stuttgart/Weimar 1998

Frühneuhochdeutsches Wörterbuch. Hg. v. Ulrich Goebel und Oskar Reichmann, Iff., Berlin/New York 1989ff.

Nanna *Fuhrhop*, Orthografie, Kurze Einführungen in die germanistische Linguistik 1, 2. aktualisierte A. Heidelberg 2006

Hans-Martin *Gauger*, Durchsichtige Wörter. Zur Theorie der Wortbildung, Bibliothek der allgemeinen Sprachwissenschaft, Heidelberg 1971

Horst *Geckeler*, Strukturelle Semantik und Wortfeldtheorie, 3.A. München 1982

Paul *Fletcher*/Michael *Garman* (Hg.), Language Acquisition. Studies in first language development, 2.A. Cambridge 1986

Helmut *Gipper* – Hans *Schwarz*, Bibliographisches Handbuch zur Sprachinhaltsforschung. Teil I. Schrifttum zur Sprachinhaltsforschung in alphabetischer Folge nach Verfassern mit Besprechungen und Inhaltshinweisen, Bände I-IV, Teil II. Systematischer Teil (Register), Bände A–D, Köln/Opladen 1966–1989

Helmut *Glück* – Wolfgang Werner *Sauer*, Gegenwartsdeutsch, Sammlung Metzler 252, 2.A. Stuttgart 1997

Hans *Goebl*, Kontaktlinguistik. Ein internationales Handbuch zeitgenössischer Forschung, Handbücher zur Sprach- und Kommunikationswissenschaft 12.1 und 12.2, Berlin 1996 und 1997

Goethe-Wörterbuch, Iff., Stuttgart u.a. 1978ff.

Max *Gottschald*, Deutsche Namenkunde. Unsere Familiennamen. 6., durchgesehene und bibliographisch aktualisierte A. mit einer Einführung in die Familiennamenkunde von Rudolf Schützeichel, Berlin/New York 2006

Grammatik der deutschen Sprache von Gisela Zifonun, Ludger Hoffmann, Bruno Strecker u.a., I-III, Schriften des Instituts für deutsche Sprache 7, Berlin/New York 1997

Albrecht *Greule* – Elisabeth *Ahlvers-Liebel*, Germanistische Sprachpflege. Geschichte, Praxis und Zielsetzung, Darmstadt 1986

Albrecht *Greule* – Franz *Lebsanft* (Hgg.), Europäische Sprachkultur und Sprachpflege. Akten des Regensburger Kolloquiums Oktober 1996, Tübingen 1998

Herbert Paul *Grice*, Logic and Conversation, in: Peter Cole – Jerry L. Morgan (edd.), Speech Acts, Syntax and Semantics 3, New York 1975, S. 41-58. – Deutsche Übersetzung: Herbert Paul Grice, Logik und Gesprächsanalyse, in: Sprechakttheorie. Ein Reader. Herausgegeben und übersetzt von Paul Kußmaul, Wiesbaden 1980, S. 109-126

Patrick *Griffith*, Early vocabulary, in: Paul Fletcher/Michael Garman (Hg.), Language Acquisition, S. 279–306

LITERATURVERZEICHNIS

Das *Große Lexikon* der sprichwörtlichen Redensarten in 3 Bänden. Hg. von Lutz Röhrich, Freiburg u.a. 1991

Grundlagen der Sprachkultur. Beiträge der Prager Linguistik zur Sprachtheorie und Sprachpflege, I-II. In Zusammenarbeit mit K. Horálek und J. Kuchař hg. v. J. Scharnhorst und E. Ising, Akademie der Wissenschaften der DDR. Zentralinstitut für Sprachwissenschaft, Reihe Sprache und Gesellschaft 8/1-2, Berlin 1976-1982

Elisabeth und Wolfgang *Gülich*, Linguistische Textmodelle. Grundlagen und Möglichkeiten, Uni-Taschenbücher 130, 2.A. München 1980

Hartmut *Günther*, N + N: Untersuchungen zur Produktivität eines deutschen Wortbildungstyps, in: Leonhard Lipka – Hartmut Günther (Hgg.), Wortbildung, WBG, Darmstadt 1981, S. 258-280

Walther von *Hahn* (Hg.), Fachsprachen, Wege der Forschung 498, Darmstadt 1981

T. Alan *Hall*, Phonologie. Eine Einführung, de Gruyter Studienbuch, Berlin/New York 2000

Handbuch der deutschen Wortarten. Herausgegeben von Ludger Hoffmann, de Gruyter Studienbuch, Berlin/New York 2009

Andreas *Harder*/Jürgen *Schmidt-Radefeldt*, Europäische Sprachen im Kontakt, Rostocker Beiträge zur Sprachwissenschaft 2, Rostock 1996

Frédéric *Hartweg* – Klaus-Peter *Wegera*, Frühneuhochdeutsch. Eine Einführung in die deutsche Sprache des Spätmittelalters und der frühen Neuzeit, Germanistische Arbeitshefte 33, 2., neu bearbeitete A. Tübingen 2005

Roland *Harweg*, Pronomina und Textkonstitution, Beihefte zu Poetica 2, 2., verbesserte und ergänzte A. München 1979

Karl E. *Heidolph* – Walter *Flämig* – Wolfgang *Motsch*, Grundzüge einer deutschen Grammatik, 2. A. Berlin 1984

Wolfgang *Heinemann*, Textsorten. Zur Diskussion um Basisklassen des Kommunizierens. Rückschau und Ausblick, in: Kirsten Adamzik (Hg.), Textsorten. Reflexionen und Analysen, Textsorten 1, Tübingen 2000, S. 9-29

Gerhard *Helbig* – Joachim *Buscha*, Deutsche Grammatik. Ein Handbuch für den Ausländerunterricht, 16.A. Leipzig u.a. 1994, Neubearbeitung 2002

Gerhard *Helbig* – Wolfgang *Schenkel*, Wörterbuch zur Valenz und Distribution deutscher Verben, 8.A. Tübingen 1991

Helmut *Henne*, Jugend und ihre Sprache. Darstellung, Materialien, Kritik, Berlin/New York 1994, 2.A. 2009

Helmut *Henne*, Sprachpragmatik. Nachschrift einer Vorlesung, Reihe Germanistische Linguistik 3 Kollegbuch, Tübingen 1975

Beate *Hennig*, Kleines Mittelhochdeutsches Wörterbuch. In Zusammenarbeit mit Christa Hepfer und redaktioneller Mitarbeit von Wolfgang Bachofer, 5., durchgesehene A. Tübingen 2007

Hans-Jürgen *Heringer*, Gebt endlich die Wortbildung frei!, Sprache und Literatur in Wissenschaft und Unterricht 15 (1984) S. 42 53

Götz *Hindelang*, Einführung in die Sprechakttheorie, Germanistische Arbeitshefte 27, 5., neu bearbeitete und erweiterte A. Tübingen 2010

Lothar *Hoffmann* (Hg.), Fachsprachen. Ein internationales Handbuch zur Fachsprachenforschung und Terminologiewissenschaft, I-II, Handbücher zur Sprach- und Kommunikationswissenschaft 14, Berlin u.a. 1998/1999

Lothar *Hoffmann*, Kommunikationsmittel Fachsprache. Eine Einführung, Forum für Fachsprachenforschung 1, 2., völlig neu bearbeitete A. Tübingen 1985

Peter *Hohenhaus*, Ad-hoc-Wortbildung. Terminologie, Typologie und Theorie kreativer Wortbildung im Englischen, Frankfurt u.a. 1996

Susan *Hunston*, Corpora in Applied Linguistics, Cambridge applied linguistics, Cambrige 2002, 6. printing 2009

David *Ingram*, Phonological development: production, in: Paul Fletcher/Michael Garman (Hg.), Language Acquisition, S. 223–239

Literaturverzeichnis

Internet für Philologen. Eine Einführung in das Netz der Netze von Oliver Gschwender unter Mitarbeit von Arno Müller, Berlin 1999

Nina *Janich* (Hg.), Textlinguistik. 15 Einführungen, narr studienbücher, Tübingen 2008

Werner *Kallmeyer*/Inken *Keim*, Deutsch-türkische Kontaktvarietäten. Am Beispiel der Sprache von deutsch-türkischen Jugendlichen, in: Moraldo, Sandro M./Soffritti, Marcello (Hg.): Deutsch aktuell. Einführung in die Tendenzen der deutschen Gegenwartssprache, Rom: Carocci, S.49-59

Heidrun *Kämper* – Hartmut *Schmidt* (Hgg.), Das 20. Jahrhundert. Sprachgeschichte – Zeitgeschichte, IdS-Jahrbuch 1997, Berlin/New York 1998

Elisabeth *Karg-Gasterstädt* – Theodor *Frings*, Althochdeutsches Wörterbuch. Auf Grund der von Elias von Steinmeyer hinterlassenen Sammlungen im Auftrag der Sächsischen Akademie der Wissenschaften zu Leipzig bearbeitet und herausgegeben, I-IV, V. Lieferung 1-18, Berlin 1952-2009

Inken *Keim*, Social style of communication and bilingual speech practices: Case study of three migrant youth groups of Turkish origin in Mannheim/Germany, Turkic Languages 2003, Heft 6/2, S. 284-300

Inken *Keim*, Sprachvariation und sozialer Stil am Beispiel jugendlicher Migrantinnen türkischer Herkunft in Mannheim, Deutsche Sprache, 2002, Heft 2, S. 97-123

Inken *Keim*, Die "türkischen Powergirls". Lebenswelt und kommunikativer Stil einer Migrantinnengruppe in Mannheim, Studien zur deutschen Sprache 39, 2., durchges. Aufl. Tübingen 2008

Inken *Keim*, Die Verwendung medialer Stilisierungen von Kanaksprak durch Migrantenjugendliche, Kodikas/Code. Ars Semiotica 26 (2003), No.1-2, S. 95-111

Jörg *Keller*/Helen *Leuninger*, Grammatische Strukturen – Kognitive Prozesse, 2. A. Tübingen 2004

Randolf E. *Keller*, Die deutsche Sprache und ihre historische Entwicklung. Bearbeitet und übertragen aus dem Englischen von Karl-Heinz Mulagk, 2.A. Hamburg 1995

Rudi *Keller*, Sprachwandel, 3., durchgesehene A. Tübingen 2003

Katja *Kessel*/Sandra *Reimann*, Basiswissen Deutsche Gegenwartssprache, UTB 2704, Tübingen – Basel 2005

Gisela *Klann-Delius*, Spracherwerb, 2., aktualisierte und erweiterte A. Stuttgart 2008

Georges *Kleiber*, Prototypensemantik. Eine Einführung. Übersetzt von Michael Schreiber, 2.A. Tübingen 1998

Wolfgang *Klein*, Zweitspracherwerb. Eine Einführung, 3.A. Frankfurt a.M. 1992

Kleine Enzyklopädie Deutsche Sprache, hg. v. Wolfgang Fleischer, Gerhard Helbig,Gotthard Lerchner, Frankfurt am Main u.a. 2001

Kleiner deutscher Sprachatlas. Dialektologisch bearbeitet v. Werner H. Veith. Computativ bearbeitet v. Wolfgang Putschke und Lutz Hummel, I,1-II,2, Tübingen 1984-1999

Kluge, Etymologisches Wörterbuch der deutschen Sprache. Bearbeitet von Elmar Seebold, 24., durchgesehene und erweiterte A., Berlin/New York 2002

Friedrich *Kluge*, Seemannssprache. Wortgeschichtliches Handbuch deutscher Schifferausdrücke älterer und neuerer Zeit, Halle 1911

Peter *Koch* – Thomas *Krefeld* – Wulf *Oesterreicher*, Neues aus Sankt Eiermark, Beck'sche Reihe 1187, München 1997

Peter *Koch* – Wulf *Oesterreicher*, Sprache der Nähe – Sprache der Distanz. Mündlichkeit und Schriftlichkeit im Spannungsfeld von Sprachtheorie und Sprachgeschichte, Romanistisches Jahrbuch 36 (1985) S. 15-43

Werner *König*, Atlas zur Aussprache des Schriftdeutschen in der Bundesrepublik Deutschland, II: Tabellen und Karten, Ismaning 1989

Werner *König*, dtv-Atlas Deutsche Sprache, 16., durchgesehene und korrigierte A. München 2007

Werner *König* – Renate *Schrambke*, Die Sprachatlanten des schwäbisch-alemannischen Raumes. Baden-Württemberg, Bayerisch-Schwaben, Elsaß, Liechtenstein, Schweiz, Vorarlberg, Themen der Landeskunde 8, Bühl/Baden 1999

Klaus J. *Kohler*, Einführung in die Phonetik des Deutschen, Grundlagen der Germanistik 20, 2., neubearbeitete A. Berlin 1995
Volker *Kohlheim*, Der Eigenname bei Jean Paul: seine Funktion, seine Problematik, Beiträge zur Namenforschung. Neue Folge 41 (2006) S. 439-463
Erwin *Koller* – Werner *Wegstein* – Norbert Richard *Wolf*, Mittelhochdeutsches Wörterbuch. Alphabetischer Index, Stuttgart 1990
Gerhard *Koß*, Namenforschung. Eine Einführung in die Onomastik, Germanistische Arbeitshefte 34, 3.A. Tübingen 2002
Gerhard *Koß*, Die 'Wenkerbogen' von Coburg und Neuses. Deutscher Sprachatlas und dialektgeographische Methode, in: Jahrbuch der Coburger Landesstiftung 1972, S. 41-72
Paul *Kretschmer*, Wortgeographie der hochdeutschen Umgangssprache, Göttingen 1918
Heinz *Küpper*, Wörterbuch der deutschen Umgangssprache, I, 3.A.; II. 10.000 neue Ausdrücke von *A – Z*, 2.A.; III. Hochdeutsch – Umgangsdeutsch. Gesamtstichwortverzeichnis, 2.A.; IV. Berufsschelten und Verwandtes; V. 10.000 neue Ausdrücke von *A – Z* (Sachschelten); VI. Jugenddeutsch von *A* bis *Z*, Hamburg 1963-1970
Konrad *Kunze*, dtv-Atlas Namenkunde. Vor- und Familiennamen im deutschen Sprachgebiet, 4.A. München 2003
Ländergemeinsame inhaltliche Anforderungen für die Fachwissenschaften und Fachdidaktiken in der Lehrerbildung (Beschluss der Kultusministerkonferenz vom 16.10.2008 i.d.F. vom 08.10. 2008) [www.kmk.org/fileadmin/veroeffentlichungen_beschluesse/2008/2008_10_16-Fachprofile.pdf]
Langenscheidts Großwörterbuch Deutsch als Fremdsprache. Das einsprachige Wörterbuch für alle, die Deutsch lernen. Herausgeber Dieter Götz, Günther Haensch, Hans Wellmann, 8.A. Berlin u.a. 2008
Roger *Lass*, Historical linguistics and language change, Cambridge 1997, Reprint 1998
Duk-Ho *Lee*, Rückläufiges Wörterbuch der deutschen Sprache, Berlin . New York 2005
Ernst *Leisi*, Der Wortinhalt. Seine Struktur im Deutschen und Englischen, Uni-Taschenbücher 95, 5.A. Heidelberg 1975
Elisabeth *Leiss*, Ansätze zu einer Theorie des Sprachwandels auf morphologischer und syntaktischer Ebene, in: Sprachgeschichte, I, S. 850-860
Lothar *Lemnitzer*/Heike *Zinsmeister*, Korpuslinguistk. Eine Einführung, 2.A. Tübingen 2010
Susanne *Lenz*, Korpuslinguistik, Studienbibliographien Sprachwissenschaft 32, Heidelberg 2000
Gotthard *Lerchner*, Geschichte der deutschen Sprache, in: Kleine Enzyklopädie Deutsche Sprache, S. 512-647
Stephen C. *Levison*, Pragmatik. Neu übersetzt von Martina Wiese, Konzepte der Sprach- und Literaturwissenschaft 39, Tübingen 2000
Matthias *Lexer*, Mittelhochdeutsches Handwörterbuch, I-III, Leipzig 1872-1878, Nachdruck Stuttgart 1992
Matthias *Lexer*, Mittelhochdeutsches Taschenwörterbuch, 38.A. Stuttgart 1992
Angelika *Linke* – Markus *Nussbaumer* – Paul R. *Portmann*, Studienbuch Linguistik, Reihe Germanistische Linguistik 121 Kollegbuch, 5.A. Tübingen 2004
Heinrich *Löffler*, Germanistische Soziolinguistik, Grundlagen der Germanistik 28, 3., überarbeitete A. Berlin 2005
Rosemarie *Lühr*, Neuhochdeutsch. Eine Einführung in die Sprachwissenschaft, Uni-Taschenbücher 1349, 6.A. München 2000
Peter R. *Lutzeier*, Linguistische Semantik, Sammlung Metzler 219, Stuttgart 1985
Peter Rolf *Lutzeier*, Wort und Bedeutung. Grundzüge der lexikalischen Semantik, in: J. Dittmann – C. Schmidt (Hgg.), Über Wörter, S. 33-58
Utz *Maas*, Grundzüge der deutschen Orthographie, Reihe Germanistische Linguistik 120 Kollegbuch, Tübingen 1992
April M. *MacMahon*, Understanding language change, Cambridge 1995, Reprint Cambridge 1999

LITERATURVERZEICHNIS

André *Martinet*, Grundzüge der Allgemeinen Sprachwissenschaft. Autorisierte, vom Verfasser durchgesehene Übersetzung aus dem Französischen von A. Fuchs unter Mitarbeit von H.-H. Lieb, Urban Taschenbücher 69, 5.A. Stuttgart 1971
Erich *Mater*, Rückläufiges Wörterbuch der deutschen Gegenwartssprache, 6.A. Leipzig 1989
Klaus J. *Mattheier*, Allgemeine Aspekte einer Theorie des Sprachwandels, in: Sprachgeschichte, I, S. 824-836
Jörg *Meibauer*, Lexikon und Morphologie, in: J. Meibauer u.a., Einführung in die germanistische Linguistik, S. 15-69
Jörg *Meibauer*, Pragmatik. Eine Einführung, 2.A. Tübingen 2001
Jörg *Meibauer* – Ulrike *Demske* – Jochen *Geilfuß-Wolfgang* – Jürgen *Pafel* – Karl Heinz *Ramers* – Monika *Rothweiler* – Markus *Steinbach*, Einführung in die germanistische Linguistik, 2., aktualisierte A. Stuttgart/Weimar 2007
Michael *Meier-Brügger*, Indogermanische Sprachwissenschaft, 8., überarbeitete und ergänzte A. der früheren Darstellung von Hans Krahe, Berlin 2002
Antoine *Meillet*, L'évolution des formes grammaticales (1912), in: A. Meillet, Linguistique historique et linguistique générale, Paris 1948, S. 130-148
Eckhard *Meineke* unter Mitarbeit von Judith Schwerdt, Einführung in das Althochdeutsche, Paderborn u.a. 2001
Gottfried *Meinhold* – Dieter *Nerius*, Grundzüge der Phonematik und Graphematik, in: Kleine Enzyklopädie Deutsche Sprache, S. 310-350
Gottfried *Meinhold* – Eberhard *Stock*, Phonologie der deutschen Gegenwartssprache, 2.A. Leipzig 1982
Metzler Lexikon Sprache. 3, neubearbeitete und erweiterte A.. Hg. v. Helmut Glück, Stuttgart/Weimar 2005
George A. *Miller*, Wörter. Streifzüge durch die Psycholinguistik, Heidelberg 1993
Dieter *Möhn* – Roland *Pelka*, Fachsprachen. Eine Einführung, Germanistische Arbeitshefte 30, Tübingen 1984
Charles W. *Morris*, Grundlagen der Zeichentheorie. Ästhetik und Zeichentheorie. Übersetzt von R. Posner unter Mitarbeit von J. Rehbein. Nachwort von F. Knilli, Reihe Hanser 106, 2.A. München 1975
Peter *Mühlhäusler*, Pidgin and Creole Linguistics, London 1972
Stephan *Müller*, Datenträger. Zur Morphologie und Funktion der Botenrede in der deutschen Literatur des Mittelalters am Beispiel von ‚Nibelungenlied' und ‚Klage', in: Ludger Lieb – Stephan Müller (Hg.), Situationen des Erzählens. Aspekte narrativer Praxis im Mittel-alter, Quellen und Forschungen zur Literatur- und Kulturgeschichte 20 (254), Berlin/New York 2002, S. 89-120
Horst Haider *Munske*, Fremdwörter im deutschen Wortschatz. Integration oder Stigmatisierung? In: Neues und Fremdes im deutschen Wortschatz. Aktueller lexikalischer Wandel. IdS-Jahrbuch 2000. Herausgegeben von Gerhard Stickel, Berlin – New York 2001, S. 7-29
Horst Haider *Munske*, Ist das Deutsche eine Mischsprache? Zur Stellung der Fremdwörter im deutschen Sprachsystem, in: Deutscher Wortschatz. Lexikologische Studien. Ludwig Erich Schmitt zum 80. Geburtstag von seinen Marburger Schülern. Hg. v. Horst Haider Munske, Peter von Polenz, Oskar Reichmann, Reiner Hildebrandt, Berlin/New York 1988, S. 46-74
Horst Haider *Munske*, Zur Fremdheit und Vertrautheit der „Fremdwörter" im Deutschen. Eine interferenzlinguistische Studie, in: Germanistik in Erlangen. Hundert Jahre nach der Gründung des Deutschen Seminars. Hg. v. Dietmar Peschel, Erlangen 1983, S. 559-595
Horst Haider *Munske*, Orthographie als Sprachkultur, Frankfurt am Main u.a. 1997
Horst Haider *Munske*/Alan *Kirkness*, Eurolatein. Das griechische und lateinische Erbe in den europäischen Sprachen, Tübingen 1996
Rachim Zakievic *Murjasow*, Zur Wortbildungsstruktur der Ableitungen mit Fremdsuffixen, Deutsch als Fremdsprache 13 (1976) S. 121-124

Renate *Musan*, Informationsstruktur, Kurze Einführungen in die germanistische Linguistik 9, Heidelberg 2010

Renate *Musan*, Satzgliedanalyse. Satzglieder und Wortarten, Kurze Einführungen in die germanistische Linguistik 6, Heidelberg 2008

Gustav *Muthmann*, Rückläufiges deutsches Wörterbuch. Handbuch der Wortausgänge im Deutschen, mit Beachtung der Wort- und Lautstruktur, 3., überarbeitete und erweiterte A. Tübingen 2001

Namenforschung. Ein internationales Handbuch zur Onomastik. Hg. v. E. Eichler, G. Hilty, H. Löffler, H. Steger, L. Zgusta, Handbücher zur Sprach- und Kommunikationswissenschaft 11, Berlin/New York 1995

Bernd *Naumann*, Einführung in die Wortbildungslehre des Deutschen, Germanistische Arbeitshefte 4, 3., neubearbeitete A. Tübingen 2000

Dieter *Nerius*, Beiträge zur deutschen Orthographie. Hg. v. Petra Ewald und Bernd Skibitzki anlässlich des 65. Geburtstages von Dieter Nerius, Sprache, System und Tätigkeit 34, Frankfurt am Main u.a. 2000

Dieter *Nerius*, Deutsche Orthographie. 4., neu bearbeitete A. unter der Leitung von Dieter Nerius, bearbeitet von Renate Baudusch, Rolf Bergmann, Petra Ewald, Klaus Heller, Dieter Herberg, Hartmut Küttel, Gottfried Meinhold, Claudine Moulin, Dieter Nerius, Jürgen Scharnhorst, Eberhard Stock, Hildesheim u.a. 2007

Neue Grammatiktheorien und ihre Anwendung auf das heutige Deutsch. Jahrbuch 1971, Sprache der Gegenwart. Schriften des Instituts für deutsche Sprache Mannheim 20, Düsseldorf 1972

Das *Nibelungenlied*. Nach der Ausgabe von Karl Bartsch herausgegeben von Helmut de Boor. Einundzwanzigste revidierte und von Roswitha Wisniewski ergänzte A. Wiesbaden 1979

Hermann *Niebaum* – Jürgen *Macha*, Einführung in die Dialektologie des Deutschen, Germanistische Arbeitshefte 37, 2., neubearbeitete A. Tübingen 2006

Edith *Nierhaus-Knaus*, Geheimsprache in Franken – Das Schillingsfürster Jenisch, Rothenburg ob der Tauber 1973

Winfried *Nöth*, Wörter als Zeichen. Einige semiotische Aspekte, in: J. Dittmann – C. Schmidt (Hgg.), Über Wörter, S. 9-32

Damaris *Nübling*, Historische Sprachwissenschaft des Deutschen. Eine Einführung in die Prinzipien des Sprachwandels, 2. A. Tübingen 2008

Charles K. *Ogden* – Ivor A. *Richards*, Die Bedeutung der Bedeutung (The Meaning of Meaning). Eine Untersuchung über den Einfluß der Sprache auf das Denken und über die Wissenschaft des Symbolismus. Aus dem Englischen von G.H. Müller, Frankfurt a.M. 1974

Els *Oksaar*, Mittelhochdeutsch. Texte, Kommentare, Sprachkunde, Wörterbuch, Stockholm 1965

Christine *Palm*, Phraseologie. Eine Einführung. 2., durchgesehene A. Tübingen 1997

Hermann *Paul*, Deutsches Wörterbuch. Bedeutungsgeschichte und Aufbau unseres Wortschatzes, 10., überarbeitete und erweiterte A. von Helmut Henne, Heidrun Kämper und Georg Objartel, Tübingen 2002

Hermann *Paul*, Prinzipien der Sprachgeschichte, (1880, 3.A. 1896), 10.A. Tübingen 1995

Hermann *Paul* – Thomas *Klein* – Hans-Joachim *Solms* – Klaus-Peter *Wegera*, Mittelhochdeutsche Grammatik. Mit einer Syntax von Ingeborg Schöbler, neubearbeitet und erweitert von Heinz-Peter Prell, Sammlung kurzer Grammatiken germanischer Dialekte. A. Hauptreihe Nr. 2, 25.A. Tübingen 2007

Charles Sanders *Peirce*, Schriften zum Pragmatismus und Pragmatizismus. Hg. v. K.-O. Apel. Übersetzt von G. Wartenberg, 2.A. Frankfurt a.M. 1976

Heidrun *Pelz*, Linguistik. Eine Einführung, 7.A. Hamburg 2002

Herbert *Penzl*, Althochdeutsch. Eine Einführung in Dialekte und Vorgeschichte, Germanistische Lehrbuchsammlung 7, Bern/Frankfurt am Main/New York 1986

Herbert *Penzl*, Frühneuhochdeutsch, Germanistische Lehrbuchsammlung 9, Bern u.a. 1984

LITERATURVERZEICHNIS

Herbert *Penzl*, Mittelhochdeutsch. Eine Einführung in die Dialekte, Germanistische Lehrbuchsammlung 8, Bern u.a. 1989
Corinna *Peschel*, Zum Zusammenhang von Wortneubildung und Textkonstitution, Germanistische Linguistik 237, Tübingen 2002
Wolfgang *Pfeifer*, Etymologisches Wörterbuch des Deutschen, 3.A. der Taschenbuchausgabe, dtv 32511, München 1997
Marthe *Philipp*, Phonologie des Deutschen, Urban-Taschenbücher 192, Stuttgart u.a. 1974
Marthe *Philipp*, Semantik des Deutschen, Germanistische Lehrbuchsammlung 13, Berlin 1998
Phraseologie. Ein internationales Handbuch zeitgenössischer Forschung. Hg. von Harald Burger – Dmitrij Dobrovol'skij – Peter Kühn – Neal R. Norrick, I-II, Handbücher zur Sprach- und Kommunikationswissenschaft 28, Berlin/New York 2007
Manfred *Pfister*, Konzepte der Intertextualität, in: Ulrich Broich – Manfred Pfister (Herausgeber), Intertextualität. Formen, Funktionen, anglistische Fallstudien. Unter Mitarbeit von Bernd Schulte-Middelich, Konzepte der Sprach- und Literaturwissenschaft 35, Tübingen 1985, S. 1-30
Steven *Pinker*, Der Sprachinstinkt: wie der Geist die Sprache bildet, München 1996
Frans *Plank*, Morphologische (Ir-)Regularitäten. Aspekte der Wortstrukturtheorie, Tübingen 1981
Peter von *Polenz*, Deutsche Sprachgeschichte vom Spätmittelalter bis zur Gegenwart. Band 1. Einführung, Grundbegriffe. 14. bis 16. Jahrhundert, 2.A. Berlin . New York 2000; Band 2. 17. und 18. Jahrhundert, Berlin . New York 1994; Band 3. 19. und 20. Jahrhundert, Berlin . New York 1999
Bernd *Pompino-Marschall*, Einführung in die Phonetik, de Gruyter Studienbuch, 2., durchgesehene und erweiterte A. Berlin/New York 2003
Rudolf *Post*, Pfälzisch. Einführung in eine Sprachlandschaft, Landau 1990
Rainer *Rath*, Mediale Differenzierung, in: Kleine Enzyklopädie Deutsche Sprache, S. 363-383
Die *Rechtschreibreform*. Pro und Kontra. Hg. v. Hans-Werner Eroms und Horst Haider Munske, Berlin 1997
Oskar *Reichmann*, Germanistische Lexikologie, 2., vollständig umgearbeitete A. von „Deutsche Wortforschung", Sammlung Metzler, Realien zur Literatur Abt. C.: Sprachwissenschaft, Stuttgart 1976
Oskar *Reichmann* – Klaus-Peter *Wegera* (Hgg.), Frühneuhochdeutsches Lesebuch, Tübingen 1988
Wolfgang *Rettig*, Sprachliche Motivation. Zeichenrelationen von Lautform und Bedeutung am Beispiel französischer Lexikoneinheiten, Studia Romanica et linguistica 12, Frankfurt am Main/Bern 1981
Claudia *Riehl*, Sprachkontaktforschung. Eine Einführung, 2., überarbeitete A. Tübingen 2009
Thorsten *Roelcke*, Fachsprachen. Grundlagen der Germanistik 37, 3., neu bearbeitete A. Berlin 2010
Thorsten *Roelcke*, Periodisierung der deutschen Sprachgeschichte. Analysen und Tabellen, Berlin/New York 1995
Christine *Römer*, Morphologie der deutschen Sprache, UTB 2811, Tübingen – Basel 2006
Christine *Römer* – Brigitte *Matzke*, Der deutsche Wortschatz. Struktur, Regeln und Merkmale, Tübingen 2010
Christine *Römer* – Brigitte *Matzke*, Lexikologie des Deutschen. Eine Einführung, 2.A. Tübingen 2005
Björn *Rothstein*, Tempus, Kurze Einführungen in die germanistische Linguistik 5, Heidelberg 2007
Daniel *Sanders*, Wörterbuch der Deutschen Sprache, I-III, 2.A. Leipzig 1876
Barbara *Sandig*, Textstilistik des Deutschen, de Gruyter Studienbuch, 2., völlig neu bearbeitete und erweiterte A. Berlin/New York 2006
Ferdinand de *Saussure*, Grundfragen der allgemeinen Sprachwissenschaft. Hg. v. Ch. Bally und A. Sechehaye unter Mitwirkung von A. Riedlinger, übersetzt von H. Lommel, 3.A. mit einem Nachwort von Peter Ernst, Berlin 2001
Jacquelyn *Schachter*, Second Language Acquisition and Its Relationship to Universal Grammar, Applied Linguistics 9/3 (1988) S. 219–235
Burkhard *Schaeder*, Germanistische Lexikographie, Tübingen 1987

Burkhard *Schaeder*, Wörter lesen und schreiben. Grundzüge der deutschen Orthographie, in: J. Dittmann – C. Schmidt (Hgg.), Über Wörter, S. 167-188
Carmen *Scherer*, Korpuslinguistik, Kurze Einführungen in die germanistische Linguistik 2, Heidelberg 2006
Carmen *Scherer*, Wortbildungswandel und Produktivität. Eine empirische Studie zur nominalen *-er*-Derivation im Deutschen, Tübingen 2005
Thea *Schippan*, Lexikologie der deutschen Gegenwartssprache, 2.A. Tübingen 2002
Thea *Schippan* – Horst *Ehrhardt*, Lexik, in: Kleine Enzyklopädie Deutsche Sprache, S. 62-107
Michael *Schlaefer*, Lexikologie und Lexikographie. Eine Einführung am Beispiel deutscher Wörterbücher, Grundlagen der Germanistik 40, 2., durchgesehene A., Berlin 2009
Lothar *Schmidt*, Wortfeldforschung. Zur Geschichte und Theorie des sprachlichen Feldes, Wege der Forschung 250, Darmstadt 1973
Wilhelm *Schmidt*, Geschichte der deutschen Sprache. Ein Lehrbuch für das germanistische Studium, 10., verbesserte und erweiterte A., erarbeitet unter der Leitung v. Helmut Langner und Norbert Richard Wolf, Stuttgart 2007
Rosemarie *Schnerrer*, Grundfragen der Sprachkultur, in: Kleine Enzyklopädie Deutsche Sprache, S. 717-749
Peter *Schlobinski*, Code-switching im Berlinischen, in: Norbert Dittmar – Peter Schlobinski (Hgg.), Wandlungen einer Stadtsprache. Berlinisch in Vergangenheit und Gegenwart, Berlin 1988, S. 83-102
Schrift und Schriftlichkeit. Ein interdisziplinäres Handbuch, hg. v. H. Günther und O. Ludwig, Handbücher zur Sprach- und Kommunikationswissenschaft, I-II, Berlin/New York 1994-1996
Richard *Schrodt*, Althochdeutsche Grammatik II, Sammlung kurzer Grammatiken germanischer Dialekte. A. Hauptreihe. Nr. 5/2, Tübingen 2004
Rudolf *Schützeichel*, Althochdeutsches Wörterbuch, 6.A., überarbeitet und um die Glossen erweitert, Tübingen 2006
Monika *Schwarz*, Einführung in die kognitive Linguistik, 3., vollständig überarbeitete und erweiterte A. Tübingen 2008
Christoph *Schwarze* – Dieter *Wunderlich* (Hgg.), Handbuch der Lexikologie, Königstein/Ts. 1985
Schweizerisches Idiotikon. Wörterbuch der schweizerdeutschen Sprache, Iff., Frauenfeld 1851ff.
John R. *Searle*, Sprechakte. Ein sprachphilosophischer Essay. Aus dem Englischen von R. und R. Wiggershaus, Suhrkamp Theorie, 7.A. Frankfurt a.M. 1994
Elmar *Seebold*, Etymologie. Eine Einführung am Beispiel der deutschen Sprache, Beck'sche Elementarbücher, München 1981
Semantik. Ein internationales Handbuch der zeitgenössischen Forschung, hg. v. Arnim von Stechow und Dieter Wunderlich, Handbücher zur Sprach- und Kommunikationswissenschaft 6, Berlin/New York 1991
Theodor *Siebs*, Deutsche Aussprache. Reine und gemäßigte Hochlautung mit Aussprachewörterbuch, 19. umgearbeitete A. Berlin 1969
Stefan *Sonderegger*, Althochdeutsche Sprache und Literatur. Eine Einführung in das älteste Deutsch, Sammlung Göschen 8005, 3., durchgesehene und wesentlich erweiterte A. Berlin/New York 2003
Stefan *Sonderegger*, Grundzüge deutscher Sprachgeschichte. Diachronie des Sprachsystems, I: Einführung – Genealogie – Konstanten, Berlin/New York 1979
Soziolinguistik. Ein internationales Handbuch zur Wissenschaft von Sprache und Gesellschaft. Hg. v. Ulrich Ammon, Norbert Dittmar und Klaus J. Mattheier, Handbücher zur Sprach- und Kommunikationswissenschaft 3, Berlin/New York 1987/1988
Jochen *Splett*, Rüdiger von Bechelaren. Studien zum zweiten Teil des Nibelungenliedes, Germanische Bibliothek, 3. Reihe: Untersuchungen und Einzeldarstellungen, Heidelberg 1968
Sprachatlas von Bayerisch-Schwaben. Hg. v. Werner König und Hans Wellmann, Bayerischer Sprachatlas. Regionalteil 1, Band 1: Einführung. Hg. u. bearb. v. Werner König, Heidelberg 1997

LITERATURVERZEICHNIS

Sprachgeschichte. Ein Handbuch zur Geschichte der deutschen Sprache und ihrer Erforschung. 2., vollständig neu bearbeitete und erweiterte A.. Hg. v. Werner Besch, Anne Betten, Oskar Reichmann, Stefan Sonderegger, I-IV, Handbücher zur Sprach- und Kommunikationswissenschaft 2, Berlin/New York 1998-2004

Sven *Staffeldt*, Einführung in die Sprechakttheorie. Ein Leitfaden für den akademischen Unterricht, Tübingen 2008; 2., unveränderte A. 2009

Stephan *Stein*, Formelhafte Sprache. Untersuchungen zu ihren pragmatischen und kognitiven Funktionen im gegenwärtigen Deutsch. Frankfurt a.M. 1995

Markus *Steinbach*, Semantik, in: J. Meibauer u.a., Einführung in die germanistische Linguistik, S. 162-207

Dieter *Stellmacher*, Niederdeutsche Sprache, 2., überarbeitete A., Germanistische Lehrbuchsammlung 26, Berlin 2000

M.D. *Stepanowa* – G. *Helbig*, Wortarten und das Problem der Valenz in der deutschen Gegenwartssprache, 2.A. Leipzig 1981

Stilistik und Soziolinguistik. Beiträge der Prager Schule zur strukturellen Sprachbetrachtung und Spracherziehung, hg. v. E. Beneš und J. Vachek, Berlin 1971

Stefanie *Stricker*, Substantivbildung durch Suffixableitung um 1800. Untersucht an Personenbezeichnungen in der Sprache Goethes, Germanistische Bibliothek 6, Heidelberg 2000

Synonymwörterbuch der deutschen Redensarten. Hg. von Hans Schemann, unter Mitarbeit von Renate Birkenhauer. Stuttgart/Dresden 1992

Syntaktischer Atlas der Deutschen Schweiz (SADS). Projektbeschreibung: http://www.ds.uzh.ch/dialektsyntax/

Renata *Szczepaniak*, Grammatikalisierung im Deutschen. Eine Einführung, Tübingen 2009

Lucien *Tesnière*, Grundzüge der strukturalen Syntax. Hg. u. übers. von U. Engel, Stuttgart 1980

Rolf *Thieroff* – Petra M. *Vogel*, Flexion, Kurze Einführungen in die germanistische Linguistik 7, Heidelberg 2009

Ulrike *Thies*, Graphematisch-phonematische Untersuchungen der Glossen einer Kölner Summarium-Heinrici-Handschrift. Mit Edition der Glossen, Studien zum Althochdeutschen 14, Göttingen 1989

Elena *Tognini-Bonelli*, Corpus Linguistics at Work, Studies in corpus linguistics 6, Amsterdam 2001

Rosemarie *Tracy*, Wie Kinder Sprachen lernen. Und wie wir sie dabei unterstützen können, 2.A. Tübingen 2008

Jost *Trier*, Der deutsche Wortschatz im Sinnbezirk des Verstandes. Die Geschichte eines sprachlichen Feldes. I. Von den Anfängen bis zum Beginn des 13. Jahrhunderts, Heidelberg 1931

Nikolaus S. *Trubetzkoy*, Grundzüge der Phonologie, 7.A. Göttingen 1989

Peter *Trudgill*, Sociolinguistics. An Introduction to Language and Society, Penguin Language and Linguistics, 4.A. London u.a. 2000

Stephen *Ullmann*, Grundzüge der Semantik. Die Bedeutung in sprachwissenschaftlicher Sicht. Deutsche Fassung von Susanne Koopmann, 2.A. Berlin u.a. 1972 (Englisches Original 1957)

Stephen *Ullmann*, Semantik. Eine Einführung in die Bedeutungslehre. Deutsche Fassung von Susanne Koopmann, Frankfurt a.M. 1973. (Englisches Original: Semantics. An Introduction to the Science of Meaning, 1962)

Gaston *Van der Elst* – Mechthild *Habermann*, Syntaktische Analyse, Erlanger Studien 60, 6.A. Erlangen/Jena 1997

Varietäten des Deutschen. Regional- und Umgangssprachen. Hg. v. Gerhard Stickel, Institut für deutsche Sprache, Jahrbuch 1996, Berlin/New York 1997

Heinz *Vater*, Einführung in die Sprachwissenschaft, Uni-Taschenbücher 1799, 4.A. München 2002

Wahrig. Fehlerfreies und gutes Deutsch. Das zuverlässige Nachschlagewerk zur Klärung sprachlicher Zweifelsfälle. Autoren: Jürgen Dittmann, Rolf Thieroff, Ulrich Adolphs, Gütersloh/München 2003

Hilkert *Weddige*, Mittelhochdeutsch. Eine Einführung, 7., durchgesehene A. München 2007
Wehrle – Eggers. Deutscher Wortschatz. Ein Wegweiser zum treffenden Ausdruck, 14.A. Stuttgart 1981
Uriel *Weinreich*, Sprachen in Kontakt. Ergebnisse und Probleme der Zweisprachigkeitsforschung, München 1977
Harald *Weinrich*, Sprache in Texten, Stuttgart 1976
Harald *Weinrich*, Textgrammatik der deutschen Sprache, 3., revidierte A. Hildesheim 2005
Klaus *Welke*, Einführung in die Satzanalyse. Die Bestimmung der Satzglieder im Deutschen, Berlin 2007
Anja *Werner*, Blockierungsphänomene in der Wortbildung, Papiere zur Linguistik 52 (1995) S. 43-65
Otmar *Werner*, Phonemik des Deutschen, Sammlung Metzler 108, Stuttgart 1972
Otmar *Werner, Was da sich ölles aahotmüßhör!* 'Was der sich alles hat anhören müssen!' Auxiliar-Inkorporation im Ostfränkisch-Thüringischen, in: Texttyp, Sprechergruppe, Kommunikationsbereich. Studien zur deutschen Sprache in Geschichte und Gegenwart. Festschrift für Hugo Steger zum 65. Geburtstag. Hg. v. Heinrich Löffler, Karlheinz Jakob und Bernhard Kelle, Berlin/New York 1994, S. 343-361
Herbert Ernst *Wiegand*, Wörterbuchforschung, I, Berlin/New York 1998
Ingrid *Wiese*, Fachsprachen, in: Kleine Enzyklopädie Deutsche Sprache, S. 458-469
Rainer *Wimmer* (Hg.), Das 19. Jahrhundert. Sprachgeschichtliche Wurzeln des heutigen Deutsch, IdS-Jahrbuch 1990, Berlin/New York 1991
Wissenschaftliche Lexikographie im deutschsprachigen Raum, im Auftrag der Heidelberger Akademie der Wissenschaften herausgegeben von Thomas Städtler, Heidelberg 2003
Henning *Wode*, Einführung in die Psycholinguistik, Ismaning 1988
Angelika *Wöllstein*, Topologisches Satzmodell, Kurze Einführungen in die germanistische Linguistik 8, Heidelberg 2010
Wörter und Wendungen. Wörterbuch zum deutschen Sprachgebrauch. Hg. v. E. Agricola unter Mitwirkung von H. Görner und R. Küfner, überarbeitete Neufassung der 14.A. Mannheim u.a. 1992
Wörterbuch der bairischen Mundarten in Österreich, Iff. Wien 1970ff.
Wörterbuch der deutschen Aussprache. Herausgegeben von Eva-Maria Krech und Eduard Kurka, 2. überarbeitete und erweiterte A. Leipzig 1969
Wörterbuch der deutschen Gegenwartssprache. Hg. v. Ruth Klappenbach und Wolfgang Steinitz, I, 10.A. Berlin 1980 - VI, 3.A. Berlin 1982
Wörterbuch Synonyme, neu bearbeitet und hg. v. Herbert Görner, 2. A. München 2000
Wörterbücher. Ein internationales Handbuch. Hg. v. Franz Josef Hausmann, Oskar Reichmann, Herbert Ernst Wiegand und Ladislav Zgusta, Handbücher zur Sprach- und Kommunikationswissenschaft 5, Berlin/New York 1989-1991
Norbert Richard *Wolf*, Wörter bilden. Grundzüge der Wortbildungslehre, in: J. Dittmann – C. Schmidt (Hgg.), Über Wörter, S. 59-87
Siegmund A. *Wolf*, Wörterbuch des Rotwelschen. Deutsche Gaunersprache, Mannheim 1956
www.ids-mannheim.de/II/Neologie/
Ludwig *Zehetner*, Das bairische Dialektbuch. Unter Mitarbeit von Ludwig M. Eichinger, Reinhard Rascher, Anthony Rowley und Christopher J. Wickham, München 1985
Gisela *Zifonun* – Ludger *Hoffmann* – Bruno *Strecker* u.a., Grammatik der deutschen Sprache, I-III, Schriften des Instituts für Deutsche Sprache, Berlin . New York 1997
Ladislav *Zgusta*, Manual Lexicography, Paris 1971

REGISTER

Aus Adjektiv und Substantiv bestehende Begriffe wie z. B. *analytische Formenbildung* sind unter dem Adjektiv eingeordnet. Die Zahlen verweisen auf die Seiten.

Ablaut 139, 144
Ableitung 97, 107, 110-132
Ad-hoc-Bildung 90, 125
Adjektiv 75, 77f., 86f., 90, 94, 109, 123f., 134, 137f., 205
Adverb 80-83, 86f., 252
Äußerungsakt s. Lokution
Affinität 209, 217, 221
Affix(bildung) 95f., 126, 326
Affixoid(bildung) 96, 107f., 126
Agens 39, 41f., 44, 165
Akronym 99, 126
Aktant 165f., 199
aktuelle Bedeutung 208
Allophon 58, 61
Alphabetschrift 66-68
Althochdeutsch 312f., 319, 322, 375
Analogie 328-330, 336
analytische Formenbildung 78, 139, 143f., 328
anaphorisch 251f., 257, 260, 267
Angabe s. freie Angabe
Angabesatz 178, 199
Antonymie 210, 221, 374, 378
Appellativ 358
appellative Textfunktion 255
Arbitrarität 21f., 25f.
Archilexem 212, 221
Artikel 77-79, 84, 138, 193, 252, 257, 358
artikulatorische Merkmale 53-56
asyndetische Verbindung 153, 199
Attribut 147, 153-158, 170, 175f., 178, 199
Attributsatz 178f., 187f., 199
Aufforderungssatz 190-192, 195f.
Augmentation 111
Ausdruck 20f., 25f., 50. 204f.
Ausklammerung 181, 193f., 196, 199, 249
Ausrufesatz 189f.
Aussagesatz 189, 191-196
Aussprache 59f., 63, 65, 283, 300
Autosemantikum 75, 87

Basis 94, 110, 112f.
Basismorphem s. Grundmorphem
Bedeutung 20f., 26, 30, 37f., 50, 75, 90, 93, 98, 101, 108, 204-206, 213f., 221, 230f., 237-240, 242f., 280f., 357f., 374, 378
Bedeutungswandel 326, 351f.
Behaviorismus 30-33, 44
Bestimmungswort 102, 126
Bezeichnung 213f., 221, 357f.
Bilingualismus s. Zweisprachigkeit

code-switching 339, 342
Corpus 381f., 385-400
corpusbasiert 398f.
corpusgesteuert 398f.
corpusgestützt 398f.

Deklination 144
deiktisch 266f.
Deixis 266f., 275
deklarative Textfunktion 255
deklarativer Sprechakt 265f.
Denotat 22, 26
Dependenz 165, 199
Derivation s. Ableitung
deskriptiv 14f., 334, 408
Determinativkompositum 102-104, 126
Deutsch als Fremdsprache 339, 342
Deutsch als Zweitsprache 339, 342
Deutscher Sprachatlas 294-298, 303
Diachronie 316f., 322
Dialekt 4, 278, 284f., 289, 291-304, 376
Diasystem 11f., 15
diastratisch 11, 15
diatopisch 11, 15
Diglossie 339, 342
Diminution 111, 302
distinktive Merkmale 56, 58, 61
Distribution 51, 61

Eigenname 233, 358
Einheitssprache s. Standardsprache
Ellipse 153, 199
endozentrisch 102
Entlehnung 126, 340, 349, 355, 358, 362
Erbwort 349, 355
Ergänzung 163-166, 177, 199

Ergänzungssatz 178f., 199
Ersatzprobe 149, 167, 176, 179f., 200
Etymologie 345-356
exozentrisch 104
explizite Ableitung 109-112, 126
explizit-performative Verben 266
expressive Textfunktion 255
expressiver Sprechakt 265

Fachsprache 278-281, 286-289, 377
Familienname 360-362, 364
Fehleranalyse 8, 12f., 109, 123, 133, 147, 157, 172f., 196
feste Phrase 234, 240
finite Verbform 139, 144, 162, 193f.
Flexion 74, 77f., 87, 97, 105f., 133-146, 3266f., 353
Flexionsmorphem 95f., 126, 129, 205f.
Fokus 251, 260
Formationsmorphem s. Wortbildungsmorphem
Fragesatz 189f., 191f., 185f.
freie Angabe 163, 167f., 177f., 199
Fremdwort 280, 288, 349f., 352-355
Friesisch 338
Frühneuhochdeutsch 309f., 319, 322, 375
Fugenelement 105f., 127
Funktionsverbgefüge 234, 240
Fusionierung 328

geflügeltes Wort 234, 240
Gemeinplatz 234, 240
Gemeinsprache s. Standardsprache
gemischte Flexion des Substantivs 136, 144
Genus 77f., 87, 134, 144, 299
Genus verbi 77f., 88, 134, 144
Germanisch 346f.
Gesamtsatz 176-179, 200
geschriebene Sprache 64-66
Gesprächsanalyse 270-273
gesprochene Sprache 64-66, 388f.
Gliedsatz 177f., 200
Gliedteilsatz 176, 178, 200
Grammatikalisierung 327f., 331-333, 336
Graphem 66-68, 71
Grundmorphem 95f., 107f., 127
Grundwort 102, 127

Halbpräfix s. Präfixoid
Halbsuffix s. Suffixoid
Hauptsatz 178f.

Heteronymie 210, 217, 221
Hilfsmorphem 96, 127
Hilfsverben 139, 144, 168
Hintergrund 251, 260
Hochdeutsch 296, 303, 314f.
Hochsprache s. Standardsprache
homograph 207, 221
Homonymie 206-208, 221
homophon 207, 221
Hyperonymie/Hyponymie 210, 217, 221, 254, 396f.
Hypotaxe 41f., 45, 153, 200

Idiom 240
idiomatischer Phraseologismus 231, 237-239
Idiomatisierung 240, 345, 355
Idiomatizität 230-232, 240
Ikon 22, 26
Ikonizität 25f., 259
Illokution 190-192, 264f., 269, 275
Imperativ 140
Implikation 209, 221
Implikatur 267f.
implizite Ableitung 113f., 124, 127
Index 22, 26
indirekter Sprechakt 268, 275
Indogermanisch 347-349
infinite Verbform 139, 144, 173, 193f.
Informationsstruktur 251, 260
informative Textfunktion 255
Inhalt 20f., 27, 204f.
Initialkompositum 99, 127
Initialwort 99, 127
instrumentale Bedeutung 205f., 221
Interferenz 340-342
Interpunktion s. Orthographie
Intertextualität 259
Isotopie 254, 257, 259

Kasus 77f., 87, 134f., 144
kataphorisch 251f., 260, 267
kategorielle Bedeutung 205, 221
Kausalangabe 167
Kern 153, 200
Klammerform 99, 127
Klasse 209, 211, 221
Klassem 209, 211, 222
Klitisierung 328
Kodifizierung 14, 60, 65f.
Kognitivismus 32f., 45
Kohärenz 247f., 260

427

Kohäsion 247f., 260
Kohyponymie 39, 45, 210, 217, 222
Koinē s. Standardsprache
Kollektion 111
Kollokation 39, 46, 232, 241
kombinatorische Ableitung s. Zirkumfixbildung
Kommentar 251, 261
kommissiver Sprechakt 265
kommunikativer Phraseologismus 235, 241
Komparation 77f., 79, 87, 134, 144
Komparativ 134, 145
komparativer Phraseologismus 236, 241
Kompatibilität 209, 217, 222, 378f.
komplexer Satz 178
Komposition s. Zusammensetzung
Kompositum s. Zusammensetzung
Konfix 115
Kongruenz 12f., 147, 149f., 166, 187, 200
Konjugation 144
Konjunktion 75, 80-83, 87, 252f.
Konnektor s. Satzkonnektor
Konsonantismus 35f., 55-58, 67f.
Konstituenten 93
Konstituentenstruktur 93
Kontamination 99, 128
Kontext 247, 261, 263
Kontrast 51, 61
Konventionalität 21f., 25, 27
konventionelle Implikatur 268, 275
Konversationsmaximen 267 f.
konversationelle Implikatur 268f., 275,
Konversion 107, 113f., 124, 127f.
Kookkurrenz 396f.
Koordination/koordiniert 104f., 152f., 200
Kopfwort 98, 128
Kopulativkompositum 104f., 128
Kotext 247, 261
Kreolsprachen 339, 343
Kurzwortbildung 98f.

Langue 10, 15
Lautschrift 52
Lehnwort 115, 215, 280, 326, 340, 349f., 355
Lehnwortbildung 115f., 124f., 128
Lexem 204
lexikalische Bedeutung 204f., 222
lexikalische Solidarität 209, 217, 222
lexikalisch-semantisches Orthographieprinzip 69, 71

Lexikalisierung 90, 101, 345, 355
Lexikographie 286f., 367-384
Lexikologie 203-224, 380f., 384
literarische Namen 365
Literatursprache s. Standardsprache
Lokalangabe 167
Lokaldeixis 267
Lokution 264f., 275

Makrostruktur von Wörterbüchern 371-373, 384
Matrixsatz 178
Mehrsprachigkeit 337-344, 358
Mentales Lexikon 38f., 46
Metalexikographie 381, 384
Mikrostruktur von Wörterbüchern 368-370, 384
Minderheitensprache 337f., 342f., 358
Minimalpaar 50f., 58, 60f.
Mitteilungsstruktur/-wert 192f., 198, 249f.
Mitteldeutsch 296, 303
Mittelfeld 193f., 200
Mittelhochdeutsch 310-313, 319f., 322, 375
Modalangabe 167
Modalverben 139, 144, 169, 172f., 325, 335f.
Modalwort 80, 82, 87
Modellbildung 235, 241
Modifikation 110-113, 128
Modus 77f., 88, 134, 140, 144, 269
Monosemierung 208
Morphem 58, 92-96, 128
morphologische Durchsichtigkeit 24, 27, 93f., 345
morphologisch-semantisches Orthographieprinzip 69, 71
Motion 111
Motiviertheit 24, 27, 90, 93, 345
Mündlichkeit 65, 72, 284f.
Multilingualismus s. Mehrsprachigkeit
Mundart s. Dialekt

Nachfeld 193f., 200
Namen 357-366
Nativismus 30-33, 42, 46
Nebensatz 178f.
Negation 111
Neologismus 125
Neuhochdeutsch 307-309, 319, 322
Niederdeutsch 296, 303, 314f.
Nomen acti 111

Nomen actionis 111
Nomen agentis 111
Nomen instrumenti 111
Nomen loci 111
Nomen patientis 111
Nomen qualitatis 111
Nominalsatz 162f., 200
Norm 4f., 10, 12-15, 60, 65f., 123f., 136f., 246, 248, 277f., 283, 293, 302, 334-336, 401-410
Normproblem 10, 12f., 15, 187, 325, 334-336, 401-410
Nukleus s. Kern
Nullendung 95
Numerus 77f., 87, 134-137, 145

Oberdeutsch 296, 303
Objekt 12, 166
Objektdeixis 267
obligative Textfunktion 255
Okkasionalismus 125
Onomasiologie 214f, 221, 379, 406
Onomastik 357-366
onomatopoetisch 25, 27
ontische Bedeutung 206, 221
onymischer Phraseologismus 233, 241
Opposition 51, 61
Orthographie 3, 53, 63-72, 73f., 90, 148, 161, 189f., 283, 308-310, 314, 353, 358
Orthographieprinzipien 66-69
Ortsname 337, 359
Paarformel 235, 242
paradigmatisch 51, 61, 106
paradigmatische Bedeutungsbeziehungen 210f.
Paraphrase s. Wortbildungsparaphrase
Parataxe 41, 47, 153, 200
Parole 10, 15
Partikel 75, 80-82, 86f., 269, 389
Partikelpräfixverb 112f., 128
Partikelverb 112f., 129
Patiens 47, 165
performatives Verb 266
Periodisierung 317-319, 322
periphrastisch 328
Perlokution 264f., 275
Person 77, 88, 134, 145, 266
Personaldeixis 267
Personenname 359-362
Phon 50, 61
Phonem 50-52, 58, 61, 66-68

Phonetik 34-36, 49-62
Phonologie 49-62
phonologisches Orthographieprinzip 66, 72
Phorik 251f.
Phraseologie 225-244
phraseologischer Terminus 233
Phraseologismus 226, 242, 302, 305f.
Pidginsprachen 339, 343
Plural 26, 29f., 79, 135f.
Polysemie 206-208, 221
Portmanteauwort 99, 129
Positiv 134, 145
Possessivkompositum 103f., 129
prädikativ 179
Präfix(bildung) 95f., 110-113, 129
Präfixkonversion 114, 129
Präfixoid(bildung) 96, 107f., 129
Präfixverben 112f., 129
Präposition 75, 80-83, 87
präskriptiv 14f., 334, 405, 408
Präsupposition 268f., 275
Pragmatik/Pragmalinguistik 5f., 263-276, 406f.
pragmatisch 23, 27
pragmatische Textkonstitution
Pronomen 77-79, 84f., 87, 198, 251f., 267
Proposition 190f., 264f., 275
Prototypensemantik 38, 212f.
Purismus 354f.

Rede 10-15
Reflexivpronomen 109, 172
Register 285f.
Reim 49f., 59, 61
Rektion 150f., 166, 200
Rektionskompositum 103, 129
Rekurrenz 253, 257, 261
Relationsmorphem s. Flexionsmorphem
Relativadverb 187
Relativpronomen 178, 187
Relativsatz 147, 186-188
Rhema 198, 249-251, 261
Routineformel 235, 242, 269
Rufname 359f., 363

Satz 148, 161f., 200
Satzanalyse s. syntaktische Analyse
Satzart s. Satzmuster
Satzgefüge 178, 201
Satzglied 80, 148f., 158-160, 163-168, 176-179, 200
Satzkonnektor 252f., 261

429

Satzmodus 190f., 192, 195f., 200, 269
Satzmuster 190-192, 195, 200, 269
Schreiben 64, 71
Schriftlichkeit 4f., 65, 72, 282f.
Schriftsprache s. Standardsprache
schwache Flexion des Adjektivs 137f., 145
schwache Flexion des Substantivs 136, 145
schwache Verben 12f., 47, 139f., 145, 325, 333, 387f., 391-393, 401, 404f.
Schwanzwort 98, 129
Selektion 209, 217f., 221
Sem 204f., 211f., 218f., 221
Semantik/semantisch 23, 27, 74f.,76, 203-224
semantische Merkmale 37f., 218-220
semantische Motiviertheit 24f., 27, 93f., 345
semantische Rolle 39-42, 165f., 200
semantisches Orthographieprinzip 68f., 71f.
Semasiologie 214f., 221, 378
Semem 204f., 208, 221
Siedlungsname 362-365
Signifikant 20, 27
Signifikat 20, 27
Silbe 58f., 61
Silbengelenk 59, 62
Silbengrenze 59, 62
Silbenphonologie 58f.
Silbenwort 99, 129
Singular 79
Sinn 213f., 221, 247
Situation 247, 263
Sondersprache 278, 281f., 289
Sorbisch 337f.
Soziation 111
Soziolekt 281, 289
Soziolinguistik 277-290
Sprachatlanten 294-300
Sprachberatung 6, 401-410
Sprache 9-11, 15
Sprachenpolitik 338, 342f.
Spracherwerb 21, 29-48, 331, 333
Sprachgeographie 291-304, 314-316, 362
Sprachgeschichte 305-324
Sprachkontakt 330, 337-344
Sprachkultur 3f., 401-410
sprachliches Zeichen 20-27, 50, 204f., 213f.
Sprachnorm s. Norm
Sprachökonomie 330f., 336
Sprachpflege 401-410
Sprachsoziologie 277-290

Sprachsystem s. System
Sprachtod 338, 343
Sprachwandel 297f., 325-336, 403-408
Sprechakt 264-266, 275
Sprechakttypen 265f.
Sprechen 9f., 15, 64f., 71
Sprichwort 234, 243
Stammmorphem s. Grundmorphem
Standardsprache 4f., 99f., 278, 282f., 289, 293, 302, 402f.
starke Flexion des Adjektivs 137f., 145
starke Flexion des Substantivs 136, 145
starke Verben 12f., 139f.,145, 325, 333, 387f., 391-393, 401, 404f.
Stil 255, 257
struktureller Phraseologismus 235, 243
Subjekt 12, 41f., 166
Subjunktion 80, 82, 88, 177f.
Subordination/subordiniert 102f., 152f., 200
Substantiv 73, 75, 77f., 84, 88, 94, 134-137, 295
Substitution 254
Substrat 340, 343
Subsystem s. Varietät
Suffix(bildung) 95f., 100, 110-113, 129f., 331-333, 371
Suffixoid(bildung) 96, 107f., 130, 333
Superlativ 134, 145
Superstrat 340, 343
Symbol 22, 27
Synchronie 316f., 322
syndetische Verbindung 152f., 200
Synonymie 210, 215, 217-221, 254, 374, 378, 396-398
Synsemantikum 75, 88
Syntagma 200
syntagmatisch 51, 62
syntagmatische Bedeutungsbeziehungen 208f.
syntaktisch 23, 27, 74, 76, 106, 130
syntaktische Analyse 141f., 155-158, 168-173, 179-186, 194-199
syntaktische Bedeutung 206, 221
syntaktisch-semantisches Orthographieprinzip 69, 72
Syntax 39-42, 147-202, 293
synthetische Formenbildung 78, 139, 145, 328
System 10-15

Taxation 111
Teilsatz 176-179, 200
Temporalangabe 167
Temporaldeixis 267
Tempus 77f., 88, 134, 140, 142f., 145, 197, 199, 266
Text 162, 197-199, 214, 245-262
Textanalyse 199, 255-259, 270-274, 287-289, 301f.
Textexemplar 248
Textfunktion 255, 258
Textsorte 195, 199, 248f., 258, 261
Texttyp 248
textuell-semantisches Orthographieprinzip 69, 72, 247
Thema 39, 47, 198, 249-251, 261
Thema-Rhema-Progression 250f., 256f.
thematische Rollen s. semantische Rollen
Topik 251, 261
Topologie 151f., 171, 181, 198f.
Trägersatz 178, 200
Transferenz 340, 343
transphrastisch 247, 257
Transposition 110-112, 130
Türkisch 341

Übergeneralisierung 36-38, 333
Umgangssprache 187, 203, 282, 284, 286, 297
Umklammerung 193f., 196, 200
Umstellprobe 148f., 158-160, 167, 169, 176, 179f., 200
unikales Morphem 94, 130
unparadigmatisch 105

Valenz 150, 163-166, 169, 186, 200, 209
Varietät 11-13, 15, 277-290, 291-304, 367, 373
Verb 73, 75, 77f., 84, 88, 109, 134, 138-143, 205, 292

Verbalsatz 162f., 200
verbale Satzglieder 168f., 170f.
Verbflexion 13, 77, 134, 138-140, 325, 329f., 333, 387, 391-393, 401, 404f.
Verbstellung 158-160, 177f., 191-196, 326
visuelle Poesie 25, 259
Vokalismus 35, 53-55, 66f.
Vorfeld 158-160, 193f., 200
Vorvorfeld 193, 200

Weglassprobe 163
weiterführender Relativsatz 187f.
Wörterbuch 207f., 218, 367-384, 393f.
Wort 36f., 44, 92
Wortakzent 37, 52, 59, 97, 105, 112f., 353, 358
Wortart 29, 73-88, 110, 114f., 130, 134, 177f., 205
Wortbildung 83, 89-132, 353f., 357
Wortbildungsanalyse 97f., 118-122
Wortbildungsmorphem 95f., 115, 126, 130
Wortbildungsparaphrase 93f., 98, 130
Wortentlehnung s. Entlehnung
Wortfamilie 116f., 130
Wortfeld 209, 212, 217, 221, 351f.
Wortgeschichte 345-356
Wortschatz 5, 11, 36-39, 204, 215f., 277-289, 292, 301f., 309-314, 351f.

Zirkumfixbildung 110-113, 130
Zusammenbildung 113, 130
Zusammenrückung 106f., 130
Zusammensetzung 24, 89f., 97, 101-108, 127f., 130, 332, 345, 371
Zweisprachigkeit 337-344